# MANUAL DE DIREITO PREVIDENCIÁRIO

Grupo Editorial Nacional

O GEN | Grupo Editorial Nacional – maior plataforma editorial brasileira no segmento científico, técnico e profissional – publica conteúdos nas áreas de concursos, ciências jurídicas, humanas, exatas, da saúde e sociais aplicadas, além de prover serviços direcionados à educação continuada.

As editoras que integram o GEN, das mais respeitadas no mercado editorial, construíram catálogos inigualáveis, com obras decisivas para a formação acadêmica e o aperfeiçoamento de várias gerações de profissionais e estudantes, tendo se tornado sinônimo de qualidade e seriedade.

A missão do GEN e dos núcleos de conteúdo que o compõem é prover a melhor informação científica e distribuí-la de maneira flexível e conveniente, a preços justos, gerando benefícios e servindo a autores, docentes, livreiros, funcionários, colaboradores e acionistas.

Nosso comportamento ético incondicional e nossa responsabilidade social e ambiental são reforçados pela natureza educacional de nossa atividade e dão sustentabilidade ao crescimento contínuo e à rentabilidade do grupo.

THEODORO AGOSTINHO

# MANUAL DE DIREITO PREVIDENCIÁRIO

4ª EDIÇÃO

gen | saraiva jur

- O autor deste livro e a editora empenharam seus melhores esforços para assegurar que as informações e os procedimentos apresentados no texto estejam em acordo com os padrões aceitos à época da publicação, *e todos os dados foram atualizados pelo autor até a data de fechamento do livro*. Entretanto, tendo em conta a evolução das ciências, as atualizações legislativas, as mudanças regulamentares governamentais e o constante fluxo de novas informações sobre os temas que constam do livro, recomendamos enfaticamente que os leitores consultem sempre outras fontes fidedignas, de modo a se certificarem de que as informações contidas no texto estão corretas e de que não houve alterações nas recomendações ou na legislação regulamentadora.

- Data do fechamento do livro: *07.10.2025*

- O autor e a editora se empenharam para citar adequadamente e dar o devido crédito a todos os detentores de direitos autorais de qualquer material utilizado neste livro, dispondo-se a possíveis acertos posteriores caso, inadvertida e involuntariamente, a identificação de algum deles tenha sido omitida.

- **Atendimento ao cliente: (11) 5080-0751 | faleconosco@grupogen.com.br**




Publicada pelo selo **Saraiva JUR**
*Uma editora integrante do GEN | Grupo Editorial Nacional*
Travessa do Ouvidor, 11
Rio de Janeiro – RJ – 20040-040





- Capa: Adriana Aguiar Santoro

- **CIP – BRASIL. CATALOGAÇÃO NA PUBLICAÇÃO.
SINDICATO NACIONAL DOS EDITORES DE LIVROS, RJ.**

A221m
4. ed.

Agostinho, Theodoro
Manual de direito previdenciário / Theodoro Agostinho. – 4. ed. – Rio de Janeiro : Saraiva Jur, 2026.

Inclui bibliografia
ISBN 978-85-5362-357-0

1. Seguridade social – Legislação – Brasil. 2. Previdência social – Legislação – Brasil. I. Título.

25-100054.0 CDU: 349.3(81)

Carla Rosa Martins Gonçalves – Bibliotecária – CRB-7/4782

Obrigado aos meus alunos e alunas de todo o Brasil por tão bem receberem este Manual e por torná-lo um dos mais vendidos. Ademais, agradeço ao amigo e professor Silvio Bazzo pela generosidade em me auxiliar nesta 4ª edição.

# Lista de Abreviaturas

AC – Apelação Cível
ADC – Ação Declaratória de Constitucionalidade
ADIn – Ação Direta de Inconstitucionalidade
AgR – Agravo Regimental
AI – Agravo de Instrumento
AISS – Associação Internacional de Seguridade Social
AMS – Apelação em Mandado de Segurança
AP – Agravo de Petição
APELREEX – Apelação em Reexame Necessário
APS – Agências da Previdência Social
ARF – Agência da Receita Federal do Brasil
ART – Anotação de Responsabilidade Técnica
BNDT – Banco Nacional de Devedores Trabalhistas
BPC – Benefício de Prestação Continuada
CadÚnico – Cadastro Único para Programas Sociais do Governo Federal
CARF – Conselho Administrativo de Recursos Fiscais
CAT – Comunicação de Acidente de Trabalho
CC – Código Civil
CDA – Certidão de Dívida Ativa
CEI – Cadastro Específico do INSS
CF – Constituição da República Federativa do Brasil
CGSN – Comitê Gestor do Simples Nacional
CID – Código Internacional de Doenças e Problemas Relacionados à Saúde
CLPS – Consolidação das Leis da Previdência Social (revogada)
CLT – Consolidação das Leis do Trabalho
CNAE – Cadastro Nacional de Atividades Econômicas
CNAS – Conselho Nacional de Assistência Social
CND – Certidão Negativa de Débito
CNDT – Certidão Negativa de Débitos Trabalhistas
CNIS – Cadastro Nacional de Informações Sociais

CNPJ – Cadastro Nacional de Pessoas Jurídicas
CNPS – Conselho Nacional de Previdência Social
CNS – Conselho Nacional de Saúde
CNSS – Conselho Nacional do Seguro Social
COFINS – Contribuição para o Financiamento da Seguridade Social
CP – Código Penal
CPC – Código de Processo Civil
CPD – Certidão Positiva de Débito
CPD-EN – Certidão Positiva de Débito com Efeitos Negativos
CPMF – Contribuição Provisória sobre Movimentação ou Transmissão de Valores e de Créditos de Natureza Financeira
CPP – Código de Processo Penal
CREA – Conselho Regional de Engenharia, Arquitetura e Agronomia
CRP – Certificado de Regularidade Previdenciária
CRPS – Conselho de Recursos da Previdência Social
CSLL – Contribuição Social sobre o Lucro Líquido
CSRF – Câmara Superior de Recursos Fiscais
CTN – Código Tributário Nacional
CTPS – Carteira de Trabalho e Previdência Social
DA – Data do Acidente
DAA – Declaração de Ajuste Anual
DAT – Data do Afastamento do Trabalho
DATAPREV – Empresa de Tecnologia e Informações da Previdência Social
DCB – Data de Cessação do Benefício
DD – Data do Desligamento
DDB – Data do Despacho do Benefício
*DE – Diário Oficial Eletrônico*
DER – Data de Entrada do Requerimento
DIB – Data de Início do Benefício
DII – Data de Início da Incapacidade
DIP – Data de Início do Pagamento
*DJ – Diário da Justiça*
*DJe – Diário da Justiça Eletrônico*
*DJU – Diário da Justiça da União*
DN – Data de Nascimento
DO – Data do Óbito
*DOU – Diário Oficial da União*
DPE – Data da Publicação da Emenda (EC n. 20/98)
DPL – Data da Publicação da Lei (Lei n. 9.876/99)
DPR – Data do Pedido de Revisão
DPVAT – Seguro de Danos Pessoais causados por Veículos Automotores de Vias Terrestres

DRP – Delegacia da Receita Previdenciária
DRPSP – Departamento dos Regimes de Previdência no Serviço Público
EC – Emenda Constitucional
ECA – Estatuto da Criança e do Adolescente
EFPC – Entidade Fechada de Previdência Complementar
EGU – Encargos Gerais da União
EPC – Equipamento de Proteção Coletiva
EPI – Equipamento de Proteção Individual
EPU – Encargos Previdenciários da União
FAP – Fator Acidentário de Prevenção
FGTS – Fundo de Garantia do Tempo de Serviço
FLPS – Fundo de Liquidez da Previdência Social
FNDE – Fundo Nacional de Desenvolvimento da Educação
FNPS – Fórum Nacional da Previdência Social
FNS – Fundo Nacional de Saúde
FPAS – Fundo de Previdência e Assistência Social
FPE – Fundo de Participação dos Estados
FPM – Fundo de Participação dos Municípios
FUNDACENTRO – Fundação Jorge Duprat Figueiredo de Segurança e Medicina do Trabalho
FUNRURAL – Fundo de Apoio ao Trabalhador Rural
GEX – Gerência Executiva
GFIP – Guia de Recolhimento do FGTS e Informações à Previdência Social
GPS – Guia da Previdência Social
GRCI – Guia de Recolhimento do Contribuinte Individual
GRPS – Guia de Recolhimento da Previdência Social
HC – *Habeas Corpus*
HISATU – Histórico de Atualização
HISCNS – Histórico de Consignação
HISCOMP – Histórico de Complemento Positivo
HISCRE – Histórico de Créditos
IAPC – Instituto de Aposentadorias e Pensões dos Comerciários
IBGE – Fundação Instituto Brasileiro de Geografia e Estatística
ICMS – Imposto sobre Operações Relativas à Circulação de Mercadorias e sobre Prestação de Serviços de Transporte Interestadual e Intermunicipal e de Comunicação
IE – Imposto de Exportação
IGP-DI – Índice Geral de Preços – Disponibilidade Interna
II – Imposto de Importação
IN – Instrução Normativa
INAMPS – Instituto Nacional de Assistência Médica da Previdência Social (extinto)
INCC – Índice Nacional de Custo da Construção
INCRA – Instituto Nacional de Colonização e Reforma Agrária

INPC – Índice Nacional de Preços ao Consumidor
INPS – Instituto Nacional de Previdência Social (extinto)
INSS – Instituto Nacional do Seguro Social
IPC – Índice de Preços ao Consumidor
IPI – Imposto sobre Produtos Industrializados
IR – Imposto de Renda
IRSM – Índice de Reajuste do Salário Mínimo
ISS – Imposto sobre Serviços de Qualquer Natureza
IUJEF – Incidente de Uniformização nos JEFs
JEFs – Juizados Especiais Federais
LBPS – Lei de Benefícios da Previdência Social
LC – Lei Complementar
LEF – Lei de Execuções Fiscais
LOAS – Lei Orgânica da Assistência Social
LOPS – Lei Orgânica da Previdência Social
LTCAT – Laudo Técnico de Condições Ambientais de Trabalho
MDSA – Ministério do Desenvolvimento Social e Agrário
MEI – Microempreendedor Individual
MERCOSUL – Mercado Comum do Sul
MF – Ministério da Fazenda
MP – Medida Provisória
MPAS – Ministério da Previdência e Assistência Social (extinto)
MPS – Ministério da Previdência Social (extinto)
MR – Mensalidade Reajustada
MS – Mandado de Segurança
MTE – Ministério do Trabalho e Emprego
MVR – Maior Valor de Referência
NB – Número do Benefício
NFLD – Notificação Fiscal de Lançamento de Débito
NIT – Número de Identificação do Trabalhador
NL – Notificação de Lançamento
NRP – Núcleo de Reabilitação Profissional
NTDEAT – Nexo Técnico por Doença Equiparada a Acidente do Trabalho
NTEP – Nexo Técnico Epidemiológico
NTP/T – Nexo Técnico Profissional ou do Trabalho
OIT – Organização Internacional do Trabalho
ORTN – Obrigações Reajustáveis do Tesouro Nacional
OTN – Obrigações do Tesouro Nacional
PA – Pensão Alimentícia
PASEP – Programa de Formação do Patrimônio do Servidor Público
PBC – Período Básico de Cálculo
PCCS – Plano de Classificação de Cargos e Salários

PcD – Pessoa com Deficiência
PCMAT – Programa de Condições e Meio Ambiente de Trabalho na Indústria de Construção
PCMSO – Programa de Controle Médico de Saúde Ocupacional
PCSS – Plano de Custeio da Seguridade Social
PEA – População Economicamente Ativa
PEC – Proposta de Emenda Constitucional
PEDILEF – Pedido de Uniformização de Interpretação de Lei Federal
Pet – Petição
PIB – Produto Interno Bruto
PIS – Programa de Integração Social
PNAD – Pesquisa Nacional por Amostra de Domicílios
PPP – Perfil Profissiográfico Previdenciário
PPRA – Programa de Prevenção de Riscos Ambientes
PREVIC – Superintendência Nacional de Previdência Complementar
PRISMA – Projeto de Regionalização de Informações e Sistemas
PRP – Programa de Reabilitação Profissional
PSS – Posto de Seguro Social
PSSS – Plano de Seguridade Social do Servidor Público Federal – Lei n. 8.112/90
PU – Pedido de Uniformização
RAIS – Relação Anual de Informações Sociais
RAT – Riscos Ambientais do Trabalho
RE – Recurso Extraordinário
REFIS – Programa de Recuperação Fiscal
REsp – Recurso Especial
RFB – Receita Federal do Brasil
RGPS – Regime Geral de Previdência Social
RM – Renda Mensal
RMI – Renda Mensal Inicial
RMR – Renda Mensal Reajustada
RPA – Relação de Pagamentos Autorizados
RPPS – Regimes Próprios de Previdência Social
RPS – Regulamento da Previdência Social
RPV – Requisição de Pequeno Valor
RR – Recurso de Revista
RRA – Rendimentos recebidos acumuladamente
RSC – Relação de Salários de Contribuição
RTT – Regime Tributário de Transição
SAE – Setor de Atividade Econômica
SAT – Seguro de Acidentes de Trabalho
SB – Salário de Benefício
SC – Salário de Contribuição

SEBRAE – Serviço Brasileiro de Apoio às Micro e Pequenas Empresas
SENAC – Serviço Nacional de Aprendizagem Comercial
SENAI – Serviço Nacional de Aprendizagem Industrial
SENAR – Serviço Nacional de Aprendizagem Rural
SENAT – Serviço Nacional de Aprendizagem do Transporte
SESC – Serviço Social do Comércio
SESI – Serviço Social da Indústria
SEST – Serviço Social do Transporte
SIAFI – Sistema Integrado de Administração Financeira
SIAPE – Sistema Integrado de Administração de Pessoal
SICAD – Sistema de Emissão e Cadastramento de Débito
SIMPLES – Sistema Integrado de Pagamento de Impostos e Contribuições das Microempresas e das Empresas de Pequeno Porte
SINE – Sistema Nacional de Emprego do Ministério do Trabalho e Emprego
SINPAS – Sistema Nacional de Previdência e Assistência Social
SISBEN – Sistemas de Benefícios
SISOBI – Sistema Informatizado de Controle de Óbitos
SISOBINET – Sistemas de Óbitos – Via Internet
SM – Salário Mínimo
SMR – Salário Mínimo de Referência
SPS – Secretaria de Previdência Social
SRF – Secretaria da Receita Federal
SRP – Secretaria da Receita Previdenciária
STF – Supremo Tribunal Federal
STJ – Superior Tribunal de Justiça
SUB – Sistema Único de Benefícios
SUS – Sistema Único de Saúde
SUSEP – Superintendência Nacional de Seguros Privados
TJ – Tribunal de Justiça
TNU – Turma Nacional de Uniformização dos Juizados Especiais Federais
TR – Turma Recursal
TRF – Tribunal Regional Federal
TRT – Tribunal Regional do Trabalho
TRU – Turma Regional de Uniformização
TST – Tribunal Superior do Trabalho
UARP – Unidade de Arrecadação da Receita Previdenciária
UF – Unidades da Federação
UFIR – Unidade Fiscal de Referência
URP – Unidade de Referência de Preços
URV – Unidade Real de Valor
UTRP – Unidades Técnicas de Reabilitação Profissional

# Sumário

# Seção I

## Seguridade Social no Brasil

# 1

# Trabalhador: Proteção social e o Estado

## 1.1 Seguridade Social – Origem

O Sistema de Seguridade Social foi introduzido no ordenamento brasileiro pela Constituição Federal de 1988. Tal sistema, segundo o art. 194 da CF, é composto de:

- Saúde;
- Previdência Social;
- Assistência Social.

> Art. 194. A seguridade social compreende um conjunto integrado de ações de iniciativa dos Poderes Públicos e da sociedade, destinadas a assegurar os direitos relativos à saúde, à previdência e à assistência social.

### *1.1.1 Competência legislativa*

A Constituição brasileira, em seu art. 22, XXIII, estipula que a competência privativa para legislar sobre a seguridade social pertence à União. No entanto, de acordo com o art. 24, XII, essa competência torna-se concorrente entre os entes federativos (com exceção dos municípios) quando se trata de legislar sobre a proteção e defesa da saúde, previdência social, infância e juventude, e os direitos das pessoas com deficiência.

Em linhas gerais, a competência para legislar sobre previdência social é concorrente. Isso significa que os estados e o Distrito Federal podem legislar sobre essa matéria apenas quando se refere ao regime previdenciário dos servidores públicos de cada ente, sempre respeitando os parâmetros constitucionais estabelecidos.

Os municípios também têm o poder de legislar sobre questões que afetam seus interesses locais, permitindo-lhes complementar as normas estabelecidas pelas esferas federal e estadual, desde que isso seja apropriado. E quem autoriza tal manobra é o art. 30, I e II.

### *1.1.2 Saúde*

Até então, ou seja, antes de 1988, a saúde era vinculada ao Instituto de Assistência Médica da Previdência Social - INAMPS.

**PREVDICA:**

Os serviços prestados pelo INAMPS somente eram assegurados a quem contribuísse ativamente, ou seja, não era um direito universal, acessível a todo cidadão brasileiro.

A promulgação da Constituição Federal de 1988 trouxe ao Estado o dever de prover a saúde, sendo um direito de todos, independentemente de contribuição efetiva. Desse modo, a saúde é um direito universalíssimo, em que não existe limitação ao princípio da universalidade na cobertura e no atendimento, o qual estudaremos em capítulo apropriado.

Esse direito social é materializado por todos os entes da federação, mediante políticas sociais e econômicas que buscam reduzir o risco de doença, propiciando o acesso universal e igualitário a todo cidadão brasileiro, conforme art. 196 da CF:

> Art. 196. A saúde é direito de todos e dever do Estado, garantido mediante políticas sociais e econômicas que visem à redução do risco de doença e de outros agravos e ao acesso universal e igualitário às ações e serviços para sua promoção, proteção e recuperação.

#### 1.1.2.1 Natureza jurídica e diretrizes

A saúde pública se estabelece como um direito fundamental, sendo um serviço que concede suporte aos métodos preventivos e curativos de enfermidades que são demandas recorrentes da população. É dever do Estado prestar esses serviços de forma adequada e propícia à sociedade, pois a sua natureza jurídica se enquadra como serviço público gratuito, sendo realizado objetivamente pelo Poder Público ou delegado por ele. Dessa forma, as empresas privadas podem participar de maneira complementar ao SUS, desde que sigam de acordo com as diretrizes impostas pelas normas estatais.

#### 1.1.2.2 Sistema Único de Saúde – SUS

A Constituição Federal de 1988 também instituiu o Sistema Único de Saúde - SUS, órgão financiado com recursos do orçamento da Seguridade Social, da União, dos Estados, do Distrito Federal e dos Municípios.

De acordo com o art. 198 da CF, o Sistema Único de Saúde possui as seguintes diretrizes:

> I - descentralização, com direção única em cada esfera de governo;
>
> II - atendimento integral, com prioridade para as atividades preventivas, sem prejuízo dos serviços assistenciais;
>
> III - participação da comunidade.

**PREVDICA:**

Para as entidades da iniciativa privada é possível a atuação livre na área da saúde; no entanto, a Constituição Federal proíbe a destinação de recursos públicos para auxílios e subvenções às instituições privadas com fins lucrativos, permitindo apenas a participação de empresas ou capitais estrangeiros na assistência à saúde no Brasil nos casos previstos em lei.

Ademais, as instituições privadas, preferencialmente as entidades filantrópicas e as sem fins lucrativos, poderão participar de forma complementar do Sistema Único de Saúde, através de contrato de direito público ou de convênios (art. 199, § 1º, da CF).

> Art. 199. A assistência à saúde é livre à iniciativa privada.
>
> § 1º As instituições privadas poderão participar de forma complementar do sistema único de saúde, segundo diretrizes deste, mediante contrato de direito público ou convênio, tendo preferência as entidades filantrópicas e as sem fins lucrativos.
>
> § 2º É vedada a destinação de recursos públicos para auxílios ou subvenções às instituições privadas com fins lucrativos.
>
> § 3º É vedada a participação direta ou indireta de empresas ou capitais estrangeiros na assistência à saúde no País, salvo nos casos previstos em lei.
>
> § 4º A lei disporá sobre as condições e os requisitos que facilitem a remoção de órgãos, tecidos e substâncias humanas para fins de transplante, pesquisa e tratamento, bem como a coleta, processamento e transfusão de sangue e seus derivados, sendo vedado todo tipo de comercialização.

Uma vez firmado contrato de direito público ou de convênio entre a instituição privada e o SUS, devem ser respeitadas todas as suas regras, princípios e diretrizes. Assim, inclusive, entende o TRF-3:

> Constitucional. Administrativo. Prestação de serviços ao Sistema Único de Saúde por instituições privadas. Tabela. Portarias. Teto orçamentário. Atualização pelo IPCA-IBGE. Impossibilidade. Ausência de previsão legal ou contratual. 1. A CF/88 prevê a saúde como direito social (art. 6º) e como dever do Estado (art. 196), havendo permissão para que as instituições privadas atuem de forma complementar do Sistema Único de Saúde (art. 199, § 1º). 2. Para regulamentar as ações e serviços de saúde foi editada a Lei n. 8.080/90, dispondo sobre as condições para a promoção, proteção e recuperação da saúde, a organização e o funcionamento dos serviços correspondentes. 3. A participação complementar de instituições privadas na área da saúde, através de contrato ou convênio, pressupõe a integração ao Sistema Único de Saúde, com a submissão a todas as suas diretrizes, princípios e objetivos. 4. Especificamente sobre os critérios e valores para a remuneração dos serviços prestados pelas instituições privadas em caráter complementar, a Lei n. 8.080/90 atribuiu competência ao Ministério da Saúde. 5. Por sua vez, a Portaria n. 1.034/2010, ao regulamentar a participação complementar das instituições privadas de assistência à saúde no âmbito do SUS, determinou, para efeito de remuneração dos serviços prestados, a utilização obrigatória da Tabela de

Procedimentos SUS. 6. O Ministério da Saúde remunera os serviços prestados pelas instituições privadas com base em estudos e notas técnicas aplicáveis ao setor, considerando, de outro lado, as possibilidades orçamentárias do Estado, sem que se possa falar em direito adquirido a reajuste de convênios pelos índices de inflação ou outro índice que não tenha sido determinado por aquele órgão. 7. Não existe qualquer fundamento legal ou contratual que albergue a pretensão da apelante. Ao aderir ao sistema de participação complementar ao SUS, seja por meio de contrato ou de convênio, a instituição privada se submete aos termos e condições estipulados pelo ente contratante, em especial no tocante à remuneração, que pressupõe a análise de condicionantes técnicas, inclusive do impacto orçamentário resultante das ações e serviços públicos de saúde. 8. Não compete ao Poder Judiciário fixar padrão de reajuste ou correção a título de manutenção do equilíbrio econômico financeiro do contrato sem qualquer previsão legal ou contratual, nem tampouco do impacto orçamentário. Caso a apelante entenda insuficiente a contraprestação pelos serviços prestados, pode optar por requerer a rescisão unilateral do contrato/convênio, declarando à autoridade competente sua vontade de que não mais atender pelo SUS. Precedentes. 9. Apelação improvida (TRF-3 – Ap: 00062145920164036100/SP, Rel. Des. Federal Consuelo Yoshida, j. em 3-5-2018, *e-DJF3 Judicial 1* 11-5-2018, 6ª Turma).

## 1.2 Previdência Social

A Previdência Social, com o advento da Constituição Federal de 1988, tornou-se a única categoria de proteção social que requer contribuição dos segurados como condição para ampará-los.

**PREVDICA:**

É dever da União assegurar o regime geral de previdência social, de caráter contributivo e de filiação obrigatória, observados critérios que preservem o equilíbrio financeiro e atuarial.

O art. 201 da CF traz as formas de atendimento da Previdência Social, quais sejam:

a) cobertura dos eventos de incapacidade temporária ou permanente para o trabalho e idade avançada;
b) salário-maternidade e proteção à maternidade, especialmente à gestante;
c) proteção ao trabalhador em situação de desemprego involuntário;
d) salário-família e auxílio-reclusão para os dependentes dos segurados de baixa renda; e
e) pensão por morte do segurado, homem ou mulher, ao cônjuge ou ao companheiro e aos seus dependentes, não inferior ao salário mínimo quando se tratar da única fonte de renda auferida pelo conjunto de dependentes.

## 1.3 Assistência Social

É de responsabilidade do Estado fornecer assistência social às pessoas em situação de carência, sem a necessidade de contribuições prévias, com o objetivo de garantir o mínimo necessário para uma vida digna, em consonância com o princípio da dignidade da pessoa humana.

A Lei n. 8.742/93, conhecida como LOAS (Lei Orgânica de Assistência Social), estabelece as diretrizes para a organização da assistência social. De acordo com essa lei, é garantido um salário mínimo de benefício mensal, denominado Benefício de Prestação Continuada (BPC), a pessoas com deficiência e idosos com idade igual ou superior a 65 anos, desde que comprovem a falta de meios para prover sua própria subsistência ou obtê-la por meio de sua família.

Esse salário mínimo foi fixado, pelo Decreto n. 12.342, de 30 de dezembro de 2024, em R$ 1.518,00 para o ano de 2025. Vejamos:

> Art. 1º A partir de 1º de janeiro de 2025, o valor do salário mínimo será de R$ 1.518,00 (mil quinhentos e dezoito reais).
>
> Parágrafo único. Em decorrência do disposto no *caput*, o valor diário do salário mínimo corresponderá a R$ 50,60 (cinquenta reais e sessenta centavos) e o valor horário, a R$ 6,90 (seis reais e noventa centavos).
>
> Art. 2º Este Decreto entra em vigor em 1º de janeiro de 2025.

**PREVDICA:**
Esse benefício não pode ser acumulado com outro no âmbito da seguridade social, salvo algumas exceções previstas em lei.

### *1.3.1 Definição*

A Assistência Social poderá ser definida como a conjunção de métodos realizados pelo Poder Público, ou designados às instituições privadas, que atendem às necessidades básicas humanas por meio de intervenções financeiras que não precisam de retorno contributivo.

A Assistência Social não necessita de retorno contributivo por seus serviços e benefícios, e é por essa razão que ela é financiada pelo Estado – aqui em sentido amplo – por intermédio das Contribuições Sociais do art. 195 da Constituição Federal, salvo as previstas nos incisos I, *a*, e II, cuja destinação é exclusiva da Previdência Social, por força do art. 167, XI.

Justamente por não necessitar de contribuição, ela é dada a quem demonstrar necessidade. Ou seja, ao contrário do SUS, a Assistência Social não é universalíssima, pois é preciso que se demonstre a necessidade econômica para dela usufruir.

### *1.3.2 Objetivos*

Conforme o art. 203, I a VI, da CF, a Assistência Social possui como objetivos: proteger a família, a maternidade, a infância, a adolescência e a velhice; amparar as crianças e os adolescentes carentes; promover a integração do mercado de trabalho; habilitar/reabilitar as pessoas portadoras de deficiência e promover sua integração à vida comunitária; garantir um salário mínimo mensal à pessoa portadora de deficiência e ao idoso que comprovem não possuir meios de prover a própria manutenção ou de tê-la provida por sua família; reduzir a vulnerabilidade socioeconômica de famílias em situação de pobreza ou de extrema pobreza.

### *1.3.3 Diretrizes*

Tais diretrizes estão estabelecidas pela Lei n. 8.742/93, em seu art. 5º, vejamos:

> I – descentralização político-administrativa para os Estados, o Distrito Federal e os Municípios, e comando único das ações em cada esfera de governo;
>
> II – participação da população, por meio de organizações representativas, na formulação das políticas e no controle das ações em todos os níveis;
>
> III – primazia da responsabilidade do Estado na condução da política de assistência social em cada esfera de governo.

Essa disposição revela que os entes federativos devem lidar com a assistência social sendo uma tarefa comum, pois se trata da promoção e fomentação de direitos fundamentais e imprescindíveis para a sociedade.

## 1.4 Seguridade Social – Formas de custeio

O art. 195 da Constituição brasileira estabelece que a seguridade social será custeada por toda a sociedade, de forma direta e indireta, nos termos da lei, mediante recursos provenientes dos orçamentos da União, dos Estados, do Distrito Federal e dos Municípios.

Acrescenta-se a essa forma de custeio (disciplinado pela Lei n. 8.212/91 e regulamentado pelo Decreto n. 3.048/99) as seguintes contribuições:

a) do empregador, da empresa e da entidade a ela equiparada na forma da lei, incidentes sobre a folha de salários e demais rendimentos do trabalho pagos ou creditados, a qualquer título, à pessoa física que lhe preste serviço, mesmo sem vínculo empregatício; a receita ou o faturamento; o lucro;

b) do trabalhador e dos demais segurados da previdência social, podendo ser adotadas alíquotas progressivas de acordo com o valor do salário de contribuição, não incidindo contribuição sobre aposentadoria e pensão concedidas pelo Regime Geral de Previdência Social;

c) sobre a receita de concursos de prognósticos;

d) do importador de bens ou serviços do exterior, ou de quem a lei a ele equiparar; e

e) sobre bens e serviços, nos termos da lei complementar.

Lei complementar federal poderá instituir outras fontes destinadas a garantir a manutenção ou expansão da seguridade social, além daquelas diretamente previstas na Constituição Federal.

**PREVDICA**:
De acordo com a Constituição, nenhum benefício ou serviço da seguridade social poderá ser criado, majorado ou estendido sem a correspondente fonte de custeio total.

## 1.5 Previdência Social – Evolução histórica no Brasil

A Previdência Social passou por diversos avanços até ser considerada um direito fundamental social.

Segundo José Afonso da Silva, os direitos sociais consistem em:

> Prestações positivas proporcionadas pelo Estado direta ou indiretamente, enunciadas em normas constitucionais, que possibilitam melhores condições de vida aos mais fracos, direitos que tendem a realizar a igualização de situações sociais desiguais. São, portanto, direitos que se ligam ao direito de igualdade[1].

Diante dos ensinamentos do nobre jurista, os direitos sociais são os direitos de igualdade, pois obrigam que o Estado atue de maneira positiva, garantindo, assim, a dignidade humana de todos os cidadãos brasileiros.

Os direitos sociais têm por finalidade garantir a observância da dignidade da pessoa humana, incluída nesse rol a Previdência Social.

**PREVDICA**:
A Previdência Social, enquanto direito fundamental, está protegida pela imutabilidade, ou seja, considera-se cláusula pétrea, não podendo ser suprimida.

O art. 201 da CF dispõe que:

> Art. 201. A previdência social será organizada sob a forma de regime geral, de caráter contributivo e de filiação obrigatória, observados critérios que preservem o equilíbrio financeiro e atuarial (...).

Assim, a Previdência Social é uma forma obrigatória de poupar, imposta ao cidadão, para que este tenha condições financeiras para usufruir da vida quando não mais possua capacidade para trabalhar.

---

1. SILVA, José Afonso da. *Direito constitucional positivo*. 40. ed. São Paulo: Malheiros, 2016.

### 1.5.1 Constituição de 1824

A Previdência Social na Constituição de 1824 veio disciplinada no inciso XXXI do art. 179, com a garantia aos cidadãos do direito aos "socorros públicos".

> Art. 179. A inviolabilidade dos Direitos Civis, e Políticos dos Cidadãos Brazileiros, que tem por base a liberdade, a segurança individual, e a propriedade, é garantida pela Constituição do Império, pela maneira seguinte:
> [...]
> XXXI. A Constituição também garante os soccorros públicos.

Tal dispositivo não apresentou utilidade prática, pois os cidadãos não dispunham de meios para exigir o efetivo cumprimento da aludida garantia, ou seja, apesar de previsto constitucionalmente, o direito aos "socorros públicos" não tinha exigibilidade.

### 1.5.2 Constituição de 1891

Na Constituição brasileira de 1891 havia previsão em dois dispositivos relacionados à Previdência Social, art. 5º e art. 75, sendo que o primeiro dispunha sobre a obrigação de a União prestar socorro aos Estados em calamidade pública, caso estes solicitassem. Já o art. 75 dispunha sobre a aposentadoria por invalidez dos funcionários públicos.

Vale ressaltar que o art. 75 da Constituição de 1891 previa que a aposentadoria era concedida aos funcionários públicos que viessem a ficar inválidos, não dependendo de qualquer contribuição por parte do trabalhador, sendo custeada integralmente pelo Estado, de modo que a Previdência Social, naquela época, mais se assemelhava ao conceito de Assistência Social.

### 1.5.3 Constituição de 1934

Com a industrialização das grandes cidades, especialmente São Paulo e Rio de Janeiro, e as condições abusivas de trabalho, as quais levavam a inúmeros acidentes de trabalho, foi aprovado o Decreto Legislativo n. 3.724, de 15 de janeiro de 1919, que versava sobre proteção aos acidentes do trabalho, logo acompanhado da edição do Decreto n. 4.682, de 24 de janeiro de 1923, conhecida por Lei Eloy Chaves, tendo este último ato legislativo criado as Caixas de Aposentadoria e Pensões dos Ferroviários, que funcionaram, em todo o território nacional, por muitos anos.

A Lei Eloy Chaves se tornou o marco do direito previdenciário, pois criou o primeiro sistema de previdência social para atender, especificamente, aos trabalhadores ferroviários, com as denominadas Caixas de Aposentadoria e Pensões dos Ferroviários, garantindo a eles a proteção em caso de incapacidade permanente e morte, além de proteção a título de assistência médica[2].

Após a Lei Eloy Chaves, foram criadas outras Caixas de Aposentadoria e Pensões (CAP's) em empresas de diversos ramos da atividade econômica.

---

2. CUTAIT NETO, Michel. *Auxílio-doença*. 2. ed. São Paulo: J. H. Zuno, 2009.

A primeira instituição brasileira de previdência social de âmbito nacional, com base na atividade econômica, foi o IAPM – Instituto de Aposentadoria e Pensões dos Marítimos, criada em 1933, pelo Decreto n. 22.872, de 29 de junho daquele ano. Seguiram-se o IAPC – Instituto de Aposentadoria e Pensões dos Comerciários – e o IAPB – Instituto de Aposentadoria e Pensões dos Bancários, em 1934; o IAPI – Instituto de Aposentadoria e Pensões dos Industriários, em 1936; o IPASE – Instituto de Previdência e Assistência dos Servidores do Estado, e o IAPETC – Instituto de Aposentadoria e Pensões dos Empregados em Transportes e Cargas, em 1938.

A Constituição de 1934 consagrou o modelo tripartite de financiamento do sistema de previdência social, no qual os recursos deveriam advir da União, dos empregadores e dos empregados.

A partir daí foi instituída a tríplice forma de custeio (Governo, empregadores e empregados) e a noção do "risco social" (doença, incapacidade permanente, velhice e morte).

### 1.5.4 Constituição de 1937

A alínea *m* do art. 137 da Constituição Federal de 1937 instituiu seguros em decorrência de acidente de trabalho, sendo eles: seguros de vida, de incapacidade permanente e de velhice.

Na vigência da Constituição de 1937 houve a edição do primeiro documento legal, o Decreto-Lei n. 288, de 23 de fevereiro de 1938. Referido decreto foi responsável pela criação do Instituto de Previdência e Assistência dos Servidores do Estado.

Pouco depois, em 1939, foi editado o Decreto-Lei n. 1.142, de 9 de março, sendo responsável pela obrigatoriedade de filiação dos condutores de veículos ao Instituto de Aposentadoria e Pensões dos Empregados em Transportes e Cargas.

Ainda em 1939, tivemos a edição do Decreto-Lei n. 1.469, de 1º de agosto, o qual foi responsável pela criação do Serviço Central de Alimentação do Instituto de Aposentadoria e Pensões dos Industriários.

Em 19 de janeiro de 1946, pouco antes da promulgação da Constituição Federal de 1946, foi editado o Decreto-Lei n. 8.742, o qual teve o condão de criar o Departamento Nacional de Previdência Social.

### 1.5.5 Constituição de 1946

A Constituição brasileira de 1946 não representou nenhuma mudança de conteúdo no que tange à Previdência Social, em comparação com a Constituição que a antecedeu.

Trouxe a queda do termo "seguro social", o qual foi substituído, pela primeira vez em termos constitucionais no Brasil, pelo termo "Previdência Social".

Foi editada a Lei Orgânica da Previdência Social, em 1960, a qual teve o condão de unificar todos os dispositivos infraconstitucionais relativos à Previdência Social que até então existiam. A Lei Orgânica, Lei n. 3.807/60, instituiu o auxílio-reclusão, o auxílio-natalidade e o auxílio-funeral, tendo, portanto, representado grandes avanços também no plano substancial.

### 1.5.6 Constituição de 1967 (Emenda n. 1, de 1969)

A instituição do seguro-desemprego foi a maior inovação trazida pela Constituição Federal de 1967. Nela houve a inclusão do salário-família, que antes só havia recebido tratamento infraconstitucional.

- Em 14-9-1967, foi editada a Lei n. 5.316, a qual passou a incluir na Previdência Social o seguro de acidentes de trabalho.
- Em 1º-5-1969, foi editado o Decreto-Lei n. 564, o qual passou a contemplar o trabalhador rural na Previdência Social.
- Em 7-9-1970, foi editada a LC n. 7, responsável pela criação do PIS (Programa de Integração Social).
- Em 3-12-1970, foi editada a LC n. 8, responsável pela criação do PASEP (Programa de Formação do Patrimônio do Servidor Público).
- Em 1º-5-1974, foi editada a Lei n. 6.036, a qual desmembrou o Ministério do Trabalho e Previdência Social, dando origem ao Ministério da Previdência e Assistência Social.
- Em 4-11-1974, a Lei n. 6.125 criou, pelo Poder Executivo, a Empresa de Processamento de Dados da Previdência Social (DATAPREV).
- Em 24-1-1976, foi editado o Decreto n. 77.077, o qual instituiu a Consolidação das Leis da Previdência Social.
- Em 1º-9-1977, foi editada a Lei n. 6.439, responsável pela criação do Sistema Nacional de Previdência e Assistência Social (SINPAS), o qual possuía o escopo de propor a política de previdência e assistência médica, farmacêutica e social.
- Em 23-1-1984, foi editado o Decreto n. 89.312, aprovando a nova Consolidação das Leis da Previdência Social.

### 1.5.7 Constituição de 1988

Além de marcar o retorno de um Estado democrático de direito ao nosso país, contemplou diversos direitos e garantias fundamentais aos cidadãos.

Nesse contexto, de direitos fundamentais sociais, no qual se inclui a Previdência Social, surge a discussão a respeito da eficácia de tais direitos, ou seja, se é possível se exigir do Estado prestações de cunho positivo a fim de que os direitos fundamentais sociais sejam efetivamente garantidos.

Com o advento da referida Constituição, houve o nascimento de um Sistema Nacional de Seguridade Social, o qual possui a finalidade precípua de assegurar o bem-estar e a justiça sociais, para que, dessa forma, ninguém seja privado do mínimo existencial, ou seja, para que a todos os cidadãos seja assegurado o princípio da dignidade humana.

A Emenda Constitucional n. 20/98, além de ratificar o regime contributivo e limitado, também tratou de dispor sobre os regimes de Previdência Social complementares, os quais não possuem limite de cobertura e possuem um regime de vinculação facultativa.

Já a EC n. 41/2003 trouxe maiores benefícios aos servidores públicos, pois concedeu o direito à aposentadoria integral daqueles que ingressaram no serviço público antes da referida emenda constitucional.

Atualmente, foi promulgada a Emenda Constitucional n. 103, de 12 de novembro de 2019, com o objetivo de contornar uma crise econômica e equilibrar o sistema financeiro e atuarial, instituindo alterações no sistema de previdência social e estabelecendo regras de transição e disposições transitórias.

## 1.6 Previdência Social – Sua evolução no mundo

### *1.6.1 Inglaterra*

"Poor Relief Act"

O primeiro documento legislativo de grande importância na Inglaterra, no que diz respeito à Previdência Social, foi o "Poor Relief Act", em 1601, que regulamentou a instituição de auxílios e socorros públicos aos necessitados.

"Workmen's Compensation Act"

Criou o seguro obrigatório contra acidentes de trabalho, atribuindo ao empregador uma responsabilidade civil de cunho objetivo, ou seja, independente de culpa.

"Old Age Pensions Act"

Em 1908, adveio o "Old Age Pensions Act", que concedeu pensões aos maiores de 70 anos, independentemente de custeio.

"National Insurance Act"

Já em 1911, o "National Insurance Act" estabeleceu um sistema compulsório de contribuições sociais, as quais ficavam a cargo do empregador, do empregado e do Estado.

### *1.6.2 México*

Considerada a "Primeira Constituição Federal do Mundo", a Constituição mexicana de 1917 incluiu em seu texto, pioneiramente, a Previdência Social.

### *1.6.3 Alemanha*

Lá, em 1883, com o então chanceler Otto Von Bismarck, teve origem o primeiro ordenamento legal que tratou sobre a Previdência Social, instituindo o seguro-doença e posteriormente outros benefícios como o seguro contra acidente de trabalho, o seguro-invalidez e o seguro velhice.

O objetivo dos chamados seguros sociais de Bismarck foi o de, precipuamente, impedir movimentos socialistas fortalecidos com a crise industrial, atenuando a tensão existente nas classes de trabalhadores, criando para o segurado um direito subjetivo público ao seguro social.

Após a fase dos seguros sociais, em 1935, com o advento da Constituição de Weimar, foi determinado que o Estado, caso não pudesse proporcionar aos cidadãos alemães oportunidades de trabalho produtivo, seria responsável por lhes garantir a subsistência.

### *1.6.4 Estados Unidos*

Um dos marcos mais importantes da evolução da Previdência Social nos Estados Unidos se deu com o "New Deal", plano do governo Roosevelt pautado na doutrina do "Welfare State" (Estado do bem-estar social).

Tal marco foi o "Social Security Act", de 14 de agosto de 1935, o qual tinha como escopo diminuir de maneira considerável os problemas sociais acarretados pela crise econômica de 1929.

O referido documento, além de estimular o consumo, previa também o auxílio aos idosos e instituiu o auxílio-desemprego para os trabalhadores que, temporariamente, ficassem desempregados.

## 1.7 Evolução da Previdência Social – Do modelo de Bismarck ao modelo de Beveridge

Modelo Bismarckiano: como dito é o modelo adotado pelas empresas seguradoras, pois só recebe aquele que contribui.

Modelo Beveridgiano: abrange a universalidade dos indivíduos de uma sociedade em razão da contribuição de todos os recursos nacionais.

No Brasil há adoção do sistema misto, pois, embora haja contribuição compulsória dos nacionais, aqueles que se encontram em hipossuficiência econômica e não contribuem também farão jus aos benefícios.

## 1.8 Previdência Social – Fundamentos norteadores

O Brasil adota o sistema misto sob a égide dos seguintes fundamentos:

a) Intervenção do Estado e a dignidade da pessoa humana: aos nacionais e residentes no país, o Estado intervirá na sociedade para lhe garantir a efetividade das políticas sociais, reduzindo os riscos de doença e o fornecimento universal de benefícios, dessa forma ratifica a aplicabilidade constitucional da dignidade da pessoa humana.

b) Solidariedade social: intimamente ligado ao princípio da dignidade da pessoa humana, pressupõe responsabilidade solidária entre Estado e nacionais para efetivação do "Bem-Estar Social".

c) A proteção aos previdentes: ativos contribuem, de forma que o previdente não seja prejudicado.

d) Redistribuição da renda: ligado ao princípio da seletividade, visa orientar a ampla distribuição de benefícios sociais ao maior número de necessitados, garantindo a solidariedade na distribuição de recursos.

e) Risco social: indivíduo que perder sua capacidade laborativa será assegurado pela coletividade representada pela seguridade social/previdência.

Segundo a Constituição Federal, art. 194:

A seguridade social compreende um conjunto integrado de ações de iniciativa dos Poderes Públicos e da sociedade, destinadas a assegurar os direitos relativos à saúde, à previdência e à assistência social.

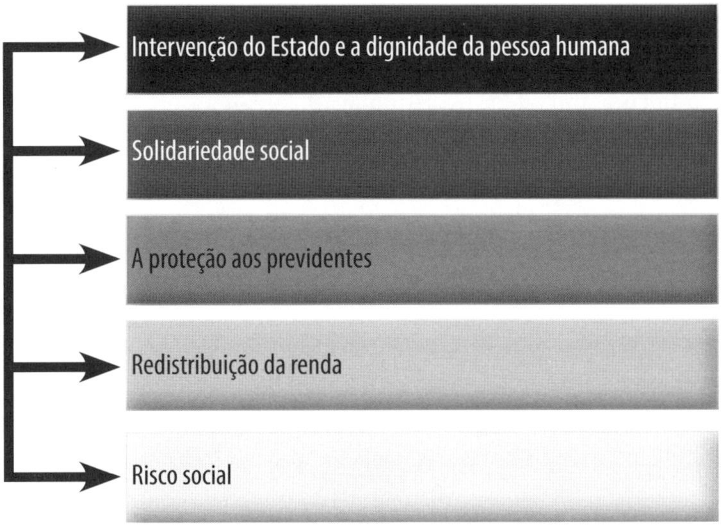

# 2

# Proteção social no Brasil – Evolução histórica

## 2.1 Origem

A Seguridade Social surgiu da necessidade social de se criarem métodos de proteção contra os variados riscos ao ser humano, como meio de resposta para a elaboração de medidas a fim de reduzir os efeitos das adversidades da vida, tais como doença, envelhecimento etc.

Segundo Ibrahim,

> não seria exagero rotular esse comportamento de algo instintivo, já que até os animais têm hábito de guardar alimentos para dias mais difíceis. O que talvez nos separe das demais espécies é o grau de complexidade de nosso sistema protetivo[1].

A sistematização das normas relacionadas ao direito previdenciário é um desenvolvimento relativamente recente, ocorrido no século passado. No entanto, é fundamental destacar os marcos mais significativos no crescimento e na expansão das proteções sociais, em resposta às necessidades decorrentes das fragilidades inerentes à vida em sociedade.

Esses direitos e garantias fundamentais têm adquirido uma importância regulamentar considerável, especialmente à luz das transformações que vêm ocorrendo no cenário nacional. Eles são frequentemente destaque nos meios de comunicação, refletindo a crescente preocupação da sociedade em proteger os indivíduos e atender às suas necessidades sociais.

A necessidade de proteger os indivíduos em suas realidades socioeconômicas foi a principal motivação por trás do desenvolvimento de técnicas de proteção social, com o objetivo de oferecer apoio às pessoas em suas condições de vida. Grandes esforços eram necessários para melhorar as condições de vida de cada indivíduo no grupo a que pertencia, como nos ensina Paulo Bonavides:

---

1. IBRAHIM, Fábio Zambitte. *Curso de direito previdenciário*. 15. ed. Rio de Janeiro: Impetus, 2010.

a premissa capital do Estado Moderno é a conversão do Estado absoluto em Estado constitucional, a partir da qual o poder deixa de ser das pessoas e passa a centrar-se nas leis, sendo que a legalidade é a máxima de valor supremo e se traduz com toda energia no texto dos Códigos e das Constituições[2].

## 2.2 Direitos sociais no Brasil

A proteção social no Brasil não ganhou contornos diferentes do resto do mundo. Iniciou-se com a caridade, mutualismo de caráter privado e facultativo, depois pelo seguro social e, atualmente, tenta-se implementar o sistema de seguridade social, como consagrado na Constituição Federal do Brasil de 1988.

A organização da Previdência Social brasileira é composta de três regimes:

1) o regime geral da previdência social;
2) os regimes próprios de previdência social, relativos aos servidores públicos da União, dos Estados e dos Municípios;
3) o regime de previdência complementar.

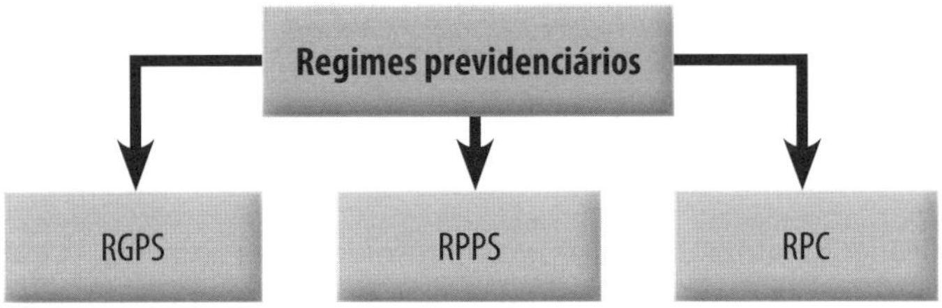


Diversos instrumentos surgiram no direito internacional objetivando a consagração e concretização dos direitos sociais, entre eles:

- Declaração Americana dos Direitos e Deveres do Homem (1948);
- Declaração Universal dos Direitos Humanos (1948);
- Carta Social Europeia (1961);
- Pacto Internacional de Direitos Econômicos Sociais e Culturais (1966);
- Convenção Americana sobre Direitos Humanos (1969).

A Declaração Universal dos Direitos do Homem de 1948 reconheceu a seguridade social como um direito fundamental (art. 22) e previu a necessidade de proteção do indivíduo em caso de perda involuntária dos meios de subsistência, como desemprego, doença, maternidade, incapacidade permanente etc. (art. 25).

Relativamente à Previdência Social, essencial mencionar o art. 25 da Declaração Universal dos Direitos do Homem:

2. BONAVIDES, Paulo. *Teoria do Estado*. 5. ed. rev. e ampl. São Paulo: Malheiros, 2004.

Toda pessoa tem o direito a um padrão de vida capaz de assegurar-lhe a saúde, e o bem-estar próprio e da família, especialmente no tocante à alimentação, ao vestuário, à habitação, à assistência médica e aos serviços sociais necessários; tem direito à segurança no caso de desemprego, doença, incapacidade permanente, viuvez, velhice ou em qualquer outro caso de perda dos meios de subsistência, por força de circunstâncias independentes de sua vontade (ONU, 1948).

**PREVDICA**:
As leis previdenciárias evoluíram com a sociedade, uma vez que novas realidades fizeram surgir novas normas. Com relação às normas sobre Previdência Social, com o passar do tempo, modelos são criados e depois substituídos por outros, pois o direito evolui junto com a sociedade.

## 2.3 A Previdência Social no Brasil

A primeira constituição a reunir a saúde, a assistência social e a previdência em um único sistema de proteção social de caráter tridimensional – a seguridade social – foi a Constituição Federal de 1988. Assim, objetivou atuar concomitantemente nas áreas de saúde, assistência social e previdência social, de maneira que as contribuições sociais começaram a custear as ações do Estado.

**PREVDICA**:
A Carta Magna de 1988 tem como objetivo fundamental assegurar o bem-estar e a justiça social, de modo a garantir que ninguém seja privado do mínimo necessário para uma existência digna.

## 2.4 O Sistema Previdenciário

A Previdência Social é um seguro público e compulsório, ou seja, obrigatório. Possui caráter contributivo, embora sua filiação seja obrigatória.

A Previdência Social visa amparar o trabalhador e a sua família dos possíveis infortúnios que podem vir a atingi-lo e proporcionar o bem-estar social através de sistema público de política previdenciária solidária. O seu caráter contributivo dá amparo à saúde e à assistência social independentemente de qualquer tipo de contribuição por parte do beneficiário.

### *2.4.1 Dimensões do Sistema Previdenciário*

O Sistema Brasileiro de Seguridade Social é composto de três dimensões, quais sejam:

| Seguridade Social | | |
|---|---|---|
| | Saúde | de responsabilidade do Sistema Único de Saúde – SUS, cuja regulamentação está prevista na Lei n. 8.080/90 |
| | Assistência Social | que incumbe ao Instituto Nacional do Seguro Social – INSS, com regulamentação na Lei n. 8.742/93 |
| | Previdência Social | também sob responsabilidade do INSS, regulamentada pelas Leis n. 8.212/91 e 8.213/91 e pelo Decreto n. 3.048/99 |

A política de proteção social brasileira atinge diferentes níveis de proteção, seja quanto ao objeto oferecido à proteção dos sujeitos, seja quanto aos próprios sujeitos (entes protegidos e bem tutelado).

**PREVDICA:**
A Previdência é um sistema de seguro obrigatório para todos os trabalhadores que possuem carteira assinada.

As receitas previdenciárias advêm de contribuições dos empregadores (contribuição sobre a folha de pagamento, de 20%), dos empregados (7,5% a 14% do salário, incidindo as alíquotas de forma progressiva de acordo com o valor do salário de contribuição) e da União (com contribuições sociais e receitas do orçamento fiscal).

O equilíbrio financeiro é a necessidade de que as receitas suportem o pagamento dos benefícios previdenciários a curto prazo.

**PREVDICA:**
Por um longo período, o governo brasileiro tem buscado estabelecer um equilíbrio financeiro na Previdência Social. Isso implica garantir que as receitas sejam suficientes para cobrir os benefícios previdenciários a curto, médio e longo prazo.

### *2.4.2 Emendas Constitucionais n. 20, 41 e 47*

A Emenda Constitucional n. 20/98 tratou da aposentadoria proporcional, alterando o art. 52 da Lei n. 8.213/91. Com essa alteração, deixou de existir a aposentadoria proporcional, aos 25 anos de serviço, no caso de mulheres, e aos 30 anos de serviço, para os homens, passando-se a exigir o mínimo de 30 e 35 anos de contribuição, respectivamente, assim como dispunha o art. 201, § 7º, I, da CF:

Art. 201. (...)

§ 7º É assegurada aposentadoria no regime geral de previdência social, nos termos da lei, obedecidas as seguintes condições:

I – trinta e cinco anos de contribuição, se homem, e trinta anos de contribuição, se mulher.

**PREVDICA:**
Esse dispositivo só foi aplicado aos segurados do Regime Geral de Previdência filiados após a publicação da Emenda.

A regra de transição expressa no art. 9º, § 1º, I, *b*, da EC n. 20/98 deve ser entendida com o requisito idade, sendo que a exigência desse período de transição – 40% do tempo que, na data da publicação da Emenda, faltaria para atingir o limite de tempo de contribuição constante da alínea *a*, qual seja, 30 anos, se homem, e 25 anos, se mulher – alcançaria a aplicação das novas regras, proporcionalmente ao tempo que ainda faltava para que o segurado tivesse direito ao benefício.

No entanto, lembremos que tal dispositivo legal foi expressamente revogado pelo art. 35, II, da EC n. 103/2019, sendo a informação adrede citada meramente para fins acadêmicos.

O art. 6º da EC n. 41/2003 trouxe aos servidores públicos que ingressaram no serviço público até 31-12-2003, a possibilidade de se aposentarem com proventos integrais, o que equivale à totalidade da remuneração inerente ao cargo efetivo em que se der a aposentadoria, desde que atendidos, cumulativamente, aos seguintes requisitos:

a) 60 anos de idade, se homem, e 55 anos de idade, se mulher;
b) 35 anos de contribuição, se homem, e 30 anos de contribuição, se mulher;
c) 20 anos de efetivo exercício no serviço público; e
d) 10 anos de carreira e 5 anos de efetivo exercício no cargo em que se der a aposentadoria.

Há a possibilidade de revisão dos proventos.

O servidor que ingressou no serviço público até 16-12-1998, poderá requerer a sua aposentadoria, desde que atenda às seguintes exigências, cumulativamente:

a) tiver 53 anos de idade, se homem, e 48 anos de idade, se mulher;
b) tiver 5 anos de efetivo exercício no cargo em que se der a aposentadoria;
c) contar tempo de contribuição igual, no mínimo, à soma de:
    c.1) 35 anos, se homem, e 30 anos, se mulher; e
    c.2) um período adicional de contribuição equivalente a 20% do tempo que, na data de 16-12-1998, faltaria para atingir o limite de tempo constante da letra c.1.

**PREVDICA**:

Para o cálculo dos proventos de aposentadoria com fulcro no art. 2º da EC n. 41/2003, foram consideradas as remunerações utilizadas como base para as contribuições do servidor aos regimes de previdência a que esteja vinculado. Esse percentual equivale a 80% de todo o período contributivo desde a competência julho de 1994 ou desde o início da contribuição, se posterior.

A Emenda Constitucional n. 41/2003 trouxe mudanças significativas para as aposentadorias concedidas de acordo com seu art. 2º. Nesse contexto, foi aplicada uma redução no benefício para cada ano antecipado da aposentadoria. Para os servidores aposentados até o ano de 2005, esse desconto foi de 3,5% por ano em relação à idade mínima. A partir de janeiro de 2006, esse redutor aumentou para 5% ao ano.

Aqueles que já estavam aposentados e recebendo benefícios na data da publicação da EC n. 41/2003, ou seja, em 31 de dezembro de 2003, passaram a contribuir com 11% sobre a parcela de seus proventos de aposentadorias e pensões que excedesse 60% do limite máximo estabelecido para os benefícios do regime geral de previdência social.

Conforme estabelecido nos arts. 3º e 4º da EC n. 41/2003, essa contribuição incide sobre os proventos de aposentadorias e pensões concedidos aos servidores e seus dependentes que tenham preenchido todos os requisitos para obter esses benefícios de acordo com os critérios estabelecidos na legislação vigente até 31 de dezembro de 2003.

Vejamos no teor jurisprudencial:

> SERVIDORA PÚBLICA APOSENTADA - MUNICÍPIO DE PAULÍNIA - Professora - Aposentadoria voluntária, concedida em 17-8-2016, com base na integralidade e paridade (art. 3º da EC 47/2003) - Redução dos proventos de aposentadoria após revisão levada a efeito pelo Tribunal de Contas, com o recálculo do benefício pela média de remunerações - Restabelecimento da aposentadoria, com observância da integralidade e paridade, que se afigura de rigor - Interrupção no exercício de cargo público que não resulta na extinção do vínculo e não inviabiliza a contagem do tempo de serviço e contribuição para obtenção do benefício previdenciário - As EC n. 41/2003 e 47/2005 aludem ao ingresso no serviço público até 31 de dezembro de 2003 e 16 de dezembro de 1998, nada dispondo acerca de eventual interregno entre um cargo público e outro, e não há qualquer menção ao requisito de "tempo de serviço ininterrupto no mesmo ente federal" - Exigência desproporcional e desprovida de embasamento - O objetivo das regras de transição relativas à aposentadoria dos servidores públicos foi exatamente o de beneficiar aqueles servidores que detinham a expectativa do direito de aposentar, não cabendo, pois, ao réu inovar no ordenamento jurídico, estabelecendo requisitos que não foram previstos de modo a dificultar a aposentadoria - Ademais, não há qualquer exigência a respeito da natureza do vínculo jurídico - celetista ou estatutário, RGPS ou RPPS - eis que prevalece a contagem recíproca do tempo de contribuição, e a mera interrupção do exercício de um dos regimes não tem o condão de desnaturar essa contagem - Precedentes deste Egrégio Tribunal de

Justiça – Sentença de improcedência reformada. Recurso provido (TJ-SP – AC: 10.026.253.520. 218.260.428 Paulínia, Rel. Des. Oscild de Lima Júnior, j. em 9-5-2023, 11ª Câmara de Direito Público, publicado em 11-5-2023).

Em fevereiro de 2004, foi publicada a Medida Provisória n. 167 (19 de fevereiro), convertida na Lei n. 10.887/2004, que trata da contribuição previdenciária para o Plano de Seguridade Social por parte dos aposentados e pensionistas. Essa medida refere-se aos dependentes dos servidores falecidos a partir de 20-2-2004, data da publicação da Medida Provisória, aos quais será concedido o benefício de pensão por morte, que será igual:

a) à totalidade dos proventos percebidos pelo aposentado na data anterior à do óbito, até o limite máximo estabelecido para os benefícios do regime geral de previdência social, acrescido de 70% (setenta por cento) da parcela excedente a este limite; ou
b) à totalidade da remuneração do servidor no cargo efetivo na data anterior à do óbito, até o limite máximo estabelecido para os benefícios do regime geral de previdência social, acrescido de 70% (setenta por cento) da parcela excedente a este limite, se o falecimento ocorrer quando o servidor ainda estiver em atividade.

**PREVDICA**:

Com as novas regras constitucionais, a pensão dos dependentes dos servidores em atividade e dos aposentados, quando eles vierem a falecer, será integral até o limite de R$ 2.400,00, acrescida de 70% (setenta por cento) do restante do provento.

Com essa alteração haverá um redutor de 30% (trinta por cento) sobre a parcela do provento que exceder ao valor de R$ 2.400,00 (dois mil e quatrocentos reais).

**PREVDICA**:

A Emenda Constitucional n. 41/2003 garante ao servidor o direito de solicitar sua aposentadoria a qualquer momento, bem como a pensão para seus dependentes, desde que tenha cumprido todos os requisitos necessários para obter esses benefícios.

Aos servidores que até 31-12-2003 adquirirem o direito de aposentar-se diante da EC n. 20/98, com proventos integrais ou com proventos proporcionais e, ainda assim, optarem por permanecer no serviço público, terão direito a um abono de permanência de 11% (onze por cento) equivalente ao valor da sua contribuição previdenciária até completar as exigências para a aposentadoria compulsória contidas no inciso II do § 1º do art. 40 da CF.

O inciso XI do art. 37 da CF, alterado pela EC n. 41/2003, estabelece que:

a remuneração e o subsídio dos ocupantes de cargos, funções e empregos públicos da administração direta, autárquica e fundacional, dos membros de qualquer dos Poderes da União, dos Estados, do Distrito Federal e dos Municípios, dos detentores de

> mandato eletivo e dos demais agentes políticos e os proventos, pensões ou outra espécie remuneratória, percebidos cumulativamente ou não, incluídas as vantagens pessoais ou de qualquer outra natureza, não poderão exceder o subsídio mensal, em espécie, dos Ministros do Supremo Tribunal Federal, aplicando-se como limite, nos Municípios, o subsídio mensal do Prefeito, e nos Estados e no Distrito Federal, o subsídio mensal do Governador no âmbito do Poder Executivo, o subsídio dos Deputados Estaduais e Distritais no âmbito do Poder Legislativo e o subsídio dos Desembargadores do Tribunal de Justiça, limitado a noventa inteiros e vinte e cinco centésimos por cento do subsídio mensal, em espécie, dos Ministros do Supremo Tribunal Federal, no âmbito do Poder Judiciário, aplicável este limite aos membros do Ministério Público, aos Procuradores e aos Defensores Públicos.

O art. 8º da EC n. 41/2003 determinou que enquanto não fosse fixado por lei o subsídio mensal dos Ministros do STF, o limite seria o valor da maior remuneração atribuída por lei na data da publicação da emenda, ou seja, 31-12-2003.

Dessa forma nenhum servidor público federal poderia perceber remuneração superior ao valor de R$ 19.125,19 (dezenove mil, cento e vinte e cinco reais e dezenove centavos).

A soma desses proventos, vencimentos e pensões percebidos cumulativamente foram reduzidos, de modo a não ultrapassar a remuneração do Presidente do Supremo Tribunal Federal.

Até a edição da EC n. 20/98, o servidor público, para se aposentar com proventos integrais, precisava ter 30 anos de tempo de serviço, se mulher, e, 35 anos, se homem, conforme estabelecia o texto original do art. 40, III, *a*. Almejando alterar o que vem disposto na emenda, foi criada a EC n. 47/2005 que, em seu art. 3º, trouxe a regra de transição com o objetivo de aliviar a situação gravosa. O art. 3º da EC n. 47/2005 trouxe os seguintes requisitos cumulativos:

- Haver ingressado no Serviço Público até o dia 16-12-1998, data de publicação da EC n. 20 (quem ingressar após esta data, não pode ser clientela desta regra);
- 25 anos de efetivo exercício no Serviço Público (o que engloba a Administração Direta e Indireta);
- 15 anos de carreira (mesmo que o servidor esteja perto de implementar o tempo de contribuição exigido na lei, se ele mudar de carreira em razão de aprovação em concurso público, terá que cumprir os 15 anos na nova carreira, para nela poder se aposentar);
- 5 anos no cargo em que se dará a aposentadoria (mesmo que o servidor esteja perto de implementar o tempo de contribuição exigido na lei, se ele mudar de cargo em razão de aprovação em concurso público, terá que cumprir os 5 anos no novo cargo para nele poder se aposentar);
- 35 de contribuição, se homem e 30, se mulher;
- Para cada ano a mais de contribuição que ultrapasse os 35 e 30, diminui-se um na idade limite de 60 e 55 anos, respectivamente para homens e mulheres.

Vejamos:

> AGRAVOS REGIMENTAIS EM RECURSO EXTRAORDINÁRIO COM AGRAVO. MAGISTÉRIO. REVISÃO DOS PROVENTOS DE APOSENTADORIA. ART. 3º, III, DA EC n. 47/2005. INGRESSO NO SERVIÇO PÚBLICO ANTES DA VIGÊNCIA DA EC n. 20/98. REGRAS DE TRANSIÇÃO. PREENCHIMENTO DE REQUISITOS. REEXAME DE LEGISLAÇÃO LOCAL E DE FATOS E PROVAS. OFENSA REFLEXA. SÚMULAS 279 E 280 DO STF. PRECEDENTES. 1. Eventual divergência em relação ao entendimento adotado pelo juízo a *quo*, no que tange ao preenchimento de todos os requisitos necessários ao recebimento de proventos integrais e com paridade, demandaria a análise da legislação aplicável à espécie, bem como o reexame de fatos e provas, o que inviabiliza o processamento do apelo extremo, tendo em vista a vedação contida nas Súmulas 279 e 280 do STF. 2. Agravo regimental a que se nega provimento, com previsão de aplicação da multa do art. 1.021, § 4º, do CPC. Inaplicável o art. 85, § 11, do CPC, tendo em vista que não houve prévia fixação de honorários na origem. Prejudicado o segundo recurso de agravo, em face ao princípio da unicidade recursal (STF – ARE: 1263769 PR 0024691-59.2017.8.16.0035, Rel. Min. Edson Fachin, j. em 4-4-2022, 2ª Turma, publicado em 27-4-2022).

**PREVDICA**:
Esses requisitos são cumulativos, ou seja, todos devem estar estritamente preenchidos, sob pena do servidor não ter direito a se aposentar por essa regra.

Com a Emenda, a regra é a seguinte: para cada ano a mais de contribuição que ultrapasse os 35 ou 30, diminui-se um na idade limite de 60 para homens ou 55 para mulheres.

De acordo com a regra, o servidor consegue antecipar sua aposentadoria em vários anos, dependendo do caso concreto, não precisando atingir a idade limite de 55 anos para as mulheres ou 60 para os homens.

**PREVDICA**:
A EC n. 47/2005 diminui o rigor trazido pela EC n. 20/98.

## 2.5 Dignidade da pessoa humana e o poder estatal

O princípio da dignidade da pessoa é um direito natural, inerente ao ser humano. É natural, pois nasce com o homem, sendo protegido pelo Estado. A proteção a esse direito independe da idade, sexo, origem, cor, condição social, capacidade de entendimento.

Entre os direitos da dignidade da pessoa humana temos a valorização da liberdade, da segurança, do bem-estar, do desenvolvimento, da igualdade, e da justiça.

**PREVDICA:**
A dignidade é destituída de qualquer cunho religioso ou metafísico.

A Constituição Federal de 1988 traz no título "Dos Princípios Fundamentais", em seu art. 1º, III:

> Art. 1º A República Federativa do Brasil, formada pela união indissolúvel dos Estados e Municípios e do Distrito Federal, constitui-se em Estado Democrático de Direito e tem como fundamento:
> [...]
> III – a dignidade da pessoa humana.

A Constituição Federal assegura a dignidade do homem e da mulher, alicerçada como princípio base do Estado Democrático de Direito.

O princípio da dignidade da pessoa humana independe de quaisquer outras providências legislativas. Com a promulgação da Constituição Federal de 1988, o princípio da dignidade da pessoa humana ganhou elevada importância social, pois, juntamente com a expressão Estado Democrático de Direito, serviu como pilar para a construção dos direitos fundamentais.

A dignidade é inerente a cada ser humano, sendo, assim, dever do Estado garantir sua integral proteção.

Os direitos sociais são indispensáveis para que o cidadão tenha dignidade, ou seja, o direito à previdência social também assegura a participação do indivíduo no regime democrático, e a sua ausência mitiga de forma significativa a liberdade do indivíduo, sendo garantido pela Constituição.

Para o doutrinador José Afonso da Silva, os direitos sociais devem ser concedidos pelo Estado, seja de forma direta ou indireta, por meio de prestações positivas, a fim de que possibilitem condições de vida digna aos mais fracos:

> Assim, podemos dizer que os direitos sociais, como dimensão dos direitos fundamentais do homem, são prestações positivas proporcionadas pelo Estado direta ou indiretamente, enunciadas em normas constitucionais, que possibilitam melhores condições de vida aos mais fracos, direitos que tendem a realizar a igualização de situações sociais desiguais[3].

Desta sorte, a previdência social, enquanto um direito social, garante que haja igualdade nas situações sociais, permitindo, assim, que o trabalhador e seus dependentes usufruam do benefício previdenciário para que não vivam na miséria quando algum fato ocorrer que o impeça de exercer atividade laborativa.

---

3. SILVA, José Afonso da. *Curso de direito constitucional positivo*. 24. ed. São Paulo: Malheiros, 2005, p. 286.

Segundo a Constituição Federal, é o Estado o responsável por criar, colocar em prática e proteger as prestações materiais, proporcionando aos trabalhadores bem-estar, saúde, lazer e dignidade humana.

A previdência social, sendo um direito fundamental social, tornou-se um mecanismo para assegurar as necessidades vitais e básicas dos indivíduos, promovendo o Princípio da Dignidade da Pessoa Humana.

A concretização dos Direitos Humanos coloca em prática, através do Estado, políticas públicas que permitam ao cidadão viver com dignidade e bem-estar. Uma dessas políticas públicas é a previdência social, um direito fundamental social.

Na busca desses preceitos constitucionais, o Brasil adota dois regimes de previdência social, o de repartição simples e o de capitalização.

Repartição simples: possui cunho obrigatório e solidário, permite que a contribuição dos servidores na ativa ajudem a custear benefícios dos inativos, tendo em vista ser um regime solidário.

Capitalização: regime complementar aberto e privado.

**PREVDICA:**
A previdência social tem como função garantir o mínimo existencial para o trabalhador e seus dependentes, ou seja, salvaguardar o necessário para a dignidade da pessoa humana.

## 2.6 Redistribuição de renda

Os direitos sociais estão cada vez mais presentes nas constituições atuais e são considerados como direitos fundamentais dos homens.

A Previdência Social faz parte de um todo maior chamado Seguridade Social que, de acordo com o art. 194 da CF, corresponde a um conjunto integrado de ações públicas destinadas a assegurar os direitos à saúde, à previdência e à assistência social.

Por direitos sociais se entende direitos fundamentais do homem, sendo verdadeiras liberdades com finalidade de melhoria de condições de vida aos hipossuficientes, objetivando igualdade social, e são consagrados como fundamentos do Estado Democrático.

Erradicar a pobreza e reduzir as desigualdades sociais são objetivos universais de praticamente todas as declarações nacionais. Segundo Amartya Sen:

> A ideia de que a pobreza é simplesmente escassez de renda está razoavelmente estabelecida na literatura sobre o tema. Não é uma ideia tola, pois a renda – apropriadamente definida – tem enorme influência sobre o que podemos ou não podemos fazer. A inadequação da renda frequentemente é a principal causa das privações que normalmente associamos à pobreza, como a fome individual e a fome coletiva[4].

4. SEN, Amartya. *Desenvolvimento como liberdade*. Trad. Laura Teixeira Motta. São Paulo: Companhia das Letras, 2013.

Segundo a autora, a pobreza tem várias outras imbricações além de sua significação literária, uma vez que limita a própria capacitação do indivíduo e sua formação.

Segundo Wladimir Novaes Martinez,

> a previdência social, em razão de amealhar recursos em certa parcela da população e entregá-los a outra, não necessariamente coincidentes, acaba compartilhando rendas. Não é seu papel, histórico nem científico, mas em razão da má divisão jacente acaba tornando-se efetivo instrumento de justiça social[5].

A Previdência tem uma importante função social, pois favorece o crescimento da participação da renda dos inativos e consequentemente alavanca o PIB de um país.

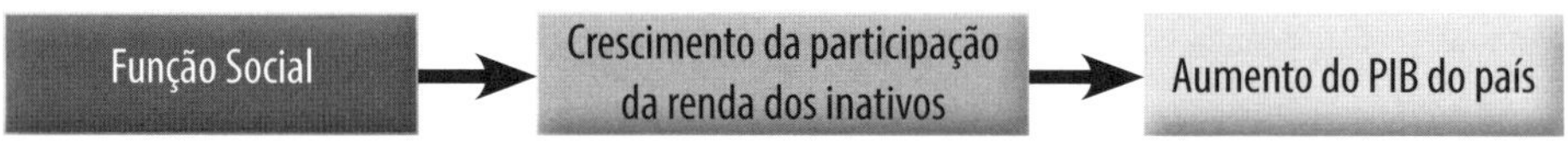


A Previdência Social tem desempenhado um papel fundamental como o maior mecanismo de distribuição de renda no Brasil. O Regime Geral de Previdência Social (RGPS) representa um dos sistemas de proteção social mais eficazes do país, beneficiando tanto diretamente quanto indiretamente uma parte significativa da população brasileira.

O RGPS abrange uma ampla gama de trabalhadores, incluindo assalariados urbanos, autônomos, trabalhadores domésticos e rurais. Em outras palavras, ele abrange a previdência dos trabalhadores do setor privado, bem como dos funcionários públicos que estão sob o regime da Consolidação das Leis do Trabalho (CLT).

Um dos principais impactos sociais da Previdência Social é a tentativa da redução da pobreza no País.

Além disso, com a evolução da Previdência Social, o direito social de equiparação dos trabalhadores foi mais evidenciado, sendo que pudermos equiparar os trabalhadores rurais aos urbanos e darmos direitos iguais.

Outro ponto da Previdência Social é atender as necessidades econômicas do Estado, de forma a zelar pelo equilíbrio a desenvolver cada vez mais as diferenças de classes entre os indivíduos, reafirmando o quanto a evolução histórica da Previdência Social é importante para os direitos fundamentais e humanos.

5. MARTINEZ, Wladimir Novaes. *Curso de direito previdenciário*. 5. ed. São Paulo: LTr, 2013, p. 329.

# 3

# Seguridade Social: Organização

A Seguridade Social é a ordem jurídica vigente, sendo um conjunto integrado de ações de iniciativa dos poderes públicos e da sociedade nas áreas da saúde, previdência e assistência social. É a estrutura administrativa que tem por atribuição executar as políticas no âmbito da segurança social, inserida na estrutura do Poder Executivo.

Os Ministérios da área social são os responsáveis pelo cumprimento das atribuições que competem à União em matéria de Seguridade Social.

Há os Conselhos setoriais – de Previdência (CNP), da Saúde (CNS) e da Assistência Social (CNAS) – que atendem ao objetivo da gestão quadripartite da Seguridade Social. Na estrutura do Ministério da Economia, vinculados a este, ainda há o INSS, como autarquia federal, a Superintendência Nacional de Previdência Complementar – PREVIC, autarquia de natureza especial, e a DATAPREV, como empresa pública, responsável pela gestão dos bancos de dados informatizados.

## 3.1 Conceito

A conceituação de seguridade social vem expressa em nossa Constituição, no Título VIII, Da Ordem Social.

Tem como premissa básica o bem-estar e a justiça sociais.

O art. 194 da CF define a seguridade social da seguinte forma:

> Art. 194. A seguridade social compreende um conjunto integrado de ações de iniciativa dos Poderes Públicos e da sociedade, destinadas a assegurar os direitos relativos à saúde, à previdência e à assistência social.

Diante da evolução histórica, o Estado abandonou a postura de defensor apenas dos direitos individuais e mero espectador da atividade econômica e social, com o objetivo de restabelecer um equilíbrio mínimo nas relações sociais, por meio da instituição de políticas de inclusão social, as quais geraram obrigações jurídicas para o Estado no atendimento aos mais necessitados.

O "Welfare State" propiciou uma integração mais efetiva entre o Estado e a sociedade, permitindo a criação da seguridade social como elemento de relevância nuclear para o desenvolvimento e a manutenção da dignidade da pessoa humana, sendo-lhe atribuída a tarefa de garantir a todos um mínimo de bem-estar nas situações geradoras de necessidade social.

No Brasil a evolução da proteção social passou pela simples caridade, após pelo mutualismo de caráter privado e facultativo e, finalmente, pelo seguro social.

A atuação da seguridade social está restrita às ações de saúde, previdência social e assistência social, e consiste em uma técnica de proteção social aos indivíduos contra contingências sociais que os impeçam de prover as suas necessidades pessoais básicas e de suas famílias, assegurando de forma universal o bem-estar e a justiça sociais.

## 3.2 Seguridade Social – Espécies

A Seguridade Social é o gênero do qual são espécies:

- Saúde;
- Previdência Social;
- Assistência Social.

A Seguridade Social está inserida no rol dos direitos sociais fundamentais da Constituição, denominados de 2ª geração.

**PREVDICA:**

Dentro dos direitos sociais previstos no art. 6º da CF temos: direito à educação, à alimentação, ao trabalho, à moradia, ao lazer, à segurança, que não estão compreendidos entre os bens jurídicos tutelados pela Seguridade Social.

A iniciativa das ações da Seguridade Social é do poder público e da sociedade de forma integrada; portanto, a iniciativa não é exclusiva dos poderes públicos. Porém, de acordo com o parágrafo único do art. 194 da CF, compete ao Poder Público, nos termos da lei, organizar os termos e a estrutura da Seguridade Social.

## 3.3 Organização

A organização é de competência privativa do Poder Público e suas ações perfazem uma sociedade de forma integrada.

A Seguridade Social não se vincula a um conjunto de ações independentes e estanques na área de saúde, previdência e assistência social, pelo contrário, as suas diversas áreas devem atuar de forma articulada e integrada, embora possuam autonomia e certas peculiaridades.

## 3.4 Saúde

A saúde é um "direito de todos e dever do Estado, garantido mediante políticas sociais e econômicas que visem à redução do risco de doença e de outros agravos e ao acesso universal e igualitário às ações e serviços para sua promoção, proteção e recuperação" (art. 196 da CF).

A saúde pública não exige contribuição prévia; suas prestações estendem-se a toda a população e não estão condicionadas ao cumprimento de obrigações precedentes.

Isso significa dizer que, na saúde, a universalidade na cobertura e no atendimento é plena, não havendo que se falar em mitigação desse princípio pela seletividade e distributividade.

## 3.5 Assistência social

A assistência social é uma política social que se traduz pelo atendimento às necessidades básicas em relação à família, à maternidade, à infância, à adolescência, à velhice e à pessoa portadora de deficiência, independentemente de contribuição à Seguridade Social por parte daqueles que comprovem a efetiva necessidade econômica e social, na forma da lei.

Logo, percebam que, diferente da saúde, na Assistência Social, muito embora não possua caráter contributivo, a universalidade na cobertura e no atendimento é mitigada pela seletividade e distributividade, uma vez que exige, na forma da lei, a comprovação de necessidade econômica e social.

A assistência social prestada pelo Estado proporciona aos necessitados condições mínimas de sobrevivência. Da mesma forma que a saúde, não exige dos seus beneficiários contribuição, sendo devidas suas prestações a todos aqueles que se encontrem em situação de indigência.

Nos termos da CF, será prestada a quem dela necessitar, não sendo necessário que o beneficiário esteja filiado ao regime geral de previdência social, sendo qualquer pessoa necessitada por ela amparada, desde que cumpra os requisitos legais.

É o que podemos ver na jurisprudência pacificada:

> PREVIDENCIÁRIO. APLICABILIDADE DO ART. 557 DO CPC. ASSISTÊNCIA SOCIAL. BENEFÍCIO PREVISTO NO ART. 203, V, DA CONSTITUIÇÃO FEDERAL. TERMO INICIAL. DATA DO REQUERIMENTO ADMINISTRATIVO QUANDO JÁ PREENCHIDOS OS REQUISITOS PARA A CONCESSÃO DO BENEFÍCIO. I – O presente feito decorre de ação de concessão de benefício de prestação continuada objetivando a concessão do benefício previsto no art. 203, V, da Constituição Federal de 1988, sob o fundamento de ser pessoa portadora de deficiência e não possuir meios de prover a própria manutenção ou de tê-la provida por sua família. Na sentença, julgou-se improcedente o pedido. No Tribunal Regional Federal da 3ª Região, a sentença foi reformada. II – Esta Corte consolidou o entendimento de que havendo requerimento administrativo, como no caso, este é o marco inicial dos efeitos financeiros do benefício assistencial. Nesse sentido: REsp n. 1610554/SP, Rel. Ministra Regina Helena Costa, Primeira Turma, julgado em 18-4-2017, *DJe* 25-9-2016, *DJe* 6-10-2016 e Pet n. 9.582/RS, Rel. Ministro Napoleão Nunes Maia Filho, Primeira Seção, julgado em 26-8-2015, *DJe* 16-9-2015. III – Correta, portanto, a decisão que deu provimento ao recurso especial do Ministério Público Federal. IV – Agravo interno improvido (STJ – AgInt no REsp: 1662313 SP 2017/0063508-6, Rel. Min. Francisco Falcão, j. em 21-3-2019, T2 – 2ª Turma, publicado em *DJe* 27-3-2019).

## 3.6 Previdência Social

A Previdência Social, de caráter contributivo, deve atender aos nela inscritos, concedendo diversos benefícios e não apenas aposentadoria, pois tem por objetivo também proporcionar meios indispensáveis de subsistência ao segurado e aos seus dependentes, quando ocorrerem certas contingências previstas em lei.

## 3.7 Beneficiários

Os beneficiários devem ser entendidos em cada pilar da Seguridade Social. Assim, na Saúde, a conceituação é que qualquer pessoa pode ter acesso às prestações da saúde pública, inclusive um rico empresário, mesmo que tenha condições financeiras de pagar por atendimento privado de saúde. Já na Assistência Social, beneficiário é aquele que, reunindo os requisitos para perceber suas benesses, demonstra a necessidade econômica e social.

Por fim, na Previdência Social o conceito de beneficiário está no art. 10 da Lei n. 8.213/91, que os classifica como segurados e dependentes.

**PREVDICA:**

Dentro das diferentes áreas da Seguridade Social, a Previdência Social é a única que impõe a obrigatoriedade de contribuição por parte dos próprios beneficiários.

## 3.8 Conselho Nacional de Previdência Complementar – CNPC

O Conselho Nacional de Previdência Complementar - CNPC é o atual órgão cuja função é regular o regime de previdência complementar operado pelas Entidades Fechadas de Previdência Complementar, nova denominação do Conselho de Gestão da Previdência Complementar.

Criado pelo Decreto n. 7.123/2010, juntamente com a Câmara de Recursos da Previdência Complementar - CRPC, para substituir o extinto Conselho de Gestão da Previdência Complementar - CGPC.

### *3.8.1 Estrutura do CNPC*

O CNPC é composto por seis representantes do setor público e três do setor privado, sendo o Ministro de Estado da Previdência Social o presidente (atualmente, a Previdência faz parte do Ministério da Economia, motivo pelo qual o atual Presidente do CNPC é o Ministro da Economia). Os demais membros são compostos da seguinte forma:

Representante da Superintendência Nacional de Previdência Complementar (Previc);

Representante da Casa Civil;

Representante da Secretaria de Políticas de Previdência Complementar (SPPC) do Ministério da Previdência;

Representante do Ministério do Planejamento, Orçamento e Gestão;

Representante da Secretaria Especial de Fazenda;

Representante das Entidades Fechadas de Previdência Complementar;

Representante dos Patrocinadores e Instituidores dos planos de benefícios das Entidades Fechadas de Previdência Complementar;

Representante dos Participantes e Assistidos dos planos de benefícios das Entidades Fechadas de Previdência Complementar.

## 3.9 Conselho Nacional de Previdência Social – CNPS

É o órgão superior de deliberação colegiada, que tem como principal objetivo estabelecer o caráter democrático e descentralizado da administração, em cumprimento ao disposto no art. 194 da Constituição, com a redação dada pela EC n. 20/98, que preconiza uma gestão quadripartite, com a participação do Governo, dos trabalhadores em atividade, dos empregadores e dos aposentados.

Criado pela Lei n. 8.213, de 24 de julho de 1991, o Conselho de Previdência vem, ao longo do tempo, aprimorando sua atuação no acompanhamento e na avaliação dos planos e programas que são realizados pela administração, na busca de melhor desempenho dos serviços prestados à clientela previdenciária.

Além disso, também serve como suporte para as decisões judiciais, nota-se:

> EMENTA: AGRAVO INTERNO NO RECURSO EXTRAORDINÁRIO. DIREITO TRIBUTÁRIO. CONTRIBUIÇÃO PARA O SEGURO DE ACIDENTE DE TRABALHO - SAT. ALÍQUOTA. FIXAÇÃO A PARTIR DE PARÂMETROS ESTABELECIDOS POR REGULAMENTAÇÃO DO CONSELHO NACIONAL DE PREVIDÊNCIA SOCIAL - CNPS. FATOR ACIDENTÁRIO DE PREVENÇÃO – FAP E GRAU DE RISCOS AMBIENTAIS DO TRABALHO - RAT - LEI FEDERAL 10.666/2003 E DECRETO 6.957/2009. VALIDADE. TEMA 554 DE REPERCUSSÃO GERAL. RE 677.725. ENQUADRAMENTO DA EMPRESA NO RESPECTIVO GRAU DE RISCO ACIDENTÁRIO. LEGISLAÇÃO INFRACONSTITUCIONAL. OFENSA INDIRETA À CONSTITUIÇÃO. FATOS E PROVAS. REEXAME. IMPOSSIBILIDADE. SÚMULA 279 DO STF. AGRAVO INTERNO DESPROVIDO. HONORÁRIOS ADVOCATÍCIOS MAJORADOS AO MÁXIMO LEGAL EM DESFAVOR DA PARTE RECORRENTE, CASO AS INSTÂNCIAS DE ORIGEM OS TENHAM FIXADO, NOS TERMOS DO ARTIGO 85, § 11, DO CÓDIGO DE PROCESSO CIVIL, OBSERVADOS OS LIMITES DOS §§ 2º E 3º E A EVENTUAL CONCESSÃO

DE JUSTIÇA GRATUITA. MANIFESTO INTUITO PROTELATÓRIO. IMPOSIÇÃO DE MULTA DE 5% (CINCO POR CENTO) DO VALOR ATUALIZADO DA CAUSA, NOS TERMOS DO ART. 1.021, § 4º, DO CÓDIGO DE PROCESSO CIVIL, CASO SEJA UNÂNIME A VOTAÇÃO (STF – RE: 1.230.051 SC, Rel. Min. Luiz Fux, j. em 22-8-2023, 1ª Turma, publicado em PROCESSO ELETRÔNICO *DJe*-s/n, divulgado em 30-8-2023, publicado em 31-8-2023).

### *3.9.1 Membros*

Segundo a Lei n. 8.213/91, em seu art. 3º, o CNPS terá como membros os seguintes indivíduos:

- Seis representantes do Governo Federal;
- Nove representantes da sociedade civil, sendo:
  a) três representantes dos aposentados e pensionistas;
  b) três representantes dos trabalhadores em atividade;
  c) três representantes dos empregadores.

**PREVDICA:**

Os membros do CNPS e seus respectivos suplentes serão nomeados pelo Presidente da República, tendo os representantes titulares da sociedade civil mandato de dois anos, podendo ser reconduzidos, de imediato, uma única vez.

## 3.10 Conselho Nacional de Assistência Social – CNAS

Instituído pela Lei Orgânica da Assistência Social – LOAS – Lei n. 8.742/93, é um órgão superior de deliberação colegiada, vinculado à estrutura do órgão da Administração Pública Federal responsável pela coordenação da Política Nacional de Assistência Social, atualmente o Ministério da Cidadania. Seus membros são nomeados pelo Presidente da República, com mandato de dois anos, permitida uma única recondução por igual período.

### *3.10.1 Composição do CNAS*

Composto por 18 (dezoito) membros e respectivos suplentes, cujos nomes são indicados ao órgão da Administração Pública Federal responsável pela coordenação da Política Nacional de Assistência Social, de acordo com os critérios seguintes:

- 9 (nove) representantes governamentais, incluindo 1 (um) representante dos Estados e 1 (um) dos Municípios;
- 9 (nove) representantes da sociedade civil, dentre representantes dos usuários ou de organizações de usuários, das entidades e organizações de assistência social e dos

trabalhadores do setor, escolhidos em foro próprio sob fiscalização do Ministério Público Federal.

A presidência do CNS é feita por um de seus integrantes, eleito pelos seus membros, com mandato de um ano, permitida uma única recondução por igual período, e conta também com uma Secretaria Executiva, com sua estrutura disciplinada em ato do Poder Executivo.

### *3.10.2 Competência do CNAS*

As competências do Conselho Nacional de Assistência Social são:

- Aprovar a Política Nacional de Assistência Social.
- Normatizar as ações e regular a prestação de serviços de natureza pública e privada no campo da assistência social.
- Apreciar relatório anual que conterá a relação de entidades e organizações de assistência social certificadas como beneficentes e encaminhá-lo para conhecimento dos Conselhos de Assistência Social dos Estados, Municípios e do Distrito Federal.
- Zelar pela efetivação do sistema descentralizado e participativo de assistência social.
- A partir da realização da II Conferência Nacional de Assistência Social em 1997, convocar ordinariamente a cada quatro anos a Conferência Nacional de Assistência Social, que terá a atribuição de avaliar a situação da assistência social e propor diretrizes para o aperfeiçoamento do sistema.
- Apreciar e aprovar a proposta orçamentária da Assistência Social a ser encaminhada pelo órgão da Administração Pública Federal responsável pela coordenação da Política Nacional de Assistência Social.
- Aprovar critérios de transferência de recursos para os Estados, Municípios e Distrito Federal, considerando, para tanto, indicadores que informem sua regionalização mais equitativa, tais como: população, renda *per capita*, mortalidade infantil e concentração de renda, além de disciplinar os procedimentos de repasse de recursos para as entidades e organizações de assistência social, sem prejuízo das disposições da Lei de Diretrizes Orçamentárias.
- Acompanhar e avaliar a gestão dos recursos, bem como os ganhos sociais e o desempenho dos programas e projetos aprovados.
- Indicar o representante do Conselho Nacional de Assistência Social (CNAS) junto ao Conselho Nacional da Seguridade Social.
- Estabelecer diretrizes, apreciar e aprovar os programas anuais e plurianuais do Fundo Nacional de Assistência Social (FNAS).
- Divulgar, no Diário Oficial da União, todas as suas decisões, bem como as contas do Fundo Nacional de Assistência Social (FNAS) e os respectivos pareceres emitidos.

## 3.11 Conselho de Recursos da Previdência Social – CRPS

O Conselho de Recursos da Previdência Social - CRPS é órgão colegiado instituído para exercer o controle jurisdicional das decisões do Instituto Nacional do Seguro Social - INSS nos processos de interesse dos beneficiários do Regime Geral de Previdência Social e das empresas; e nos relacionados aos benefícios assistenciais de prestação continuada previstos no art. 20 da Lei n. 8.742/93.

**PREVDICA:**
O CRPS desempenha uma função essencial perante a sociedade, em defesa do interesse público, visando à concessão de benefícios àqueles beneficiários/recorrentes que detenham o direito postulado.

Representa uma via importante para a solução de conflitos, considerando-se a inexistência de custas processuais; o rito administrativo mais célere, norteado especialmente pelos princípios da legalidade e da verdade material; a capilaridade do Órgão em todo o território nacional, e aplicação do sistema eletrônico como instrumento de transparência, maior controle, gestão e qualidade da prestação jurisdicional.

Sobre o teor jurisprudencial, temos:

> PREVIDENCIÁRIO. MANDADO DE SEGURANÇA. LEGITIMIDADE PASSIVA DA AUTORIDADE COATORA. RECONHECIDA. RECURSO ADMINISTRATIVO. PRAZO RAZOÁVEL. 1. Embora a apreciação do recurso endereçado à Junta de Recursos da Previdência Social não se insira na competência jurídica do INSS, sendo sua movimentação e exame preliminar competência da Gerência-Executiva do INSS da localidade, tem essa autoridade legitimidade para figurar no polo passivo de mandado de segurança, quando, como no caso, resta caracterizado o excesso de prazo no processamento e análise do recurso em primeira instância, antes de seu encaminhamento ao CRPS (Conselho de Recursos da Previdência Social). 2. O processamento do pedido administrativo deve ser realizado em prazo razoável, independentemente dos eventuais percalços administrativos do INSS, que não podem vir em prejuízo do segurado, em virtude da necessidade de prestação do serviço público de modo adequado e eficiente (TRF-4 – AC: 50004213820204047215, Rel. Min. Jairo Gilberto Schafer, j. em 19-8-2022, 9ª Turma).

### *3.11.1 Composição do CRPS*

- 29 Juntas de Recursos, situadas nos Estados da Federação, para fins de julgar os recursos ordinários interpostos contra as decisões do INSS.
- 4 Câmaras de Julgamento, sediadas em Brasília-DF, para julgar os recursos especiais interpostos contra as decisões proferidas pelas Juntas de Recursos.
- Conselho Pleno, com competência para:

  I – uniformizar, em tese, a jurisprudência administrativa previdenciária e assistencial, mediante emissão de Enunciados (art. 3º, I, e arts. 61 e 62 do RI);

II – uniformizar, no caso concreto, as divergências jurisprudenciais entre as Juntas de Recursos nas matérias de sua alçada; ou entre as Câmaras de julgamento, em sede de Recurso Especial, mediante a emissão de Resolução;

III – decidir, no caso concreto, as Reclamações ao Conselho Pleno, mediante a emissão de Resolução (art. 3º, II, e art. 63 do RI); e

IV – decidir questões administrativas definidas no Regimento.

## 3.12 Conselho Administrativo de Recursos Fiscais – CARF

O Conselho Administrativo de Recursos Fiscais – CARF foi criado pela MP n. 449/2008, convertida na Lei n. 11.941, de 27 de maio de 2009, e instalado mediante Portaria MF n. 41, de 2009, cujo Regimento Interno foi aprovado pela Portaria MF n. 256, de 22 de junho de 2009.

O objetivo do órgão é assegurar à sociedade imparcialidade e celeridade na solução dos litígios tributários.

Vejamos:

ASSUNTO: NORMAS GERAIS DE DIREITO TRIBUTÁRIO Ano-calendário: 2006 RECURSO DE OFÍCIO. VALOR DE ALÇADA. ÉPOCA DA APRECIAÇÃO DO RECURSO. SÚMULA CARF N. 103. NÃO CONHECIMENTO. Constatado que o Recurso de Ofício tem como objeto valor inferior ao limite de alçada na data de sua apreciação, então não deve ele ser conhecido, nos termos da Súmula 103 do CARF. AUTO DE INFRAÇÃO. ALEGAÇÃO DE INFRAÇÃO A DISPOSITIVOS CONSTITUCIONAIS. CONTROLE DE CONSTITUCIONALIDADE. IMPOSSIBILIDADE DE ANÁLISE. INCOMPETÊNCIA DO CARF. NÃO CONHECIMENTO. Nos termos da Súmula 2 do CARF, bem como do art. 26-A do Dec. 70.235/72, o CARF não tem competência para efetuar controle de constitucionalidade. Assim, os argumentos que versem sobre tal matéria no Recurso Voluntário não devem ser conhecidos. PEDIDO DE ARQUIVAMENTO DA REPRESENTAÇÃO FISCAL PARA FINS PENAIS. SÚMULA CARF N. 28. INCOMPETÊNCIA. NÃO CONHECIMENTO. De acordo com a Súmula CARF n. 28, este Órgão "não é competente para se pronunciar sobre controvérsias referentes a Processo Administrativo de Representação Fiscal para Fins Penais". Havendo alegações recursais contrárias às disposições sumulares relativas à competência, não deve a referida parte do Recurso ser conhecido. LANÇAMENTO. ALEGAÇÃO DE PRESUNÇÃO. NÃO CONSTATAÇÃO. REGULARIDADE NOS ATOS ADMINISTRATIVOS. MANUTENÇÃO DOS AUTOS DE INFRAÇÃO. Não constatada irregularidade nos atos administrativos relativos ao lançamento, devem ser mantidos os autos de infração (CARF 15.956.720.163.201.313 1402-006.453, Rel. Luciano Bernart, j. em 20-6-2023, publicado em 1º-8-2023).

## 3.13 Instituto Nacional do Seguro Social – INSS

O Instituto Nacional do Seguro Social – INSS foi instituído com base na Lei n. 8.029/90 e criado em 27 de junho de 1990, por meio do Decreto n. 99.350. Trata-se de autarquia vinculada atualmente ao Ministério da Economia para a manutenção do Regime Geral da Previdência Social (art. 201 da CF).

**PREVDICA:**

Além do Regime Geral de Previdência Social, os estados e municípios têm a prerrogativa de estabelecer seus próprios regimes previdenciários, financiados por contribuições específicas.

## 3.14 INSS – Criação

O INSS, autarquia federal, com sede e foro no Distrito Federal, tem como atribuições:

- conceder e manter os benefícios e serviços previdenciários;
- emitir certidões relativas a tempo de contribuição perante o RGPS;
- gerir os recursos do Fundo do Regime Geral de Previdência Social; e
- calcular o montante das contribuições incidentes sobre a remuneração e demais rendimentos dos trabalhadores, devidas por estes, pelos empregadores domésticos e pelas empresas com vistas à concessão ou revisão de benefício requerido.

O INSS passou a se dedicar às atividades de prestação de serviços aos beneficiários da Previdência Social, concentrando sua atividade na concessão, manutenção e pagamento de benefícios.

O INSS foi criado pelo Decreto n. 99.350, de 27 de junho de 1990, mediante a fusão do Instituto de Administração Financeira da Previdência e Assistência Social (IAPAS), com o Instituto Nacional de Previdência Social (INPS).

Responsável pela operacionalização do reconhecimento dos direitos da clientela do Regime Geral de Previdência Social (RGPS), que atualmente abrange mais de 40 milhões de contribuintes, o Instituto possui em seu quadro administrativo quase 40.000 servidores ativos, lotados em todas as regiões do País, que atendem presencialmente mais de quatro milhões de pessoas todos os meses. Conta com uma rede altamente capilarizada, de cerca de 1.200 unidades de atendimento, as chamadas Agências da Previdência Social (APS), presentes em todos os Estados da Federação.

Tem como objetivo minimizar as desigualdades sociais.

A renda transferida pela Previdência é utilizada para assegurar o sustento do trabalhador e de sua família quando ele perde a capacidade de trabalho por motivo de doença, acidente, gravidez, prisão, morte ou idade avançada.

### *3.14.1 Cobrança das contribuições*

Parte das contribuições são efetivadas por desconto na folha de pagamento, antes de o funcionário da empresa receber o valor total de seu salário. Mas existe um limite máximo para o desconto do INSS. Quando o empregado tiver como salário um valor superior ao limite máximo de contribuição, só é admissível descontar do salário um valor estabelecido, chamado de teto. Mesmo ganhando mais, não poderá contribuir com mais dinheiro.

### *3.14.2 Tipos de contribuintes*

- Empregado, em termos gerais, quem trabalha para empresa, subordinado a ela, mediante remuneração.
- Empregado doméstico, quem trabalha em uma residência, para pessoa física ou família, sem fins lucrativos (ex.: jardineiro).
- Trabalhador avulso, pessoa que presta serviço de natureza urbana ou rural, eventualmente, para uma ou mais empresas, sem vínculo empregatício, mediante remuneração, intermediada por sindicato da categoria ou, quando se tratar de atividade portuária, do Órgão Gestor de Mão de Obra.
- Contribuinte individual, subdivide-se em três: contribuinte individual que, trabalhando por conta própria, presta serviço a pessoa física; contribuinte individual que, trabalhando por conta própria, presta serviço a pessoa jurídica; e contribuinte individual cooperado.
- Segurado especial, trabalhadores rurais, pequenos agricultores e pescadores.
- Segurado facultativo, aquele que tem mais de 16 anos, não tem renda própria, mas decide contribuir.

### *3.14.3 Segurados obrigatórios*

Segurados obrigatórios são todos aqueles trabalhadores citados no art. 11 da Lei n. 8.213/91, quais sejam:

- trabalhadores empregados;
- trabalhador empregado doméstico;
- trabalhador contribuinte individual;
- trabalhador avulso;
- trabalhador segurado especial.

Abaixo, vejamos uma decisão sobre a obrigatoriedade do menor aprendiz em ser considerado segurado para fins do RGPS, e o quanto essa classificação é importante na aplicação prática:

> RECURSO CONTRA A SENTENÇA. PREVIDENCIÁRIO. AUXÍLIO POR INCAPACIDADE TEMPORÁRIA. CONTRIBUIÇÕES INFERIORES AO MÍNIMO. ART. 195, § 14, DA CF. MENOR APRENDIZ. SEGURADO OBRIGATÓRIO. SALÁRIO MINIMO HORA. 1. O § 14 do art. 195 da CF-88 exige a complementação ou agrupamento de contribuições recolhidas abaixo do mínimo legal apenas para o fim de contagem de tempo de contribuição, nada dispondo em relação à manutenção da qualidade de segurado e carência 2. O menor aprendiz é segurado obrigatório do RGPS e não pode ser desconsiderado o fato de que sua remuneração é realizada com base no salário mínimo hora, tal como prevê o § 2º do art. 428 da CLT. 3. Sentença anulada (TRF-4 – RECURSO CÍVEL: 50.095.356.020.224.047.205 SC, Rel. Min. Luísa Hickel Gamba, j. em 27-2-2023, 1ª Turma Recursa de SC).

### *3.14.4 Segurados facultativos*

Aqueles disciplinados no art. 11 do Decreto n. 3.048/99. O segurado facultativo deve ser maior de 16 anos de idade e se filiar ao Regime Geral de Previdência Social, mediante contribuição, desde que não esteja exercendo atividade remunerada que o enquadre como segurado obrigatório da Previdência Social. O facultativo passa a ser segurado quando paga a primeira contribuição, se filiado.

De acordo com § 1º do art. 11 do Decreto, podem filiar-se facultativamente, entre outros:

- dona de casa;
- síndico de condomínio, quando não remunerado;
- estudante;
- brasileiro que acompanha cônjuge que presta serviço no exterior;
- aquele que deixou de ser segurado obrigatório da Previdência Social;
- membro de conselho tutelar, quando não esteja vinculado a qualquer regime de previdência social;
- bolsista e o estagiário que prestam serviços a empresa de acordo com a Lei n. 6.494/77;
- bolsista que se dedique em tempo integral a pesquisa, curso de especialização, pós-graduação, mestrado ou doutorado, no Brasil ou no exterior, desde que não esteja vinculado a qualquer regime de previdência social;
- presidiário que não exerce atividade remunerada nem esteja vinculado a qualquer regime de previdência social;
- brasileiro residente ou domiciliado no exterior, salvo se filiado a regime previdenciário de país com o qual o Brasil mantenha acordo internacional; e
- segurado recolhido à prisão sob regime fechado ou semiaberto, que, nessa condição, preste serviço, dentro ou fora da unidade penal, a uma ou mais empresas, com ou sem intermediação da organização carcerária ou entidade afim, ou que exerce atividade artesanal por conta própria.

# 4

# Custeio e contribuintes da Seguridade Social

Há duas espécies diferentes de relações que decorrem da aplicação da legislação previdenciária: a relação de custeio e a relação de prestação.

## 4.1 Relação de custeio

Nesse tipo de relação o Estado impõe, de maneira coercitiva, a obrigação de que as pessoas consideradas como contribuintes do sistema de seguridade pela norma jurídica – logo, contribuintes também da Previdência Social – vertam seus aportes, conforme as regras estabelecidas.

## 4.2 Relação de prestação

Nessa espécie de relação, o Estado é forçado pela lei a cumprir uma obrigação de dar, isto é, pagar benefício, ou de fazer, qual seja, prestar serviço tantos aos segurados quanto aos dependentes que o requeiram, desde que preenchidos os requisitos legais para a obtenção do direito.

Vejam que tal ideia traz embutido o conceito previsto no art. 195, § 5º, da Constituição Federal, que é a regra da contrapartida.

Esta não deve ser vista apenas pela vertente do custeio, ou seja, apenas no fato de a fonte de custeio ser essencial para criar, majorar ou estender os benefícios e serviços da Seguridade Social, mas também, a nosso sentir, deve ser vista pela vertente da prestação, é dizer: preenchidos os requisitos legais para a sua obtenção, devem eles ser concedidos.

No sistema contributivo, a receita da Previdência Social decorre de contribuições realizadas com destinação específica para o financiamento das ações no campo da proteção social. Isso significa que, muito embora as demais contribuições sociais do art. 195 também se destinem à Previdência Social, as contribuições previdenciárias e, também, as patronais se destinam única e exclusivamente aos seus cofres por força do art. 167, XI.

## 4.3 Obrigação previdenciária

Obrigação previdenciária de custeio é espécie do gênero obrigação tributária. Decorre da relação jurídica representada pelo vínculo entre o ente público encarregado pela arrecadação das contribuições, acréscimos de mora e penalidades pecuniárias devidos e o responsável pelo cumprimento das obrigações previstas em lei, relativas ao recolhimento de contribuições previdenciárias, acréscimos de mora ou pagamento das penalidades pecuniárias decorrentes do descumprimento de obrigações.

**PREVDICA**:
A obrigação de custeio possui natureza tributária e decorre de norma legal prévia que prevê as hipóteses de incidência.

A obrigatoriedade de participação no sistema é uma exigência para que as pessoas possam usufruir dos benefícios e serviços estipulados por lei. É essencial que haja comprovação das contribuições ou, no mínimo, que se enquadrem como segurados obrigatórios para essa finalidade.

Isso está umbilicalmente atrelado ao princípio da seletividade e distributividade, pois, em sendo a contribuição previdenciária vista como exigência para a manutenção da qualidade de segurado, é preciso que haja contribuição para se ter direito ao benefício.

Por outro lado, existem pessoas que têm a obrigação de contribuir simplesmente porque a lei impõe essa responsabilidade a elas. Nesses casos, essa obrigação é fundamentada no princípio da solidariedade, que serve de base para a Previdência Social. Essa solidariedade é embasada na teoria do risco social, que estabelece que toda a sociedade deve compartilhar o encargo de prover o sustento daqueles que estão incapacitados para o trabalho.

A teoria do risco social mitiga a regra da contrapartida, já que estamos num sistema de repartição simples em que a solidariedade social impera.

Explico: é certo que a contribuição dos trabalhadores custeia os benefícios dos que estão na inatividade e, ainda que se vertam recolhimentos à Previdência Social, pode um segurado falecer sem nunca ter se utilizado de qualquer benefício previdenciário e sem deixar dependentes para a pensão por morte, ao passo que um jovem trabalhador que verteu uma única contribuição pode se valer de benefício por incapacidade em casos em que a carência lhe é dispensada.

Dentre essas pessoas obrigadas a contribuir estão as empresas, que contribuem sobre a folha de pagamento de seus trabalhadores, faturamento e lucro, bem como o empregador doméstico e o produtor rural, que também devem contribuir para o regime previdenciário.

**PREVDICA**:
Esse também é o motivo para a cobrança de contribuições sobre apostas em concursos de prognósticos.

## 4.4 Relação de custeio – Obrigação

Precedida de legislação e não regida pela vontade de particulares, a relação obrigacional de custeio é autônoma com referência à relação jurídica de prestação previdenciária.

Feijó Coimbra nos ensina que:

> nesta, que ora examinamos, sujeito ativo é o Estado, passivo o cidadão ou a empresa, e objeto material da prestação a quantia em dinheiro devida pelo sujeito passivo ao ativo. Não há correspondência entre a obrigação de custeio e a de amparo. (...) A obrigação de recolher contribuições não é, na maior parte dos casos, nem mesmo condição para o exercício do direito à prestação. Em decorrência, a relação de custeio é autônoma, forma-se e se extingue por modos e em ocasiões diversas das que regulam as demais relações jurídicas de Direito Previdenciário[1].

Muito embora a obrigação de recolher contribuições não seja, na maior parte dos casos, condição para o exercício do direito à prestação, não se pode deixar de pensar que, por via indireta, a ela está atrelada. Afinal, a qualidade de segurado ocorre mediante o pagamento da contribuição previdenciária e, portanto, está umbilicalmente ligada à concessão do benefício previdenciário em face da seletividade e da distributividade.

## 4.5 Relação obrigacional tributária e previdenciária

A relação obrigacional de custeio se identifica com as obrigações tributárias. Nas duas, o sujeito ativo é um ente pertencente ao Estado (a União, no caso das contribuições à Seguridade Social), que se vale de sua supremacia para exigir o cumprimento da obrigação, coercitivamente. Ao sujeito passivo não é dada a possibilidade de mudar a incidência da norma, uma vez consumado o fato imponível, nem de transferir, por negócio entre particulares, o dever de prestar a devida contribuição.

### *4.5.1 Diferença entre contribuinte e segurado*

Esses dois termos possuem diferenças importantes no âmbito do direito previdenciário.

Contribuinte é o sujeito passivo da obrigação tributária, assim considerada qualquer pessoa, física ou jurídica, que está sujeita ao pagamento de tributo por determinação legal.

Na seara tributária usa-se a seguinte definição:

- Sujeito passivo da obrigação principal é a pessoa obrigada ao pagamento de tributo ou penalidade pecuniária (art. 121, *caput*, do CTN).
- Sujeito passivo da obrigação acessória é a pessoa obrigada às prestações que constituam o seu objeto (art. 122 do CTN).

O sujeito passivo da obrigação principal pode assumir a condição de contribuinte ou responsável.

---

1. *Direito previdenciário brasileiro*. 7. ed. Rio de Janeiro: Edições Trabalhistas, 1997, p. 235.

O contribuinte é a pessoa que tem relação pessoal e direta com a situação que constitua o respectivo fato gerador. Responsável é quem, sem revestir a condição de contribuinte, possua obrigação decorrente expressamente de lei (art. 121, parágrafo único, II, do CTN).

## 4.6 Segurados da Previdência Social

Os segurados da Previdência são os principais contribuintes do sistema de Seguridade Social previsto na ordem jurídica brasileira.

São contribuintes em função do elo jurídico que têm com o regime de previdência, uma vez que, para fazerem jus aos benefícios, devem teoricamente contribuir ao fundo comum.

Os segurados são classificados em obrigatórios e facultativos. Obrigatórios são os segurados de quem a lei obriga a participação no custeio e lhes dá, como contraprestação, quando presentes os requisitos, benefícios e serviços.

Os segurados obrigatórios são subdivididos quanto à responsabilidade pelo recolhimento do tributo contribuição previdenciária. Isso significa que nem sempre eles são revestidos da condição de responsáveis. É dizer, embora sejam contribuintes, tenham relação pessoal e direta com a situação que configura o fato gerador, não são os responsáveis pelo recolhimento.

Esse quadro bem ilustra o que foi dito, em que a figura do contribuinte, no caso o segurado, é aquela que tem relação direta com a hipótese de incidência, que nada mais é do que a situação jurídica que configura o fato gerador da obrigação tributária, que, no entanto, pode estar ou não revestido da responsabilidade de recolher a sua contribuição previdenciária.

Veja que, para o segurado obrigatório, a obrigação de pagar o tributo existe, sendo ele o sujeito passivo da relação de custeio, porém, a depender do seu tipo de filiação, a responsabilidade por efetuar o recolhimento será transferida para terceiros.

Eis o porquê de o CTN fazer a distinção entre contribuinte e responsável. Contribuinte, como já falado, possui relação direta com o objeto que constitui o respectivo fato gerador, ao passo que responsável é aquele que, sem se revestir da condição de contribuinte, ou seja, de devedor, está obrigado por lei a recolher o tributo.

Facultativos são aqueles que, não tendo regime previdenciário próprio (art. 201, § 5º, da CF, com a redação da EC n. 20/98), nem se enquadrando na condição de segurados obrigatórios do regime geral, resolvem contribuir para terem direito a benefícios e serviços.

A participação no sistema previdenciário, sendo obrigatória, acarreta também, compulsoriamente, o pagamento do tributo respectivo – a contribuição incidente sobre os ganhos do trabalho, seja ele assalariado, pago de forma avulsa, decorrente de prestação autônoma de serviços ou, ainda, como produtor rural enquadrado como segurado especial, sendo que, neste último caso, a contribuição se dá de forma diferenciada, conforme o § 8º do art. 195 da CF/88.

Segurados facultativos são as pessoas naturais maiores de 16 anos que se filiarem de forma não obrigatória ao RGPS, mediante contribuição feita na forma do art. 21 da Lei n. 8.212/91, com redação dada pela Lei n. 9.876/99.

Vejamos a aplicação na prática:

> PREVIDENCIÁRIO. APOSENTADORIA POR TEMPO DE CONTRIBUIÇÃO. CONTRIBUINTE FACULTATIVO. RECOLHIMENTO. REAFIRMAÇÃO DA DER DE OFÍCIO. POSSIBILIDADE. REQUISITOS CUMPRIDOS. BENEFÍCIO DEVIDO. 1. Antes da reforma da previdência (13-1-2019) para se aposentar por tempo de contribuição era necessário o cumprimento dos seguintes requisitos: (a) 35 anos de contribuição, se homem; ou 30 anos de contribuição, se mulher; e (b) 180 meses de carência. 2. Os períodos de recolhimento na qualidade de segurado facultativo constam no CNIS com a marcação de PREC-FACULTCONC no campo 'Indicadores', que significa 'Recolhimento ou período de contribuinte facultativo concomitante com outros vínculos'. Todavia, inexiste qualquer concomitância do período recolhido como facultativo com outros vínculos. 3. Ademais, as respectivas contribuições foram feitas em época própria e com a alíquota de 20% sobre o salário de contribuição, ou seja, no plano normal de contribuição. Logo, ao que se percebe, não há qualquer irregularidade nos referidos recolhimentos, não havendo óbice, portanto, ao referido reconhecimento. 4. Cabe verificar a possibilidade de reafirmação da DER, o que pode ser feito até mesmo de ofício, consoante definido no julgamento do Tema 995 do STJ. 5. É possível a análise do referido pleito nas hipóteses em que o segurado implementa todas as condições para a concessão do benefício após a conclusão do processo administrativo, admitindo-se cômputo do tempo de contribuição, inclusive quanto ao período posterior ao ajuizamento da ação, desde que observado o contraditório e fixado o termo inicial dos juros desde quando for devido o benefício. 6. Preenchidos os requisitos, o benefício de aposentadoria por tempo de contribuição é devido desde a DER reafirmada (TRF-4 – AC: 50.080.611.920.194.049.999, Rel. Min. Ana Cristina Ferro Blasi, j. em 11-7-2023, 11ª Turma).

**PREVDICA**:

Segurados facultativos não são considerados devedores de tributos, já que sua contribuição ao sistema se dá por mera opção, renovável a cada competência (nomenclatura típica atribuída pelo INSS para designar cada mês de contribuição).

## 4.7 Empresa e entidades equiparadas

Equipara-se à empresa, para fins previdenciários, de acordo com o art. 15, parágrafo único, da Lei n. 8.212/91, com a redação conferida pela Lei n. 13.202/2015:

> o contribuinte individual e a pessoa física na condição de proprietário ou dono de obra de construção civil, em relação a segurado que lhe presta serviço, bem como a cooperativa, a associação ou a entidade de qualquer natureza ou finalidade, a missão diplomática e a repartição consular de carreira estrangeiras.

A matrícula é o ato pelo qual as empresas (e pessoas a estas equiparadas) são cadastradas como contribuintes da Seguridade Social, sendo obrigatória, na forma do art. 49 da Lei n. 8.212/91, regulamentado pelo art. 256 do Decreto n. 3.048/99, cuja nova redação, dada pelo Decreto n. 6.722/2008, é a seguinte:

> Art. 256. A matrícula da empresa será feita:
>
> I – simultaneamente com a inscrição no Cadastro Nacional da Pessoa Jurídica; ou
>
> II – perante o Instituto Nacional do Seguro Social, no prazo de trinta dias contados do início de suas atividades, quando não sujeita a inscrição no Cadastro Nacional da Pessoa Jurídica.

De acordo com o art. 256-A do Decreto n. 3.048/99:

> A matrícula atribuída pela Secretaria da Receita Federal do Brasil ao produtor rural pessoa física ou segurado especial é o documento de inscrição do contribuinte, em substituição à inscrição no Cadastro Nacional de Pessoa Jurídica – CNPJ, a ser apresentado em suas relações:
>
> I – com o Poder Público, inclusive para licenciamento sanitário de produtos de origem animal ou vegetal submetidos a processos de beneficiamento ou industrialização artesanal;
>
> II – com as instituições financeiras, para fins de contratação de operações de crédito; e
>
> III – com os adquirentes de sua produção ou fornecedores de sementes, insumos, ferramentas e demais implementos agrícolas.

A matrícula de obras de construção civil será efetuada após prévia comunicação do responsável pela sua execução (construção, reforma, acréscimo ou demolição) e, ainda, de ofício, quando ocorrer omissão por parte da empresa ou do responsável pela obra.

Deverá ser emitida matrícula para cada consórcio simplificado de produtores rurais e para cada propriedade rural pertencente a um mesmo produtor rural, ainda que situadas no âmbito do mesmo Município, bem como para cada contrato com produtor rural, parceiro, meeiro, arrendatário ou comodatário. Na ocorrência de pessoas físicas explorarem, conjuntamente, com o auxílio de empregados, uma única propriedade rural, onde se dividem os riscos do empreendimento e os produtos colhidos, será atribuída apenas uma matrícula, em nome do produtor indicado na inscrição estadual.

A matrícula efetuada fora do prazo sujeita o infrator à multa aplicada na forma do Decreto n. 3.048/99, ressalvada a hipótese de sua regularização espontânea.

A Lei n. 11.941/2009 alterou alguns dispositivos da Lei n. 9.430/96 e também tratou da matéria relacionada à inscrição no CNPJ, prevendo a "baixa" desta em diversas hipóteses, nos termos e condições definidas pela Secretaria da Receita Federal do Brasil.

## 4.8 Empregador doméstico

O empregador doméstico é a pessoa física que admite a seu serviço, sem finalidade lucrativa, mediante remuneração, empregado doméstico (art. 15, II, da Lei n. 8.212/91), assim considerado aquele que presta serviços de maneira não eventual, no âmbito residencial, sem exploração de atividade econômica, por mais de dois dias por semana (art. 1º da LC n. 150/2015).

O tratamento dado ao empregador doméstico pela legislação previdenciária é diferente do dado para empresas, ressalvada a responsabilidade de arrecadar a contribuição do empregado doméstico a seu serviço e recolhê-la juntamente com a parcela a seu cargo.

Vejamos uma decisão sobre o tema:

> JUSTIÇA GRATUITA. CONCESSÃO AO EMPREGADOR DOMÉSTICO (PESSOA FÍSICA). De acordo com a jurisprudência do TST (Súmula 463, com redação adaptada ao novo CPC), para a concessão da assistência judiciária gratuita à pessoa natural, a declaração de insuficiência de recursos firmada pelo declarante ou por seu advogado, desde que munido de procuração com poderes específicos para esse fim, é suficiente para configurar a situação econômica. No caso dos autos, os reclamados são pessoas naturais, empregadores domésticos, e observa-se a declaração de hipossuficiência econômica. Ademais, verifica-se que os reclamados juntaram documentos que demonstram sua insuficiência de recursos. Assim, defere-se o benefício da justiça gratuita aos reclamantes, nos termos da Súmula n. 463 do TST. RECURSO ORDINÁRIO. PROCEDIMENTO SUMARÍSSIMO. AUSÊNCIA DE ARGUMENTOS APTOS À DESCONSTITUIÇÃO DA SENTENÇA. Analisando as razões da parte recorrente, observa-se que não foram apresentados argumentos aptos a desconstituir a decisão atacada (TRT-16 00.166.036.520.225.160.016, Rel. Des. James Magno Araújo Farias, publicado em 6-7-2023).

## 4.9 Segurado contribuinte individual

O contribuinte individual pode ser considerado como aquele que não se enquadrada em nenhuma outra categoria de segurado. Aquele que exerce atividade por conta própria é, em geral, considerado contribuinte individual.

Essa categoria inclui trabalhadores dos mais variados tipos, tais como: padres e ministros de confissão religiosa; vendedores autônomos; médicos autônomos; advogados autônomos; árbitros de futebol; garimpeiros; cooperados; e as mais variadas espécies de profissionais liberais que se possa imaginar.

De acordo com o Regulamento (Decreto n. 3.048/99):

Art. 9º São segurados obrigatórios da Previdência Social as seguintes pessoas físicas:

(...)

V – como contribuinte individual:

*a)* a pessoa física, proprietária ou não, que explora atividade agropecuária, a qualquer título, em caráter permanente ou temporário, em área, contínua ou descontínua, superior a quatro módulos fiscais; ou, quando em área igual ou inferior a quatro módulos fiscais ou atividade pesqueira ou extrativista, com auxílio de empregados ou por intermédio de prepostos; ou ainda nas hipóteses dos §§ 8º e 23 deste artigo;

*b)* a pessoa física, proprietária ou não, que explora atividade de extração mineral – garimpo –, em caráter permanente ou temporário, diretamente ou por intermédio de prepostos, com ou sem o auxílio de empregados, utilizados a qualquer título, ainda que de forma não contínua;

*c)* o ministro de confissão religiosa e o membro de instituto de vida consagrada, de congregação ou de ordem religiosa;

*d)* o brasileiro civil que trabalha no exterior para organismo oficial internacional do qual o Brasil é membro efetivo, ainda que lá domiciliado e contratado, salvo quando coberto por regime próprio de previdência social;

*e)* desde que receba remuneração decorrente de trabalho na empresa:

1. o empresário individual e o titular de empresa individual de responsabilidade limitada, urbana ou rural;
2. o diretor não empregado e o membro de conselho de administração de sociedade anônima;
3. o sócio de sociedade em nome coletivo; e
4. o sócio solidário, o sócio gerente, o sócio cotista e o administrador, quanto a este último, quando não for empregado em sociedade limitada, urbana ou rural;

*f)* o diretor não empregado e o membro de conselho de administração na sociedade anônima;

*g)* todos os sócios, nas sociedades em nome coletivo e de capital e indústria;

*h)* o sócio-gerente e o sócio cotista que recebam remuneração decorrente de seu trabalho e o administrador não empregado na sociedade por cotas de responsabilidade limitada, urbana ou rural;

*i)* o associado eleito para cargo de direção em cooperativa, associação ou entidade de qualquer natureza ou finalidade, bem como o síndico ou administrador eleito para exercer atividade de direção condominial, desde que recebam remuneração;

*j)* quem presta serviço de natureza urbana ou rural, em caráter eventual, a uma ou mais empresas, sem relação de emprego;

*l)* a pessoa física que exerce, por conta própria, atividade econômica de natureza urbana, com fins lucrativos ou não;

*m)* o aposentado de qualquer regime previdenciário nomeado magistrado classista temporário da Justiça do Trabalho, na forma dos incisos II do § 1º do art. 111 ou III do art. 115 ou do parágrafo único do art. 116 da Constituição Federal, ou nomeado magistrado da Justiça Eleitoral, na forma dos incisos II do art. 119 ou III do § 1º do art. 120 da Constituição Federal;

*n)* o cooperado de cooperativa de produção que, nesta condição, presta serviço à sociedade cooperativa mediante remuneração ajustada ao trabalho executado;

*o)* (*Revogado pelo Decreto n. 7.054, de 2009*);

*p)* o Microempreendedor Individual – MEI de que tratam os arts. 18-A e 18-C da Lei Complementar n. 123, de 14 de dezembro de 2006, que opte pelo recolhimento dos impostos e contribuições abrangidos pelo Simples Nacional em valores fixos mensais;

*q)* o médico participante do Projeto Mais Médicos para o Brasil, instituído pela Lei n. 12.871, de 22 de outubro de 2013, exceto na hipótese de cobertura securitária específica estabelecida por organismo internacional ou filiação a regime de seguridade social em seu país de origem, com o qual a República Federativa do Brasil mantenha acordo de seguridade social; e

*r)* o médico em curso de formação no âmbito do Programa Médicos pelo Brasil, instituído pela Lei n. 13.958, de 18 de dezembro de 2019.

A pessoa física que explora atividade agropecuária, em área de até quatro módulos fiscais, poderá se enquadrar como segurado especial caso cumpra uma série de requisitos. Se em área superior a quatro módulos fiscais, já é certo que será contribuinte individual.

**PREVDICA:**

O sócio só será considerado contribuinte individual se exercer algum tipo de atividade, de trabalho remunerado, e não pelo simples fato de receber cotas.

O síndico também só será considerado contribuinte individual se realizar atividade remunerada. Assim, caso não seja remunerado pelo seu trabalho, deve se filiar como facultativo. Mas deverá se inscrever como contribuinte individual caso seja isento da taxa condominial, pois essa isenção é tida como uma remuneração.

O cooperado que presta serviço à sociedade cooperativa é contribuinte individual. A cooperativa pode até ter empregados, como telefonistas ou recepcionistas, mas seus cooperados serão contribuintes individuais.

# 5

# Seguro social

A relação jurídica previdenciária, ou de seguro social, é aquela em que o credor é a pessoa filiada ao regime de previdência ou seus dependentes, e o devedor é o Estado, por meio da entidade cuja atribuição é a concessão de benefícios e serviços, ao contrário do que ocorre na relação de custeio.

O propósito da relação jurídica de seguro social é a entrega da prestação relativa ao fato ocorrido com o segurado, seja essa prestação uma obrigação de dar (o pagamento de benefícios previstos na Lei do Regime de Previdência Social) ou de fazer (a prestação de serviços de reabilitação profissional e as relativas ao serviço social).

## 5.1 Definição da relação de seguro social

A condição de beneficiário de um regime de Previdência resulta da atuação da vontade da lei. Trata-se de direito indisponível do indivíduo, de modo que, mesmo que o indivíduo não tenha interesse na proteção social concedida pelo regime, mas esteja inserido numa das hipóteses previstas na lei, será considerado como segurado ou como dependente, portanto, beneficiário do regime.

**PREVDICA**:
A inércia da pessoa que tem direito a benefício não lhe acarreta a caducidade do direito, exceto nas hipóteses enumeradas taxativamente – art. 103 da Lei n. 8.213/91.

A obrigação de conceder benefícios previdenciários não depende de qualquer análise subjetiva; não se leva em conta a intenção dolosa ou culposa do segurado, nem se investiga a intenção dele em causar a situação que leva ao pedido do benefício. A responsabilidade das entidades previdenciárias é estritamente objetiva, baseada na teoria do risco social, que não requer a avaliação das questões subjetivas relacionadas à causa do evento que dá origem ao direito ao benefício. Uma vez que os requisitos legais para a obtenção do benefício são cumpridos, as entidades previdenciárias não têm qualquer margem de discricionariedade na sua concessão. Não há espaço para a escolha por parte do administrador.

A concessão ou a negação do benefício sem justa causa é teoricamente considerada uma violação do dever funcional e pode ser interpretada como um crime de prevaricação. Nesse sentido, o agente público, além de violar suas responsabilidades éticas e profissionais, prejudica o solicitante, causando-lhe danos morais e patrimoniais devido à perda temporária ou permanente de sua subsistência.

A Previdência Social, por meio de suas entidades, órgãos e agentes, não está concedendo um favor aos beneficiários; ela está fornecendo um serviço público em sua forma mais adequada. Os benefícios e serviços concedidos não estão sujeitos a barganhas políticas ou a favorecimentos pessoais. A concessão ou não dos benefícios previdenciários é um ato completamente vinculado à legislação vigente.

## 5.2 Relação previdenciária com a filiação

Não há relação de seguro social sem filiação preexistente. Se na relação de custeio a obrigação de pagar contribuição social não se relaciona ao fato de ser, ou não, segurado do regime de previdência, na relação de prestação a regra é contrária. A proteção previdenciária só se consuma quando o indivíduo se encontra, compulsória ou facultativamente, filiado a um regime de Previdência Social.

Além do período de filiação, em alguns casos, depende o segurado do cumprimento do que se chama de "período de carência", isto é, um período mínimo de contribuições para ter direito a certos benefícios (tema a ser tratado em capítulo específico).

"Período de graça" é o lapso de tempo em que a filiação se prolonga mesmo que o segurado perca sua atividade laborativa, que o enquadrava como tal, durante certo tempo. Nesse período, mesmo não contribuindo para o regime, o indivíduo permanece com a qualidade de segurado.

O dependente, para ter direito ao benefício, não precisa ter sido inscrito pelo segurado previamente. A relação de dependência é de fato, ou seja, para que haja direito ao benefício, basta a prova da relação com o segurado quando da ocorrência do fato.

## 5.3 Relação de seguro social – Natureza jurídica

Toda relação de seguro social é direito indisponível, seja o indivíduo segurado ou dependente.

O direito às prestações da Previdência Social está, como um direito fundamental, de caráter alimentar, no rol dos direitos sociais.

A jurisprudência tem reconhecido que a demora na prestação do atendimento pelo INSS é motivo de reparação civil, tendo em vista tratar-se de grave violação a direitos fundamentais do indivíduo.

O financiamento da seguridade social será promovido por toda a sociedade de forma direta (como no pagamento das contribuições sociais) e indireta (como por meio de ações do Poder Público que são financiadas com recursos provenientes dos orçamentos da União, dos Estados, do Distrito Federal e dos Municípios).

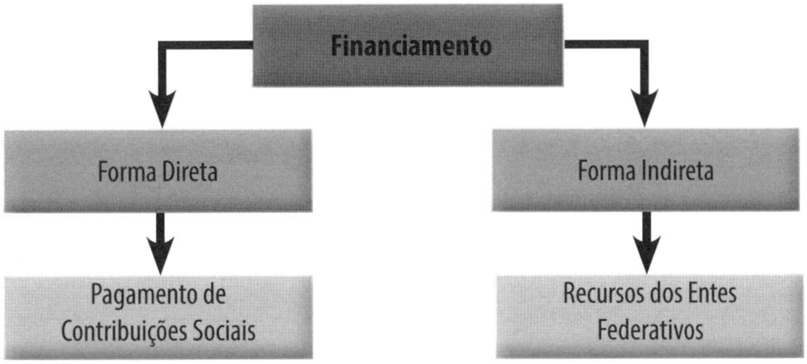


A União pode transferir receita destinada à Seguridade Social para os Estados, Distrito Federal e Municípios, mas nenhum deles pode transferir receita destinada à Seguridade Social para a União, já que suas receitas constarão dos respectivos orçamentos.

A contribuição do empregador incidirá sobre todo o rendimento, independentemente de qualquer limite. Além do mais, esse valor pode ser pago, devido ou creditado. O fato de o valor ser, por exemplo, somente devido ao empregado, não exime o empregador de sua contribuição. A propósito, não apenas ao empregado, mas a qualquer pessoa física que, mesmo sem vínculo empregatício, a ele preste serviço. O empregador também deverá contribuir para a seguridade social sobre sua receita ou faturamento e sobre seu lucro.

Os trabalhadores, incluindo aqui os contribuintes individuais, também devem contribuir para a Seguridade Social.

# 6

# Financiamento da Seguridade Social

O financiamento da Seguridade Social está previsto no art. 195 da CF como um dever imposto a toda a sociedade, de forma direta e indireta, mediante recursos provenientes dos orçamentos da União, dos Estados, do Distrito Federal, dos Municípios e de contribuições sociais.

O fato de um sistema de Previdência Social, como o da sociedade brasileira, depender, por via de regra, da contribuição de trabalhadores e empresários, resulta de uma contingência, ou seja, da impossibilidade prática de instalação, no País, de um regime mais amplo, de autêntica Seguridade Social, em que a responsabilidade pecuniária seja atribuída ao Estado.

O modelo de financiamento da Seguridade Social previsto na Constituição se baseia no sistema contributivo, em que pese ter o Poder Público participação no orçamento da Seguridade, por meio da entrega de recursos provenientes do orçamento da União e dos demais entes da Federação, para a cobertura de eventuais insuficiências do modelo, bem como para fazer frente a despesas com seus próprios encargos previdenciários, recursos humanos e materiais empregados.

Com relação ao orçamento da Seguridade Social, ele tem receita própria, que não se confunde com a receita tributária federal, aquela destinada exclusivamente para as prestações da Seguridade nas áreas da Saúde Pública, Previdência Social e Assistência Social, obedecida a Lei de Diretrizes Orçamentárias – LDO.

Deve ser objeto de deliberação conjunta entre os órgãos competentes – Conselho Nacional de Previdência Social, Conselho Nacional de Assistência Social e Conselho Nacional de Saúde –, e a gestão dos recursos é descentralizada por área de atuação.

Além das fontes de custeio previstas na Carta Magna, esta permite a criação de outras fontes, mediante lei complementar – conforme o art. 154, I –, seja para manter os benefícios já existentes, seja para financiar novos benefícios e serviços, sendo proibido ao legislador criar ou estender benefício ou serviço, ou aumentar seu valor, sem que institua fonte de custeio capaz de atender às despesas daí decorrentes (art. 195, § 5º).

De acordo com o inciso III do § 5º do art. 165 da Constituição, o orçamento da Seguridade Social é autônomo. Dessa maneira, as contribuições arrecadadas com base no art. 195

da Constituição ingressam diretamente nesse orçamento, não constituindo receita do Tesouro Nacional. Nesse sentido, discorreu Hugo de Brito Machado:

> As contribuições, com as quais os empregadores, os trabalhadores e os administradores de concurso de prognósticos financiam diretamente a seguridade social, não podem constituir receita do Tesouro Nacional precisamente porque devem ingressar diretamente no orçamento da seguridade social. Por isto mesmo, lei que institua contribuição social, com fundamento no art. 195, I, da Constituição Federal, indicando como sujeito ativo pessoa diversa da que administra a seguridade social, viola a Constituição[1].

Por isso, a Desvinculação de Receita da União - DRU (art. 76 do ADCT), que representa a destinação de 30% de toda e qualquer receita arrecadada pela União a despesas que fiquem a exclusivo critério do Poder Executivo, não poderia incidir sobre tais contribuições. Entendemos, em verdade, que a incidência da DRU sobre as outras contribuições à Seguridade Social (como a COFINS e a CSLL e as contribuições por adesão ao SIMPLES nacional) também registra grandes indicativos de inconstitucionalidade, já que atinge, a nosso ver, o comando constitucional originário de separação do orçamento da Seguridade Social, cujo sentido só poderia ser o de vincular tais receitas unicamente a gastos com Saúde, Assistência e Previdência, antes mesmo da promulgação da EC n. 20/98.

## 6.1 Sistema contributivo

Na relação de custeio da Seguridade Social, vigora o princípio de que todos que compõem a sociedade devem contribuir para a cobertura dos riscos advindos da perda ou redução da capacidade de trabalho ou dos meios de subsistência.

Essa relação jurídica é estatutária, obrigatória àqueles que a lei impõe, não sendo permitido à pessoa optar por não cumprir a obrigação de prestar a sua contribuição social.

No sistema não contributivo, os valores gastos com o custeio vêm diretamente do orçamento do Estado, que obtém recursos sem que haja cobrança de contribuições sociais, mas, entre outras formas, por meio da arrecadação de tributos.

Existem dois tipos de sistema contributivo, quais sejam:

1) sistema de capitalização, em que as contribuições individuais serão colocadas numa reserva ou conta individualizada e servirão apenas para o pagamento de benefícios aos próprios segurados (é o sistema adotado pelos planos de previdência complementar, privada);
2) sistema de repartição, hoje vigente no Brasil, no qual as contribuições são todas reunidas num fundo único, que serve para o pagamento das prestações no mesmo período, a quem delas necessite.

---

1. MACHADO, Hugo de Brito. *Curso de direito tributário*. 10. ed. São Paulo: Malheiros, 1995, p. 316.

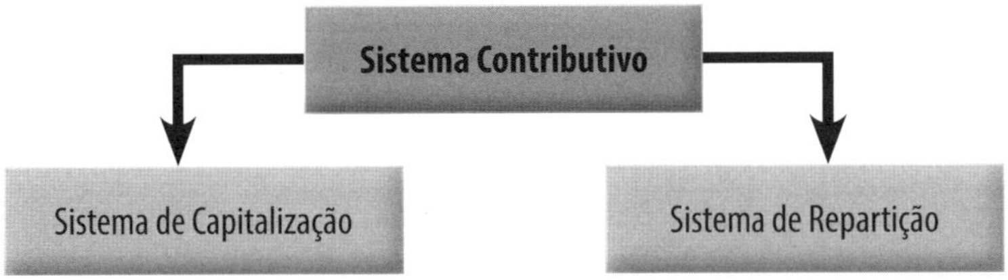


## 6.2 Participação da União

A Constituição Federal de 1988 prevê, no art. 195, *caput*, que a Seguridade Social será financiada por toda a sociedade, de forma direta e indireta, nos termos da lei, mediante recursos provenientes dos orçamentos da União, dos Estados, do Distrito Federal e dos Municípios, e das contribuições sociais que elenca.

O art. 165, § 5º, III, da Constituição determina que a lei orçamentária anual compreenderá "o orçamento da seguridade social, abrangendo todas as entidades e órgãos a ela vinculados, da administração direta ou indireta, bem como os fundos e fundações instituídos e mantidos pelo Poder Público".

A União não tem uma contribuição social, mas participa com dotações do seu orçamento à Seguridade Social, fixadas por Lei Orçamentária anual, além de ser responsável pela cobertura de eventuais insuficiências financeiras da Seguridade, em razão do pagamento de benefícios de prestação continuada pela Previdência Social (art. 16 e seu parágrafo único da Lei n. 8.212/91).

A União, para pagar os encargos previdenciários, é autorizada a utilizar-se dos recursos provenientes das contribuições incidentes sobre o faturamento e o lucro (art. 17 da Lei n. 8.212/91). Também podem ser usados os recursos da Seguridade Social para custear despesas com pessoal e administração geral do INSS, salvo os provenientes da arrecadação da contribuição sobre concursos de prognósticos, cuja destinação é somente para custeio dos benefícios e serviços prestados pela Seguridade Social (art. 18 da Lei n. 8.212/91).

## 6.3 Contribuições sociais

A Constituição Federal de 1988 abordou as contribuições sociais no capítulo destinado ao Sistema Tributário Nacional, tratando, no art. 149, das normas gerais sobre a instituição, e, no art. 195, das normas especiais em relação às contribuições para a Seguridade Social.

A competência para instituição de contribuições previdenciárias, ressalte-se, não é exclusiva da União, ampliando-se aos Estados, ao Distrito Federal e aos Municípios, para que instituam sistemas de previdência e assistência social próprios para seus servidores. Esses entes não podem, no entanto, criar regimes previdenciários para trabalhadores da iniciativa privada, cuja competência é exclusiva da União. Dessa maneira ensina Roque Antonio Carrazza:

> Os Estados, os Municípios e o Distrito Federal, enquanto organizam o sistema de previdência e assistência social de seus servidores, estão autorizados a instituir e a

cobrar-lhes contribuições previdenciárias. Sob a Constituição de 1967/69, tal cobrança já se perfazia, mas enxameavam as divergências acerca de sua constitucionalidade. Agora inexistem dúvidas de que não só a União como as demais pessoas políticas, para o custeio da previdência e assistência social de seus servidores, têm competência para criar suas próprias contribuições previdenciárias, obedecendo, *mutatis mutandis*, às diretrizes acima apontadas[2].

### *6.3.1 Conceito*

Contribuições sociais são valores a título de obrigações sociais, com que contribuem os filiados, e os que o Estado estabelece para manutenção e financiamento dos benefícios que fornece.

Trata-se de obrigação legal que se impõe a entidades e indivíduos para que contribuam para as despesas dos regimes de seguridade social, com base em determinados critérios legais.

A contribuição para a Seguridade Social é uma espécie de contribuição social, cuja receita tem por objetivo o financiamento das ações nas áreas da saúde, previdência e assistência social.

Além das contribuições previstas no parágrafo único do art. 195 do Decreto n. 3.048/99, acrescenta-se a do importador de bens ou serviços do exterior, ou de quem a lei a ele equiparar, acrescentada pela Emenda Constitucional n. 42/2003 (art. 195, IV, da CF) e regulada pela Lei n. 10.865/2004 e respectivas alterações, bem como as incidentes sobre bens e serviços, nos termos de lei complementar (art. 195, V, da CF), acrescentados pela Emenda Constitucional n. 132/2023.

### *6.3.2 Natureza jurídica*

A identificação da natureza jurídica das contribuições para a Seguridade Social possui uma importância relevante, já que auxilia a compreender as regras que lhes são aplicáveis.

Segundo nos ensina Wladimir Novaes Martinez,

> a natureza jurídica da exação previdenciária é área na qual o Direito Previdenciário mais se relaciona com o Direito Tributário. Sede de formidáveis divergências entre publicistas e presidencialistas, tem estimulado enormemente os estudiosos e propiciando respeitável contribuição doutrinária[3].

De acordo com a teoria fiscal, a contribuição para a Seguridade Social tem natureza tributária, por ser uma prestação pecuniária compulsória instituída por lei e cobrada pelo ente público arrecadador com o objetivo de custear as ações nas áreas da saúde, previdência e assistência social.

---

2. CARRAZZA, Roque Antonio. *Curso de direito constitucional tributário*. 9. ed. São Paulo: Malheiros, 1997, p. 351.
3. MARTINEZ, Wladimir Novaes. *Curso de direito previdenciário*. Tomo I – Noções de direito previdenciário. São Paulo: LTr, 1997, p. 241.

O fato de não se enquadrar como imposto, taxa ou contribuição de melhoria, espécies de tributos relacionados no art. 145 da CF e no art. 5º do CTN, não exclui sua natureza tributária, pois a instituição das contribuições sociais está disposta no art. 149 da Constituição, que faz parte do capítulo "Do Sistema Tributário Nacional".

Segundo a teoria parafiscal, a contribuição para a Seguridade Social teria a natureza da parafiscalidade, pois visa suprir os encargos do Estado, que não lhe sejam próprios, no caso, o pagamento de benefícios previdenciários. As receitas vão para um orçamento próprio, diferente do orçamento da União, e o destino dos recursos é o atendimento das necessidades sociais e econômicas de determinados grupos ou categorias econômicas e profissionais. Apesar de a imposição da contribuição ser compulsória, o regime especial de contabilização financeira afasta a natureza fiscal.

Pela teoria da exação *sui generis*, a contribuição à Seguridade Social não tem relação com o direito tributário, não possuindo natureza fiscal nem parafiscal. Trata-se de uma imposição estatal atípica de natureza jurídica especial, prevista na Constituição e na legislação ordinária.

Predomina na doutrina e na jurisprudência a orientação de que as contribuições destinadas ao financiamento da Seguridade Social possuem natureza jurídica tributária, já que se submetem ao regime constitucional peculiar dos tributos, ressalvada apenas a previsão do § 6º do art. 195 da CF.

### *6.3.3 Características gerais*

O art. 149 dispõe sobre as características gerais das contribuições sociais, que estabelece para a instituição o respeito às normas gerais do direito tributário e aos princípios da legalidade e da anterioridade, ressalvando, quanto a esse último, a regra especial relativa às contribuições para a Seguridade Social, cujo prazo de exigibilidade é de 90 dias após a publicação da lei que institui, modifica ou majora contribuição, conforme o art. 195, § 6º, da Constituição Federal.

As contribuições sociais estão sujeitas às normas gerais sobre legislação tributária, que estão previstas no Código Tributário Nacional – Lei n. 5.172, de 25 de outubro de 1966, que foi recepcionada pela Constituição de 1988 com o *status* de lei complementar.

A regulamentação das contribuições para a Seguridade Social prevista no art. 195 da Constituição Federal por meio de lei ordinária (Lei n. 8.212/91) tem sido admitida, desde que não haja desrespeito às regras gerais definidas na Constituição e no Código Tributário Nacional. As contribuições destinadas ao financiamento da Seguridade Social previstas nos incisos I, II, III e IV do art. 195 da Constituição podem ser instituídas por lei ordinária.

O princípio da anterioridade previsto no art. 150, III, *b*, da Constituição proíbe a cobrança de tributos no mesmo exercício financeiro em que haja sido publicada a lei que os instituiu ou aumentou. O exercício financeiro vai do dia 1º de janeiro até o dia 31 de dezembro de cada ano. Para as contribuições à Seguridade Social, a Constituição determinou a observância de uma norma de anterioridade especial (art. 195, § 6º), prevendo de que só poderão ser exigidas após decorridos 90 dias da data da publicação da lei que as houver instituído ou modificado, não se lhes aplicando o disposto no art. 150, III, *b*, podendo ser exigidas no mesmo exercício financeiro, desde que respeitada a anterioridade dos 90 dias.

A respeito da contagem do prazo nonagesimal (art. 195, § 6º, da CF), o STF (RE 453.490-AgRg) decidiu que ele é contado a partir da publicação da medida provisória que houver instituído ou modificado a contribuição.

# 7

# Seguridade Social – Isenção

A isenção vem colacionada no art. 195, § 7º, da CF.

Alguns doutrinadores entendem não se tratar se isenção, mas sim de imunidade.

A imunidade é uma limitação constitucional ao poder de tributar do Estado. Por meio dela, a Constituição suprime parcela do poder estatal/fiscal. É uma não incidência constitucionalmente qualificada.

Isso significa que, na imunidade a que a Constituição se refere no art. 150, VI, veda-se a instituição do próprio imposto às situações ali elencadas, ou seja, não há fato gerador, pois estamos diante de uma limitação constitucional do Estado ao poder de tributar. Em outras palavras, o crédito tributário nem sequer chega a existir, já que é a própria Carta Magna que prevê que sobre certo fato não poderá haver a incidência tributária.

Já a isenção, conforme o art. 175, I, do CTN, é uma hipótese de exclusão do crédito tributário. O crédito tributário existe, mas a lei dispensa o seu pagamento.

A concessão de isenção de contribuições previdenciárias a entidades filantrópicas é antiga e a Constituição de 1988 a manteve, mas limitou às entidades de assistência social, assim considerada a de utilidade pública, cujos diretores não percebessem remuneração. A Lei n. 8.212/91 estendeu o benefício às entidades que atuassem no ramo da saúde ou da educação (art. 55).

A Lei n. 9.732/98 alterou parte da redação do art. 55 da Lei n. 8.212/91, dificultando a concessão de isenção para as entidades filantrópicas.

A Lei n. 12.101/2009, por sua vez, revogou citado artigo, passando a dispor sobre a certificação das entidades beneficentes de Assistência Social e regulando os procedimentos de isenção de contribuições para a Seguridade Social.

Veja a aplicação prática deste tema:

TRIBUTÁRIO. IMUNIDADE. ART. 195, § 7º, DA CF. TEMA STF 32. NECESSIDADE DA ENTIDADE SER PORTADORA DO CEBAS. EFEITOS DO CEBAS. CONTRIBUIÇÃO PREVIDENCIÁRIA COTA PATRONAL. SAT/RAT E CONTRIBUIÇÕES

DESTINADAS A TERCEIROS (SENAC/SESC, SENAI/SESI, SEBRAE E INCRA). O STF, no julgamento do Tema 32, firmou o entendimento de que apenas lei complementar pode estabelecer requisitos para a imunidade tributária, atualmente o art. 14 do CTN, restando afastados os requisitos instituídos por leis ordinárias (n. 8.212/91 e n. 12.101/2009). Outrossim, o STF, no julgamento dos Embargos de Declaração no RE n. 566.622 (Tema 32) – 18-2-2019, entendeu que "A lei complementar é forma exigível para a definição do modo beneficente de atuação das entidades de assistência social contempladas pelo art. 195, § 7º, da CF, especialmente no que se refere à instituição de contrapartidas a serem por elas observadas". No entanto, nesse mesmo julgamento, o STF firmou entendimento de que é "constitucional o art. 55, II, da Lei n. 8.212/1991", dispositivo que exigia, como requisito para a imunidade tributária, que a entidade fosse portadora de CEBAS, previsão repetida no *caput* do art. 29 da Lei n. 12.101/2009. Assim, é regular a exigência do CEBAS, para os fins da imunidade do § 7º do art. 195 da CF. Quanto aos efeitos do CEBAS, o STF, no julgamento da ADI 4.480 (20-3-2020), declarou inconstitucional o art. 31 da Lei n. 12.101/2009 e reconheceu que o CEBAS retroage à data em que completados os requisitos da lei complementar, conforme já declarado pelo STJ na Súmula 612. E, nos termos do art. 3º, *caput*, da Lei n. 12.101/2009, a certificação ou sua renovação deve ser concedida à entidade beneficente que demonstre, no exercício fiscal anterior ao do requerimento, observado o período mínimo de 12 meses de constituição da entidade, o cumprimento dos requisitos legais. Portanto, os efeitos do CEBAS retroagem a 1º de janeiro do ano anterior ao ano do requerimento da certificação, pois em tal período é que devem ser comprovados os requisitos exigidos em lei, conforme prevê o art. 3º da Lei n. 12.101, de 2009. Dentre as contribuições disciplinadas no art. 22 da Lei n. 8.212/91, estão aquelas destinadas ao financiamento dos benefícios concedidos em razão do grau de incidência de incapacidade laborativa, decorrente dos riscos ambientais do trabalho (SAT-RAT), as quais são contribuições à seguridade social e, portanto, abrangidas pela imunidade prevista no § 7º do art. 195 da CF. As contribuições destinadas a terceiros (SENAC/SESC, SENAI/SESC, SEBRAE) enquadram-se como contribuições sociais gerais (art. 240 da CF), não estando abrangidas pela imunidade prevista no art. 195, § 7º, da Constituição Federal. A contribuição ao INCRA, sendo contribuição de intervenção no domínio econômico, também não está abrangida pela imunidade do art. 195, § 7º, da Constituição Federal (TRF-4 – APL: 50.026.789.720.194.047.012 PR, Rel. Des. Maria de Fátima Freitas Labarrère, j. em 16-5-2023, 2ª Turma).

## 7.1 Requisitos para a isenção/imunidade

A Lei n. 12.101/2009 trazia os requisitos para que a pessoa jurídica de direito privado beneficente de assistência social pudesse gozar da isenção das contribuições previdenciárias previstas nos arts. 22 e 23 da Lei n. 8.212/91, no seu art. 29 e incisos.

Ocorre, no entanto, que a citada lei foi inteiramente revogada pela Lei Complementar n. 187, de 16 de dezembro de 2021, que passou a ser a norma responsável por regular os procedimentos referentes à imunidade de contribuições à seguridade social de que trata o § 7º do art. 195 da Constituição Federal.

Os requisitos para poder gozar dessa benesse são cumulativos e estão elencados no art. 3º da citada Lei Complementar, a saber:

> Art. 3º Farão jus à imunidade de que trata o § 7º do art. 195 da Constituição Federal as entidades beneficentes que atuem nas áreas da saúde, da educação e da assistência social, certificadas nos termos desta Lei Complementar, e que atendam, cumulativamente, aos seguintes requisitos:
>
> I – não percebam seus dirigentes estatutários, conselheiros, associados, instituidores ou benfeitores remuneração, vantagens ou benefícios, direta ou indiretamente, por qualquer forma ou título, em razão das competências, das funções ou das atividades que lhes sejam atribuídas pelos respectivos atos constitutivos;
>
> II – apliquem suas rendas, seus recursos e eventual superávit integralmente no território nacional, na manutenção e no desenvolvimento de seus objetivos institucionais;
>
> III – apresentem certidão negativa ou certidão positiva com efeito de negativa de débitos relativos aos tributos administrados pela Secretaria Especial da Receita Federal do Brasil e pela Procuradoria-Geral da Fazenda Nacional, bem como comprovação de regularidade do Fundo de Garantia do Tempo de Serviço (FGTS);
>
> IV – mantenham escrituração contábil regular que registre as receitas e as despesas, bem como o registro em gratuidade, de forma segregada, em consonância com as normas do Conselho Federal de Contabilidade e com a legislação fiscal em vigor;
>
> V – não distribuam a seus conselheiros, associados, instituidores ou benfeitores seus resultados, dividendos, bonificações, participações ou parcelas do seu patrimônio, sob qualquer forma ou pretexto, e, na hipótese de prestação de serviços a terceiros, públicos ou privados, com ou sem cessão de mão de obra, não transfiram a esses terceiros os benefícios relativos à imunidade prevista no § 7º do art. 195 da Constituição Federal;
>
> VI – conservem, pelo prazo de 10 (dez) anos, contado da data de emissão, os documentos que comprovem a origem e o registro de seus recursos e os relativos a atos ou a operações realizadas que impliquem modificação da situação patrimonial;
>
> VII – apresentem as demonstrações contábeis e financeiras devidamente auditadas por auditor independente legalmente habilitado nos Conselhos Regionais de Contabilidade, quando a receita bruta anual auferida for superior ao limite fixado pelo inciso II do *caput* do art. 3º da Lei Complementar n. 123, de 14 de dezembro de 2006; e
>
> VIII – prevejam, em seus atos constitutivos, em caso de dissolução ou extinção, a destinação do eventual patrimônio remanescente a entidades beneficentes certificadas ou a entidades públicas.

Assim, temos um ponto a considerar aqui no que diz respeito à discussão doutrinária acerca da natureza jurídica do art. 195, § 7º, se de imunidade ou de isenção. Com o advento da citada Lei Complementar, tal celeuma parece ter sido resolvida. Afinal, acertadamente a classificou como imunidade.

É que o art. 150, VI, em suas alíneas *b* e *c*, diz respeito às entidades beneficentes de assistência social a que alude o § 7º do art. 195 e regulamentadas pela Lei Complementar n. 187/2021, tratando-se, pois, a nosso sentir, de verdadeira imunidade tributária, e não de isenção.

A certificação das entidades beneficentes de assistência social para obtenção da isenção das contribuições para a seguridade social, ou sua renovação, está regulamentada pelo art. 3º do Decreto n. 11.791, de 21 de novembro de 2023.

## 7.2 Isenção/imunidade – Limites

A isenção/imunidade alcança as contribuições relativas aos incisos I, III e IV do art. 195 e a referente ao art. 239, todos da Constituição Federal, devidas pela empresa ou pessoa jurídica de direito privado a ela equiparada, mas não atinge as contribuições dos segurados que prestam serviços, como empregados, avulsos, empresários, trabalhadores autônomos, ou a esses equiparados.

Estende-se a isenção/imunidade a todas as entidades mantidas, suas dependências, estabelecimentos e obras de construção civil da pessoa jurídica de direito privado beneficente, quando por ela executadas e destinadas a uso próprio.

No entanto, caso a isenção/imunidade seja concedida a uma pessoa jurídica, ela não é extensiva nem abrange outra pessoa jurídica, ainda que esta seja mantida por aquela, ou por ela controlada.

Todas as regras de arrecadação, fiscalização e cobrança de contribuições estabelecidas no Regulamento da Previdência Social são aplicáveis às pessoas jurídicas no exercício do direito.

## 7.3 Isenção/imunidade – Hipóteses de revisão

Caso haja o descumprimento pela entidade dos requisitos indicados na Lei Complementar n. 187/2021, a fiscalização da Secretaria da Receita Federal do Brasil lavrará o auto de infração relativo ao período correspondente e descreverá os acontecimentos que comprovem o não atendimento de tais requisitos para o gozo da isenção (art. 38, § 2º).

A Lei Complementar diz que a representação será dirigida à autoridade executiva federal responsável pela área de atuação da entidade e deverá conter a qualificação do representante, a descrição dos fatos a serem apurados, a documentação pertinente e as demais informações relevantes para o esclarecimento do seu objeto (art. 38, § 3º).

Constatada a prática de irregularidade pela entidade em gozo da imunidade, ou de ofício pela administração pública, será iniciado processo administrativo, observado o disposto em regulamento (art. 38, § 4º).

A certificação da entidade permanece válida até a data da decisão administrativa definitiva sobre o cancelamento da certificação da entidade beneficente (art. 38, § 5º).

Finalizado o processo administrativo de que trata o § 4º do art. 38 e cancelada a certificação, a Secretaria Especial da Receita Federal do Brasil será comunicada para que lavre o respectivo auto de infração ou dê continuidade ao processo administrativo fiscal a que se refere o § 2º do mesmo artigo, e os efeitos do cancelamento da imunidade tributária retroagirão à data em que houver sido praticada a irregularidade pela entidade (art. 38, § 6º).

Sem prejuízo das demais sanções previstas em lei, as obrigações para isenção são:

I – reter o valor das contribuições dos segurados empregados e trabalhadores avulsos a seu serviço, mediante dedução da respectiva remuneração, observados os limites do salário de contribuição, e efetuar o recolhimento no prazo previsto em lei;

II – reter o valor da contribuição do segurado contribuinte individual a seu serviço, correspondente a 20% de sua remuneração, mediante dedução desta, e efetuar o recolhimento no prazo previsto em lei;

III – reter o valor da contribuição do segurado transportador autônomo a seu serviço, assim considerado o taxista, o condutor autônomo de veículo rodoviário de carga ou passageiro, e recolher ao SEST e ao SENAT;

IV – reter o valor da contribuição do produtor rural pessoa física e do segurado especial, do qual adquira produto rural, na condição de sub-rogada (Lei n. 8.212, de 1991, art. 30, inciso IV), correspondente a 2% para a Previdência Social, 0,1% para GILRAT e 0,2% para o SENAR, incidentes sobre a receita bruta da comercialização, mediante dedução desta, e efetuar o recolhimento no prazo previsto em lei;

V – reter o valor da contribuição da empresa que lhe prestar serviços mediante cessão de mão de obra ou empreitada, correspondente a 11% do valor bruto da nota fiscal, fatura ou recibo, e recolher o valor retido em nome da empresa contratada.

Caso seja identificada a qualquer tempo alguma irregularidade, considerar-se-á cancelada a certificação da entidade desde a data de lavratura da ocorrência da infração.

# Seção II

## Introdução ao Direito Previdenciário Brasileiro

# 8

# Previdência Social – Modelos existentes no Brasil

Os fundos de investimento em previdência privada ou previdência complementar são formas de poupar para complementar a aposentadoria oficial ou para atingir objetivos de longo prazo.

Os fundos de previdência têm de ser oferecidos por seguradoras, que se comprometem no fim de determinado período de contribuição a dar ao investidor a opção de comprar uma renda por toda a vida (ou por determinado número de anos) ou sacar o dinheiro gradualmente. Há um compromisso da seguradora com o investidor.

As seguradoras oferecem aos investidores os chamados planos de previdência, que calculam quanto é preciso guardar por mês para acumular um valor que garanta a renda desejada por determinado número de anos na aposentadoria.

A contribuição é debitada mensalmente se o plano for do banco em que se tem conta, o que é bom para quem não tem disciplina para guardar dinheiro.

Os fundos de previdência têm dois custos ou taxas principais. O primeiro é a taxa de administração, que incide sobre o patrimônio do fundo, e por isso tem um impacto maior na formação da poupança do investidor.

O outro custo é a chamada taxa de carregamento, que é descontada de cada aplicação a título de cobrir os custos da empresa que administra a aplicação.

Há dois tipos de fundos de previdência:

- Plano Gerador de Benefício Livre (PGBL), que permite abater as aplicações na declaração anual completa do Imposto de Renda;
- Vida Gerador de Benefício Livre (VGBL), que não permite esse abatimento e é indicado para quem não é assalariado ou faz a declaração simples do Imposto de Renda.

## 8.1 Regimes previdenciários

O seguro previdenciário, ou previdência, é essencial na vida de qualquer cidadão trabalhador que queira garantir certa medida de segurança ao seu futuro. O sistema previdenciário brasileiro é composto de dois Regimes básicos, quais sejam: Regime Geral de Previdência Social e Regimes Próprios de Previdência dos Servidores Públicos e Militares e de dois Regimes Complementares de Previdência Social, sendo eles: o privado, que pode ser aberto ou fechado no RGPS, e o público, que por sua vez pode ser apenas fechado, nos Regimes Próprios de Previdência Social.

Há três formas distintas:

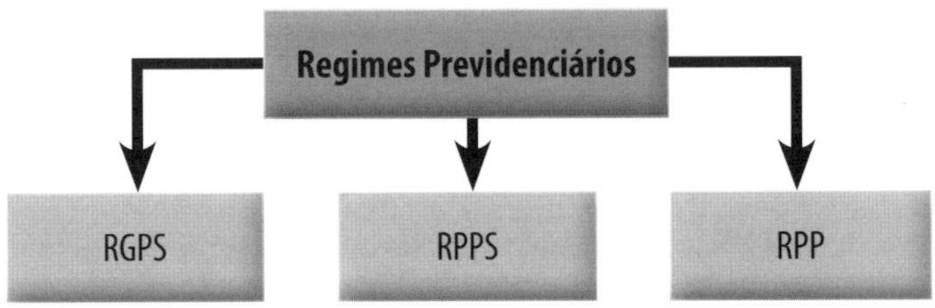


**RGPS:** O Regime Geral de Previdência Social (RGPS) é gerenciado pelo Instituto Nacional do Seguro Social (INSS). Essa é a opção de filiação de todos os trabalhadores que estão ligados ao INSS através da Consolidação das Leis de Trabalho (CLT). Destina-se aos trabalhadores do setor privado e empregados públicos celetistas, objetivando a proteção previdenciária a essas classes de cidadãos.

**RPPS:** Regime Próprio de Previdência Social (RPPS) é voltado ao servidor público que possui cargo efetivo no Estado, no Distrito Federal, no Município ou na União. Esse regime foi estabelecido por entidades de caráter público, como fundos previdenciários e institutos de previdência. A filiação dos trabalhadores nesse caso também é obrigatória. Esse regime torna efetivas as leis que regulamentam a proteção do beneficiário em idade avançada (aposentadoria) e de pensão por morte (aos dependentes do segurado). De caráter obrigatório e contributivo, instituído pela União, Estados, Distrito Federal ou Municípios em substituição ao RGPS, destinado aos seus respectivos membros e servidores.

**Regime dos Militares das Forças Armadas:** Os servidores públicos militares, apesar da prestação de serviço à coletividade, têm um sistema de previdência diferenciado quanto ao tempo de contribuição e os valores contributivos.

**RPC:** Regime de Previdência Complementar é de caráter privado e funciona debaixo da autonomia exercida por entidades complementares de previdência, sejam elas abertas, sejam fechadas. A ideia desse tipo de regime é adicionar uma renda aos trabalhadores que desejam ampliar seus ganhos, além do plano previdenciário oficial.

RPPS é um regime de previdência; o RGPS é uma entidade gerida pelo INSS. O RGPS foi criado para beneficiar os trabalhadores geridos pela CLT. O RPPS tem aplicação nas leis que beneficiam servidores públicos.

Dispõe o art. 202 da Constituição Federal:

> O regime de previdência privada, de caráter complementar e organizado de forma autônoma em relação ao regime geral de previdência social, será facultativo, baseado na constituição de reservas que garantam o benefício contratado, e regulado por lei complementar.

Autopatrocínio: Instituto que faculta ao participante a permanência de sua contribuição ao plano, assumindo também a parte do patrocinador quando da perda do vínculo empregatício ou associativo.

Benefício Programado: Benefício de caráter previdenciário, em que a data de seu início é previsível, conforme as condições estabelecidas no regulamento.

## 8.2 Sistema de pilares

A Constituição Federal optou por um Sistema de Seguridade Social baseado em três pilares:

A Saúde é ofertada a todos. A Assistência Social é destinada a quem dela necessitar. Ambas prescindem de contribuição à Seguridade Social para efeitos de fruição.

A universalidade da cobertura e do atendimento é um objetivo típico da Saúde, em que não há qualquer obstáculo para a utilização desse direito, sendo ele de caráter universalíssimo. Mais do que um objetivo, possui contornos normativos, obrigando a estado a garantir a todos os cidadãos brasileiros e estrangeiros o acesso à Saúde em sentido amplo, ou seja, desde o atendimento em um posto de saúde até as políticas de combate e prevenção às endemias.

A importância do equilíbrio orçamentário da Seguridade Social se mostra ainda mais relevante quando o governo pretende reajustar o salário mínimo, tendo em vista que há que se avaliar o impacto da medida nas contas da Previdência e da Assistência, já que o piso determinado para pagamento dos benefícios é exatamente o salário mínimo. Assim, qualquer decisão política de reajuste impacta diretamente no sistema, cujos pilares são:

- Saúde: pilar da Seguridade Social de maior abrangência, dado que seu acesso é assegurado a todo cidadão brasileiro e aos estrangeiros. O acesso deve ser entendido de maneira ampla, que vai desde o atendimento nos hospitais de urgência e emergência até a fiscalização e o controle realizados pela Vigilância Sanitária.

A Saúde enquanto política pública é realizada pelo Sistema Único de Saúde, cuja responsabilidade é concorrente da União, Estados e Municípios, e nesse ponto emergem as atribuições do próprio Sistema.

- Previdência Social: é o ramo da Seguridade Social destinado apenas para cidadãos que exercem ou exerceram atividades econômicas e contribuem ou contribuíram para o Regime Geral de Previdência Social ou para os Regimes Próprios de Previdência Social. Esse é ponto que distingue esse ramo dos demais que integram a Seguridade Social.

O RGPS é guiado por princípios essenciais para a sua organização e operacionalização, quais sejam:

- Obrigatoriedade de vínculo – impõe, para que haja a possibilidade de fruição de benefícios, a obrigatoriedade de filiação ao Sistema. A Lei n. 8.213/91 indica quem são os segurados obrigatórios, isto é, aqueles que estão obrigatoriamente vinculados e devem contribuir.
- Contributividade – está relacionada com a obrigatoriedade de vínculo e estabelece que o sistema é contributivo, ou seja, é obrigatório comprovar as contribuições para estar vinculado e ser reconhecida a qualidade de segurado.
- Solidariedade – é o princípio basilar do Regime Geral de Previdência Social. Quem financia o pagamento dos benefícios ativos é aquele que está no mercado de trabalho formal.

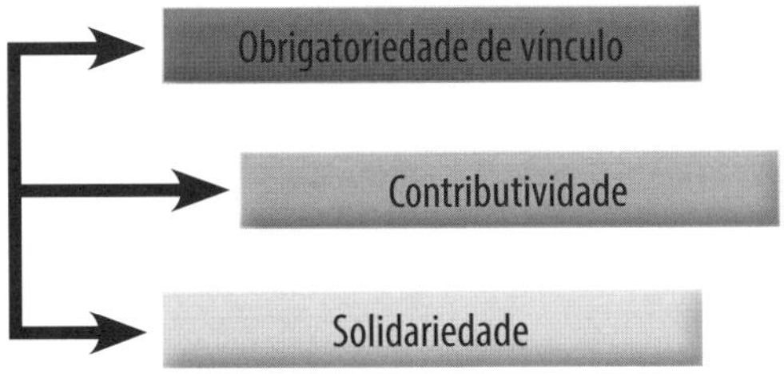


O princípio da Solidariedade se mostra como solução formal para harmonizar as fricções; no entanto, a relação intrínseca entre a Previdência e a Longevidade tem colocado em discussão esse princípio, tendo em vista que as projeções demonstram a necessidade de ajustes nesse ponto, a exemplo do que ocorreu em 1998, quando foi promulgada a Emenda Constitucional n. 20 e a criação do fator previdenciário em 1999.

## 8.3 Sistemas contributivos e não contributivos

Considerar o caráter contributivo como um dever fundamental autônomo não afasta a sua multifuncionalidade como norma jurídica que advém de um contexto textual.

A previdência social tem caráter contributivo e a filiação é obrigatória, pois não basta que ocorra a obrigatoriedade legal; é indispensável que o trabalhador esteja filiado ao regime para que possa usufruir dos benefícios previdenciários. Por outro lado, a assistência social independe de contribuição, o que lhe dá um caráter universal.

No entanto, ao contrário da saúde, a assistência social não é universalíssima, pois é dada a quem dela demonstrar necessidade, ou seja, se faz necessária a presença da hipossuficiência econômica, sem a qual a seletividade e a distributividade irão afastá-la.

O sistema previdenciário brasileiro baseia-se na proteção dos trabalhadores. Segundo a Constituição Federal, circunstâncias como doença, incapacidade permanente ou idade avançada podem impedir as pessoas de proverem o seu próprio sustento.

Ao longo do tempo, as sociedades desenvolveram sistemas de proteção para seus membros em situação de risco. O mais antigo desses sistemas de proteção social é o intrafamiliar, no qual, mediante a ajuda do grupo familiar, os idosos e os inválidos encontram amparo para sua sobrevivência. Muitas dessas pessoas, porém, têm que se valer da "Assistência Social", desde que cumpram determinados requisitos.

No âmbito do Ministério da Previdência Social, são considerados filiados ao sistema previdenciário o segurado urbano e o segurado rural, assim considerados: o segurado trabalhador avulso, o empregado doméstico, o contribuinte individual e o segurado especial (trabalhadores rurais em regime de economia familiar), além do segurado facultativo e seus dependentes.

Destes, apenas o segurado especial pode ser isento de contribuição, pois na maioria dos casos não se enquadra nos critérios de cotização do segurado rural empregado, afinal, a Constituição, no art. 195, § 8º, prevê um *modus operandi* diferente, já que a sua contribuição se dá mediante a aplicação de uma alíquota sobre o resultado da comercialização da produção.

**PREVDICA:**
É importante esclarecer que o segurado especial não está, em princípio, isento de contribuição, embora assim possa estar, conforme visto anteriormente.

> Art. 25. A contribuição do empregador rural pessoa física, em substituição à contribuição de que tratam os incisos I e II do art. 22, e a do segurado especial, referidos, respectivamente, na alínea *a* do inciso V e no inciso VII do art. 12 desta Lei, destinada à Seguridade Social, é de: (Redação dada pela Lei n. 10.256, de 2001)
>
> I – 1,2% (um inteiro e dois décimos por cento) da receita bruta proveniente da comercialização da sua produção; (Redação dada pela Lei n. 13.606, de 2018)
>
> II – 0,1% da receita bruta proveniente da comercialização da sua produção para financiamento das prestações por acidente do trabalho. (Redação dada pela Lei n. 9.528, de 10-12-1997)
>
> § 1º O segurado especial de que trata este artigo, além da contribuição obrigatória referida no *caput*, poderá contribuir, facultativamente, na forma do art. 21 desta Lei. (Redação dada pela Lei n. 8.540, de 22-12-1992)
>
> § 2º A pessoa física de que trata a alínea *a* do inciso V do art. 12 contribui, também, obrigatoriamente, na forma do art. 21 desta Lei. (Redação dada pela Lei n. 8.540, de 22-12-1992)
>
> § 3º Integram a produção, para os efeitos deste artigo, os produtos de origem animal ou vegetal, em estado natural ou submetidos a processos de beneficiamento ou industrialização rudimentar, assim compreendidos, entre outros, os processos de lavagem, limpeza, descaroçamento, pilagem, descascamento, lenhamento, pasteurização, resfriamento, secagem, fermentação, embalagem, cristalização, fundição, carvoejamento, cozimento, destilação, moagem e torrefação, bem como os subprodutos e os resíduos obtidos por meio desses processos, exceto, no caso de sociedades cooperativas, a

parcela de produção que não seja objeto de repasse ao cooperado por meio de fixação de preço. (Redação dada pela Lei n. 13.986, de 2020)

A contribuição do segurado especial é sub-rogada ao adquirente da produção, e essa produção em geral tem comercialização precária.

Na relação de custeio da Seguridade Social, aplica-se o princípio de que todos que formam a sociedade precisam contribuir para a cobertura dos riscos advindos da perda ou redução da capacidade de trabalho ou dos meios de subsistência.

Trata-se de uma relação jurídica estatutária, dado que é compulsória àqueles que a lei impõe. Assim, o contribuinte não pode optar por não cumprir a obrigação, ele é obrigado a contribuir.

A Seguridade Social será financiada por toda sociedade, de forma direta e indireta (art. 195 da CF e Lei n. 8.212/91), por meio de recursos provenientes da União, dos Estados, do Distrito Federal, dos Municípios e de contribuições sociais.

No âmbito federal, o orçamento da Seguridade Social é composto das seguintes receitas:

I – receitas da União;
II – receitas das contribuições sociais;
III – receitas de outras fontes.

Constituem contribuições sociais:

a) as das empresas, incidentes sobre a remuneração paga ou creditada aos segurados a seu serviço;
b) as dos empregadores domésticos;
c) as dos trabalhadores, incidentes sobre o seu salário de contribuição;
d) as das empresas, incidentes sobre faturamento e lucro;
e) as incidentes sobre a receita de concursos de prognósticos.

Proteção social não contributiva é aquela em que o beneficiário não contribui diretamente, ou seja, não há essa destinação específica. A pessoa também é contribuinte porque esse recurso provém da arrecadação de impostos que todo cidadão paga. Esse tipo de proteção não exige contrapartida, tem somente condicionalidades, isto é, o beneficiário deve cumprir algumas exigências.

Os benefícios não contributivos, diferentemente do que ocorre na parte dos benefícios previdenciários que são contributivos e, assim, acessíveis apenas quando o indivíduo se filia à previdência e recolhe ou paga um valor mensal, são aqueles cujo recebimento não depende de contribuições prévias do indivíduo. Os benefícios não contributivos são o principal instrumento de políticas de proteção social para o alívio da pobreza no Sistema de Seguridade Social brasileiro, pois são a última rede de segurança para pessoas cuja renda familiar está abaixo de um patamar mínimo institucionalmente definido para traçar a linha de pobreza.

No Brasil, assim como em grande parte dos países em desenvolvimento, prevalecem, em detrimento aos de caráter universal, os benefícios não contributivos focalizados. Em geral, são concedidos para famílias comprovadamente pobres, podendo ser também exigido que o beneficiário cumpra algumas condições, como manter crianças na escola e a carteira de vacinação delas em dia.

A seguridade social não contributiva tem como finalidade proteger aqueles que não são incluídos na seguridade social contributiva. Esse modelo garante uma renda mínima em certos riscos e desde que comprovada a necessidade. Isso se assemelha à assistência social brasileira, que atende a certos riscos, exigindo a comprovação da necessidade.

## 8.4 Sistemas contributivos de repartição e capitalização

A previdência social pública do Brasil vale-se do regime de repartição, e não do regime de capitalização. A diferença entre esses dois regimes é que o de repartição traz como característica principal a solidariedade entre os segurados do sistema, ou seja, os segurados na ativa contribuem para o pagamento dos benefícios do grupo de segurados em inatividade. Quando aqueles segurados da ativa chegarem à inatividade, novos segurados da ativa estarão contribuindo e arcando com o pagamento desses benefícios e assim por diante.

Já o regime de capitalização tem como característica principal a individualidade. Cada segurado contribui para o seu próprio benefício futuro, estabelecendo dessa forma uma correspondência entre o custeio e o benefício de cada um. Esse regime é uma poupança individual, ou seja, não controla a aplicação do dinheiro.

Há um equilíbrio entre os ativos e os aposentados. A Seguridade Social modificou o sistema protetivo do nosso país, garantindo uma proteção aos infortúnios a que todos nós estamos sujeitos.

Sergio Pinto Martins conceitua a seguridade social como sendo:

> um conjunto de princípios, de regras e de instituições destinado a estabelecer um sistema de proteção social aos indivíduos contra contingências que os impeçam de prover as suas necessidades pessoais básicas e de suas famílias, integrado por ações de iniciativa dos Poderes Públicos e da sociedade, visando assegurar os direitos relativos à saúde, à previdência e à assistência social[1].

A par do conceito adrede citado, podemos dar o nosso próprio acerca da Seguridade Social como sendo ações integradas de iniciativa dos Poderes Públicos e da sociedade, com o fulcro de garantir o mínimo existencial aos indivíduos nas áreas da saúde, previdência e assistência social.

A Previdência Social apresenta-se, a princípio, na Constituição da República Federativa do Brasil, no seu art. 194, o qual trata da Seguridade Social:

---

1. MARTINS, Sergio Pinto. *Direito da seguridade social.* 32. ed. São Paulo: Atlas, 2012, p. 21.

> Art. 194. A seguridade social compreende um conjunto integrado de ações de iniciativa dos Poderes Públicos e da sociedade, destinadas a assegurar os direitos relativos à saúde, à previdência e à assistência social.

A previdência é tratada, de forma única, no art. 201 da CF:

> Art. 201. A previdência social será organizada sob a forma do Regime Geral de Previdência Social, de caráter contributivo e de filiação obrigatória, observados critérios que preservem o equilíbrio financeiro e atuarial (...).

**PREVDICA:**
É de suma relevância ressaltar que vigora no Regime Geral de Previdência Social brasileiro o regime previdenciário de repartição simples e não o regime de capitalização.

O regime de repartição simples tem como principal característica a solidariedade entre os segurados do sistema, logo, pressupõe que quem está exercendo atividade remunerada está contribuindo para o pagamento dos benefícios dos inativos. Quando os que estão na ativa se tornarem inativos, outros segurados ativos contribuirão para o pagamento dos benefícios destes e assim sucessivamente. O regime está embasado numa situação demográfica de reposição populacional.

No regime de repartição, as contribuições são recolhidas em um fundo único e esses recursos são distribuídos para quem deles necessitar, demonstrando a solidariedade entre os participantes.

Já no regime de capitalização, a característica substancial é a individualidade. Cada segurado contribui para o seu próprio benefício futuro, criando uma equivalência entre o custeio e o benefício individual.

O jurista Wladimir Novaes Martinez diferencia o regime de repartição simples e o de capitalização da seguinte maneira:

> Assim, frequentemente, o regime de capitalização é o próprio do neoliberalismo, enquadrado como poupança individual e disponível, da iniciativa privada, para o plano do tipo contribuição definida, com baixo nível de solidariedade, hodierno e com tendência a se universalizar. Bom para as prestações programadas. Por outro lado, o regime de repartição simples, ideologicamente seria social-democrático, técnica previdenciária, de iniciativa estatal, para o plano do tipo benefício definido, com elevada solidariedade, ultrapassado no tempo e com tendência a desaparecer. Própria das prestações programadas[2].

2. MARTINEZ, Wladimir Novaes. *Princípios de direito previdenciário*. 2. ed. São Paulo: LTr, 1985, p. 223.

Nos dois regimes há pontos positivos e negativos. No Regime Geral de Previdência Social, a finalidade é garantir somente o básico para seus beneficiários, garantindo-se assim o indispensável para a sua sobrevivência.

Com relação à desvantagem, ela é notada por participantes de classe média alta e alta, que, já acostumados a um padrão de vida, terão seus benefícios limitados ao teto da previdência social.

A previdência privada, bastante buscada por quem deseja manter o padrão de vida na velhice, também está sujeita a riscos. A previdência privada possui baixíssima liquidez, muitas vezes menor que a da poupança. Também está exposta ao risco de mercado, decorrentes de oscilações em variáveis econômicas e financeiras, como as taxas de juros, além de não oferecer uma série de garantias, o que deve ser avaliado com cuidado, como no caso de falência das seguradoras que administram o plano da previdência privada.

A solidariedade, enquanto princípio constitucional, faz parte dos direitos fundamentais, consoante art. 3º da CF:

> Art. 3º Constituem objetivos fundamentais da República Federativa do Brasil:
>
> I – construir uma sociedade livre, justa e solidária.

A norma mencionada expressa um objetivo a ser alcançado por toda a sociedade brasileira. É um valor historicamente conhecido que foi positivado, de forma a servir como uma orientação que, se seguida, pode construir um Estado solidário, uma sociedade solidária.

A Constituição Federal brasileira traz, em seu art. 194, que a Seguridade Social é compreendida por um conjunto integrado de ações de iniciativa dos Poderes Públicos e da sociedade. É preciso que haja uma ação conjunta do Poder Público e da sociedade, acordada com o princípio da solidariedade em prol dos menos favorecidos.

O regime de repartição simples é fundamentalmente solidário. O princípio da solidariedade social, tendo a contributividade como a sua concretização, é base do Regime Geral de Previdência Social brasileiro, já que apenas é possível atingir o êxito com a contribuição dos ativos.

**PREVDICA**:
Entende-se que é uma pirâmide, onde a base é formada pelos ativos que estão sustentando o vértice, que seriam os inativos.

A Previdência Social tem caráter contributivo e filiação obrigatória, assim, entende-se que quem está ativo se encontra filiado e contribuindo para a previdência, consequentemente protegido por ela, salvo regime próprio.

> A partir do momento em que o segurado se encontra vinculado a este regime será possível encontrar proteção pelo poder público das situações descritas nas alíneas do art. 201, pois a solidariedade quer dizer cooperação da maioria em favor da minoria,

em certos casos, da totalidade em direção à individualidade. Desta maneira é possível inferir que num dado momento, todos contribuem e, noutro, muitos se beneficiam da participação da coletividade[3].

É necessário que os indivíduos vinculados ao Regime Geral da Previdência Social estejam contribuindo efetivamente para garantir o funcionamento adequado da previdência social.

O grau de solidariedade do regime de repartição, se comparado ao regime de capitalização, é relativamente maior.

O crescimento do mercado informal prejudica o regime de repartição simples, pois esses trabalhadores informais precisam contribuir para o regime geral, mas não o fazem, ferindo o princípio da solidariedade e praticando o crime de sonegação.

O Regime Geral de repartição simples objetiva garantir o indispensável para seus beneficiários, consequentemente, aumenta a adesão no sistema de previdência privada, cujo ponto positivo é diminuir a pressão sobre o Regime Geral.

Ernesto José Pereira dos Reis ensina que:

> Ao se aposentar, principalmente aqueles que desfrutam de um padrão socioeconômico médio/elevado, deparam-se com uma defasagem entre o salário ou vencimentos que recebiam, e os que passam a receber da Previdência Social. Diante desse quadro chega o trabalhador à velhice e se vê compelido a permanecer em atividade a fim de, pelo menos, manter o equilíbrio econômico-social de sua vida, deixando de usufruir o merecido lazer que constitui um dos prismas inerentes à espécie humana e garantido constitucionalmente. A solução para esse quadro é a complementação pelo sistema de Previdência Privada do benefício estatal insuficiente[4].

Tem que existir um equilíbrio financeiro e atuarial que busca garantir a subsistência autônoma do Regime Geral, coberto pela União em casos de insuficiência. Igualmente posiciona-se a Previdência Privada, porém, essa não conta com a União para a sua cobertura, caso em que os contribuintes podem ficar desamparados.

---

3. CARDOSO, Rodrigo Felix Sarruf. A solidariedade social e a contributividade como alicerces da Previdência Social dos servidores públicos civis. *Âmbito Jurídico*, Rio Grande, v. IX, n. 36, jan. 2007.
4. BALERA, Wagner (coord.). *Curso de direito previdenciário*. 4. ed. São Paulo: LTr, 1998, p. 140.

# 9

# Princípios que regem o direito previdenciário

Visando a proteção da seguridade social, a Constituição estabeleceu uma série de princípios, conforme o art. 194:

> A seguridade social compreende um conjunto integrado de ações de iniciativa dos Poderes Públicos e da sociedade, destinadas a assegurar os direitos relativos à saúde, à previdência e à assistência social.
>
> Parágrafo único. Compete ao Poder Público, nos termos da lei, organizar a seguridade social, com base nos seguintes objetivos:
>
> I – universalidade da cobertura e do atendimento;
>
> II – uniformidade e equivalência dos benefícios e serviços às populações urbanas e rurais;
>
> III – seletividade e distributividade na prestação dos benefícios e serviços;
>
> IV – irredutibilidade do valor dos benefícios;
>
> V – equidade na forma de participação no custeio;
>
> VI – diversidade da base de financiamento, identificando-se, em rubricas contábeis específicas para cada área, as receitas e as despesas vinculadas a ações de saúde, previdência e assistência social, preservado o caráter contributivo da previdência social; e
>
> VII – caráter democrático e descentralizado da administração, mediante gestão quadripartite, com participação dos trabalhadores, dos empregadores, dos aposentados e do Governo nos órgãos colegiados.

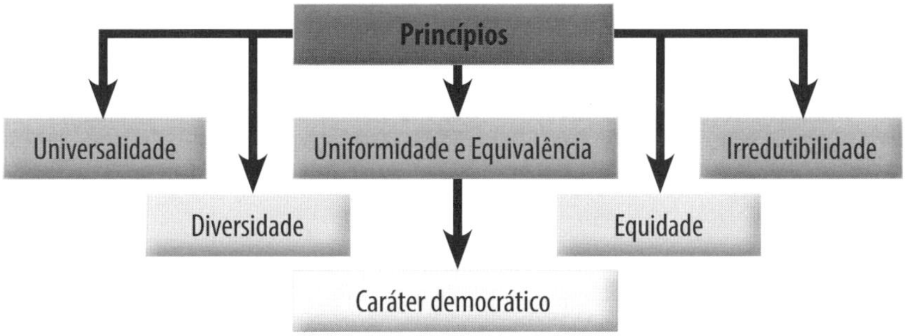

## 9.1 Princípios consagrados na Constituição Federal

1) Princípio da universalidade da cobertura e do atendimento: por esse princípio todos têm direito ao atendimento e a ter uma ampla cobertura aos riscos sociais. A proteção social deve alcançar a todos os eventos cuja reparação seja premente, dando subsistência a quem dela necessite, visando entregar ações, prestações e serviços de Seguridade Social a todos os que necessitem, seja relativo à previdência social, seja nos casos de saúde e assistência social.

Repare que o referido princípio deve ser entendido por três prismas: o da universalidade, o da cobertura e o do atendimento.

A compreensão do que seja universalidade passa obrigatoriamente pelo conceito de isonomia material, ou seja, igualar os desiguais e diferenciar os iguais na proporção de suas desigualdades. Refere-se tanto aos sujeitos protegidos quanto ao elenco de prestações que serão fornecidas pelo sistema de seguridade social. Assim, viola tal princípio a falta de políticas públicas capazes de garantir os benefícios e serviços da Seguridade Social a quem deles necessitar.

Já quanto à cobertura, é possível concluir que a previdência será responsável por lhe garantir efetividade diante das situações amparadas por lei que gerem necessidade social. Assim, a cobertura refere-se a situações de vida que serão protegidas de forma isonômica.

Atendimento seria o fornecimento de serviços e benefícios a todos os segurados, titulares do direito à proteção social.

Segundo Cláudio Rodrigues Morales, o princípio da universalidade de cobertura do atendimento significa

> a extensão a todos os fatos e situações que geram as necessidades básicas das pessoas. Ex. Maternidade, velhice, doenças, acidente, incapacidade permanente, reclusão, morte etc. A universalidade subjetiva significa que deve albergar todas as pessoas indistintamente. Segundo as lições, o professor titular de Direito do Trabalho na Universidade de São Paulo, Juiz do Trabalho em São Paulo, Dr. Sergio Pinto Martins, significa a universalidade que todos no país farão jus às prestações do sistema, sejam nacionais ou estrangeiros. Faz referência o inciso I do parágrafo único do art. 194 da Constituição à universalidade de cobertura e do atendimento. Universalidade de cobertura quer dizer que o sistema irá atender às necessidades das pessoas que forem atingidas por uma contingência humana, como a impossibilidade de retorno ao trabalho, a idade avançada, a morte etc. Já a universalidade do atendimento refere-se às contingências que serão cobertas, não as pessoas envolvidas, ou seja, as adversidades ou aos acontecimentos em que a pessoa não tenha condições próprias de renda ou de subsistência[1].

---

1. MORALES, Cláudio Rodrigues. O *direito previdenciário moderno e sua aplicabilidade ante o princípio da segurança jurídica*. São Paulo: LTr, 2009.

A universalidade pode ser classificada de duas maneiras:

a) Universalidade de cobertura: o sistema atenderá às necessidades das pessoas atingidas por uma contingência humana taxativa e previamente prevista no ato legislativo, como a incapacidade laborativa, a idade avançada e a morte.
b) Universalidade do atendimento: diz respeito às adversidades ou aos acontecimentos que serão cobertos pela legislação, em que a pessoa atingida não mantenha condições próprias de renda ou de subsistência.

Veja um exemplo jurisprudencial:

DIREITO PREVIDENCIÁRIO. BENEFÍCIO DE APOSENTADORIA POR INVALIDEZ. PRESENÇA DOS REQUISITOS LEGAIS. CONSECTÁRIOS. – É certo que o art. 43, § 1º, da Lei de Benefícios disciplina que a concessão da aposentadoria depende da comprovação da incapacidade total e definitiva mediante exame médico-pericial a cargo da Previdência Social. O entendimento jurisprudencial, no entanto, firmou-se no sentido de que também gera direito ao benefício a incapacidade parcial e definitiva para o trabalho, atestada por perícia médica, a qual inabilite o segurado de exercer sua ocupação habitual, tornando inviável a sua readaptação. Tal entendimento traduz, da melhor forma, o princípio da universalidade da cobertura e do atendimento da Seguridade Social – Presentes os requisitos indispensáveis à concessão do benefício de aposentadoria por incapacidade permanente, especialmente a comprovação da incapacidade laborativa, o pedido é procedente – Os honorários advocatícios deverão ser fixados na liquidação do julgado, nos termos do inciso II, do § 4º, c.c. § 11, do art. 85, do CPC/2015 – Apelação do INSS não provida (TRF-3 – ApCiv: 50.609.579.520.214.039.999 SP, Rel. Des. Federal Gilberto Rodrigues Jordan, j. 13-5-2021, 9ª Turma, *DJeN* de 20-5-2021).

Também o TRF-1 já se manifestou sobre o tema:

Previdenciário e constitucional. Auxílio-doença. Qualidade de segurado. Contribuições com indicadores de pendências. Irregularidade. Princípios da universalidade de cobertura e do atendimento. Laudo pericial. Incapacidade parcial para o trabalho. 1. Os requisitos indispensáveis para a concessão do benefício previdenciário de auxílio-doença e aposentadoria por invalidez são: a) a qualidade de segurado; b) a carência de 12 (doze) contribuições mensais; c) incapacidade para o trabalho ou atividade habitual por mais de 15 dias ou, na hipótese da aposentadoria por invalidez, incapacidade (permanente e total) para atividade laboral. 2. Comprovada a incapacidade temporária da parte autora, por meio de laudo médico pericial, é devido o benefício de auxílio-doença, presentes os demais requisitos do artigo 59, *caput*, da Lei n. 8.213/91. 3. Esta Corte Regional tem decidido pela irregularidade da não validação das contribuições vertidas ao Regime Geral de Previdência Social, notadamente em vista dos princípios da universalidade da cobertura e do atendimento. Precedentes. 4. Apelação do INSS a que se nega provimento (TRF-1 – AC: 10290762820214019999, Rel. Des. Federal Nilza Maria Costa dos Reis, j. em 10-7-2024, *PJe* 10-7-2024, 9ª Turma).

2) Princípio da uniformidade e equivalência: é abarcado na CF, no art. 7º, dando tratamento uniforme a trabalhadores urbanos e rurais, havendo assim idênticos benefícios e serviços para os mesmos eventos cobertos pelo sistema (equivalência).

Por esse princípio entende-se que deve haver a concessão dos mesmos benefícios de igual valor econômico e de serviços da mesma qualidade.

De acordo com Edmilson de Almeida Barros Júnior, o princípio da uniformidade e equivalência dos benefícios e serviços às populações urbanas e rurais "são os pagamentos feitos aos segurados e aos seus dependentes"[2].

Por serviços entendem-se bens imateriais colocados à disposição dos segurados ou dependentes. São exemplos: o serviço social e a reabilitação profissional. A uniformidade diz respeito aos aspectos objetivos, ou seja, representa os eventos fáticos que deverão ser cobertos.

A equivalência visa tomar por base o aspecto pecuniário ou o atendimento dos serviços, que não serão obrigatoriamente idênticos, mas equivalentes, na medida do possível, dependendo de algumas variáveis legais.

Exemplo disso é o art. 195, § 8º, da CF, que prevê um modelo diferenciado de contribuição para a Previdência Social aos trabalhadores rurais com o fito de garantir-lhes os mesmos benefícios dados aos trabalhadores urbanos.

Veja um exemplo jurisprudencial:

> Recurso inominado. Previdenciário. Aposentadoria por idade urbana. Tempo de serviço rural não contributivo (no caso anterior a 24-7-1991) não pode ser utilizado para aumentar o coeficiente de cálculo da renda mensal inicial e nem a renda mensal atual. Súmula 76 da TNU. 1. No caso de aposentadoria por idade urbana, tempo de serviço rural não contributivo (no caso anterior a 24-7-1991) não pode ser utilizado para aumentar o coeficiente de cálculo da renda mensal inicial e nem a renda mensal atual, de acordo com a inteligência do disposto no *caput* do art. 50 da Lei n. 8.213/91, consoante o qual o coeficiente de cálculo da aposentadoria por idade urbana é contado a cada grupo de 12 (doze) contribuições, e não a cada grupo de 12 (doze) meses de tempo de serviço. 2. Conforme a Súmula 76 da TNU, "a averbação de tempo de serviço rural não contributivo não permite majorar o coeficiente de cálculo da renda mensal inicial de aposentadoria por idade previsto no art. 50 da Lei nº 8.213/91". 3. As regras previstas na Lei n. 8.213/91 que permitem contar para fins de carência e de coeficiente de cálculo de aposentadoria por idade rural tempo de serviço rural não contributivo são regras excepcionais, previstas pelo legislador infraconstitucional como forma de compatibilizar os seguintes objetivos da Seguridade Social previstos, respectivamente, nos incisos II e V do parágrafo único do art. 194 da Constituição Federal, com o disposto no § 8º

2. BARROS JÚNIOR, Edmilson de Almeida. *Direito previdenciário médico*. São Paulo: Atlas, 2012.

do art. 195 da Constituição Federal: (II) uniformidade e equivalência dos benefícios e serviços às populações urbanas e rurais e (V) equidade na forma de participação no custeio em face (§ 8º) da determinação de contribuição rural sobre o resultado da comercialização da produção rural, conforme então vindoura legislação infraconstitucional (nos termos da lei). 4. Mas regras excepcionais são interpretadas restritivamente, e também não se pode esquecer que, conforme determinado no § 5º do art. 195 da Constituição Federal, "nenhum benefício ou serviço da seguridade social poderá ser criado, majorado ou estendido sem a correspondente fonte de custeio total", conforme regras de contribuição e de custeio no regime de repartição expressamente previstas na legislação infraconstitucional (TRF-4 – Recurso Cível 50112830920174047107/RS 5011283-09.2017.4.04.7107, Rel. Jacqueline Michels Bilhalva, j. em 20-2-2019, 3ª Turma Recursal do RS).

PREVIDENCIÁRIO. APOSENTADORIA POR IDADE MISTA OU HÍBRIDA. REQUISITOS LEGAIS. ART. 48, § 3º, DA LEI N. 8.213/91, COM A REDAÇÃO DADA PELA LEI N. 11.718/2008. TRABALHO RURAL E TRABALHO URBANO. TEMPO RURAL REMOTO. CÔMPUTO PARA EFEITO DE CARÊNCIA. POSSIBILIDADE. TEMA 1.007 DO STJ. SÚMULA 577 DO STJ. 1. É devida a aposentadoria por idade mediante conjugação de tempo rural e urbano durante o período aquisitivo do direito, a teor do disposto na Lei n. 11.718, de 2008, que acrescentou o § 3º ao art. 48 da Lei n. 8.213, de 1991, desde que cumprido o requisito etário de 60 anos para mulher e de 65 anos para homem. 2. Ao § 3º do art. 48 da LB não pode ser emprestada interpretação restritiva pois, no caso de trabalhador rural que migrou para a área urbana, o fato de não estar desempenhando atividade rural por ocasião do requerimento administrativo não pode servir de obstáculo à concessão do benefício, sob pena de incidir no contrassenso de prejudicar trabalhador por passar a contribuir. A condição de trabalhador rural, ademais, poderia ser readquirida com o desempenho de apenas um mês nesta atividade, de modo que não teria sentido exigir o retorno às lides rurais por tão curto período a fim de fazer jus à aposentadoria por idade. 3. A identidade de elementos entre a denominada "aposentadoria híbrida" e a aposentadoria por idade urbana prejudica qualquer discussão a respeito da descontinuidade do tempo (rural urbano) e do fato de o segurado não estar desempenhando atividade rural ao implementar o requisito etário. 4. O Superior Tribunal de Justiça, no julgamento dos REsp 1.674.221 e 1.788.404 (Tema 1007 dos recursos especiais repetitivos), realizado na sessão de 14-8-2019, solveu as questões controvertidas fixando a seguinte tese jurídica: "O tempo de serviço rural, ainda que remoto e descontínuo, anterior ao advento da Lei n. 8.213/91, pode ser computado para fins da carência necessária à obtenção da aposentadoria híbrida por idade, ainda que não tenha sido efetivado o recolhimento das contribuições, nos termos do art. 48, § 3º, da Lei n. 8.213/91, seja qual for a predominância do labor misto exercido no período de carência ou o tipo de trabalho exercido no momento do implemento do requisito etário ou do requerimento administrativo". 5. Tendo o STF reconhecido a ausência de densidade constitucional para admissão da repercussão geral quanto ao Tema 1.104, restou mantida, incólume e intacta, a tese fixada pelo STJ no âmbito do Repetitivo (Tema 1007). 6. Nos termos da Súmula n. 577 do Colendo STJ, "é possível reconhecer o tempo de serviço rural anterior ao documento mais antigo apresentado, desde que amparado em convincente prova testemunhal colhida sob o contraditório" (TRF-4– AC: 50.086.605.020.224.049.999, Rel. Francisco Donizete Gomes, j. em 23-5-2023, 5ª Turma).

**PREVDICA**:
A uniformidade não inclui os servidores civis, militares e congressistas, pois esses possuem um regime próprio.

3) Princípio da seletividade e distributividade: os benefícios devem ser concedidos a quem efetivamente necessite deles, razão em que se fundamenta a seguridade social, apontando os requisitos necessários para a concessão de benefícios e serviços. Atender os que mais precisam dentro dos recursos que estão disponíveis para tanto é o que rege esse princípio.

A seletividade e distributividade vem limitar a universalidade na cobertura e no atendimento na medida em que a possibilidade econômico-financeira do INSS determina que nem todas as pessoas terão direito a perceber benefícios previdenciários, bem como nem toda contingência poderá ser coberta.

**PREVDICA**:
Deve haver seletividade dos benefícios e serviços privilegiando as contingências prioritárias do ponto de vista político, dirigidas às pessoas consideradas pelo legislador como as mais necessitadas.

O legislador deve selecionar as contingências sociais mais importantes e distribuí-las a um maior número possível de pessoas acometidas de necessidades.

Como sabido, a Seguridade Social é formada por três pilares que a sustentam e, dentre eles, a saúde é o único dos pilares em que a seletividade e a distributividade não limitam a universalidade na cobertura e no atendimento. Daí por que entendemos que os serviços de saúde são universalíssimos.

Já quando falamos em assistência social, esta tem seu alcance (universalidade na cobertura e no atendimento) limitado pela seletividade e distributividade na medida em que seus benefícios e serviços são dados apenas àquelas pessoas que deles demostrarem efetiva necessidade.

A Previdência Social, por sua vez, deve ser entendida pelo prisma dos benefícios e pelo prisma dos serviços. Tanto num como noutro, a seletividade e a distributividade vêm mitigar a universalidade. Explico:

Pelo lado dos benefícios, é extremamente necessário que haja contribuição aos cofres da Previdência Social ou, em outras palavras, que haja qualidade de segurado e, em alguns casos, até mesmo carência para que a pessoa possa receber. Necessário também se faz o cumprimento dos requisitos exigidos em lei para se poder acessá-los.

Já pelo lado dos serviços, muito embora a carência não seja uma condicionante, como nos casos dos serviços de habilitação/reabilitação profissional, é necessário que a pessoa cumpra alguns requisitos, como possuir incapacidade laboral ou ser portadora de deficiência, seja ela física, mental, intelectual e/ou sensorial, além de outros requisitos previstos na IN PRES/INSS n. 128/2022.

E, por falar na IN PRES/INSS n. 128/2022, o seu art. 418, parágrafo único, prevê que **"a avaliação da elegibilidade do segurado para encaminhamento à reabilitação profissional, a reavaliação da incapacidade de segurados em Programa de Reabilitação Profissional e a prescrição de órteses, próteses e meios auxiliares de locomoção e acessórios serão realizadas pela Perícia Médica Federal"**.

Dita avaliação diz respeito ao potencial laborativo do candidato para ver se ele se enquadra no programa de habilitação/reabilitação profissional, sendo tal avaliação uma manifestação da seletividade e distributividade, atuando como verdadeiro limitador ao princípio da universalidade na cobertura e no atendimento.

Veja um exemplo jurisprudencial:

> Previdenciário. Invalidez. Juiz não adstrito ao laudo. Súmula 47 da TNU. Não recomendação do INSS à reabilitação de maiores de 50 anos. Recurso do autor a que se dá provimento. Recurso do INSS prejudicado. 1. O magistrado não está adstrito ao laudo pericial quando do conjunto probatório estiver convencido de modo contrário. A prova pericial médica não pertence à parte, mas sim ao processo (princípio da aquisição da prova), integrando assim o arcabouço probatório documental onde não se admite a prova. Tal já era previsto no CPC de 1973 e foi, não só mantido, como aprimorado pelo CPC de 2015. 2. A Súmula 47 da TNU prevê que quando o magistrado reconhecer que há incapacidade parcial para o trabalho, deve analisar as condições pessoais e sociais do segurado, a fim de averiguar se é o caso de concessão de aposentadoria por invalidez. 3. **O Manual Técnico de Procedimentos da Área de Reabilitação Profissional do INSS, estabelece que, para reabilitação profissional a idade superior a 50 anos, é aspecto desfavorável ou indefinido para elegibilidade da reabilitação profissional em qualquer grupo de CID, nível de escolaridade, experiência profissional ou tempo de gozo de benefício por incapacidade anterior**. 4. No caso concreto, o autor apresenta incapacidade de exercer a atividade habitual, porém embora possa ser reabilitado conta com 59 anos e baixa escolaridade. 5. Recurso do Autor a que se dá provimento. 6. Recurso do INSS, prejudicado (TRF-3 – RecInoCiv: 00001926620194036330/SP, Rel. Juiz Federal Tais Vargas Ferracini de Campos Gurgel, j. em 7-2-2022, 14ª Turma Recursal da Seção Judiciária de São Paulo, *DJEN* 10-2-2022).

4) Princípio da irredutibilidade: equivale ao da intangibilidade do salário dos empregados e dos vencimentos dos servidores. Significa que o benefício legalmente concedido pela Previdência Social, ou Assistência social, salvo por força de lei ou ordem jurídica, não poderá ter seu valor nominal diminuído.

O salário é substituído pela aposentadoria e a sua função será a de conservar o poder de compra do segurado. Reduzir o valor do benefício é reduzir o padrão de vida do segurado.

Repare, pois, que o princípio da irredutibilidade pode ser visto tanto na sua vertente formal, em que se preserva o valor nominal do benefício, quanto na sua vertente material, em que se busca preservar o poder de compra do segurado.

**PREVDICA:**
O benefício tem caráter alimentar.

O princípio da irredutibilidade, combinado com art. 201, §§ 3º e 4º, da CF, é o fundamento das ações revisionais de benefícios. Esse princípio baliza qualquer revisão de benefício e deverá ser objeto de prequestionamento em toda e qualquer ação que venha discutir a revisão de renda mensal inicial de benefícios previdenciários e a aplicação de índices inflacionários.

Segundo Cláudio Rodrigues Morales, de acordo com o princípio da irredutibilidade do valor do benefício,

> as prestações de benefício de natureza previdenciária que constituem dívidas de valor não podem sofrer desvalorização; precisam manter seu valor de compra, trata-se de norma de eficácia limitada[3].

Veja um exemplo jurisprudencial:

> AGRAVO INTERNO EM RECURSO DE REVISTA. REABILITAÇÃO PROFISSIONAL EM VIRTUDE DE ACIDENTE OU DOENÇA OCUPACIONAL. SUPRESSÃO DAS PARCELAS ADICIONAL DE DISTRIBUIÇÃO E/OU COLETA EXTERNA (AADC) E ADICIONAL DE DIFERENCIAL DE MERCADO DE CARTEIRO. IMPOSSIBILIDADE. PRINCÍPIO DA IRREDUTIBILIDADE SALARIAL. AUSÊNCIA DE TRANSCENDÊNCIA. Esta Corte Superior tem adotado o posicionamento de que o empregado readaptado profissionalmente em virtude de acidente de trabalho ou doença ocupacional não pode ter a sua remuneração reduzida, e, consequentemente, ter o Adicional de Atividade de Distribuição e/ou Coleta Externa – AADC e o Adicional de Diferencial de Mercado suprimidos, sob pena de afronta aos princípios constitucionais da irredutibilidade salarial, estabilidade financeira e dignidade da pessoa humana. Precedentes. Assim, tendo o Tribunal Regional proferido decisão em consonância com a jurisprudência desta Corte, o recurso de revista não alcança conhecimento, nos termos do art. 896, § 7º, da CLT e da Súmula 333 do TST. Agravo a que se nega provimento (TST – Ag-RR: 01.007.246.120.205.010.065, Rel. Min. Alberto Bastos Balazeiro, j. em 14-4-2023, 3ª Turma, publicado em 20-4-2023).

3. MORALES, Cláudio Rodrigues. *O direito previdenciário moderno e sua aplicabilidade ante o princípio da segurança jurídica*, cit.

5) Princípio da equidade: corolário do princípio de Direito Tributário denominado de Capacidade Contributiva, o princípio da equidade na forma de participação e custeio trata-se da participação equitativa de trabalhadores, empregados, empregadores, empresários ou pessoas a eles equiparadas e o Poder Público no custeio da seguridade social.

Sim, a equidade não deve ser vista apenas pelo prisma do contribuinte trabalhador, mas também pelo lado dos empregadores, empresários e das pessoas a eles equiparadas.

Exemplo forte do que acabamos de falar está no art. 195, § 9º, da CF, *in verbis*:

> § 9º As contribuições sociais previstas no inciso I do *caput* deste artigo poderão ter alíquotas diferenciadas em razão da atividade econômica, da utilização intensiva de mão de obra, do porte da empresa ou da condição estrutural do mercado de trabalho, sendo também autorizada a adoção de bases de cálculo diferenciadas apenas no caso das alíneas *b* e *c* do inciso I do *caput*. (Redação dada pela Emenda Constitucional n. 103, de 2019)

Referido dispositivo foi acrescentado ao art. 195 da CF pela EC n. 103, de 12 de novembro de 2019, e delineia muito bem o princípio da equidade, aplicando-o às pessoas contidas no inciso I do art. 195 e cobrando as contribuições sociais ali previstas (sobre a receita ou o faturamento e sobre o lucro) com alíquotas diferenciadas de acordo com a sua capacidade contributiva.

**PREVDICA**:
Cada um participa conforme a sua capacidade econômica.

Pelo princípio da equidade busca-se assegurar que aos hipossuficientes seja garantida a proteção social, exigindo-se deles, quando possível, contribuição equivalente ao seu poder aquisitivo.

Esse princípio estipula que a participação no custeio será de acordo com os rendimentos do cidadão brasileiro, assim, por exemplo, a contribuição dos trabalhadores recai sobre a folha de pagamento, ou seja, quem ganha mais contribui mais.

Isso tomou contornos mais claros com a reforma da Previdência, em que a EC n. 103/2019 modificou o inciso II do art. 195 da CF para prever que as contribuições previdenciárias dos trabalhadores poderão ser cobradas mediante a adoção de alíquotas progressivas, de acordo com o valor do salário de contribuição.

Trocando em miúdos, de acordo com o quanto o indivíduo ganha, ou seja, com a sua capacidade contributiva, que é corolário do princípio da equidade na forma de participação e custeio.

O princípio da equidade na forma de participação no custeio, por ser corolário do princípio da isonomia e da capacidade contributiva dos contribuintes, conforme vem expresso no art. 145, § 1º, da CF, que diz:

> § 1º Sempre que possível, os impostos terão caráter pessoal e serão graduados segundo a capacidade econômica do contribuinte, facultado à administração tributária, especialmente para conferir efetividade a esses objetivos, identificar, respeitados os direitos individuais e nos termos da lei, o patrimônio, os rendimentos e as atividades econômicas do contribuinte.

Cada segurado terá a obrigatoriedade de efetuar contribuições para a manutenção do sistema, segundo a sua capacidade econômica.

**PREVDICA**:
Quanto maior for a capacidade econômica do contribuinte, maior será a contribuição que deverá realizar para o fundo de custeio da seguridade social.

A equidade no custeio significa igualdade material no financiamento, cuja finalidade é manter a proporção entre as quotas com que cada um dos contribuintes irá contribuir para a satisfação da seguridade social.

De acordo com Cláudio Rodrigues Morales, pelo princípio da equidade, na forma de participação do custeio:

> quem ganha mais deve pagar mais para que ocorra a justa participação no custeio; a contribuição do empregado recai sobre o lucro e o faturamento, além da folha de pagamento; deve-se tratar igualmente os iguais e desigualmente os desiguais[4].

O destinatário dessa equidade não é só o juiz, mas também o legislador ordinário, que deve tratar igualmente as pessoas que se encontrem em idênticas condições.

A legislação ordinária já previa certa equidade, pois enquadra o trabalhador em quatro alíquotas de contribuição (7,5%, 9%, 12% e 14%), na proporção do seu salário. Entretanto com a entrada em vigor da Emenda Constitucional de n. 103, de 12 de novembro de 2019, até que lei altere este percentual, toda alíquota passará a depender o valor do salário e será de 7,5%, 9%, 12% e 14%.

O financiamento da Seguridade Social é feito por toda a sociedade: empresa, trabalhadores, entes públicos e concursos de prognósticos.

Para Fabio Camacho Dell`Amore Torres:

> a equidade na forma de participação do custeio é consequência do princípio da capacidade contributiva do direito tributário (contribui com mais aquele que detém maior capacidade contributiva) como também do princípio da igualdade material entre as pessoas (as pessoas são desiguais...)[5].

---

4. MORALES, Cláudio Rodrigues. *O direito previdenciário moderno e sua aplicabilidade ante o princípio da segurança jurídica*, cit.
5. TORRES, Fabio Camacho Dell`Amore. Princípios da Seguridade Social. *Revista Âmbito Jurídico*. Disponível em: <www.ambito-jurídico.com.br/site/?n_link=revista_artigos-leitura>. Acesso em: 13 mar. 2019.

Esse princípio traz no seu bojo o princípio isonômico, que trata igualmente os iguais e desigualmente os desiguais.

Veja um exemplo jurisprudencial:

> APELAÇÃO. AÇÃO REVISIONAL. SENTENÇA DE PARCIAL PROCEDÊNCIA PARA LIMITAR A TAXA DE JUROS AO DISPOSTO NO ART. 13, II, DA INSTRUÇÃO NORMATIVA INSS/PRES 28/2008. RECURSO DA AUTORA BUSCANDO REPARAÇÃO POR DANOS MORAIS E MAJORAÇÃO DOS HONORÁRIOS ADVOCATÍCIOS. DANOS MORAIS INEXISTENTES, ANTE A LIVRE CONTRATAÇÃO. PRETENSÃO DE MAJORAÇÃO DOS HONORÁRIOS DE SUCUMBÊNCIA, APLICANDO-SE O PRINCÍPIO DA EQUIDADE. INTELIGÊNCIA DO ART. 85 DO CPC. APLICAÇÃO DO CRITÉRIO DE EQUIDADE, DADO O VALOR DO PROVEITO ECONÔMICO (ART. 85, § 8º DO CPC). SENTENÇA REFORMADA EM PARTE. RECURSO PARCIALMENTE PROVIDO (TJ-SP – AC: 10.022.888.920.238.260.100 São Paulo, Rel. Des. César Zalaf, j. em 6-6-2023, 14ª Câmara de Direito Privado, publicado em 6-6-2023).

6) Princípio da diversidade: trata-se da aplicação do direito da solidariedade, que impõe a todos os seguimentos sociais, Poder Público, empresas e trabalhadores, a contribuição na medida de suas possibilidades.

Esse princípio está inserido no art. 195, § 4º, da CF, com os seguintes dizeres: "A lei poderá instituir outras fontes destinadas a garantir a manutenção ou expansão da seguridade social, obedecido o disposto no art. 154, I".

Para Fabio Camacho Dell'Amore Torres, o princípio da diversidade de base de financiamento

> visa a garantir maior estabilidade da Seguridade Social, na medida em que se impede que se atribua o ônus do custeio a segmentos específicos da sociedade.
>
> Quanto maior for a base de financiamento (ou seja, sendo a obrigação do custeio imposta a um maior número possível de segmentos da sociedade), maior será a capacidade de a seguridade social fazer frente aos seus objetivos constitucionalmente traçados[6].

**PREVDICA**:

Quem financia a Seguridade Social não são somente os trabalhadores, os empregadores e o Poder Público, mas sim:

a) a União Federal, os Estados e os Municípios;

b) os empregadores;

c) os segurados da previdência social;

d) receitas de concursos de prognósticos;

e) importadores de bens e serviços do exterior.

6. TORRES, Fabio Camacho Dell`Amore. Princípios da Seguridade Social. *Revista Âmbito Jurídico*, cit.

Veja um exemplo jurisprudencial:

> TRIBUTÁRIO. CSLL E COFINS. EMPRESA SEM EMPREGADOS. EXIGIBILIDADE. INTELIGÊNCIA DO ART. 195, *CAPUT* E INCISO I, DA CF/88, ANTES DA EC N. 20/98. 1. Segundo a inteligência do *caput* do art. 195 da CF/88, na redação anterior à EC n. 20/98, as contribuições destinadas à seguridade social são regidas pelo princípio da solidariedade contributiva, com o escopo de tornar equitativa a participação no custeio. 2. Uma vez que a seguridade social deve ser financiada por toda a sociedade, de forma direta e indireta, todas as empresas – empregadoras ou não – são responsáveis pelo recolhimento das contribuições, independentemente de que venham a usufruir os benefícios disponibilizados pelo sistema de seguridade social. 3. A tese de que somente os empregadores, na estrita acepção do termo veiculada pelo direito do trabalho, estão abrangidos pelo inciso I do art. 195 não se sustenta, diante do princípio da diversidade da base de financiamento, que alia os princípios tributários da capacidade contributiva e da proporcionalidade ao referido princípio da solidariedade. 4. A tributação diversificada, que torna o faturamento e o lucro fontes substanciais de custeio da seguridade social, visa equilibrar a carga tributária incidente sobre os salários, atingindo também os setores econômicos que, mesmo utilizando menos mão de obra, obtêm expressiva lucratividade (TRF-4 – AC: 30011 PR 2001.04.01.030011-2, Rel. Min. Joel Ilan Paciornik, j. em 28-6-2006, 1ª Turma, *DJ* de 12-7-2006, p. 842).

7) Princípio do caráter democrático e descentralizado: a gestão da seguridade social é quadripartite, com a participação de representantes dos trabalhadores, dos empregadores, dos aposentados e do Poder Público nos órgãos colegiados.

A Carta Magna trata de um dos objetivos da seguridade social como caráter democrático e descentralizado da administração, no Título VIII, Da Ordem Social, no seu Capítulo II, cujo título é Da Seguridade Social, no seu art. 194, que dispõe:

> Art. 194. A seguridade social compreende um conjunto integrado de ações de iniciativa dos Poderes Públicos e da sociedade, destinadas a assegurar os direitos relativos à saúde, à previdência e à assistência social.
>
> Parágrafo único. Compete ao Poder Público, nos termos da lei, organizar a seguridade social, com base nos seguintes objetivos:
>
> (...)
>
> VII – caráter democrático e descentralizado da administração, mediante gestão quadripartite, com participação dos trabalhadores, dos empregadores, dos aposentados e do Governo nos órgãos colegiados.

O princípio do caráter democrático e descentralizado nos alude a ideia de que a administração é o ator social e deve participar da administração do sistema, como meio democrático da sociedade civil.

A Seguridade Social tem administração de caráter democrático e descentralizado mediante gestão quadripartite, ou seja, com participação nos órgãos colegiados dos trabalhadores, dos empregadores, dos aposentados e do governo.

**PREVDICA:**
Esse princípio, por ser de caráter democrático, visa atingir a justiça como um fim social.

## 9.2 Princípios gerais da Seguridade Social

1) Princípio da solidariedade. Dividido em três vertentes:

a) solidariedade na instituição da seguridade social: cujo objetivo é resguardar a população contra necessidades advindas de contingências sociais.

A própria instituição da seguridade social já deriva de um ato de solidariedade, diante do reconhecimento de que a ação individual não é suficiente para debelar as necessidades decorrentes das contingências sociais, razão da ação comum (solidária) de todos os membros da sociedade no intuito de efetivar a proteção social em face dessas necessidades[7].

b) solidariedade na distribuição do ônus contributivo: é a equidade na forma de participação do custeio (quem detém maior capacidade, contribui com mais).

c) solidariedade na prestação do amparo: as ações da seguridade social devem priorizar as pessoas mais necessitadas.

2) Princípio da obrigatoriedade: a participação dos membros da sociedade nas ações da seguridade social deve ser obrigatória.

3) Princípio da suficiência: os benefícios e serviços oferecidos pela seguridade social devem ser capazes de afastar a necessidade advinda de uma contingência social.

4) Princípio da subsidiariedade: a seguridade social intervém de forma subsidiária, ou seja, somente se o indivíduo não tem como prover à própria subsistência ou de tê-la provida por sua família. Essa proteção social deve ser ministrada até o ponto suficiente para afastar a necessidade.

## 9.3 Princípios específicos da Previdência Social

1) Contributividade: elemento marcante da Previdência Social, tanto no Regime Próprio (art. 40 da CF) quanto no Regime Geral (art. 201 da CF), não sendo verificada nas ações da saúde e da assistência social.

---

7. DIAS, Eduardo Rocha; MACÊDO, José Leandro Monteiro de. *Curso de direito previdenciário*. São Paulo: Editora Método, 2008, p. 109.

Não basta o estado de necessidade para que uma pessoa tenha direito aos benefícios da Previdência Social; exige-se que ela seja contribuinte, ou seja, possua o *status* de segurada do Regime Geral de Previdência Social.

2) Automaticidade da filiação: por filiação entendemos a relação jurídica de vinculação de uma pessoa física com a Previdência Social. Essa vinculação é automática, bastando que a pessoa exerça uma atividade laborativa remunerada.

Essa vinculação automática diz respeito ao segurado obrigatório, ou seja, àquele que exerce trabalho remunerado.

3) Preservação do equilíbrio financeiro: a Previdência Social deverá sempre atentar para a relação entre custeio e pagamento de benefícios na execução da política previdenciária, objetivando manter o sistema em condições superavitárias, e observar as oscilações da média etária da população, bem como sua expectativa de vida, para a adequação dos benefícios a essas variáveis.

O equilíbrio financeiro deve se preocupar com o curto prazo, isto é, com que haja recursos orçamentários para o pagamento dos benefícios da Previdência Social para o exercício financeiro seguinte.

O equilíbrio atuarial se preocupa também com a existência de recursos orçamentários a longo prazo, ou seja, com que as contribuições previdenciárias arrecadadas hoje sejam suficientes para pagamento dos benefícios no futuro.

4) Irredutibilidade do valor dos benefícios de forma a preservar-lhes o poder aquisitivo (art. 201, § 4º, da CF – reajuste periódico dos benefícios).

Esse preceito suplanta a noção de irredutibilidade salarial (art. 7º, VI, da Constituição) e de vencimentos e subsídios (art. 37, X, da mesma Carta), já que em ambos os casos não há previsão de manutenção do valor real dos ganhos de trabalhadores e servidores, mas apenas nominal, enquanto no princípio da irredutibilidade a intenção é proteger o valor dos benefícios de eventual deterioração.

5) Valor da renda mensal dos benefícios de caráter substitutivo não inferior ao do salário mínimo (art. 201, § 2º, da CF): os benefícios previdenciários buscam substituir, de forma geral, a remuneração do segurado, que deixou de existir diante da ocorrência de uma contingência social que lhe impossibilitou de realizar atividade laborativa e lhe debelou necessidade.

**PREVDICA:**

Nesses casos, os valores dos benefícios previdenciários não podem ser inferiores a um salário mínimo.

# 10

# Direito previdenciário

## 10.1 Conceito

A ciência jurídica serve para sistematizar e harmonizar a vida em uma sociedade politicamente organizada. O direito previdenciário, autônomo, embasado na estrutura constitucional, serve como sólido mecanismo científico de compreensão social.

O direito previdenciário, em sua essência, visa estudar as relações previdenciárias em sua amplitude, aperfeiçoando a constitucional técnica de proteção da "Previdência Social".

O art. 6º da CF traz os dispositivos imprescindíveis referentes a direitos sociais supremamente tutelados, entre eles a Previdência Social. Dessa forma, o instituto previdenciário deve ser compreendido dentro do conceito sistêmico e importante do direito social, tal qual inserido e garantido como fundamento republicano.

Assim, o direito previdenciário, enquanto modalidade científica, concretiza o direito constitucional em dois aspectos:

a) pela adequação do plano legal hipotético (vontade constituinte almejada);
b) ao plano fenomênico (vontade constituinte concretizada).

Direito previdenciário é o conjunto de normas que disciplinam a seguridade social; é o ramo de direito público, uma vez que a maior parte de seus institutos está localizada na Constituição Federal, cujo objeto é o estudo da seguridade social.

## 10.2 Fontes do direito previdenciário

O direito previdenciário tem como fontes:

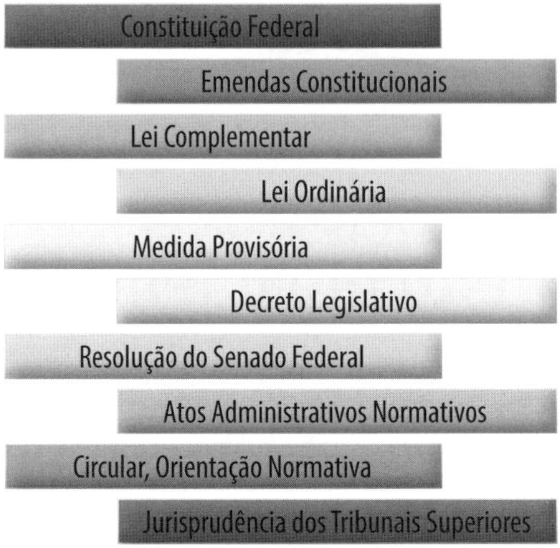


Os princípios são o fundamento de uma norma jurídica, ou seja, os pilares que sustentam o direito e que não estão definidos em nenhuma lei, em nenhum diploma legal.

Ele inspira os legisladores ou outros agentes responsáveis pela criação da norma a tratarem de certos assuntos por causa de certos motivos.

O parágrafo único do art. 194 da CF dispõe que a seguridade social será organizada, nos termos da lei, com base nos objetivos que relaciona.

**PREVDICA:**
O art. 6º da CF relaciona os direitos sociais, entre eles a previdência social.

A Ordem Social tem como base o primado do trabalho e seus objetivos são o bem-estar e a justiça sociais. O trabalho e a dignidade da pessoa humana são fundamentos do Estado Democrático de Direito. Apenas o trabalho proporciona ao homem o seu sustento e o da sua família, o que leva à conclusão de que só há dignidade humana quando houver trabalho, ou seja, só o trabalho propicia bem-estar e justiça sociais.

**PREVDICA:**
A Previdência Social desempenha um papel de extrema importância como um instrumento eficaz na consolidação dos direitos sociais, abrangendo uma grande parcela da população.

O saudoso Professor Celso Barroso Leite já apontava nessa direção:

> (...) a proteção social tem como objetivo básico garantir ao ser humano a capacidade de consumo, a satisfação de suas necessidades essenciais, que não se esgotam na simples subsistência[1].

1. *Previdência social*: atualidades e tendências. São Paulo: LTr, 1973, p. 83.

Também a ilustre Maria Helena Diniz qualifica esse direito social regulado constitucionalmente como:

> Complexo de normas que têm por finalidade atingir o bem comum, auxiliando as pessoas físicas, que dependem do produto de seu trabalho para garantir a subsistência própria e de sua família, a satisfazerem convenientemente suas necessidades vitais e a terem acesso à propriedade privada[2].

Assim, podemos conceituar a Ordem Social como o conjunto de normas e princípios voltados a uma sociedade livre, justa e solidária, e primada no trabalho e na livre-iniciativa para a garantia do mínimo existencial e, pois, da subsistência do indivíduo.

Entre os temas que trata o direito previdenciário temos:

- Fator Previdenciário;
- Fator Acidentário de Prevenção (FAP);
- Sistema de Inclusão Previdenciária;
- Revisões de Benefícios;
- Abrangência da sociedade homoafetiva;
- Déficit previdenciário;
- Dano Moral Previdenciário;
- Reforma da Previdência;
- Ações Regressivas.

## 10.3 Legislação previdenciária

Como em todo ordenamento jurídico, o princípio da legalidade detém destacada importância no contexto social, inclusive no direito previdenciário.

De fato, no piso jurídico nacional não poderia ser diferente por conta das influências do direito europeu, a ponto de termos na Lei das Leis esse princípio explicitamente condensado no art. 5º, II.

No campo constitucional, com simples leitura, observa-se uma profunda influência sobre as bases do direito previdenciário. No preâmbulo constitucional, existem premissas acerca de direitos sociais e individuais, estando aqui um grande e influente norte piramidal que vai servir de parâmetro a toda legislação hierarquicamente inferior.

Os incisos III (dignidade da pessoa humana) e IV (valores sociais do trabalho e da livre-iniciativa) do art. 1º da CF possuem uma carga axiológica de suma importância que impacta sobremodo todos os institutos previdenciários daí decorrentes.

O Princípio da Solidariedade, subscrito no art. 3º, I, da CF, é o alicerce da arquitetura previdenciária.

---

2. *Dicionário jurídico*. 2. ed. São Paulo: Saraiva, 1998.

O art. 7º, por sua vez, corrigindo distorções históricas, apregoa que são direitos dos trabalhadores urbanos e rurais, entre vários outros, a aposentadoria (inciso XXIV).

Ainda, dentro de um Título denominado "Da Ordem Social" (Título VIII), a partir dos arts. 193 e seguintes, vislumbramos uma lógica estrutura organizada de planejamento constitucional denominada "Seguridade Social", que, por sua vez, vai envolver toda a essência do objeto de estudo do direito previdenciário.

Em suma, impossível a análise fria e limitada do direito previdenciário tão somente com a legislação em vigor, sem reconhecer as interfaces com direito constitucional em si, totalmente harmônico e em sintonia com este pacote de proteção denominado Previdência Social.

Nessa toada, podemos falar na existência de um Direito Previdenciário Constitucional em que a matéria deve ser estudada à luz das normas e dos princípios constitucionais.

Nesse sentido, os principais diplomas legais que regem atualmente a Previdência Social, dentro do denominado Regime Geral (RGPS), são:

- Constituição Federal;
- EC n. 103/2019, que dispõe sobre a reforma da previdência;
- Lei n. 8.212/91, que trata do Custeio da Previdência Social (LC ou PC);
- Lei n. 8.213/91, que trata dos Planos de Benefícios da Previdência Social (LB ou PB);
- Lei n. 9.032/95, que trouxe alterações importantes às Leis n. 8.212 e n. 8.213, ambas de 1991;
- Lei n. 9.528/97, que trouxe alterações às Leis n. 8.212 e n. 8.213, ambas de 1991, trazendo ainda a criação do auxílio-acidente;
- Lei n. 9.876/99, que trouxe alterações às Leis n. 8.212 e n. 8.213, ambas de 1991, bem como dispôs sobre a contribuição previdenciária do Contribuinte Individual, o cálculo do benefício, dentre outros;
- Lei n. 10.666/2003, que dispõe sobre as regras de concessão da Aposentadoria Especial aos cooperados e dá outras providências;
- Decreto-Lei n. 3.048/99, que trata do Regulamento Geral da Previdência Social (RGPS);
- Decretos n. 10.491 e n. 10.537, ambos de 2020, que trouxeram importantes modificações ao Decreto-Lei n. 3.048/99;
- Instrução Normativa INSS/PRES n. 128/2022 (Benefícios).

Acertada, assim, a lição de André Franco Montoro a respeito: "O intérprete deve penetrar na norma, buscando seu sentido, seu alcance e a extensão da sua finalidade"[3].

## 10.4 Aplicação do direito previdenciário

O direito previdenciário é regido pelo princípio segundo o qual *tempus regit actum* (o tempo rege o ato), ou seja, aplica-se a lei vigente na data da ocorrência do fato.

3. *Introdução à ciência do direito*. 24. ed. São Paulo: RT, 1997.

Novas situações vão surgindo no meio social, limitando a seguridade social a essas limitações orçamentárias.

**PREVDICA:**
Aplica-se a lei vigente na data da contingência geradora da necessidade com cobertura previdenciária.

Portanto, mesmo que as normas relativas à pensão por morte sejam modificadas após o óbito, trazendo benefícios para os pensionistas, essas não serão aplicáveis para os casos anteriores à lei, tal como vem preceituado no *tempus regit actum*.

As normas previdenciárias se aplicam a todos que vivem no território nacional, de acordo com o princípio da territorialidade.

Tratando-se de trabalhadores estrangeiros domiciliados e contratados no Brasil ou de brasileiros que trabalhem como empregados em sucursal ou agência de empresas brasileiras no exterior, a legislação prevê (art. 11, I, *c*, da Lei n. 8.213/91) que eles são segurados obrigatórios.

Assim, podemos dividir em dois tipos:

1. Estrangeiros domiciliados e contratados no Brasil para trabalharem como empregados em empresa brasileira serão segurados obrigatórios do RGPS;
2. Brasileiros que trabalhem como empregados em sucursal ou agência dessas empresas brasileiras no exterior também serão segurados obrigatórios do RGPS.

Também é segurado obrigatório, na condição de empregado (art. 11, I, *e*),

> o brasileiro civil que trabalha para a União, no exterior, em organismos oficiais brasileiros ou internacionais dos quais o Brasil seja membro efetivo, ainda que lá domiciliado e contratado, salvo se segurado na forma da legislação vigente do país do domicílio.

## 10.5 Financiamento do direito previdenciário

A seguridade social é financiada "por toda a sociedade, de forma direta e indireta, nos termos da lei, mediante recursos provenientes dos orçamentos da União, dos Estados, do Distrito Federal e dos Municípios", e pelas contribuições sociais previstas nos incisos I a V do art. 195 da CF.

O financiamento visa embasar o programa do seguro-desemprego e o abono previsto no § 3º do art. 239 da CF, pago aos empregados que recebem até dois salários mínimos de remuneração mensal. O financiamento de forma indireta é feito com o aporte de recursos orçamentários da União, dos Estados, dos Municípios e do Distrito Federal.

A Lei n. 8.212/91 dispõe que, no âmbito federal, o orçamento da seguridade social é composto por receitas da União, das contribuições sociais e de outras fontes (art. 11).

## 10.6 Aplicabilidade do direito previdenciário

O direito previdenciário é autônomo, distinto do direito do trabalho.

Sua aplicabilidade e regulamentação são autônomas, tendo em vista que possui princípios e regras próprias que definem o conceito de relação jurídica previdenciária identificando os segurados, carência, filiação, prestações, inscrição, período de graça, forma de custeio etc.

## 10.7 Direito previdenciário e demais ramos do direito

O direito previdenciário tem ligação com os demais ramos do direito, tanto de direito público como de direito privado, quais sejam, direito constitucional, administrativo, econômico-financeiro, tributário, penal, internacional público, ambiental, civil, empresarial e do trabalho, pois todas as áreas que se relacionam com o ser humano, de alguma maneira, em direito possuem uma relação entre si.

No caso do direito previdenciário, há uma cadeia organizacional entre as leis, garantindo e tutelando pelos direitos do indivíduo. Nesta toada não seria diferente, uma vez que há necessidade de disposições complementares entre as legislações, seja na seara administrativa, seja na área econômica, seja nos direitos sociais.

# 11

# Aplicação das normas de direito previdenciário

## 11.1 Espécies de normas previdenciárias

- normas de filiação, ou de vinculação, que dispõem sobre a formação, manutenção e dissolução do vínculo entre o indivíduo e a Previdência Social;
- normas de proteção, ou de amparo, cujo objeto é a concessão de prestação previdenciária;
- normas de custeio, de natureza tributária, que delimitam situações fáticas que, se ocorridas, geram uma relação jurídica tributária-previdenciária;
- normas de manutenção do valor real dos benefícios;
- normas de irredutibilidade dos benefícios.

**PREVDICA**:
A norma constitucional se sobrepõe à norma legal ou ao ato administrativo.

Em direito previdenciário as normas estabelecem direitos e obrigações para os segurados, dependentes, contribuintes e para o próprio Estado, que é quem gere o regime.

Todas as normas infraconstitucionais mais favoráveis para o indivíduo integrante do regime devem ser consideradas válidas.

Por exemplo, a Lei n. 9.876/99 não pode ser considerada inconstitucional porque estendeu às contribuintes individuais o benefício do salário-maternidade, tendo em vista que a Constituição apenas prevê expressamente tal benefício para as trabalhadoras avulsas e as empregadas urbanas, rurais e domésticas. A norma favorece as seguradas e há fonte de custeio correspondente respeitando, pois, o mandamento do art. 195, § 5º. Assim, não existe o vício de inconstitucionalidade.

Repare que, quando a norma é criada para beneficiar um grupo de indivíduos, havendo a correspondente fonte de custeio, ela não deve ser considerada inconstitucional. Deve, no entanto, ser considerada inaplicável caso seu fato gerador tenha ocorrido antes de sua publicação, em respeito ao *tempus regit actum*.

Assim, por exemplo, parece-me que uma contribuinte individual que teve filho antes de 29 de novembro de 1999, que foi a data de publicação da Lei n. 9.876/99, não teria direito ao salário-maternidade, ao passo que outra contribuinte individual que tivesse filho a partir de tal data teria esse direito garantido.

Se duas normas da mesma espécie são publicadas no ordenamento em momentos distintos, deverá prevalecer a posterior, que revoga, ainda que tacitamente, a anterior. Dessa maneira, a lei que modifica alíquota de contribuição social, depois de decorridos os noventa dias de sua publicação, revoga a anterior, deixando de ser exigida a alíquota antes prevista.

Se, no entanto, no conflito entre duas normas de mesma espécie, sendo ambas vigentes e eficazes, a solução varia conforme o tipo de norma. Se infraconstitucionais, aplica-se o critério da especialidade, ou seja, a norma especial prevalece sobre a geral. Se principiológicas ou constitucionais, a solução se dá pela ponderação, de acordo com o caso concreto.

O problema, contudo, pode não ser o excesso de normas, mas a ausência total delas, em certo caso concreto, ou seja, há lacuna no ordenamento jurídico. Nesse caso, deve o intérprete socorrer-se de critérios de integração da norma jurídica.

Norberto Bobbio[1] nos ensina que há duas formas de integração:

a) heterointegração: recorre-se a ordenamentos jurídicos diversos ou a fontes diversas daquela que é dominante;
b) autointegração: a integração se dá sem o recurso a fontes ou ordenamentos distintos.

O art. 4º da LINDB determina que, na lacuna da lei, o juiz se utilize da analogia, dos costumes e dos princípios gerais de direito. Assim, no Brasil, a regra é que apenas se utilize a heterointegração após esgotadas todas as possibilidades de autointegração.

1. BOBBIO, Norberto. *Teoria do ordenamento jurídico*. Trad. Maria Celeste C. J. Santos. 10. ed. Brasília: Editora Universidade de Brasília, 1997, p. 34.

## 11.2 Interpretação das normas

Resolvida a questão sobre qual a norma aplicável para o caso concreto, surge outro aspecto da sua aplicação: a busca do significado da norma, do bem jurídico que é tutelado, das condições em que se exercita o direito. Está-se diante do problema da interpretação da norma.

As formas de interpretação se dividem da seguinte maneira:

a) gramatical: busca-se o sentido da norma pelo significado da linguagem empregada, de acordo com a etimologia de cada vocábulo;
b) histórica: decorre da observação da evolução do instituto sobre o qual versa a norma (é possível entender o sentido da norma vigente, considerando-se as normas anteriores);
c) autêntica: relaciona-se aos motivos mencionados pelo legislador à época da elaboração; trata-se da análise de documentos geradores pelo idealizador da norma, para buscar a intenção (as normas de maior envergadura e os códigos têm uma "exposição de motivos", na qual são feitas digressões sobre a matéria positivada);
d) sistemática: consiste na análise da norma no contexto do ordenamento de certo ramo do direito ou do ordenamento como um todo, objetivando a integração da norma com os princípios norteadores e demais institutos;
e) teleológica: consiste na interpretação legal que tem por critério a finalidade da norma. De acordo com esse método, ao se interpretar um dispositivo legal, deve-se levar em conta as exigências econômicas e sociais que buscou-se atender e conformá-lo aos princípios da justiça e do bem comum.

## 11.3 Vigência das normas no tempo

A norma de custeio do sistema, quando tratar da modificação de contribuições sociais, só poderá ser exigida após decorridos noventa dias de sua publicação (art. 195, § 6º, da CF).

**PREVDICA**:
No caso, não se aplica o princípio da anterioridade do exercício financeiro (art. 150, III, *b*, da CF).

As outras normas de custeio, assim como as relativas a prestações previdenciárias, são eficazes a partir da data em que a própria norma dispuser, e, não havendo tal fixação, no prazo estabelecido pela LINDB para a *vacatio legis*, ou seja, 45 dias após sua publicação.

A lei nova, obedecendo ao preceito constitucional do art. 5º, XXXVI, não prejudica o direito adquirido, o ato jurídico perfeito e a coisa julgada.

Se, ao tempo da modificação da norma, o indivíduo ainda não tinha possibilidade de requerer a prestação previdenciária, a alteração normativa pode mudar sua expectativa.

Isso significa que o princípio do *tempus regit actum* se coaduna com o citado art. 5º, XXXVI, da CF, pois é certo que a criação anterior ou posterior da norma não pode modificar o direito do segurado, seja para o bem, seja para o mal.

Assim, a EC n. 103/2019, que culminou na Reforma da Previdência, não pode modificar o *status* de quem já havia, antes de sua publicação, adquirido os requisitos legais para a obtenção de uma aposentadoria por tempo de contribuição, por exemplo.

De outro giro, caso tais requisitos não tiverem sido alcançados, significa que o segurado estava apenas com mera expectativa de direito, o que não é abarcado pelo direito brasileiro.

Contudo, muito embora a mera expectativa de direito não seja tutelada no direito brasileiro, sabe-se que toda vez que ocorre uma importante mudança no Direito Previdenciário brasileiro a legislação prevê a aplicação de regras de transição para amenizar os efeitos do novo regramento.

Em Portugal, embora defendida ardorosamente pela doutrina como direito daqueles que se encontram em vias de adquirir o direito, a possibilidade de edição de regras de transição não encontra base jurídica que seja assegurada aos detentores de expectativa de direito.

## 11.4 Vigência e eficácia das normas no espaço

Com relação à aplicação das normas de direito previdenciário, utiliza-se, regra geral, o princípio da territorialidade.

**PREVDICA:**

Não há cabimento para utilizar-se genericamente da hipótese de extraterritorialidade da lei.

São taxativas as situações em que se adotará a lei brasileira em relações jurídicas fora de nosso território.

## 11.5 Lacunas do ordenamento previdenciário

Entre os princípios inerentes à jurisdição, destaca-se o da indeclinabilidade, ou seja, exercido o direito de ação, não pode o juiz, por qualquer fundamento, deixar de responder ao pedido formulado pelo autor.

Havendo lacuna ou obscuridade da lei é admissível a adoção de outras fontes de direito ou meios de integração do sistema legal, como analogia, costumes e princípios gerais de direito.

a) Analogia é o mecanismo pelo qual adotam-se, para hipóteses não reguladas expressamente, regras previstas para situações parecidas. Por ela, o aplicador da lei procura ampliar o alcance do dispositivo legal a casos não mencionados de forma expressa, mas análogos à situação resguardada pelo sistema legal.

b) Costumes são regras gerais, não escritas, mas aceitas pelos destinatários, que as consideram mandatórias. No conceito de costume identificam-se dois elementos: a uniformidade (elemento objetivo) e a aceitação (elemento subjetivo).

c) Princípios gerais de direito são postulados maiores, de valor genérico, que servem de base e fundamento para as normas jurídicas.

Tal indeclinabilidade está umbilicalmente ligada à garantia constitucional prevista no art. 5º, XXXV, da CF, que é o princípio da inafastabilidade do controle jurisdicional do Estado.

**PREVDICA**:

Embora não previstos expressamente, os princípios gerais são considerados como integrantes do sistema, pois neles se encontra a base das regras legais.

## 11.6 Previdência Social e os acordos internacionais

A globalização da economia e os movimentos populacionais propiciam novas oportunidades de trabalho. Os tratados internacionais celebram acordos de reciprocidade de tratamento em matéria de proteção social, tendo o Brasil também firmado diversos deles.

Heinz-Dietrich Steinmeyer nos ensina que as pessoas que iniciaram sua vida laboral em um país podem querer computar o tempo trabalhado em outro país, no qual se encontra quando entende ter direito a um benefício previdenciário.

> Por várias razões, pode haver dificuldades para que isso ocorra. Por um lado, o país de origem pode não estar disposto a pagar os benefícios de uma pessoa que vive em outro país. Por outro, a pessoa pode não preencher os requisitos para ter acesso aos benefícios de seu novo país por não ter passado aí tempo suficiente para qualificar-se como parte de sua força de trabalho[2].

**PREVDICA**:

Os Acordos Internacionais de Previdência Social estabelecem uma relação de prestação de benefícios previdenciários, não implicando na alteração da legislação em vigor no país, cumprindo a cada Estado contratante examinar os requerimentos de benefícios apresentados e decidir quanto ao direito e condições, conforme sua própria legislação aplicável e o respectivo Acordo.

Para a Constituição a saúde é direito de todos e dever do Estado. A OMS, que é uma agência mundial subordinada à Organização das Nações Unidas – ONU, tem como objetivo a conservação e o restabelecimento da saúde.

> Art. 203. A assistência social será prestada a quem dela necessitar, independentemente de contribuição à seguridade social, e tem por objetivos:

2. STEINMEYER, Heinz-Dietrich. Experiências europeias com acordos internacionais de seguridade social. In: BRASIL. MINISTÉRIO DA PREVIDÊNCIA SOCIAL. *Migrações Internacionais e a Previdência Social*. Brasília: MPAS, SPS, CGEP, 2006, p. 70.

> I – a proteção à família, à maternidade, à infância, à adolescência e à velhice;
> II – o amparo às crianças e adolescentes carentes;
> III – a promoção da integração ao mercado de trabalho;
> IV – a habilitação e reabilitação das pessoas portadoras de deficiência e a promoção de sua integração à vida comunitária;
> V – a garantia de um salário mínimo de benefício mensal à pessoa portadora de deficiência e ao idoso que comprovem não possuir meios de prover à própria manutenção ou de tê-la provida por sua família, conforme dispuser a lei;
> VI – a redução da vulnerabilidade socioeconômica de famílias em situação de pobreza ou de extrema pobreza. (Incluído pela Emenda Constitucional n. 114, de 2021)

A assistência social, prevista nos arts. 203 e 204 da CF, compreende-se como um dos três princípios da Seguridade Social, que tem por objetivo a atuação do Estado nos casos em que a família não consegue prover assistência a seus próprios membros.

No que tange à Previdência Social, esta tem previsão no art. 201 da CF:

> Art. 201. A previdência social será organizada sob a forma do Regime Geral de Previdência Social, de caráter contributivo e de filiação obrigatória, observados critérios que preservem o equilíbrio financeiro e atuarial, e atenderá, na forma da lei, a:
> I – cobertura dos eventos de incapacidade temporária ou permanente para o trabalho e idade avançada;
> II – proteção à maternidade, especialmente à gestante;
> III – proteção ao trabalhador em situação de desemprego involuntário;
> IV – salário-família e auxílio-reclusão para os dependentes dos segurados de baixa renda;
> V – pensão por morte do segurado, homem ou mulher, ao cônjuge ou companheiro e dependentes, observado o disposto no § 2º.

Dessa forma, a Previdência Social é estabelecida na Lei Maior tendo caráter contributivo e compulsório administrado pelo INSS e pela Receita Federal do Brasil, com o objetivo de proteger seus segurados nas situações de necessidade conforme elencado na Constituição Federal.

A Convenção dos Direitos da Criança é um tratado que visa à proteção de crianças e adolescentes de todo o mundo. Foi aprovada pela Organização das Nações Unidas em 20 de novembro de 1989 com o seguinte texto:

> A Assembleia Geral das Nações Unidas adotou a Convenção sobre os Direitos da Criança – Carta Magna para as crianças de todo o mundo – em 20 de novembro de 1989, e, no ano seguinte, o documento foi oficializado como lei internacional. A Convenção sobre os Direitos da Criança é o instrumento de direitos humanos mais aceito na história universal. Foi ratificado por 196 países. Somente os Estados Unidos não

ratificaram a Convenção, mas sinalizaram sua intenção de ratificar a Convenção ao assinar formalmente o documento[3].

No Brasil, ela foi aprovada por meio do Decreto Legislativo n. 99.710, de 21 de novembro de 1990. Além da proteção à criança e adolescente, entre os princípios gerais estão o direito à vida, à liberdade e a participação dos pais, do Estado e da sociedade para tornar efetiva a proteção da criança e do adolescente.

No seu art. 26 estão dispostas as seguintes diretrizes:

> 1. Os Estados Partes reconhecerão a todas as crianças o direito de usufruir da previdência social, inclusive do seguro social, e adotarão as medidas necessárias para lograr a plena consecução desse direito, em conformidade com sua legislação nacional.
> 2. Os benefícios deverão ser concedidos, quando pertinentes, levando-se em consideração os recursos e a situação da criança e das pessoas responsáveis pelo seu sustento, bem como qualquer outra consideração cabível no caso de uma solicitação de benefícios feita pela criança ou em seu nome.

Este é um exemplo que corrobora como os direitos sociais, já instituídos no sistema jurídico interno.

3. Disponível em: <https://www.unicef.org/brazil/convencao-sobre-os-direitos-da-crianca>.

# 12

# Regimes previdenciários e sua aplicação

O regime previdenciário é composto de normas disciplinadoras da relação jurídica previdenciária, ou seja, das relações de coletividade da indivíduos que têm vinculação entre si, diante da relação de trabalho ou categoria profissional a que se submetem.

O tomador dos serviços do trabalhador garante a este a remuneração integral durante o afastamento por motivo de saúde até o décimo quinto dia, não havendo necessidade de cobertura para esse tipo de ocorrência durante esse interregno temporal, sendo que, a partir do décimo sexto dia, passa o regime de previdência a cobrir essa ocorrência.

**PREVDICA**:

Caso uma pessoa vinculada a RPPS também exerça atividade que a enquadre no RGPS, ela será filiada aos dois regimes.

Também é assegurada a contagem recíproca do tempo de contribuição tanto no RPPS quanto no RGPS.

A contagem recíproca ocorre quando o indivíduo transfere seu tempo de contribuição de um regime previdenciário para outro. Isso se dá mediante a emissão de Certidão de Tempo de Contribuição (CTC), e, nesse caso, os respectivos regimes terão de se complementar financeiramente e a pessoa se aposentará no regime a que estiver filiada.

Além desses regimes que filiam compulsoriamente os trabalhadores, temos o Regime Complementar de Previdência Social, que é uma faculdade, ou seja, uma escolha do cidadão.

**PREVDICA**:

A filiação a algum plano de previdência complementar não tira o caráter de obrigatoriedade da filiação ao regime básico. Ela pode ser privada ou pública, podendo a privada ser aberta ou fechada e a pública somente fechada.

Já as entidades fechadas de previdência complementar pública são destinadas aos entes federados que limitam a aposentadoria de seus servidores ao teto do INSS. Nesse caso, o servidor poderá, de forma não obrigatória, contribuir sobre o que falta para a entidade fechada de previdência complementar pública e obter a equiparação de valores entre aposentadoria e remuneração. No caso da União, essa entidade é o Fundo de Pensão dos Servidores Públicos Federais - FUNPRESP.

## 12.1 Regime Geral de Previdência Social – RGPS

Esse regime, o RGPS, abrange obrigatoriamente todos os trabalhadores da iniciativa privada, como os empregados (empregados urbanos, mesmo os que estejam prestando serviço a entidades paraestatais, os aprendizes e os temporários), os empregados domésticos (incluídos pela LC n. 150/2015), os empregados rurais (regidos pela Lei n. 5.889/73), todos com relação de emprego regida pela Consolidação das Leis do Trabalho, e os trabalhadores autônomos, eventuais ou não, além dos empregados públicos, que também são regidos pela CLT.

A todo cidadão é dada a faculdade de se filiar a uma entidade aberta de previdência complementar privada, diferentemente do segmento fechado, que é de ingresso restrito às pessoas que compõem determinado grupo (como empregados de determinada empresa).

As entidades fechadas de previdência complementar privada são popularmente conhecidas como fundos de pensão.

Por essa maneira, uma pessoa que já é filiada ao RGPS pode, facultativamente, contribuir para o fundo de pensão de sua empresa e tornar sua aposentadoria superior ao teto do INSS.

## 12.2 Agentes públicos – Cargos efetivos e vitalícios

O estudo da aposentadoria dos servidores públicos e demais regras de previdenciário foi introduzido pelas Emendas Constitucionais, bem como pela mais recente Emenda Constitucional n. 103/2019.

Antigamente, a aposentadoria do servidor público era vista como um "prêmio" concedido pelos serviços prestados à sociedade, mera continuação de seu vínculo com a Administração Pública que o admitira.

Nos dias de hoje, existem distorções conceituais graves em matéria de aposentadoria no serviço público.

A Constituição Federal de 1988 concedeu o mesmo tratamento diferenciado aos agentes públicos ocupantes de cargos efetivos da União, dos Estados, do Distrito Federal e dos Municípios, bem como os das autarquias e fundações públicas.

A Constituição Federal estabelece que para os agentes públicos ocupantes de cargos efetivos da União, dos Estados, do Distrito Federal e dos Municípios, bem como os das autarquias e fundações públicas, deve haver Regimes Previdenciários próprios, os quais também se aplicam aos agentes públicos ocupantes de cargos vitalícios (magistrados, membros do Ministério Público e de Tribunais de Contas).

## 12.3 Regime previdenciário complementar

A Previdência Social no Brasil é composta por diferentes regimes públicos, quais sejam, o Regime Geral de Previdência Social e os Regimes Próprios de Agentes Públicos, todos em sistema de repartição, compulsórios, geridos pelo Poder Público, que cobrem a perda da capacidade de gerar meios para a subsistência até um valor-teto.

A exploração da previdência pela iniciativa privada é tolerada pela ordem jurídica, porém apenas em caráter supletivo.

A Constituição Federal de 1988 previa, desde sua redação original, a existência de um regime complementar de previdência, estabelecido pela própria Previdência Social, sem, no entanto, trazer maiores disciplinamentos à matéria, que foi remetida para lei específica, jamais editada (§ 10 do art. 201 c/c art. 202, ambos da CF).

As entidades de previdência privada são as "que têm por objetivo principal instituir e executar planos de benefícios de caráter previdenciário" (art. 2º da LC n. 109/2001).

Para a constituição e o início de funcionamento de uma entidade previdenciária privada, a lei prevê a necessidade de autorização governamental prévia (art. 33, I, e art. 38, I, da LC n. 109/2001).

**PREVDICA:**
O controle governamental é exercido pela Superintendência Nacional de Previdência Complementar – PREVIC, autarquia de natureza especial criada pela Lei n. 12.154/2009.

## 12.4 Entidade fechada de previdência privada

É aquela constituída sob a forma de fundação ou sociedade civil, sem fins lucrativos, e que é acessível exclusivamente aos empregados de uma empresa ou grupo de empresas, aos servidores dos entes públicos da Administração, quando o tomador dos serviços será denominado patrocinador da entidade fechada, e aos associados ou membros de pessoas jurídicas de caráter profissional, classista ou setorial, denominadas instituidoras.

**PREVDICA:**
Não pode o próprio empregador explorar a atividade de previdência complementar; para estabelecer o plano previdenciário privado, deverá constituir entidade própria para esse fim.

Havendo a previsão constitucional de previdência complementar facultativa para os agentes públicos ocupantes de cargos efetivos e vitalícios, os fundos de previdência complementar terão de ser instituídos por lei de iniciativa do Poder Executivo e terão de ser geridos por entidade com personalidade jurídica de direito público (autarquia ou fundação).

## 12.5 Regime dos militares das Forças Armadas

Os militares não são mais considerados, pelo texto constitucional, servidores públicos, em face das alterações propostas pelo Poder Executivo e promulgadas pela EC n. 18/98, criando tratamento diferenciado para os membros das Forças Armadas em vários aspectos, fundamentalmente acabando com o tratamento isonômico exigido pelo texto original da Constituição entre servidores civis e militares.

## 12.6 Princípios específicos do RGPS

A Previdência Social, tal como a Seguridade Social, possui seus princípios específicos. Como a Previdência se insere na Seguridade Social, é óbvio que ela deve se submeter aos seus princípios, mas seus próprios princípios só devem ser observados por si, não abrangendo a saúde ou a assistência social.

Nesse caso há semelhança entre os princípios da Previdência Social e os da Seguridade Social, já que aquela se insere nesta.

Princípios e objetivos que regem a Previdência Social:

I – universalidade de participação nos planos previdenciários;

II – uniformidade e equivalência dos benefícios e serviços às populações urbanas e rurais;

III – seletividade e distributividade na prestação dos benefícios;

IV – cálculo dos benefícios considerando-se os salários de contribuição corrigidos monetariamente;

V – irredutibilidade do valor dos benefícios de forma a preservar-lhes o poder aquisitivo;

VI – valor da renda mensal dos benefícios substitutos do salário de contribuição ou do rendimento do trabalho do segurado não inferior ao do salário mínimo;

VII – previdência complementar facultativa, custeada por contribuição adicional;

VIII – caráter democrático e descentralizado da gestão administrativa, com a participação do governo e da comunidade, em especial de trabalhadores em atividade, empregadores e aposentados.

**PREVDICA:**

Nenhum benefício que substitua o salário de contribuição ou o rendimento do trabalho do segurado poderá ter valor mensal inferior ao do salário mínimo, sendo assegurado o reajustamento dos benefícios para preservar-lhes, em caráter permanente, seu valor real.

## 12.7 Inscrições e filiação

É possível para qualquer pessoa física maior de 16 anos (salvo o menor aprendiz, que pode ser aos 14 anos) poder se filiar ao RGPS, exceto se já filiado a RPPS. Se o segurado já filiado a RPPS vier a exercer atividade que o vincule ao RGPS, ele também será filiado ao RGPS, mas servidor filiado a RPPS não pode se filiar ao RGPS como segurado facultativo.

A filiação é o vínculo que se estabelece entre as pessoas que contribuem para a Previdência Social e esta, do qual decorrem direitos, como o de requerer benefícios, e obrigações, como a de pagar as contribuições. Aqui, uma vez mais, sustentamos que existe ligação entre a relação obrigacional de custeio e a relação obrigacional de prestação, devendo, pois, a regra da contrapartida do art. 195, § 5º, da Constituição Federal ser vista não só pela vertente da relação de custeio, mas também pela vertente da relação prestacional.

Já a inscrição é o ato formal, em que a pessoa leva à Previdência suas informações pessoais.

A filiação será sempre automática e compulsória para aqueles que exercem atividade remunerada. Assim, é permitida a inscrição retroativa para os segurados obrigatórios, uma vez que eles estão filiados desde que começam a trabalhar (para isso é preciso comprovar que estava trabalhando em data anterior ao pedido e pagar o débito não prescrito). Já para o segurado facultativo, a filiação apenas acontecerá após a formalização da inscrição e o pagamento da primeira contribuição.

Em relação ao segurado obrigatório, primeiro há a filiação e depois a inscrição, diferentemente do segurado facultativo, que primeiro se inscreve e depois se filia.

A inscrição do empregado é feita pela empresa; a do empregado doméstico pode ser feita tanto pelo empregador doméstico quanto pelo próprio empregado doméstico; a do trabalhador avulso pelo sindicado ou órgão gestor de mão de obra; a do segurado especial por ele próprio; e a do contribuinte individual, em regra, também por ele próprio, mas, caso ele ainda não esteja inscrito e uma empresa o contrate, será a empresa que deverá proceder com a inscrição. Caso uma empresa deixe de inscrever um segurado que lhe presta serviço, estará sujeita a multa por segurado não inscrito. Logo estudaremos cada um desses tipos de segurados em detalhes.

## 12.8 Prestações do RGPS

As prestações referentes ao Regime Geral da Previdência Social são serviços e benefícios abarcados pela Previdência Social:

- serviços quando não há contraprestação pecuniária;
- benefícios quando há contraprestação pecuniária.

**PREVDICA:**
Benefício é pago em dinheiro.

Os objetos da proteção previdenciária são os segurados e os dependentes deles, havendo, portanto, prestações devidas aos segurados, prestações devidas aos dependentes e prestações devidas a ambos.

Os benefícios devidos aos segurados do RGPS os protegem em casos de doenças (benefício por incapacidade temporária), redução da capacidade laborativa (auxílio-acidente), incapacidade permanente (aposentadoria por incapacidade permanente), idade avançada (aposentadoria por idade), tempo de serviço (aposentadoria especial e por tempo de contribuição), encargos familiares (salário-família) e protege a maternidade (salário-maternidade). Já os benefícios devidos aos dependentes os protegem em casos de prisão (auxílio-reclusão) ou morte (pensão por morte) daqueles de quem dependiam economicamente. Quanto aos segurados e dependentes, ambos fazem jus à habilitação e reabilitação profissional.

# 13

# Regime Geral de Previdência Social e os segurados

## 13.1 Segurados – Conceito

Dividem-se os segurados em duas espécies: obrigatórios e os facultativos.

Segurado obrigatório, segundo o conceito trazido no art. 9º do Decreto n. 3.048/99, é a pessoa física que exerce atividade remunerada, de natureza urbana ou rural, efetiva ou eventual, a título precário ou não, com ou sem vínculo de emprego, assim como aquele que a lei define como tal, consideradas, quando for o caso, as exceções mencionadas na lei, ou exerceu, no período imediatamente anterior ao chamado "período de graça", alguma das atividades acima citadas.

Entende-se por segurado facultativo aquele que se filia facultativa e espontaneamente à Previdência Social sem exercer atividade remunerada, contribuindo para o custeio das prestações sem estar vinculado obrigatoriamente ao Regime Geral de Previdência Social - RGPS ou a outro regime previdenciário qualquer.

## 13.2 Segurados obrigatórios

São aqueles que precisam contribuir compulsoriamente para a Previdência Social, com direito aos benefícios pecuniários previstos para a sua categoria (aposentadorias, pensões, auxílios, salário-família e salário-maternidade) e aos serviços sob responsabilidade da Previdência Social (reabilitação profissional e serviço social).

É pressuposto básico para alguém ter a condição de segurado do RGPS ser pessoa física (art. 12 da Lei n. 8.212/91), dado que é inconcebível a existência de segurado pessoa jurídica.

É necessário também exercer uma atividade laborativa, remunerada e lícita, já que o exercício de atividade com objeto ilícito não tem amparo na ordem jurídica. Isso se coaduna com o CTN, que, em seu art. 3º, diz que "Tributo é toda prestação pecuniária compulsória, em moeda ou cujo valor nela se possa exprimir, que não constitua sanção de ato ilícito, instituída em lei e cobrada mediante atividade administrativa plenamente vinculada".

Noutras palavras, isso significa dizer que a contribuição previdenciária, para ser cobrada, deve advir de um trabalho lícito. Assim, por exemplo, o "dono do morro" não tem de recolher a contribuição previdenciária dos traficantes que comanda, pois o tráfico ilícito de entorpecentes, como o próprio nome diz, não se enquadra no rol de atividades lícitas passíveis de tributação.

Importante aqui é entender o princípio de Direito Tributário chamado de *pecunia non olet*, que diz, literalmente, que o dinheiro não tem cheiro. É dizer, atividades ilícitas podem não ser o fato gerador da obrigação tributária de recolher contribuição previdenciária, mas, se aquele mesmo traficante contrata uma empregada doméstica, ele deve recolher a contribuição previdenciária pelo fato de a atividade doméstica ser lícita.

Veja que, aqui, o fato gerador não é o trafico ilícito de entorpecentes, mas o trabalho doméstico.

O segurado obrigatório exerce ao menos uma atividade remunerada, seja com vínculo empregatício, urbano, doméstico ou rural, seja sob regime jurídico público estatutário (desde que não possua regime próprio de previdência social), seja como trabalhador avulso, empresário, segurado especial ou trabalhador autônomo ou trabalho a esse equiparado.

**PREVDICA**:

A atividade exercida pode ser de natureza rural ou urbana. Ainda que exerça, nessas condições, suas atividades no exterior, a pessoa será amparada pela Previdência Social, nos casos previstos em lei.

Vejamos:

ASSUNTO: CONTRIBUIÇÕES SOCIAIS PREVIDENCIÁRIAS Período de apuração: 1º-1-2008 a 31-2-2008 VIOLAÇÃO À NORMAS CONSTITUCIONAIS. COMPETÊNCIA. PODER JUDICIÁRIO. SÚMULA CARF N. 02. O CARF não é competente para se pronunciar sobre inconstitucionalidade de lei tributária – *ex vi* da Súmula CARF n. 2. RECONHECIMENTO DE ELEMENTOS CARACTERIZADORES DO SEGURADO OBRIGATÓRIO (EMPREGADO). EXERCÍCIO DO PODER DE POLÍCIA PELA AUTORIDADE FAZENDÁRIA. PRELIMINAR DE NULIDADE REJEITADA. No exercício de seu poder de polícia, pode a autoridade fazendária reclassificar atos que

> visam escamotear a realidade dos fatos, desde que de forma fundamentada. REQUISITOS QUALIFICAÇÃO SEGURADO OBRIGATÓRIO. PREENCHIMENTO. Comprovada pela autoridade fiscalizadora a existência de habitualidade, subordinação, pessoalidade e remuneração – *ex vi* da al. ”a” do inc. I do art. 12 da Lei n. 8.212/81 –, há disparidade entre a forma de pactuação e a realidade. Mister reconhecer ser o indivíduo segurado obrigatório da Previdência Social. JUROS MORATÓRIOS. MULTA DE OFÍCIO. INCIDÊNCIA. SÚMULA CARF N. 108. O CARF editou o verbete sumular de n. 108, que pacifica incidirem juros moratórios, calculados à taxa referencial do Sistema Especial de Liquidação e Custódia – SELIC, sobre o valor correspondente à multa de ofício (CARF 15504.729839/2013-52 2202-010.130, Rel. Ludmila Mara Monteiro de Oliveira, j. em 13-7-2023, publicado em 27-7-2023).

## 13.3 Segurados facultativos

É segurado facultativo aquele que não faz parte da atividade econômica, mas pretende ter proteção previdenciária.

É de sua livre escolha o ingresso no sistema, que se faz por inscrição. Não existe obrigação de se recolher o tributo contribuição previdenciária que se renova a cada mês por manifestação de vontade.

O enquadramento como segurado facultativo só é permitido a partir dos 16 anos e desde que não exerça atividade remunerada que o inclua entre os segurados obrigatórios do RGPS ou de Regime Próprio de Previdência Social.

Seu salário de contribuição será o valor por ele declarado, desde que entre o piso e o teto do INSS.

O salário de contribuição NÃO é o valor que será pago ao INSS. Para saber o valor de contribuição, é preciso aplicar uma porcentagem (alíquota) sobre o valor declarado, que varia entre 20%, 11% ou 5%, a depender do caso.

**PREVDICA**:
A regra geral é a alíquota de 20%, de acordo com o art. 21 da Lei n. 8.212/91.

O segurado facultativo poderá, em regra, aposentar-se por qualquer modalidade de aposentadoria. Entretanto, somente poderá se aposentar por idade ou por invalidez quando, de acordo com o art. 21, § 2º, I, da Lei n. 8.212/91, a alíquota for de 11% sobre o salário mínimo. No caso do segurado facultativo baixa renda, é preciso atualizar o CadÚnico.

Vejamos jurisprudência sobre o tema:

> Previdenciário. Aposentadoria por idade. Segurado facultativo de baixa renda. Validação das contribuições de 5% em período de CadÚnico não atualizado. Possibilidade de validação retroativa. Comprovação dos requisitos de enquadramento na LC n. 123/2006.

Aplicação do Tema 285 da TNU. 1. Trata-se de recurso inominado interposto pela parte autora, em face da sentença que julgou procedente em parte o pedido, deixando de reconhecer o cômputo das competências como segurado facultativo de baixa renda e de conceder aposentadoria por idade. 2. A parte autora alega que os recolhimentos foram efetuados como segurado facultativo de baixa renda (alíquota de 5%), não havendo que se falar que o recolhimento foi abaixo do valor do mínimo legal. Alega que a inscrição no CadÚnico estava desatualizada, no entanto, podem ser revalidadas pois cumpriu todos os requisitos da baixa renda. 3. Aplicação do Tema 285 da TNU: "A atualização/revalidação extemporânea das informações do CadÚnico, realizada antes da exclusão do cadastro na forma regulamentar, autoriza a validação retroativa das contribuições pela alíquota de 5%, desde que comprovados os requisitos de enquadramento como segurado facultativo, na forma do art. 21, § 2º, II, alínea *b*, da Lei n. 8.212/91". 4. Reconhecendo-se os períodos em que a parte autora recolheu como segurada facultativa de baixa renda e somados os demais períodos de vínculo empregatícios e reconhecidos administrativamente, a parte autora não atinge tempo suficiente para a implantação do benefício. 5. Recurso da parte autora que se dá parcial provimento (TRF-3 - RI: 00019257120214036306, Rel. Fernanda Souza Hutzler, j. em 21-8-2023, 14ª Turma Recursal da Seção Judiciária de São Paulo, *DJEN* 29-8-2023).

As alíquotas de 11 e 5% são válidas apenas para os segurados que contribuam sobre o salário mínimo. Caso o salário de contribuição seja superior ao salário mínimo, o percentual será de 20%.

Esse preceito previdenciário vem disposto no art. 11 do Decreto n. 3.048/99:

Art. 11. É segurado facultativo o maior de dezesseis anos de idade que se filiar ao Regime Geral de Previdência Social, mediante contribuição, na forma do art. 199, desde que não esteja exercendo atividade remunerada que o enquadre como segurado obrigatório da previdência social.

§ 1º Podem filiar-se facultativamente, entre outros:

I – aquele que se dedique exclusivamente ao trabalho doméstico no âmbito de sua residência; (Redação dada pelo Decreto n. 10.410, de 2020)

II – o síndico de condomínio, quando não remunerado;

III – o estudante;

IV – o brasileiro que acompanha cônjuge que presta serviço no exterior;

V – aquele que deixou de ser segurado obrigatório da previdência social;

VI – o membro de conselho tutelar de que trata o art. 132 da Lei n. 8.069, de 13 de julho de 1990, quando não esteja vinculado a qualquer regime de previdência social;

VII – o estagiário que preste serviços a empresa nos termos do disposto na Lei n. 11.788, de 2008; (Redação dada pelo Decreto n. 10.410, de 2020)

VIII – o bolsista que se dedique em tempo integral a pesquisa, curso de especialização, pós-graduação, mestrado ou doutorado, no Brasil ou no exterior, desde que não esteja vinculado a qualquer regime de previdência social;

IX – o presidiário que não exerce atividade remunerada nem esteja vinculado a qualquer regime de previdência social; (Redação dada pelo Decreto n. 7.054, de 2009)

X – o brasileiro residente ou domiciliado no exterior; (Redação dada pelo Decreto n. 10.410, de 2020)

XI – o segurado recolhido à prisão sob regime fechado ou semi-aberto, que, nesta condição, preste serviço, dentro ou fora da unidade penal, a uma ou mais empresas, com ou sem intermediação da organização carcerária ou entidade afim, ou que exerce atividade artesanal por conta própria; (Incluído pelo Decreto n. 7.054, de 2009)

XII – o atleta beneficiário da Bolsa-Atleta não filiado a regime próprio de previdência social ou não enquadrado em uma das hipóteses previstas no art. 9º. (Incluído pelo Decreto n. 10.410, de 2020)

Repare que o Decreto n. 10.410/2020 trouxe importantes modificações ao Decreto n. 3.048/99 no que tange aos segurados facultativos. Assim, no inciso I substituiu a expressão "dona de casa" por "aquele que se dedique exclusivamente ao trabalho doméstico no âmbito de sua residência", posto que homens também podem assumir tal posto.

Também modificou o inciso VII para dizer que o estagiário em estágio para fins educacionais e, portanto, não remunerado pode ser segurado facultativo.

Outra mudança importante diz respeito ao brasileiro residente e domiciliado no exterior que, antes da mudança trazida pelo Decreto n. 10.410/2020, somente poderia contribuir como facultativo desde que não estivesse filiado a regime previdenciário do País com o qual o Brasil mantivesse acordo internacional e, agora, com a mudança, pode se filiar como facultativo ao RGPS, mesmo que filiado a regime previdenciário de outro País.

Por fim, foi acrescentado o inciso XII para permitir a filiação como facultativo do atleta beneficiário da bolsa-atleta, desde que não filiado a RPPS ou não enquadrado nas hipóteses do art. 9º, de que tratam os segurados obrigatórios do RGPS.

## 13.4 Empregado rural e urbano

A definição de empregado conforme estabelecida na legislação do Regime Geral de Previdência Social (RGPS) abrange tanto trabalhadores urbanos quanto rurais que estejam sob contrato de trabalho.

Para ser reconhecida como uma relação de emprego, a atividade deve ser produtiva, ou seja, deve constituir a principal fonte de renda do trabalhador. Inicialmente, atividades realizadas por caridade, solidariedade ou lazer são excluídas. O trabalhador deve ter a intenção de receber uma remuneração em troca dos serviços prestados.

No entanto, a característica essencial que diferencia uma relação de emprego das demais é a subordinação. Isso implica que o trabalhador está sujeito às ordens e ao poder hierárquico e disciplinar do empregador, uma vez que este é o detentor dos meios de produção e dita as condições para a prestação dos serviços.

Na legislação trabalhista, os termos empregador e empresa são usados de forma intercambiável. A Lei n. 8.212/91 utiliza o termo "empresa", que abrange tanto pessoas físicas quanto jurídicas, incluindo entes de direito público, que contratam, supervisionam e remuneram o trabalho.

São considerados empregados para fins previdenciários e, logo, segurados obrigatórios do RGPS, as pessoas físicas elencadas no inciso I do art. 9º do Decreto n. 3.048/99, quais sejam, entre outras:

- aquelas que prestam serviço de natureza urbana ou rural à empresa, em caráter não eventual, sob sua subordinação e mediante remuneração, inclusive como diretor empregado;
- aquele que, contratado por empresa de trabalho temporário, na forma prevista em legislação específica, por prazo não superior a cento e oitenta dias, consecutivos ou não, prorrogável por até noventa dias, presta serviço para atender a necessidade transitória de substituição de pessoal regular e permanente ou a acréscimo extraordinário de serviço de outras empresas; (Redação dada pelo Decreto n. 10.410, de 2020)
- o brasileiro ou o estrangeiro domiciliado e contratado no Brasil para trabalhar como empregado no exterior, em sucursal ou agência de empresa constituída sob as leis brasileiras e que tenha sede e administração no País.

Equipara-se ao segurado empregado quem ocupa cargo em comissão de Ministro de Estado, de Secretário Estadual, Distrital ou Municipal, sem vínculo efetivo com a União, Estados, Distrito Federal e Municípios, suas autarquias, ainda que em regime especial, e fundações (art. 12, § 6º, da Lei n. 8.212/91, com redação dada pela Lei n. 9.876/99).

O trabalho prestado por brasileiro ou estrangeiro no exterior, quando o contrato tenha sido firmado no Brasil, com pessoa aqui domiciliada, caracteriza filiação ao RGPS na condição de segurado empregado, matéria disciplinada a partir da edição da Lei n. 7.064, de 6 de dezembro de 1982, em seu art. 3º, parágrafo único.

De acordo com a Receita Federal do Brasil, o estrangeiro não domiciliado no Brasil, contratado para prestar serviços eventuais, mediante remuneração, não é considerado contribuinte obrigatório do RGPS, exceto se existir acordo internacional com o seu país de origem (art. 12 da Instrução Normativa RFB n. 2.110/2022). O trabalhador que presta serviços a missões diplomáticas, repartições consulares ou órgãos destas, ou, ainda, a seus membros, bem como a organismos internacionais, a partir da edição da Lei n. 9.876/99 – quando sediados no território nacional –, também é considerado segurado empregado para fins de filiação ao RGPS, salvo o estrangeiro não domiciliado no País (cuja legislação de regência deve ser a de seu país de origem) e o trabalhador que já possua proteção previdenciária concedida pelo país representado.

A previsão legal dos trabalhadores de missões diplomáticas e repartições consulares se encontra em nosso ordenamento jurídico desde 1966, sendo que, a partir da edição da Lei n. 6.887/80, a Previdência Social passou a considerá-los como segurados empregados, e não mais como equiparados a autônomos. Excetua-se dessa regra, também, o empregado doméstico de diplomatas ou servidores de tais órgãos, cujo enquadramento, naturalmente, será o de segurado empregado doméstico, já que ausente a prestação de serviços nos termos da Consolidação das Leis do Trabalho.

O brasileiro que presta serviços à União Federal, mesmo em caráter precário, em organismos oficiais brasileiros no exterior, ou nas representações do Brasil em organismos internacionais, também é obrigatoriamente considerado filiado na condição de segurado empregado, ressalvada a hipótese de ter direito à filiação por outro regime previdenciário.

Nota-se:

> PREVIDENCIÁRIO. APOSENTADORIA RURAL POR IDADE. TRABALHADOR RURAL. REGIME DE ECONOMIA FAMILIAR. REQUISITOS LEGAIS. COMPROVAÇÃO. PERÍODO DE ATIVIDADE URBANA PELA PARTE AUTORA. HONORÁRIOS ADVOCATÍCIOS. TUTELA ESPECÍFICA. 1. Procede o pedido de aposentadoria rural por idade quando atendidos os requisitos previstos nos arts. 11, VII, 48, § 1º, e 142, da Lei n. 8.213/1991. 2. Comprovado o implemento da idade mínima (60 anos para homens e 55 anos para mulheres), e o exercício de atividade rural por tempo igual ao número de meses correspondentes à carência exigida, ainda que a comprovação seja feita de forma descontínua, é devido o benefício de aposentadoria rural por idade à parte autora. 3. O exercício de atividade urbana pela parte autora por um curto período de tempo, por si só, não desqualifica uma vida inteira dedicada ao labor rural, comprovado por início de prova material, que foi corroborada por prova testemunhal consistente e idônea. 4. A base de cálculo dos honorários advocatícios deve considerar o percentual sobre as prestações vencidas até a data da decisão de procedência (sentença), nos termos das Súmulas n. 76 do TRF4 e n. 111 do STJ. 5. Reconhecido o direito da parte, impõe-se a determinação para a imediata implantação do benefício, nos termos do art. 497 do CPC (TRF-4 – AC: 50.016.510.320.234.049.999, Rel. Márcia Vogel Vidal de Oliveira, j. em 23-5-2023, 10ª Turma).

## 13.5 Empregado doméstico

Empregado doméstico é quem presta serviços de forma contínua, subordinada, onerosa e pessoal e de finalidade não lucrativa à pessoa ou à família, no âmbito residencial dessas, por mais de dois dias por semana (art. 1º da LC n. 150/2015).

Essa conceituação também podemos ver na jurisprudência:

> VÍNCULO EMPREGADO DOMÉSTICO. REQUISITOS. Na discussão sobre vínculo empregatício na função de empregado doméstico, é importante destacar que os requisitos elencados nos arts. 2º e 3º da CLT são acrescidos daqueles dispostos no art. 1º da Lei Complementar n. 150/2015. De se ver que a lei apresenta algumas peculiaridades na contratação do empregado doméstico. Da leitura dos preceptivos, é possível definir que o empregado doméstico é a pessoa física que presta serviços de forma contínua, subordinada, onerosa e pessoal e de finalidade não lucrativa à pessoa ou à família, no âmbito residencial destas, por mais de 02 dias por semana. Dentre inúmeras especificações do contrato do empregado doméstico, em relação ao requisito habitualidade, há um parâmetro objetivo a ser considerado: labor por, no mínimo, 03 dias por semana (TRT-2 – ROT:

10.011.607.920.205.020.028 SP, Rel. Maria de Fátima da Silva, 17ª Turma, publicado em 11-4-2022).

### *13.5.1 Pressupostos básicos da relação de emprego*

São eles:

- natureza contínua;
- finalidade não lucrativa (caráter não econômico da atividade);
- serviço prestado no âmbito residencial.

**PREVDICA**:
A idade mínima para filiação na qualidade de segurado empregado doméstico é de 18 anos, pois é vedada a contratação de menor de 18 anos para desempenho de trabalho doméstico, de acordo com a Convenção n. 182, de 1999, da Organização Internacional do Trabalho (OIT) e com o Decreto n. 6.481/2008.

## 13.6 Contribuinte individual

A Lei n. 9.876, de 26 de novembro de 1999, criou a categoria de contribuinte individual, abrangendo os segurados empresários, autônomos e equiparados a autônomo.

Neste caso o segurado tem caráter residual, não cabendo em nenhuma das outras hipóteses aqui tratadas, e será um contribuinte individual.

O contribuinte individual se subdivide em três espécies muito bem definidas, a saber:

- Contribuinte Individual que presta serviços a pessoa física (o denominado autônomo);
- Contribuinte Individual que presta serviços a pessoa jurídica;
- Contribuinte Individual cooperado (filiado a cooperativa de trabalho ou de produção).

Cada qual com suas peculiaridades referentes à obrigação tributária de recolher a contribuição previdenciária. Assim, o autônomo é responsável pelo recolhimento de sua contribuição previdenciária, devendo recolher todo dia 15 do mês subsequente ao da competência, ou em expediente bancário seguinte, se cair em finais de semana ou feriado.

A responsabilidade pelo recolhimento da contribuição previdenciária implica uma série de fatos que devemos observar:

Primeiro, no caso do recolhimento em atraso, este só é aplicável ao contribuinte individual que presta os seus serviços a pessoa física, pois ele, e somente ele, é quem possui a responsabilidade de recolher a contribuição previdenciária.

Segundo, já o contribuinte individual que presta serviços a uma pessoa jurídica tem o recolhimento sob responsabilidade desta, desde o advento da Lei n. 10.666/2003. Mas aqui quero que vocês prestem atenção a um detalhe, qual seja, essa responsabilidade é apenas até as forças da nota fiscal de prestação de serviços, devendo o contribuinte individual inserido nessa categoria complementar o restante se o serviço prestado tiver valor inferior ao salário mínimo.

Terceiro, quando falamos em cooperado, desde o julgamento do RE 595.838/SP, a responsabilidade pelo recolhimento é da cooperativa, no importe de 20% sobre o valor do serviço prestado pelo cooperado, tanto à pessoa física quanto à jurídica, sem aplicação da contribuição previdenciária patronal.

Importante salientar que o Contribuinte Individual Filiado à Cooperativa de Trabalho ou de Produção está desvencilhado da responsabilidade pelo recolhimento das contribuições previdenciárias. **Isso porque é da Cooperativa a responsabilidade de recolher 20% sobre os serviços prestados pelo cooperado tanto à pessoa física quanto à pessoa jurídica, a ser pago todo dia 20 do mês subsequente ao da competência ou, se fora do expediente bancário, ficando prorrogado para o dia útil posterior.**

**Outro ponto importante a destacar é que esse recolhimento era, inicialmente, de 11% do valor da quota distribuída aos cooperados pelos serviços prestados às pessoas jurídicas e de 20% com relação aos serviços prestados às pessoas físicas.**

Entretanto, o STF, no RE 595.838/SP, declarou a inconstitucionalidade da contribuição do tomador de serviços, que era de 15% sobre o valor bruto da nota fiscal de prestação do serviço, e assim o fez por entender que o art. 22, IV, da Lei n. 8.212/91 extrapolou o disposto no art. 195, I, *a*, da CF/88, gerando uma nova fonte de custeio, o que, por oportuno, só pode ser criada mediante lei complementar, na forma do que manda o art. 195, § 4º.

Logo, nas palavras de Ivan Kertzman, Alzemir Santana e Raimundo Dantas:

> Nesse cenário, não restou outra interpretação possível senão a de que os cooperados devem recolher o valor integral das contribuições devidas, com a alíquota completa de 20%, conforme previsto no art. 21 da Lei n. 8.212/91[1].

Isso porque o próprio STF demonstra no julgado que houve uma confusão com relação ao fato gerador da obrigação tributária e, pois, quanto ao sujeito passivo. Podemos extrair isso do seguinte trecho:

> O fato gerador que origina a obrigação de recolher a contribuição previdenciária, na forma do art. 22, inciso IV da Lei n. 8.212/91, na redação da Lei n. 9.876/99, não se origina nas remunerações pagas ou creditadas ao cooperado, mas na relação contratual estabelecida entre a pessoa jurídica da cooperativa e a do contratante de seus serviços (RE 595.838/SP, Rel. Min. Dias Toffoli, Plenário, *DJ* 23-4-2014).

Assim, a cooperativa passou a recolher a contribuição integral de seus filiados, ou seja, 20% (tanto para serviços prestados à pessoa jurídica quanto para serviços prestados à pessoa

1. KERTZMAN, Ivan; SANTANA, Alzemir; DANTAS, Raimundo. *Prática empresarial previdenciária*. Salvador: JusPodivm, 2020, p. 230.

física), porque, com o julgamento do citado RE, o STF entendeu que a quota prevista no inciso IV do art. 22 da Lei n. 8.212/91 é inconstitucional.

Vejamos a explicação em decisão do STJ:

> PREVIDENCIÁRIO. RECURSO ESPECIAL. ENUNCIADO ADMINISTRATIVO 3/STJ. APOSENTADORIA POR TEMPO DE CONTRIBUIÇÃO. RESPONSABILIDADE DA EMPRESA CONTRATANTE PELA RETENÇÃO DA CONTRIBUIÇÃO PREVIDENCIÁRIA DO SEGURADO CONTRIBUINTE INDIVIDUAL A SEU SERVIÇO. ART. 4º DA LEI N. 10.666/2003. DESNECESSIDADE DE COMPROVAÇÃO DO RECOLHIMENTO DA CONTRIBUIÇÃO PELO SEGURADO. TERMO INICIAL DO BENEFÍCIO. DATA DO REQUERIMENTO ADMINISTRATIVO. PRECEDENTES. RECURSO ESPECIAL NÃO PROVIDO. 1. Caso o segurado contribuinte individual preste serviços a uma pessoa jurídica, desde a Medida Provisória n. 83, de 12-2-2002, convertida na Lei n. 10.666/2003, cujos efeitos passaram a ser exigidos em 1º-4-2003, a empresa contratante é a responsável por arrecadar a contribuição do segurado contribuinte individual a seu serviço, descontando o valor da respectiva remuneração e repassando o montante arrecadado à Autarquia previdenciária, com fulcro no art. 4º da Lei n. 10.666/2003. 2. O período em que o contribuinte individual prestou serviço à empresa, na vigência da Lei n. 10.666/2003, deve ser considerado como tempo de contribuição, independentemente da comprovação do recolhimento das contribuições previdenciárias correspondentes. 3. A jurisprudência do STJ é firme no sentido de que o termo inicial para a concessão de benefício previdenciário, em regra geral, fixar-se-á na data do requerimento administrativo, ainda que haja comprovação extemporânea do tempo de serviço, desde que preenchidos os requisitos para a concessão na data do requerimento. Precedentes: REsp 1.791.052/SP, Relator Ministro Napoleão Nunes Maia Filho, *DJ* 28-2-2019; REsp 1.766.851/SP, Relator Ministro Herman Benjamin, 19-1-2018; REsp 1.610.554/SP, Relatora Ministra Regina Helena Costa, *DJ* 2-5-2017. 4. Recurso especial conhecido e não provido (STJ – REsp: 1801178 PR 2019/0059165-8, Rel. Min. Mauro Campbell Marques, j. em 4-6-2019, T2 – 2ª Turma, *DJe* de 10-6-2019).

## 13.7 Trabalhador avulso

Trabalhador avulso é a pessoa que, sindicalizada ou não, presta serviço de natureza urbana ou rural a diversas empresas, sem vínculo empregatício com qualquer delas, com intermediação obrigatória do órgão gestor de mão de obra, nos termos da Lei n. 12.815/2013, ou do sindicato da categoria.

### *13.7.1 Principais características*

a) liberdade laboral – não existe vínculo empregatício entre eles e o sindicato ou com o armador (proprietário do veículo transportador);
b) prestação de serviços para mais de uma empresa (bastante comum no caso de portuário, e dada a natureza do meio de transportes);

c) execução de serviços não eventuais às empresas tomadoras de mão de obra, sem subordinação a elas;
d) trabalho para terceiros com mediação de entidades representativas ou não; e
e) exclusividade na execução de atividades portuárias.

De acordo com o STF, temos:

> PROCESSUAL CIVIL E TRIBUTÁRIO. AGRAVO INTERNO EM PEDIDO DE UNIFORMIZAÇÃO DE INTERPRETAÇÃO DE LEI. AUSÊNCIA DE SIMILITUDE FÁTICO-JURÍDICA. DIVERGÊNCIA NÃO COMPROVADA. PEDIDO NÃO CONHECIDO. PRECEDENTES. AGRAVO INTERNO NÃO PROVIDO. 1. Na origem, trata-se de Pedido de Uniformização de Interpretação de Lei no qual o requerente se insurge contra decisão da Turma Nacional de Uniformização, a qual negou seguimento ao seu pedido de Uniformização de Interpretação de Lei e manteve acórdão que deu provimento ao Recurso Inominado da parte contrária por entender que "a natureza indenizatória das férias de trabalhador avulso é excepcional, devendo ser comprovada pela parte autora" (fl. 179, e-STJ). 2. O acórdão impugnado assim consignou ao decidir a controvérsia (fl. 179, e-STJ, grifei): "3. Analisando as questões levantadas no recurso, entendo que assiste razão à D. Procuradoria da Fazenda Nacional (PFN). A TNU já se posicionou no sentido de que a natureza indenizatória das férias de trabalhador avulso é excepcional, devendo ser comprovada pela parte autora, nos moldes do inciso I, do art. 373, do CPC, consoante a seguinte tese, *in litteris*: 'TEMA n. 98 – É excepcional a natureza indenizatória das férias de trabalhador avulso, a qual deve ser comprovada pela parte autora. Caso não o faça, se presume as goze anualmente, ocasião em que incide contribuição previdenciária.' 4. No mesmo sentido, assim dispõe a Súmula n. 125 do Superior Tribunal de Justiça – STJ: 'O pagamento de férias não gozadas por necessidade do serviço não está sujeito à incidência do imposto de renda'. 3. Da leitura dos enunciados acima referenciados, concluo que inexiste a presunção de que as férias dos trabalhadores avulsos são continuamente indenizadas, ao contrário do que consta na sentença recorrida. Se há igualdade de direitos entre os trabalhadores avulsos e empregados – a teor do disposto no inciso XXXIV, art. 7º da Constituição República de 1988 –, e se os trabalhadores com vínculo empregatício precisam comprovar que não houve gozo de férias por necessidade do serviço, para fins de não incidência de imposto de renda, Regulamentado pelo Decreto n. 9.580, de 22-11-2018, também se deve exigir o mesmo dos trabalhadores portuários avulsos."4. Como se observa, com base na Súmula 125 do STJ e no Tema 98 da TNU, houve a vinculação de o trabalhador precisar comprovar a necessidade do serviço para que se possa aferir se as férias não gozadas do trabalhador avulso são de natureza indenizatória ou não. Entretanto, os precedentes invocados pelo requerente não cuidaram da particularidade fática de se comprovar a necessidade do serviço, o que demonstra a ausência de identidade fático-jurídica entre os acórdãos. Dessa forma, o pedido não deve ser conhecido. A propósito: AgInt no PUIL 2.249/SP, Rel. Min. Mauro Campbell Marques, Primeira Seção, *DJe* de 17-2-2022; AgInt no PUIL 1.814/DF, Rel. Min.

> Sérgio Kukina, Primeira Seção, *DJe* de 1º-7-2021; e AgInt no PUIL 1.709/SP, Rel. Min. Napoleão Nunes Maia Filho, Primeira Seção, *DJe* de 18-12-2020. 5. Agravo Interno não provido (STJ – AgInt no PUIL: 3245 DF 2022/0330974-8, Rel. Min. Herman Benjamin, j. em 18-4-2023, S1 – 1ª Seção, publicado em *DJe* 25-4-2023).

## 13.8 Segurado especial

O art. 195, § 8º, da CF determina ao legislador que observe tratamento diferenciado àqueles que, trabalhando por conta própria em regime de economia familiar, realizem pequena produção, da qual retiram sua subsistência.

Segurado especial é a pessoa física residente em gleba rural ou em aglomerado urbano ou rural próximo a ele que, individualmente ou em regime de economia familiar, ainda que com o auxílio eventual de terceiros a título de mútua colaboração, na condição de:

- Produtor, seja proprietário, usufrutuário, possuidor, assentado, parceiro ou meeiro outorgados, comodatário ou arrendatário rurais, que explore atividade:
  - agropecuária em área de até 4 (quatro) módulos fiscais; ou
  - de seringueiro ou extrativista vegetal que exerça suas atividades nos termos do inciso XII do *caput* do art. 2º da Lei n. 9.985, de 18 de julho de 2000, e faça dessas atividades o principal meio de vida.
- Pescador artesanal ou a este assemelhado, que faça da pesca profissão habitual ou principal meio de vida.
- Cônjuge ou companheiro, bem como filho maior de 16 (dezesseis) anos de idade ou a este equiparado, do segurado produtor ou pescados citados acima, que, comprovadamente, trabalhem com o grupo familiar respectivo.

Sobre o trabalhador rural, vejamos:

> PREVIDENCIÁRIO. APOSENTADORIA RURAL POR IDADE. ATIVIDADE RURAL. REGIME DE ECONOMIA FAMILIAR OU TRABALHADOR "BOIA-FRIA". REQUISITOS LEGAIS. INÍCIO DE PROVA MATERIAL. COMPLEMENTAÇÃO. AUTODECLARAÇÃO DE SEGURADO. ESPECIAL. COMPROVAÇÃO. 1. O trabalhador rural que implemente a idade mínima (sessenta anos para o homem e de cinquenta e cinco anos para a mulher) e comprove o exercício de atividade rural, ainda que de forma descontínua, por tempo igual ao número de meses correspondentes à carência exigida para o benefício, faz jus à concessão do benefício da aposentadoria rural por idade (arts. 11, VII, 48, § 1º, e 142, da Lei n. 8.213/91). 2. A análise de vários elementos (localização e extensão do imóvel, tipo de cultura explorada, quantidade de produção comercializada, número de membros familiares a laborar na atividade rural, utilização ou não de maquinário agrícola e de mão de obra de terceiros de forma não eventual, exercício de atividades urbanas concomitantes e sua importância na renda familiar), é que permitirá um juízo de valor acerca da condição de segurado especial. As circunstâncias de cada caso concreto é que vão determinar se o segurado se enquadra ou não

na definição do inc. VII do art. 11 da Lei n. 8.213/91. 3. Em face da alteração legislativa introduzida pela MP n. 871/2019, convertida na Lei n. 13.846/2019, que modificou os arts. 106 e 55, § 3º, da Lei n. 8.213/91, e acrescentou os arts. 38-A e 38-B, a comprovação da atividade do segurado especial pode ser feita por meio de autodeclaração, corroborada por documentos que se constituam em início de prova material de atividade rural, ratificada por entidades públicas credenciadas, nos termos do art. 13 da Lei n. 12.188, de 11 de janeiro de 2010, e por outros órgãos públicos, na forma prevista no regulamento. 4. Determinada a imediata implantação do benefício, valendo-se da tutela específica da obrigação de fazer prevista no art. 461 do Código de Processo Civil de 1973, bem como nos arts. 497, 536 e parágrafos, e 537 do Código de Processo Civil de 2015, independentemente de requerimento expresso por parte do segurado ou beneficiário (TRF-4 – AC: 5000380-89.2020.4.04.7015 PR 5000380-89.2020.4.04.7015, /rel. Márcio Antônio Rocha, j. em 14-9-2021, Turma Regional Suplementar do PR).

## 13.9 Filiação do segurado menor de idade

Para os efeitos da legislação trabalhista e previdenciária, considera-se menor o trabalhador de 14 a 18 anos de idade.

É proibido o trabalho noturno, perigoso ou insalubre a menores de 18 anos e qualquer trabalho a menores de 16 anos de idade, salvo na condição de aprendiz, quando a idade mínima é de 14 anos (art. 7º, XXXIII, da CF – redação dada pela EC n. 20/98).

O contrato de aprendizagem é disciplinado pelos arts. 428 a 433 da CLT, fixando-se a idade entre 14 e 24 anos e a duração máxima de dois anos para o referido contrato.

Apesar da alteração da idade mínima estabelecida pela EC n. 20/98, as Leis de Custeio e Benefícios e o Decreto n. 3.048/99 não tiveram suas redações totalmente adequadas aos novos limites, já que em nível legal ainda está fixada a idade mínima de 14 anos para a filiação como segurado facultativo (art. 14 da Lei n. 8.212/91 e art. 13 da Lei n. 8.213/91), e o Regulamento dispõe que a filiação ao RGPS exige a idade mínima de 16 anos (art. 18, § 2º), em qualquer caso. As Instruções Normativas do INSS admitem a filiação do aprendiz a partir dos 14 anos.

## 13.10 Retorno de aposentado à atividade

O aposentado pelo RGPS que estiver exercendo ou que voltar a exercer atividade abrangida por esse Regime é segurado obrigatório em relação a essa atividade, ficando sujeito às contribuições de que trata a Lei n. 8.212/91.

Será enquadrado de acordo com a atividade que ele passar a exercer depois de aposentado. Se voltar a trabalhar como empregado, como tal será filiado; se como empresário, autônomo, ou equiparado, será enquadrado como contribuinte individual; se volta na atividade de trabalhador avulso, empregado doméstico, ou segurado especial, será enquadrado em categoria específica.

# 14

# Segurado: manutenção e perda da qualidade

## 14.1 Qualidade de segurado

A manutenção da qualidade de segurado diz respeito ao período em que a pessoa continua filiada ao Regime Geral de Previdência Social – RGPS, por estar no período de graça.

Durante esse tempo, o segurado continua amparado pelo Regime, assim como os seus dependentes, mesmo não exercendo a atividade que o enquadre como segurado obrigatório, nem contribuindo mensalmente, como facultativo. Esse caso é exceção diante do sistema do RGPS, de caráter eminentemente contributivo (art. 201, *caput*, da CF).

**PREVDICA**:

A qualidade de segurado é mantida, conservando todos os direitos perante a Previdência Social, independentemente de contribuições, nos prazos previstos no art. 15 da Lei n. 8.213/91. São eles:

- Sem limite de prazo, quem está em gozo de benefício, exceto auxílio-acidente.
- Até 12 meses após cessar o benefício por incapacidade ou o pagamento das contribuições mensais em virtude de desemprego ou interrupção da atividade laboral.
- Até 12 meses após cessar a segregação, para o segurado acometido de doença de segregação compulsória.
- Até 12 meses após o livramento, para o segurado preso.
- Até 3 meses após o licenciamento, para o segurado incorporado às Forças Armadas.
- Até 6 meses após interrompido o pagamento, para o segurado facultativo.

O fato de o segurado estar utilizando o benefício previdenciário impede que ele, por motivo alheio à sua vontade, permaneça contribuindo para o RGPS. Por isso, a legislação determina que, durante o tempo de fruição de benefícios (por exemplo, durante o gozo de benefício por incapacidade temporária), deverá ser mantida a qualidade de segurado, para todos os fins. É consagrada pela jurisprudência a hipótese de quando o indivíduo já preencheu todos os requisitos para a obtenção de benefício, ainda que não tenha feito o requerimento, por se tratar de direito adquirido, que não se perde pela inércia deste.

Daí por que, no caso de a incapacidade ter o seu início antes da perda da qualidade de segurado e ficar comprovada a sua data de início, é que a pessoa consegue receber o benefício. Isso porque o entendimento jurisprudencial é de que ela deveria estar em gozo do benefíco desde a data de início da incapacidade (DII) e, portanto, dentro do período de graça.

O recebimento do seguro-desemprego não autoriza a prorrogação do período de graça prevista no art. 15, I, da Lei n. 8.213/91 (como se fosse benefício previdenciário), mas serve de prova do desemprego para fins da prorrogação de 12 meses prevista no art. 15, § 2º, da Lei de Benefícios.

O período de graça do segurado que deixa de exercer atividade laborativa pode ser de:

- 12 meses, para o segurado com até 120 contribuições mensais sem perda da qualidade de segurado;
- 24 meses, para o segurado com mais de 120 contribuições mensais, sem perda da condição de segurado; ou para o segurado com até 120 contribuições, comprovando que depois dos primeiros 12 meses de período de graça permanece na situação de desemprego, pelas anotações referentes ao seguro-desemprego ou ao registro no Sistema Nacional de Emprego – SINE; ou
- 36 meses, quando o segurado com mais de 120 contribuições mensais sem perda da qualidade de segurado comprove, após os primeiros vinte e quatro meses, que permanece desempregado, conforme registro do SINE.

Repare que, se o segurado contar com mais de 120 contribuições mensais de forma ininterrupta, ele ganha mais 12 meses em seu período de graça, podendo ficar sem contribuir com a Previdência Social por 24 meses e 45 dias sem que se perca a qualidade de segurado.

Interessante, aqui, fazer algumas ponderações:

1. Por que o período de graça cessa após os meses previstos em lei mais 45 dias? A resposta para isso está no art. 15, § 4º, da Lei n. 8.213/91, que diz que "A perda da qualidade de segurado ocorrerá no dia seguinte ao do término do prazo fixado no Plano de Custeio da Seguridade Social para recolhimento da contribuição referente ao mês imediatamente posterior ao do final dos prazos fixados neste artigo e seus parágrafos".

Isso significa que, se João tem mais de 120 contribuições mensais, ele tem 24 meses de período de graça. Sendo sua última contribuição vertida em 15 de janeiro de 2024, ele manterá a qualidade de segurado até o dia 15 de março de 2026 ou em data posterior, se fora de expediente bancário.

2. Incorporação do acréscimo de 12 meses ao segurado que conte com mais de 120 contribuições mensais ao seu patrimônio jurídico. Aqui, devemos entender algumas premissas, como a garantia constitucional do direito adquirido, prevista no art. 5º, XXXVI, da CF.

Inicialmente, o tema foi tratado pela TNU e tombado sob o n. 255, em que fora fixada a seguinte tese:

> O pagamento de mais de 120 (cento e vinte) contribuições mensais, sem interrupção que acarrete a perda da qualidade de segurado, garante o direito à prorrogação do período de graça, previsto no parágrafo 1º, do art. 15 da Lei n. 8.213/91, mesmo nas filiações posteriores àquela na qual a exigência foi preenchida, independentemente do número de vezes em que foi exercido. (*vide* Tema 338/TNU)

Ou seja, o Tema 255 da TNU incorporou ao patrimônio jurídico do segurado o direito de ter o acréscimo de mais 12 meses em seu período de graça, mesmo nas filiações posteriores àquela na qual a exigência foi preenchida e independente do número de vezes em que foi exercido.

A TNU, ao julgar o Tema 255, parece que agiu em consonância com a Constituição Federal, em seu art. 5º, XXXVI, posto que a lei não pode prejudicar o direito adquirido, e este é o direito à prorrogação da manutenção da qualidade de segurado.

A questão é muito parecida com a trazida pela Lei n. 10.666/2003 em seu art. 3º, *caput*, e § 1º. O art. 3º da Lei n. 10.666/2003 diz que a perda da qualidade de segurado não vai importar caso o segurado tenha adquirido os requisitos para a aposentadoria por tempo de contribuição e especial, e o seu § 1º vai dizer que, se o segurado tiver alcançado a carência necessária para a aposentadoria por idade, ainda que não tenha atingido a idade mínima, a perda da qualidade de segurado também não vai importar.

Apesar de se tratar de institutos diferentes, em que um diz respeito à prorrogação da manutenção da qualidade de segurado e o outro, ao direito adquirido à aposentadoria, ou, no caso da aposentadoria por idade, ao direito adquirido à comprovação da carência, a ideia central é a mesma, uma vez que, cumprido o recolhimento de mais de 120 contribuições mensais de forma ininterrupta, a lei permite a prorrogação do período de graça por mais 12 meses.

A ideia central é a mesma, porque ambos preveem uma relativização da perda da qualidade de segurado e estão atrelados ao direito adquirido.

No entanto, o Tema 255 da TNU está sendo revisto pelo Tema 338 do mesmo Tribunal, cuja tese submetida a julgamento é:

> Definir se a tese jurídica firmada no Tema 255 dos representativos de controvérsia deve ser revista, diante de acórdãos supervenientes do Superior Tribunal de Justiça que albergaram entendimento diverso.

O tema ainda não foi apreciado e nos traz preocupação, uma vez que seu futuro ainda não foi definido. Aguardemos.

Durante o período de graça, o segurado não está efetuando contribuições. Se o segurado tiver sua atividade laborativa assegurada ao final do período (por exemplo, segurado empregado após retornar do auxílio-doença), a contribuição se presume realizada tão logo esse retorne ao posto de trabalho (art. 33, § 5º, da Lei n. 8.212/91), não cabendo falar, nessas circunstâncias, em perda da qualidade de segurado.

No caso de segurado sem ocupação, para manter-se na condição de segurado, caso expirado o período de graça e ele não consiga outra colocação, deverá filiar-se como facultativo.

Portanto, o prazo para o pagamento das contribuições como segurado facultativo é o dia 15 do mês seguinte ao da competência. Por exemplo, se o período de graça se encerra em maio, a primeira contribuição como segurado facultativo deve ser referente ao mês de junho. Essa contribuição deve ser feita pelo contribuinte até o dia 15 do mês subsequente, ou seja, até 15 de julho. Se a pessoa não efetuar a contribuição até essa data, perderá sua qualidade de segurado.

No que diz respeito à pensão por morte, ela só é devida se o ex-segurado falecer após a perda de sua qualidade de segurado, desde que ele já tivesse direito adquirido à aposentadoria, tendo cumprido todos os requisitos necessários à época em que estava afiliado ao Regime Geral de Previdência Social (conforme o § 2º do art. 180 do Regulamento).

A propósito, a Súmula 416 do e. STJ assim se manifestou:

> É devida a pensão por morte aos dependentes do segurado que, apesar de ter perdido essa qualidade, preencheu os requisitos legais para a obtenção de aposentadoria até a data do seu óbito.

E não poderia ser diferente, sobretudo porque, como já falado, a própria Lei n. 10.666/2003 diz no seu art. 3º, *caput*, que a perda da qualidade de segurado não vai importar para a obtenção de aposentadoria por tempo de contribuição e especial desde que tenha o segurado adquirido todos os requisitos necessários para se aposentar, e o § 1º desde que tenha atingido a carência necessária para aposentadoria por idade. No caso desta última, para fins de pensão por morte, entendemos que o requisito idade também deva estar comprovado.

Ora, se a perda da qualidade de segurado não importa para concessão de aposentadorias, desde que presentes os seus requisitos legais, também não deve importar para fins de manutenção da qualidade de segurado do *de cujus* e consequente deferimento da pensão por morte.

Da mesma forma, qualquer direito adquirido durante o período em que a pessoa era considerada segurada pode ser reivindicado pelo beneficiário (conforme o art. 165 do Decreto n. 3.048/99).

Ainda, a perda da qualidade de segurado não ocorre quando a pessoa deixa de contribuir em razão de desemprego decorrente de incapacidade física.

A Lei n. 10.666/2003 busca reparar uma injustiça praticada contra o segurado da Previdência Social, principalmente o de baixa renda, que, ao perder seu emprego, na maior parte das vezes, não tem condições de contribuir como facultativo e acaba perdendo a qualidade de segurado.

## 14.2 Período de graça

A manutenção da qualidade de segurado é dada durante o tempo em que o segurado se mantém coberto pela Previdência Social, podendo, em determinadas situações, ela se dar mesmo sem o segurado contribuir.

É o chamado período de graça, pois é o período no qual o segurado, independentemente de estar contribuindo, isto é, "de graça", continua sendo segurado, conservando todos seus direitos perante a Previdência Social.

O período de graça não conta como tempo de contribuição ou carência, é apenas um período em que segurado continua coberto pela Previdência Social.

Os prazos elencados no regulamento são os seguintes:

> Art. 15. Mantém a qualidade de segurado, independentemente de contribuições:
>
> I – sem limite de prazo, quem está em gozo de benefício, exceto do auxílio-acidente; (Redação dada pela Lei n. 13.846/2019)
>
> II – até 12 (doze) meses após a cessação das contribuições, o segurado que deixar de exercer atividade remunerada abrangida pela Previdência Social ou estiver suspenso ou licenciado sem remuneração;
>
> III – até 12 (doze) meses após cessar a segregação, o segurado acometido de doença de segregação compulsória;
>
> IV – até 12 (doze) meses após o livramento, o segurado retido ou recluso;
>
> V – até 3 (três) meses após o licenciamento, o segurado incorporado às Forças Armadas para prestar serviço militar;
>
> VI – até 6 (seis) meses após a cessação das contribuições, o segurado facultativo.

A primeira previsão é um tanto quanto óbvia. Quem está em gozo de benefício não contribui (exceto salário-maternidade), mas perde a condição de segurado. Se uma pessoa está em gozo de benefício por incapacidade temporária há dois anos, portanto, sem contribuir, ela continuará sendo segurada da previdência social durante esse período. De acordo com a Lei n. 13.846/2019 (Lei de Combate às Fraudes Previdenciárias), o segurado em gozo de auxílio-acidente não mais mantém sua qualidade de segurado.

É o que se vê jurisprudencialmente:

> PROCESSO PREVIDENCIÁRIO. CONCESSÃO DE PENSÃO POR MORTE. QUALIDADE DE SEGURADO DO INSTITUIDOR. PRORROGAÇÃO DO PERÍODO DE GRAÇA. ART. 15, § 1º, DA LEI N. 8.213/91. DESEMPREGO INVOLUNTÁRIO. CONTRIBUINTE INDIVIDUAL. CORREÇÃO MONETÁRIA E JUROS DE MORA. 1. Para a obtenção do benefício de pensão por morte deve a parte interessada preencher os requisitos estabelecidos na legislação previdenciária vigente à data do óbito, consoante iterativa jurisprudência dos Tribunais Superiores e desta Corte. 2. A extensão do período de graça por mais 12 meses em razão de desemprego involuntário, nos termos do art.15, II, § 2º da Lei n. 8.213/91, independe se o segurado era previamente contribuinte individual/autônomo ou empregado. Precedentes desta Corte. 3. Comprovado que o falecido estava em situação de desemprego involuntário ao tempo do óbito, é de ser estendido o período de graça em 12 meses. 4. Preenchidos os requisitos, nos termos da legislação aplicável, deve ser concedido o benefício de Pensão por Morte. 5. A utilização da TR como índice de correção monetária dos débitos judiciais da Fazenda Pública (Lei n. 11.960/2009) foi afastada pelo STF no RE 870947, com repercussão geral, confirmado no julgamento de embargos de declaração por aquela Corte, sem qualquer modulação de efeitos. O STJ,

no REsp 1.495.146, em precedente vinculante, distinguiu os créditos de natureza previdenciária, e determinou a aplicação do INPC, aplicando-se o IPCA-E aos de caráter administrativo. Os juros de mora, a contar da citação, devem incidir à taxa de 1% ao mês, até 29-6-2009. A partir de 9-2-2021, para fins de atualização monetária e juros de mora, deve ser observada a redação dada ao art. 3º da EC1 n. 13/2021, com incidência, uma única vez, até o efetivo pagamento, do índice da Taxa Referencial do Sistema Especial de Liquidação e Custódia (SELIC), acumulado mensalmente (TRF-4 – AC: 50418163020214047100 RS, Rel. Francisco Donizete Gomes, j. em 23-5-2023, 5ª Turma).

Após a cessação do benefício por incapacidade, se o segurado não estiver contribuindo, ele continuará a ser segurado por até 12 meses após a data de cessação do benefício. Por exemplo, o segurado já curado e que esteja sem contribuir que, até 12 meses após o término do benefício por incapacidade temporária, venha a sofrer um acidente, terá direito a novo benefício, pois ainda matinha a qualidade de segurado.

O segurado que deixar de exercer atividade remunerada e que esteja sem contribuir também terá 12 meses de período de graça. Se o segurado já possuir mais de 120 contribuições sem interrupções que acarrete a perda da qualidade de segurado, esse prazo será ampliado em mais 12 meses.

Ainda, se o segurado comprovar por registro no órgão próprio do Ministério do Trabalho e Emprego sua condição de desempregado, ele terá esse prazo ampliado em mais 12 meses, podendo todos esses acréscimos se acumular chegando a 36 meses de período de graça.

Por exemplo, se um segurado que trabalhou por 10 anos consecutivos em uma empresa for demitido, vindo a receber seguro-desemprego, por deixar de exercer atividade remunerada, ter mais de 120 contribuições ininterruptas e comprovar por registro no órgão próprio do MTE sua condição de desempregado, ele terá 36 meses de período de graça.

No caso de algumas doenças contagiosas, o Poder Público pode determinar a segregação da pessoa afetada. Se essa pessoa for segurada e já tiver cumprido a carência, ela poderá receber o benefício por incapacidade temporária e será abrangida pela segunda regra. No entanto, se não cumprir a carência e não tiver direito ao benefício, após o término da segregação, o segurado que sofreu de uma doença que exige segregação compulsória terá um período de 12 meses de "período de graça".

No caso de segurados que tenham sido detidos ou reclusos e que, após o seu livramento, enfrentem desafios para voltar ao mercado de trabalho devido ao estigma social frequentemente associado a eles, a lei concede um período de 12 meses de "período de graça". Esse período é considerado apropriado para que esses indivíduos possam reintegrar-se à sociedade e ao mercado de trabalho.

O segurado incorporado às Forças Armadas para prestar serviço militar terá 3 meses de período de graça após o licenciamento. Como o licenciado é uma pessoa jovem e com vigor, a lei lhe dá um prazo inferior para que ele se insira no mercado de trabalho sem perder a qualidade de segurado.

Em se tratando de segurado facultativo, o prazo é de 6 meses após a cessação das contribuições para restabelecê-las sem perder a qualidade de segurado. Por óbvio que o segurado facultativo, após encerrar o benefício por incapacidade, manterá a qualidade de segurado pelo prazo de 12 meses.

O segurado que, dentro do prazo de manutenção de sua qualidade de segurado (12, 24 ou 36 meses), filiar-se ao RGPS como facultativo, ao deixar de contribuir nesta, terá o direito de usufruir o período de graça de sua condição anterior.

Fique atento, pois todos esses prazos sofrem um acréscimo! Isso ocorre porque a perda da qualidade de segurado ocorrerá no dia seguinte ao do término do prazo fixado para recolhimento da contribuição referente ao mês imediatamente posterior ao do final dos prazos. O facultativo, por exemplo, perde a qualidade de segurado no 16º dia do 8º mês sem recolhimentos.

## 14.3 Segurado – Perda da qualidade

A perda da qualidade de segurado importa em caducidade dos direitos inerentes a essa condição. Aquele que perde a qualidade de segurado deixa de fazer jus às prestações previdenciárias. Se um segurado perde a qualidade de segurado e fica doente, ele não fará jus a prestação alguma. O detalhe está nos benefícios que não são afetados pela perda da qualidade de segurado.

A aposentadoria por idade não será afetada pela perda da qualidade de segurado, desde que seja cumprida a carência e o segurado tenha a idade necessária. Os requisitos não precisam ser cumpridos simultaneamente. Um segurado pode, por exemplo, trabalhar por 35 (trinta e cinco) anos para cumprir a carência, perder a qualidade de segurado, nunca mais trabalhar até completar 65 anos e se aposentar por idade. Ele primeiro cumpriu a carência e depois a idade.

A pensão por morte não é concedida aos dependentes de quem já havia perdido a qualidade de segurado na data do falecimento. Porém, se o falecido já tiver cumprido todas as condições necessárias para a obtenção de aposentadoria ao perder a qualidade de segurado, seus dependentes farão jus ao benefício. Imagine, por exemplo, um segurado que, após preencher todos os requisitos para obtenção de aposentadoria, deixe de contribuir durante muito tempo e venha a falecer sem ter qualidade de segurado, neste caso seus dependentes farão jus ao benefício.

# 15

# Dependentes e segurados

## 15.1 Dependentes – Conceito

Dependentes são as pessoas que, mesmo não contribuindo para a Seguridade Social, a Lei de Benefícios elenca como possíveis beneficiários do Regime Geral de Previdência Social – RGPS, por possuírem vínculo familiar com segurados do aludido regime.

**Os dependentes têm direito às seguintes prestações:**

- pensão por morte;
- auxílio-reclusão;
- serviço social; e
- reabilitação profissional.

Com a Constituição de 1988, não mais existe distinção entre marido e mulher para fins de dependência, aspecto em que não foi recepcionado o regime anterior da CLPS – Consolidação das Leis da Previdência Social (apenas o marido com incapacidade permanente era dependente).

Em que pese a redação do inciso V do art. 201 da Constituição Federal (redação atual dada pela Emenda Constitucional n. 20/98) ter se referido a "cônjuge ou companheiro e dependentes", tem-se que, perante a legislação de benefícios, também se consideram dependentes aqueles que contraíram matrimônio ou vivem em união estável com segurado ou segurada, de sexos opostos, e, segundo interpretação jurisprudencial, acolhida por norma interna do INSS, até com pessoa do mesmo sexo (uniões homoafetivas).

### *15.1.1 Dependentes na união estável*

A união estável foi regulamentada pela Lei n. 9.278/96. A MP n. 664/2014 previa, em contrariedade à CF e à Lei n. 9.278/96, que a dependência de cônjuges e companheiros somente seria reconhecida para fins previdenciários após o prazo de dois anos de matrimônio ou convivência. Na conversão em lei (Lei n. 13.135/2015) essa regra foi amenizada em parte, passando a constar do art. 77, § 2º, V, *b*, da Lei n. 8.213/91 que a duração da pensão será de apenas quatro meses, se o óbito ocorrer sem que o segurado tenha vertido 18 contribuições mensais ou se o casamento ou a união estável tiverem sido iniciados em menos de dois anos antes do óbito do segurado. Não se aplica essa exigência se o óbito do segurado decorrer de acidente de qualquer natureza ou de doença profissional e nos casos de cônjuge e companheiro com incapacidade permanente ou com deficiência.

Temos também:

> PREVIDENCIÁRIO. APELAÇÃO. PENSÃO POR MORTE. UNIÃO ESTÁVEL. QUALIDADE DE SEGURADO E DEPENDÊNCIA ECONÔMICA COMPROVADAS. TERMO INICIAL DO BENEFÍCIO. ART. 74, INCISOS I E II, DA LEI N. 8.213/91. 1. A concessão do benefício de pensão por morte, previsto no art. 74 da Lei n. 8.213/91, depende do preenchimento dos seguintes requisitos: (1) ocorrência do evento morte, (2) condição de dependente de quem objetiva a pensão e (3) demonstração da qualidade de segurado do *de cujus* por ocasião do óbito. 2. Nos termos do art. 16, inciso I, da Lei n. 8.213/91, são beneficiários do Regime Geral de Previdência Social, como dependentes, o cônjuge, a companheira, o companheiro e o filho não emancipado, de qualquer condição, menor de 21 (vinte e um) anos ou inválido ou que tenha deficiência intelectual ou mental ou deficiência grave. A dependência econômica de tais beneficiários é presumida (Lei n. 8.213/91, art. 16, § 4º). 3. No caso, são incontroversos a condição de segurado do instituidor e que a parte autora e o falecido mantinham união estável, havendo presunção de dependência econômica, a qual foi corroborada pelo conjunto probatório (TRF-4 – AC: 50368457920194047000 PR, Rel. Marcos Roberto Araújo dos Santos, j. em 25-4-2023, 11ª Turma).

A nosso ver, a exigência dos dois anos de relacionamento para continuidade do recebimento da pensão por morte tem constitucionalidade questionável, pois cria uma presunção de fraude contra os cônjuges e companheiros e, portanto, não pode ser acolhida como norma válida. Deve prevalecer tão somente a regra que prevê a perda do direito à pensão caso comprovada, a qualquer tempo, simulação ou fraude no casamento ou na união estável, ou sua formalização com o fim exclusivo de constituir benefício previdenciário, apuradas em processo judicial no qual será assegurado o direito ao contraditório e à ampla defesa (§ 2º no art. 74 da Lei n. 8.213/91).

Considera-se companheira(o) a pessoa que mantém união estável com o segurado(a), sendo esta configurada na convivência pública, contínua e duradoura estabelecida com intenção de constituição de família, observando que não constituirá união estável a relação entre (CC, art 1.521):

> I – os ascendentes com os descendentes, seja o parentesco natural ou civil;
>
> II – os afins em linha reta;
>
> III – o adotante com quem foi cônjuge do adotado e o adotado com quem o foi do adotante;

IV – os irmãos, unilaterais ou bilaterais, e demais colaterais, até o terceiro grau inclusive;

V – o adotado com o filho do adotante;

VI – as pessoas casadas; e

VII – o cônjuge sobrevivente com o condenado por homicídio ou tentativa de homicídio contra o seu consorte.

## 15.2 Inscrição de dependentes

A inscrição é o ato pelo qual o segurado e o dependente são cadastrados no Regime Geral de Previdência Social, mediante comprovação dos dados pessoais e de outros elementos necessários e úteis à sua caracterização (art. 22 do Decreto n. 3.048/99).

Entende-se ser um ato nitidamente administrativo e formal, documentado, de iniciativa da pessoa interessada e homologado pelo órgão gestor da Previdência Social. É também instrumento pessoal de qualificação que autoriza a utilização dos serviços ou a percepção de benefícios em dinheiro postos a sua disposição. A inscrição é o terceiro momento na sequência temporal da relação jurídica de seguro social, seguindo-se ao trabalho e à consequente filiação, ou, pelo menos, sendo contemporâneo a esses, mas nunca anterior.

São exigidos os seguintes documentos:

- Cônjuge e filhos: certidões de casamento e de nascimento.
- Companheira ou companheiro: documento de identidade e certidão de casamento com averbação da separação judicial ou divórcio, quando um dos companheiros ou ambos já tiverem sido casados, ou de óbito, se for o caso.
- Equiparado a filho: certidão judicial de tutela e, em se tratando de enteado, certidão de casamento do segurado e de nascimento do dependente.
- Pais: certidão de nascimento do segurado e documentos de identidade deles.
- Irmãos: certidão de nascimento.

## 15.3 Filiação de dependentes

A filiação acontece no universo físico, enquanto a inscrição opera-se como sua exteriorização jurídica.

Filiação é uma condição do trabalhador oriunda do exercício de certas atividades e de disposições legais; já a inscrição é um ato material ou real, consoante art. 17 da Lei n. 8.213/91.

## 15.4 Inscrição dos segurados

Para fins da Previdência Social, inscrição é o ato pelo qual a pessoa física é cadastrada no Cadastro Nacional de Informações Sociais – CNIS, por meio de informações fornecidas sobre seus dados pessoais e de outros elementos essenciais e úteis à sua caracterização.

Tratando-se de pessoa física, a identificação é realizada no CNIS por meio de um NIT – Número de Identificação do Trabalhador, que poderá ser NIT Previdência ou NIT

PIS/PASEP/SUS ou outro NIS – Número de Identificação Social, emitido pela Caixa Econômica Federal – CEF.

No caso de inscrição feita no INSS, as informações dadas pela pessoa têm natureza meramente declaratória e são de total responsabilidade de quem as declara, podendo o INSS solicitar a confirmação do que foi declarado.

Para o empregado e o trabalhador avulso, a inscrição do filiado será de responsabilidade do empregador, por meio do preenchimento dos documentos que os habilitem ao exercício da atividade, formalizado, no caso de empregado, pelo contrato de trabalho e, no caso de trabalhador avulso, pelo cadastramento e registro no sindicato ou órgão gestor de mão de obra, com inclusão automática no CNIS proveniente da declaração prestada em GFIP (Guia de Recolhimento do FGTS e de Informações à Previdência Social).

**PREVDICA**:
Para a inscrição do segurado individual é necessária a apresentação de documento que caracterize sua condição ou o exercício de atividade profissional, liberal ou não.

O procedimento para recolhimento espontâneo de contribuições à Seguridade Social derivadas de ação ajuizada perante a Justiça do Trabalho, não existindo a inscrição do empregado doméstico, deverá ser feito de ofício pelo órgão de arrecadação.

Para fins de notificação fiscal de lançamento de débito ou de parcelamento de débito, de responsabilidade de empregador doméstico, inclusive o decorrente de ação ajuizada na Justiça do Trabalho, deverá ser-lhe atribuída, de ofício, uma matrícula CEI vinculada ao NIT já existente do empregado doméstico ou ao NIT a ele atribuído de ofício.

A inscrição do segurado especial será feita de forma a vinculá-lo ao seu respectivo grupo familiar e conterá, além dos dados pessoais, a identificação da propriedade em que desenvolve a atividade e a que título, se nela reside ou o Município onde reside e, quando for o caso, a identificação e inscrição da pessoa responsável pelo grupo familiar (art. 17, § 4º, da LBPS, com redação dada pela Lei n. 12.873/2013).

O segurado especial integrante de grupo familiar que não seja proprietário ou dono do imóvel rural em que desenvolve sua atividade deverá informar, no ato da inscrição, conforme o caso, o nome do parceiro ou meeiro outorgante, arrendador, comodante ou assemelhado.

## 15.5 Inscrição de segurado *post mortem*

O Decreto n. 3.048/99, originalmente, proibiu expressamente a inscrição *post mortem* do empregado e trabalhador avulso (art. 18, § 1º). O Decreto 3.265/99 alterou a redação do texto para eliminar essa vedação e acrescentou o § 5º no referido artigo para permitir expressamente a inscrição *post mortem* do segurado especial.

Em razão de ter se tornado letra morta, o § 1º do citado art. 18 do Decreto n. 3.048/99 foi revogado pelo Decreto n. 10.410/2020.

Outra modificação trazida pelo Decreto n. 10.410/2020 foi a introdução do § 5º-A, no qual ficou estabelecido que, "na hipótese prevista no § 5º, caso não seja comprovada a condição de segurado especial, poderá ser atribuído Número de Inscrição do Trabalhador – NIT especificamente para fins de requerimento do benefício previdenciário".

Por fim, uma modificação disposta pelo Decreto n. 10.410/2020 e que traz uma piora no direito dos segurados contribuintes individuais e facultativos é o acréscimo do § 5º-B, que vedou expressamente a inscrição *post mortem* de segurado contribuinte individual e facultativo. É que, na edição passada desta obra, sustentamos:

> Há casos, por exemplo, em que o contribuinte individual, em seu primeiro mês de trabalho (em toda a sua vida), pode vir a ser acometido por doença fatal ou ser vítima de acidente. Nesse caso, como o vencimento da contribuição se dá somente no dia 15 do mês seguinte ao da prestação do serviço, o recolhimento sempre será feito em data posterior à morte, o que, no entanto, não pode ser visto como fraude ou tentativa de obtenção de benefício indevido. Essa situação é causada porque o vencimento da obrigação tributária é posterior ao óbito, mas os dependentes do segurado não podem ser penalizados diante dessa triste coincidência.
>
> Atente-se que a obrigação tributária, em relação ao período em que houve prestação de serviço, continua mesmo após o falecimento do segurado, ante a ocorrência de recebimento de valores que integram o salário de contribuição.

E, na oportunidade, conclui dizendo:

> Não defendendo que tal situação configure tentativa de fraude ao sistema, está-se diante da conjugação de vários princípios e regras do direito previdenciário: a compulsoriedade da filiação previdenciária obriga que esse segurado seja assim considerado desde o primeiro dia de trabalho, independentemente de ter havido contribuição (art. 20 do Decreto n. 3.048/99); a contribuição do segurado obrigatório é tributo (Súmula Vinculante 8 do STF), e assim continua devida, como obrigação personalíssima do segurado, sujeita a juros e multa de mora, exigível por procedimento fiscal e ação de execução fiscal, na forma da Lei n. 8.212/91.

Entendo da mesma forma! Primeiro há que se diferenciar a inscrição *post mortem* de continuidade do pagamento de uma contribuição previdenciária já devida cujo fato gerador ocorrera lá atrás. São duas coisas distintas!

Para compreendermos, temos de voltar num conceito básico, em que a filiação dos segurados obrigatórios ocorre primeiro que a inscrição, posto que aquela se dá com o exercício do trabalho remunerado, e esta é apenas mero ato administrativo de trazer as informações do segurado junto ao INSS.

Logo, se o contribuinte individual exerceu atividade remunerada, a obrigação pelo recolhimento existe, mesmo após sua morte, devendo sua inscrição, que é mero ato administrativo de levar suas informações ao INSS, ser efetivada.

Assim, se o contribuinte individual trabalhou no mês de março de 2025, ele terá até o dia 15 de abril para recolher a contribuição previdenciária, não havendo que se falar em contribuição em atraso. Logo, me parece que, se ele vier a falecer nesse interregno temporal, não se aplicaria a vedação da Súmula 52 da TNU, por não estarmos diante de recolhimento em atraso.

E, pensando cá com os meus botões, mesmo a vedação da citada súmula deveria cair, posto que o fato gerador já ocorreu e diante do que diz o art. 131, III, do CTN, que confere ao espólio a responsabilidade por recolher os tributos devidos pelo falecido até a data da abertura da sucessão.

# 16

# Sistema e as formas de contribuições

Nosso Sistema de Seguridade Social é contributivo e depende das contribuições sociais.

## 16.1 Salário de contribuição

### *16.1.1 Definição*

A definição de salário de contribuição está no art. 28 da Lei n. 8.212/91 e pode ser entendido como a remuneração auferida para remunerar o trabalho, seja do empregado, do empregado doméstico, do trabalhador avulso, seja do contribuinte individual, tendo por escopo primordial servir de base de cálculo para a incidência das alíquotas das contribuições previdenciárias dos segurados, exceto do segurado especial, cuja alíquota é diferenciada, conforme o § 8º do art. 195 da CF.

O salário de contribuição é, também, um dos elementos que compõem o cálculo da contribuição previdenciária. É a medida do valor com o qual, aplicando-se a alíquota de contribuição, chega-se à soma da contribuição dos empregados, incluindo os domésticos, os trabalhadores avulsos, os contribuintes individuais e, por extensão, os segurados facultativos.

O tema é de extrema importância, seja para o sistema de Seguridade Social, diante da sua condição de principal base de cálculo de contribuições arrecadadas, seja para o segurado e seus dependentes, já que para esses a correção da fixação do salário de contribuição implica a correção do cálculo da maior parte dos benefícios previdenciários, apurados na forma clássica do salário de benefício como média aritmética dos salários de contribuição atualizados monetariamente.

No regime adotado pelo Brasil, não se observa somente a finalidade meramente arrecadatória das contribuições, para fazer frente às despesas públicas. Uma vez realizada a contribuição como determina a lei, sua base de cálculo deve ser considerada para fins de cálculo do benefício.

### *16.1.2 Delimitação e composição*

O limite mínimo do salário de contribuição equivale, para os segurados contribuinte individual e facultativo, ao salário mínimo, e para os segurados empregados, inclusive o doméstico, e o trabalhador avulso, ao piso salarial legal ou normativo da categoria ou, se não existir, ao salário mínimo, tomado seu valor mensal, diário ou horário, conforme o ajustado e o tempo de trabalho efetivo durante o mês (§ 3º do art. 28 da Lei n. 8.212/91).

O Decreto-Lei n. 66/66 estabeleceu como limite máximo o valor de dez salários mínimos. Posteriormente, contudo, o limite máximo passou a ser o teto da previdência social, hoje, em R$ 8.157,41 (oito mil, cento e cinquenta e sete reais e quarenta e um centavos), definido pela Portaria Interministerial MPS/MF n. 6, de 10 de janeiro de 2025.

A natureza da verba não se altera pelo fato de que não houve a prestação laborativa, uma vez que esta somente não aconteceu em razão de conduta lesiva do empregador, de modo que a prevalência do entendimento pela não incidência penaliza o trabalhador e beneficia o infrator da norma.

## 16.2 Salário-base

O salário-base era espécie do gênero salário de contribuição, estabelecido segundo escala de valores prefixados por disposição regulamentar, escalonado em classes, cujo reajustamento seguia os mesmos índices utilizados para a correção dos valores de contribuições e benefícios do RPGS.

Após a extinção da escala de salário-base, salário de contribuição, para os segurados contribuinte individual e facultativo, é o disposto no art. 28, III e IV, da Lei n. 8.212/91; assim, para o contribuinte individual, é a remuneração obtida em uma ou mais empresas ou pelo exercício de sua atividade por conta própria, durante o mês, respeitados os limites mínimo e máximo do salário de contribuição; e, para o segurado facultativo, é qualquer valor que ele declarar, desde que respeitados os limites mínimo e máximo do salário de contribuição.

## 16.3 Contribuição do segurado empregado, doméstico e trabalhador avulso

A contribuição do segurado empregado, inclusive o doméstico, e do trabalhador avulso é calculada conforme o inciso II do art. 195 da Constituição Federal, com a redação dada pela EC n. 103/2019, que, em seu art. 28 e incisos, traz as alíquotas de contribuição que serão aplicadas de forma progressiva, de acordo com o valor do salário de contribuição.

As alíquotas, como dito, estão previstas no art. 28 e incisos da EC n. 103/2019:

> Art. 28. Até que lei altere as alíquotas da contribuição de que trata a Lei n. 8.212, de 24 de julho de 1991, devidas pelo segurado empregado, inclusive o doméstico, e pelo trabalhador avulso, estas serão de:
>
> I – até 1 (um) salário mínimo, 7,5% (sete inteiros e cinco décimos por cento);
>
> II – acima de 1 (um) salário mínimo até R$ 2.000,00 (dois mil reais), 9% (nove por cento);

III – de R$ 2.000,01 (dois mil reais e um centavo) até R$ 3.000,00 (três mil reais), 12% (doze por cento); e

IV – de R$ 3.000,01 (três mil reais e um centavo) até o limite do salário de contribuição, 14% (quatorze por cento).

§ 1º As alíquotas previstas no *caput* serão aplicadas de forma progressiva sobre o salário de contribuição do segurado, incidindo cada alíquota sobre a faixa de valores compreendida nos respectivos limites.

§ 2º Os valores previstos no *caput* serão reajustados, a partir da data de entrada em vigor desta Emenda Constitucional, na mesma data e com o mesmo índice em que se der o reajuste dos benefícios do Regime Geral de Previdência Social, ressalvados aqueles vinculados ao salário mínimo, aos quais se aplica a legislação específica.

Para o empregado e o trabalhador avulso, o salário de contribuição é a remuneração auferida em uma ou mais empresas, assim entendida a totalidade dos rendimentos pagos, devidos ou creditados a qualquer título, durante o mês, destinados a retribuir o trabalho, qualquer que seja sua forma, inclusive as gorjetas, os ganhos habituais sob a forma de utilidades e os adiantamentos decorrentes de reajuste salarial, quer pelos serviços efetivamente prestados, quer pelo tempo à disposição do empregador ou tomador de serviços nos termos da lei ou do contrato, ou, ainda, de convenção ou acordo coletivo de trabalho ou sentença normativa (art. 28, I, da Lei n. 8.212/91).

Para o empregado doméstico, a remuneração registrada na Carteira de Trabalho e Previdência Social, observadas as normas a serem estabelecidas em regulamento para comprovação do vínculo empregatício e do valor da remuneração (art. 28, II, da Lei n. 8.212/91).

Quando do mês da admissão contratual ou início da atividade como trabalhador avulso, do rompimento contratual ou do afastamento do trabalho, o salário de contribuição será considerado o valor devido pelo empregador ou tomador de serviços relativamente aos dias efetivamente trabalhados no curso do mês.

**PREVDICA:**

Se o segurado exercer mais de um emprego ou ocupação, está ele sujeito ao salário de contribuição em cada um deles, de maneira proporcional. Se em uma das empresas tiver salário superior ao teto do salário de contribuição, não precisará recolher sobre os valores recebidos nos demais empregos ou ocupações, devendo haver comunicação aos empregadores ou tomadores de serviço para esse fim. De qualquer forma, se houver recolhimento de contribuição sobre valor superior ao teto do salário de contribuição, cabe a restituição do valor que exceder ao teto.

Se em apenas uma das empresas o salário não atingir o teto da contribuição, deverá haver recolhimento sobre as remunerações auferidas em todas as empresas.

Em caso de segurado empregado, doméstico ou trabalhador avulso, a alíquota para o cálculo da contribuição será estabelecida em função do *quantum* percebido em todas as empresas, e não em cada uma delas, separadamente.

**PREVDICA:**
A contribuição previdenciária incidirá sobre as verbas de natureza remuneratória.

## 16.4 Contribuição do segurado contribuinte individual e facultativo

O empresário, o trabalhador autônomo e o equiparado a autônomo são classificados como contribuintes individuais pelo art. 28, III, da Lei n. 8.212/91, que estabelece que, para o contribuinte individual, o salário de contribuição é "a remuneração auferida em uma ou mais empresas ou pelo exercício de sua atividade por conta própria, durante o mês, observado o limite máximo a que se refere o § 5º" do art. 28 da Lei n. 8.212/91.

A contribuição dos segurados contribuintes individuais e facultativos é obtida sob a alíquota de 20% sobre o respectivo salário de contribuição, de acordo com a redação do art. 21 da Lei n. 8.212/91, dada pela Lei n. 9.876/99.

Tratando-se de síndico ou o administrador eleito para exercer atividade de administração condominial, se estiver isento de pagamento da taxa condominial, o valor da referida taxa integra a sua remuneração.

A LC n. 123/2006 alterou o § 2º do art. 21 e fez inserir, no referido artigo da Lei n. 8.212/91, o § 3º (atualmente a redação foi dada pela Lei n. 12.470/2011), modificando de forma significativa a forma de contribuição dessas duas categorias, conforme desejem ou não se beneficiar futuramente da aposentadoria por tempo de contribuição.

A partir de então, os segurados enquadrados nas categorias de contribuinte individual (quando o serviço não for prestado à empresa ou pessoa equiparada à empresa) e de facultativo podem escolher entre a alíquota de 11% sobre o valor mínimo mensal do salário de contribuição (isto é, 11% sobre o salário mínimo), o que lhes garante a proteção previdenciária, exceto para a aposentadoria voluntária por tempo de contribuição, ou, caso queiram se beneficiar da aposentadoria por tempo de contribuição, deverão contribuir com mais 9% sobre o mesmo salário de contribuição, com acréscimo de juros de mora fixados na própria Lei n. 8.212/91, caso haja recolhimento em atraso.

**PREVDICA:**
A alíquota de 11% é aplicada somente para os segurados que contribuem com base no salário mínimo. No entanto, quando o salário de contribuição excede o valor do salário mínimo, a alíquota é elevada para 20%.

É importante notar que a Lei n. 12.470/2011 estabeleceu uma redução da alíquota para 5% do salário mínimo para os segurados facultativos que não possuem renda própria e que se dedicam exclusivamente ao trabalho doméstico em suas residências, desde que façam parte de uma família de baixa renda.

A nova redação da lei não alterou a forma de contribuição dos contribuintes individuais que prestam serviços a pessoas jurídicas, permanecendo assim a retenção de 11% por parte do tomador dos serviços, nesse caso.

## 16.5 Contribuições das empresas

O art. 195, I, da Constituição (com a redação dada pela EC n. 20/98) prevê a incidência de contribuições sociais a cargo do empregador, da empresa e da entidade a ela equiparada na forma da lei (art. 15 da Lei n. 8.212/91).

Também é prevista a instituição de contribuições com fato gerador diferentes dos previstos no art. 195, I, da Constituição, que são fontes destinadas a garantir a manutenção ou expansão da Seguridade Social, e exigem a adoção de lei complementar para serem cobradas, conforme o art. 195, § 4º, da CF.

### *16.5.1 Incidentes sobre a folha de pagamento e rendimentos para a pessoa física sem carteira assinada*

As empresas devem contribuir em 20% sobre o valor total das remunerações creditadas ou pagas sob qualquer título, dentro de um período mensal, aos segurados contribuintes individuais que fornecem serviços, conforme a Lei n. 9.876/99, até a data do dia 20 do mês subsequente, respeitando a regra dos dias úteis.

### *16.5.2 Incidentes sobre o valor bruto da nota fiscal*

As empresas devem contribuir em 15% sobre o valor bruto da nota fiscal ou da fatura de prestação de serviços se contratarem trabalhadores cooperados por intermédio de cooperativas de trabalho, conforme a Lei n. 8.212/91 em seu art. 22.

## 16.6 Contribuição sobre a folha de pagamento

É a contribuição prevista na alínea *a* do inciso I do art. 195 da Constituição. Sua incidência acontece sobre a folha de salários e demais rendimentos do trabalho pagos ou creditados, pela empresa, a qualquer título, à pessoa física que preste serviço, mesmo sem vínculo empregatício.

A cobrança é feita com base no inciso I do art. 22 da Lei n. 8.212/91, cuja alíquota é de 20% sobre

> o total das remunerações pagas, devidas ou creditadas a qualquer título, durante o mês, aos segurados empregados e trabalhadores avulsos que lhe prestem serviços, destinadas a retribuir o trabalho, qualquer que seja a sua forma, inclusive as gorjetas, os ganhos habituais sob a forma de utilidades e os adiantamentos decorrentes de reajuste salarial, quer pelos serviços efetivamente prestados, quer pelo tempo à disposição do empregador ou tomador de serviços, nos termos da lei ou do contrato ou, ainda, de convenção ou acordo coletivo de trabalho ou sentença normativa.

**PREVDICA:**

A empresa é obrigada a recolher as contribuições a seu encargo, no mês seguinte ao efetivamente trabalhado, de acordo com o art. 30, I, *b*, da Lei n. 8.212/91.

### *16.6.1 Desoneração da folha de pagamento*

A desoneração da folha de pagamento foi introduzida pela Lei n. 12.546/2011 e envolve a substituição da contribuição previdenciária patronal, que incide sobre a folha de salários, pela contribuição sobre o faturamento. Essa mudança foi implementada por meio da criação de um novo tributo denominado Contribuição Previdenciária sobre a Receita Bruta (CPRB). A CPRB é aplicada com base em uma alíquota *ad valorem* de 1% ou 2%, dependendo da atividade, do setor econômico (Classificação Nacional de Atividades Econômicas - CNAE) e do produto fabricado (Nomenclatura Comum do Mercosul - NCM), sobre a receita bruta mensal.

Há necessidade de acompanhamento mensal através de relatórios produzidos com a descrição da metodologia empregada, as fontes de informação utilizadas e os resultados, que além de apresentar a renúncia, evidencia dados sobre o número de contribuintes beneficiados e sua respectiva quantidade de empregados, com a discriminação dos setores econômicos.

## 16.7 Contribuição sobre a receita e o faturamento

A contribuição incidente sobre a receita e o faturamento está prevista na letra *b* do inciso I do art. 195 da Constituição. A redação atual foi dada pela Emenda Constitucional n. 20/98, a qual incluiu o termo "receita" como base de cálculo da contribuição previdenciária a cargo da empresa. As contribuições instituídas com base de cálculo incidente sobre a receita e o faturamento são a COFINS e o PIS/PASEP.

## 16.8 PIS/PASEP

O PIS - Programa de Integração Social foi instituído pela LC n. 7/70, e o PASEP - Programa de Formação do Patrimônio do servidor público foi criado pela LC n. 8/70.

Respeitando o art. 195, § 6º, da CF, as novas alíquotas passaram a ser devidas a partir do primeiro dia do quarto mês subsequente ao da publicação da Medida Provisória.

A periodicidade de apuração é mensal e o prazo para o recolhimento é até o vigésimo dia do mês subsequente ao mês de ocorrência dos fatos geradores, cabendo à Secretaria da Receita Federal a arrecadação e fiscalização dessas contribuições.

## 16.9 Contribuição Social sobre o Lucro Líquido – CSLL

A CSLL tem fundamento no art. 195, I, *c*, da CF, sendo que a cobrança foi instituída pela Lei n. 7.689/88.

Estão sujeitas ao pagamento da CSLL as pessoas jurídicas e as pessoas físicas a elas equiparadas, domiciliadas no País. A alíquota da CSLL é de 9% para as pessoas jurídicas em geral, e de 15% no caso das pessoas jurídicas consideradas instituições financeiras. A apuração da CSLL deve acompanhar a forma de tributação do lucro adotada para o IRPJ (art. 3º da Lei n. 7.689/88, com redação dada pela Lei n. 11.727/2008).

**PREVDICA**:

A base de cálculo da Contribuição Social sobre o Lucro Líquido (CSLL) é o valor do resultado do exercício, antes de provisionar para o imposto de renda, conforme estabelecido pelo art. 2º da Lei n. 7.689/88.

No que diz respeito à CSLL, são aplicáveis, quando pertinentes, as disposições da legislação relativas ao imposto sobre a renda, que abrangem questões relacionadas à administração, ao lançamento, à consulta, à cobrança, às penalidades, às garantias e ao processo administrativo. Isso ocorre mantendo-se as bases de cálculo e as alíquotas conforme previstas na legislação que regulamenta a referida contribuição.

A apuração da CSLL é realizada mensalmente, sendo que a arrecadação e a fiscalização ficam a cargo da Secretaria da Receita Federal.

## 16.10 Contribuições do importador de bens e serviços do exterior

A Constituição prevê no art. 195, IV (incluído pela EC n. 42/2003), a incidência de contribuição social a cargo do importador de bens ou serviços do exterior, ou de quem a lei a ele equiparar. Esse dispositivo está em harmonia com o art. 149, § 2º, II (com redação dada pela EC n. 42/2003), prevendo a incidência de contribuição sobre a importação de produtos estrangeiros ou serviços.

O fato gerador da Contribuição para o PIS/PASEP – Importação e da COFINS – Importação é:

a) a entrada de bens estrangeiros no território nacional; ou
b) o pagamento, o crédito, a entrega, o emprego ou a remessa de valores a residentes ou domiciliados no exterior como contraprestação por serviço prestado.

**PREVDICA**:

Considera-se que entram no território nacional os bens que foram importados e cujo extravio seja constatado pela administração aduaneira, com exceção das seguintes situações: malas e remessas postais internacionais; e mercadorias importadas a granel que, devido à sua natureza ou às condições de manuseio durante o desembarque, estejam sujeitas a quebra ou decréscimo, desde que o extravio não ultrapasse 1%. No caso de ocorrer quebra ou decréscimo acima de 1%, as contribuições serão exigidas apenas em relação ao excesso.

### *16.10.1 Contribuições do importador de bens e serviços do exterior – Base de cálculo*

A base de cálculo será:

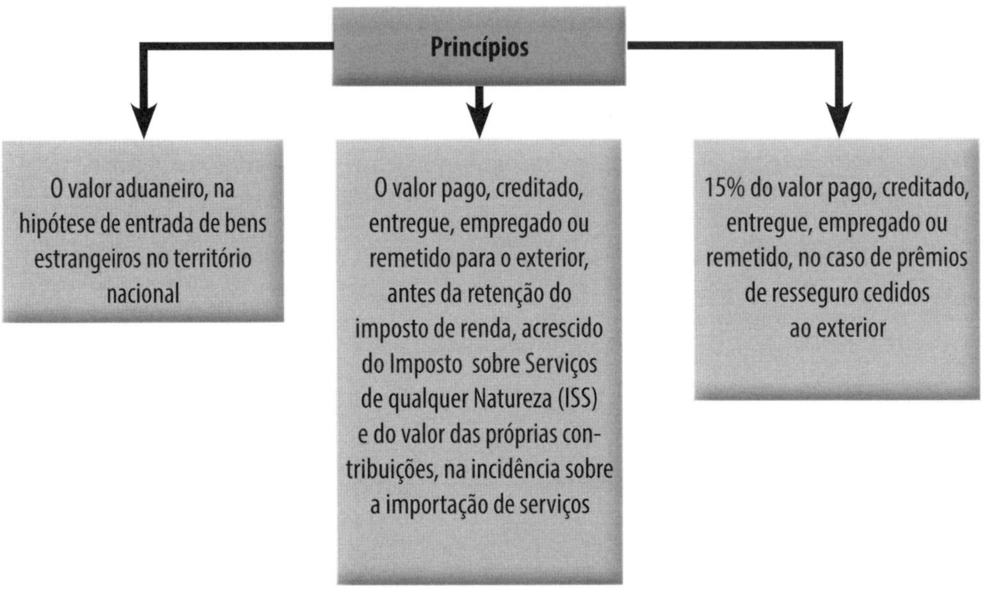


A apuração das contribuições é feita na data do registro da declaração de importação de bens submetidos a despacho para consumo, nas hipóteses de importação de bens, e na data do pagamento, do crédito, da entrega, do emprego ou da remessa de valores a residentes ou domiciliados no exterior, na hipótese de importação de serviços.

A norma prevê isenção das contribuições, desde que satisfeitos os requisitos e condições exigidos para o reconhecimento de isenção do Imposto sobre Produtos Industrializados, em casos tais como: importações realizadas pela União, Estados, Distrito Federal e Municípios, suas autarquias e fundações instituídas e mantidas pelo poder público; pelas Missões Diplomáticas e Repartições Consulares de caráter permanente e pelos respectivos integrantes; bagagem de viajantes procedentes do exterior; bens adquiridos em loja franca no País; objetos de arte recebidos em doação por museus instituídos e mantidos pelo Poder Público ou por outras entidades culturais reconhecidas como de utilidade pública.

## 16.11 Contribuições decorrentes do trabalho prestado em obras de construção civil

### *16.11.1 Construção civil – Conceito*

O conceito de obra de construção civil, para efeitos de custeio da Seguridade Social, é bastante amplo e compreende a construção, a demolição, a reforma ou a ampliação de edificação, de instalação ou de qualquer outra benfeitoria agregada ao solo ou ao subsolo.

A obra de construção civil que interessa ao direito previdenciário, diante da existência de fato gerador de contribuição ao sistema, é aquela que, a partir da utilização de trabalho humano, presta-se a realizar alterações na propriedade imóvel, seja para edificar – originalmente ou em ampliação à edificação preexistente –, seja para demolir, seja para realizar serviços de instalações de qualquer natureza em imóvel e, ainda, em caso de reforma do edifício já construído.

**PREVDICA**:

Se a obra não conta com mão de obra assalariada, a jurisprudência vem rechaçando a cobrança de contribuição com fundamento no art. 30 da Lei n. 8.212/91.

### *16.11.2 Construção civil e suas obrigações previdenciárias*

São responsáveis pelas obrigações previdenciárias decorrentes de execução de obra de construção civil o proprietário do imóvel, o dono da obra, o incorporador, o condômino da unidade imobiliária não incorporada na forma da Lei n. 4.591/64 e a empresa construtora.

Tratando-se de pessoa física, dona da obra ou executora da obra de construção civil, é ela a responsável pelo pagamento de contribuições em relação à remuneração paga, devida ou creditada aos segurados que lhe prestam serviços na obra, na mesma forma e prazos aplicados às empresas em geral.

A responsabilidade pela matrícula da obra na Receita Federal recairá sobre: o proprietário do imóvel, o dono da obra ou o incorporador de construção civil, pessoa física ou pessoa jurídica; a empresa construtora, quando contratada para execução de obra por empreitada total; ou a empresa líder, na contratação de obra de construção civil a ser realizada por consórcio mediante empreitada total de obra de construção civil. Na hipótese de contratação de cooperativa de trabalho (ou de mão de obra), a responsabilidade pela matrícula e regularização da obra recairá na pessoa do contratante.

## 16.12 Contribuições e aferição indireta

A aferição indireta é como método ou procedimento de que dispõe a RFB para apuração das bases de cálculo das contribuições previdenciárias, quando ocorrer recusa ou sonegação de documentos ou informações, ou mesmo na sua apresentação deficiente, por parte do contribuinte, bem como na apuração do salário de contribuição decorrente de obra de construção civil de responsabilidade de pessoa física, não incorporada na forma da Lei n. 4.591/64.

O art. 33, § 4º, da Lei n. 8.212/91 permite à fiscalização inscrever de ofício, mediante aferição indireta, o valor das contribuições devidas, na falta de prova regular e formalizada dos valores pagos na execução da obra.

A apuração do salário de contribuição dos segurados que trabalham em obra de construção civil de responsabilidade de pessoa física ou jurídica, com base na área construída (aferição indireta) é procedida nos termos das Instruções Normativas sobre a matéria, que estabelecem critérios e rotinas para a regularização da obra de construção civil.

## 16.13 Empregador doméstico

Considera-se empregador doméstico a pessoa ou família que admite a seu serviço, sem finalidade lucrativa, empregado doméstico (art. 15, II, da Lei n. 8.212/91).

**PREVDICA:**

O empregado doméstico passou a ser segurado obrigatório da Previdência Social somente a partir de abril de 1973, em face da Lei n. 5.859/72, a qual instituiu a alíquota de contribuição para o empregador doméstico em 8%, sobre um salário mínimo regional e mais tarde (janeiro/81) até o limite máximo de três salários mínimos regionais.

## 16.14 Contribuição do produtor rural

A LC n. 11/71 instituiu o Programa de Assistência ao Trabalhador Rural (PRORURAL), que era responsável pela concessão aos trabalhadores rurais de aposentadoria por velhice, aposentadoria por incapacidade permanente, pensão, auxílio-funeral, serviço de saúde e serviço social.

Os recursos para o custeio do PRORURAL provinham da contribuição de 2% devida pelo produtor, sobre o valor comercial dos produtos rurais e da contribuição de que tratava o art. 3º do Decreto-Lei n. 1.146, de 31 de dezembro de 1970, a qual foi elevada para 2,6%, cabendo 2,4% ao FUNRURAL (art. 5º da LC n. 11/71).

A LC n. 11/71 foi alterada pela LC n. 16/73, mas a forma de custeio dos benefícios rurais foi mantida. Com a Constituição de 1988, houve a unificação dos sistemas previdenciários rurais e urbanos, bem como foi erigido o princípio de identidade de benefícios e serviços prestados e equivalência dos valores dos mesmos, sendo previsto pelo § 8º do art. 195 da Constituição que

> o produtor, o parceiro, o meeiro e o arrendatário rurais e o pescador artesanal, bem como os respectivos cônjuges, que exerçam suas atividades em regime de economia familiar, sem empregados permanentes, contribuirão para a seguridade social mediante a aplicação de uma alíquota sobre o resultado da comercialização da produção e farão jus aos benefícios nos termos da lei.

### *16.14.1 Contribuição do produtor rural – Pessoa jurídica*

O empregador rural pessoa jurídica contribui para a Seguridade Social com o equivalente a 1,7% do valor da receita bruta proveniente da comercialização de sua produção e 0,1% da receita bruta proveniente da comercialização de sua produção, para o financiamento da complementação das prestações por acidente de trabalho.

Integram a produção, para os efeitos desse cálculo, os produtos de origem animal ou vegetal, em estado natural ou submetidos a processos de beneficiamento ou industrialização rudimentar, assim compreendidos, entre outros, os processos de lavagem, limpeza, descaroçamento, pilagem, descascamento, lenhamento, pasteurização, resfriamento, secagem, fermentação, embalagem, cristalização, fundição, carvoejamento, cozimento, destilação, moagem, torrefação, bem como os subprodutos e os resíduos obtidos por meio desses processos.

## 16.15 Concursos de prognósticos

Prevista no art. 195, III, da Constituição de 1988, incide sobre todo e qualquer concurso de sorteio de números ou quaisquer outros símbolos, loterias e apostas de qualquer natureza no âmbito federal, estadual, distrital ou municipal, promovidos por entes públicos ou por pessoas jurídicas de direito privado.

A receita da Seguridade Social é a renda líquida de tais concursos, assim considerado, no caso de concursos promovidos por órgãos do Poder Público, o total da arrecadação, deduzidos os valores destinados ao Programa de Crédito Educativo (art. 212 do Regulamento), e excluídas do cálculo as verbas referentes a pagamentos de prêmios, impostos e despesas de administração, conforme for determinado na legislação especial (art. 26 da Lei n. 8.212/91). No caso de concursos promovidos por entidades privadas (corridas, bingos, sorteios em títulos de capitalização etc.) o percentual de 5% incide sobre o movimento global de apostas em prado de corridas, ou o movimento global de sorteio de números ou de quaisquer modalidades de símbolos.

Compete à Secretaria da Receita Federal a arrecadação e a fiscalização da contribuição sobre a receita de concursos de prognósticos.

## 16.16 Contribuições destinadas a terceiros

O art. 240 da CF ressalvou que, além das contribuições previstas no art. 195, é possível a cobrança de contribuições compulsórias dos empregadores sobre a folha de salários, destinadas às entidades privadas de serviço social e de formação profissional vinculadas ao sistema sindical.

As contribuições a terceiros são exações destinadas a entidades e fundos, que, por força de legislação ou convênio, a Secretaria da Receita Federal do Brasil se incumbe de arrecadar e repassar.

## 16.17 Simples doméstico

A LC n. 150/2015 determinou a implantação do Simples Doméstico, que define um regime unificado para pagamento de todos os tributos e demais encargos, inclusive FGTS.

De acordo com o art. 34 da LC n. 150/2015,

> o Simples Doméstico assegurará o recolhimento mensal, mediante documento único de arrecadação, dos seguintes valores:

I – 8% (oito por cento) a 11% (onze por cento) de contribuição previdenciária, a cargo do segurado empregado doméstico, nos termos do art. 20 da Lei n. 8.212, de 24 de julho de 1991;

II – 8% (oito por cento) de contribuição patronal previdenciária para a seguridade social, a cargo do empregador doméstico, nos termos do art. 24 da Lei n. 8.212, de 24 de julho de 1991;

III – 0,8% (oito décimos por cento) de contribuição social para financiamento do seguro contra acidentes do trabalho;

IV – 8% (oito por cento) de recolhimento para o FGTS;

V – 3,2% (três inteiros e dois décimos por cento), na forma do art. 22 desta Lei; e

VI – Imposto sobre a renda retido na fonte de que trata o inciso I do art. 7º da Lei n. 7.713, de 22 de dezembro de 1988, se incidente.

**PREVDICA**:

A chave do trabalhador no eSocial é o CPF associado ao NIS. O cronograma que fixa as datas de obrigatoriedade para utilização do sistema consta da Resolução n. 1, de 24 de junho de 2015, do Comitê Diretivo do eSocial.

## 16.18 Simples Nacional

O Simples Nacional é uma modalidade de regime tributário específica para as micro e pequenas empresas, e quem escolhe esse regime está apto para ter diversas vantagens financeiras, principalmente em relação aos cálculos e à forma dos pagamentos destes impostos.

A sua previsão está na Lei Complementar n. 123, de 2006:

Art. 1º Esta Lei Complementar estabelece normas gerais relativas ao tratamento diferenciado e favorecido a ser dispensado às microempresas e empresas de pequeno porte no âmbito dos Poderes da União, dos Estados, do Distrito Federal e dos Municípios, especialmente no que se refere:

I – à apuração e recolhimento dos impostos e contribuições da União, dos Estados, do Distrito Federal e dos Municípios, mediante regime único de arrecadação, inclusive obrigações acessórias;

II – ao cumprimento de obrigações trabalhistas e previdenciárias, inclusive obrigações acessórias;

III – ao acesso a crédito e ao mercado, inclusive quanto à preferência nas aquisições de bens e serviços pelos Poderes Públicos, à tecnologia, ao associativismo e às regras de inclusão;

IV – ao cadastro nacional único de contribuintes a que se refere o inciso IV do § 1º do art. 146 da Constituição Federal. (Redação dada pela Lei Complementar n. 214, de 2025)

## 16.19 Imunidades

As imunidades servem para desobrigar o pagamento de contribuições para a seguridade social, desde que alguns pré-requisitos sejam atendidos, conforme o art. 195 da CF. As entidades beneficentes da assistência social se enquadram neste contexto, pois possuem isenção constitucional para tais contribuições, além disso, as condições para o gozo dessa imunidade estão dispostas no art. 3º da Lei Complementar n. 187/2021.

## 16.20 Princípio da anterioridade nonagesimal

De acordo com o princípio da segurança jurídica, com o propósito de evitar cobranças inesperadas e imediatas de uma contribuição ainda não conhecida ou majorada, foi criada a regra da anterioridade nonagesimal.

Essa regra diz respeito à obrigatoriedade de que as contribuições para a seguridade social só podem ser cobradas e exigidas após decorrer 90 dias da data da publicação da lei que a instituiu ou modificou.

Vejamos:

> AGRAVO DE INSTRUMENTO – MANDADO DE SEGURANÇA – ICMS-DIFAL – PRINCÍPIO DA ANTERIORIDADE. Decisão agravada que indeferiu a liminar em mandado de segurança que objetivava a observância da incidência do princípio da anterioridade nonagesimal e anual, com a suspensão da exigibilidade do DIFAL/ICMS exigido pelo Estado de São Paulo. Agravo de instrumento objetivando a observância do princípio da anterioridade anual. A tutela recursal pleiteada foi deferida, para o fim de determinar à impetrada que se abstenha de exigir da autora da ação o ICMS – DIFAL em operações interestaduais de vendas a não contribuintes do imposto até 31-12-2022, considerando que a exigência do tributo antes do início de 2023 viola o Princípio da Anterioridade Anual, prevista no art. 150, III, alínea *b*, da Constituição Federal. Ademais, o princípio da anterioridade nonagesimal não exclui a incidência da anterioridade anual, determinando o art. 150, III, *c*, que ambos sejam aplicados cumulativamente, de modo que, em regra, os tributos somente poderão ser cobrados no próximo exercício financeiro de sua instituição ou majoração, e, no mínimo, após 90 dias da data em que haja sido publicada a lei, evitando-se, assim, desagradáveis surpresas ao contribuinte nos últimos dias do ano e prestigiando a segurança jurídica em matéria tributária. Decisão reformada. Recurso provido (TJ-SP – AI: 21502911220228260000 SP 2150291-12.2022.8.26.0000, Rel. Leonel Costa, j. em 16-8-2022, 8ª Câmara de Direito Público, publicado em 16-8-2022).

# 17

# Arrecadação e fiscalização

## 17.1 Competência de órgãos

A Secretaria da Receita Federal do Brasil possui uma série de atribuições estabelecidas pela Lei n. 11.457/2007.

Entre as atribuições elencadas pela lei destaca-se o planejamento, a execução e a avaliação das atividades de relativas à tributação, fiscalização, arrecadação, cobrança e recolhimento das contribuições sociais.

**PREVDICA**:
As obrigações relativas às contribuições sociais previstas na Lei n. 8.212/91 serão cumpridas perante a Secretaria da Receita Federal do Brasil.

O débito original, seus acréscimos legais e multas previstas em lei, desde a publicação da Lei n. 11.457/2007, constituem dívida ativa da União, promovendo-se a inscrição em livro próprio daquela resultante das contribuições de que tratam as alíneas *a*, *b* e *c* do parágrafo único do art. 11 da Lei n. 8.212/91.

O art. 16, § 3º, da Lei n. 11.457/2007 prevê que compete à Procuradoria-Geral Federal representar judicial e extrajudicialmente:

> I – o INSS e o FNDE, em processos que tenham por objeto a cobrança de contribuições previdenciárias, inclusive nos que pretendam a contestação do crédito tributário, até 1º-5-2008;
>
> II – a União, nos processos da Justiça do Trabalho relacionados com a cobrança de contribuições previdenciárias, de imposto de renda retido na fonte e de multas impostas aos empregadores pelos órgãos de fiscalização das relações do trabalho, mediante delegação da Procuradoria-Geral da Fazenda Nacional.

De acordo com o art. 23 da Lei n. 11.457/2007, compete à Procuradoria-Geral da Fazenda Nacional a representação judicial na cobrança de créditos de qualquer natureza inscritos em Dívida Ativa da União.

## 17.2 Recolhimento das contribuições

O art. 30 da Lei n. 8.212/91 e o art. 216 do Decreto n. 3.048/99 estabelecem que a empresa é obrigada a:

**Recolhimento das Contribuições**

→ a) arrecadar a contribuição do segurado empregado, do trabalhador avulso e do contribuinte individual a seu serviço, descontando-a da respectiva remuneração;

→ b) recolher, até o dia 20 do mês seguinte àquele a que se refere o salário de contribuição, antecipando-se para o primeiro dia útil anterior em caso de não haver expediente bancário.

Em relação aos segurados facultativos, esses devem recolher a contribuição, por iniciativa própria, até o dia 15 do mês subsequente àquele a que as contribuições se referirem, prorrogando-se o vencimento para o dia útil seguinte quando não houver expediente bancário no dia 15, facultada a opção pelo recolhimento trimestral para contribuições incidentes sobre o valor de um salário mínimo.

Segurado especial é obrigado a recolher diretamente a contribuição incidente sobre a receita bruta proveniente:

a) da comercialização de artigos de artesanato elaborados com matéria-prima produzida pelo respectivo grupo familiar;
b) de comercialização de artesanato ou do exercício de atividade artística, observado o disposto nos incisos VII e VIII do § 9º do art. 11 da Lei n. 8.213/91; e
c) de serviços prestados, de equipamentos utilizados e de produtos comercializados no imóvel rural, desde que em atividades turística e de entretenimento desenvolvidas no próprio imóvel, inclusive hospedagem, alimentação, recepção, recreação e atividades pedagógicas, bem como taxa de visitação e serviços especiais.

**PREVDICA:**

A empresa que remunera contribuinte individual é obrigada a fornecer a este comprovante do recolhimento da contribuição incidente sobre a remuneração paga.

A contribuição incidente sobre o valor bruto da gratificação natalina (13º salário) deverá ser calculada em separado e recolhida até o dia 20 do mês de dezembro, antecipando-se o vencimento para o dia útil imediatamente anterior, se não houver expediente bancário no dia 20, sendo devida quando do pagamento ou crédito da última parcela (Decreto n. 3.048/99, art. 216, § 1º).

O cálculo dessa contribuição tem que ser feito quando do pagamento no mês de dezembro, e não junto à parcela adiantada, por ocasião de férias, como faculta a Lei n. 4.090/62. A alíquota é aplicada tendo-se por base a totalidade da gratificação, que, por seu turno, é calculada sobre a remuneração de dezembro.

As contribuições sociais não recolhidas até a data de seu vencimento ficam sujeitas a juros de mora e multa moratória, de caráter irrelevável, de acordo com a legislação aplicável no mês em que era devida.

Os órgãos públicos da administração direta, as autarquias, as fundações de direito público, as missões diplomáticas e as repartições consulares de carreiras estrangeiras estão sujeitos à multa de mora no caso de recolhimento fora do prazo, exceto em relação às contribuições sociais cujos fatos geradores tenham ocorrido até a competência janeiro de 2007, apenas não se aplicando a multa de mora às missões diplomáticas estrangeiras no Brasil e aos membros dessas missões quando assegurada a isenção em tratado, convenção ou outro acordo internacional de que o Estado estrangeiro ou organismo internacional e o Brasil sejam partes.

É facultado aos segurados contribuintes individuais e facultativos, cujos salários de contribuição sejam iguais ao valor de um salário mínimo, optarem pelo recolhimento trimestral das contribuições previdenciárias, com vencimento no dia 15 do mês seguinte ao de cada trimestre civil, prorrogando-se o vencimento para o dia útil subsequente quando não houver expediente bancário no dia do vencimento.

## 17.3 Obrigações acessórias

O art. 113, § 2º, do CTN define obrigação acessória como sendo aquela que decorre da legislação tributária e tem por objeto as prestações, positivas ou negativas, nela previstas no interesse da arrecadação ou da fiscalização dos tributos.

As obrigações acessórias da empresa em relação às contribuições sociais arrecadadas pela Secretaria da Receita Federal do Brasil estão dispostas no art. 32 da Lei n. 8.212/91:

- preparação de folhas de pagamento das remunerações pagas ou creditadas a todos os segurados a seu serviço, de acordo com os padrões e normas estabelecidos pelo órgão competente da Seguridade Social;
- lançamento mensal de títulos próprios de sua contabilidade;
- informar à Secretaria da Receita Federal do Brasil todos os dados cadastrais, financeiros e contábeis de seu interesse, na forma por ela estabelecida, bem como os esclarecimentos necessários à fiscalização;
- declarar à Secretaria da Receita Federal do Brasil e ao Conselho Curador do Fundo de Garantia do Tempo de Serviço – FGTS, na forma, prazo e condições estabelecidos por esses órgãos, dados relacionados a fatos geradores, base de cálculo e valores devidos da contribuição previdenciária e outras informações de interesse do INSS ou do Conselho Curador do FGTS;

- comunicar, mensalmente, aos empregados, por intermédio de documento a ser definido em regulamento, os valores recolhidos sobre o total de sua remuneração ao INSS.

Os créditos tributários, sendo documentos comprobatórios do cumprimento das obrigações relativas ao custeio da Seguridade Social, devem ficar arquivados na empresa até que ocorra a prescrição relativa aos créditos decorrentes das respectivas operações, conforme § 11 do art. 32 da Lei de Custeio.

Os lançamentos, devidamente escriturados nos livros Diário e Razão, serão exigidos pela fiscalização após 90 dias contados da ocorrência dos fatos geradores das contribuições, devendo, obrigatoriamente: atender ao princípio contábil do regime de competência e registrar, em contas individualizadas, todos os fatos geradores de contribuições previdenciárias de forma a identificar, de forma clara e precisa, as rubricas que integram ou não o salário de contribuição, bem como as contribuições descontadas do segurado, as da empresa e os totais recolhidos, por estabelecimento da empresa, por obra de construção civil e por tomador de serviços (art. 225, § 13, do Decreto n. 3.048/99).

A Lei n. 9.528/97 estabeleceu nova obrigação para as empresas, qual seja, a de informar mensalmente, por intermédio da Guia de Recolhimento do FGTS e Informações à Previdência Social - GFIP, os dados relacionados aos fatos geradores de contribuições e outras informações de interesse da administração fazendária e da Previdência Social.

Todos os dados da empresa e dos trabalhadores têm que ser levados ao INSS, bem como as remunerações dos trabalhadores e o valor a ser recolhido ao FGTS.

Toda empresa está obrigada à entrega da GFIP ainda que não haja recolhimento para o FGTS, caso em que essa GFIP será declaratória, contendo todas as informações cadastrais e financeiras de interesse da Previdência Social.

O art. 32 da LC n. 150/2015 prevê, quanto ao empregador doméstico, a forma de recolhimento e as obrigações acessórias quanto a este, dispondo que:

> a inscrição do empregador e a entrada única de dados cadastrais e de informações trabalhistas, previdenciárias e fiscais no âmbito do Simples Doméstico dar-se-ão mediante registro em sistema eletrônico a ser disponibilizado em portal na internet, conforme regulamento.

As informações prestadas em GFIP sobre a existência ou não de riscos ambientais em níveis ou concentrações que prejudiquem a saúde ou a integridade física do trabalhador deverão ser comprovadas perante a fiscalização da RFB mediante a apresentação dos seguintes documentos:

> I – PPRA, que visa à preservação da saúde e da integridade dos trabalhadores, por meio da antecipação, do reconhecimento, da avaliação e do consequente controle da ocorrência de riscos ambientais, sendo sua abrangência e profundidade dependentes das características dos riscos e das necessidades de controle, devendo ser elaborado e implementado pela empresa, por estabelecimento, nos termos da NR-9, do MTE;

II – Programa de Gerenciamento de Riscos (PGR), que é obrigatório para as atividades relacionadas à mineração e substitui o PPRA para essas atividades, devendo ser elaborado e implementado pela empresa ou pelo permissionário de lavra garimpeira, nos termos da NR-22, do MTE;

III – PCMAT, que é obrigatório para estabelecimentos que desenvolvam atividades relacionadas à indústria da construção, identificados no grupo 45 da tabela de CNAE, com 20 trabalhadores ou mais por estabelecimento ou obra, e visa a implementar medidas de controle e sistemas preventivos de segurança nos processos, nas condições e no meio ambiente de trabalho, nos termos da NR-18, substituindo o PPRA quando contemplar todas as exigências contidas na NR-9, ambas do MTE;

IV – PCMSO, que deverá ser elaborado e implementado pela empresa ou pelo estabelecimento, a partir do PPRA, PGR e PCMAT, com o caráter de promover a prevenção, o rastreamento e o diagnóstico precoce dos agravos à saúde relacionados ao trabalho, inclusive aqueles de natureza subclínica, além da constatação da existência de casos de doenças profissionais ou de danos irreversíveis à saúde dos trabalhadores, nos termos da NR-7 do MTE;

V – LTCAT, que é a declaração pericial emitida para evidenciação técnica das condições ambientais do trabalho, podendo ser substituído por um dos documentos dentre os previstos nos incisos I e II, conforme disposto neste ato e na Instrução Normativa que estabelece critérios a serem adotados pelo INSS;

VI – PPP, que é o documento histórico-laboral individual do trabalhador, conforme disposto neste ato e na Instrução Normativa que estabelece critérios a serem adotados pelo INSS;

VII – CAT, que é o documento que registra o acidente do trabalho, a ocorrência ou o agravamento de doença ocupacional, mesmo que não tenha sido determinado o afastamento do trabalho, conforme disposto nos arts. 19 a 22 da Lei n. 8.213, de 1991, e nas NR-7 e NR-15 do MTE, sendo seu registro fundamental para a geração de análises estatísticas que determinam a morbidade e mortalidade nas empresas e para a adoção das medidas preventivas e repressivas cabíveis, sendo considerados, também, os casos de reconhecimento de nexo técnico epidemiológico na forma do art. 21-A da citada Lei, acrescentado pela Lei n. 11.430, de 26 de dezembro de 2006.

## 17.4 Fiscalização e suas prerrogativas

De acordo com o § 1º do art. 33 da Lei n. 8.212/91, com redação dada pela Lei n. 11.941/2009:

> É prerrogativa da Secretaria da Receita Federal do Brasil, por intermédio dos Auditores-Fiscais da Receita Federal do Brasil, o exame da contabilidade das empresas, ficando obrigados a prestar todos os esclarecimentos e informações solicitados o segurado e os terceiros responsáveis pelo recolhimento das contribuições previdenciárias e das contribuições devidas a outras entidades e fundos.

A regra foi alterada para prever que terceiros, não caracterizados como segurados ou empresa, possam ser intimados a prestar esclarecimentos e informações em matéria previdenciária à Secretaria da Receita Federal do Brasil.

### 17.4.1 Inscrição de ofício

A inscrição de ofício gera presunção *iuris tantum* no tocante ao débito incluído em notificação.

Se, no exame da escrituração contábil e de qualquer outro documento da empresa, a fiscalização averiguar que a contabilidade não registra o movimento real da remuneração dos segurados a seu serviço, do faturamento e do lucro, serão apuradas, por aferição indireta, as contribuições devidas, cabendo à empresa o ônus da prova em contrário.

**PREVDICA:**
A autoridade policial prestará à fiscalização, mediante solicitação, o auxílio necessário ao regular desempenho dessa atividade.

## 17.5 Inadimplemento

Em regra, as contribuições sociais estão sujeitas ao lançamento por homologação. O sujeito passivo antecipa o pagamento respectivo sem que a autoridade administrativa tenha examinado os elementos com base nos quais foi a mesma calculada.

As normas sobre o lançamento por homologação estão previstas no art. 150 do CTN e no art. 32 da Lei n. 8.212/91, o qual estabelece como obrigação da empresa lançar mensalmente em títulos próprios de sua contabilidade, de forma discriminada, os fatos geradores de todas as contribuições, o montante das quantias descontadas, as contribuições das empresas e os totais recolhidos.

Se o responsável pela obrigação de recolhimento de contribuição à Seguridade Social não comparecer para quitá-la no vencimento, estará sujeito, então, ao lançamento de ofício, a cargo da fiscalização do órgão arrecadador – atualmente, a Receita Federal do Brasil. Comprovado o inadimplemento, pela análise do auditor fiscal, este expedirá notificação fiscal de débito, indicando os fatos geradores, as contribuições devidas e os meses a que se referem.

## 17.6 Multa

A multa estabelecida na Lei n. 9.876/99 aplica-se aos fatos geradores ocorridos de 29-11-1999 até a alteração legislativa realizada pela Medida Provisória n. 449, de 3 de dezembro de 2008, é para pagamento após o vencimento de obrigação não incluída em Notificação Fiscal de lançamento:

- 8% dentro do mês de vencimento;
- 14% no mês seguinte; ou
- 20% a partir do segundo mês seguinte ao do vencimento da obrigação.Já em relação ao pagamento de obrigação incluída em notificação fiscal de lançamento:
- 24% até quinze dias do recebimento da notificação;
- 30% após o décimo quinto dia do recebimento da notificação;
- 40% após a apresentação de recurso desde que antecedido de defesa, sendo ambos tempestivos até quinze dias da decisão do 2º Conselho de Contribuintes do Ministério da Fazenda;
- 50% após o décimo quinto dia da ciência da decisão do 2º Conselho de Contribuintes do Ministério da Fazenda, enquanto não inscrito em dívida ativa.

Para pagamento do crédito inscrito em dívida ativa:

- 60% quando não tenha sido objeto de parcelamento;
- 70% se houve parcelamento;
- 80% após o ajuizamento da execução fiscal, mesmo que o devedor ainda não tenha sido citado, se o crédito não foi objeto de parcelamento; ou
- 100% após o ajuizamento da execução fiscal, mesmo que o devedor ainda não tenha sido citado, se o crédito foi objeto de parcelamento.

A sistemática de aplicação de acréscimos moratórios foi bastante modificada pela Medida Provisória 449/2008, convertida na Lei n. 11.941/2009, a qual revogou os arts. 34 e 35 da Lei de Custeio.

Essa alteração determinou a aplicação, em caso de pagamento com atraso, das regras previstas na Lei n. 9.430/96.

Nos termos do art. 61 da Lei n. 9.430/96 há a origem da multa:

> Art. 61. Os débitos para com a União, decorrentes de tributos e contribuições administrados pela Secretaria da Receita Federal, cujos fatos geradores ocorrerem a partir de 1º de janeiro de 1997, não pagos nos prazos previstos na legislação específica, serão acrescidos de multa de mora, calculada à taxa de trinta e três centésimos por cento, por dia de atraso.
>
> § 1º A multa de que trata este artigo será calculada a partir do primeiro dia subsequente ao do vencimento do prazo previsto para o pagamento do tributo ou da contribuição até o dia em que ocorrer o seu pagamento.
>
> § 2º O percentual de multa a ser aplicado fica limitado a vinte por cento.
>
> § 3º Sobre os débitos a que se refere este artigo incidirão juros de mora calculados à taxa a que se refere o § 3º do art. 5º, a partir do primeiro dia do mês subsequente ao vencimento do prazo até o mês anterior ao do pagamento e de um por cento no mês de pagamento.

Em síntese, incidirão sobre os pagamentos de contribuições em atraso realizados voluntariamente pelo contribuinte ou responsável:

- Juros equivalentes à taxa referencial do Sistema Especial de Liquidação e Custódia – SELIC, para títulos federais, acumulada mensalmente, calculados a partir do primeiro dia do mês subsequente ao vencimento do prazo até o mês anterior ao do pagamento e de 1% no mês do pagamento;
- Multa calculada à taxa de 0,33%, por dia de atraso.

Insta lembrar que a multa será calculada a partir do primeiro dia subsequente ao do vencimento do prazo previsto para o pagamento do tributo ou da contribuição até o dia em que ocorrer o seu pagamento, até o limite de 20%.

As multas são calculadas como percentual do débito por motivo de recolhimento fora do prazo das contribuições e outras importâncias e não são aplicáveis às pessoas jurídicas de direito público, às massas falidas e às missões diplomáticas estrangeiras no Brasil e aos membros destas missões.

Sobre os valores apurados, incidirão juros moratórios de 0,5% ao mês, capitalizados anualmente, limitados ao percentual máximo de 50%, e multa de 10%.

**PREVDICA:**
Essa regra não se aplica aos casos de contribuições em atraso não alcançadas pela decadência do direito de a Previdência constituir o respectivo crédito, obedecendo-se, em relação a elas, as disposições aplicadas às empresas em geral.

## 17.7 Compensação e restituição de contribuições

Entende-se por restituição o procedimento administrativo mediante o qual o sujeito passivo é ressarcido pela RFB de valores recolhidos indevidamente à Previdência Social ou a outras entidades e fundos.

Serão restituídos apenas os valores que não tenham sido alcançados pela prescrição.

Conforme o art. 165 do CTN, a restituição de contribuições tem cabimento sempre que houver pagamento de tributo indevido ou maior que o devido, podendo ser total ou parcial, seja qual for a modalidade de pagamento.

A compensação é uma das modalidades de extinção do crédito tributário, prevista no art. 170 do CTN.

A lei pode, nas condições e sob as garantias que estipular, autorizar a compensação de créditos tributários com créditos líquidos e certos, vencidos ou vincendos, do sujeito passivo com a Fazenda Pública.

A norma é bem mais rígida do que a prevista na Súmula 212 do STJ, que firmou o entendimento de que "a compensação de créditos tributários não pode ser deferida por medida liminar".

Mesmo que o contribuinte opte pelo mandado de segurança, reconhecido pela Súmula 213 do STJ como ação adequada para a declaração do direito à compensação tributária, terá de aguardar o seu trânsito em julgado.

O art. 89 da Lei de Custeio estabelece as condições para que sejam efetuadas a compensação e a restituição de contribuições previdenciárias, as quais também estão previstas no Decreto n. 3.048/99 (arts. 247 a 254).

De acordo com as normas é possível admitir a restituição ou a compensação de contribuições a cargo da empresa, recolhidas à Seguridade Social, que, por sua natureza, não tenham sido transferidas ao custo de bens ou serviços oferecidos à sociedade. A compensação não poderá ser superior a 30% do valor a ser recolhido em cada competência e somente poderá ser efetuada com parcelas da mesma espécie.

As duas últimas condições estão de acordo com o art. 170 do CTN, o que não ocorre com a exigência da prova de que o valor recolhido não tenha sido transferido aos custos dos bens ou serviços, pois não se trata de tributo que comporte, por sua natureza, a transferência do encargo financeiro.

No caso das contribuições previdenciárias dos trabalhadores, incidentes sobre seu salário de contribuição, e as instituídas a título de substituição, poderão requerer a restituição, desde que lhes tenham sido descontados indevidamente:

- empregado;
- doméstico;
- trabalhador avulso;
- contribuinte individual;
- produtor rural pessoa física;
- segurado especial; e
- associação desportiva que mantém equipe de futebol profissional.

A empresa ou equiparada e o empregador doméstico poderão requerer a restituição do valor descontado indevidamente do contribuinte, caso comprovem o ressarcimento às pessoas físicas ou jurídicas referidas acima (contribuições previdenciárias dos trabalhadores, incidentes sobre seu salário de contribuição e as instituídas a título de substituição).

**PREVDICA**:
É vedada a dedução ou compensação do valor das quotas de salário-família ou de salário-maternidade das contribuições arrecadadas pela Receita Federal do Brasil para outras entidades ou fundos (terceiros).

O pedido de reembolso deverá ser formalizado com a protocolização do requerimento, em qualquer Agência da Receita Federal do Brasil (ARF) da Delegacia da Receita Federal do Brasil (DRF) da circunscrição do estabelecimento centralizador da empresa.

Importante lembrar que o reembolso poderá ser efetuado mediante dedução no ato do pagamento das contribuições devidas à Previdência Social, correspondentes ao mês de competência do pagamento do benefício ao segurado, devendo ser declarado em GFIP.

O reembolso será requerido por meio do programa PER/DCOMP ou, na impossibilidade de sua utilização, o pedido deverá ser formalizado na unidade da RFB que jurisdiciona o domicílio tributário do sujeito passivo, mediante a apresentação do formulário "Pedido de Reembolso de Quotas de Salário-Família e Salário-Maternidade", conforme modelo constante do Anexo VI, ao qual deverão ser anexados documentos comprobatórios do direito creditório.

Para efeito de dedução, o valor pago a título de salário-maternidade não poderá ser superior ao subsídio mensal, em espécie, dos ministros do Supremo Tribunal Federal.

**PREVDICA**:
Documentos comprobatórios do cumprimento das obrigações relativas ao custeio da Seguridade Social devem ficar arquivados na empresa até que ocorra a decadência relativa aos créditos decorrentes das operações a que se refiram (§ 11 do art. 32 da Lei de Custeio), isto é, 5 anos, contatos a partir do primeiro dia do exercício posterior ao da ocorrência dos fatos geradores.

## 17.8 Parcelamento de débitos

O parcelamento é um acordo entre o contribuinte/devedor e o órgão arrecadador para pagamento dos tributos devidos e não recolhidos até o vencimento. Representa uma moratória, que é uma das formas de suspensão da exigibilidade do crédito tributário previsto no art. 151, I, do Código Tributário Nacional.

De acordo com Hugo de Brito Machado, "moratória significa prorrogação concedida pelo credor ao devedor, do prazo para pagamento da dívida, de uma única vez ou parceladamente"[1].

Podem ser parcelados os créditos oriundos de contribuições relativas a:

- contribuições da empresa;
- Declaração de Regularização de Obra - DRO;
- Aviso de Regularização de Obra - ARO (pessoa física ou jurídica);
- arbitramento;
- decisões judiciais proferidas em processos trabalhistas;
- contribuição descontada dos empregados.

As dívidas inscritas em dívida ativa, ajuizadas ou não, poderão ser objeto de parcelamento, no qual se incluirão, no caso das ajuizadas, honorários advocatícios, desde que previamente quitadas as custas judiciais.

---

1. *Manual de direito tributário*. São Paulo: Malheiros, 2016.

Há a possibilidade de serem parceladas as contribuições arrecadadas para outras entidades e fundos, bem como as relativas às cotas de previdência devidas na forma da legislação anterior à Lei n. 8.212/91.

Não podem ser parceladas as contribuições:

- retidas dos segurados empregados;
- de empregados domésticos;
- de trabalhadores avulsos (a partir da competência julho de 1991);
- de contribuintes individuais (após a competência abril de 2003);
- decorrentes de sub-rogação.

**PREVDICA**:
A opção pelo pagamento ou parcelamento importará na desistência compulsória e definitiva do REFIS e do PAES, conforme o caso.

### *17.8.1 Recolhimento de débitos em atraso*

O parcelamento dos recolhimentos em atraso dos débitos tributários apurados no Simples Nacional poderá ser feito em até 60 parcelas mensais, na forma e condições previstas pelo Comitê Gestor do Simples Nacional - CGSN, admitido reparcelamento de débitos constantes de parcelamento em curso ou que tenha sido rescindido, podendo ser incluídos novos débitos, na forma regulamentada pelo CGSN.

O pedido de parcelamento deferido importa confissão irretratável do débito e configura confissão extrajudicial. No caso de parcelamento de débito inscrito em dívida ativa, o devedor pagará custas, emolumentos e demais encargos legais.

Nos débitos tributários apurados no Simples Nacional, implicará imediata rescisão do parcelamento e remessa do débito para inscrição em dívida ativa ou prosseguimento da execução, conforme o caso, até deliberação do CGSN, a falta de pagamento:

I - de três parcelas, consecutivas ou não; ou

II - de uma parcela, estando pagas todas as demais.

A opção pelo parcelamento, em qualquer caso, caracteriza confissão irrevogável e irretratável da totalidade dos débitos existentes em nome do sujeito passivo na condição de contribuinte ou responsável, configura confissão extrajudicial nos termos dos arts. 389, 393 e 395 do CPC e condiciona o sujeito passivo à aceitação plena e irretratável de todas as condições estabelecidas.

Os parcelamentos requeridos na forma e condições de que tratam os arts. 1º e 2º da MP n. 449 não dependiam de apresentação de garantia ou de arrolamento de bens, exceto quando já houver penhora em execução fiscal ajuizada e, no caso de débito inscrito em Dívida Ativa da União, abrangerão inclusive os encargos legais, quando devidos.

O sujeito passivo que possuir ação judicial em curso, na qual requer o restabelecimento de sua opção ou a sua reinclusão em outros parcelamentos, deverá desistir da respectiva ação judicial e renunciar a qualquer alegação de direito sobre o qual se funda a referida ação, protocolando requerimento de extinção do processo com resolução do mérito, nos termos do art. 487, III, *c*, do CPC, até a data do requerimento do parcelamento.

# 18

# Período de carência

## 18.1 Conceito

De acordo com o art. 24 da Lei n. 8.213/91, "período de carência é o número mínimo de contribuições mensais indispensáveis para que o beneficiário faça jus ao benefício, consideradas a partir do transcurso do primeiro dia dos meses de suas competências".

Como o segurado especial não faz contribuições mensais, o período de carência para ele é o tempo mínimo de exercício efetivo de atividade rural, ainda que de maneira descontínua, igual ao número de meses necessário à concessão do benefício requerido. Assim, exige-se tempo de exercício da atividade, não contribuições mensais.

Para os segurados empregado, empregado doméstico e trabalhador avulso, o período de carência é contado da data de filiação ao RGPS. Já para os segurados contribuinte individual e facultativo, ele é contado da data do efetivo recolhimento da primeira contribuição sem atraso, não sendo consideradas para esse fim as contribuições recolhidas com atraso referentes a competências anteriores. Por exemplo, se um advogado que exerceu 10 anos de advocacia sem contribuir resolver quitar sua dívida, esses 10 anos não serão computados para efeitos de carência, já que para o contribuinte individual só se contará a carência a partir do recolhimento efetivo da primeira contribuição sem atraso.

Além disso, quando se fala em carência e em contribuição em atraso, importante citar o Tema 192 da TNU para deixar claro que o recolhimento das competências em atraso somente contará para efeitos de carência se feito a partir da primeira contribuição paga em dia – como contribuinte individual – e dentro da manutenção da qualidade de segurado.

**PREVDICA**:

Durante o período de carência, o beneficiário ainda não faz jus à prestação previdenciária. Como se fala em Previdência, ou seja, cobertura de danos futuros e incertos, e não de seguridade, que seria a atividade de amparo a toda manifestação de necessidade decorrente de risco social, a existência do dano no momento da vinculação desvirtuaria a finalidade do sistema e levaria a Previdência Social a tornar-se uma instituição de caráter assistencial.

Vejamos na aplicação prática o Tema 192 da TNU:

> Contribuinte individual. Recolhimento com atraso das contribuições posteriores ao pagamento da primeira contribuição sem atraso. Perda da qualidade de segurado. Impossibilidade de cômputos das contribuições recolhidas com atraso relativas ao período entre a perda da qualidade de segurado e a sua reaquisição para efeito de carência.

As contribuições recolhidas em atraso devem ser consideradas para efeito de carência, desde que posteriores à primeira paga sem atraso (art. 27, II, da Lei n. 8.213/91) e dentro da manutenção da qualidade de segurado.

Segundo o STJ, é possível a concessão de aposentadoria por tempo de serviço/contribuição mediante o cômputo de atividade rural com registro em carteira profissional em período anterior ao advento da Lei n. 8.213/91 para efeito da carência exigida pela Lei de Benefícios.

O período de carência de qualquer aposentadoria, salvo a por incapacidade permanente, é de 180 contribuições mensais, para os segurados que ingressaram no Regime após 24-7-1991. Para os segurados inscritos até 24-7-1991, bem como para o trabalhador e para o empregador rural cobertos pela Previdência Social Rural anteriormente à unificação dos regimes, a carência das aposentadorias por tempo de contribuição, por idade e especial ainda obedece à tabela do art. 142 da Lei n. 8.213/91, de acordo com o ano de implementação das condições para a obtenção do benefício. Veja a tabela:

> Art. 142. Para o segurado inscrito na Previdência Social Urbana até 24 de julho de 1991, bem como para o trabalhador e o empregador rural cobertos pela Previdência Social Rural, a carência das aposentadorias por idade, por tempo de serviço e especial obedecerá à seguinte tabela, levando-se em conta o ano em que o segurado implementou todas as condições necessárias à obtenção do benefício: (Redação dada pela Lei n. 9.032, de 1995)

| Ano de implementação das condições | Meses de contribuição exigidos |
|---|---|
| 1991 | 60 meses |
| 1992 | 60 meses |
| 1993 | 66 meses |
| 1994 | 72 meses |
| 1995 | 78 meses |
| 1996 | 90 meses |
| 1997 | 96 meses |
| 1998 | 102 meses |
| 1999 | 108 meses |
| 2000 | 114 meses |

| Ano de implementação das condições | Meses de contribuição exigidos |
|---|---|
| 2001 | 120 meses |
| 2002 | 126 meses |
| 2003 | 132 meses |
| 2004 | 138 meses |
| 2005 | 144 meses |
| 2006 | 150 meses |
| 2007 | 156 meses |
| 2008 | 162 meses |
| 2009 | 168 meses |
| 2010 | 174 meses |
| 2011 | 180 meses |

Conforme orientação firmada pela jurisprudência, o segurado inscrito no RGPS até 24-7-1991, mesmo que nessa data não mais apresente qualidade de segurado, caso restabeleça relação jurídica com o INSS e volte a ter a qualidade de segurado após a Lei n. 8.213/91, faz jus à aplicação da regra de transição do art. 142 do mencionado diploma, devendo o requisito da carência, para a concessão de aposentadoria urbana, ser definido de acordo com o ano em que o segurado implementou apenas o requisito etário, e não o ano em que ele tenha preenchido, simultaneamente, tanto o requisito da carência quanto o requisito etário.

A carência e o tempo de contribuição são institutos que não se confundem. Antes da Reforma da Previdência, essa distinção era mais acentuada. Ocorre que, após a EC n. 103/2019, assim como a carência, o tempo de contribuição passou a ser contado em meses.

Isso levou muitos a sustentarem judicialmente a tese de que a carência havia sido extirpada do nosso ordenamento jurídico, sobretudo porque as regras de transição, bem como as aposentadorias programadas, passaram a falar apenas em tempo de contribuição.

Veja, por exemplo, a regra de transição do pedágio de 50%, direcionada àqueles para quem faltavam menos de 2 anos em 13-11-2019 para atingir os 35 anos de tempo de contribuição, no caso do homem, e 30 anos de tempo de contribuição, no caso da mulher, e, nesse caso, exige-se um período adicional de recolhimento de metade (50%) do tempo que faltaria para atingir a contribuição mínima (35 anos, se homem; e 30 anos, se mulher).

Ou, ainda, na regra de transição do pedágio de 100%, em que, além do tempo adicional de 100% do período que, em 13-11-2019, faltaria para o homem atingir 35 anos de contribuição e para a mulher 30 anos, deveria ser comprovada, no mínimo, a idade de 60 anos para o homem e de 57 anos para a mulher. Essa regra é para aqueles que, à época da reforma, faltavam 2 anos ou mais para atingir os 35 anos de tempo de contribuição, se homem, e 30 anos, se mulher.

Tem-se, ainda, uma terceira regra de transição que favorece quem tem menos tempo de serviço e mais idade. Serão exigidos, entretanto, 60 anos de idade para a mulher e 65 anos para o homem, além de 15 anos de contribuição para ambos os sexos. A partir de 1º-1-2020, a exigência de idade para a mulher aumenta seis meses a cada ano até que, em janeiro de 2023, trava em 62 anos, com 15 anos de contribuição. Assim, uma mulher que já tenha contribuído por 15 anos poderá apenas esperar a idade necessária para cumprir esse requisito, caso não consiga mais emprego.

Veja que, dos exemplos mencionados, em nenhum momento se falou em carência, mas, tão somente, em idade e em tempo de contribuição, o que, repito, levou muitos a sustentarem em juízo o fim da exigência do requisito carência.

Entretanto, a TNU colocou um ponto final à celeuma com a edição do Tema 358, deixando claro que tempo de contribuição e carência são institutos que não se confundem. Veja o que ficou firmado:

| | |
|---|---|
| Tese firmada | 1. Tempo de contribuição e carência são institutos distintos. 2. Carência condiz com contribuições tempestivas. 3. O art. 18 da EC n. 103/2019 não dispensa a carência para a concessão de aposentadoria. |

A Lei n. 9.876/99 ampliou o salário-maternidade às seguradas nas categorias de contribuinte individual e facultativa, e, para elas, estabeleceu o prazo de carência de dez meses para a concessão do benefício, que, em caso de parto antecipado, será reduzido em número de contribuições equivalente ao número de meses em que houve a antecipação.

No entanto, no julgamento das ADIs 2.110 e 2.111, que, dentre outros temas, declarou inconstitucional a exigência de carência para as seguradas contribuinte individual e facultativa, por verdadeiro desrespeito ao princípio da isonomia.

Nem todas as prestações têm um período prévio de carência. A concessão das prestações abaixo independe de carência (art. 26 da Lei n. 8.213/91):

- pensão por morte, salário-família e auxílio-acidente;
- benefício por incapacidade temporária e aposentadoria por incapacidade permanente nos casos de acidente de qualquer natureza ou causa e de doença profissional ou do trabalho, bem como nos casos de segurado que, após filiar-se ao RGPS, for acometido de alguma das doenças e afecções especificadas em lista elaborada pelos Ministérios da Saúde e da Previdência Social, atualizada a cada 3 (três) anos, de acordo com os critérios de estigma, deformação, mutilação, deficiência ou outro fator que lhe confira especificidade e gravidade que mereçam tratamento particularizado;
- os benefícios concedidos, na forma do inciso I do art. 39, aos segurados especiais referidos no inciso VII do art. 11 desta Lei;
- serviço social;
- reabilitação profissional;
- salário-maternidade para as seguradas empregada, trabalhadora avulsa e empregada doméstica, e, ainda, para as seguradas contribuinte individual e facultativa (*vide* ADIs 2.110 e 2.111).

Em aposentadorias voluntárias, cuja programação pelo segurado depende de sua vontade exclusiva, faz todo o sentido a exigência de carência. Situação completamente diferente é a do segurado doente ou com incapacidade permanente que não optou por ficar incapaz para o trabalho, sem conseguir obter renda, e a ausência da proteção social pode lhe causar a total desproteção estatal.

Assim, não é possível negar benefícios por incapacidade a segurados que não tenham cumprido o prazo carencial, seja pela inconstitucionalidade da regra do art. 25, I, da Lei n. 8.213/91, seja pela imprestabilidade da lista de doenças de que trata o art. 26, II, da mesma Lei.

A Lei n. 8.213/91, ao aumentar o prazo de carência de 60 para 180 meses para as aposentadorias por idade, por tempo de serviço e especial, criou uma tabela progressiva para a exigência desse novo lapso temporal.

Para o segurado inscrito na Previdência Social Urbana até 24-7-1991, bem como para o trabalhador e o empregador rural cobertos pela Previdência Social Rural, a carência das aposentadorias por idade, por tempo de serviço e especial, obedece à tabela do art. 142 da Lei n. 8.213/91, levando-se em conta o ano em que o segurado implementar todas as condições necessárias à obtenção do benefício.

Com revogação do parágrafo único do art. 24 e a inclusão pela Lei n. 13.846/2019, do art. 27-A na LBPS:

> Na hipótese de perda da qualidade de segurado, para fins da concessão do benefício por incapacidade temporária, de aposentadoria por incapacidade permanente, de salário-maternidade e de auxílio-reclusão, o segurado deverá contar, a partir da data da nova filiação à Previdência Social, com metade dos períodos previstos nos incisos I, III e IV do *caput* do art. 25.

# 19

# Anistia e remissão

A norma constitucional, conforme a redação aprovada pela EC n. 103/2019, diz que são vedados a moratória e o parcelamento em prazo superior a sessenta meses, a remissão e a anistia das contribuições sociais de que tratam a alínea *a* do inciso I e o inciso II do *caput* do art. 195 ou das contribuições que a substituam, para débitos em montante superior ao fixado em Lei Complementar, bem como a utilização de prejuízo fiscal ou base de cálculo negativa para quitação dessas contribuições ou a compensação das referidas contribuições com tributos de natureza diversa, admitida a compensação se houver o repasse dos valores compensados ao Regime Geral de Previdência Social.

Isenção não se confunde nem com a remissão, nem com a anistia.

**Isenção**: é uma limitação legal do âmbito de validade da norma jurídica tributária que impede que o tributo nasça.

**Remissão**: é o perdão legal do débito tributário.

**PREVDICA**:
A Fazenda Pública não é "dona" do tributo, sendo ela que o lança e o arrecada, nos exatos termos legais.

**Anistia**: perdoa, total ou parcialmente, a sanção tributária, ou seja, a multa decorrente do ato ilícito tributário. Incide sobre a infração tributária, desconstituindo sua antijuridicidade.

A anistia não se aplica, contudo, à multa decorrente de falta de comunicação do acidente de trabalho (art. 286 do Decreto n. 3.048/99), nem àquela decorrente do recolhimento com atraso das contribuições devidas à Seguridade Social (multa moratória).

Trata-se, portanto, de hipótese de transação acerca do crédito tributário, em razão da existência de *res dubia* quanto ao montante devido, discutido em embargos do devedor ou em impugnação à conta, pela União.

A regra é a impossibilidade da transação, por se tratar de bens públicos; todavia, nessa hipótese, dá-se a autorização por força do decreto presidencial, excepcionalmente, com a finalidade de evitar a procrastinação do feito decorrente da discussão acerca de valores ínfimos em relação ao total devido.

Tratando-se de remissão, o art. 362 do Decreto n. 3.048/99 prevê o estabelecimento de critérios "para a dispensa de constituição ou exigência de crédito de valor inferior ao custo dessas medidas".

De acordo com a Lei n. 9.429/96, são considerados extintos os créditos decorrentes de contribuições sociais devidas em razão de fatos geradores ocorridos no período de 25 de julho de 1981 até a data da publicação da referida Lei, pelas entidades beneficentes de assistência social que atendiam, naquele período, a todos os requisitos dispostos no art. 55 da Lei n. 8.212/91, independentemente da existência de pedido de isenção.

A Medida Provisória n. 449, de 3 de dezembro de 2008, convertida na Lei n. 11.941/2009, determinou:

> Art. 14. Ficam remitidos os débitos com a Fazenda Nacional, inclusive aqueles com exigibilidade suspensa que, em 31 de dezembro de 2007, estejam vencidos há cinco anos ou mais e cujo valor total consolidado, nessa mesma data, seja igual ou inferior a R$ 10.000,00 (dez mil reais)[1].

Contudo, essa lei não implica o direito à restituição de valores já pagos.

1. Ver a MP do Contribuinte Legal.

# 20

# Substituição tributária e solidariedade

A responsabilização de pessoas perante a Seguridade Social quanto às contribuições não recolhidas é tema bastante relevante e controverso.

O contribuinte nem sempre é o sujeito passivo da obrigação de recolhimento das contribuições sociais. Assim, nos casos em que a lei preveja essa obrigação a terceira pessoa, essa passa a ser a única responsável pela correta arrecadação e entrega do valor devido, sujeitando-se, em caso de incorreção ou descumprimento da obrigação, à cobrança da dívida, sem prejuízo de outras sanções penais e administrativas.

O art. 33, § 5º, da Lei de Custeio, disciplina que o desconto de contribuição e de consignação legalmente autorizadas sempre se presume feito oportuna e regularmente pela empresa que fica obrigada, não lhe sendo lícito alegar omissão para se eximir do recolhimento, ficando diretamente responsável pela importância que deixou de recolher ou arrecadou em desacordo com o disposto na lei.

Processa-se, assim, a responsabilidade por substituição, bastante utilizada no direito tributário, segundo a qual o órgão tributante desloca a responsabilidade para outra pessoa que não o contribuinte, conforme disciplina o art. 128 do CTN.

Diante desse preceito legal, a empresa é diretamente responsável pelo recolhimento das contribuições de seus empregados, além de já o ser pelo recolhimento de suas próprias contribuições.

Caso a empresa não faça a dedução, na remuneração de seus empregados, da contribuição social que eles devem recolher, e, consequentemente, não faz o recolhimento, ao se observar a conduta ilegal, por meio da fiscalização feita pelos Auditores Fiscais da Secretaria da Receita Federal do Brasil, as contribuições não mais serão exigidas dos empregados, mas sim do empregador, sendo esse o responsável por cumprir essa obrigação legal.

## 20.1 Responsabilidade solidária

É a relação de responsabilidade entre pessoas unidas por interesses comuns, na situação que constitua o fato gerador da obrigação principal, situação em que o credor poderá exigir de cada um dos devedores corresponsáveis o valor integral da dívida.

A solidariedade passiva tributária, conforme estabelecido no art. 124, parágrafo único, do Código Tributário Nacional (CTN), não permite o uso do benefício de ordem, uma regra que é reafirmada no art. 30, VI, da Lei de Custeio.

O § 1º do art. 133 do CTN, conforme emendado pela Lei Complementar n. 118/2005, isenta o adquirente de fundo ou estabelecimento em processo de falência e a filial ou unidade produtiva isolada de um vendedor em processo de recuperação judicial da responsabilidade tributária. Isso cria uma exceção à regra geral de responsabilidade em casos de sucessão empresarial.

Essa situação visa evitar que as dívidas tributárias não permitam a realização do ativo e, consequentemente, a satisfação dos débitos, inclusive os de natureza privada, do devedor, aos quais, no processo falimentar, é dada maior importância em face dos créditos tributários.

## 20.2 Construção civil e a responsabilidade solidária

O proprietário, o incorporador de imóveis definido na Lei n. 4.591/64, o dono da obra ou condômino da unidade imobiliária cuja contratação da construção, reforma ou acréscimo não envolva cessão de mão de obra, são solidários com o construtor, e este e aqueles com a subempreiteira, pelo cumprimento das obrigações para com a Seguridade Social, ressalvado o seu direito regressivo contra o executor ou contratante da obra e admitida a retenção de importância a este devida para garantia do cumprimento dessas obrigações, não se aplicando, em qualquer hipótese, o benefício de ordem.

Os órgãos e entidades da Administração Pública respondem solidariamente com a empresa construtora por eles contratada para execução de obra de construção civil, com relação às contribuições à Seguridade Social incidentes sobre a remuneração dos segurados que tenham prestado serviço na obra, exceto pelas contribuições destinadas a terceiros e pela multa moratória.

O dispositivo legal que regulamenta essa disposição é o art. 220 do Decreto n. 3.048/99, no qual fica estabelecida a indicação aplicável apenas quando não haja cessão de mão de obra, sendo taxativa a previsão de que não se considera cessão de mão de obra a contratação de construção civil em que a empresa construtora assuma a responsabilidade direta e total pela obra ou repasse o contrato integralmente.

A solidariedade está presente nas hipóteses do art. 220, § 3º, do Decreto n. 3.048/99:

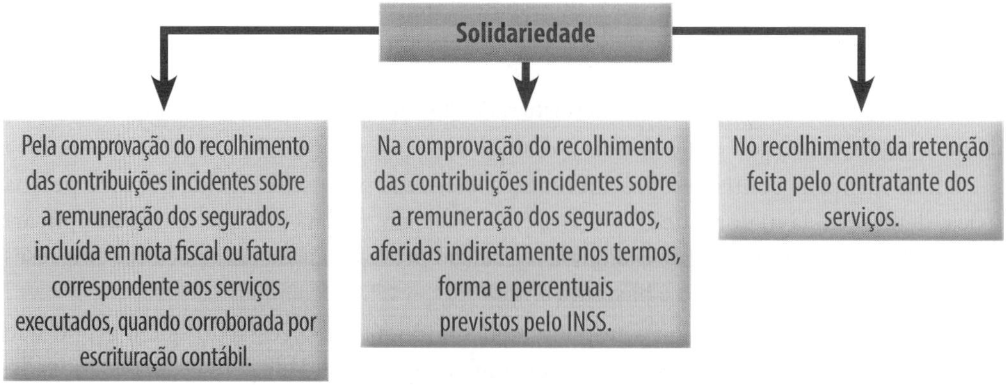

### 20.2.1 *Responsabilidade do executor da obra*

O executor da obra deverá elaborar, diferentemente do estabelecimento ou obra de construção civil da empresa contratante, folha de pagamento, Guia de Recolhimento do Fundo de Garantia do Tempo de Serviço e Informações à Previdência Social e Guia da Previdência Social, cujas cópias deverão ser exigidas pela empresa contratante quando da quitação da nota fiscal ou fatura, juntamente com o comprovante de entrega daquela Guia.

**PREVDICA**:

Não se considera cessão de mão de obra a contratação de construção civil em que a empresa construtora assuma a responsabilidade direta e total pela obra ou repasse o contrato integralmente.

### 20.2.2 *Construtor e responsabilidade solidária*

Por construtor entende-se a pessoa física ou jurídica que executa obra sob sua responsabilidade, no todo ou em parte.

Do adquirente de prédio ou unidade imobiliária que realize a operação com empresa de comercialização ou com incorporador de imóveis definido na Lei n. 4.591/64, é excluída a responsabilidade solidária perante a Seguridade Social, ficando estes solidariamente responsáveis com o construtor.

## 20.3 Responsabilidade solidária de grupo econômico

As empresas que integram grupo econômico de qualquer natureza respondem entre si, solidariamente, pelas obrigações previstas na Lei n. 8.212/91.

Conforme § 2º do art. 2º da CLT, a existência de grupo econômico se dá

> sempre que uma ou mais empresas, tendo, embora, cada uma delas, personalidade jurídica própria, estiverem sob a direção, controle ou administração de outra, ou ainda quando, mesmo guardando cada uma sua autonomia, serão responsáveis solidariamente pelas obrigações decorrentes da relação de emprego.

Essa concentração econômica descrita na Consolidação das Leis do Trabalho é utilizada para outros ramos do direito como paradigma.

Essa forma de controle sobre diferentes sociedades pode ser exercida por uma pessoa física, detentora da maioria de suas ações e, em tal caso, não há por que deixar de aplicar-se o § 2º, onde a solidariedade fixada na legislação previdenciária em relação às empresas do mesmo grupo econômico é bastante ampla.

Para haver a constatação da responsabilidade solidária, é necessário que o grupo não cumpra as obrigações fiscais, passando aí a assumir a responsabilidade por via de solidariedade.

### *20.3.1 Grupo econômico e as obrigações da empresa*

No grupo econômico, a solidariedade abrange todas as obrigações da empresa, ou seja, a contribuição referente aos segurados empregados, trabalhadores avulsos e contribuintes individuais, não retidas destes, com os acréscimos moratórios (juros e multa de mora), abrangendo também a obrigação decorrente de infrações pelo não cumprimento de determinadas obrigações acessórias (multas infracionais).

## 20.4 Responsabilidade dos sócios e titulares

O art. 13 da Lei n. 8.620/93 trazia a responsabilidade solidária "do titular de firma individual e dos sócios das empresas por cotas de responsabilidade limitada", respondendo estes com seus bens pessoais pelos débitos junto à Seguridade Social, independentemente de dolo ou culpa. Entretanto, tal dispositivo legal foi revogado pela Lei n. 11.941/2009.

Tal conceito ficou ultrapassado, pois respondem "solidária e subsidiariamente" os acionistas e controladores (no caso de sociedades por ações), os administradores, os gerentes e os diretores, quando tenham causado inadimplemento de contribuições, estes somente quando caracterizado o dolo ou a culpa.

A Súmula 430 do STJ define que "o inadimplemento da obrigação tributária pela sociedade não gera, por si só, a responsabilidade solidária do sócio-gerente".

No julgamento de questão considerada como de repercussão geral (Recurso Extraordinário 562.276), o Plenário do STF, por unanimidade, declarou inconstitucional a responsabilização, perante a Seguridade Social, dos gerentes de empresas, ou o redirecionamento de execução fiscal, quando ausentes os elementos que caracterizem a atuação dolosa dos sócios.

## 20.5 Tomador de serviços

A redação original do art. 31 da Lei n. 8.212/91 previa que:

> O contratante de quaisquer serviços executados mediante cessão de mão de obra, inclusive em regime de trabalho temporário, responde solidariamente com o executor pelas obrigações decorrentes desta Lei, em relação aos serviços prestados, exceto quanto ao disposto no art. 23, não se aplicando, em qualquer hipótese, o benefício de ordem, ficando ressalvado o direito regressivo do contratante contra o executor e admitida a retenção de importâncias a este devidas para garantia do cumprimento das obrigações.

A Medida Provisória n. 1.663-15, de 22 de outubro de 1998, convertida na Lei n. 9.711/98, trouxe a alteração obrigando a empresa contratante de serviços executados mediante cessão de mão de obra, inclusive em regime de trabalho temporário, a reter 11% do valor bruto da nota fiscal ou fatura de prestação de serviços e recolher a importância retida no mês subsequente ao da emissão da respectiva nota fiscal ou fatura, não mais fazendo constar o direito de regresso antes indicado no § 1º. A alteração do prazo de recolhimento do dia 10 para o dia 20 se deu por força da Medida Provisória n. 447/2008, convertida na Lei n. 11.933, de 28 de abril de 2009.

Esse tema foi sumulado pela Súmula 425 do STJ: "A retenção da contribuição para a seguridade social pelo tomador do serviço não se aplica às empresas optantes pelo Simples".

O valor retido deverá ser destacado na nota fiscal ou fatura de prestação de serviços, e será compensado pelo respectivo estabelecimento da empresa cedente da mão de obra, quando do recolhimento das contribuições destinadas à Seguridade Social devidas sobre a folha de pagamento dos segurados a seu serviço.

Em caso de impossibilidade de haver compensação integral na própria competência, o saldo remanescente poderá ser compensado pela empresa nas competências subsequentes ou ser objeto de pedido de restituição, não sujeitas à verificação da transferência ao preço do bem ou serviço oferecido à sociedade.

## 20.6 Aferição indireta

Não havendo previsão contratual dos valores correspondentes a material ou a equipamentos, caberá ao ente arrecadador normatizar a forma de apuração e o limite mínimo do valor do serviço contido no total da nota fiscal, fatura ou recibo, denominada *aferição indireta*.

Não havendo colocação de trabalhadores pela empresa prestadora do serviço à disposição da empresa tomadora, não há cabimento na aplicação do art. 31 da Lei n. 8.212/91, pois não se configura a cessão de mão de obra, conforme entendimento da jurisprudência do STJ.

## 20.7 Administradores públicos e as respectivas responsabilidades

Os administradores de autarquias e fundações públicas, criadas e mantidas pelo Poder Público, de empresas públicas e de sociedades de economia mista sujeitas ao controle da União, dos Estados, do Distrito Federal ou dos Municípios, que se encontrarem em mora, por mais de 30 dias, no recolhimento das contribuições previstas na Lei de Custeio, tornam-se solidariamente responsáveis pelo respectivo pagamento, ficando ainda sujeitos às proibições do art. 1º e às sanções dos arts. 4º e 7º do Decreto-Lei n. 368, de 19 de dezembro de 1968.

## 20.8 Órgão gestor de mão de obra

O órgão gestor de mão de obra e operador portuário são solidariamente responsáveis com o requisitante da mão de obra avulsa pelo pagamento das contribuições previdenciárias e outras obrigações, inclusive as acessórias, devidas à Seguridade Social, relativamente à requisição de mão de obra de trabalhador avulso, vedada a invocação do benefício de ordem.

21

# Previdência Social e suas prestações

A Lei n. 8.213/91, que disciplina o Regime Geral de Previdência Social, é composta por normas de direito público, que estabelecem direitos e obrigações entre os indivíduos potencialmente beneficiários do regime e o Estado, como gestor da Previdência Social.

Há uma série de obrigações (de dar ou de fazer) que o ente previdenciário tem para com os segurados e seus dependentes, e a essas obrigações, em consequência, correspondem as prestações previdenciárias.

Vimos no Capítulo 4 que, na relação de prestação, o Estado é forçado pela lei a cumprir uma obrigação de dar, isto é, pagar benefício, ou de fazer, qual seja, prestar serviço tanto aos segurados quanto aos dependentes que o requeiram, desde que preenchidos os requisitos legais para a obtenção do direito.

Wladimir Novaes Martinez analisa a relação jurídica das prestações:

> O legislador dá atenção especial à prestação e cerca-a de muitos cuidados (*v.g.*, definitividade, continuidade, irrenunciabilidade, indisponibilidade, intransferibilidade, inalienabilidade e impenhorabilidade), constituindo-se no principal instituto jurídico previdenciário. Devendo-se acrescer a substitutividade e a alimentaridade, dados essenciais à relação. (...) A razão de ser da relação jurídica de prestações são os benefícios e serviços, isto é, atividade-fim da Previdência Social: propiciar os meios de subsistência da pessoa humana conforme estipulado na norma jurídica[1].

**PREVDICA:**

Ao beneficiário não cabe renunciar o direito à prestação que lhe é devida, salvo se visa outra mais benéfica.

1. MARTINEZ, Wladimir Novaes. *Curso de direito previdenciário.* Tomo I – Noções de direito previdenciário. São Paulo: LTr, 1997, p. 201-208.

As prestações previstas no Plano de Benefícios da Previdência Social (Lei n. 8.213/91) são expressas em benefícios e serviços.

Benefícios são quantias pagas em dinheiro aos segurados e dependentes. Serviços são prestações imateriais colocadas à disposição dos beneficiários.

Há prestações que são devidas somente ao segurado; outras, apenas ao dependente; e, algumas, a ambos, tanto ao segurado como ao dependente, conforme disposto no art. 18 da Lei n. 8.213/91.

## 21.1 Princípio da seletividade

De acordo com esse princípio, as prestações são dadas apenas a quem delas necessite, sendo que alguns benefícios não possibilitam deferimento a segurados (pensão por falecimento, por exemplo), e outros não cabem aos dependentes (como as aposentadorias).

## 21.2 Prestações do segurado

As prestações que dizem respeito ao segurado são:

- aposentadoria por incapacidade permanente;
- aposentadoria por idade (rural, urbana e híbrida);
- aposentadoria especial;
- aposentadoria ao segurado com deficiência;
- benefício por incapacidade temporária;
- auxílio-acidente;
- salário-família;
- salário-maternidade.

## 21.3 Prestações do dependente

O dependente tem como prestações:

- pensão por morte;
- auxílio-reclusão.

As prestações comuns entre segurado e dependente são:

- serviço social;
- reabilitação profissional.

**PREVDICA:**

As prestações de origem acidentária são benefícios acidentários e previdenciários desde 25 de julho de 1991, sendo regulados pela Lei n. 8.213/91, o que até então não ocorria.

A EC n. 20/98 trouxe que: "Lei disciplinará a cobertura do risco de acidente do trabalho a ser atendida concorrentemente pelo regime geral de previdência social e pelo setor privado" (art. 201, § 10, da Constituição).

Com a nova redação dada pela Emenda Constitucional n. 103/2019, o mesmo dispositivo teve a sua redação alterada para:

> Lei complementar poderá disciplinar a cobertura de benefícios não programados, inclusive os decorrentes de acidente do trabalho, a ser atendida concorrentemente pelo Regime Geral de Previdência Social e pelo setor privado.

A abertura ao setor privado é uma tendência seguida na atual reforma da Previdência Social, cujos resultados só poderão ser analisados no futuro, quando os segurados solicitarem o recebimento desses benefícios.

A ampliação da proteção previdenciária não pode ser feita sem que, anteriormente, seja criada a fonte de custeio capaz de atender à concessão (art. 195, § 5º, da Constituição). Também é possível a supressão de prestações, devendo ser mantido o direito adquirido daqueles que implementaram as condições exigidas por lei para a sua obtenção.

# 22

# As concessões da prestação previdenciária

As prestações pecuniárias possuem caráter irrenunciável. No entanto, é preciso que o indivíduo se encontre na qualidade de beneficiário do regime, à época do evento, para usufruir da prestação previdenciária.

**PREVDICA**:
Não há pagamento de benefícios de ofício.

A falta de contribuições para a Seguridade Social e a ausência de registro da atividade laboral na carteira profissional ou na Carteira de Trabalho e Previdência Social (CTPS) não podem impedir a concessão de benefícios para os segurados que se enquadram nas categorias de empregados, empregados domésticos e trabalhadores avulsos.

Isso porque o só fato de exercerem trabalho remunerado, e não sendo eles os responsáveis tributários por recolher a contribuição previdenciária, já cria uma presunção relativa do recolhimento.

É importante destacar que, quando há um vínculo jurídico que classifica o indivíduo como pertencente a uma dessas três categorias de segurados mencionadas, ele tem direito a ser considerado como beneficiário do Regime Geral de Previdência Social (RGPS), independentemente da cobrança das contribuições que não foram pagas, a qual deve ser efetuada pelo tomador dos serviços, conforme disposto nos arts. 34 a 36 da Lei n. 8.213/91.

Se o beneficiário atende aos requisitos, embora não postule a prestação, diz-se que ele possui direito adquirido à prestação previdenciária. Uma vez adquirido o direito, este se torna intangível por norma posterior, devendo ser concedido o benefício ou prestado o serviço nos termos do regramento existente à época da aquisição do direito, independentemente de quando for requerido.

É por essa razão que a Lei n. 10.666/2003, no seu art. 3º, *caput* e § 1º, diz que a perda da qualidade de segurado não vai importar se o indivíduo apresentar todos os requisitos para aposentadoria por tempo de contribuição e especial (*caput*), ou a carência necessária no caso da aposentadoria por idade (§ 1º), isso em razão do direito adquirido.

Lembremos que a aposentadoria por tempo de contribuição já não mais perdura em nosso ordenamento jurídico, salvo direito adquirido e algumas regras de transição.

A alteração legislativa que venha a ocorrer anteriormente à aquisição do direito é plenamente aplicável aos segurados e dependentes do regime, não havendo direito à manutenção das regras vigentes à época da filiação ao RGPS.

A Terceira Seção do Superior Tribunal de Justiça decidiu não ser necessária a simultaneidade no preenchimento dos requisitos para a percepção de aposentadoria por idade avançada, sendo irrelevante, para concessão do benefício, o fato de que o requerente, ao atingir a idade mínima, já tenha perdido a condição de segurado:

> Embargos de Divergência. Previdenciário. Aposentadoria por Idade. Perda da qualidade de segurado. Irrelevância. 1. Para concessão da aposentadoria por idade, não é necessário que os requisitos exigidos pela lei sejam preenchidos simultaneamente, sendo irrelevante o fato de que o obreiro, ao atingir a idade mínima, já tenha perdido a condição de segurado. 2. Embargos rejeitados (STJ, ERESP 175.265/SP, Rel. Min. Fernando Gonçalves, *DJU* de 18-9-2000).

Também o TRF-4 assim decidiu:

> Previdenciário. Mandado de segurança. Aposentadoria por idade híbrida. Indeferimento. Perda da condição de segurada. Irrelevância. 1. A ausência da qualidade de segurado na data da implementação das condições ou na DER, não se constituem em óbice para o reconhecimento do direito à aposentadoria por idade híbrida, consoante previsto pelo artigo 3º, parágrafo 1º, da Lei n. 10.666/2003. 2. O fato de a parte impetrante não estar desempenhando atividades rurais ou urbanas por ocasião do requerimento administrativo ou do implemento do requisito etário não pode servir de obstáculo à concessão do benefício, desde que o segurado conte com a idade mínima e a carência exigida na data do requerimento do benefício (TRF-4 – Remessa Necessária Cível: 50039544920224047016/PR, Rel. Luiz Fernando Wowk Penteado, j. em 7-2-2023, 10ª Turma).

Tal dispositivo consta no art. 3º da Lei n. 10.666/2003.

O indeferimento, pela Autarquia Previdenciária, de requerimento de benefício, quando o postulante preencher todos os requisitos legais para tanto, é ato ilícito, podendo, por se tratar de lesão a direito, ser questionado em Juízo.

Importante que, uma vez configurado o crime e punido o servidor, este é passível de demissão do cargo público.

Vale destacar o art. 181-B do Decreto n. 3.048/99:

> Art. 181-B. As aposentadorias concedidas pela previdência social são irreversíveis e irrenunciáveis. (Redação dada pelo Decreto n. 10.410, de 2020)

§ 1º O disposto neste artigo não se aplica à concessão de aposentadoria por incapacidade permanente. (Redação dada pelo Decreto n. 10.410, de 2020)

§ 2º O segurado poderá desistir do seu pedido de aposentadoria desde que manifeste essa intenção e requeira o arquivamento definitivo do pedido antes da ocorrência de um dos seguintes atos: (Incluído pelo Decreto n. 10.410, de 2020)

I – recebimento do primeiro pagamento do benefício; ou (Incluído pelo Decreto n. 10.410, de 2020)

II – efetivação do saque do FGTS ou do PIS. (Incluído pelo Decreto n. 10.410, de 2020)

§ 3º O disposto no *caput* não impede a cessação dos benefícios não acumuláveis por força de disposição legal ou constitucional. (Incluído pelo Decreto n. 10.410, de 2020)

## 22.1 Suspensão do benefício previdenciário

Na legislação de seguro social, há algumas situações que autorizam o INSS a deixar de pagar o benefício, suspendendo a prestação devida. Diferentemente do cancelamento do benefício, em que ocorre a extinção da obrigação de pagamento pelo INSS ao beneficiário, na suspensão o benefício teve apenas seu pagamento sustado.

São casos de suspensão do pagamento do benefício:

a) a conduta do beneficiário com incapacidade permanente que não se apresenta para realização do exame médico-pericial periódico pelo INSS;

b) a não comprovação trimestral da manutenção do cumprimento da pena privativa de liberdade, ou a fuga do segurado detido ou recluso, em relação ao auxílio-reclusão pago aos dependentes do segurado;

c) a ausência de defesa do beneficiário, quando notificado pelo INSS em casos de suspeita de irregularidade na concessão ou manutenção de benefício ou quando apresentada esta é considerada insuficiente ou improcedente.

A concessão equivocada de benefícios a pessoas que não atendem aos requisitos legais estabelecidos para tanto, é medida que se torna eivada de nulidade absoluta, passível, portanto, de revisão pela própria Administração, a qualquer tempo e de ofício.

Nota-se:

> PREVIDENCIÁRIO. CANCELAMENTO OU SUSPENSÃO DE BENEFÍCIO PREVIDENCIÁRIO UNILATERALMENTE. APLICAÇÃO DO PRINCÍPIO DO PARALELISMO DAS FORMAS. DESNECESSIDADE. EXIGÊNCIA DOS PRINCÍPIOS DO CONTRADITÓRIO, DA AMPLA DEFESA E DO DEVIDO PROCESSO LEGAL POR MEIO DE PROCESSO ADMINISTRATIVO PREVIDENCIÁRIO. RECURSO ESPECIAL IMPROVIDO. 1. Cinge-se a controvérsia dos autos a obrigatoriedade da aplicação do princípio do paralelismo das formas nos casos de suspensão ou cancelamento de benefício previdenciário. 2. O Tribunal de origem manifestou-se sobre a possibilidade de a Autarquia suspender/cancelar o benefício previdenciário, porém, deve obedecer os princípios do devido processo legal, da ampla defesa e do contraditório, bem como a

observância do princípio do paralelismo das formas. 3. É inaplicável o princípio do paralelismo das formas por três motivos: 1) a legislação previdenciária, que é muito prolixa, não determina esta exigência, não podendo o Poder Judiciário exigir ou criar obstáculos à autarquia, não previstos em lei; 2) foge da razoabilidade e proporcionalidade, uma vez que através do processo administrativo previdenciário, respeitando o devido processo legal, o contraditório e a ampla defesa, é suficiente para apurar a veracidade ou não dos argumentos para a suspensão/cancelamento do benefício, e não impede uma posterior revisão judicial; 3) a grande maioria dos benefícios sociais concedidos pela LOAS - Lei Orgânica da Assistência Social - Lei n. 8.742/93, são deferidos por meio de decisão judicial, o que acarretaria excessiva demanda judicial, afetando por demasia o Poder Judiciário, bem como a Procuradoria jurídica da autarquia, além da necessidade de defesa técnica, contratada pelo cidadão, sempre que houvesse motivos para a revisão do benefício. 4. O que a jurisprudência desta Corte exige não é a aplicação do princípio do paralelismo das formas, é a concessão do contraditório, da ampla defesa e do devido processo legal, sempre que houver necessidade de revisão do benefício previdenciário, por meio do processo administrativo previdenciário, impedindo, com isso, o cancelamento unilateral por parte da autarquia, sem oportunizar apresentação de provas que entenderem necessárias. 5. Conforme bem ressaltou o Tribunal de origem, o recorrente cancelou unilateralmente o benefício previdenciário, o que vai de encontro à jurisprudência desta Corte e do STF. Recurso especial improvido (STJ -REsp: 1429976 CE 2014/0008223-1, Rel. Min. Humberto Martins, j. em 18-2-2014, T2 - 2ª Turma, *DJe* de 24-2-2014).

Também o e. TRF-5 já decidiu que:

Administrativo. Ressarcimento ao erário. Concessão irregular de benefício previdenciário. Má-fé do beneficiário. Dever de devolução. Apelação desprovida. 1. Comprovada a concessão irregular de benefício previdenciário, praticada com má-fé, é devida a devolução da quantia percebida pelo beneficiário. O simples fato de tratar-se de parcelas de natureza alimentar não assegura direito à não repetição. 2. No caso, o próprio beneficiário de pensão por morte admitiu posteriormente que vivera pouco tempo com a falecida segurada, tendo, inclusive, constituído nova família e passado a residir em outro Estado, sem nunca ter recebido ajuda financeira dela, a evidenciar o conhecimento da fraude na concessão do benefício. 3. Apelação desprovida (TRF-5 - AC: 08000394320164058304, Rel. Des. Federal Leonardo Resende Martins (convocado), j. em 11-5-2017, 1ª Turma).

Nesse diapasão, foi editada recentemente a MP n. 1.296, de 15 de abril de 2025, que, em respeito aos arts. 69 da Lei n. 8.212/91, 101 da Lei n. 8.213/91 e 21 da Lei n. 8.742/93, instituiu o Programa de Gerenciamento de Benefícios no âmbito do Instituto Nacional do Seguro Social e do Departamento de Perícia Médica Federal da Secretaria de Regime Geral de Previdência Social do Ministério da Previdência Social.

Importantíssimo ressaltar que, segundo dispõe o parágrafo único do art. 2º da citada MP, esse programa se aplica aos seguintes casos:

> I – os processos e os serviços administrativos cujo prazo de análise tenha superado quarenta e cinco dias ou com prazo judicial expirado;
> II – as avaliações sociais que compõem a avaliação biopsicossocial do Benefício de Prestação Continuada – BPC; e
> III – os serviços médico-periciais:
> a) realizados nas unidades de atendimento da previdência social sem oferta regular de serviço médico-pericial;
> b) realizados nas unidades de atendimento da Previdência Social cujo prazo máximo para agendamento seja superior a trinta dias;
> c) com prazo judicial expirado; e
> d) relativos a análise documental, desde que realizados em dias úteis após as dezoito horas e em dias não úteis.

Outro ponto de grande relevância que devemos destacar é o fato de os servidores ganharem por produtividade. Isso está previsto no art. 4º da MP, a saber:

> Art. 4º Para a execução do Programa de Gerenciamento de Benefícios, são instituídos:
> I – o Pagamento Extraordinário do Programa de Gerenciamento de Benefícios do Instituto Nacional do Seguro Social – PEPGB-INSS, no valor de R$ 68,00 (sessenta e oito reais); e
> II – o Pagamento Extraordinário do Programa de Gerenciamento de Benefícios da Perícia Médica Federal – PEPGB-PMF, no valor de R$ 75,00 (setenta e cinco reais).
> Parágrafo único. O PEPGB-INSS e o PEPGB-PMF serão pagos conforme tabela de correlação de processos ou serviços concluídos, na forma prevista no ato de que trata o art. 6º.

## 22.2 Cancelamento do benefício

Para o INSS cancelar um benefício previdenciário deve, necessariamente, fazê-lo com base em um processo administrativo que apurou alguma irregularidade na sua concessão.

O poder-dever da Administração de desconstituir seus próprios atos por vícios de nulidade condiciona-se à comprovação das referidas ilegalidades em processo administrativo próprio, com oportunidade, ao administrado, das garantias constitucionais da ampla defesa e do contraditório (art. 5º, LV, da CF):

> Previdenciário. Administrativo. Processual civil. Aposentadoria por tempo de serviço/contribuição. Limites ao desfazimento de ato concessório por parte da administração pública. Fraude. Má-fé. Cobrança dos valores recebidos de forma supostamente indevida. 1. Há e sempre houve limites para a Administração rever atos de que decorram efeitos favoráveis para o particular, em especial aqueles referentes à concessão

> de benefício previdenciário. 2. O cancelamento de benefício previdenciário pressupõe devido processo legal, ampla defesa e contraditório. 3. A Administração não pode cancelar um benefício previdenciário com base em simples reavaliação de processo administrativo perfeito e acabado (TRF-4, AI 5021363-18.2014.404.0000/PR, 5ª Turma, Rel. Des. Ricardo Teixeira do Valle Pereira, j. em 7-10-2014).

Destaca-se que a autoridade administrativa competente do INSS cancelará o benefício no caso de não haver defesa, quando esta for tida por improcedente, ou, ainda, quando as provas apresentadas forem insuficientes. De tal decisão o beneficiário será cientificado, e terá o direito de interpor recurso à Junta de Recursos do Conselho de Recursos da Previdência Social, ou, ainda, discutir em juízo a licitude do cancelamento.

Importante trazer, aqui, a tese firmada pelo Tema 709 do STF, que, ao tratar sobre o tema aposentadoria especial, entendeu por constitucional a vedação da continuidade do segurado no cargo em que deu ensejo a essa modalidade de aposentação, sob pena de cancelamento do benefício. Observe:

> Descrição:
>
> Recurso extraordinário em que se discute, à luz dos arts. 5º, XIII; 7º, XXXIII, e 201, § 1º, da Constituição Federal, a constitucionalidade do § 8º do art. 57 da Lei n. 8.213/91, que veda a percepção do benefício da aposentadoria especial pelo segurado que continuar exercendo atividade ou operação nociva à saúde ou à integridade física.
>
> Tese:
>
> I) É constitucional a vedação de continuidade da percepção de aposentadoria especial se o beneficiário permanece laborando em atividade especial ou a ela retorna, seja essa atividade especial aquela que ensejou a aposentação precoce ou não. II) Nas hipóteses em que o segurado solicitar a aposentadoria e continuar a exercer o labor especial, a data de início do benefício será a data de entrada do requerimento, remontando a esse marco, inclusive, os efeitos financeiros. Efetivada, contudo, seja na via administrativa, seja na judicial a implantação do benefício, uma vez verificado o retorno ao labor nocivo ou sua continuidade, cessará o pagamento do benefício previdenciário em questão. (RE 791.961)

O segurado em gozo de benefício por incapacidade temporária ou aposentado por incapacidade permanente poderá ser convocado a qualquer momento para avaliação das condições que ensejaram o afastamento, a manutenção ou a aposentadoria, concedida judicial ou administrativamente, observado o disposto no art. 101 da Lei n. 8.213/91, que assim dispõe:

> O segurado em gozo de auxílio-doença, aposentadoria por invalidez e o pensionista inválido estão obrigados, sob pena de suspensão do benefício, a submeter-se a exame médico a cargo da Previdência Social, processo de reabilitação profissional por ela

prescrito e custeado, e tratamento dispensado gratuitamente, exceto o cirúrgico e a transfusão de sangue, que são facultativos.

No dia da perícia de revisão, deve o segurado levar consigo toda a documentação médica que possuir relativa à enfermidade que o tornou incapaz, desde sua concessão até os dias atuais.

## 22.3 Processo administrativo previdenciário e suas funções

Processo administrativo, no campo da concessão das prestações previdencáras, é o conjunto de atos administrativos praticados através dos Canais de Atendimento da Previdência Social, iniciado em razão de requerimento formulado pelo interessado, de ofício pela Administração ou por terceiro legitimado, e concluído com a decisão definitiva no âmbito administrativo.

Decorre do direito constitucional de petição, visando a manifestação inequívoca de interesse do segurado ou dependente em relação à prestação postulada, não bastando o cumprimento dos requisitos legais para tanto.

### *22.3.1 Princípios no processo administrativo previdenciário*

Devem ser observados os seguintes princípios no âmbito administrativo:

a) presunção de boa-fé dos atos praticados pelos interessados;
b) atuação conforme a lei e o Direito;
c) atendimento a fins de interesse geral, vedada a renúncia total ou parcial de poderes e competências, salvo autorização em lei;
d) objetividade no atendimento do interesse público, vedada a promoção pessoal de agentes ou autoridades;
e) atuação segundo padrões éticos de probidade, decoro e boa-fé;
f) condução do processo administrativo com a finalidade de resguardar os direitos subjetivos dos segurados, dependentes e demais interessados da Previdência Social, esclarecendo-se os requisitos necessários ao benefício ou serviço mais vantajoso;
g) o dever de prestar ao interessado, em todas as fases do processo, os esclarecimentos necessários para o exercício dos seus direitos, tais como documentação indispensável ao requerimento administrativo, prazos para a prática de atos, abrangência e limite dos recursos, não sendo necessária, para tanto, a intermediação de terceiros;
h) publicidade dos atos praticados no curso do processo administrativo restrita aos interessados e seus representantes legais, resguardando-se o sigilo médico e dos dados pessoais, exceto se destinado a instruir processo judicial ou administrativo;
i) adequação entre meios e fins, vedada a imposição de obrigações, restrições e sanções em medida superior àquelas estritamente necessárias ao atendimento do interesse público;
j) fundamentação das decisões administrativas, indicando os documentos e os elementos que levaram à concessão ou ao indeferimento do benefício ou serviço;

k) identificação do servidor responsável pela prática de cada ato e a respectiva data;
l) adoção de formas e vocabulário simples, suficientes para propiciar adequado grau de certeza, segurança e respeito aos direitos dos usuários da Previdência Social, evitando-se o uso de siglas ou palavras de uso interno da Administração que dificultem o entendimento pelo interessado;
m) compartilhamento de informações com órgãos públicos, na forma da lei;
n) garantia dos direitos à comunicação, à apresentação de alegações finais, à produção de provas e à interposição de recursos, nos processos de que possam resultar sanções e nas situações de litígio;
o) proibição de cobrança de despesas processuais, ressalvadas as prevista em lei;
p) impulsão, de ofício, do processo administrativo, sem prejuízo da atuação dos interessados; e
q) interpretação da norma administrativa da forma que melhor garanta o atendimento do fim público a que se dirige, vedada aplicação retroativa de nova interpretação.

Assim, o requerimento do benefício ou serviço que gera o processo administrativo pode ser realizado:

a) pelo próprio segurado, dependente ou beneficiário;
b) por procurador legalmente constituído;
c) por representante legal, tutor, curador ou administrador provisório do interessado, quando for o caso; e
d) pela empresa, o sindicato ou a entidade de aposentados devidamente legalizada, na forma do art. 117 da Lei n. 8.213, de 1991.

Está disponível pela internet o requerimento de benefício por incapacidade temporária, do salário-maternidade em diversas hipóteses e da pensão por morte de segurado que falecer em gozo de aposentadoria, benefício por incapacidade temporária, previdenciária ou acidentária, ou auxílio-reclusão.

Por conta da Lei n. 13.146/2015 (Estatuto da Pessoa com Deficiência), o INSS deverá adotar providências para cumprir o que foi previsto. Entre as exigências estão:

- atendimento prioritário, em todas as instituições e serviços de atendimento ao público;
  - prioridade na tramitação processual, em todos os atos e diligências;
- dispensa do comparecimento de pessoa com deficiência perante os órgãos públicos quando seu deslocamento, em razão de sua limitação funcional e de condições de acessibilidade, imponha-lhe ônus desproporcional e indevido;
- quando for necessário, deverá haver atendimento domiciliar, inclusive para a realização de perícia médica e social;
- inexigibilidade de termo de curatela do requerente titular ou beneficiário quando portador de deficiência como condição para processamento do benefício requerido (previdenciário ou assistencial).

**PREVDICA:**

A Previdência exige para a formalização do processo a apresentação dos documentos originais ou cópias autenticadas em cartório ou por servidor do INSS, solicitando algumas vezes a apresentação do documento original para verificação de contemporaneidade ou outras situações em que entender necessária.

Caso o segurado queira solicitar o novo benefício, poderá utilizar a documentação de processo anterior que tenha sido indeferido, cancelado ou cessado. Assim, documentos que o INSS já possui (arquivados em outro processo) não precisam ser juntados novamente pelo segurado, bastando mencionar o fato.

Devem ser objeto de intimação todos os atos do processo que resultem para o interessado em imposição de deveres, ônus, sanções ou restrição ao exercício de direitos e atividades e os atos de outra natureza, de seu interesse (art. 28 da Lei n. 9.784/99).

Segundo a lei que rege o processo administrativo no âmbito federal - aplicável ao INSS - o desatendimento da intimação não importa o reconhecimento da verdade dos fatos, nem a renúncia a direito pelo administrado (art. 27 da Lei n. 9.784/99).

O INSS não pode cercear o direito do interessado em produzir provas para defesa de seus direitos, ainda que o servidor esteja "convencido" do indeferimento - situação típica de justificações administrativas, quando o indivíduo não possui - segundo o entendimento do servidor - indício suficiente de prova material.

A decisão do processo administrativo deverá conter um relato sucinto do objeto do requerimento, fundamentação com análise das provas constantes nos autos, além da conclusão pela deferimento ou indeferimento do pedido formulado.

**PREVDICA:**

A apreciação dos requerimentos deve ser realizada pela autoridade administrativa competente – no caso de concessão de benefícios, cabe à autoridade regional (local) essa atribuição.

A apreciação dos requerimentos deve ser realizada pela autoridade administrativa competente - no caso de concessão de benefícios, cabe à autoridade regional (local) essa atribuição.

Por ocasião do julgamento do recurso, o segurado poderá fazer sustentação oral na presença do relator e demais membros do Colegiado.

A sessão de julgamento é pública, ou seja, mesmo que não possua interesse na causa, qualquer pessoa pode assistir aos julgamentos, ressalvado o exame reservado de matéria protegida por sigilo, admitida tão somente a presença das partes e de seus procuradores.

O interessado poderá juntar novos documentos, atestados, exames complementares e pareceres médicos, requerer diligências e perícias e aduzir alegações referentes à matéria objeto do processo, até antes do início da sessão do seu julgamento, hipótese em que será conferido direito de vista à parte contrária para ciência e manifestação.

O recorrente pode desistir do recurso em qualquer fase do processo, desde que antes do julgamento pelo órgão competente. A desistência voluntária deve ser manifestada de maneira expressa, por petição ou termo firmado nos autos do processo.

O INSS pode, enquanto não tiver ocorrido a decadência, reconhecer expressamente o direito do interessado e reformar sua própria decisão inicialmente desfavorável ao interesse do segurado.

Após o julgamento, as decisões/acórdãos são disponibilizados na Internet. O INSS também deve encaminhar comunicação ao segurado com cópia do acórdão após o recebimento do processo.

Havendo obscuridade, ambiguidade ou contradição entre a decisão e seus fundamentos ou quando for omitido ponto sobre o qual deveria ter se pronunciado o relator, as partes poderão opor embargos de declaração, mediante petição expondo a ocorrência e os fundamentos, no prazo de 30 (trinta) dias contados da ciência do acórdão.

O Regimento Interno limita a competência para requerer a pacificação da divergência nos seguintes casos:

- Ao Presidente do CRPS;
- À Coordenação de Gestão Técnica;
- À Divisão de Assuntos Jurídicos;
- Aos Presidentes das Câmaras de Julgamento.

As Unidades da Previdência terão o prazo de 30 dias, contados a partir da data de recebimento do processo na origem, para cumprimento das decisões dos órgãos do CRPS, sob pena de responsabilização funcional do servidor que der causa ao retardamento. Caso não seja atendido o prazo, a parte prejudicada pode formular reclamação, mediante requerimento acompanhado de cópia da decisão descumprida e outros elementos necessários à compreensão do processo, dirigida ao Presidente do CRPS.

**PREVDICA**:

O prazo máximo de duração do processo administrativo é de 360 dias a contar da data do protocolo (art. 24 da Lei n. 11.457/2007). A conclusão do processo administrativo ocorre com a decisão administrativa não mais passível de recurso, ressalvado o direito do requerente de pedir a revisão da decisão no prazo decadencial previsto no art. 103 da Lei n. 8.213/91.

A condução do processo administrativo pelas Agências da Previdência Social tem sido objeto de muitas críticas, especialmente pela cultura da denegação de direitos amplamente reconhecidos, gerando excesso de demanda judicial.

# 23

# Cálculo dos benefícios

A Previdência Social pode apurar de diferentes formas os benefícios previdenciários.

Por via de regra, os benefícios são calculados mediante critérios previstos pelo art. 201, § 3º, da CF, ou seja, levando-se em conta os salários de contribuição, corrigidos monetariamente, para apuração do chamado salário de benefício.

Exceções:

a) salário-família: com valor estabelecido por cotas, de acordo com a remuneração do segurado;
b) salário-maternidade: remuneração integral, no caso da segurada empregada e trabalhadora avulsa em licença-gestante (art. 72 da Lei n. 8.213/91);
c) empregada doméstica: o salário-maternidade será o equivalente ao valor do seu último salário de contribuição (art. 73, I, da Lei n. 8.213/91);
d) segurada especial: o salário-maternidade será o equivalente a um doze avos do valor sobre o qual incidiu sua última contribuição anual;
e) segurada contribuinte individual: o salário-maternidade será o equivalente a um doze avos da soma dos doze últimos salários de contribuição, apurados em um período não superior a quinze meses.

Também excepcionam a regra a pensão por morte e o auxílio-reclusão; a pensão é apurada com base no valor da aposentadoria que o segurado recebia ou daquela a que teria direito se fosse aposentado por incapacidade permanente na data de seu falecimento (art. 75 da Lei n. 8.213/91).

O auxílio-reclusão é devido com base no valor da pensão por morte a que o segurado faria jus, na data do deferimento do benefício (art. 80 da Lei n. 8.213/91).

## 23.1 Período de apuração do benefício

O salário de benefício é o valor básico utilizado para o cálculo da renda mensal inicial dos principais benefícios previdenciários de pagamento continuado (art. 28 da Lei n. 8.213/91).

É a importância apurada a partir dos salários de contribuição do segurado, baseando-se na presunção de eles indicarem o nível da fonte de subsistência do trabalhador.

A Carta Magna garantiu que todos os salários de contribuição considerados no cálculo do salário de benefício serão corrigidos monetariamente (art. 201, § 3º).

**PREVDICA:**

O prazo para apuração desse cálculo vem sendo ampliado gradualmente para chegar ao período total das contribuições, na forma definida na Lei n. 9.876, de 26 de novembro de 1999, que instituiu o "fator previdenciário", dando nova redação ao art. 29 da Lei n. 8.213/91.

Com o advento da Lei n. 8.213/91, inicialmente, o art. 29 previa que a apuração do salário de benefício consistiria na média aritmética simples dos 36 últimos salários de contribuição apurados em um período não superior a 48 meses.

Posteriormente, a Lei n. 9.876/99 deu nova redação ao art. 29 da Lei n. 8.213/91 para dizer que, a partir de sua edição, a apuração do salário de benefício passaria a ser a média aritmética simples dos 80% maiores salários de contribuição de todo o período contributivo.

Fica preservado o direito adquirido aos critérios descritos, conforme o caso, em favor dos segurados que cumpriram todos os requisitos para a obtenção dos benefícios até a entrada em vigor da Lei n. 9.876/99.

Isso significa que os segurados que cumpriram todos os requisitos para se aposentar antes da entrada em vigor da Lei n. 9.876/99 poderiam ter suas aposentadorias calculadas na média aritmética simples dos 36 últimos salários de contribuição, em período não superior a 48 meses, se tal regramento lhe for mais vantajoso.

Caso não fosse verificado que o segurado não havia atingido ainda os requisitos para aposentadoria, para os filiados até o advento da citada Lei n. 9.876/99 previu-se, em seu art. 3º, uma regra de transição em que a apuração do salário de benefício passou a levar em conta 80% dos maiores salários de contribuição, desde a competência julho de 1994 em diante.

Essa nova fórmula de cálculo do salário de benefício para os segurados em geral, excetuados os segurados especiais, prevista na nova redação do *caput* do art. 29 da Lei n. 8.213/91, conferida pela Lei n. 9.876/99, faz observância aos seguintes critérios:

1) para a aposentadoria por idade: o salário de benefício consistirá na média aritmética simples dos 80% maiores salários de contribuição correspondentes a um período mínimo correspondente a 60% do período contributivo (divisor mínimo), multiplicada pelo fator previdenciário, se mais vantajoso;

2) no caso de aposentadoria por incapacidade permanente, aposentadoria especial, auxílio-doença e auxílio-acidente: o salário de benefício consistirá na média aritmética simples dos maiores salários de contribuição correspondentes a 80% dos maiores salários de contribuição, por um período não inferior a 60% do período contributivo (para esses benefícios não há a multiplicação pelo fator previdenciário, entretanto, no caso de aposentadoria por incapacidade permanente, quando decorrer de acidente de trabalho, de doença profissional e de doença do trabalho, o cálculo será feito em 100%).

A ideia do legislador foi amparar os apelos governamentais a fim de reduzir o valor dos benefícios, já que, pelas regras anteriores, a tendência era de obtenção de benefícios bem maiores, pois eram considerados, para a concessão de aposentadorias, apenas os últimos 36 meses de atividade (quando, supostamente, o trabalhador está mais bem remunerado, ou no caso dos contribuintes individuais, que contribuíam sobre o valor-teto). Estendendo o cálculo para atingir 60% do tempo de contribuição do segurado, geralmente a média será bem menor e, consequentemente, também o será o valor do benefício a ser pago.

Posteriormente, a EC n. 103/2019 modificou os critérios de cálculo das aposentadorias, seja nas suas regras de transição, seja nos regramentos pós-reforma. Veremos isso em capítulo próprio.

**PREVDICA:**

O salário de benefício obedece aos mesmos limites mínimo e máximo do salário de contribuição obtidos na data de início do pagamento do benefício (art. 29, § 2º, da Lei n. 8.213/91), devendo ser ajustado a esses, quando em desacordo com eles.

## 23.2 Benefício por incapacidade temporária

Quanto ao benefício por incapacidade temporária, a Lei n. 13.135/2015 trouxe a regra de que o salário de benefício não poderá exceder a média aritmética simples dos últimos 12 salários de contribuição, inclusive no caso de remuneração variável, ou, se não alcançado o número de 12, a média aritmética simples dos salários de contribuição existentes (§ 10 do art. 29 da Lei n. 8.213/91).

Visa a Previdência evitar situações em que o valor do benefício fica acima do último rendimento que o segurado recebia, o que faz que muitos segurados não se sintam estimulados para voltar ao trabalho.

**PREVDICA:**

Tal medida já havia sido tentada algumas vezes, tendo sido rejeitada pelo Congresso Nacional nas oportunidades anteriores (*vide* a MP n. 242/2005).

Essa limitação ao máximo do salário de contribuição vigente deve se dar apenas para efeito de pagamento, ou, ainda, incidir sobre a renda mensal inicial apurada ou sobre a renda de manutenção do benefício.

Assim, todos os salários de contribuição utilizados no cálculo do salário de benefício serão corrigidos, mês a mês, de acordo com a variação integral do Índice Nacional de Preço ao Consumidor – INPC, referente ao período decorrido a partir da primeira competência do salário de contribuição que compõe o período básico de cálculo até o mês anterior ao do início do benefício, de modo a preservar o seu valor real – art. 33 do Decreto n. 3.048/99.

Segundo o entendimento do STJ, em caso de percepção do auxílio-acidente, seu valor é incluído no cálculo do salário de benefício para fins de concessão de aposentadoria (art. 34, II, da Lei n. 8.213/91, da Lei Complementar n. 150/2015), salvo se essa aposentadoria foi concedida antes da vigência da Lei n. 9.528/97, quando então será pago de forma vitalícia, não sendo computado para fins de salário de benefício da aposentadoria, com percepção cumulativa dos dois benefícios.

Tal regra vem sendo criticada pela doutrina, ante a inversão do ônus probatório atribuída ao segurado.

O Decreto n. 3.048/99, no art. 19, dispõe que, se as informações constantes sobre contribuições ou remunerações não constarem no CNIS, o vínculo não será considerado, facultado ao segurado solicitar, a qualquer momento, a inclusão, exclusão ou retificação das informações constantes do CNIS, com a apresentação dos documentos comprobatórios dos dados divergentes, conforme critérios definidos pelo INSS.

Segundo orientação do STJ e da TNU:

a) na hipótese de desempenho pelo segurado de atividades laborais concomitantes, será considerada atividade principal, para fins de cálculo do valor do salário de benefício, aquela na qual o segurado reuniu condições para concessão do benefício;
b) tratando-se de hipótese em que o segurado não completou tempo de serviço/contribuição suficiente para se aposentar em nenhuma das atividades, deve ser considerada como atividade principal aquela que gerará maior proveito econômico no cálculo da renda mensal inicial, porquanto o art. 32 da Lei n. 8.213/91 não determina que deva ser considerada como principal a atividade mais antiga, entre as que foram exercidas simultaneamente no PBC.

## 23.3 Sentença trabalhista e suas majorações na seara previdenciária

O descumprimento da lei pelo empregador, que deixa de pagar verbas trabalhistas devidas ou faz pagamentos fora da folha habitual, gerando para o empregado a necessidade de ingressar com ação na Justiça do Trabalho para ver reconhecidos tais direitos, é muito comum no Brasil.

Ocorre que o INSS não reconhece salários de contribuição majorados em virtude de condenação do empregador a pagar verbas que integram a remuneração por decisão da Justiça do Trabalho, mas a jurisprudência vem corrigindo isso.

A fórmula de cálculo do salário de benefício utilizado é a seguinte:

$$\mathbf{SB = F \times Y}$$

No qual:

SB = salário de benefício

F = fator previdenciário – calculado considerando-se a idade, a expectativa de sobrevida e o tempo de contribuição do segurado ao se aposentar. Aplicado somente para a aposentadoria por tempo de contribuição e aposentadoria por idade.

Y = média aritmética simples dos maiores salários de contribuição correspondentes a 80% de todo o período contributivo.

## 23.4 Fator previdenciário

Criado pela Lei n. 9.876/99, o fator previdenciário se insere na nova fórmula de cálculo da renda mensal inicial da aposentadoria por tempo de contribuição e da aposentadoria por idade.

O cálculo do valor desse benefício, até então feito pela média das últimas 36 contribuições, foi substituído pela média aritmética simples dos 80% maiores salários de contribuição de todo o período contributivo, equivalentes a um período contributivo não inferior a 60%, multiplicado pelo fator previdenciário.

Tal fator previdenciário leva em conta o tempo de contribuição, a idade na data da aposentadoria e o prazo médio durante o qual o benefício deverá ser pago, ou seja, a expectativa de sobrevida do segurado.

Vejamos um exemplo prático:

> PREVIDENCIÁRIO. TESE FIRMADA PELO TRIBUNAL SUPERIOR. ATIVIDADES CONCOMITANTES. SOMA DOS SALÁRIOS-DE-CONTRIBUIÇÃO. POSSIBILIDADE. FATOR PREVIDENCIÁRIO. INCIDÊNCIA APENAS NO PRODUTO FINAL. RECONHECIMENTO. 1. O STJ fixou a seguinte tese relativamente ao Tema 1.070: Após o advento da Lei n. 9.876/99, e para fins de cálculo do benefício de aposentadoria, no caso do exercício de atividades concomitantes pelo segurado, o salário-de-contribuição deverá ser composto da soma de todas as contribuições previdenciárias por ele vertidas ao sistema, respeitado o teto previdenciário. 2. Considerando-se que a sentença determinou a soma de todos os salários-de-contribuição da autora referentes às atividades concomitantes (principal e secundária), observado o teto do Regime Geral da Previdência Social, tem-se que deve ser confirmada. 3. O fator previdenciário, em se tratando de atividades concomitantes, deverá incidir somente uma vez, apenas após a soma dos salários-de-contribuição da atividade principal com a secundária e não sobre cada uma das médias distintamente, como pretendido pelo INSS (TRF-4 – AC: 50087889320204047201 SC, Rel. Sebastião Ogê Muniz, j. em 18-4-2023, 9ª Turma).

### *23.4.1 Fator previdenciário e as pensões*

Não se aplica de forma direta às pensões. Caso o segurado morra, a pensão será igual à aposentadoria por incapacidade permanente à qual ele teria direito naquela ocasião, sem aplicação do fator. Assim, o benefício corresponderá à média dos 80% maiores salários de contribuição a partir de julho de 1994, correspondentes a 60% do número de meses do período.

No caso de morte do segurado já aposentado, a pensão equivalerá a 100% da aposentadoria paga. A pensão só será atingida, nesse caso, indiretamente, ou seja, caso ela decorra de uma aposentadoria que tenha sofrido a aplicação do fator. Mas o benefício propriamente dito não sofrerá redução.

**Fórmula de Cálculo do Fator Previdenciário**

O fator previdenciário será calculado considerando-se a idade, a expectativa de sobrevida e o tempo de contribuição do segurado ao se aposentar, mediante a fórmula:

F = fator previdenciário
Es = expectativa de sobrevida no momento da aposentadoria
Tc = tempo de contribuição até o momento da aposentadoria
Id = idade no momento da aposentadoria
a = alíquota de contribuição correspondente a 0,31

O cálculo será realizado da seguinte forma:

$$f = \frac{Tc \times a}{Es} \times \left[ 1 + \frac{(Id + Tc \times a)}{100} \right]$$

## 23.5 Fator previdenciário e as regras de transição

Para o segurado filiado à Previdência Social até o dia anterior à publicação da Lei n. 9.876/99 (29 de novembro de 1999) e que cumpriu as condições exigidas para a concessão da aposentadoria no período de 11/1999 a 11/2004, o cálculo do salário de benefício foi previsto para ser feito em duas etapas.

1ª etapa: o salário de benefício foi calculado considerando-se a média aritmética simples dos 80% maiores salários de contribuição, correspondentes a, no mínimo, 60% de todo o período contributivo decorrido desde a competência julho de 1994. Por exemplo, quem solicitou o benefício em dezembro de 1999, primeiro, teve apurados os 65 salários de contribuição do período, embora, no cálculo, só sejam considerados 52 salários de contribuição.

2ª etapa: aplicado o fator previdenciário, que considera a idade, o tempo de contribuição, a alíquota de recolhimento (sempre de 31%, correspondente em regra a 20% da empresa e 11% do segurado) e a expectativa de sobrevida do segurado no momento da aposentadoria.

## 23.6 Fórmula por pontos e o fator previdenciário

A fórmula por pontos permite a opção de não incidência do fator previdenciário no cálculo da aposentadoria por tempo de contribuição, quando o total resultante da soma da idade e do tempo de contribuição do segurado na data de requerimento da aposentadoria, incluídas as frações, for de, no mínimo, 95 e 85 pontos, respectivamente, para o homem e a mulher.

Ressalta-se que essa fórmula por pontos não é estática, pois houve a inclusão da progressividade desse parâmetro de cálculo, incorporando o impacto do envelhecimento da população e o aumento da expectativa de sobrevida. Para o Governo, essa é uma exigência para assegurar a sustentabilidade financeiro-orçamentária futura da Previdência Social. Segundo a Exposição de Motivos da Medida Provisória n. 676/2015, essa alternativa

(Fórmula por pontos), desacompanhada da progressão da regra, levaria as despesas da Previdência Social a patamares insustentáveis no médio e longo prazo, por ignorar o processo de transição demográfica com o envelhecimento acelerado da população e o aumento crescente da expectativa de sobrevida.

Os prazos da progressão fixados na MP n. 676/2015, convertida na Lei n. 13.183/2015, foram modificados pelo Congresso Nacional, cuja regra final aprovada consta do § 2º do art. 29-C da Lei de Benefícios, quais sejam:

> Art. 29-C. (...)
> § 2º As somas de idade e de tempo de contribuição previstas no *caput* serão majoradas em um ponto em:
> I – 31 de dezembro de 2018;
> II – 31 de dezembro de 2020;
> III – 31 de dezembro de 2022;
> IV – 31 de dezembro de 2024; e
> V – 31 de dezembro de 2026.

Passa-se a considerar que o valor a ser alcançado, na soma de idade com o tempo de contribuição, na data do requerimento da aposentadoria por tempo de contribuição, será alterado nos seguintes:

- em 2019 para 96/86;
- em 2021 para 97/87;
- em 2023 para 98/88;
- em 2025 para 99/89;
- em 2027 para 100/90.

Baseado nessas premissas, o Governo Federal acabará restabelecendo praticamente os mesmos efeitos deletérios que a aplicação do fator previdenciário representa no cálculo do salário de benefício desta modalidade de aposentadoria.

**PREVDICA**:

A Lei n. 13.183/2015 não revoga o fator previdenciário, cuja aplicação continuará sendo praticada, nos termos da fórmula prevista na Lei n. 9.876/99, para os segurados que pretendam obter a aposentadoria por tempo de contribuição antes mesmo de completar os 95 pontos (homem) ou os 85 pontos (mulher).

## 23.7 Professores e o fator previdenciário

A Lei n. 13.183/2015 estabelece tratamento diferenciado para os professores que comprovem exclusivamente tempo de efetivo exercício de magistério na educação infantil e no ensino fundamental e médio.

A Emenda Constitucional n. 103/2019 dispõe que o somatório da idade e do tempo de contribuição para professores será de 81 (oitenta e um) pontos, se mulher, e 91 (noventa e um) pontos, se homem, aos quais serão acrescidos, a partir de 1º de janeiro de 2020, 1 (um) ponto a cada ano, até atingir o limite de 92 (noventa e dois) pontos, se mulher, e de 100 (cem) pontos, se homem.

## 23.8 Limites estabelecidos aos benefícios

À exceção do salário-maternidade, os benefícios substitutivos da remuneração dos segurados e pensionistas são limitados por um valor estabelecido como sendo o teto máximo de benefício. A renda mensal do benefício de prestação continuada que substituir o salário de contribuição ou o rendimento do trabalho do segurado não terá valor inferior ao do salário mínimo, nem superior ao do limite máximo do salário de contribuição, salvo na hipótese da aposentadoria por incapacidade permanente do segurado que necessitar de assistência permanente de outra pessoa, quando é previsto um acréscimo de 25%, mesmo que ultrapasse o limite máximo legal (art. 45 da Lei n. 8.213/91).

Os benefícios de legislação especial pagos pela Previdência Social à conta do Tesouro Nacional e de ex-combatentes, concedidos até 15 de novembro 1998, ficam submetidos ao teto estabelecido pelo art. 37, XI, da CF.

## 23. 9 Revisão para retirada do fator previdenciário das aposentadorias proporcionais do art. 9º da EC n. 20/98 e o Tema 616 do STF

Tema que atualmente se encontra em voga é o 616 do STF. A questão submetida a julgamento diz respeito sobre se, à luz do art. 9º da EC n. 20/98, seria ou não possível a incidência do fator previdenciário para benefícios concedidos antes da publicação da referida emenda em 16-12-1998.

O RE paradigma foi o 639.856 em que, recentemente, foi fixada a seguinte tese:

> **É constitucional a aplicação do fator previdenciário, instituído pela Lei n. 9.876/99, aos benefícios concedidos a segurados filiados ao Regime Geral de Previdência Social antes de 16-12-1998, abrangidos pela regra de transição do art. 9º da EC n. 20/98.**

Com a fixação da referida tese, colocou-se fim à celeuma, uma vez que o Supremo Tribunal Federal entendeu ser constitucional a aplicação do fator previdenciário, inclusive para as regras de transição, a benefícios concedidos antes da publicação da Emenda Constitucional n. 20, em 16-12-1998.

Entendemos que andou muito mal o STF, tendo em vista que, com a aplicação do fator previdenciário às aposentadorias proporcionais, o beneficiário incorrerá em duplo fator de redução, o que vai contra não só a questão da hipossuficiência dos segurados/beneficiários da Previdência Social, como também vai de encontro à regra da contrapartida insculpida no art. 195, § 5º, da Constituição Federal, tendo em vista que já existia fonte de custeio capaz de custear o pagamento dos benefícios.

Explico: quando se criou o fator previdenciário com a Lei n. 9.876/99, a *mens legislatoris*, ou seja, o intuito do legislador, foi criar um mecanismo que premiasse quem se aposentasse mais tarde em detrimento daquele que mais cedo se aposentasse. E, isto, em razão do sistema financeiro e atuarial sempre com o discurso de proteção aos cofres da Previdência Social.

Ocorre que a regra da contrapartida, ao prever fonte de custeio para a criação, majoração ou extensão de benefícios previdenciários, já se faz suficiente para concessão deles, não devendo ao segurado/beneficiário ser repassada essa responsabilidade.

É justamente isso que a aplicação do fator previdenciário faz: repassar a conta para o beneficiário. Daí por que entendemos que andou mal o STF ao julgar constitucional a sua aplicação, sobretudo nos benefícios proporcionais em que já se tinha um fator de redução.

# 24

# Revisão do valor dos benefícios

## 24.1 Valor mínimo dos benefícios

A Constituição Federal garante a irredutibilidade do valor dos benefícios (art. 194, parágrafo único, IV) e o reajustamento dos benefícios para preservar-lhes, em caráter permanente, o valor real, conforme critérios definidos no art. 201, § 4º.

O STJ tem decidido pela validade dos critérios de reajustes utilizados pela Previdência Social e firmou orientação de que não é possível a utilização dos mesmos índices previstos para reajuste dos benefícios de valor mínimo, dos salários de contribuição ou do art. 58 do ADCT.

Dessa forma, o valor da prestação previdenciária reajustado não poderá ultrapassar o limite máximo do salário de benefício na data do reajustamento, respeitados, contudo, os direitos adquiridos e as hipóteses de aposentadoria por incapacidade permanente, quando acrescida de 25% para os que dependam de assistência permanente de terceiros. E não poderá ser inferior a 50% (cinquenta por cento), salvo em relação ao salário-família e ao auxílio-acidente.

A questão dos reajustes dos benefícios sempre provoca muitas discussões judiciais, pois, habitualmente, eles não mantêm o valor real da data da concessão.

Nossos Tribunais, visando uniformizar o entendimento sobre as questões que envolvem os reajustamentos dos benefícios, têm editado várias súmulas, destacando-se entre elas:

- Superior Tribunal de Justiça (STJ): Súmulas 159 e 456;
- Tribunal Regional Federal da 1ª Região: Súmulas 8, 12, 20, 21, 23, 28, 36 e 49;
- Tribunal Regional Federal da 2ª Região: Súmulas 17, 29, 35 e 49;
- Tribunal Regional Federal da 3ª Região: Súmulas 5, 6, 7 e 8, 18, 19 e 25.

**PREVDICA:**

Não há qualquer correção para: benefício por incapacidade temporária, aposentadoria por incapacidade permanente, pensão por morte e auxílio-reclusão, pois eram calculados pela média dos últimos 12 salários de contribuição. De acordo com a Súmula 456 do STJ: "É incabível a correção monetária dos salários de contribuição considerados no cálculo do salário de benefício por incapacidade temporária, aposentadoria por incapacidade permanente, pensão ou auxílio-reclusão concedidos antes da vigência da CF/1988".

Trabalhadores do setor privado, servidores públicos e professores da ativa têm regras particulares por alguns anos até mudanças definitivas chegarem.

**Regras de transição para trabalhadores que já estão na ativa**

A redação aprovada da Emenda Constitucional n. 103/2019 fixou a idade mínima para aposentadoria em 65 anos para homens e de 62 anos para mulheres e constituiu a maior mudança na Previdência em três décadas.

**PREVDICA:**

Porém, para quem já está trabalhando, haverá regras de transição que permitem que a aposentadoria possa vir antes do que o estabelecido pelas novas regras.

No caso do setor privado, são algumas regras de transição. A aposentadoria por idade, modalidade voltada especialmente para trabalhadores de baixa renda que já existe hoje, continuará a existir, mas também terá transição.

**Regras de transição para trabalhadores do setor privado**

**PREVDICA:**

As regras são válidas para todos.

São três regras que atendem a todos os trabalhadores da iniciativa privada. Dependendo da idade e do tempo de contribuição, uma regra pode ser mais vantajosa que a outra. É preciso checar também o valor do benefício porque, em caso de aposentadorias precoces, teremos reduções no montante a receber.

**Sistema de pontos**: Regra similar ao antigo fator 85/95. A EC n. 103/2019 trouxe o sistema de pontos no seu art. 15, II. Por essa regra, o trabalhador terá de somar idade e tempo de contribuição e precisa ter contribuído por 30 anos, se mulheres, e 35 anos, se homens. Inicialmente, a soma da idade e do tempo de contribuição teria que dar 86 pontos, no caso da mulher, e 96 pontos, no caso do homem.

**O § 1º do citado art. 15** previu que, a partir de 1º de janeiro de 2020, a pontuação será acrescida de 1 ponto até que se atinja 100 pontos, no caso da mulher, e 105 pontos, no caso do homem. Hoje, em 2025, pode se aposentar aos 92 pontos, se mulheres, e aos 102 pontos, se homens.

A aposentadoria por pontos tem suas variações. É que o § 3º do citado art. 15 prevê essa modalidade de aposentadoria para os professores do ensino primário, fundamental e médio com uma redução em 5 anos no tempo de contribuição e em 5 pontos, com o perdão da redundância, nos pontos.

É dizer, a professora deve apresentar 25 anos de tempo de contribuição, já o professor, 30 anos. O somatório da idade com o tempo de contribuição iniciou-se em 81 pontos, para a professora, e em 91 pontos, para o professor. A partir de 1º de janeiro de 2020, esses pontos aumentam em 1 ponto até atingir 92, para a mulher, e 100, para o homem.

Além dos professores, o art. 21 da EC n. 103/2019 também previu a aposentadoria por pontos para o segurado exposto a agente nocivo a sua saúde.

Nesse caso, segundo a redação do próprio art. 21, o segurado ou o servidor público federal que tenha se filiado ao RGPS ou ingressado no serviço público em cargo efetivo, e tudo isso até a data da entrada em vigor da EC n. 103/2019, cujas atividades tenham sido exercidas com efetiva exposição a agentes químicos, físicos e biológicos prejudiciais à saúde, ou associação desses agentes, vedada a caracterização por categoria profissional ou ocupação, desde que cumpridos, no caso do servidor, o tempo mínimo de 20 anos de efetivo exercício no serviço público e de 5 anos no cargo efetivo em que for concedida a aposentadoria, na forma dos arts. 57 e 58 da Lei n. 8.213, de 24 de julho de 1991, poderão aposentar-se quando o total da soma resultante da sua idade e do tempo de contribuição e o tempo de efetiva exposição forem, respectivamente, de:

I – 66 (sessenta e seis) pontos e 15 (quinze) anos de efetiva exposição;

II – 76 (setenta e seis) pontos e 20 (vinte) anos de efetiva exposição; e

III – 86 (oitenta e seis) pontos e 25 (vinte e cinco) anos de efetiva exposição.

**Idade mínima com tempo de contribuição**: Quem optar por esse modelo terá de cumprir a idade mínima seguindo uma tabela da transição. E precisará ter contribuído por 30 anos (mulheres) e 35 anos (homens). Essa transição para as novas idades mínimas vai durar 12 anos para as mulheres e oito anos para os homens. Ou seja, em 2027, valerá para todos os homens a idade mínima de 65 anos. E, em 2031, valerá para todas as mulheres a idade mínima de 62 anos. A reforma prevê que a idade mínima começará aos 61 anos para os homens e 56 anos para as mulheres, subindo seis meses por ano até atingir 62 anos (mulher) e 65 anos (homem).

**Pedágio de 100%**: O trabalhador poderá pagar um pedágio sobre o tempo que falta para se aposentar. Ou seja, se faltam três anos para se aposentar, o trabalhador deverá trabalhar por mais três, no total de seis anos. Mas, neste pedágio, será exigida também uma idade mínima: 60 anos para homens e 57 anos para mulheres.

**Pedágio de 50% (regra especial para quem está perto de se aposentar)**: Quem está a menos de dois anos de atingir os 30 anos, se mulher, e os 35 anos, se homem – já que, conforme a redação do art. 17 da EC n. 103/2019, exigem-se mais de 28 anos, se mulher, e mais de 33 anos, se homem, até 13 de novembro de 2019 –, pelas regras atuais, terá a opção de "pagar um pedágio" de 50%. Funciona assim: se, pelas regras atuais, faltar um ano para o trabalhador se aposentar, ele terá de trabalhar um ano e meio (ou seja, 1 ano + 50% do "pedágio").

**Fator previdenciário**: Nesta regra de transição será aplicado o chamado Fator Previdenciário, que reduz o valor do benefício para quem se aposenta ainda jovem. O fator muda a cada ano, de acordo com o aumento na expectativa de vida da população.

**Transição na aposentadoria por idade**

Essa modalidade é muito usada por trabalhadores de baixa renda, que têm pouco tempo de contribuição, e normalmente se aposentam pelo piso, recebendo apenas um salário mínimo. Ela também terá regras de transição.

**Idade**: Será mantida a exigência de idade mínima de 65 anos para homens. Para mulheres, será de 62 anos.

**Tempo de contribuição**: Para quem já contribui para o INSS, a exigência de tempo de contribuição será mantida em 15 anos para homens e mulheres.

**Escadinha**: Haverá uma transição para a nova idade mínima das mulheres, que vai subir seis meses a cada ano, até chegar a 62 anos, o que já ocorreu em 2023.

Para ter direito ao valor máximo possível de aposentadoria (integral), ou seja, 100% da média dos salários na ativa, limitado ao teto do INSS, que é hoje de R$ 8.157,41, será exigido que o trabalhador tenha contribuído por 40 anos para a Previdência.

Quem tiver contribuído entre 15 anos (mulher) e 20 anos (homem) terá direito a apenas 60% do valor do benefício. A cada ano a mais de contribuição, a parcela sobe dois pontos percentuais, sem limite, posto que o art. 26 da EC n. 103/2019 não trouxe qualquer limitação. Assim, é possível que a mulher com mais de 35 anos de contribuição e o homem com mais de 40 anos de contribuição se aposentem com uma média contributiva superior a 100%, ficando, de todo modo, a RMI limitada ao teto.

Explico: imagine a Maria, com 38 anos de contribuição e idade mínima configurada. A lei fala que, para cada ano que ela passar os 15 anos de contribuição, o percentual sobe 2%. 38 anos ultrapassam 15 anos em 23 anos, o que significa que ela terá um acréscimo de 46%, totalizando 106% (60% + 46% = 106%). Imaginemos que Maria possua uma média contributiva de R$ 2.000,00. Se ela tivesse somente 15 anos de contribuição, receberia 60% dessa média, ou seja, R$ 1.200,00, o que levaria seu benefício ao salário mínimo, que hoje é de R$ 1.518,00, já que as aposentadorias não podem ser menores do que o piso mínimo.

Entretanto, no nosso exemplo, Maria contribuiu por 38 anos, tendo a RMI aumentada para 106% da média, ou seja, ela passaria a receber R$ 2.120,00. Como é um valor abaixo do teto, que hoje é de R$ 8.157,41, fica permitido. Agora, se a média contributiva de Maria fosse no teto, ainda que ela contribuísse por 38 anos, o valor final da RMI ficaria limitado ao teto.

O valor mínimo da aposentadoria continua sendo o piso nacional. Mesmo que o trabalhador tenha contribuído por menos que o exigido, terá direito a receber pelo menos o salário mínimo.

**Servidores têm duas regras de transição**

Servidores públicos estaduais e municipais com regime próprio de aposentadoria não serão atingidos pela reforma.

**PREVDICA:**
A Previdência destes servidores poderá ser alterada em outra Proposta de Emenda à Constituição.

**Transição no serviço público federal**

O servidor terá de somar idade e tempo de contribuição. A tabela de pontos, como no setor privado, começa em 86 pontos para a mulher e 96 pontos para os homens, chegando a 100 para as mulheres em 2033 e 105 para os homens em 2028. Mas, além de somar os pontos, será preciso cumprir idade mínima e tempo de contribuição mínimo.

Será preciso cumprir a idade mínima de 56 anos para mulheres e de 61 anos para os homens. Em 2022, essa idade subiu para 57 anos (mulheres) e 62 anos (homens).

**PREVDICA:**
O tempo mínimo de contribuição exigido será de 35 anos para os homens e 30 anos para as mulheres, como no regime do setor privado. Eles precisam estar há vinte anos no setor público e cinco anos no cargo.

**Valor do benefício no sistema de pontos**

**Pré-2003:** Os servidores que ingressaram até 2003 têm direito a receber o último salário da carreira, o que é chamado de integralidade, e a ter o benefício reajustado toda vez que houver aumento para os funcionários na ativa, a chamada paridade. Mas esse benefício só será assegurado aos servidores que atingirem idade mínima de 65 anos para homens e 62 para mulher. Eles também podem optar por receber a média dos salários de contribuição desde 1994, ajustada pela inflação, se quiserem se aposentar antes da idade mínima.

**Após 2003:** Quem entrou depois de 2003, só receberá a média das contribuições desde 1994, corrigidas. Neste caso, quem entrou antes da implantação do fundo de pensão do servidor, em 2013, poderá ter o salário superior ao teto do INSS, com a média dos salários. Quem entrou depois de 2013 só terá direito ao teto do INSS (R$ 8.157,41), mas poderá contribuir para o fundo de pensão do servidor público.

**Transição pela regra do pedágio**

**Pedágio**: Nesta regra de transição, o trabalhador vai pagar um "pedágio" de 100% sobre o tempo que falta para se aposentar pelas regras atuais. Ou seja, se hoje faltam quatro anos para se aposentar, terá de trabalhar por oito anos. Mas haverá também a exigência de idades mínimas, de 57 para as mulheres e 60 para homens.

**Valor do benefício:** Cumpridos os requisitos do pedágio, os servidores pré-2003 terão direito à integralidade e à paridade antes de completarem 65 anos (homem) e 62 anos (mulher).

**PREVDICA:**
Professores também são afetados pela reforma.

**Regras específicas para professores na reforma da Previdência**

As novas regras para aposentadoria de professores preveem idade mínima de 60 anos e 30 anos de tempo de contribuição para homens. No serviço público, o tempo de contribuição para os homens é menor, de 25 anos. Para mulheres, 57 anos de idade e 25 de contribuição. Mas essas regras só terão de ser cumpridas integralmente por quem ainda não ingressou no mercado de trabalho.

Para quem já atua no magistério, haverá regras de transição. São três opções na rede privada e dois modelos no serviço público.

**No INSS**

Sistema de pontos: É preciso somar idade e tempo de contribuição. A pontuação inicial dos professores é de 81 para as mulheres e 91 para os homens, em 2019, aumentando em um ponto por ano até atingir 92 para as mulheres, em 2030, e 100 para os homens em 2028.

Será preciso ainda cumprir uma idade mínima, de 56 anos para homens e 51 para mulheres. Em 2022, a idade mínima passa para 57 (homens) e 52 (mulheres). É necessário também ter 30 anos de contribuição (homens) e 25 (mulheres).

**Pedágio**: O pedágio é de 100%. Ou seja, o professor deverá dobrar o tempo que falta para se aposentar pelas regras anteriores às da reforma. Será preciso ter idade mínima de 52 anos para as mulheres e de 55 para homens, com o tempo mínimo de 25 anos de contribuição para mulheres e 30 para os homens.

Para se aposentar por idade mínima como professor, é preciso ter 51 anos, no caso das mulheres, e 56 anos no dos homens. O tempo de contribuição mínimo é de 25 anos para elas e de 30 anos para eles.

**Escadinha**: A idade mínima nesta regra sobe seis meses a cada ano, até atingir 60 anos para homens e 57 para mulheres.

A Lei n. 8.178/91 previu abonos aos aposentados e pensionistas da Previdência Social, nos meses de maio, junho, julho e agosto de 1991, sem direito à incorporação (art. 9º, §§ 6º e 7º).

Entrementes, o art. 146 da Lei n. 8.213/91 veio a permitir a incorporação do abono concedido no mês de agosto de 1991, a partir de 1º-9-1991, equivalendo ao percentual de 54,6%, com o objetivo de estabelecer uma regra de transição entre os critérios anteriores de reajustes e a nova disciplina dada pelo art. 41 da Lei n. 8.213/91.

O Ministério da Previdência Social editou a Portaria n. 302, em 20 de julho de 1992, reconhecendo a todos os beneficiários o direito ao reajuste de 147,06%, a partir de 1º-9-1991, deduzidos os percentuais já concedidos.

O abono já concedido com base na Lei n. 8.178/91 (54,60%) ficou inserido no reajuste total de 147,06%, sendo descabido o recebimento conjunto desses índices.

Vale a ressalva da Súmula 48 do Tribunal Regional Federal da 4ª Região:

> O abono previsto no art. 9º, § 6º, letra *b*, da Lei n. 8.178/91 está incluído no índice de 147,06%, referente ao reajuste dos benefícios previdenciários em 1º de setembro de 1991.

De acordo com a redação original do art. 41, II, da Lei n. 8.213/91, os benefícios previdenciários passaram a ser reajustados de acordo com a variação integral do INPC, nas mesmas épocas em que o salário mínimo fosse reajustado. Esse critério de reajuste ficou em vigor até janeiro de 1993, em face da edição da Lei n. 8.542, de 23 de dezembro de 1992, que determinou a correção dos benefícios pelo Índice de Reajuste do Salário Mínimo – IRSM.

A Lei n. 8.542/92, que foi parcialmente alterada pela Lei n. 8.700, de 27 de agosto de 1993, previa reajustes quadrimestrais, com antecipações mensais correspondentes ao percentual excedente a 10% do IRSM do mês anterior. Ao final do quadrimestre, o índice integral era repassado, descontadas as antecipações concedidas. Com isso não se conformaram os beneficiários, que entraram em Juízo requerendo o repasse mensal do IRSM integral, sem qualquer expurgo, como forma de preservar o valor real dos benefícios.

A jurisprudência majoritária declarou constitucional a sistemática de concessão de antecipações mensais, com a utilização do redutor, com repasse integral no final do período.

## 24.2 Pensão por morte – Revisão

O art. 23 da EC n. 103/2019 trouxe importantes mudanças no cálculo da pensão por morte. Mudanças essas que tiveram sua constitucionalidade questionada. No entanto, o STF entendeu, ao julgar a ADI 7.051, ser constitucional a citada modalidade de cálculo.

Assim, para os óbitos ocorridos após a publicação da EC n. 103/2019 em razão do *tempus regit actum* eternizado pela Súmula 340 do STJ, o cálculo da pensão por morte se dá conforme o art. 23. É dizer:

> Art. 23. A pensão por morte concedida a dependente de segurado do Regime Geral de Previdência Social ou de servidor público federal será equivalente a uma cota familiar de 50% (cinquenta por cento) do valor da aposentadoria recebida pelo segurado ou servidor ou daquela a que teria direito se fosse aposentado por incapacidade permanente na data do óbito, acrescida de cotas de 10 (dez) pontos percentuais por dependente, até o máximo de 100% (cem por cento).
>
> § 1º As cotas por dependente cessarão com a perda dessa qualidade e não serão reversíveis aos demais dependentes, preservado o valor de 100% (cem por cento) da pensão por morte quando o número de dependentes remanescente for igual ou superior a 5 (cinco).

Antes da reforma, a Lei n. 8.213/91 trazia que o valor mensal da pensão por morte era constituído de uma parcela, relativa à família, de 80% do valor da aposentadoria que o segurado recebia ou a que teria direito, se estivesse aposentado na data do seu falecimento, mais tantas parcelas de 10% do valor da mesma aposentadoria quantos forem os seus dependentes, até o máximo de duas (art. 75). A Lei n. 9.032/95 amentou a renda mensal para 100% do salário de benefício, mas a Lei n. 9.528/97 determinou a redação atual do art. 75, que prevê que o valor mensal da pensão por morte será de 100% do valor da aposentadoria que o segurado recebia ou daquela a que teria direito se estivesse aposentado por incapacidade permanente na data de seu falecimento, observado o disposto no art. 33.

A Lei n. 9.032/95 também elevou o coeficiente de cálculo da renda mensal inicial de outros benefícios. São eles: a aposentadoria por incapacidade permanente, a aposentadoria especial e o auxílio-acidente. O direito à revisão com base nos novos coeficientes previstos na Lei n. 9.032/95 foi fulminado pelo Plenário do Supremo Tribunal Federal, de acordo com a decisão a seguir:

> Embargos de declaração recebidos como agravo regimental. Alegação de intempestividade do agravo de instrumento. Inocorrência. Previdenciário. INSS. Pensão por morte. Lei n. 9.032/95. Aumento do salário de benefício. Efeito retroativo. Impossibilidade. A decisão concessiva de revisão para 100% do salário de benefício nas hipóteses de pensão por morte, aposentadoria por incapacidade permanente e aposentadoria especial, instituídas em período anterior ao da vigência da Lei n. 9.032/95, é contrária à Constituição. Agravo regimental a que se nega provimento (AI 621.944 ED/PR, 2ª Turma, Rel. Min. Joaquim Barbosa, *DJ* 7-12-2007).

Entretanto, diante do que sustenta a Súmula 340 do STJ, se o óbito ocorreu antes da reforma, porém a pensão só foi solicitada após, a sistemática de cálculo utilizada deve ser a anterior em razão do *tempus regit actum*, cabendo revisão se o benefício for calculado conforme o art. 23 da EC n. 103/2019. Assim tem entendido a jurisprudência:

> Previdenciário. Pensão por morte. Requisitos. Comprovação de união estável. Valor do benefício. EC n. 103/2019. 1. A concessão do benefício de pensão por morte depende do preenchimento dos seguintes requisitos: a) a ocorrência do evento morte; b) a condição de dependente de quem objetiva a pensão; c) a demonstração da qualidade de segurado do *de cujus* por ocasião do óbito. O benefício independe de carência e é regido pela legislação vigente à época do óbito 2. A jurisprudência firmou entendimento no sentido de que o período de convivência não é o fator determinante na configuração da união estável, mas sim a vida em comum, de forma pública e contínua, com intuito de constituição de família, sendo possível o seu reconhecimento mediante demonstração por todos os meios de prova. 3. **Tendo o óbito do instituidor ocorrido em data anterior à publicação da EC n. 103/2019, que se deu em 13-11-2019, o valor mensal da pensão por morte ser de 100% (cem por cento) do valor da aposentadoria que o segurado recebia ou daquela a que teria direito se estivesse aposentado por invalidez na data de seu falecimento, nos termos do art. 75 da Lei n. 8.213/91, na redação dada pela Lei n. 9.528/97, conforme assegurado pelo art. 3º, § 2º, da EC n. 103/2019.** 4. Comprovado o preenchimento de todos os requisitos legais, a parte autora faz jus ao

benefício de pensão por morte (TRF-4 – AC: 50117544720204047001/PR 5011754-47.2020.4.04.7001, Rel. Márcio Antônio Rocha, j. em 22-2-2022, Turma Regional Suplementar do PR).

### *24.2.1 Pensão especial aos portadores do Zika Vírus*

A Lei n. 15.156/2025 prevê o direito de os portadores de deficiência permanente, cuja causa decorre de síndrome congênita associada à infecção pelo Zika Vírus, receberem indenização por danos morais, além de pensão especial. Importante tecer, aqui, algumas considerações:

A indenização por danos morais consistirá no pagamento de parcela única, no valor de R$ 50.000,00 (cinquenta mil reais), atualizado da data de publicação da referida lei até a data do pagamento, pelo índice nacional de preços ao consumidor (INPC). Sobre referida indenização não incide imposto de renda.

Importante se atentar para o texto do art. 2º da Lei n. 15.156/2025, pois é lá que está expresso o direito de a pessoa com deficiência permanente decorrente de síndrome congênita associada à infecção pelo vírus Zika receber pensão especial, mensal e vitalícia, de valor equivalente ao maior salário de benefício do Regime Geral de Previdência Social (RGPS).

Veja que o valor a ser pago mensalmente para o beneficiário da pensão especial é o teto da Previdência Social, ou seja, R$ 8.157,41 (oito mil, cento e cinquenta e sete reais e quarenta e um centavos), por expressa disposição legal. Como estamos falando de valores, é importante entender o § 4º do citado art. 2º, que autoriza a acumulação da pensão especial com:

- indenização por dano moral concedida por lei específica, inclusive a prevista no art. 1º desta Lei;
- benefício de prestação continuada, de que trata o art. 20 da Lei n. 8.742, de 7 de dezembro de 1993; ou
- benefícios previdenciários com renda equivalente a 1 (um) salário mínimo.

Importa entender a natureza jurídica da pensão especial aos portadores de deficiência congênita ocasionada pela exposição ao Zika Vírus. Essa pensão não é benefício previdenciário, e sim assistencial, posto que não exige contribuição previdenciária e seu escopo é a garantia da dignidade, no sentido de garantir o adequado sustento e tratamento às vítimas desse malfadado vírus!

Assim, a pensão especial de que estamos a tratar é benefício assistencial de cunho indenizatório e, por isso, pode ser acumulada com o BPC. Inclusive, a Lei n. 8.742/93, em seu art. 20, § 4º, ao tratar da proibição de acumulação do benefício de prestação continuada com qualquer outro no âmbito da seguridade social, traz exceção à regra, permitindo que a acumulação ocorra nos casos de pensão especial de natureza indenizatória. Veja:

> § 4º O benefício de que trata este artigo não pode ser acumulado pelo beneficiário com qualquer outro no âmbito da seguridade social ou de outro regime, salvo os da assistência médica e da pensão especial de natureza indenizatória, bem como as

transferências de renda de que tratam o parágrafo único do art. 6º e o inciso VI do *caput* do art. 203 da Constituição Federal e o *caput* e o § 1º do art. 1º da Lei n. 10.835, de 8 de janeiro de 2004. (Redação dada pela Lei n. 14.601, de 2023)

O benefício em questão também pode ser acumulado com benefícios previdenciários com renda equivalente a um salário mínimo, o que significa dizer que, se tal benefício ultrapassar esse valor, deverá o beneficiário optar pelo mais vantajoso, na forma do que dispõe o § 5º do art. 2º da Lei n. 15.156/2025.

Além disso, o benefício está isento do imposto de renda (§ 6º do art. 2º) e o beneficiário recebe abono anual equivalente ao 13º salário, o que demonstra, uma vez mais, o seu cunho indenizatório.

# 25

# Crimes contra a Previdência Social

O sistema de seguridade social brasileiro, alicerçado sob a forma de regime de repartição simples, determina que sejam coibidas práticas tendentes a desrespeitar as normas estatais que regem o seu financiamento. Uma vez desrespeitada a norma estatal cogente, incorre o indivíduo na prática de ato ilícito.

## 25.1 Regime da Lei n. 9.983/2000

A Lei n. 9.983/2000 alterou o Código Penal, tratando das condutas que caracterizam crimes contra a Previdência Social.

O projeto de lei, de iniciativa do Poder Executivo, foi objeto de uma demorada maturação sobre a experiência adquirida após a lei de 1991 e de discussões internas dos diversos setores jurídicos e técnicos integrantes da instituição, visando dotar o aparelho repressivo e judiciário de instrumentos mais eficazes no combate a essa espécie de criminalidade.

## 25.2 Previdência e a apropriação indébita

O art. 168-A, incluído no Código Penal pela Lei n. 9.983/2000, detalha e aumenta o universo de condutas delituosas atribuídas aos contribuintes que, de alguma forma, visam à sonegação fiscal. O legislador buscou aperfeiçoar o tipo legal até então existente (art. 95 da Lei n. 8.212/91), denominando-o Apropriação Indébita Previdenciária, o qual possui a seguinte redação:

> Art. 168-A. Deixar de repassar à previdência social as contribuições recolhidas dos contribuintes, no prazo e forma legal ou convencional: Pena – reclusão, de 2 (dois) a 5 (cinco) anos, e multa.
>
> § 1º Nas mesmas penas incorre quem deixar de:
>
> I – recolher, no prazo legal, contribuição ou outra importância destinada à previdência social que tenha sido descontada de pagamento efetuado a segurados, a terceiros ou arrecadada do público;

II – recolher contribuições devidas à previdência social que tenham integrado despesas contábeis ou custos relativos à venda de produtos ou à prestação de serviços;

III – pagar benefício devido a segurado, quando as respectivas cotas ou valores já tiverem sido reembolsados à empresa pela previdência social.

A obrigação legal da arrecadação das contribuições previdenciárias é atribuída, também, à empresa adquirente, consignatária ou à cooperativa em relação às operações de venda ou consignação da produção rural (art. 30, IV, da Lei n. 8.212/91).

A equiparação feita pelo legislador foi somente para efeitos de reprimenda, embora até hoje cause alguma confusão entre os operadores do direito.

Os aspectos penais do não recolhimento de contribuições previdenciárias, desde 15 de outubro de 2000, passaram a ser analisados com base nos dispositivos da Lei n. 9.983, de 14 de julho de 2000 (*DOU* de 17-7-2000), que alterou o Código Penal, introduzindo, entre outros, o art. 168-A, que denominou a conduta como apropriação indébita previdenciária.

A apropriação indébita previdenciária enquadra-se como crime omissivo próprio, pois decorre da inércia do sujeito ativo que omite ato que a Lei Penal ordena ou obriga que seja realizado.

O dolo genérico é o elemento subjetivo do tipo, isto é, a vontade livre e consciente de não recolher a contribuição devida à Previdência Social e que foi descontada dos empregados. A destinação dada aos recursos provenientes do ilícito não importa para a caracterização do delito, é mero exaurimento.

A consumação do delito se dá no momento em que deveria ter ocorrido o recolhimento da contribuição descontada, ou seja, na data fixada pela legislação previdenciária para quitação do tributo, que, atualmente, é o dia 20 do mês seguinte ao da competência (art. 30, I, *b*, e III, da Lei n. 8.212/91, com redação dada pela Lei n. 11.933, de 28-4-2009).

O sujeito ativo é quem pratica o fato descrito na norma penal incriminadora. Somente a pessoa física tem a capacidade de cometer o tipo penal; é que o art. 168-A traz em seu bojo verbos que demonstram nesse sentido.

O sujeito passivo desse delito passou a ser a União (em substituição ao INSS), desde a criação da Receita Federal do Brasil pela Lei n. 11.457/2007, a quem cabe a arrecadação e a fiscalização dos valores retidos/arrecadados e não repassados à Previdência Social. Não se cogita ser considerado sujeito passivo o segurado, em face do regime de repartição, no qual as contribuições revertem para os cofres da Previdência Social, e não para uma conta individualizada do trabalhador.

O segurado poderá ser considerado vítima secundária do crime, caso a falta do recolhimento das contribuições cause algum prejuízo no cálculo do valor do benefício (em regra, para o segurado empregado e trabalhador avulso, o valor das contribuições será considerado, ainda que não recolhido, mas desde que comprovado o valor do salário de contribuição no período considerado para o cálculo – Lei n. 8.213/91, arts. 34, I, e 35).

A omissão no recolhimento de contribuições previdenciárias ocorre normalmente pela forma continuada. Tendo em vista que a ausência de recolhimento normalmente perdura por meses e até anos, incide a regra do art. 71 do CP (crime continuado).

A ação penal em matéria previdenciária é pública incondicionada. Vale ressaltar que, segundo o art. 27 do CPP, sendo caso de ação pública, qualquer pessoa do povo poderá provocar a iniciativa do Ministério Público, fornecendo informações sobre os fatos, autoria e indicando o tempo, o lugar e os elementos de convicção. Essa norma foi repetida pelo art. 16 da Lei n. 8.137/90.

Assim, tanto a sonegação tributária da Lei n. 8.137/90 como a sonegação de contribuição previdenciária são crimes materiais, em que é exigida prévia constituição definitiva do tributo, como pacificado pelo STF (HC 81.611/DF).

No que se refere aos efeitos da extinção da punibilidade, aplicam-se conforme o momento em que ela ocorre: se antes da sentença transitada em julgado, extingue-se a pretensão punitiva; se após, apenas a pretensão de execução da pena. Exceções são a anistia e a revogação da lei que tipificam a conduta como antijurídica, que a qualquer tempo retroagem à pretensão punitiva.

Vejamos o teor jurisprudencial:

> PENAL. PROCESSO PENAL. NULIDADE E CERCEAMENTO DE DEFESA POR INDEFERIMENTO DE SUBSTITUIÇÃO DE TESTEMUNHA NÃO ENCONTRADA. PRECLUSÃO. PEDIDO FEITO APÓS O INTERROGATÓRIO DO RÉU. PRESCRIÇÃO RETROATIVA DA PRETENSÃO PUNITIVA. INOCORRÊNCIA. APROPRIAÇÃO INDÉBITA PREVIDENCIÁRIA (ART. 168-A DO CÓDIGO PENAL). SONEGAÇÃO DE CONTRIBUIÇÃO PREVIDENCIÁRIA (ART. 337-A, III, DO CP). APLICAÇÃO, DE OFÍCIO, DO PRINCÍPIO DA INSIGNIFICÂNCIA PARA AMBOS OS CRIMES E EXTINÇÕES DAS PUNIBILIDADES. POSSIBILIDADE. 1. Em sendo ônus da parte declinar o endereço correto da testemunha arrolada, não configura cerceamento de defesa o indeferimento da oitiva da testemunha não localizada no endereço fornecido. Precedentes. 2. O Superior Tribunal de Justiça pacificou o entendimento de que o crime do art. 168-A do Código Penal é de natureza material que só se consuma com a constituição definitiva, na via administrativa, do débito tributário, consoante o disposto na Súmula Vinculante n. 24 do STF, de modo que, enquanto não lançado definitivamente o crédito, não inicia a contagem do prazo prescricional. 3. Em relação às imputações de Apropriação Indébita Previdenciária (art. 168-A do CP), considerando o valor originário de R$ 12.890,87, bem como na de Sonegação de Contribuição Previdenciária, com o montante principal de R$ 14.883,46, uma vez que o valor do prejuízo causado aos cofres públicos foi inferior a R$ 20.000,00 em cada uma delas, há incidência do Princípio da Insignificância, para ambos os fatos. 4. Assim, de ofício, ficam declaradas extintas as punibilidades do Réu pela prática dos crimes de Apropriação Indébita Previdenciária, previsto no art. 168-A, do Código Penal e Sonegação de Contribuição Previdenciária, capitulado no art. 337-A, do CP, bem como para absolvê-lo com relação às competências remanescentes deste mesmo delito, forte no art. 386, inciso III, do Código de Processo Penal (TRF-4 – APR: 50952709020194047100, Rel. Ricardo Rachid de Oliveira, j. em 30-1-2022, 8ª Turma).

## 25.3 Perdão judicial

Outra causa de extinção de punibilidade desse delito ocorre por meio do perdão judicial, de acordo com o § 3º do art. 168-A do CP, que admite a não aplicação da pena, ou a sanção meramente pecuniária, ao réu primário e de bons antecedentes, desde que: "tenha promovido, após o início da ação fiscal e antes de oferecida a denúncia, o pagamento da contribuição social previdenciária, inclusive acessórios", ou "o valor das contribuições devidas, inclusive acessórios, seja igual ou inferior àquele estabelecido pela Previdência Social, administrativamente, como sendo o mínimo para o ajuizamento de suas execuções fiscais".

Exclui-se a culpabilidade quando o agente não pode agir de modo diferente, ou seja, não lhe era socialmente exigível atuar conforme a lei. A inexigibilidade de conduta diversa tem sido reconhecida pelos tribunais como maneira de afastar a culpabilidade nos crimes de apropriação indébita previdenciária, quando caracterizado nos autos o estado de insolvência ou dificuldades financeiras capazes de autorizar o comportamento contrário ao exigido pela norma legal.

O § 4º do art. 168-A do CP introduz um **importante benefício legal** ao agente, ao prever a **extinção da punibilidade** mediante o cumprimento de requisitos objetivos:

1. **Espontaneidade** – o empregador deve agir antes do início da ação fiscal, ou seja, não pode ser compelido ou surpreendido por fiscalização já instaurada;
2. **Confissão e declaração** – deve declarar e confessar o débito perante a Previdência Social, demonstrando boa-fé e arrependimento eficaz;
3. **Pagamento integral** – é necessário o pagamento da totalidade das contribuições, importâncias ou valores devidos, não bastando apenas o parcelamento;
4. **Prestação das informações devidas** – como, por exemplo, GFIP e demais obrigações acessórias.

Trata-se de uma **causa extintiva de punibilidade especial**, distinta do arrependimento posterior do art. 16 do CP, justamente por exigir não apenas a reparação do dano, mas também a iniciativa **espontânea e completa** antes da ação fiscal.

Doutrinariamente, percebe-se a intenção do legislador de **estimular a regularização voluntária** das contribuições, privilegiando o caráter **fiscal e arrecadatório** da norma, em detrimento da repressão penal. Essa solução reforça a natureza **subsidiária do Direito Penal**, reservando a sanção criminal apenas para casos de resistência ou inadimplemento doloso persistente.

## 25.4 Princípio da insignificância

Uma vez constado como irrisório o valor atualizado do débito, pelo princípio da insignificância jurídica, absolve-se o réu denunciado por crime de natureza fiscal.

A reiteração da conduta delitiva, em regra, afasta a aplicação do princípio da insignificância.

## 25.5 Prisão por dívida

A Lei n. 8.866, de 11 de abril de 1994, previa ser depositária da Fazenda Pública a pessoa que a legislação tributária ou previdenciária impunha a obrigação de reter ou receber de terceiro e recolher aos cofres públicos impostos, taxas e contribuições, inclusive à Seguridade Social.

A inserção de dados falsos em sistema de informações é um delito cometido por intermédio de meios eletrônicos, cujo sujeito passivo é a Administração Pública, conforme se observa da redação do art. 313-A do CP:

> Inserir ou facilitar, o funcionário autorizado, a inserção de dados falsos, alterar ou excluir indevidamente dados corretos nos sistemas informatizados ou bancos de dados da Administração Pública com o fim de obter vantagem indevida para si ou para outrem ou para causar dano: Pena – reclusão, de 2 (dois) a 12 (doze) anos, e multa.

Vejamos o teor jurisprudencial:

> PENAL. PROCESSO PENAL. INSERÇÃO DE DADOS FALSOS EM SISTEMA DE INFORMAÇÕES. ART. 313-A DO CP. REUNIÃO DE PROCESSOS POR CONEXÃO. NÃO CABIMENTO. PERÍCIA. DESNECESSIDADE. DESCLASSIFICAÇÃO PARA O DELITO DO ART. 171, § 3º, DO CP. IMPOSSIBILIDADE. MATERIALIDADE, AUTORIA E DOLO DEMONSTRADOS. CONDENAÇÃO MANTIDA. PRESTAÇÃO PECUNIÁRIA. 1. O reconhecimento da continuidade delitiva se viabiliza não apenas pela reunião dos diversos processos aos quais responde a ré, mas também, e sobretudo, quando da unificação de penas pelo Juízo das Execuções Penais. 2. A perícia se mostra despicienda quando os elementos angariados ao longo da instrução são suficientes para a determinação da materialidade e autoria delitivas. 3. O tipo descrito no art. 313-A prevê uma conduta específica por parte do agente, qual seja, a de "inserir ou facilitar, o funcionário autorizado, a inserção de dados falsos, alterar ou excluir indevidamente dados corretos nos sistemas informatizados ou bancos de dados da Administração Pública". Trata-se, portanto, de elemento especializante em relação ao estelionato, já que, na inserção de dados falsos, o meio fraudulento – conceito genérico previsto no tipo de estelionato – assume feição particular. 4. Devidamente comprovadas a materialidade e a autoria delitivas, bem assim o dolo do agente, sendo os fatos típicos, antijurídicos e culpáveis e considerando a inexistência de causas excludentes, impõe-se manutenção da condenação da ré pela prática do delito do art. 313-A do Código Penal. 5. Mostrando-se adequada e proporcional a pena restritiva de direito de prestação pecuniária, à vista das circunstâncias do caso concreto, não há razões que justifiquem a redução do valor determinado na sentença (TRF-4 – ACR: 50053845920194047204 SC 5005384-59.2019.4.04.7204, Rel. Luiz Carlos Canalli, j. em 28-6-2022, 7ª Turma).

## 25.6 Alteração não autorizada – Sistema de informações

Entre os crimes relacionados à informática está, também, o de modificação ou alteração não autorizada de sistema de informações, assim previsto:

> Art. 313-B. Modificar ou alterar, o funcionário, sistema de informações ou programa de informática sem autorização ou solicitação de autoridade competente: Pena – detenção, de 3 (três) meses a 2 (dois) anos, e multa. Parágrafo único. As penas são aumentadas de um terço até a metade se da modificação ou alteração resulta dano para a Administração Pública ou para o administrado.

Aplicam-se aqui as mesmas considerações feitas ao delito de inserção de dados falsos em sistema de informações.

Para a Administração as penas são menos severas, pois as consequências do tipo possuem menor gravidade. As penas serão aumentadas em caso de dano para a Administração Pública ou para os administrados, que são os sujeitos passivos do crime.

> Art. 337-A. Suprimir ou reduzir contribuição social previdenciária e qualquer acessório, mediante as seguintes condutas:
> I – omitir de folha de pagamento da empresa ou de documento de informações previsto pela legislação previdenciária segurados empregado, empresário, trabalhador avulso ou trabalhador autônomo ou a este equiparado que lhe prestem serviços;
> II – deixar de lançar mensalmente nos títulos próprios da contabilidade da empresa as quantias descontadas dos segurados ou as devidas pelo empregador ou pelo tomador de serviços;
> III – omitir, total ou parcialmente, receitas ou lucros auferidos, remunerações pagas ou creditadas e demais fatos geradores de contribuições sociais previdenciárias: Pena – reclusão, de 2 (dois) a 5 (cinco) anos, e multa.

Vejamos o teor jurisprudencial:

> AGRAVO REGIMENTAL NO AGRAVO EM RECURSO ESPECIAL. VIOLAÇÃO DO ART. 383 DO CPP. *MUTATIO LIBELLI*. NÃO OCORRÊNCIA. CASO DE *EMENDATIO LIBELLI*. DENÚNCIA QUE DESCREVE MOLDURA FÁTICA COMPATÍVEL COM O DELITO DO ART. 313-A DO CP. DISSÍDIO JURISPRUDENCIAL. SIMILITUDE FÁTICA NÃO DEMONSTRADA. AGRAVO REGIMENTAL NÃO PROVIDO. 1. É pacífico o entendimento desta Corte Superior de que o acusado se defende dos fatos narrados na denúncia e não da capitulação legal nela contida – que é dotada de caráter provisório. É permitido ao Juiz sentenciante, na oportunidade da prolação da sentença, conferir definição jurídica da conduta diversa, conforme dispõe o art. 383 do Código de Processo Penal. 2. Não há falar em *mutatio libelli* se a instância ordinária apenas mudou a classificação jurídica de fatos narrados na denúncia. O Ministério Público descreveu que servidora do INSS, auxiliada pelos outros réus, habilitou e concedeu benefícios previdenciários indevidos a terceiros por meio de inserção de dados falsos no sistema da autarquia. A conduta, subsumida na exordial acusatória aos arts. 171, § 3º, e 313-A do Código Penal, de forma diferente para os acusados, foi amoldada, para todos, no crime de inserção de dados falsos em sistema de informações. 3. Do cotejo entre os tipos

penais, colhe-se que os dois versam sobre a obtenção de vantagem indevida mediante fraude, mas um deles especifica as condições do engodo (inserção de dados falsos em sistema informatizado ou banco de dados da Administração) e circunstância de caráter pessoal de seu agente (funcionário autorizado). 4. O art. 313-A do Código Penal é norma especial em relação ao art. 171, § 3º, do mesmo Código, porquanto acrescenta circunstâncias elementares à descrição típica do estelionato, as quais se comunicam a todos os coautores do delito delas cientes, nos termos do art. 30 do CP. 5. Conforme disposição dos arts. 1.029, § 1º, do CPC, e 255, § 1º, do RISTJ, quando o recurso interposto estiver fundado em dissídio pretoriano, deve a parte colacionar aos autos cópia dos acórdãos em que se fundamenta a divergência, bem como realizar o devido cotejo analítico, demonstrando de forma clara e objetiva suposta incompatibilidade de entendimentos e similitude fática entre as demandas, o que não ocorreu na hipótese. 6. No caso dos autos, a parte limitou-se a indicar julgado desta Corte Superior relacionado a outra ação penal decorrente da mesma operação deflagrada para investigar fraudes na concessão de benefícios previdenciários sem, no entanto, realizar o devido cotejo analítico para demonstrar a similitude fática entre os julgados e a adoção de teses divergentes. 7. Agravo regimental não provido (STJ – AgRg no AREsp: 1441689 PR 2019/0036852-4, j. em 23-8-2022, T6 – 6ª Turma, *DJe* de 31-8-2022).

## 25.7 Publicização de informações sigilosas

O Código Penal considera criminosa a divulgação de segredo, estabelecendo no art. 153 que constitui crime: "Divulgar alguém, sem justa causa, conteúdo de documento particular ou de correspondência confidencial, de que é destinatário ou detentor, e cuja divulgação possa produzir dano a outrem".

No art. 297 do CP foi inserido o § 3º, para estabelecer que incorre na pena de reclusão de dois a seis anos, e multa, quem insere ou faz inserir:

> I – na folha de pagamento ou em documento de informações que seja destinado a fazer prova perante a Previdência Social, pessoa que não possua a qualidade de segurado obrigatório;
> II – na Carteira de Trabalho e Previdência Social do empregado ou em documento que deva produzir efeito perante a Previdência Social, declaração falsa ou diversa da que deveria ter sido escrita;
> III – em documento contábil ou em qualquer outro documento relacionado com as obrigações da empresa perante a Previdência Social, declaração falsa ou diversa da que deveria ter constado.

O Código Penal estabeleceu pena de detenção, de seis meses a dois anos, ou multa, ao sujeito ativo do delito de violação de sigilo funcional, se o fato não constitui crime mais grave.

A Lei n. 9.983/2000 estabeleceu que incorre nas penas desse artigo quem:

I – permite ou facilita, mediante atribuição, fornecimento e empréstimo de senha ou qualquer outra forma, o acesso de pessoas não autorizadas a sistemas de informações ou banco de dados da Administração Pública;
II – se utiliza, indevidamente, do acesso restrito (art. 325, § 1º).

No que diz respeito aos funcionários públicos, o art. 327 do Código Penal sofreu uma modificação que equiparou a funcionário público aqueles que exercem cargos, empregos ou funções em entidades paraestatais, bem como aqueles que trabalham para empresas prestadoras de serviços contratadas ou conveniadas para a execução de atividades típicas da Administração Pública. Com essa alteração, foram incluídos no conceito de funcionário público aqueles que trabalham para empresas prestadoras de serviços contratadas ou conveniadas para a execução de atividades típicas da Administração Pública, o que engloba estagiários, serventes, copeiras, vigilantes e outros profissionais.

Vejamos o teor jurisprudencial:

PROCESSUAL PENAL. *HABEAS CORPUS*. HOMICÍDIO QUALIFICADO. COMPETÊNCIA. VÍTIMA EQUIPARADA A SERVIDOR PÚBLICO. ART. 327 DO CP. APLICABILIDADE. SÚMULA 147/STJ. INTERESSE DA UNIÃO. DISPUTA SOBRE TERRAS INDÍGENAS. CF, ART. 109, I E XI E ART. 231. COMPETÊNCIA DA JUSTIÇA FEDERAL. ORDEM DENEGADA. I – Estabelece o art. 327, *caput*, do CP, que "Considera-se funcionário público, para os efeitos penais, quem, embora transitoriamente ou sem remuneração, exerce cargo, emprego ou função pública.". O conceito de funcionário público ora disposto é diverso e mais amplo que aquele do Direito Administrativo e se aplica tanto ao sujeito ativo como ao sujeito passivo. II – No caso, a FUNAI, por meio da Portaria n. 1766/E, de 19-9-1984, destacou servidores e colaboradores, dentre eles dois Padres – Thomas de Aquino Lisboa e Vicente Cañas (vítima) – para compor Grupo de Trabalho-GT, objetivando a definição dos limites da área da reserva indígena denominada Salumã, caso em que se mostra plenamente aplicável o disposto no art. 327 do CP, equiparando-se a vítima a funcionário público para fins penais. III – Sendo a vítima equiparada a funcionário público para fins penais, aplica-se o disposto na Súmula n. 147 desta Corte de Justiça, segundo a qual: "Compete à Justiça Federal processar e julgar os crimes praticados contra funcionário público federal, quando relacionados com o exercício da função.". IV – Ainda que assim não fosse, nos termos do art. 109, I e XI, e art. 231, da CF, compete à Justiça Federal processar e julgar crimes que envolvam interesse da União e a disputa sobre direitos indígenas, incluindo-se não apenas as questões alusivas às terras, mas também aquelas ligadas à "organização social, costumes, línguas, crenças e tradições". V – Depreende-se dos autos que o crime teve por motivação a disputa por terras indígenas, considerando o efetivo trabalho da vítima no Grupo Técnico que apresentou proposta de demarcação das terras a serem destinadas à reserva indígena Salumã. Assim, a competência para julgar os fatos é da Justiça Federal. Ordem denegada (STJ – HC: 402964 MT 2017/0136947-9, Rel. Min. Felix Fischer, j. em 21-1-2017, T5 – 5ª Turma, *DJe* de 28-1-2017).

## 25.8 "Estelionato" previdenciário

O crime de estelionato previdenciário está previsto no art. 171, § 3º, do CP: "Obter, para si ou para outrem, vantagem ilícita, em prejuízo alheio, induzindo ou mantendo alguém em erro, mediante artifício, ardil, ou qualquer outro meio fraudulento".

A pena prevista no *caput* do art. 171 do CP, que é de um a cinco anos e multa, é aumentada em um terço se for praticado contra a Autarquia Previdenciária.

Esse ocorre frequentemente nos casos de agentes que utilizam documentação falsa para sacar valores depositados em nome de outra pessoa a título de benefício previdenciário.

De acordo com o Supremo Tribunal Federal, esse crime possui natureza permanente, tendo em vista que sua consumação se renova a cada recebimento mensal. Com isso, o prazo prescricional deve ser contado a partir do fim do recebimento do benefício irregular (HC 116.816, Rel. Min. Gilmar Mendes, *DJe* de 4-3-2013).

Vejamos o teor jurisprudencial:

> PENAL E PROCESSUAL PENAL. ESTELIONATO PREVIDENCIÁRIO. ART. 171, § 3º, DO CP. SEGURO-DESEMPREGO. APLICAÇÃO DO PRINCÍPIO *IN DUBIO PRO REO*. SENTENÇA MANTIDA. APELAÇÃO DESPROVIDA. 1. Réu denunciado como incurso nas sanções do art. 171, § 3º, do Código Penal pelo recebimento indevido de benefício de seguro-desemprego. 2. Insuficiência de provas para que o beneficiário do seguro-desemprego recebesse as parcelas do benefício em desacordo com os permissivos legais. Aplicação do princípio do *in dubio pro reo*. 3. Se a prova carreada aos autos não demonstra, com a certeza necessária para condenação, que tenha havido contratação do réu, com vínculo empregatício formal concomitante ao recebimento do seguro-desemprego, impõe-se, tendo em vista o princípio do *in dubio pro reo*, a manutenção da absolvição do acusado. 4. Como bem esclareceu o MPF, relações de trabalho pontuais, pequenos serviços, diárias, não são hábeis para descaracterizar a situação social e laboral que permite o recebimento do seguro-desemprego. 5. Apelação do MPF a que se nega provimento (TRF-1 – ACR: 00346121520184013800, Rel. Des. Federal Maria do Carmo Cardoso, j. em 9-8-2022, 3ª Turma, *PJe* de 10-8-2022).

# 26

# Pagamento dos benefícios

A lei deve estabelecer o tempo, o lugar e a forma de cumprimento da obrigação legal da Previdência Social em conceder os benefícios.

## 26.1 Período de pagamento

Em relação ao período de pagamento, o art. 41-A da Lei n. 8.213/91 estabelece que:

- Os benefícios com renda mensal superior a um salário mínimo serão pagos do primeiro ao quinto dia útil do mês subsequente ao de sua competência, observada a distribuição proporcional do número de beneficiários por dia de pagamento (§ 2º).
- Os benefícios com renda mensal no valor de até um salário mínimo serão pagos no período compreendido entre o quinto dia útil que anteceder o final do mês de sua competência e o quinto dia útil do mês subsequente, observada a distribuição proporcional dos beneficiários por dia de pagamento (§ 3º).

**PREVDICA**:
Considera-se dia útil aquele de expediente bancário com horário normal de atendimento.

O fato de o INSS ter dividido os segurados em tantos grupos quantos são os dias fixados para pagamento das aposentadorias atende a exigências de ordem operacional. Levando-se em conta o número de segurados da Previdência Social, chegamos à conclusão de que seria impraticável efetuar o pagamento de todos num mesmo dia.

### *26.1.1 Primeiro pagamento do benefício*

Esse pagamento tem que ser efetuado até 45 dias após a data da apresentação, pelo segurado, da documentação necessária à sua concessão.

### *26.1.2 Serviços públicos*

No âmbito dos serviços públicos, tolera-se pequena defasagem, inevitável em função do necessário procedimento para alocação de recursos, que não se desenvolve como no âmbito privado.

Servidores públicos estaduais e municipais com regime próprio de aposentadoria não serão atingidos pela EC n. 103/2019. Contudo, a Previdência desses servidores poderá ser alterada em outra Proposta de Emenda à Constituição, conhecida como PEC Paralela (PEC n. 133/2019), ainda não promulgada até o fechamento da edição desta obra.

A norma estabelece, entre outros pontos, que o imposto será retido pela pessoa física ou jurídica obrigada ao pagamento ou pela instituição financeira depositária do crédito e calculado sobre o montante dos rendimentos pagos, mediante a utilização de tabela progressiva resultante da multiplicação da quantidade de meses a que se refiram os rendimentos pelos valores constantes da tabela progressiva mensal correspondente ao mês do recebimento ou crédito.

A Advocacia-Geral da União, buscando acabar com discussões judiciais e padronizar o entendimento na Administração Federal, baixou sobre a matéria o seguinte enunciado:

> Súmula 38:
> Incide a correção monetária sobre as parcelas em atraso não prescritas, relativas aos débitos de natureza alimentar, assim como aos benefícios previdenciários, desde o momento em que passaram a ser devidos, mesmo que em período anterior ao ajuizamento de ação judicial.

## 26.2 Pagamento feito a terceiros

O Regulamento prevê a possibilidade de pagamento do benefício a procurador, cujo mandato não terá prazo superior a 12 meses, podendo ser renovado ou revalidado pelos setores de benefícios do INSS, não podendo ser recusada a procuração, salvo por inidoneidade do documento ou do mandatário, observando-se as normas do Código Civil para a constituição de mandato.

De acordo com o art. 160 do Decreto, são impedidas de exercer o mandato para percepção de benefícios previdenciários: os servidores públicos e militares em atividade, salvo se parentes do beneficiário até o segundo grau civil; e os incapazes para os atos da vida civil, ressalvado o disposto no art. 666 do CC.

O benefício devido ao segurado ou dependente civilmente incapaz será pago ao cônjuge, pai, mãe, tutor ou curador, admitindo-se, na sua falta e por período não superior a seis meses, o pagamento a herdeiro necessário, mediante termo de compromisso firmado no ato do recebimento, conforme previsto no art. 110 da Lei n. 8.213/91 e no art. 162 do Decreto n. 3.048/99.

O prazo de seis meses poderá ser prorrogado por iguais períodos, desde que comprovado o andamento regular do processo legal de tutela ou curatela. O valor não recebido em vida pelo segurado somente será pago a seus dependentes habilitados à pensão por morte ou, na falta deles, a seus sucessores na forma da lei civil, independentemente de inventário ou arrolamento, consoante previsão contida no art. 112 da Lei n. 8.213/91.

O valor recebido a título de benefício é insuscetível de débitos. Porém, de acordo com o art. 115 da Lei n. 8.213/91, o INSS pode descontar da renda mensal do benefício as seguintes parcelas:

- contribuições devidas pelo segurado à Seguridade Social (quando em atividade);
- pagamento administrativo ou judicial de benefício previdenciário ou assistencial indevido ou além do devido;
- imposto de renda a ser retido na fonte;
- alimentos devidos em função de sentença judicial;
- mensalidades de associações e demais entidades de aposentados legalmente reconhecidas, desde que autorizadas por seus filiados;
- pagamento de empréstimos, financiamentos e operações de arrendamento mercantil concedidos por instituições financeiras e sociedades de arrendamento mercantil, ou por entidades fechadas ou abertas de previdência complementar, públicas e privadas, quando expressamente autorizado pelo beneficiário, até o limite de 45% (quarenta e cinco por cento) do valor do benefício, sendo 35% (trinta e cinco por cento) destinados exclusivamente a empréstimos, financiamentos e arrendamentos mercantis, 5% (cinco por cento) destinados exclusivamente à amortização de despesas contraídas por meio de cartão de crédito consignado ou à utilização com a finalidade de saque por meio de cartão de crédito consignado e 5% (cinco por cento) destinados exclusivamente à amortização de despesas contraídas por meio de cartão consignado de benefício ou à utilização com a finalidade de saque por meio de cartão consignado de benefício. (Redação dada pela Lei n. 14.431, de 2022)

## 26.3 Acumulação de benefícios

A acumulação de benefícios, em regra, é negada em nosso ordenamento jurídico pelo art. 24 da EC n. 103/2019, que diz:

> Art. 24. É vedada a acumulação de mais de uma pensão por morte deixada por cônjuge ou companheiro, no âmbito do mesmo regime de previdência social, ressalvadas as pensões do mesmo instituidor decorrentes do exercício de cargos acumuláveis na forma do art. 37 da Constituição Federal.

Entretanto, o § 1º do citado dispositivo abre exceção a essa regra ao permitir a acumulação de:

> I – pensão por morte deixada por cônjuge ou companheiro de um regime de previdência social com pensão por morte concedida por outro regime de previdência social ou com pensões decorrentes das atividades militares de que tratam os arts. 42 e 142 da Constituição Federal;
>
> II – pensão por morte deixada por cônjuge ou companheiro de um regime de previdência social com aposentadoria concedida no âmbito do Regime Geral de Previdência

> Social ou de regime próprio de previdência social ou com proventos de inatividade decorrentes das atividades militares de que tratam os arts. 42 e 142 da Constituição Federal; ou
>
> III – pensões decorrentes das atividades militares de que tratam os arts. 42 e 142 da Constituição Federal com aposentadoria concedida no âmbito do Regime Geral de Previdência Social ou de regime próprio de previdência social.

Essa acumulação ou, melhor dizendo, o seu cálculo se dá na forma do § 2º do art. 24, a saber:

> § 2º Nas hipóteses das acumulações previstas no § 1º, é assegurada a percepção do valor integral do benefício mais vantajoso e de uma parte de cada um dos demais benefícios, apurada cumulativamente de acordo com as seguintes faixas:
>
> I – 60% (sessenta por cento) do valor que exceder 1 (um) salário mínimo, até o limite de 2 (dois) salários mínimos;
>
> II – 40% (quarenta por cento) do valor que exceder 2 (dois) salários mínimos, até o limite de 3 (três) salários mínimos;
>
> III – 20% (vinte por cento) do valor que exceder 3 (três) salários mínimos, até o limite de 4 (quatro) salários mínimos; e
>
> IV – 10% (dez por cento) do valor que exceder 4 (quatro) salários mínimos.

Vamos a um exemplo:

Imagine que Maria, casada com João, receba uma aposentadoria de R$ 2.000,00 e que João receba uma de R$ 3.000,00. João falece de causas naturais. Nesse caso, Maria poderá acumular a sua aposentadoria com a pensão por morte deixada por João.

Receberá a totalidade do benefício de maior valor e uma quota-parte de menor valor. Primeiro, para saber qual o benefício de maior valor, precisaremos calcular o valor da pensão por morte de João. Considerando que seu óbito ocorreu após a EC n. 103/2019, o art. 23 diz que o cálculo desse benefício é uma quota familiar de 50% do valor da aposentadoria, acrescida de 10 pontos percentuais para cada dependente, até o limite de 100%.

Considerando que Maria era a única dependente de João, ela receberá 60% de R$ 3.000,00 (50% da quota familiar + 10% por ser uma dependente) ou seja, R$ 1.800,00. Mas não para por aí! Como Maria tem uma aposentadoria de R$ 2.000,00, ela não receberá a pensão por morte na integralidade, mas sim uma quota-parte.

Receberá o benefício de maior valor, no caso, a aposentadoria de R$ 2.000,00 na sua totalidade, e o de menor valor, de acordo com a tabela do § 2º do citado art. 24 da EC n. 103/2019. Assim:

Primeira faixa Salário mínimo R$ 1.518,00 100%

Segunda faixa 60% de 1.800,00 – 1.518,00 = 282,00 x 0,6 = R$ 169,20 + 1.518,00

Total R$ 1.687,20

R$ 2.000,00 + R$ 1.687,20 = R$ 3.687,20 de benefícios acumulados.

O recebimento conjunto de mais de um benefício previdenciário sofre limitações impostas pela Lei n. 8.213/91, excetuando o direito adquirido dos beneficiários que já acumulam essas prestações com base em legislação anterior. Não é permitido o recebimento conjunto dos seguintes benefícios:

- aposentadoria com benefício por incapacidade temporária; aposentadoria com auxílio--acidente, salvo com DIB (data de início de benefício) anterior a 11 de novembro de 1997;
- mais de uma aposentadoria, exceto com DIB anterior a janeiro de 1967;
- aposentadoria com abono de permanência em serviço;
- salário-maternidade com benefício por incapacidade temporária;
- mais de um auxílio-acidente;
- mais de uma pensão deixada por cônjuge e/ou companheiro(a), ressalvado o direito de opção pela mais vantajosa.

A proibição de acumulação de benefícios referida acima diz respeito ao Regime Geral de Previdência Social – RGPS. Nada impede que o beneficiário acumule prestações do RGPS com prestações oriundas de outros regimes, desde que cumpridos os requisitos para o recebimento, e desde que inexista norma proibitiva para tanto.

Vejamos na prática:

> PREVIDENCIÁRIO. PENSÃO POR MORTE. RENÚNCIA. RESTABELECIMENTO. POSSIBILIDADE. DIB. 1. É possível a acumulação de benefícios de pensão por morte instituídos por cônjuges/companheiros, desde que decorrentes de regimes de previdência diversos. Precedentes desta Corte. 2. A comprovação de cessação do benefício de pensão perante o Regime Geral de Previdência Social como um requisito de percepção de pensão por morte por outro regime de previdência, denota que houve vício na manifestação de vontade da parte autora no ato de renúncia. 3. Constatada a manifestação de vontade de forma viciada, a parte autora faz jus ao restabelecimento da pensão por morte pelo RGPS desde a data de sua cessação indevida (TRF-4 – AC: 50008857920214047101 RS, Rel. Eliana Paggiarin Marinho, j. em 17-5-2023, 11ª Turma).

## 26.4 Abono anual

É um direito dos beneficiários da Previdência Social previsto no art. 201, § 6º, da Constituição e regulado pelo art. 40 da Lei n. 8.213/91 e pelo art. 120 do Decreto n. 3.048/99, devido aos segurados e dependentes que tiverem recebido durante o ano quaisquer dos seguintes benefícios: benefício por incapacidade temporária, auxílio-acidente, aposentadoria, salário-maternidade, pensão por morte ou auxílio-reclusão (art. 120 do Decreto n. 3.048/99).

O benefício também é chamado de gratificação natalina, vantagem inicialmente prevista aos empregados em atividade, pela Lei n. 4.090/62, e estendida aos beneficiários da Previdência Social a partir da Lei n. 4.281/63.

O abono anual é como se fosse o 13º salário dos empregados, devendo ser pago até o dia 20 de dezembro e terá como base o valor da renda mensal do mês de dezembro.

**PREVDICA:**

O período igual ou superior a 15 dias dentro do mês correspondente será considerado como mês integral para efeitos de cálculo.

O único benefício que não gera direito ao abono anual é o salário-família, além dos benefícios assistenciais que também não geram pensão.

# 27

# Doenças ocupacionais e acidentes de trabalho

No direito previdenciário a prevenção, em regra, é relegada a segundo plano pelas empresas.

## 27.1 Linha histórica

O surgimento da proteção do trabalhador em face dos riscos da perda da capacidade laborativa e, consequentemente, de sua subsistência coincide, em grande parte, com o nascimento do direito do trabalho.

Com relação à proteção do trabalhador em face dos acidentes ocorridos em função do trabalho, observa-se evolução semelhante no Brasil.

O primeiro diploma a tratar da matéria foi o Código Comercial (1850), que previa a garantia de pagamento de três meses de salários ao preposto que sofresse acidente em serviço (art. 78). O Decreto n. 3.724, de 15 de janeiro de 1919 – primeira lei geral sobre acidentes do trabalho –, baseou-se na teoria da responsabilidade subjetiva do empregador, pois previa a responsabilidade do empregador pelos acidentes de trabalho decorrentes de dolo ou culpa e, ainda, de casos fortuitos; não havia valor da indenização, nem a obrigatoriedade de que o empregador fizesse seguro de acidente de trabalho para seus empregados.

A Constituição de 1934 foi a primeira a citar a proteção ao acidente de trabalho (art. 121, § 1º, *h*), como prestação previdenciária, mantida em legislação à parte, e o seguro de natureza privada, a cargo da empresa.

A Carta Política de 1946 mencionava expressamente a obrigação do empregador em manter o Seguro de Acidentes do Trabalho – SAT (art. 158, XVII) – de forma separada da previdência social.

A Constituição outorgada em 1967 não trouxe inovações quanto ao texto anterior.

A Lei n. 5.316/67 alterou substancialmente o disciplinamento legal da proteção acidentária, pois, adotando a teoria do risco social, integrou a partir de então o seguro de acidentes de trabalho na Previdência, englobando as doenças profissionais e do trabalho, e excluiu a exploração desse ramo por seguradoras privadas, tornando o SAT monopólio do Estado; além disso, retirou a carência para a aposentadoria e pensão acidentárias.

**PREVDICA:**
A Constituição de 1988 insere o acidente de trabalho como risco social, passível de proteção previdenciária (art. 201, I, da CF).

A Lei n. 9.129/95 alteraria a forma de cálculo do auxílio-acidente, que passava a ser em percentual único, em vez dos três patamares de até então.

A EC n. 20/98 estabeleceu a possibilidade de que o seguro de acidentes do trabalho a cargo da empresa pudesse ser objeto de cobertura pelo RGPS e pela iniciativa privada, de forma concorrente.

A EC n. 103/2019 traz a possibilidade de lei complementar disciplinar a cobertura de benefícios não programados, não só os decorrentes de acidente do trabalho, além da redação de que no caso de aposentadoria por incapacidade permanente, quando decorrer de acidente de trabalho, de doença profissional e de doença do trabalho será percebido pelo segurado 100% do valor calculado da média aritmética do valor máximo do salário de contribuição do Regime Geral de Previdência Social.

## 27.2 Acidente do trabalho

De acordo com o art. 19 da Lei n. 8.213/91, com redação dada pela LC n. 150/2015,

> acidente do trabalho é o que ocorre pelo exercício do trabalho a serviço de empresa ou de empregador doméstico ou pelo exercício do trabalho dos segurados referidos no inciso VII do art. 11 desta Lei, provocando lesão corporal ou perturbação funcional que cause a morte ou a perda ou redução, permanente ou temporária, da capacidade para o trabalho.

Entendemos que a demora na produção da lei não pode subtrair dos segurados a proteção – até porque os benefícios acidentários e toda a disciplina concernente a eles já existe em relação aos demais segurados, bastando que se fizesse a interpretação do texto do art. 19 da Lei n. 8.213/91.

A partir da inclusão das prestações por acidente de trabalho no âmbito da Previdência Social, prevalece a teoria do risco social, segundo a qual é devido o benefício, independentemente da existência de dolo ou culpa da vítima. Vale dizer, mesmo quando essa tenha agido com a intenção de produzir o resultado danoso para a sua integridade física, ainda assim fará jus à percepção do seguro social.

Acidente *in itinere*, ou de trajeto, é a expressão utilizada para caracterizar o acidente que, tendo ocorrido fora do ambiente de trabalho, ainda assim é considerado acidente do trabalho, pois decorrente do deslocamento do segurado entre sua residência e o local de trabalho, e vice-versa.

## 27.3 Doenças ocupacionais x Doenças do trabalho

As doenças ocupacionais são aquelas que surgem devido à atividade laboral exercida por um indivíduo e resultam de situações comuns aos trabalhadores de uma categoria específica, conforme definido no Decreto n. 3.048/99, sendo, portanto, inerentes ao cargo.

A "doença do trabalho" é aquela que é adquirida ou desencadeada devido às condições especiais nas quais o trabalho é realizado e que tem uma relação direta com ele. Essas doenças estão listadas no Anexo II do Decreto n. 3.048/99 ou são reconhecidas pela Previdência Social.

A prevenção dessas doenças deve ser baseada na limitação do tempo de exposição (incluindo a duração da jornada de trabalho e a concessão de pausas regulares), na modificação dos processos e da organização do trabalho (evitando sobrecarga) e na adaptação das máquinas, móveis, equipamentos e ferramentas de trabalho às características ergonômicas dos trabalhadores, o que é referido como mesopatias.

## 27.4 Nexo causal

É o liame entre o efeito (incapacidade para o trabalho ou morte) e a causa (acidente de trabalho ou doença ocupacional). Decorre de uma análise técnica, a ser realizada, obrigatoriamente, por médico perito ou junta médica formada por peritos nessa matéria. Incumbe à perícia médica do INSS a investigação do nexo de causalidade entre a lesão, perturbação ou morte e o acidente ou doença, bem como tipificar o evento como sendo em decorrência do trabalho – Regulamento, art. 337.

A informação sobre a concessão de benefícios com aplicação do NTEP será disponibilizada para consulta pela empresa: www.previdencia.gov.br ou, subsidiariamente, pela Comunicação de Decisão do requerimento de benefício por incapacidade, entregue ao segurado.

Com o requerimento, deverá a empresa formular as alegações que entender necessárias e apresentará a documentação probatória, em duas vias, para demonstrar a inexistência do nexo técnico entre o trabalho e o agravo.

A análise desse requerimento e das provas produzidas será realizada pela perícia médica, cabendo ao setor administrativo da Agência da Previdência Social comunicar o resultado da análise à empresa e ao segurado.

Havendo reparação civil, pode o empregado obter indenização quando a empresa, por seus prepostos, tenha incorrido em conduta dolosa ou culposa que tenha causado o infortúnio, cabendo ao empregador provar a inexistência de dolo ou culpa, no caso de responsabilidade subjetiva.

## 27.5 Comunicação do Acidente de Trabalho – CAT

Para que o segurado possa fruir dos benefícios e serviços em face de acidente de trabalho ou doença ocupacional, diante dos princípios que regem a concessão de benefícios.

**PREVDICA**:

Na falta de comunicação pela empresa, podem fazê-la o próprio acidentado, seus dependentes, a entidade sindical correspondente, o médico que o assistiu ou qualquer autoridade pública, independentemente de prazo, sem que tal comunicação, contudo, isente a empresa da responsabilidade pela ausência de comunicação no prazo legal – §§ 2º e 3º do art. 22 da Lei n. 8.213/91.

O risco da atividade profissional deve ser suportado por toda a sociedade, em virtude de que toda ela tira proveito da produção, devendo arcar então com os riscos; incluídas as prestações por acidente no campo da Previdência Social, e sendo essa regulamentada pelo ideal de solidariedade, a proteção social passa a ser responsabilidade de todos.

## 27.6 Indenização por acidente de trabalho

A proteção previdenciária independe de conduta comissiva ou omissiva, dolosa ou culposa do empregador. A responsabilidade deste pela reparação civil, segundo a Constituição, decorre da presença do dolo ou da culpa - leve (falta de diligência habitual do *bono pater familiae*), levíssima (quando há um mínimo desvio de comportamento, e que somente uma pessoa altamente diligente poderia evitar) ou grave (falta absoluta de atenção exigida de qualquer pessoa) - que acarrete dano à pessoa do trabalhador.

## 27.7 Indenização por danos morais

Apesar de o fato gerador do crédito de natureza civil ter ocorrido na vigência do contrato de trabalho e decorrer da prática de ato calunioso ou desonroso praticado por empregador contra trabalhador não transmuda a natureza do direito, uma vez que o dano moral caracteriza-se pela projeção de um gravame na esfera da honra e da imagem do indivíduo, transcendendo os limites da condição de trabalhador do ofendido.

A prescrição para propor ação de indenização decorrente de acidente de trabalho ou doença profissional depende da data em que o trabalhador tem ciência inequívoca do evento danoso, com a consolidação das lesões. Nesse ponto, novamente surgem diversos entendimentos sobre a questão. Há julgados que consideram tal marco a partir da "alta médica":

> RECURSO DE REVISTA INTERPOSTO SOB A ÉGIDE DA LEI N. 13.015/2014. PRESCRIÇÃO. DOENÇA OCUPACIONAL. INDENIZAÇÃO POR DANOS MORAIS E MATERIAIS. MARCO INICIAL. CIÊNCIA INEQUÍVOCA DA LESÃO. CONCESSÃO DE APOSENTADORIA POR INVALIDEZ. A jurisprudência desta Corte é no sentido de que o marco inicial da prescrição da pretensão indenizatória, por danos morais e materiais decorrentes de acidente de trabalho ou doença ocupacional, é a data da ciência inequívoca das lesões que se dará com o término do auxílio previdenciário e retorno ao trabalho ou da aposentadoria por incapacidade permanente. No caso, a decisão regional registrou que consta a carta de concessão do benefício de aposentadoria por

> incapacidade permanente à reclamante, com início em 2-8-2014. Registrou, ainda, que o ajuizamento da ação ocorreu em 2-7-2015. Nestes termos, à luz do art. 7º, XXIX, da CRFB/1988, não se constata a incidência da prescrição quinquenal, tampouco bienal, da pretensão da autora à indenização por danos morais e materiais. Precedentes. Recurso de revista conhecido e provido (TST – RR: 8032620155120057, Rel. Maria Helena Mallmann, j. em 9-2-2021, 2ª Turma, publicado em 12-2-2021).

No entanto, também há decisões considerando o marco inicial do prazo como sendo a data do diagnóstico, o que prevalece nos acórdãos do TST:

> AGRAVO DE INSTRUMENTO. RECURSO DE REVISTA – DESCABIMENTO. PRESCRIÇÃO. TERMO INICIAL. INDENIZAÇÃO POR DANOS MORAL E MATERIAIS DECORRENTES DE DOENÇA PROFISSIONAL EQUIPARADA A ACIDENTE DE TRABALHO. CIÊNCIA INEQUÍVOCA. 1. O termo inicial do prazo prescricional da pretensão de indenização por danos decorrentes de doença profissional equiparada a acidente do trabalho é a data em que o trabalhador teve ciência inequívoca da incapacidade laboral ou do resultado gravoso, ante a compreensão da Súmula 278 do STJ. Da expressão "ciência inequívoca da incapacidade", infere-se que não se trata da ciência das primeiras manifestações da doença, mas de sua efetiva consolidação e da consequente repercussão na capacidade de trabalho do empregado. 2. No caso concreto, conforme se extrai do acórdão regional, a ciência inequívoca da doença profissional ocorreu quando da realização da perícia (STF, Súmula 230). Agravo de instrumento conhecido e desprovido (TST – AIRR: 10003492220185020471, Rel. Alberto Luiz Bresciani De Fontan Pereira, j. em 9-2-2020, 3ª Turma, publicado em 11-2-2020).

Com base nesse entendimento, o TST já considerou não haver sido atingida pela prescrição a pretensão indenizatória do trabalhador cujo diagnóstico só veio a ser realizado muitos anos após o término da relação de emprego.

Em nível de decisões de Tribunais Regionais do Trabalho, também se apresenta a mesma divergência, tendo alguns julgados se inclinado pela aplicação do sentido da expressão "ciência inequívoca" como data do diagnóstico, enquanto outros aplicam a ideia de convalescença:

> INDENIZAÇÃO POR DANOS MORAIS E MATERIAIS DECORRENTES DE DOENÇA EQUIPARÁVEL A ACIDENTE DO TRABALHO. PRAZO PRESCRICIONAL. Pela teoria da *actio nata*, o prazo da prescrição começa a correr quando nasce o direito de ação, e este, quando a vítima tem ciência inequívoca da lesão sofrida (Súmula n. 278 do STJ). Assim, como a autora teve ciência inequívoca da consolidação da doença somente com a concessão do benefício por incapacidade temporária, inicia-se, a partir de então, a contagem do prazo prescricional que, na hipótese em apreço, ficou limitada pelo disposto no art. 206, § 3º, IV, do Código Civil de 2002, em função do estatuído no art. 2.028 deste mesmo Diploma Legal (TRT 12, RO no Proc. 0002325-23.2011.5.12.0027, Rel. Des. Garibaldi T. P. Ferreira, publicado no TRTSC/*DOE* em 10-2-2012).

> PRESCRIÇÃO. INDENIZAÇÃO POR DANOS MORAIS E MATERIAIS DECORRENTES DE ACIDENTE DO TRABALHO. APOSENTADORIA POR INVALIDEZ. A contagem do prazo prescricional relacionado à pretensão de indenização por danos morais e materiais decorrentes de acidente do trabalho tem início a partir da ciência inequívoca da incapacidade, por ocasião da concessão da aposentadoria por incapacidade permanente (TRT 12, RO no Proc. 01267-2008-029-12-00-6, Rel. Des. Amarildo Carlos de Lima, publicado no TRTSC/*DOE* em 25-10-2010).

> RECURSO DE REVISTA INTERPOSTO ANTES DA LEI N. 3.015/2014. NEGATIVA DE PRESTAÇÃO JURISDICIONAL. DOENÇA OCUPACIONAL. MARCO INICIAL DA PRESCRIÇÃO. OMISSÃO. Para a verificação do termo inicial do prazo prescricional, em se tratando de acidente de trabalho ou doença ocupacional, deve-se levar em consideração o momento em que o empregado tem ciência inequívoca da incapacidade laborativa ou do resultado gravoso para sua saúde física ou mental, e não simplesmente a data do acidente, nem mesmo do afastamento, pois não se poderia exigir da vítima o ajuizamento da ação quando ainda persistiam dúvidas acerca da extensão dos danos sofridos notadamente em casos de doença ocupacional, cujo tratamento é comumente demorado. Trata-se da teoria da *actio nata*, albergada pelo direito positivo pátrio (Súmulas 230 do STF e 278 do STJ). A jurisprudência da SBDI-1 desta Corte é no sentido de o marco inicial da prescrição em ações de indenização por danos morais e materiais decorrentes de acidente de trabalho ou doença ocupacional ser a data do retorno ao trabalho, na hipótese de abrandamento da doença, ou a data da concessão da aposentadoria por incapacidade permanente, considerando, conforme a situação, essas datas como o momento da inequívoca ciência da incapacidade laboral. No caso concreto, embora tenha sido instada pela reclamada, mediante embargos de declaração, para que emitisse tese expressa a respeito da questão, a Corte de origem de fato foi omissa quanto ao marco inicial da prescrição. Recurso de revista conhecido e provido. Prejudicada a análise dos demais tópicos recursais (TST – RR: 02226007720095150097, Rel. Augusto Cesar Leite De Carvalho, j. em 19-4-2023, 6ª Turma, publicado em 24-4-2023).

Interessante entendimento tem o STJ em ação indenizatória ajuizada por familiares do indivíduo falecido em acidente. Para as duas Turmas que compõem a 2ª Seção do STJ, o prazo prescricional para reclamar indenização decorrente de morte é contado a partir da data do falecimento da vítima e não do acidente que o causou (*Informativo STJ* de 13-8-2013, disponível em: <www.stj.jus.br>, acesso em: 10 out. 2013).

Por derradeiro, incumbe frisar que a Justiça do Trabalho tem adotado, em regra, o entendimento de que não se aplica a prescrição *ex officio* no Processo do Trabalho, cabendo ao réu/empregador argui-la nas instâncias ordinárias – incabível, portanto, a arguição apenas em sede de recurso de revista:

> RECURSO DE REVISTA. PRESCRIÇÃO. DECLARAÇÃO DE OFÍCIO. ARTIGO 219, § 5º, DO CPC. INAPLICABILIDADE AO PROCESSO DO TRABALHO. Prevalece nesta Corte o entendimento de que não cabe aplicar a prescrição de ofício no âmbito do

processo trabalhista, por ser essa inovação, promovida pela Lei n. 11.280/2006, incompatível com os princípios que norteiam o Direito do Trabalho. Precedentes da SDI-1. Recurso de Revista conhecido e provido (TST, RR 114400-28.2008.5.15.0091, Rel. Min. Maria Laura Franco Lima de Faria, 8ª Turma, publ. *DEJT* de 11-5-2012).

**Ação Regressiva Previdenciária**

Dispõe o art. 120 da Lei n. 8.213/91 que, em caso de acidente de trabalho causado por negligência do responsável pelo cumprimento das normas de segurança e saúde no trabalho indicadas para a proteção individual e coletiva dos segurados, a Previdência Social ajuizará ação regressiva contra este (art. 341 do Regulamento), não se eximindo o empregador da sua responsabilidade civil pelo fato de ter a Previdência pago prestações decorrentes da incapacidade gerada pelo acidente de trabalho (art. 342 do Regulamento).

O foro competente é a Justiça Federal, nos termos do art. 109 da Constituição, já que não se trata da ação em que segurado ou beneficiário postula benefício acidentário.

Vejamos:

DIREITO ADMINISTRATIVO E PROCESSUAL CIVIL. AÇÃO REGRESSIVA PROPOSTA PELO INSS. ACIDENTE DE TRABALHO. ART. 120 DA LEI N. 8.213/91. SEGURO DE ACIDENTE DO TRABALHO (SAT). CONTRIBUIÇÃO QUE NÃO AFASTA A RESPONSABILIDADE DA EMPREGADORA. NEGLIGÊNCIA. DEVER DE A EMPRESA RESSARCIR OS COFRES DA PREVIDÊNCIA SOCIAL. BENEFÍCIOS FUTUROS ORIUNDOS DO MESMO ACIDENTE. HONORÁRIOS ADVOCATÍCIOS. BASE DE CÁLCULO. 1. O art. 120 da Lei n. 8.213/91 prevê que, "nos casos de negligência quanto às normas-padrão de segurança e higiene do trabalho indicadas para a proteção individual e coletiva, a Previdência Social proporá ação regressiva contra os responsáveis". É pressuposto do dever de ressarcimento que fique claro nos autos que o responsável – de regra uma empresa que contrata um trabalhador sob o regime celetista – desrespeitou as normas-padrão de segurança do trabalho indicadas para a proteção individual e coletiva, bem como haja nexo de causalidade entre a conduta omissiva e o infortúnio que deu causa ao pagamento do benefício acidentário. 2. O fato de a empresa contribuir para o custeio do regime geral de previdência social, mediante o recolhimento de tributos e contribuições sociais, dentre estas aquela destinada ao seguro de acidente do trabalho (SAT), não exclui a responsabilidade nos casos de acidente de trabalho decorrentes de negligência sua às normas de segurança e higiene do trabalho, nem permite a compensação/dedução dos valores pagos a título da contribuição prevista no art. 22, inciso II, alínea *c*, da Lei n. 8.212/91, durante o período em que perdurou o vínculo de emprego com o acidentado. Precedentes. 3. Comprovada a culpa da empresa por ter negligenciado a segurança do trabalhador vitimado, deve ela ressarcir os valores despendidos pelo INSS a título de benefício acidentário. Tais despesas abrangem não somente o benefício concedido logo após o acidente, mas também os benefícios possivelmente decorrentes da transformação deste, nos termos da legislação de regência, desde que tais benefícios tenham origem no mesmo fato, isto é, do

> ato ilícito levado a efeito pela empregadora. 4. A base de cálculo dos honorários advocatícios é a soma das parcelas vencidas mais doze parcelas vincendas, na forma do art. 85, § 9º, do Código de Processo Civil (TRF-4 – AC: 50014180820214047111 RS, Rel. Vânia Hack de Almeida, j. em 14-2-2023, 3ª Turma).

A ocorrência dessas ações tem sido cada vez mais frequente, e das sentenças emitidas já se pode colher elementos suficientes para o estudo do direito regressivo da Previdência contra o empregador desidioso no que diz respeito à proteção à integridade física do trabalhador.

Assim, surge um novo conceito de responsabilidade pelo acidente de trabalho: o Estado, por meio do ente público responsável pelas prestações previdenciárias, resguarda a subsistência do trabalhador e seus dependentes, mas tem o direito de exigir do verdadeiro culpado pelo dano que este arque com os ônus das prestações – aplicando-se a noção de responsabilidade objetiva, conforme a teoria do risco social para o Estado; mas a da responsabilidade subjetiva e integral, para o empregador infrator. Medida justa, pois a solidariedade social não pode abrigar condutas deploráveis como a do empregador que não forneça condições de trabalho indene de riscos de acidentes.

Esse tema foi objeto de análise no 14º Congresso Brasileiro de Previdência Social, realizado pela LTr em São Paulo/SP, no mês de março de 2001.

Considerando o reduzido número de ações propostas pelo INSS, o Conselho Nacional de Previdência Social editou a Resolução n. 1.291, de 27 de junho de 2007, para:

> Recomendar ao Instituto Nacional do Seguro Social – INSS, por intermédio de Procuradoria Federal Especializada, que adote as medidas competentes para ampliar as proposituras de ações regressivas contra os empregadores considerados responsáveis por acidentes do trabalho, nos termos dos arts. 120 e 121 da Lei n. 8.213/91, a fim de tornar efetivo o ressarcimento dos gastos do INSS, priorizando as situações que envolvam empresas consideradas grandes causadoras de danos e aquelas causadoras de acidentes graves, dos quais tenham resultado a morte ou a incapacidade permanente dos segurados.

A estimativa oficial (divulgada em 2008) é de que a negligência dessas empresas custa ao INSS cerca de R$ 16 bilhões por ano, com o pagamento de pensões por morte, aposentadorias por incapacidade permanente, auxílio-acidente e benefício por incapacidade temporária.

Em julgamento de Recurso Especial, o STJ firmou orientação de que o fato de a empresa contribuir para o Seguro de Acidente do Trabalho – SAT não exclui a responsabilidade em caso de acidente decorrente de culpa da empregadora:

> Da leitura conjunta dos arts. 22 da Lei n. 8.212/1991 e 120 da Lei n. 8.213/1991 conclui-se que o recolhimento do Seguro de Acidente de Trabalho – SAT não exclui a responsabilidade da empresa nos casos de acidente do trabalho decorrentes de culpa por inobservância das normas de segurança e higiene do trabalho (STJ, EDcl no AgRg nos EDcl no Recurso Especial 973.379/RS, T6, *DJe* de 14-6-2013).

Nesse sentido, revela-se também inviável a compensação entre o que foi pago a título de SAT e os valores que deve arcar em decorrência do pagamento do benefício acidentário (AC 199871000170053, TRF da 4ª Região, 4ª Turma, Rel. Des. Federal Marga Inge Barth Tessler, *DJE* de 29-3-2010).

Outra polêmica está relacionada ao prazo prescricional para a propositura da ação regressiva. Nossa posição é de que a prescrição no caso é quinquenal, pois o INSS, na condição de autarquia federal, busca com a ação regressiva reaver valores que possuem natureza jurídica de recursos públicos, e não recursos exclusivamente privados a ensejar a aplicação da legislação civil, aplicando-se aí o prazo para a satisfação de dívidas para com a Fazenda Pública em geral. Nesse sentido: TRF/4, AC 500395771.2012.404.7204, *DJE* de 24-7-2013.

No que se refere ao termo *a quo* do prazo prescricional:

> há que se observar o princípio da *actio nata*: o início da contagem se dá a partir da data em que o credor pode demandar judicialmente a satisfação do direito, ou seja, quando da notícia da ocorrência efetiva e concreta de dano patrimonial (TRF4, AC 5004570-74.2015.404.7111, 3ª Turma, Rel. Des. Fed. Ricardo Teixeira do Valle Pereira, *DJE* de 21-6-2016).

Convém destacar que o INSS passou a ingressar com ações regressivas também contra os responsáveis pelo cometimento de crimes de trânsito e nos casos de cometimento de ilícitos penais dolosos que resultem em lesão corporal, morte ou perturbação funcional. Essa matéria está regulada pela Portaria Conjunta PGF/INSS n. 6, de 18 de janeiro de 2013, possuindo precedentes favoráveis na jurisprudência, tal como:

> PROCESSUAL CIVIL, CIVIL E PREVIDENCIÁRIO. ASSASSINATO DE SEGURADA PELO EX-MARIDO. VIOLÊNCIA CONTRA A MULHER. RESPONSABILIDADE CIVIL DO AGENTE, QUE DEVERÁ RESSARCIR O INSS PELOS VALORES PAGOS A TÍTULO DE PENSÃO POR MORTE. CORREÇÃO MONETÁRIA. INCIDÊNCIA. 1. Cabe ao agente que praticou o ato ilícito que ocasionou a morte do segurado efetuar o ressarcimento das despesas com o pagamento do benefício previdenciário, ainda que não se trate de acidente de trabalho. Hipótese em que se responsabiliza o autor do homicídio pelo pagamento da pensão por morte devida aos filhos, nos termos dos arts. 120 e 121 da Lei n. 8.213/91 c/c arts. 186 e 927 do CC. 2. O ressarcimento deve ser integral por não estar comprovada a corresponsabilidade do Estado em adotar medidas protetivas à mulher sujeita à violência doméstica. 3. Incidência de correção monetária desde o pagamento de cada parcela da pensão. 4. Apelação do INSS e remessa oficial providas e apelação do réu desprovida (TRF/4, APELREEX 5006374-73.2012.404.7114, 3ª Turma, Rel. Des. Fed. Carlos Eduardo Thompson Flores Lenz, *DJE* de 9-5-2013).

Referida condenação foi mantida pelo STJ, reafirmando que o INSS poderá cobrar os valores do benefício de pensão por morte pagos aos dependentes da mulher assassinada (REsp 1.431.150/RS, 2ª Turma, Rel. Min. Humberto Martins, j. em 23-8-2016).

### Estabilidade do empregado acidentado

O art. 118 da Lei do RGPS prevê garantia de emprego ao trabalhador que tenha sofrido acidente de trabalho, pelo prazo de 12 meses após a cessação do benefício por incapacidade temporária decorrente do acidente, independentemente da percepção de auxílio-acidente.

A norma é de natureza trabalhista e não previdenciária, pois impõe ao empregador vedação à dispensa sem justa causa do empregado – urbano ou rural – que tenha sofrido acidente em serviço; logo, não se concebe como sendo de bom alvitre que esteja inserida em legislação que verse sobre matéria diversa. Além disso, é lacunosa, porque não prevê algumas circunstâncias relativas ao trabalhador acidentado.

Questiona-se o fato de ter tal regra sido incluída numa lei ordinária, quando o inciso I do art. 7º da Constituição fala em garantia do emprego nos termos de lei complementar. Todavia, tem-se entendido que a regra é constitucional, porque o inciso I do art. 7º não exige lei complementar para a adoção de estabilidades em casos especiais. A aludida lei complementar tratará da indenização compensatória, dentre outros direitos. Além disso, vigora no direito do trabalho o princípio de aplicação da norma mais benéfica, em que não se cogita de inconstitucionalidade se norma hierarquicamente inferior dispõe sobre direitos do trabalhador concedendo-lhe mais do que os direitos já garantidos.

O Supremo Tribunal Federal, provocado a se manifestar sobre a matéria, negou liminar que postulava suspensão da eficácia da norma (ADIN 639-8/600, Rel. Min. Moreira Alves, *DJU* de 22-5-1992).

Em relação às lacunas, vê-se que a primeira delas diz respeito aos trabalhadores vitimados por doenças ocupacionais. Poder-se-ia dizer que, tendo o art. 118 sido literal no sentido de estar o emprego garantido aos vitimados de acidente-tipo, o mesmo não se aplicaria aos que contraíssem doença profissional ou do trabalho. Sem razão, contudo. O art. 20 da Lei n. 8.213/91 é de clareza irrefutável ao equiparar ao acidente de trabalho as doenças ocupacionais. Assim, aplica-se a estabilidade provisória do acidentado aos empregados urbanos e rurais que, em virtude de doença ocupacional, tenham ficado afastados do trabalho, pelo prazo exigido para a obtenção do direito.

Um segundo aspecto dessa regra é o que diz respeito ao momento de aquisição da estabilidade. Nesse ponto, parece não existir dúvida razoável: a obtenção do direito à estabilidade ocorre no dia seguinte ao final da incapacidade proveniente de acidente do trabalho ou doença ocupacional. Dessa data pode-se dizer que o empregado tem direito adquirido à estabilidade; no entanto, enquanto estiver em gozo de benefício, seu contrato de trabalho estará suspenso e, com isso, não há como ser dispensado.

Ressalta-se que se considera como dia do acidente, no caso de doença ocupacional, a data do início da incapacidade laborativa para o exercício da atividade habitual, ou o dia da segregação compulsória – se for o caso –, ou, ainda, o dia em que tenha sido realizado o diagnóstico, valendo, para fim de fixação da data, o fato que ocorrer primeiro (art. 23 da Lei do RGPS). A efetiva fruição da estabilidade, portanto, depende do implemento da condição suspensiva – o retorno ao trabalho, determinado pela perícia médica do INSS, ou seja, a "alta médica". O prazo de 12 meses de estabilidade será computado somente a partir do primeiro dia de retorno ao trabalho.

Ainda no aspecto da contagem do período da estabilidade, há que se observar o efeito da prorrogação de incapacidade laborativa no prazo de 60 dias contados a partir da cessação do benefício anterior (art. 75, § 3º, do Regulamento); nessa situação, se o benefício foi decorrente de acidente de trabalho ou doença ocupacional, e o retorno ao benefício se deu pela mesma causa, deve-se contar novo período de estabilidade, a partir da nova "alta médica".

Questão controvertida é a do trabalhador que, laborando sem registro do contrato de trabalho em CTPS, venha a sofrer acidente de trabalho ou desenvolva doença ocupacional. Se daí resultar incapacidade, mas o empregador arcar com os salários, inclusive com o período posterior ao período de incapacidade que lhe cabia pagar, em vez de encaminhá-lo à perícia do INSS, ficará o trabalhador sem o direito à estabilidade? Certamente a resposta é negativa. O vínculo jurídico de emprego se firma a partir da ocorrência do trabalho por conta alheia, na conformidade dos requisitos do art. 2º da CLT.

Uma vez presentes os requisitos para caracterização da relação de emprego, impõe-se o reconhecimento da condição de empregado e, por via de consequência, da qualidade de segurado amparado pela legislação previdenciária, no que tange a acidentes de trabalho. Logo, a não fruição de benefício por incapacidade temporária não caracteriza, por si só, inexistência de estabilidade, quando tal fato decorreu de atitude com o fito de mascarar o acidente; apenas se não atingido o tempo mínimo de incapacidade para a fruição do benefício por incapacidade temporária acidentário é que não se tem como cogitar de garantia contra a dispensa sem justo motivo; uma vez atingido, sendo o trabalhador empregado na acepção legal, independentemente de registro do contrato de trabalho, a estabilidade é presente.

Em certos casos, também persistem dúvidas acerca da possibilidade de reconhecimento de estabilidade acidentária por infortúnio ocorrido no curso do aviso prévio trabalhado pelo empregado. Neste sentido, em que pese o teor das Súmulas do TST de n. 371 e 378, tem-se firmado o posicionamento de que a superveniência de acidente do trabalho ou doença ocupacional no curso do aviso prévio gera, sim, a proteção contra despedida:

> EMENTA: BENEFÍCIO POR INCAPACIDADE TEMPORÁRIA ACIDENTÁRIO. CONCESSÃO. CURSO DO AVISO PRÉVIO INDENIZADO. ESTABILIDADE CONFIGURADA. DEMISSÃO DO EMPREGADO. IMPOSSIBILIDADE. Uma vez que a parte reclamante foi demitida e entrou no gozo do benefício por incapacidade temporária acidentário no curso do aviso prévio indenizado, o qual integra o contrato de trabalho para todos os efeitos, o contrato de trabalho fica suspenso até o término do benefício previdenciário, tendo o empregado direito à estabilidade acidentária de 12 meses prevista no art. 118 da Lei n. 8.213/91, a partir da cessação do benefício previdenciário, devendo, assim, ser mantida a sentença que determinou sua reintegração ao emprego, bem como lhe garantiu os direitos resultantes do contrato de trabalho em curso. Inteligência da OJ 82 da SDI-1 do TST, da Súmula 371 do TST e do art. 118 da Lei n. 8.213/91 (TRT-22 – RO: 00001625952015522 0102, Rel. Liana Ferraz De Carvalho, j. em 26-2-2018, 1ª Turma).

É que "o aviso prévio indenizado é computado no tempo de serviço do trabalhador para todos os efeitos, tendo em vista que o contrato de trabalho só se extingue quando findo o período de aviso" (TST, RR 150.510/94.0, José Luiz Vasconcellos, Ac. 3ª T. 2.879/96).

E quando o aposentado por incapacidade permanente, em função de acidente de trabalho, retorna à capacidade laborativa? Poder-se-ia cogitar que a norma legal é clara e só prevê estabilidade em caso de de benefício por incapacidade temporária. Todavia, essa linha de raciocínio é insustentável, a nosso ver. É que a incapacidade temporária, da qual decorre o direito do segurado ao benefício por incapacidade temporária, é um *minus* em relação à aposentadoria por incapacidade permanente, decorrente de acidente de trabalho ou de doença a ele equiparada.

Basta, para tanto, lembrar que a aposentadoria por incapacidade permanente decorre, no mais das vezes, da transformação do benefício por incapacidade temporária. Destarte, a estabilidade se impõe quando um segurado empregado, urbano ou rural, vitimado por acidente de trabalho ou doença afim, aposentado por incapacidade permanente em virtude daquele infortúnio, volta a ter capacidade laborativa, pelo mesmo período de 12 meses a contar da cessação do benefício acidentário – no caso, a aposentadoria. A estabilidade em questão não é o direito de permanecer no mesmo local de trabalho e exercendo a mesma função. É garantia de que não poderá ser dispensado sem justa causa.

Havendo necessidade de remanejamento por motivo de reabilitação profissional, ou por necessidade do serviço, sem que importe em violação do contrato e das regras de proteção ao trabalhador, a remoção do posto de trabalho é válida. Quanto à obrigatoriedade de reintegração no emprego, no caso de invalidação da despedida do empregado acidentado, revendo posicionamento anterior, discordamos da corrente que indica não ser esta cabível, e sim somente o pagamento dos salários e vantagens do interregno estabilitário.

Com efeito, a intenção da regra legal é a preservação do emprego, e não apenas a expressão monetária – percepção de salários. Ademais, o entendimento de que, uma vez despedido de forma ilegal, a anulação da despedida se resolve pelo mero pagamento do que lhe era devido, não leva em consideração que o trabalhador, vitimado por acidente de trabalho, pode, durante os doze meses de estabilidade, vir a sofrer novo acidente, ou recrudescimento (recidiva) do seu quadro de saúde, decorrente de sequelas do acidente ou da doença ocupacional, tendo direito, então, a novo período de doze meses de estabilidade, a cada oportunidade em que resultar incapacitado para o trabalho por período superior a quinze dias (gozo de benefício por incapacidade temporária).

Portanto, dada a natureza da regra de proteção, entendemos tratar-se de estabilidade absoluta, geradora de reintegração nos 12 meses que seguem ao da cessação do benefício por incapacidade temporária acidentário.

Por fim, cumpre frisar que o TST adotou o entendimento de conferir garantia de estabilidade provisória ao empregado que sofreu acidente de trabalho ainda que este se encontre em contrato por prazo determinado, ao inserir o item III na Súmula 378. Tal mudança ensejou dúvidas sobre o alcance da manutenção do emprego ao acidentado, já que o contrato a termo poderia ser estendido além do prazo pactuado entre as próprias partes. No entanto, em julgados recentes, nota-se que o sentido não seria esse:

> RECURSO DE REVISTA. CONTRATO POR PRAZO DETERMINADO. ACIDENTE DE TRABALHO. EFEITOS. TRANSMUTAÇÃO DA NATUREZA CONTRATUAL. PROVIMENTO PARCIAL. Esta Corte tem se posicionado, por meio de diversos julgados, sobre a aplicação da estabilidade prevista no art. 118 da Lei n. 8.213/91, quando o acidente de trabalho ocorre durante o cumprimento do contrato de trabalho por prazo determinado. Dentro de tal contexto, a decisão regional deve ser mantida, pois, em consonância com o atual posicionamento desta Corte sobre a matéria. Entretanto, não pode subsistir o *decisum* no que diz respeito à conversão do contrato a termo em indeterminado, visto que a prestação de serviço observou o estrito cumprimento do estabelecido contratualmente, tendo o Reclamado efetivado a rescisão nos limites do contrato firmado, não se evidenciando a vontade de elastecer o prazo contratual originariamente fixado. O acidente de trabalho não é fato capaz de justificar a transmutação contratual, assim como o reconhecimento da estabilidade, cuja observância se restringe ao lapso legalmente previsto. Portanto, deve ser afastado da condenação o provimento de natureza declaratória, por meio do qual foi reconhecida a existência de contrato por prazo indeterminado. Recurso de Revista conhecido e parcialmente provido (TST, RR 151400-31.2009.5.04.0771, Rel. Min. Maria de Assis Calsing, 4ª Turma, publ. *DEJT* de 10-8-2012).

Assim, os julgados do TST, após a alteração jurisprudencial, têm deferido ao trabalhador acidentado no curso de contrato a prazo certo (de experiência, temporário etc.) apenas o pagamento do valor equivalente ao período estabilitário (12 meses de salários e demais verbas), por força da Súmula 396 daquela mesma Corte, mas não a reintegração, como se nota, v.g., da decisão proferida no AIRR 124700-73.2007.5.09.0892, Rel. Min. Mauricio Godinho Delgado, 3ª Turma, *DEJT* de 19-10-2012.

# 28

# Serviços previdenciários

## 28.1 Conceito

Serviços são as prestações previdenciárias de natureza imaterial postas à disposição dos segurados e dos dependentes do Regime Geral de Previdência Social – RGPS.

## 28.2 Espécies de serviços

Os serviços previdenciários podem ser divididos em: serviço social, habilitação e reabilitação profissional.

### *28.2.1 Serviço social*

Visa esclarecer aos beneficiários seus direitos sociais e os meios de exercê-los, bem como determinar conjuntamente com eles o processo de solução dos problemas que surgirem da sua relação com a Previdência Social, seja das relações internas da instituição, seja dinâmica da sociedade.

Em prol de atendimento concreto dos usuários, é disposta a utilização de intervenção técnica, recursos sociais, ajuda material, assistência de natureza jurídica, intercâmbio com empresas e pesquisa social, até mesmo pela celebração de acordos, contratos ou convênios.

O beneficiário é conscientizado pelo Serviço Social para participar do fortalecimento da política previdenciária, em articulação com as associações e entidades profissionais. As regras gerais estão previstas no art. 88 da Lei n. 8.213/91.

O Decreto n. 3.048/99, em seu art. 161, prevê que será dada prioridade de atendimento a segurados em benefício por incapacidade temporária e atenção especial a aposentados e pensionistas, e que, para assegurar o efetivo atendimento aos beneficiários, poderão ser utilizados mecanismos de intervenção técnica, ajuda material, recursos sociais, intercâmbio com empresas, inclusive mediante celebração de convênios, acordos ou contratos, ou pesquisa social.

**PREVDICA:**

Serviço Social do INSS tem também atribuições voltadas à avaliação funcional das pessoas portadoras de deficiência que buscam a concessão do benefício assistencial da LOAS e a aposentadoria aos portadores de deficiência (LC n. 142/2013), de acordo com o disposto nos Decretos n. 6.214/2007 e 8.145/2013 e na Portaria Interministerial SDH/MPS/MF/MOG/AGU n. 1/2014.

### *28.2.2 Habilitação e reabilitação profissional*

A habilitação e a reabilitação profissional são serviços que objetivam proporcionar ao beneficiário parcial ou totalmente incapacitado para o trabalho, e às pessoas portadoras de deficiência, os meios para a (re)educação e (re)adaptação profissional e social indicados para participar do mercado de trabalho e do contexto em que vive, conforme art. 89 da Lei n. 8.213/91.

**Habilitação**: preparação do inapto para exercer atividades, em decorrência de incapacidade física adquirida ou a deficiência hereditária.

**Reabilitação**: pessoa ter tido aptidão e tê-la perdido por motivo de enfermidade ou acidente.

Importante deixar claro que os tribunais têm entendido que não se pode cessar o benefício por incapacidade sem que antes o segurado tenha passado por processo de reabilitação profissional:

> Previdenciário. Mandado de segurança. Auxílio-doença. Sentença judicial transitada em julgado. Processo de reabilitação profissional. Inexistência. Violação da coisa julgada. 1. Verificado que a DCB somente poderia se dar após procedimento de reabilitação profissional, a cessação do benefício antes da emissão do certificado de reabilitação, ou da prova da recusa do segurado a submeter-se ao processo, configura violação da coisa julgada. 2. Cabível a concessão da segurança para determinar o restabelecimento do benefício a contar da cessão indevida, não se tratando o caso dos autos das situações vedadas pelas Súmulas 269 e 271 do STF, diante do reconhecimento de que houve violação à sentença judicial já transitada em julgado (TRF-4 – AC: 50058962520224047208/SC, Rel. Sebastião Ogê Muniz, j. em 15-2-2023, 9ª Turma).

**PREVDICA:**

A pessoa com deficiência não é reabilitada e, sim, habilitada; essa é a denominação técnica.

A reabilitação profissional compreende o fornecimento de aparelho de prótese, órtese e demais instrumentos de auxiliam na locomoção quando a perda ou redução da capacidade funcional puder ser atenuada por seu uso e o dos equipamentos necessários à habilitação e reabilitação social e profissional, a reparação ou substituição desses aparelhos e, quando necessário, o transporte do acidentado ao trabalho.

## 28.3 Programa de Habilitação e Reabilitação Profissional

Esse programa abrange os segurados, inclusive os aposentados, em caráter obrigatório; os dependentes com disponibilidades administrativas, técnicas e financeiras e as condições locais do órgão; as pessoas portadoras de deficiência, sem vínculo com a Previdência Social, segundo as disponibilidades administrativas e técnicas das unidades executivas, por meio de convênios e/ou acordos de cooperação técnico-financeira.

Todo atendimento obedecerá a uma ordem de prioridade, com atenção especial ao segurado acidentado do trabalho e de acordo com as disponibilidades técnico-financeiras. Essa preferência deve ser conciliada com a destinada à pessoa com deficiência, por força do disposto na Lei n. 13.146/2015, que criou a Lei Brasileira de Inclusão da Pessoa com Deficiência, hoje denominado Estatuto da Pessoa com Deficiência.

**PREVDICA**:

Esses serviços são obrigatórios para os segurados que recebem benefício por incapacidade temporária e aposentadoria por incapacidade permanente, e, na medida das capacidades da Previdência Social, também são oferecidos aos dependentes com incapacidade permanente, conforme estipulado no art. 90 da Lei do Regime Geral de Previdência Social (RGPS).

# 29

# Prescrição e decadência da Seguridade Social

## 29.1 Prescrição

Prescrição é a perda do direito de promover a execução judicial do seu crédito já constituído, em virtude de não o ter exercido dentro do prazo legal.

## 29.2 Prescrição quinquenal da pretensão

Esta modalidade se enquadra na perda do direito após decorridos cinco anos contados do direito subjetivo violado, pois, neste caso, há uma única prestação devida pelo contribuinte, que é o sujeito passivo da obrigação.

Vejamos um caso concreto:

> PRESCRIÇÃO QUINQUENAL. DECLARAÇÃO DE OFÍCIO. A prescrição é matéria de ordem pública, que pode ser reconhecida de ofício em qualquer grau de jurisdição. Consoante se extrai do art. 7º, inciso XXIX, da Constituição Federal, o direito de ação quanto aos créditos resultantes das relações de trabalho tem prazo prescricional de cinco anos para os trabalhadores urbanos e rurais, até o limite de dois anos após a extinção do contrato de trabalho. Logo, o trabalhador tem cinco anos de prazo prescricional, a contar do prejuízo sofrido, estando esse prazo limitado a dois anos após a rescisão contratual. Sendo assim, reconhece-se a prescrição dos direitos anteriores a 4-9-2014, considerando-se que a presente reclamação foi ajuizada em 4-9-2019 (TRT-2 – ROT: 10011756420195020713 SP, Rel. Ivete Bernardes Vieira de Souza, 17ª Turma – Cadeira 4, publicado em 17-2-2020).

No mesmo sentido, tem-se:

> Processo civil. Embargos de declaração em apelação. Omissão identificada. Direito previdenciário. Matéria de ordem pública. Prescrição quinquenal. Art. 103, parágrafo único da Lei n. 8.213/91. Necessidade de aplicação. Embargos de declaração acolhidos.

> 1. O Embargante faz jus ao acolhimento do pedido de aplicação da prescrição quinquenal das parcelas anteriores aos 5 anos do ajuizamento da Ação – art. 103, parágrafo único, da Lei n. 8.213/91 –, por ser matéria de ordem pública, não alcançada pelo instituto da preclusão. 2. Embargos de Declaração acolhidos (TJ-AM – Embargos de Declaração Cível: 00079498720238040000 Manaus, Rel. Maria das Graças Pessoa Figueiredo, j. em 9-7-2024, 1ª Câmara Cível, publicado em 9-7-2024).

## 29.3 Decadência

Por decadência entendemos a extinção do direito do ente arrecadador de apurar e constituir, por lançamento, o seu crédito previdenciário, em decorrência de não o ter exercido no lapso de tempo que a lei lhe assegurou.

## 29.4 Decadência decenal para a revisão de benefício

Conforme o art. 103 da Lei n. 8.213/91, o prazo para a revisão dos benefícios previdenciários é de 10 anos, vejamos na íntegra:

> Art. 103. O prazo de decadência do direito ou da ação do segurado ou beneficiário para a revisão do ato de concessão, indeferimento, cancelamento ou cessação de benefício e do ato de deferimento, indeferimento ou não concessão de revisão de benefício é de 10 (dez) anos, contado:
>
> I – do dia primeiro do mês subsequente ao do recebimento da primeira prestação ou da data em que a prestação deveria ter sido paga com o valor revisto; ou
>
> II – do dia em que o segurado tomar conhecimento da decisão de indeferimento, cancelamento ou cessação do seu pedido de benefício ou da decisão de deferimento ou indeferimento de revisão de benefício, no âmbito administrativo.
>
> Parágrafo único. Prescreve em cinco anos, a contar da data em que deveriam ter sido pagas, toda e qualquer ação para haver prestações vencidas ou quaisquer restituições ou diferenças devidas pela Previdência Social, salvo o direito dos menores, incapazes e ausentes, na forma do Código Civil.

## 29.5 Decadência decenal para a revisão de impugnação do ato administrativo

O prazo para impugnar ato administrativo que não concedeu o benefício requerido começa a ser contado a partir do dia da cientificação e é de 10 anos. Logo, se houve indeferimento por parte do INSS, o contribuinte-requerente possui 10 anos para questionar tal decisão.

## 29.6 Diferenças entre decadência e prescrição

- Decadência não se interrompe ou se suspende, sendo seu prazo contínuo e fatal.
- Prescrição tem seu prazo sujeito a interrupções (art. 174 do CTN).

## 29.7 Causas de interrupção da prescrição

- despacho do juiz que ordenar a citação pessoal feita ao devedor em execução fiscal;
- protesto judicial;
- qualquer ato judicial que constitua em mora o devedor ou qualquer ato inequívoco, ainda que extrajudicial, que importe o reconhecimento do débito pelo devedor.

## 29.8 Decadência e as contribuições

Créditos tributários, assim como os previdenciários, sujeitam-se, após nascida a obrigação tributária, ao prazo decadencial. Pode-se falar em prazo prescricional somente após regularmente constituídos os créditos.

A decadência corresponde ao prazo em que o órgão fiscal deve agir para constituir o crédito tributário por meio de um lançamento de ofício, diante da ausência do pagamento voluntário pelo sujeito passivo da obrigação.

### *29.8.1 Prazo decadencial*

O cômputo do prazo decadencial para a exigibilidade das contribuições à Seguridade Social, como em relação aos tributos em geral, dá-se a partir do primeiro dia do exercício seguinte ao daquele em que o lançamento poderia ter sido efetuado.

## 29.9 Prescrição e cobrança dos créditos

Uma vez constituído definitivamente o crédito da Seguridade Social por alguma das formas previstas em lei, começa a contagem do prazo para a cobrança judicial desse crédito. A prescrição atinge, portanto, a possibilidade de ingresso em juízo de execução ou a continuidade da ação executiva, pelo transcurso do prazo. Quanto à prescrição, não há que se cogitar de aplicação das regras da Lei n. 8.212/91, sendo pacífico o entendimento do STJ sobre isso.

**PREVDICA:**
Relevante alteração se encontra prevista no art. 53 da Lei n. 11.941/2009, que passa a dispor que "a prescrição dos créditos tributários pode ser reconhecida de ofício pela autoridade administrativa", inclusive quanto às contribuições sociais previstas nas alíneas *a*, *b* e *c* do parágrafo único do art. 11 da Lei n. 8.212/91, às contribuições instituídas a título de substituição e às contribuições devidas a terceiros, assim entendidas outras entidades e fundos.

O direito de o contribuinte requerer restituição ou realizar compensação de contribuições ou de outras importâncias prescreve em cinco anos, contados a partir (art. 88 da Lei n. 8.212/91, c/c o art. 168 do CTN e o art. 253 do Decreto n. 3.048/99):

a) do pagamento ou recolhimento indevido;
b) em que se torna definitiva a decisão administrativa ou passar em julgado a sentença judicial que tenha reformado, anulado ou revogado a decisão condenatória.

## 29.10 Desconstituição de exigência fiscal – Decadência

O art. 45 da Lei n. 8.212/91 previa que:

> o direito de pleitear judicialmente a desconstituição de exigência fiscal fixada pelo Instituto Nacional do Seguro Social - INSS no julgamento de litígio em processo administrativo fiscal extingue-se com o decurso do prazo de 180 dias, contado da intimação da referida decisão.

Contudo, o referido artigo foi revogado pela LC n. 128/2008.

Esse prazo decadencial também padecia do vício de inconstitucionalidade formal, já que instituído pela Medida Provisória n. 1.608-2, de 5 de março de 1998, posteriormente convertida na Lei n. 9.639, de 25 de maio de 1998.

## 29.11 Prescritibilidade de prestações previdenciárias

A regra geral de prescritibilidade dos direitos patrimoniais existe diante da necessidade de se preservar a estabilidade das situações jurídicas. Entretanto, o direito ao benefício previdenciário em si não prescreve, mas tão somente as prestações não reclamadas dentro de certo tempo, que vão prescrevendo, uma a uma, em virtude da inércia do beneficiário.

Na seara previdenciária, desde o Decreto n. 20.910/32, tem sido aplicada a prescrição quinquenal.

No mesmo sentido, é a Súmula 85 do STJ:

> Nas relações jurídicas de trato sucessivo, em que a Fazenda Pública figure como devedora, quando não tiver sido negado o próprio direito reclamado, a prescrição atinge apenas as prestações vencidas antes do quinquênio anterior à propositura da ação.

**PREVDICA:**

Nos casos dos benefícios concedidos anteriormente à instituição da decadência, inexistia limitação no tempo à possibilidade de revisão, mas o Supremo Tribunal Federal entendeu aplicável esse prazo a todos os benefícios, independentemente da data de início (RE 626.489/SE).

# 30

# Tempo de contribuição dos benefícios previdenciários

## 30.1 Tempo de contribuição – Conceito

Tempo de contribuição é o tempo contado desde o início até a data do requerimento ou do desligamento de atividade abrangida pela Previdência Social, descontados os períodos legalmente estabelecidos como de suspensão de contrato de trabalho, de interrupção de exercício e desligamento da atividade (art. 59 do Decreto n. 3.048/99).

**PREVDICA**:

O tempo de serviço considerado pela legislação vigente para efeito de aposentadoria, cumprido até que a lei discipline a matéria, será contado como tempo de contribuição.

De acordo com o art. 19-C do Decreto n. 3.048/99, com redação dada pelo Decreto n. 10.410/2020, considera-se como tempo de contribuição o tempo correspondente aos períodos para os quais tenha havido contribuição obrigatória ou facultativa ao RGPS, dentre outros, o período:

> I – de contribuição efetuada por segurado que tenha deixado de exercer atividade remunerada que o enquadrasse como segurado obrigatório da previdência social;
>
> II – em que a segurada tenha recebido salário-maternidade;
>
> III – de licença remunerada, desde que tenha havido desconto de contribuições;
>
> IV – em que o segurado tenha sido colocado em disponibilidade remunerada pela empresa, desde que tenha havido desconto de contribuições;
>
> V – de atividade patronal ou autônoma, exercida anteriormente à vigência da Lei n. 3.807, de 26 de agosto de 1960, desde que tenha sido indenizado conforme o disposto no art. 122;
>
> VI – de atividade na condição de empregador rural, desde que tenha havido contribuição na forma prevista na Lei n. 6.260, de 6 de novembro de 1975, e indenização do período anterior, conforme o disposto no art. 122;

VII – de exercício de mandato eletivo federal, estadual, distrital ou municipal, desde que tenha havido contribuição na época apropriada e este não tenha sido contado para fins de aposentadoria por outro regime de previdência social;

VIII – de licença, afastamento ou inatividade sem remuneração do segurado empregado, inclusive o doméstico e o intermitente, desde que tenha havido contribuição na forma prevista no § 5º do art. 11; e

IX – em que o segurado contribuinte individual e o segurado facultativo tenham contribuído na forma prevista no art. 199-A, observado o disposto em seu § 2º.

Vale a ressalva do Enunciado 7 do Conselho de Recursos da Previdência Social:

O tempo de serviço prestado à empresa não vinculada à Previdência Social brasileira não pode ser computado, salvo tratado de reciprocidade entre o Brasil e o Estado estrangeiro onde o trabalho, prestado num, seja contado no outro, para efeito dos benefícios ali previstos.

## 30.2 Prova do tempo de contribuição

A prova do tempo de contribuição se dá pelo art. 19-B, § 1º, do Decreto n. 3.048/99, com redação dada pelo Decreto n. 10.410/2020, e leva em conta a forma de filiação do segurado ao RGPS e somente se efetiva na ausência de dados concretos do CNIS.

É que o art. 19-B do citado Decreto diz expressamente que, na hipótese de não constarem do CNIS as informações sobre atividade, vínculo, remunerações ou contribuições, ou de haver dúvida sobre a regularidade das informações existentes, o período somente será confirmado por meio da apresentação de documentos contemporâneos dos fatos a serem comprovados, com menção às datas de início e de término e, quando se tratar de trabalhador avulso, à duração do trabalho e à condição em que tiver sido prestada a atividade.

A lista desses documentos contemporâneos está no § 1º do art. 19-B, a saber:

I – carteira profissional ou Carteira de Trabalho e Previdência Social;

II – contrato individual de trabalho;

III – contrato de trabalho por pequeno prazo, na forma prevista no § 3º do art. 14-A da Lei n. 5.889, de 1973;

IV – carteira de férias;

V – carteira sanitária;

VI – caderneta de matrícula;

VII – caderneta de contribuição dos extintos institutos de aposentadoria e pensões;

VIII – caderneta de inscrição pessoal visada:

a) pela Capitania dos Portos;

b) pela Superintendência do Desenvolvimento da Pesca; ou

c) pelo Departamento Nacional de Obras Contra as Secas;

IX – declaração da Secretaria Especial da Receita Federal do Brasil do Ministério da Economia;

X – certidão de inscrição em órgão de fiscalização profissional, acompanhada de documento que prove o exercício da atividade;

XI – contrato social, acompanhado de seu distrato, e, quando for o caso, ata de assembleia geral e registro de empresário;

XII – certificado de sindicato ou órgão gestor de mão de obra que agrupe trabalhadores avulsos;

XIII – extrato de recolhimento do FGTS; e

XIV – recibos de pagamento.

A comprovação do exercício de atividade era, em regra, de incumbência do segurado, que deveria reunir provas de haver prestado serviços cuja vinculação à Previdência Social era obrigatória.

Veja que, pela letra do Decreto, o dever de comprovar o exercício de atividade remunerada só se mantém na hipótese de não haver informações do segurado no Cadastro Nacional de Informações Sociais – CNIS, ou se o segurado achar que tais informações, quando existentes, não refletem a realidade.

A comprovação do tempo de contribuição deve ser feita por meio de documentos que provem o exercício da atividade nos períodos a serem contados, devendo esses documentos ser contemporâneos aos fatos a comprovar, sendo admitida declaração do empregador ou de seu preposto, atestado de empresa ainda existente ou certificado ou certidão de entidade oficial dos quais constem os dados previstos no *caput*, desde que extraídos de registros existentes, que serão confirmados pelo INSS na forma prevista no § 5º, exceto se fornecidas por órgão público.

O objetivo da norma é dotar o INSS de instrumentos necessários ao regular reconhecimento, manutenção, revisão ou extinção de direitos previdenciários.

**PREVDICA:**
As anotações na CTPS valem, para todos os efeitos, como prova de filiação à Previdência Social, relação de emprego, tempo trabalhado e salário de contribuição.

## 30.3 Reconhecimento do tempo de filiação

O reconhecimento do tempo de filiação é o direito que o segurado tem de ver observado, em qualquer época, o tempo de contribuição exercido anteriormente em atividade abrangida pela Previdência Social. Havendo reconhecimento de filiação em período em que o exercício de atividade não exigia filiação obrigatória à Previdência Social, esse período somente será averbado se o INSS for indenizado pelas contribuições não pagas.

## 30.4 Aluno-aprendiz

O trabalho em regime de aprendizagem tem previsão na Consolidação das Leis do Trabalho, e corresponde a uma relação de emprego com características próprias, ocasionando a filiação obrigatória do indivíduo ao RGPS, na categoria de empregado.

A Advocacia-Geral da União, no Enunciado 24, diz:

> É permitida a contagem, como tempo de contribuição, do tempo exercido na condição de aluno-aprendiz referente ao período de aprendizado profissional realizado em escolas técnicas, desde que comprovada a remuneração, mesmo que indireta, à conta do orçamento público e o vínculo empregatício.

O Regulamento da Previdência Social prevê, em seu art. 60, XXII, o cômputo, como tempo de contribuição, do tempo exercido na condição de aluno-aprendiz, referente ao período de aprendizado profissional realizado em escola técnica, desde que comprovada a remuneração, mesmo que indireta, à conta do orçamento público e o vínculo empregatício.

## 30.5 O art. 55 da Lei de Benefícios e o princípio de aptidão para a prova. A inconstitucionalidade pela afronta ao Princípio da Ampla Defesa

Sobre esse assunto, vigora a exigência realizada pelo INSS de "início de prova material" para cômputo do tempo de atividade do empregado sem registro.

Do ponto de vista prático, o trabalho informal não necessariamente é prestado por pessoas que se encontram em condições típicas de empregado, como estabelecido no art. 3º da CLT. Há trabalhadores informais que prestam atividade não subordinada, como os profissionais liberais, os trabalhadores eventuais, os ambulantes, os camelôs.

Podemos então afirmar que o primeiro problema do dispositivo é tratar situações diversas sem fazer as necessárias distinções, quando evidentemente a diversidade das características impõe tratamento diferenciado.

Na situação de trabalhadores não subordinados que desejam computar seu tempo de atividade para fins previdenciários, temos:

1) as relações jurídicas de trabalho em que o indivíduo realiza a atividade são múltiplas, não havendo, normalmente, um único tomador dos serviços prestados, e não tendo o indivíduo regras de ordem pública para proteger os direitos como prestador de serviços;
2) o próprio indivíduo, em termos tributários, é o responsável pelo recolhimento das contribuições à Seguridade Social incidentes sobre os valores auferidos em função da atividade laboral, diferentemente do que ocorre na relação de emprego, em que o responsável tributário não é o indivíduo, mas seu empregador;
3) em função da sua responsabilidade tributária, a Previdência só admite o reconhecimento do tempo de atividade caso o indivíduo faça o recolhimento de todas as contribuições do período pretérito reconhecido, sem que haja incidência de prazo decadencial, segundo o art. 45-A da Lei de Custeio.

**PREVDICA:**
Todos os princípios ligados ao devido processo, e mais especificamente, o princípio da aptidão para a prova, que advém do direito à ampla defesa.

## 30.6 Tempo de contribuição e contagem recíproca

A garantia da contagem recíproca do tempo de serviço, prevista inicialmente na Lei n. 6.226/75, passou a ser a contagem de tempo de contribuição, permitindo-se o cômputo, para fins de aposentadoria, do período trabalhado no serviço público e daquele prestado na iniciativa privada, inclusive para o trabalhador urbano e rural, hipótese em que os regimes de Previdência Social envolvidos se compensarão financeiramente, conforme regra prevista no § 9º do art. 201 da CF:

> § 9º Para fins de aposentadoria, será assegurada a contagem recíproca do tempo de contribuição entre o Regime Geral de Previdência Social e os regimes próprios de previdência social, e destes entre si, observada a compensação financeira, de acordo com os critérios estabelecidos em lei.

A compensação financeira será efetuada pelos demais regimes em relação ao regime em que o interessado estiver vinculado ao requerer o benefício, em relação aos tempos de contribuição ou serviço.

Lembrando que o tempo de serviço militar exercido nas atividades de que tratam os arts. 42, 142 e 143 da Constituição e o tempo de contribuição ao Regime Geral de Previdência Social ou a regime próprio de previdência social terão contagem recíproca para fins de inativação militar ou aposentadoria, e a compensação financeira será devida entre as receitas de contribuição referentes aos militares e as receitas de contribuição aos demais regimes.

O servidor público tem direito à emissão pelo INSS de certidão de tempo de serviço prestado como celetista sob condições de insalubridade, periculosidade e penosidade, com os acréscimos previstos na legislação previdenciária.

## 30.7 Justificação Administrativa

De acordo com o art. art. 108 da Lei n. 8.213/91, Justificação Administrativa é a forma usada para suprir a falta ou insuficiência de documentos ou produzir prova de fato ou circunstância de interesse dos beneficiários perante a Previdência Social. É um meio de prova de natureza administrativa, processada perante a própria Previdência Social.

Trata-se de um processo administrativo interno, logo, a justificação administrativa encontra-se dentre esse conjunto de atos administrativos praticados dentro da Previdência Social, sendo vedada sua tramitação na condição de processo autônomo.

Usado como um meio de recurso em situações especificas e cabíveis, iniciado por requerimento do interessado, a fim de provar fato ou circunstância de seu interesse, apresentando testemunhas, que passarão por uma oitiva, a fim de comprovar o motivo pelo qual solicitou o recurso e assim obter concessão de benefício junto à Previdência Social.

Decorre de direito constitucionalmente assegurado por meio de petição, desde que preenchidos requisitos necessários, tendo como um deles a vontade expressa do beneficiário para dar início ao exercício do direito.

Todavia, por se tratar de uma autarquia, o INSS segue a observância de princípios e preceitos em seu âmbito interno, por meio da Instrução Normativa n. 128/2022.

# 31

# Benefícios por incapacidade

Nos termos da Organização Mundial da Saúde – OMS, incapacidade laborativa é qualquer redução ou falta (resultante de uma deficiência ou disfunção) da capacidade para realizar uma atividade de maneira considerada normal para o ser humano, ou que esteja dentro do espectro considerado normal, ou seja, a incapacidade laboral pode ser resumida como a impossibilidade física ou mental para o exercício de uma dada atividade profissional e pode decorrer de fatores fisiológicos.

Nesse passo, a Lei n. 8.213/91[1] elenca em seu texto os benefícios por incapacidade, ou seja, benefício por incapacidade temporária e aposentadoria por incapacidade permanente, ou auxílio-acidente aquele que possui redução da capacidade ao trabalho após ter sofrido algum acidente. Além disso, há uma série de requisitos para que o trabalhador tenha direito ao benefício por incapacidade, um deles é a própria comprovação da incapacidade, que pode ser temporária, aquela que tem previsão de recuperação, ou permanente, que que não tem previsão de recuperação.

Contudo, é importante ressaltar que, para ter direito a esse benefício, é indispensável que o indivíduo seja segurado da Previdência Social, ou seja, deve verter contribuições, mensalmente, para o INSS, seja como segurado obrigatório ou individual, avulso, ou segurado especial, além disso mesmo que não esteja vertendo contribuições, mas se o segurado estiver no período de graça, será assistido pelos benefícios da previdência, podendo receber o benefício por incapacidade.

Diante da atualização legislativa, devemos citar a Lei n. 14.441/2022 que foi sancionada em 2 de agosto de 2022 e trata do fluxo de análise de benefícios previdenciários e assistenciais. Segundo o governo federal, as alterações têm o propósito de otimizar o processo de análise de pedidos do Benefício de Prestação Continuada (BPC) e do Auxílio-Inclusão, reduzindo o tempo necessário para sua tramitação.

---

1. BRASIL. Lei n. 8.213, de 24 de julho de 1991. Dispõe sobre os Planos de Benefícios da Previdência Social e dá outras providências. Brasília, DF.

As principais mudanças envolvem a celebração de parcerias para a realização de avaliações sociais, supervisionadas pelo serviço social do Instituto Nacional do Seguro Social (INSS). No entanto, a lei não detalha como essas parcerias serão estabelecidas no contexto da prestação do BPC. Além disso, a legislação prevê a concessão automática do Auxílio-Inclusão, um benefício criado para apoiar e incentivar a inclusão de pessoas com deficiência no mercado de trabalho.

A concessão automática será viável somente mediante comprovação pelo INSS ou pelo Ministério da Cidadania, e o beneficiário precisará atender aos critérios estabelecidos para receber o benefício. De acordo com a lei, o pagamento será feito quando ocorrer a acumulação do BPC com a renda proveniente de atividade remunerada.

Uma das principais atualizações foi na Lei n. 8.213 de 1991:

> Art. 60. (...)
>
> § 14. Ato do Ministro de Estado do Trabalho e Previdência poderá estabelecer as condições de dispensa da emissão de parecer conclusivo da perícia médica federal quanto à incapacidade laboral, hipótese na qual a concessão do benefício de que trata este artigo será feita por meio de análise documental, incluídos atestados ou laudos médicos, realizada pelo INSS. (NR)
>
> Art. 101. O segurado em gozo de auxílio por incapacidade temporária, auxílio-acidente ou aposentadoria por incapacidade permanente e o pensionista inválido, cujos benefícios tenham sido concedidos judicial ou administrativamente, estão obrigados, sob pena de suspensão do benefício, a submeter-se a:
>
> I – exame médico a cargo da Previdência Social para avaliação das condições que ensejaram sua concessão ou manutenção;
>
> II – processo de reabilitação profissional prescrito e custeado pela Previdência Social; e
>
> III – tratamento oferecido gratuitamente, exceto o cirúrgico e a transfusão de sangue, que são facultativos.

**PREVDICA:**

A Emenda Constitucional n. 103/2019 deu novos nomes aos benefícios de auxílio-doença por incapacidade temporária.

## 31.1 Auxílio-acidente

O auxílio-acidente é um benefício previdenciário indenizatório do INSS devido aos segurados que sofrem qualquer categoria de acidente que resultam em sequelas que diminuam a sua capacidade para o trabalho, essas sequelas devem ser permanentes, havendo um prejuízo na vida profissional do trabalhador, nos termos do art. 86 da LBPS[2]:

2. BRASIL. Lei n. 8.213, de 24 de julho de 1991. Dispõe sobre os Planos de Benefícios da Previdência Social e dá outras providências. Brasília, DF.

Será concedido como indenização ao segurado quando, após consolidação das lesões decorrentes de acidente de qualquer natureza, resultarem sequelas que impliquem redução da capacidade para o trabalho que habitualmente exercia. Portanto, existem dois requisitos específicos para a sua concessão, quais sejam: a ocorrência de acidente de qualquer natureza e a redução parcial e definitiva da capacidade para o trabalho habitual.

Por força do § 2º do art. 86 da Lei n. 8.213/91, será devido a partir do dia seguinte ao da cessação do auxílio-doença (hoje auxílio por incapacidade temporária), independentemente de qualquer remuneração ou rendimento auferido pelo acidentado, vedada sua acumulação com qualquer aposentadoria.

Logo, os acidentes de qualquer natureza ou causa, nos termos do art. 30, § 1º, do Decreto n. 3.048/99, definidos como aqueles de origem traumática e por exposição a agentes exógenos, físicos, químicos ou biológicos, que acarretem lesão corporal ou perturbação funcional que causem a morte ou a perda ou a redução permanente ou temporária da capacidade laborativa. Nessa toada, a TNU, ao julgar o Tema 269, fixou a seguinte tese:

> O conceito de acidente de qualquer natureza, para os fins do art. 86 da Lei n. 8.213/91 (auxílio-acidente), consiste em evento súbito e de origem traumática, por exposição a agentes exógenos físicos, químicos ou biológicos, ressalvados os casos de acidente do trabalho típicos ou por equiparação, caracterizados na forma dos arts. 19 a 21 da Lei n. 8.213/91.

A de qualidade segurado, assim como nos demais benefícios por incapacidade, é requisito para concessão do auxílio-acidente. Contudo, somente são beneficiários do auxílio-acidente o segurado empregado, empregado doméstico, trabalhador avulso e segurado especial (art. 18, § 1º, da LBPS). Portanto, somente o contribuinte individual e o segurado facultativo não têm direito ao auxílio-acidente.

Questiona-se a não concessão do benefício ao segurado contribuinte individual, pois este exerce atividade laborativa, diversamente do segurado facultativo. Entretanto, a jurisprudência tem entendido que o benefício também não seria devido ao contribuinte individual, por ausência de previsão legal, nesse sentido também o Tema 201 da TNU julgado em 2020, onde restou fixada a tese de que:

> o contribuinte individual não faz jus ao auxílio-acidente, diante de expressa exclusão legal[3].

Nesse passo, o entendimento majoritário é de que o contribuinte individual, por ser segurado obrigatório do Regime Geral de Previdência Social e também estar sujeito a acidente de qualquer natureza, respaldando-se no princípio da isonomia, deverá lhe ser estendido o direito ao benefício de auxílio-acidente, ou seja, esse novo entendimento se baseia no

3. BRASIL. Turma Nacional de Uniformização de Jurisprudência. Tema 201: O contribuinte individual não faz jus ao auxílio-acidente, diante de expressa exclusão legal. 9-10-2019.

fato de que, se existe previsão de custeio e efetivo recolhimento das contribuições aos cofres da Previdência Social, também dos contribuintes individuais (autônomos), não faz sentido lógico restringir-lhes o direito ao auxílio-acidente, caso ocorra um acidente do trabalho que resulte em sequelas que impliquem a redução da sua capacidade laboral.

A Constituição Federal não estabelece distinção entre os segurados da Previdência Social no tocante ao auxílio-acidente. Portanto, entendemos que deve ser reconhecido o direito ao tratamento isonômico entre os segurados do RGPS. Por outro lado, a ausência de previsão na Lei n. 8.213/1991 não impede a concessão do auxílio-acidente ao contribuinte individual, pois a contribuição que financia esse benefício não é da responsabilidade dos segurados.

Cabe ressaltar que não há como confundi-lo com o benefício por incapacidade temporária: este somente é devido enquanto o segurado se encontra incapaz, temporariamente, para o trabalho; o auxílio-acidente, por seu turno, é devido após a consolidação das lesões ou perturbações funcionais de que foi vítima o acidentado, ou seja, após a "alta médica", não sendo percebido juntamente com o benefício por incapacidade temporária, mas somente após a cessação deste último - Lei n. 8.213/1991, art. 86, § 2º.

Assim, entendemos como desarrazoado o entendimento jurisprudencial que nega o auxílio-acidente aos contribuintes individuais e, indo mais além, também aos segurados facultativos, posto que o acidente não necessariamente precisa ser do trabalho e, havendo qualidade de segurado e fonte de custeio, negar-lhe seria uma verdadeira afronta à isonomia.

Quanto aos segurados empregados domésticos, foi a EC n. 72/2013[4] que acabou com a indevida discriminação a essa categoria de trabalhadores, tendo a matéria sido regulamentada pela LC n. 150, de 2015. Entendemos, no entanto, que o benefício sempre foi devido, ou ao menos a partir da promulgação da EC n. 72, com base na regra geral prevista no art. 86 da Lei n. 8.213/1991. Em relação aos segurados especiais, o TRF da 4ª Região uniformizou o entendimento de que fazem jus à concessão de auxílio-acidente independentemente do recolhimento de contribuições.

Segundo precedentes jurisprudenciais, o benefício de auxílio-acidente é devido se e quando comprovado pelo conjunto probatório que o segurado é portador de sequela decorrente de acidente de qualquer natureza determinadora de redução da capacidade para o trabalho habitual, não exigindo, a legislação em vigor, grau, índice ou percentual mínimo de incapacidade.

Veja a seguir recente decisão sobre o assunto:

> Previdenciário. Trabalhador rural. Auxílio-acidente. Incapacidade parcial e permanente. Sequela e nexo causal comprovados. Benefício devido. Apelação provida. 1. Nos termos do art. 86 da Lei n. 8.213/91 (Plano de benefícios da Previdência Social), o auxílio-acidente será concedido, como indenização, ao segurado quando, após consolidação das

4. BRASIL. Emenda Constitucional n. 72, de 2 de abril de 2013. Altera a redação do parágrafo único do art. 7º da Constituição Federal para estabelecer a igualdade de direitos trabalhistas entre os trabalhadores domésticos e os demais trabalhadores urbanos e rurais. Brasília, DF.

lesões decorrentes de acidente de qualquer natureza, resultarem sequelas que impliquem redução da capacidade para o trabalho que habitualmente exercia. 2. O autor recebeu auxílio-doença anteriormente, o que demonstra que a qualidade de segurado foi comprovada da via administrativa. 3. Na situação, conforme laudo pericial judicial, o autor, então com 38 anos no momento da perícia, trabalhador volante da agricultura, ensino superior completo relatou que "[...] sofreu acidente de trânsito em maio de 2019, tendo evoluído com fratura de fêmur direito. Foi submetido a tratamento cirúrgico de fratura de fêmur com colocação de haste intramedular, posteriormente fisioterapia e acompanhamento médico, porém sem melhora. Em 30-11-2019 foi necessária nova cirurgia para troca do material de síntese. Atualmente relata que sente dores ao realizar esforços, agachar, a perna está mais curta e com hipotrofia em relação ao outro membro. Não consegue mais o mesmo desempenho no trabalho antes do acidente. [...]". 4. O auxílio-acidente é benefício previdenciário de cunho indenizatório, sendo devido ao segurado acidentado, quando, após a consolidação das lesões decorrentes de acidente de qualquer natureza, resultarem sequelas que impliquem redução da capacidade para a atividade laborativa habitual. 5. Tema repetitivo 156 do STJ: Será devido o auxílio-acidente quando demonstrado o nexo de causalidade entre a redução de natureza permanente da capacidade laborativa e a atividade profissional desenvolvida, sendo irrelevante a possibilidade de reversibilidade da doença. 6. Os requisitos para a concessão do benefício de auxílio-acidente são: a) qualidade de segurado; b) ter o segurado sofrido acidente de qualquer natureza; c) a redução parcial e definitiva da capacidade para o trabalho habitual; e, d) o nexo causal entre o acidente e a redução da capacidade. 7. O autor faz jus ao benefício de auxílio-acidente ante a comprovação nos autos de sua incapacidade laboral e do nexo causal entre a redução permanente sofrida e a atividade rurícola desenvolvida. 8. Em se tratando de restabelecimento de benefício, o termo inicial deverá ser a data da cessação do auxílio-doença. 9. Juros e correção monetária, conforme Manual de Cálculos da Justiça Federal. 10. Não se aplica o art. 85, § 11, do CPC ao caso dos autos, tendo em vista o que foi decidido no Tema 1.059/STJ. 11. Apelação provida, para determinar ao INSS a concessão de auxílio-acidente ao autor (TRF-1 – Apelação Cível: 10068904020234019999, Rel. Des. Federal Rui Costa Goncalves, j. em 11-4-2024, 2ª Turma, *PJe* 11-4-2024).

**PREVDICA:**

É vedada a cumulação do auxílio-acidente com qualquer outra aposentadoria (art. 86, § 2º, da LBPS).

### *31.1.1 Carência*

A concessão do auxílio-acidente independe do número de contribuições pagas, mas é preciso ter a qualidade de segurado. Vale dizer, dependentes de pessoa que nunca tenha contribuído para o RGPS, ou tenha perdido a qualidade de segurado, não fazem jus a este benefício.

As mais recentes decisões do STJ vêm em sentido contrário, ao decidir que "o auxílio-acidente possui natureza indenizatória, por este motivo, o tempo em que o segurado esteve em gozo, exclusivamente, de auxílio-acidente, não vertendo contribuições ao sistema previdenciário, não deve ser considerado como tempo de contribuição ou para fins de carência".

> PROCESSUAL CIVIL E PREVIDENCIÁRIO. APOSENTADORIA POR IDADE RURAL. REEXAME DE PROVAS. IMPOSSIBILIDADE. AUXÍLIO-ACIDENTE. NATUREZA INDENIZATÓRIA. PERÍODO. CONTAGEM. INVIABILIDADE. 1. Na esteira do REsp 1.348.633/SP, da Primeira Seção, para efeito de reconhecimento do labor agrícola, mostra-se desnecessário que o início de prova material seja contemporâneo a todo o período de carência exigido, desde que a eficácia daquele seja ampliada por prova testemunhal idônea. 2. Caso em que o Tribunal *a quo* considerou indevida a aposentadoria por idade rural por concluir que o início de prova documental da atividade campesina não foi corroborado por prova testemunhal, sendo certo que a inversão do julgado esbarra no óbice da Súmula 7 do STJ. 3. "O auxílio-acidente possui natureza indenizatória, por este motivo, o tempo em que o segurado esteve em gozo, exclusivamente, de auxílio-acidente, não vertendo contribuições ao sistema previdenciário, não deve ser considerado como tempo de contribuição ou para fins de carência, na forma do art. 55, inciso II, da Lei n. 8.213/91" (REsp 1.752.121/SC, Rel. Min. Francisco Falcão, Segunda Turma, j. em 11-6-2019, *DJe* de 14-6-2019)[5].

Recentemente a TNU também decidiu que "o período sem contribuição em que o segurado esteve em gozo de auxílio-acidente não pode ser computado como período de carência". Portanto, atualmente a jurisprudência se manifesta em sentido contrário à pretensão.

### 31.1.2 Data de início do benefício

O benefício tem início a partir do dia seguinte ao da cessação do auxílio-doença, independentemente de qualquer remuneração ou rendimento auferido pelo acidentado, ou na data da entrada do requerimento (DER), quando não precedido de benefício por incapacidade temporária, vedada a sua acumulação com qualquer aposentadoria nos termos do art. 86, § 2º, da LBPS.

> § 2º O auxílio-acidente será devido a partir do dia seguinte ao da cessação do benefício por incapacidade temporária, independentemente de qualquer remuneração ou rendimento auferido pelo acidentado, vedada sua acumulação com qualquer aposentadoria[6].

Esse posicionamento também é pacífico no Superior Tribunal de Justiça. A 1ª Seção do Superior Tribunal de Justiça (STJ) decidiu que o marco inicial do auxílio-acidente é o dia

---

5. BRASIL. Superior Tribunal de Justiça. REsp 1.752.121. O auxílio-acidente possui natureza indenizatória, por este motivo, o tempo em que o segurado esteve em gozo, exclusivamente, de auxílio-acidente, não vertendo contribuições ao sistema previdenciário, não deve ser considerado como tempo de contribuição ou para fins de carência. Francisco Falcão, 14-6-2019.
6. BRASIL. Lei n. 8.213, de 24 de julho de 1991. Dispõe sobre os Planos de Benefícios da Previdência Social e dá outras providências. Brasília, DF.

seguinte ao da cessação do benefício por incapacidade temporária que lhe deu origem, observando-se, se for o caso, a prescrição quinquenal de parcelas do benefício (Processo n. REsp 1.729.555, *DJe* de 1º-7-2021). Essa foi a tese jurídica firmada no Tema Repetitivo 862, e o efeito dessa decisão é vinculante para todas as instâncias do país nos processos que versem sobre idêntica questão de direito, pois o recurso, em questão – interposto por um segurado contra o INSS, foi escolhido pelo STJ como representativo da controvérsia e julgado por meio do sistema de recursos repetitivos.

Contudo, se inexistente a prévia concessão de tal benefício, o termo inicial deverá corresponder à data do requerimento. Inexistentes o benefício por incapacidade temporária e o requerimento administrativo, o auxílio-acidente tomará por termo inicial a data da citação.

**PREVDICA**:

O auxílio-acidente, via de regra, tem início a partir do dia seguinte ao da cessação do benefício por incapacidade temporária.

### 31.1.3 *Renda mensal inicial*

O auxílio-acidente mensal passou a corresponder a 50% do salário de benefício a partir da Lei n. 9.032/95[7] e será devido até a véspera de qualquer aposentadoria ou até a data do óbito do segurado.

Na redação original do art. 86, § 1º, da Lei n. 8.213/91, o auxílio-acidente mensal era vitalício e correspondia, dependendo da gravidade das sequelas, a 30%, 40% ou 60% do salário de contribuição do segurado vigente no dia do acidente, não podendo ser inferior a esse percentual do seu salário de benefício. Conforme orientação adotada pelo STJ, seria cabível estender a incidência da lei nova mais vantajosa não só aos benefícios em manutenção, mas a todos os segurados, independentemente da lei vigente na data do sinistro. Assim, a Lei n. 9.032/95, que fixou o coeficiente único de 50% para o auxílio-acidente, seria aplicável para majorar a renda mensal dos benefícios concedidos anteriormente a sua entrada em vigor. Entretanto, o STF acabou decidindo em sentido oposto.

Além disso, há discussão o cabimento da exigência de que a renda mensal do auxílio-acidente não seja inferior a um salário mínimo. Todavia, a jurisprudência não vem acolhendo a teoria, considerando que não se trata de benefício substitutivo da remuneração.

Em relação ao segurado especial, o auxílio-acidente será concedido no valor equivalente a 50% do salário mínimo. Caso esteja contribuindo facultativamente para o regime previdenciário, terá o benefício concedido com base no salário de contribuição.

Cabe trazer à baila o conceito de salário de benefício, que nada mais é do que um referencial para calcular os valores dos benefícios das aposentadorias e dos auxílios, consistindo

7. BRASIL. Lei n. 9.032, de 28 de abril de 1995. Dispõe sobre o valor do salário mínimo, altera dispositivos das Leis n. 8.212 e n. 8.213, ambas de 24 de julho de 1991, e dá outras providências. Brasília, DF.

na primeira etapa do cálculo que o INSS realiza antes de aplicar as demais regras para se chegar ao valor da "Renda Mensal Inicial", que será o valor pago mensalmente ao segurado a título de benefício. Para se calcular o valor do salário de benefício antes da reforma, bastava aplicar a média aritmética simples das maiores contribuições correspondentes a 80% de todo o período contributivo. Posteriormente à reforma, contudo, o salário de benefício passou a ser a média aritmética simples de 100% das contribuições.

Assim, se o auxílio-acidente é 50% do valor da aposentadoria por incapacidade permanente a que o segurado teria direito e, sabendo que a EC n. 103/2019, no seu art. 26, *caput*, e § 2º, III, determina que o seu cálculo será a média aritmética simples de 100% das contribuições, iniciando-se a RMI em 60%, acrescidos de mais 2% por ano que passar os 20 anos tanto para homens quanto para mulheres, podemos pensar na seguinte situação:

Imagine que João contribuiu por 1 ano e sofreu um acidente de qualquer natureza com lesões consolidadas e sequelas que não foram capazes de retirar-lhe a capacidade laboral, mas, apenas, diminuí-la. Se João apresentava uma média contributiva de 5.000,00 com 12 contribuições mensais, o cálculo da aposentadoria por incapacidade permanente ficaria assim:

5.000,00 x 12 = 60.000/12 = 5.000,00 x 0,6 = 3.000 de RMI,
sendo que o auxílio-acidente 50% desse valor ficaria em R$ 1.500,00.

### *31.1.4 Processo de reabilitação*

A reabilitação profissional é um serviço do INSS que tem o objetivo de oferecer aos segurados incapacitados para o trabalho, por motivo de doença ou acidente, os meios de reeducação ou readaptação profissional para o seu retorno ao mercado de trabalho. O atendimento é feito por equipe de médicos, assistentes sociais, psicólogos, sociólogos, fisioterapeutas e outros profissionais.

A reabilitação profissional pode ser prestada também aos dependentes, de acordo com a disponibilidade das unidades de atendimento da Previdência Social. O auxílio-acidente será mantido enquanto o segurado continuar incapaz para o trabalho, podendo o INSS indicar processo de reabilitação profissional, quando julgar necessário. O benefício continua sendo devido durante o processo de reabilitação, cessando somente ao final deste processo, com o retorno do segurado à atividade laboral. O perito do INSS deve, além de caracterizar a existência ou não da incapacidade laborativa, correlacionando a doença com a profissão e função que o segurado exerce, avaliar se o segurado é elegível para reabilitação profissional.

Em outras palavras, não cessará o benefício do segurado até que este seja dado como habilitado para o desempenho de nova atividade que lhe garanta a subsistência ou quando, considerado não recuperável, for aposentado por incapacidade permanente. Na hipótese de exercício de atividades concomitantes, e em apenas uma ou algumas delas seja considerado incapaz, se desta incapacidade advier a insuscetibilidade de recuperação da capacidade laborativa para alguma delas, será pago o benefício por incapacidade temporária indefinidamente, até que o segurado venha a ser aposentado, ou venha a falecer.

Depois de concluído o processo de reabilitação profissional, o INSS emitirá certificado indicando a atividade para a qual o trabalhador foi capacitado profissionalmente, não se pode conceder a aposentadoria por incapacidade permanente, uma vez que o segurado, caso esteja exercendo outra atividade, não pode ser declarado totalmente incapaz. A saída legal é, portanto, o pagamento do benefício por incapacidade temporária até que sobrevenha a incapacidade para todo e qualquer trabalho, ou o falecimento do segurado, quando então será paga a pensão aos eventuais beneficiários do segurado.

É importante ressaltar que não se pode conceder a aposentadoria por invalidez, uma vez que o segurado, caso esteja exercendo outra atividade, não pode ser declarado totalmente incapaz. A saída legal é, portanto, o pagamento do auxílio-acidente até que sobrevenha a incapacidade para todo e qualquer trabalho, ou o falecimento do segurado, quando então será paga a pensão aos eventuais beneficiários do segurado. O segurado em gozo de auxílio-acidente está obrigado, independentemente de sua idade e sob pena de suspensão do benefício, a submeter-se a exame médico a cargo da Previdência Social, processo de reabilitação profissional por ela prescrito e custeado e tratamento dispensado gratuitamente, exceto o cirúrgico e a transfusão de sangue, que são facultativos.

O texto do art. 77 do Decreto n. 3.048/99[8] não esclarece como se resolve a questão do segurado que, por imperativo de consciência, se recusa a realizar tratamento cirúrgico ou de transfusão de sangue. Por corolário, o INSS terá que manter o benefício por incapacidade, até que sobrevenha a alta, ou haja progressão da enfermidade que acarrete o direito à aposentadoria por invalidez ou a morte.

## 31.2 Auxílio por incapacidade temporária

O auxílio por incapacidade temporária é um benefício devido ao segurado que, havendo cumprido, quando for o caso, o período de carência exigida, ficar incapacitado para o seu trabalho ou para a sua atividade habitual por mais de 15 (quinze) dias consecutivos (art. 59 da LBPS)[9].

O termo "auxílio por incapacidade temporária" é a nova nomenclatura utilizada para se referir ao antigo "benefício por incapacidade temporária". Essa atualização foi estabelecida por lei logo após a aprovação da Reforma da Previdência, instituída pela Emenda Constitucional n. 103, aprovada em 2019.

O auxílio por incapacidade temporária exige que haja uma previsão de recuperação da atividade desenvolvida pelo segurado ou a possibilidade de reabilitação para outra. Logo, importante destacar que, se for o caso de reabilitação do segurado, o benefício devido será o auxílio por incapacidade temporária. Do mesmo modo que a aposentadoria por incapacidade permanente não será devido o auxílio por incapacidade temporária ao segurado que se filiar ao Regime Geral de Previdência Social, já portador da doença ou da lesão invocada como causa para o benefício, exceto quando a incapacidade sobrevier por motivo de progressão ou agravamento da doença ou da lesão, nos termos do art. 59, § 1º, da LBPS:

8. BRASIL. Decreto n. 3.048, de 6 de maio de 1999. Aprova o Regulamento da Previdência Social, e dá outras providências. Brasília, DF.
9. BRASIL. Lei n. 8.213, de 24 de julho de 1991. Dispõe sobre os Planos de Benefícios da Previdência Social e dá outras providências. Brasília, DF.

§ 1º Não será devido o auxílio-doença ao segurado que se filiar ao Regime Geral de Previdência Social já portador da doença ou da lesão invocada como causa para o benefício, exceto quando a incapacidade sobrevier por motivo de progressão ou agravamento da doença ou da lesão (Redação dada pela Lei n. 13.846, de 2019)[10].

**PREVDICA:**
A partir da promulgação desta Emenda, os termos "doença" e "invalidez" foram retirados da Constituição e substituídos pelos termos "incapacidade temporária ou permanente".

O art. 201 da Constituição Federal estabelece o caráter previdenciário desse benefício. Por apresentar uma condição incapacitante, o trabalhador não consegue vender sua força de trabalho e garantir a subsistência de sua família, nesse contexto, a previdência exerce o papel de amparo social, permitindo que o segurado mantenha seu posto de trabalho, se recupere e retome o trabalho para exercer suas atividades. Contudo a legislação determina que somente o cidadão assegurado pelo Regime Geral da Previdência Social (RGPS) poderá solicitar o benefício, além disso, o mesmo deve cumprir os requisitos abaixo:

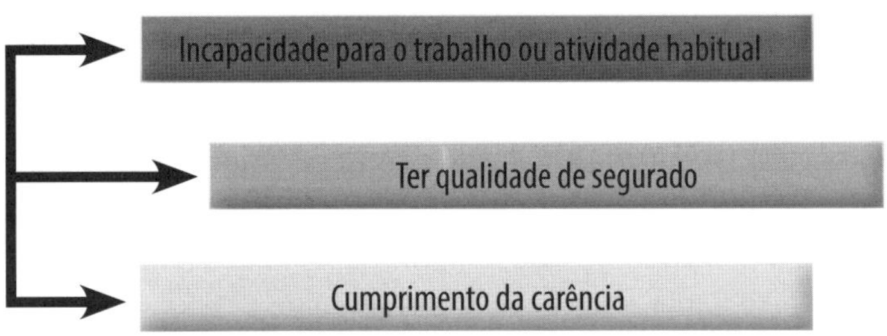


O segurado precisa agendar a realização de um exame pericial que deve ser realizado por um perito médico federal numa agência do INSS.

A partir desse exame, o perito confirma ou não a incapacidade do segurado e emitirá um laudo informando qual é a condição incapacitante do trabalhador. Além disso, o perito fixa a data de início da incapacidade (DII), utilizada como referência de análise dos benefícios previdenciários. Importante destacar que a Lei n. 14.131/2021[11] permitiu que o segurado solicitasse esse benefício de forma totalmente *online* e sem a necessidade de perícia presencial.

10. BRASIL. Lei n. 13.846, de 18 de junho de 2019. Institui o Programa Especial para Análise de Benefícios com Indícios de Irregularidade, o Programa de Revisão de Benefícios por Incapacidade. Brasília, DF.

11. BRASIL. Lei n. 14.131, de 30 de março de 2021. Dispõe sobre o acréscimo de 5% (cinco por cento) ao percentual máximo para a contratação de operações de crédito com desconto automático em folha de pagamento até 31 de dezembro de 2021; e altera a Lei n. 8.213, de 24 de julho de 1991. Brasília, DF.

O segurado terá obrigatoriamente de passar por avaliação médica para obter a concessão do benefício por incapacidade temporária, que poderá ser agendada por telefone ou pelo *site* do INSS. Em regra geral, portanto, quando a incapacidade ultrapassar 15 dias consecutivos, o segurado será encaminhado à perícia médica do INSS, que o submeterá à avaliação pericial por profissional médico integrante de seus quadros ou conveniados. Pode ser que o segurado não tenha condições de comparecer à perícia médica do INSS, ressalvados os casos em que for admitido o reconhecimento da incapacidade pela recepção da documentação médica do segurado nos moldes do art. 75-A do Decreto n. 3.048/99.

### 31.2.1 Carência

O artigo 25 da Lei n. 8.213/91[12] determina que o auxílio seja concedido somente após o segurado cumprir um período de carência de doze meses. Ou seja, o cidadão tem direito ao benefício somente após, pelo menos, 12 meses de contribuição ao INSS. Além disso, a conclusão desse número mínimo de contribuições deve ocorrer antes da data de início da condição de incapacidade. Isso porque as contribuições realizadas após essa data não serão consideradas na avaliação do INSS.

Além disso, a conclusão desse número mínimo de contribuições deve ocorrer antes da data de início da condição de incapacidade. Isso porque as contribuições realizadas após essa data não serão consideradas na avaliação do INSS, todavia, nem sempre é necessário todo esse período de carência. Nos casos em que o segurado perde o vínculo com o INSS e somente após um longo período volta a contribuir, a Lei estabelece um número diferente de contribuições para reaquisição da carência.

Quando se fala em reaquisição, está-se a falar sobre o número mínimo de novas contribuições, após a refiliação ao INSS, que são necessárias para poder aproveitar as contribuições anteriores à perda da qualidade de segurado, conforme previsto na previsão legal contida no art. 27-A da Lei n. 8.213/91[13]:

> Art. 27-A. Na hipótese de perda da qualidade de segurado, para fins da concessão dos benefícios de benefício de auxílio-doença, de aposentadoria por invalidez, de salário-maternidade e de auxílio-reclusão, o segurado deverá contar, a partir da data da nova filiação à Previdência Social, com metade dos períodos previstos nos incisos I, III e IV do *caput* do art. 25 desta Lei. (Redação dada pela Lei n. 13.846, de 2019)

Nesse sentido, pela regra geral atual dos benefícios por incapacidade, após a 6ª contribuição realizada a partir da refiliação, o segurado(a) já passa a poder aproveitar todas as contribuições realizadas anteriormente para fins de adimplir carência.

---

12. BRASIL. Lei n. 8.213, de 24 de julho de 1991. Dispõe sobre os Planos de Benefícios da Previdência Social e dá outras providências. Brasília, DF.
13. BRASIL. Lei n. 8.213, de 24 de julho de 1991. Dispõe sobre os Planos de Benefícios da Previdência Social e dá outras providências. Brasília, DF.

Entretanto, apesar da existência dessa regra de 12 meses, a legislação também pode isentar o segurado do cumprimento da carência em algumas situações excepcionais, nos termos do art. 26 da Lei n. 8.213/91[14], o cidadão que, após se tornar segurado, sofrer um acidente de qualquer natureza ou desenvolver alguma doença em função da natureza de sua atividade profissional, não precisa cumprir o período de carência, assim como o segurado que desenvolver alguma doença grave especificada na lista elaborada pelo Ministérios da Saúde e pela Previdência Social também está isento do cumprimento da carência, dessa forma, são três situações que dispensam a carência:

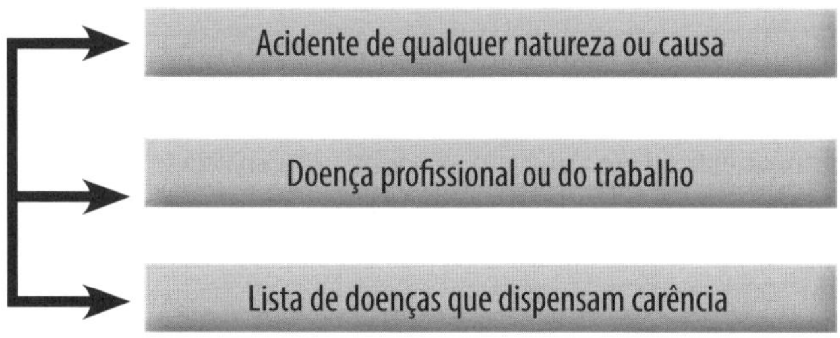


De acordo com essa portaria, as doenças indicadas abaixo excluem a exigência de carência para a concessão do auxílio por incapacidade temporária:

- Tuberculose ativa;
- Hanseníase;
- Alienação mental;
- Esclerose múltipla;
- Hepatopatia grave;
- Neoplasia maligna;
- Cegueira;
- Paralisia irreversível e incapacitante;
- Cardiopatia grave;
- Doença de Parkinson;
- Espondiloartrose anquilosante;
- Nefropatia grave;
- Estado avançado da doença de Paget (osteíte deformante);
- Síndrome da Imunodeficiência Adquirida (Aids);
- Contaminação por radiação.

Assim, se o segurado, após se filiar ao INSS, ficar incapaz em razão de uma dessas doenças ou por causa de acidente de qualquer natureza ou doença profissional do trabalho, não precisará ter o período de carência exigido, no entanto, cumpre ressaltar que há entendimento jurisprudencial de que o referido rol é meramente exemplificativo.

---

14. BRASIL. Lei n. 8.213, de 24 de julho de 1991. Dispõe sobre os Planos de Benefícios da Previdência Social e dá outras providências. Brasília, DF.

Destaca-se, porém, uma situação peculiar no que tange ao segurado especial, art. 26, III, da Lei n. 8.213/91[15], também estipula que os benefícios por incapacidade concedidos aos segurados especiais independem de carência, isso ocorre porque o conceito de carência está relacionado à necessidade de contribuição previdenciária. No caso do segurado especial, apesar de não se exigir o efetivo recolhimento, deverá ser comprovado o exercício de atividade rural nos 12 meses anteriores à data de início da incapacidade.

De acordo com o art. 195, § 14, da EC n. 103/2019[16] (novo parágrafo acrescentado ao art. 195 da EC n. 103/2019), a partir de 13-11-2019 serão desconsideradas, como tempo de contribuição, as competências cujas contribuições sejam recolhidas abaixo de um salário mínimo.

Tal regra, contudo, não alcança a carência, pois, conforme visto anteriormente, carência é diferente de contagem de tempo de contribuição (para a aposentadoria programável), motivo pelo qual as competências recolhidas abaixo de um salário mínimo continuarão sendo válidas para efeito de carência para a obtenção de auxílio por incapacidade temporária.

**PREVDICA**:
Tema 220, TNU: gravidez de alto risco dispensa carência.

### *31.2.2 Data de início do benefício*

O auxílio por incapacidade temporária será devido ao segurado empregado a contar do décimo sexto dia do afastamento da atividade, e, no caso dos demais segurados, a contar da data do início da incapacidade e enquanto ele permanecer incapaz. Quando requerido por segurado afastado da atividade por mais de 30 (trinta) dias, o auxílio por incapacidade temporária será devido a contar da data da entrada do requerimento, nos termos do artigo (art. 60, *caput* e § 1º, da LBPS)[17].

Destaca-se que durante os primeiros quinze dias consecutivos ao do afastamento da atividade por motivo de doença, assim como na aposentadoria por incapacidade permanente, incumbirá à empresa pagar ao segurado empregado o seu salário integral, cabendo o encaminhamento do segurado à perícia médica da Previdência Social quando a incapacidade ultrapassar 15 (quinze) dias.

Em função da pandemia de COVID-19, os peritos do INSS não puderam realizar as avaliações presenciais exigidas para a concessão de vários benefícios, entre eles o de auxílio

15. BRASIL. Lei n. 8.213, de 24 de julho de 1991. Dispõe sobre os Planos de Benefícios da Previdência Social e dá outras providências. Brasília, DF.
16. BRASIL. Emenda Constitucional n. 103, de 12 de novembro de 2019. Altera o sistema de previdência social e estabelece regras de transição e disposições transitórias. Brasília, DF.
17. BRASIL. Lei n. 8.213, de 24 de julho de 1991. Dispõe sobre os Planos de Benefícios da Previdência Social e dá outras providências. Brasília, DF.

por incapacidade temporária. Por isso, a Secretaria Especial de Previdência e Trabalho do Ministério da Economia, em parceria com o Instituto Nacional de Seguro Social, publicou a Portaria Conjunta n. 32, que facilita a concessão do benefício por incapacidade temporária. Publicada em 31 de março de 2021, a Portaria n. 32 permite que o benefício de incapacidade temporária seja concedido sem a necessidade da realização de perícia médica presencial, contudo, essa portaria era válida somente até o dia 31 de dezembro de 2021. Vale ressaltar que a duração do auxílio concedido dessa forma tem prazo máximo de 90 dias.

### 31.2.3 *Renda mensal inicial*

A renda mensal inicial do benefício por incapacidade temporária, inclusive o decorrente de acidente do trabalho, corresponde a 91% (noventa e um por cento) do salário de benefício (art. 61 da LBPS[18]). Destaca-se neste ponto a inovação trazida pela Lei n. 13.135/2015 de acordo com a qual o benefício por incapacidade temporária não poderá exceder a média aritmética simples dos últimos 12 (doze) salários de contribuição, inclusive em caso de remuneração variável, ou, se não alcançado o número de 12 (doze), a média aritmética simples dos salários de contribuição existentes (art. 29, § 10 da LBPS).

Ademais, o STJ ao julgar o Tema 1.013 fixou tese no sentido de que no período entre o indeferimento administrativo e a efetiva implantação de benefício por incapacidade temporária ou de aposentadoria por incapacidade permanente, mediante decisão judicial, o segurado do RPGS tem direito ao recebimento conjunto das rendas do trabalho exercido, ainda que incompatível com sua incapacidade laboral, e do respectivo benefício previdenciário pago retroativamente.

O benefício por incapacidade temporária pode ser mais favorável para o beneficiário que a própria aposentadoria por invalidez, isto porque o cálculo da RMI do benefício por incapacidade temporária é de 91% do salário de benefício, o que, na grande parte dos casos, corresponde a um valor superior. Já a RMI da aposentadoria por incapacidade permanente parte de 60% do salário de benefício, que, conforme a Reforma, é calculado sobre todos os salários de contribuição e remunerações do segurado.

### 31.2.4 *Processo de reabilitação*

Como é cediço, benefício de auxílio por incapacidade temporária não deverá ser interrompido até que o segurado seja dado como habilitado para o desempenho de nova atividade que lhe garanta a subsistência ou, quando considerado não recuperável, for aposentado por incapacidade permanente. Concerne dizer, que a reabilitação profissional é um serviço que deve ser disponibilizado pelo próprio INSS aos segurados que estão por alguma situação incapacitados para o trabalho, decorrente de acidente ou outras doenças, os meios necessários para a sua reeducação ou a readaptação profissional, para que o mesmo consiga retornar ao mercado de trabalho.

---

18. BRASIL. Lei n. 8.213, de 24 de julho de 1991. Dispõe sobre os Planos de Benefícios da Previdência Social e dá outras providências. Brasília, DF.

Esse serviço é formado por uma equipe profissional multidisciplinar composta por médicos, psicólogos, assistentes sociais, fisioterapeutas, psiquiatras, ortopedistas e outros. No final do processo de reabilitação, o INSS deve emitir certificado atestando que o segurado passou pela reabilitação e encontra-se apto para reinserção no mercado de trabalho.

É obrigação da autarquia previdenciária o fornecimento de todo o material necessário para a reabilitação, mesmo que importe em aquisição de próteses, órteses, instrumentos de trabalho e instrumentos profissionais, vez que o objetivo desse serviço é contribuir para que o segurado volte a trabalhar o quanto antes, oferecendo aos segurados a prestação dos serviços de forma necessária ao seu desenvolvimento social, em respeito ao princípio constitucional da dignidade da pessoa humana.

As despesas de auxílio-transporte, alimentação e hospedagem, se for o caso, também incumbem ao referido instituto social. Em outras palavras, o segurado não terá ônus com o processo de reabilitação, que deve ocorrer, preferencialmente, em seu domicílio. Aqueles segurados que estiverem em gozo do benefício por incapacidade temporária terão preferência no programa de atendimento de reabilitação.

Concerne dizer que a reabilitação deve observar o trabalho que o segurado exercia em momento anterior à incapacidade, levando em consideração os aspectos socioeconômicos, profissionais e culturais do segurado, e novas atividades devem guardar certa compatibilidade com o trabalho exercido anteriormente, bem como serem adaptadas às suas novas condições. Não tem como, por exemplo, querer habilitar um profissional braçal, analfabeto, numa atividade "intelectualizada". Cabe dizer que a reabilitação profissional visa proporcionar aos beneficiários, incapacitados parciais ou totalmente para o trabalho, em caráter obrigatório, independentemente de carência, e às pessoas portadoras de deficiência, os meios indicados para proporcionar o reingresso no mercado de trabalho e no contexto em que vivem.

Por fim, segurado pode fazer a solicitação da reabilitação social ou profissional, administrativa ou judicialmente, esclarecendo, ainda, que é responsabilidade da previdência social habilitar/reabilitar, mas não é seu dever inseri-lo no mercado de trabalho, digo, arrumar um novo emprego para o segurado.

**PREVDICA:**
Auxílio por incapacidade temporária é devido em todo o território nacional, prevalecendo, nesse âmbito, o princípio da territorialidade.

### *31.2.5 Cessação do benefício*

De modo semelhante à aposentadoria por incapacidade permanente, o auxílio por incapacidade temporária será devido até quando perdurarem as condições autorizadoras de sua concessão. Agora, se o segurado, durante o gozo do auxílio por incapacidade temporária, vier a exercer atividade que lhe garanta subsistência, poderá ter o benefício cancelado a partir do retorno à atividade. Entretanto, caso o segurado, durante o gozo do auxílio por incapacidade temporária, venha a exercer atividade diversa daquela que gerou o benefício, deverá ser verificada a incapacidade para cada uma das atividades exercidas. No caso do benefício temporário, o INSS informa, antecipadamente, quando ele será extinto.

Preocupado em reduzir custos com perícias e imbuído do sentimento de que muitos benefícios de auxílio por incapacidade temporária são concedidos por curtos períodos, a Administração Previdenciária implementou a sistemática da denominada Alta Programada, inicialmente no art. 78 do RPS, por meio do Decreto n. 5.822/2006. Atualmente existe previsão legal no mesmo sentido, no art. 60, § 8º, da LBPS[19], que dispõe que, sempre que possível, o ato de concessão ou de reativação de auxílio por incapacidade temporária, judicial ou administrativo, deverá fixar o prazo estimado para a duração do benefício. Caso não seja fixado prazo, a Lei determina que o benefício cessará após o prazo de 120 (cento e vinte dias), contado da data de concessão ou de reativação do auxílio por incapacidade temporária, exceto se o segurado requerer a sua prorrogação perante o INSS, nos termos do art. 75-A do RPS.

Buscando definir o início da contagem do prazo de cessão do benefício concedido na via judicial, a TNU, no Tema 246, fixou a tese que se subdivide nas duas hipóteses abaixo:

- Quando a decisão judicial adotar a estimativa de prazo de recuperação da capacidade prevista na perícia, o termo inicial é a data da realização do exame, sem prejuízo do disposto no art. 479 do CPC, devendo ser garantido prazo mínimo de 30 dias, desde a implantação, para viabilizar o pedido administrativo de prorrogação.
- Quando o ato de concessão (administrativa ou judicial) não indicar o tempo de recuperação da capacidade, o prazo de 120 dias, previsto no § 9º do art. 60 da Lei n. 8.213/91[20], deve ser contado a partir da data da efetiva implantação ou restabelecimento do benefício no sistema de gestão de benefícios da autarquia.

Caso o segurado esteja em gozo de auxílio por incapacidade temporária e a perícia tenha apontado que ele é insuscetível de recuperação para sua atividade habitual, deverá submeter-se a processo de reabilitação profissional para o exercício de outra atividade (art. 62 da LBPS), devendo o auxílio por incapacidade temporária ser mantido até que o segurado seja considerado reabilitado para o desempenho de atividade que lhe garanta a subsistência ou, quando considerado não recuperável, seja aposentado por incapacidade permanente.

Nesse passo, a Lei n. 13.846/2019 incluiu o § 2º no art. 62 da LBPS, dispondo que a alteração das atribuições e responsabilidades do segurado, compatíveis com a limitação que tenha sofrido em sua capacidade física ou mental, não configura desvio de cargo ou função do segurado reabilitado ou que estiver em processo de reabilitação profissional a cargo do INSS.

---

19. BRASIL. Lei n. 8.213, de 24 de julho de 1991. Dispõe sobre os Planos de Benefícios da Previdência Social e dá outras providências. Brasília, DF.
20. BRASIL. Lei n. 8.213, de 24 de julho de 1991. Dispõe sobre os Planos de Benefícios da Previdência Social e dá outras providências. Brasília, DF.

O benefício cessa pela recuperação da capacidade para o trabalho, pela transformação em aposentadoria por incapacidade permanente ou auxílio-acidente de qualquer natureza, neste caso se resultar sequela que implique redução da capacidade para o trabalho que habitualmente exercia.

Durante o período em que o segurado empregado, inclusive o empregado doméstico, estiver em gozo de auxílio por incapacidade temporária, ele será considerado pela empresa e pelo empregador doméstico como licenciado (art. 63 da LBPS e art. 476 da CLT). E, caso a empresa garanta ao segurado licença remunerada, no período de auxílio por incapacidade temporária, ela ficará obrigada a pagar lhe eventual diferença entre o valor deste e a importância garantida pela licença.

Por fim, sobre este ponto, cabe tecer algumas considerações sobre as novidades lançadas no Decreto n. 3.048/99, por força do Decreto n. 10.410/2020, em especial no art. 73, merecendo destaque que o auxílio por incapacidade temporária do segurado que exercer mais de uma atividade abrangida pela previdência social será devido mesmo no caso de incapacidade apenas para o exercício de uma delas, hipótese em que o segurado deverá informar a Perícia Médica Federal a respeito de todas as atividades que estiver exercendo. Nessa hipótese, o auxílio por incapacidade temporária será concedido em relação à atividade para a qual o segurado estiver incapacitado, consideradas para fins de carência somente as contribuições relativas a essa atividade.

Se nas várias atividades o segurado exercer a mesma profissão, será exigido de imediato o afastamento de todas elas. Na hipótese de afastamento do segurado de apenas uma das atividades, o valor do auxílio por incapacidade temporária poderá ser inferior ao salário mínimo (disposição de duvidosa constitucionalidade). Contudo, no futuro, se constatada a incapacidade também para a outra atividade, o valor do benefício deverá ser revisto.

E um último aspecto importante diz respeito ao caso em que o segurado que exercer mais de uma atividade for considerado definitivamente incapacitado para uma delas, o auxílio por incapacidade temporária deverá ser mantido indefinidamente, hipótese em que não caberá a concessão de aposentadoria por incapacidade permanente enquanto a incapacidade não se estender às demais atividades.

### *31.2.6 Estabilidade provisória*

A estabilidade no trabalho está prevista no art. 118 da Lei n. 8.213/91[21] e se aplica a funcionários com afastamento do trabalho (por acidentes ou doenças) superior a 15 dias, que tenham benefício previdenciário de auxílio por incapacidade temporária concedido em espécie acidentária. Essa estabilidade será por um período mínimo de 12 meses após o retorno ao trabalho na empresa.

Não se aplica, portanto, para afastamentos (por acidentes ou doenças) inferiores a 15 dias (pois sequer serão encaminhados para auferir benefícios previdenciários); também não

21. BRASIL. Lei n. 8.213, de 24 de julho de 1991. Dispõe sobre os Planos de Benefícios da Previdência Social e dá outras providências. Brasília, DF.

se aplica para afastamentos superiores a 15 dias sem concessão de benefício previdenciário ou, caso ocorra a concessão de auxílio por incapacidade temporária, este seja concedido em espécie previdenciária, *in verbis:*

> Art. 118. O segurado que sofreu acidente do trabalho tem garantida, pelo prazo mínimo de doze meses, a manutenção do seu contrato de trabalho na empresa, após a cessação do benefício de auxílio-doença acidentário (hoje, benefício por incapacidade temporária acidentário), independentemente da percepção de auxílio-acidente.

Além dessa estabilidade prevista em Lei, judicialmente podem ser consideradas como ensejadoras de estabilidade (ou, de outra forma, impeditivas de uma demissão) doenças consideradas graves ou correlatas, conforme a Súmula 443 do TST[22], em que temos que "presume-se discriminatória a despedida de empregado portador do vírus HIV ou de outra doença grave que suscite estigma ou preconceito. Inválido o ato, o empregado tem direito à reintegração no emprego". Com base nesta súmula, temos julgados trabalhistas considerando outras patologias como impeditivas de demissão por discriminatórias, como por cirrose hepática, esquizofrenia, câncer.

No entanto, foi aprovada, na Comissão de Defesa dos Direitos das Pessoas com Deficiência da Câmara dos Deputados, a garantia de manutenção do emprego após o fim do período de benefício por incapacidade temporária a segurados do Regime Geral de Previdência Social, texto que altera a Lei de Planos e Benefícios da Previdência Social, que atualmente assegura apenas a quem sofreu acidente de trabalho o direito de não ser demitido nos 12 meses após o fim do benefício por incapacidade temporária.

O Relator da proposta, o deputado Otavio Leite (PSDB-RJ), defendeu a aprovação da matéria na forma de um substitutivo, aproveitando trechos do Projeto de Lei n. 8.057/2017, do Senado, e de outros 16 apensados. O projeto do Senado estendia o direito à manutenção do emprego por 12 meses a segurados com câncer.

Segundo o substitutivo, quando o afastamento decorrer de acidente do trabalho, o prazo de manutenção do emprego continuará sendo de, pelo menos, 12 meses.

Para os demais casos, o texto prevê a garantia de manutenção do emprego pelo mesmo período do afastamento, limitado a 12 meses para o segurado empregado e a 3 meses para empregados domésticos.

O projeto tramita em caráter conclusivo, em regime de prioridade, e será ainda analisado pelas comissões de Trabalho, de Administração e Serviço Público; de Seguridade Social e Família; e de Constituição e Justiça e de Cidadania.

---

22. BRASIL. Tribunal Superior do Trabalho. Súmula n. 443: Presume-se discriminatória a despedida de empregado portador do vírus HIV ou de outra doença grave que suscite estigma ou preconceito. Inválido o ato, o empregado tem direito à reintegração no emprego. 25-9-2012.

**PREVDICA:**
São pressupostos para a concessão da estabilidade o afastamento superior a 15 dias.

## 31.3 Aposentadoria por incapacidade permanente

A aposentadoria por incapacidade permanente está amparada pela Constituição Federal, art. 201, I; Lei n. 8.213/91[23], arts. 42 a 47; Decreto n. 3.048/99, arts. 43 a 50; e Instrução Normativa INSS/Pres n. 128/2022, arts. 326 a 334.

A aposentadoria por incapacidade permanente é um benefício concedido ao segurado que, quando necessário, tenha cumprido a carência exigida e teve sua vida profissional retalhada por doença física, mental, acidente de trabalho ou de qualquer natureza e que não tenha condições de exercer qualquer outra atividade, nem por meio do programa de habilitação ou reabilitação profissional.

O critério material da aposentadoria por incapacidade permanente é a incapacidade física ou mental para o exercício laboral por mais de 15 dias. No caso de aposentadoria por incapacidade permanente por deficiência mental, faz-se necessário um curador (pessoa que cuida dos interesses do doente). Porém, a curatela não está vinculada à concessão do benefício, bastando somente anexar um protocolo do pedido judicial para tal recebimento.

Nos termos do art. 42 da Lei n. 8.213/91, a aposentadoria por incapacidade permanente, uma vez cumprida, quando for o caso, a carência exigida, será devida ao segurado que, estando ou não em gozo de benefício por incapacidade temporária, for considerado incapaz e insuscetível de reabilitação para o exercício de atividade que lhe garanta a subsistência, e ser-lhe-á paga enquanto permanecer nesta condição. Nos termos do Manual de Perícias Médicas do INSS (2018), a incapacidade permanente pode ser conceituada como a incapacidade laborativa total, permanente ou com prazo indefinido, omniprofissional/multiprofissional e insuscetível de recuperação ou reabilitação profissional, em consequência de doença ou acidente.

Nesse passo, o perito médico deverá considerar a gravidade e irreversibilidade da doença/lesão, a impossibilidade de se determinar um prazo de recuperação, sua repercussão sobre a capacidade laborativa, bem como a insuscetibilidade à reabilitação profissional.

A aposentadoria por incapacidade permanente pode ter como causa acidente ou doença não relacionada ao trabalho, quando será considerada como previdenciária. Quando for relacionada a acidente do trabalho ou doença ocupacional, será considerada como incapacidade permanente acidentária.

A incapacidade que resulta na insuscetibilidade de reabilitação pode ser constatada de plano em algumas oportunidades, em face da gravidade das lesões à integridade física ou mental do indivíduo. Nem sempre, contudo, a incapacidade permanente é passível de verificação imediata. Assim, via de regra, concede-se inicialmente ao segurado o benefício por incapacidade

23. BRASIL. Lei n. 8.213, de 24 de julho de 1991. Dispõe sobre os Planos de Benefícios da Previdência Social e dá outras providências. Brasília, DF.

temporária – auxílio-doença – e, posteriormente, concluindo-se pela impossibilidade de retorno à atividade laborativa, transforma-se o benefício inicial em aposentadoria por incapacidade permanente. Por esse motivo, a lei menciona o fato de que o benefício é devido, estando ou não o segurado em gozo prévio de benefício por incapacidade temporária.

A doença ou lesão de que o segurado já era portador ao filiar-se ao RGPS não lhe conferirá direito à aposentadoria por incapacidade permanente, salvo quando a incapacidade sobrevier por motivo de progressão ou agravamento dessa doença ou lesão. Isso porque a necessidade de ser futuro e incerto o risco faz com que se exclua da proteção o segurado que, ao tempo da vinculação, já era portador da moléstia ou da lesão que venha a ser invocada como suporte material do direito à prestação.

De acordo com a regra contida no art. 55 do Decreto n. 3.048/99, a aposentadoria por idade poderia ser decorrente da transformação de aposentadoria por incapacidade permanente ou benefício por incapacidade temporária, desde que requerida pelo segurado e observado o cumprimento da carência exigida na data de início do benefício a ser transformado. No entanto, esse dispositivo foi revogado pelo Decreto n. 6.722, de 2008, impossibilitando essa transformação direta que muitas vezes representava um acréscimo de renda em face da aplicação do fator previdenciário positivo. Cabe ressaltar primeiro, no tocante à norma regulamentar, que ela é claramente inconstitucional, vez que não respeita o direito adquirido daqueles que implementaram o requisito para a aposentadoria por idade antes do advento do Decreto n. 6.722/2008, mas que fizeram o requerimento após 30 de dezembro de 2008. Ao mencionar apenas "requerimentos efetivados a partir de 31 de dezembro de 2008", a norma deixa de prever o direito adquirido dos segurados, e quanto a eles, é inaplicável.

Para esses segurados obviamente não poderia haver qualquer restrição da transformação de benefícios por incapacidade em aposentadoria por idade, já que obtiveram o direito à aplicação da norma vigente na data da implementação dos requisitos. Portanto, se o preenchimento dos requisitos idade e carência foram anteriores a 30-12-2008, não cabe o indeferimento do pedido, mesmo que o requerimento se dê após a mudança legislativa.

Cumpre destacar que também existe a possibilidade de conversão da aposentadoria por tempo de contribuição, por idade ou especial em aposentadoria por incapacidade permanente, desde que o segurado tenha preenchido os requisitos para a concessão da aposentadoria por incapacidade permanente na época em que foi concedido o primeiro benefício. Nessa hipótese, o marco inicial da aposentadoria por incapacidade permanente deve ser fixado na data da concessão da aposentadoria originária.

Segundo o art. 50 do RPS, o segurado que retornar à atividade poderá requerer, a qualquer tempo, novo benefício, tendo este processamento normal. Em conclusão, o segurado que voltar a exercer atividade remunerada, mesmo que por um período curto, poderá requerer a qualquer tempo a aposentadoria por idade ou por tempo de contribuição, computando o lapso intercalado em que esteve em gozo de benefício por incapacidade temporária ou aposentadoria por incapacidade permanente como tempo de contribuição.

Vejamos um exemplo prático:

> PREVIDENCIÁRIO. PROCESSO CIVIL. APOSENTADORIA POR INCAPACIDADE PERMANENTE. INCAPACIDADE TOTAL E PERMANENTE. REQUISITOS

PREENCHIDOS. BENEFÍCIO DEVIDO. TERMO INICIAL. HONORÁRIOS DE ADVOGADO. – São requisitos para a concessão dos benefícios: a qualidade de segurado, a carência de 12 (doze) contribuições mensais – quando exigida, a incapacidade para o trabalho de forma permanente e insuscetível de reabilitação para outra atividade que garanta a subsistência (aposentadoria por incapacidade permanente) ou a incapacidade temporária (auxílio por incapacidade temporária), bem como a demonstração de que o segurado não estava previamente incapacitado ao filiar-se ao Regime Geral da Previdência Social – Comprovada a incapacidade total e permanente da parte autora para as atividades laborais por meio da perícia médica judicial e preenchidos os demais requisitos para a concessão do benefício – qualidade de segurado e carência –, é devida a aposentadoria por incapacidade permanente – O termo inicial da concessão do benefício previdenciário por incapacidade laboral é a prévia postulação administrativa. Precedentes do STJ – Mantida a condenação do INSS a pagar honorários de advogado, já majorados em fase recursal, consoante critérios do art. 85, §§ 1º, 2º, 3º, I, e 11, do CPC – Apelação provida em parte (TRF-3 - ApCiv: 51768729520214039999 SP, Rel. Des. Federal Daldice Maria Santana de Almeida, j. em 16-2-2022, 9ª Turma, *DJeN* de 22-2-2022).

### *31.3.1 Carência*

A EC n. 103[24], no art. 201, I, da Constituição Federal, traz um novo conceito: cobertura do evento de "incapacidade permanente para o trabalho".

O período de carência para a concessão da aposentadoria por incapacidade permanente é de 12 contribuições mensais. A concessão independe de carência no caso de o segurado ter ficado com incapacidade permanente em razão de acidente de qualquer natureza ou causa (inclusive o ligado ao trabalho), ou ser acometido de doença ocupacional ou alguma das doenças especificadas no art. 151 da Lei n. 8.213/91[25].

Ou seja, para a aposentadoria por incapacidade permanente acidentária (espécie B 92) nunca se exige carência, bastando a comprovação da qualidade de segurado e do nexo de causalidade entre a incapacidade permanente e a atividade laborativa. Já para a aposentadoria por incapacidade permanente previdenciária (espécie B 32), não se exige carência para os acidentes de qualquer natureza e para as doenças consideradas graves, contagiosas ou incuráveis, tipificadas em lei. Sobre o tema, encaminhamos o leitor às observações feitas no Capítulo 27 –

24. BRASIL. Emenda Constitucional n. 103, de 12 de novembro de 2019. Altera o sistema de previdência social e estabelece regras de transição e disposições transitórias. Brasília, DF.

25. BRASIL. Lei n. 8.213, de 24 de julho de 1991. Dispõe sobre os Planos de Benefícios da Previdência Social e dá outras providências. Brasília, DF.

Doenças ocupacionais e acidentes de trabalho, em que levantamos algumas teses sobre a inaplicabilidade do prazo carencial em doenças não tipificadas na norma legal. A lista atual de doenças consideradas para fins de concessão do benefício sem exigência de carência é a seguinte:

| | |
|---|---|
| Hanseníase | Doença de Parkinson |
| Alienação mental | Espondiloartrose anquilosante |
| Esclerose múltipla | Nefropatia grave |
| Hepatopatia grave | Estado avançado da doença de Paget (osteíte deformante) |
| Neoplasia maligna | Síndrome da deficiência imunológica adquirida (Aids) |
| Cegueira | Contaminação por radiação, com base em conclusão da medicina especializada |
| Cardiopatia grave | Paralisia irreversível e incapacitante |

Os segurados especiais estão isentos do cumprimento do período de carência – entendida esta como número mínimo de contribuições mensais, devendo, todavia, comprovar o exercício de atividade rural nos 12 meses imediatamente anteriores ao requerimento do benefício.

Além disso, cumpre ressaltar a existência de duas exceções da exigência da carência:

- Na ocorrência de acidente de qualquer natureza ou causa e de doença profissional ou do trabalho, bem como nos casos de segurado que, após filiar-se ao RGPS, for acometido de alguma das doenças e afecções especificadas em lista elaborada pelos Ministérios da Saúde e da Previdência Social, atualizada a cada três anos, de acordo com os critérios de estigma, deformação, mutilação, deficiência ou outro fator que lhe confira especificidade e gravidade que mereçam tratamento particularizado.
- Até que seja elaborada a lista de doenças mencionadas no inciso II do art. 26. Como exceção, independe de carência a concessão de benefício por incapacidade temporária e de aposentadoria por incapacidade permanente ao segurado que, após filiar-se ao RGPS, for acometido das seguintes doenças: tuberculose ativa, hanseníase, alienação mental, esclerose múltipla, hepatopatia grave, neoplasia maligna, cegueira, paralisia irreversível e incapacitante, cardiopatia grave, doença de Parkinson, espondiloartrose anquilosante, nefropatia grave, estado avançado da doença de Paget (osteíte deformante), síndrome da deficiência imunológica adquirida (Aids) ou contaminação por radiação, com base em conclusão da medicina especializada (art. 151 da Lei n. 8.213/91)[26].

Quanto à carência, o tema resta pacificado na jurisprudência, e por isso deve ser muito bem observado para não se cometer equívoco na análise da data de início da incapacidade; pois, na data em que o segurado tenha buscado a aposentadoria por incapacidade

26. BRASIL. Lei n. 8.213, de 24 de julho de 1991. Dispõe sobre os Planos de Benefícios da Previdência Social e dá outras providências. Brasília, DF.

permanente, pode estar há anos sem verter contribuições previdenciárias e ter, inclusive, "perdido a qualidade de segurado". Porém, como a data de início da incapacidade existe desde quando tinha qualidade de segurado, deve fazer o requerimento da aposentadoria por incapacidade permanente, comprovando que a incapacidade vem desde a época em que era contribuinte.

> **PREVDICA:**
> Os segurados especiais estão isentos do cumprimento do período de carência.

### *31.3.2 Data de início do benefício*

Quando a aposentadoria por incapacidade permanente decorrer de transformação de benefício por incapacidade temporária, ela é devida a partir do dia imediato ao da cessação do benefício por incapacidade temporária. Quando não decorrer de transformação de benefício por incapacidade temporária, ela é devida nas seguintes Datas de Início do Benefício – DIB:

- para os segurados empregados (exceto o doméstico): a contar do 16º dia de afastamento da atividade ou a partir da entrada do requerimento, quando postulado após o 30º dia do afastamento da atividade (os 15 primeiros dias de afastamento são de responsabilidade da empresa, que deverá pagar ao segurado empregado o salário).
- para o segurado empregado doméstico, trabalhador avulso, contribuinte individual, especial, facultativo e intermitente: a partir da data do início da incapacidade, ou da data de entrada do requerimento, quando ocorrido após o 30º dia da incapacidade.

Em todos os casos, o requerimento do benefício deve ser formulado no prazo fixado, de 30 dias a partir da data da incapacidade, sob pena de ser a data daquele o termo inicial do benefício. Evidentemente, se o segurado se encontra incapacitado não apenas para o trabalho, mas para quaisquer atos da vida civil, não se pode exigir tal prazo (por exemplo, quando o segurado tenha ficado em estado de coma ou inconsciente), pois contra os totalmente incapazes não são oponíveis quaisquer prazos legais.

Na hipótese em que a aposentadoria por invalidez é solicitada exclusivamente na via judicial, sem que exista prévia postulação administrativa, é a citação válida que deve ser considerada como termo inicial para a implantação do benefício. Isso porque a citação, além de informar o litígio, constitui o réu em mora quanto à cobertura do evento causador da incapacidade, tendo em vista a aplicação do art. 240 do CPC/2015[27].

Nesse sentido, a Súmula 576 do STJ[28]: "Ausente requerimento administrativo no INSS, o termo inicial para a implantação da aposentadoria por incapacidade permanente concedida judicialmente será a data da citação válida", ou seja, o STJ tem afastado a data do laudo

27. BRASIL. Lei n. 13.105, de 16 de março de 2015. Código de Processo Civil. Brasília, DF.
28. BRASIL. Superior Tribunal de Justiça. Súmula 576: Ausente requerimento administrativo no INSS, o termo inicial para a implantação da aposentadoria por invalidez concedida judicialmente será a data da citação válida. STJ. 1ª Seção. Aprovada em 22-6-2016, *DJe* 27-6-2016.

médico-pericial como marco inicial de aposentadoria por incapacidade permanente. Assim, o início da concessão de aposentadoria por incapacidade permanente deve coincidir com a data do requerimento administrativo ou, na ausência deste, da citação do INSS, na hipótese em que a incapacidade definitiva apenas seja comprovada após a apresentação do laudo pericial em juízo e o segurado não esteja em gozo de benefício por incapacidade temporária decorrente do mesmo fato gerador.

Na hipótese de concessão da aposentadoria por incapacidade permanente por decisão judicial, a perícia deve avaliar, necessariamente, qual a condição de saúde do segurado quando do requerimento administrativo do benefício e, uma vez que o órgão judicial se convença da presença dos requisitos naquela data, é fundamental que seja deferida com efeitos retroativos à data em que deveria ter sido pago pelo INSS, sob pena de cometer-se grave injustiça com o autor da demanda.

Em resumo, concluindo a perícia médica, realizada pelo INSS (podendo ser acompanhada pelo médico particular, óbvio arcando com as despesas), identificando a incapacidade total para o exercício da atividade profissional, a aposentadoria será devida a partir do 16º dia do afastamento ou a partir da data de entrada do requerimento, caso a protocolização do benefício seja após o 30º dia do afastamento.

Para o segurado empregado doméstico, trabalhador avulso, contribuinte individual, especial ou facultativo: será devida a partir da incapacidade ou a partir da data de entrada do requerimento, caso a protocolização do benefício seja após o 30º dia da descoberta da incapacidade.

Diante dos acordos que a Previdência Social brasileira tem com outros países, recomenda-se analisar a possibilidade da concessão da aposentadoria por incapacidade permanente dependendo do país em que o segurado exercer sua atividade. A aposentadoria por incapacidade permanente é devida, portanto, em todo o território nacional, prevalecendo, nesse âmbito, o princípio da territorialidade.

O art. 42, § 2º, da Lei n. 8.213/91 é categórico: não será devida a aposentadoria por incapacidade permanente ao segurado que se filiar ao Regime Geral de Previdência Social já portador da doença ou da lesão invocada como causa para o benefício, exceto quando a incapacidade sobrevier por motivo de progressão ou agravamento da doença ou da lesão. Para que não ocorra uma interpretação equivocada, o segurado pode se filiar ao Regime Geral de Previdência Social já portador da doença ou da lesão, desde que capaz para as atividades laborais e sociais. O que não pode é ingressar no sistema previdenciário incapaz somente para receber uma prestação previdenciária. Assim, caso ocorra a filiação ao sistema previdenciário já doente ou lesionado, porém capaz para as atividades laborais e sociais, receberá a aposentadoria por incapacidade permanente na ocorrência do agravamento da enfermidade.

### *31.3.3 Renda mensal inicial*

Até o advento da EC n. 103/2019[29], a aposentadoria por incapacidade permanente, inclusive a decorrente de acidente do trabalho, consistia numa renda mensal correspondente

29. BRASIL. Emenda Constitucional n. 103, de 12 de novembro de 2019. Altera o sistema de previdência social e estabelece regras de transição e disposições transitórias. Brasília, DF.

a 100% do salário de benefício, apurado com base na média aritmética simples dos maiores salários de contribuição correspondentes a 80% do período contributivo decorrido desde a competência julho de 1994 até a data de início do benefício No entanto, a EC n. 103/2019 estabeleceu em seu art. 26 novos coeficientes de cálculo. Vejamos:

– A aposentadoria por incapacidade permanente (não acidentária) corresponde a 60% do salário de benefício acrescidos de 2% para cada ano que ultrapassar os 20 anos de contribuição tanto para homens quanto para mulheres:

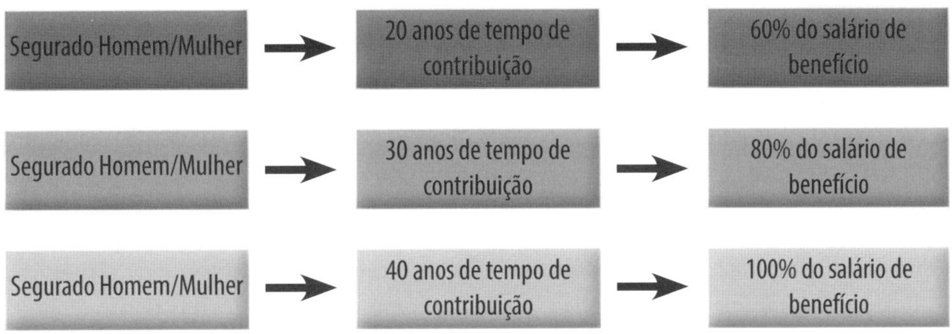


Aposentadoria por incapacidade permanente quando decorrer de acidente de trabalho, de doença profissional e de doença do trabalho: corresponderá a 100% do salário de benefício que leva em consideração todos os salários de contribuição (desde julho de 1994 ou desde o início da contribuição, se posterior àquela competência).

Essa mudança no cálculo representa uma perda significativa de renda do segurado que se tornar incapaz de forma permanente para o trabalho, salvo na hipótese de a incapacidade ter resultado de acidente do trabalho, em situações assemelhadas ao acidente-típico, em casos de doença profissional e de doença do trabalho. Este tema deverá acarretar grandes controvérsias também porque, em caso de incapacidade permanente não acidentária, o valor do benefício de aposentadoria pode, e bem possivelmente será, calculado em valor menor que o benefício por incapacidade temporária que o antecedeu, situação que pode acarretar a arguição de que há violação quanto à irredutibilidade do valor do benefício, pois não há sentido receber um valor de benefício menor (incapacidade permanente) por uma situação menos grave (que a de uma incapacidade temporária).

Semelhante diferenciação ocorreu no passado, na redação original da Lei n. 8.213/91[30], sendo corrigida posteriormente pela Lei n. 9.032/95. E agora volta à baila essa regra discriminatória, sem razão de ordem contributiva que justifique pagar menor valor para situações isonômicas.

No caso da aposentadoria por incapacidade permanente, precedida de benefício por incapacidade temporária e sem o retorno do segurado ao trabalho, deve ser calculada pelo

30. BRASIL. Lei n. 8.213, de 24 de julho de 1991. Dispõe sobre os Planos de Benefícios da Previdência Social e dá outras providências. Brasília, DF.

valor da remuneração anterior ao início do recebimento do auxílio. Nesse caso, a limitação do salário do benefício por incapacidade temporária, introduzida pelo § 10 do art. 29 da Lei de Benefícios pela Lei n. 13.135/2015[31], ainda que seja tida por constitucional, não poderá ser aplicada à aposentadoria por incapacidade permanente.

O valor da aposentadoria por incapacidade permanente ao segurado que necessitar da assistência permanente de outra pessoa será acrescido de 25%, podendo chegar, assim, a 125% do salário de benefício. O acréscimo será devido, ainda que o valor da aposentadoria atinja o limite máximo legal; será recalculado quando o benefício que lhe deu origem for reajustado e cessará com a morte do aposentado, não sendo incorporável ao valor da pensão.

Constatado por ocasião da perícia médica que o segurado faz jus à aposentadoria por incapacidade permanente, deverá o perito, de imediato, verificar se este necessita da assistência permanente de outra pessoa, fixando-se, se for o caso, o início do pagamento na data do início da aposentadoria por incapacidade permanente. Trata-se de situação em que o INSS deve conhecer de ofício do direito, independentemente de requerimento. Caso não seja concedido de imediato, ou deferido por via judicial, deve retroagir à data de início da aposentadoria por incapacidade permanente, portanto – já que não há prazo para o requerimento do acréscimo –, obedecida, quando for o caso, a prescrição.

É de se ressaltar que não há previsão de requerimento administrativo para o acréscimo de 25% de modo que tal situação justifica a retroação à data de início da aposentadoria por invalidez, ou quando a necessidade de assistência permanente ocorrer após a data em que o segurado passou a estar enquadrado na regra legal.

**PREVDICA:**

Os proventos de aposentadoria motivada por acidente em serviço são isentos do imposto de renda. Súmula 43 – CARF.

### *31.3.4 Processo de reabilitação*

A aposentadoria por incapacidade permanente suspende o contrato de trabalho (CLT, art. 475)[32] e cessa com a recuperação da capacidade de trabalho. Por isso, o aposentado por incapacidade permanente que retornar voluntariamente à atividade terá sua aposentadoria automaticamente cancelada, a partir da data do retorno – art. 46 da Lei do RGPS[33].

Questão bastante presente é o alcance da regra do art. 475 da CLT a outros direitos do empregado que não o pagamento do salário. O mais comum dos direitos vindicados em ações

31. BRASIL. Lei n. 13.135, de 17 de junho de 2015. Altera as Leis n. 8.213, de 24 de julho de 1991, n. 10.876, de 2 de junho de 2004, n. 8.112, de 11 de dezembro de 1990, e n. 10.666, de 8 de maio de 2003, e dá outras providências. Brasília, DF.

32. BRASIL. Decreto-lei n. 5.452, de 1º de maio de 1943. Consolidação das Leis do Trabalho. Brasília, DF.

33. BRASIL. Lei n. 8.213, de 24 de julho de 1991. Dispõe sobre os Planos de Benefícios da Previdência Social e dá outras providências. Brasília, DF.

trabalhistas movidas por empregados aposentados por incapacidade permanente é a manutenção do plano de saúde em modalidade empresarial, custeado pelo empregador, que muitas vezes é suprimido justamente no período de concessão da aposentadoria por incapacidade permanente.

O segurado que está recebendo aposentadoria por incapacidade permanente tem obrigações em relação à Previdência Social, sob pena de suspensão do benefício. Essas obrigações incluem:

– Submeter-se a exame médico a cargo da Previdência Social: O segurado aposentado por incapacidade permanente deve se submeter a exames médicos realizados pela Previdência Social, de acordo com as convocações feitas para esse fim. A não realização desses exames pode levar à suspensão do benefício.

– Processo de reabilitação profissional: Caso seja indicado pela Previdência Social, o segurado aposentado por incapacidade permanente deve participar de um processo de reabilitação profissional, cujos custos são cobertos pela Previdência. Esse processo visa auxiliar o segurado a retornar ao mercado de trabalho ou a desempenhar outra atividade, se possível.

– Tratamento médico: O segurado aposentado por incapacidade permanente deve seguir o tratamento médico prescrito, que é oferecido gratuitamente pela Previdência Social. No entanto, o tratamento cirúrgico e a transfusão de sangue são facultativos e não são obrigatórios, independentemente da idade do segurado.

Além disso, é importante observar que o aposentado por incapacidade permanente pode ser convocado para avaliação das condições que motivaram seu afastamento ou aposentadoria, concedida judicial ou administrativamente, a qualquer momento. Essa convocação deve ser realizada de acordo com o disposto na Lei de Benefícios (art. 43, § 4º), incluído pela Lei n. 13.457/2017.

No entanto, existem algumas exceções em que o segurado aposentado por incapacidade permanente ou o pensionista inválido não precisam mais se submeter ao exame médico-pericial. Tais exceções estão dispostas na Lei n. 15.157/2025 e tratam de casos em que a perícia médica constata a incapacidade permanente, irreversível ou irrecuperável, ficando o beneficiário dispensado da reavaliação das condições que ensejaram o afastamento ou a aposentadoria, concedidos judicial ou administrativamente. No entanto, havendo fundamentada suspeita de fraude ou erro, deverá o beneficiário se submeter à perícia de revisão. Aqui, me parece que andou mal o legislador, posto que deveria ter se valido da expressão "salvo se comprovada a fraude ou o erro", e não "fundamentada suspeita", tendo em vista que tal expressão se demonstra deveras subjetiva.

Outra exceção trazida pela Lei n. 15.157/2025 é no caso dos portadores de HIV/AIDS, doença de Alzheimer, doença de Parkinson e esclerose lateral amiotrófica, que ficam dispensados da avaliação. Encerramento e/ou término ocorrerá com o óbito do segurado; com a recuperação parcial ou total, abandono ou recusa do processo de reabilitação ou o retorno voluntário às atividades profissionais, uma das hipóteses de cessação da aposentadoria por incapacidade permanente ocorre por vontade do aposentado por incapacidade permanente, quando se sente apto ao trabalho. Nesse caso, terá de solicitar uma nova perícia médica no

INSS e, entendendo-se que realmente há a capacidade laboral, a aposentadoria é cessada, observado o disposto no art. 49 do Decreto n. 3.048/99[34].

> Art. 49. Verificada a recuperação da capacidade laborativa do aposentado por incapacidade permanente, exceto na hipótese prevista no art. 48, serão observadas as seguintes normas:
>
> I – quando a recuperação for total e ocorrer no prazo de cinco anos, contado da data de início da aposentadoria por incapacidade permanente ou do auxílio por incapacidade temporária que a antecedeu sem interrupção, o benefício cessará:
>
> a) de imediato, para o segurado empregado que tiver direito a retornar à função que desempenhava na empresa ao se aposentar, na forma da legislação trabalhista, valendo como documento, para tal fim, o certificado de capacidade fornecido pela previdência social; ou
>
> b) após tantos meses quantos forem os anos de duração do auxílio por incapacidade temporária e da aposentadoria por incapacidade permanente, para os demais segurados; e
>
> II – quando a recuperação for parcial ou ocorrer após o período previsto no inciso I, ou ainda quando o segurado for declarado apto para o exercício de trabalho diverso do qual habitualmente exercia, a aposentadoria será mantida, sem prejuízo da volta à atividade:
>
> a) pelo seu valor integral, durante seis meses contados da data em que for verificada a recuperação da capacidade;
>
> b) com redução de cinquenta por cento, no período seguinte de seis meses; e
>
> c) com redução de setenta e cinco por cento, também por igual período de seis meses, ao término do qual cessará definitivamente.

**PREVDICA:**

Casos em que o segurado for portador de HIV/Aids estarão isentos do exame de que trata o *caput* do art. 101 da Lei n. 8.213/91.

O art. 46 da Lei n. 8.213/91 reza que o aposentado por incapacidade permanente que retornar voluntariamente à atividade terá sua aposentadoria automaticamente cessada, a partir da data do retorno. Nesse sentido, caso o segurado volte a trabalhar de forma deliberada, por vontade própria, sem comunicar o INSS, não receberá a prestação de recuperação.

**PREVDICA:**

O aposentado por incapacidade permanente que retornar voluntariamente à atividade terá sua aposentadoria automaticamente cessada, a partir da data do retorno.

---

34. BRASIL. Decreto n. 3.048, de 6 de maio de 1999. Aprova o Regulamento da Previdência Social, e dá outras providências. Brasília, DF.

Enquanto, segundo o art. 47 do Decreto n. 3.048/99, o aposentado por incapacidade permanente que se julgar apto a retornar à atividade deverá solicitar a realização de nova avaliação médico-pericial, e se a perícia médica do INSS concluir pela recuperação da capacidade laborativa, a aposentadoria será cancelada; à luz da prestação de recuperação disposta no art. 49 do Decreto supra, ou seja, caso comunique o INSS, não terá a punição e receberá a prestação de recuperação, na cessação da aposentadoria por incapacidade permanente, uma vez verificada a recuperação da capacidade de trabalho, será aplicada a prestação de readaptação da seguinte forma:

> I – quando a recuperação for total e ocorrer dentro de cinco anos contados da data do início da aposentadoria por incapacidade permanente ou do benefício por incapacidade temporária que a antecedeu sem interrupção, o benefício cessará:
>
> a) de imediato, para o segurado empregado que tiver direito a retornar à função que desempenhava na empresa ao se aposentar, na forma da legislação trabalhista, valendo como documento, para tal fim, o certificado de capacidade fornecido pela previdência social; ou
>
> b) após tantos meses quantos forem os anos de duração do benefício por incapacidade temporária e da aposentadoria por incapacidade permanente, para os demais segurados; e
>
> II – quando a recuperação for parcial ou ocorrer após o período previsto no inciso I, ou ainda quando o segurado for declarado apto para o exercício de trabalho diverso do qual habitualmente exercia, a aposentadoria será mantida, sem prejuízo da volta à atividade:
>
> a) pelo seu valor integral, durante seis meses contados da data em que for verificada a recuperação da capacidade;
>
> b) com redução de 50%, no período seguinte de seis meses; e
>
> c) com redução de 75%, também por igual período de seis meses, ao término do qual cessará definitivamente.

O art. 50 do Decreto n. 3.048/99 regula que, caso o segurado retorne à atividade, poderá requerer, a qualquer tempo, novo benefício previdenciário, sendo esse processamento normal. Seu parágrafo único traz a exceção: Se o segurado requerer qualquer benefício durante o período citado no artigo anterior, a aposentadoria por incapacidade permanente somente será cessada, para a concessão do novo benefício, após o cumprimento do período de que tratam as alíneas *b* do inciso I e *a* do inciso II do art. 49. Nesse sentido, a concessão de uma nova aposentadoria poderá cumular com a prestação de readaptação.

Além disso, o aposentado por incapacidade permanente, o segurado em gozo do auxílio por incapacidade temporária, auxílio-acidente ou o pensionista inválido, cujos benefícios tenham sido concedidos judicial ou administrativamente, estão obrigados, sob pena de terem os seus benefícios suspensos, a se submeterem a:

I – exame médico a cargo da Previdência Social para avaliação das condições que ensejaram sua concessão ou manutenção;
II – processo de reabilitação profissional prescrito e custeado pela Previdência Social; e
III – tratamento oferecido gratuitamente, exceto o cirúrgico e a transfusão de sangue, que são facultativos.

Existem algumas exceções em que essas pessoas não precisam mais se submeter ao exame médico pericial. Tais exceções estão dispostas na Lei n. 15.157/2025 e tratam de casos em que a perícia médica constata a incapacidade permanente, irreversível ou irrecuperável, ficando o beneficiário dispensado da reavaliação das condições que ensejaram o afastamento ou a aposentadoria concedidos judicial ou administrativamente. No entanto, havendo fundamentada suspeita de fraude ou erro, deverá o beneficiário se submeter à perícia de revisão.

Aqui, me parece que andou mal o legislador, posto que deveria ter se valido da expressão "salvo se comprovada a fraude ou o erro" e não "fundamentada suspeita", tendo em vista que tal expressão se demonstra deveras subjetiva.

Outra exceção trazida pela Lei n. 15.157/2025 é no caso dos portadores de HIV/Aids, doença de Alzheimer, doença de Parkinson e esclerose lateral amiotrófica, que ficam dispensados da avaliação[35].

### *31.3.5 Adicional da aposentadoria por incapacidade permanente*

O adicional de 25% no benefício da aposentadoria por incapacidade permanente, também conhecido como "Grande Invalidez", é um auxílio concedido aos segurados que necessitam de assistência permanente de terceiros devido a problemas físicos, motores ou mentais que resultam em limitações significativas em suas atividades diárias. Esse benefício está previsto no art. 45 da Lei n. 8.213/91 e é fundamentado nos princípios da Constituição Federal, em particular o princípio da dignidade da pessoa humana.

O objetivo desse adicional é auxiliar segurados que, devido a suas condições de saúde, dependem integralmente ou permanentemente da ajuda de outra pessoa para realizar atividades básicas, como alimentação, higiene pessoal, locomoção, entre outras.

Embora a legislação estabeleça que esse adicional é vinculado exclusivamente à aposentadoria por incapacidade permanente, em casos em que um segurado se torna incapacitado após a concessão de outros tipos de aposentadoria, como aposentadoria por tempo de contribuição, idade e aposentadoria especial, o Judiciário já determinou a extensão desse benefício a essas situações. Isso ocorre quando o segurado necessita de assistência permanente de outra pessoa para realizar atividades essenciais do cotidiano, independentemente do tipo de aposentadoria que recebeu originalmente.

A necessidade da colaboração permanente de terceiros independe da presença de cuidador, profissional qualificado para o tratamento contínuo de idosos ou incapacitados em

35. BRASIL. Lei n. 13.846, de 18 de junho de 2019. Institui o Programa Especial para Análise de Benefícios com Indícios de Irregularidade, o Programa de Revisão de Benefícios por Incapacidade. Brasília, DF.

geral. Embora muitos segurados necessitem do auxílio permanente para a realização de suas atividades diárias, na prática, inexiste apoio integral ou sequer parcial neste sentido. Grande parte dos aposentados vivem sozinhos, sem amparo da família e com poucos recursos financeiros para arcar com os custos de um profissional da área.

Fato é que o termo "necessitar", por si só, já condiciona o acréscimo de 25% no valor da aposentadoria por incapacidade permanente, ampliando tal direito aos segurados que não possuam o devido acompanhamento para atendimento de suas necessidades diárias básicas e tutela à promoção da dignidade humana.

Aqui também é importante elencar que a comprovação dessa necessidade de assistência permanente por pessoa diversa deve ser realizada com atestados e exames, ressaltando a disposição de laudo que indique expressamente a necessidade de cuidados permanentes por terceiro em proveito da sobrevivência ideal às dificuldades apresentadas pelo segurado.

Seja no INSS ou por intermédio de ação judicial, além dos documentos descritos, a constatação da necessidade de auxílio para identificação da existência ao direito de adicional de 25% deve ensejar na realização de perícia médica, devidamente agendada e comunicada pelo INSS ao segurado. O art. 45 da Lei n. 8.213/91[36] assim estabelece tal acréscimo em consonância com os princípios da prevalência da igualdade e gozo à dignidade da pessoa humana, estipulados pela Constituição da República Federativa do Brasil de 1988, possibilitando o acesso universal aos direitos fundamentais ora mencionados, e, ainda, balanceando as tratativas legais e sociais em proveito dos segurados da Previdência Social.

É importante mencionar que o requisito para a concessão deste adicional é a apresentação da necessidade da ajuda de um terceiro para a realização de atividades diárias básicas.

Esse serviço destinado aos aposentados por incapacidade permanente dependentes de terceiros para a consumação de suas atividades rotineiras deve ser solicitado no *site* do Instituto Nacional do Seguro Social – INSS, na aba "Meu INSS", não descartando, todavia, o comparecimento físico a determinada unidade para realização de perícia médica.

Nesse passo, o INSS aceita as seguintes situações como causa do recebimento do adicional de 25% para a aposentadoria por incapacidade permanente:

- Cegueira total;
- Perda de nove dedos das mãos ou superior a esta;
- Paralisia dos dois membros superiores ou inferiores;
- Perda dos membros inferiores, acima dos pés, quando a prótese for impossível;
- Perda de uma das mãos e de dois pés, ainda que a prótese seja possível;
- Perda de um membro superior e outro inferior, quando a prótese for impossível;
- Alteração das faculdades mentais com grave perturbação da vida orgânica e social;
- Doença que exija permanência contínua no leito;
- Incapacidade permanente para as atividades da vida diária.

---

36. BRASIL. Lei n. 8.213, de 24 de julho de 1991. Dispõe sobre os Planos de Benefícios da Previdência Social e dá outras providências. Brasília, DF.

A relação de enfermidades acima transcrita não pode ser considerada como taxativa, ou seja, admite a inserção de outras situações que possam levar o aposentado a necessitar de assistência permanente mesmo não estando previsto no anexo I do Decreto n. 3.048/99, o que pode ser comprovado por meio de laudos e exames médicos, assim como em perícia médica a ser realizada em qualquer das unidades do INSS.

**PREVDICA**:
O referido acréscimo de 25% cessa com o evento morte do aposentado.

Apesar de ser um direito incontestável, o processo de requerimento desse benefício não costuma ser simples e a complexidade documental e burocrática acaba, por vezes, conduzindo a pedidos indevidamente negados pelos órgãos previdenciários. Mesmo que a maioria dos casos acima tratem de incapacidades físicas e motoras, também existem incapacidades mentais que podem dar direito ao acréscimo. O adicional é devido assim que for constatada a necessidade permanente de um terceiro para o auxílio do segurado.

Cabe lembrar que se o segurado recebe uma quantia de benefício e tem direito aos 25% de adicional e o valor final ultrapassa o teto do INSS, você continua tendo direito ao valor final, sem limitação de valor.

O único benefício previdenciário que pode ter um acréscimo de 25% é a aposentadoria por incapacidade permanente. Caso o segurado necessite de assistência de outra pessoa, ainda que receba um benefício de 100%, a renda mensal poderá ser acrescida em mais 25%, sendo essa porcentagem extinta quando o benefício for revertido em pensão por morte ao dependente do segurado, conforme dispõe o art. 45 da Lei n. 8.213/91[37]. Vale salientar que, atualmente, a concessão do adicional de 25% a outras aposentadorias está suspensa pelo Supremo Tribunal Federal – STF, até que esta colenda corte decida sobre o tema.

Sendo assim, há necessidade de observar a estrita aplicação legal pertinente ao art. 45 da Lei n. 8.213/91 no tocante ao acréscimo para aposentados por incapacidade permanente, tão somente.

O Supremo Tribunal Federal (STF) definiu que a extensão do adicional de 25% só é possível para a aposentadoria por invalidez (com a Reforma da Previdência este benefício passou a ser chamado de aposentadoria por incapacidade permanente), seguiu a legislação e fixou a seguinte tese:

> No âmbito do Regime Geral de Previdência Social (RGPS), somente lei pode criar ou ampliar benefícios e vantagens previdenciárias, não havendo, por ora, previsão de extensão do auxílio da grande invalidez a todas as espécies de aposentadoria.

37. BRASIL. Lei n. 8.213, de 24 de julho de 1991. Dispõe sobre os Planos de Benefícios da Previdência Social e dá outras providências. Brasília, DF.

Mas e com relação aos aposentados que acionaram o Judiciário, tiveram êxito e vinham recebendo o adicional? A Suprema Corte também definiu que os pagamentos recebidos de boa-fé por força de decisão judicial ou administrativa que não tenha transitado em julgado até a proclamação do resultado do julgamento pelo STF não devem continuar a ser pagos e não precisam ser devolvidos. O acréscimo pode atingir o patamar de 125% do salário de benefício, superando o limite do teto do Regime Geral de Previdência Social, este de R$ 8.157,41 (oito mil, cento e cinquenta e sete reais e quarenta e um centavos) para o ano de 2025. Além disso, o referido acréscimo de 25% cessa com o evento morte do aposentado, não sendo incorporado ao valor devido da pensão por morte à dependente que tiver direito a esse benefício.

A negativa do acréscimo de 25% no valor da aposentadoria é comum aos segurados por incapacidade permanente, podendo ser igualado a benefícios diversos, a exemplificar, o benefício por incapacidade temporária. À vista disso, há de se observar que a maioria dos casos que desconsideram os requerimentos para tal benefício se dá em virtude da atuação dos peritos do próprio INSS, que descartam a necessidade da assistência permanente de terceiros sem a devida averiguação das condições reais e práticas dos segurados.

Logo, não concordando com a decisão da negativa, deve o aposentado por incapacidade permanente solicitar o acompanhamento de um especialista, para que este analise o caso e verifique a possibilidade de ingresso à reversão da decisão administrativa via ação judicial, ainda que permitida a contestação na própria autarquia federal (INSS).

Outro ponto que merece destaque é a faculdade dispensada aos aposentados por incapacidade permanente de solicitar o acréscimo no momento do requerimento da aposentadoria ou, ainda, após a concessão do benefício, configurando a amplitude de defesa aos interesses subjetivos do segurado e usufruição dos direitos impostos no sistema jurídico brasileiro em benefício da coletividade de indivíduos.

Além disso, o valor pertinente ao acréscimo de 25% do benefício de aposentadoria por incapacidade permanente é calculado de acordo com os recursos financeiros recebidos pelo segurado, segundo as novas estipulações legais determinadas pela Reforma da Previdência, esta promovida pela Emenda Constitucional n. 103/2019[38], que visa implementar a estruturação de medidas legislativas previdenciárias no país, o valor da aposentadoria por incapacidade permanente alcança o patamar de 60% do salário de benefício, considerado como a média de todas as contribuições efetuadas pelo segurado a partir de julho de 1994.

Neste segmento, a cada 20 anos de contribuição dos homens e 15 anos das mulheres, há um acréscimo pecuniário de 2% por ano excedido.

A título exemplificativo, estando o valor do benefício fixado em R$ 2 mil (dois mil reais), o acréscimo de 25% pertinente à dependência de terceiros pelo aposentado por incapacidade permanente fica em R$ 500,00 (quinhentos reais), totalizando o recebimento mensal do segurado em R$ 2.500,00 (dois mil e quinhentos reais mensais).

38. BRASIL. Emenda Constitucional n. 103, de 12 de novembro de 2019. Altera o sistema de previdência social e estabelece regras de transição e disposições transitórias. Brasília, DF.

O acréscimo de 25% no valor da aposentadoria por incapacidade permanente deve ser recalculado nas hipóteses de reajuste do benefício previdenciário, a fim de que o segurado possa manter atualizados os valores decorrentes de tal direito social fundamental.

Em síntese, diante da necessidade de concessão do acréscimo em comento, todas as dúvidas apresentadas pelos interessados devem ser sanadas a partir da procura por auxílio de profissionais habilitados capazes de realizar corretamente o cálculo previdenciário dos indivíduos, assim como conferir todas as contribuições registradas no Cadastro Nacional de Informações – CNIS, extrato previdenciário que demonstra o histórico de contribuições do segurado. Esses detalhes são cruciais para a melhora no valor final do benefício.

**PREVDICA:**
O acréscimo de 25% no valor da aposentadoria por incapacidade permanente deve ser recalculado nas hipóteses de reajuste do benefício previdenciário.

Concluímos com a recente decisão sobre o assunto:

PREVIDENCIÁRIO E PROCESSUAL CIVIL. RECURSO ESPECIAL REPETITIVO. CÓDIGO DE PROCESSO CIVIL DE 2015. APLICABILIDADE. APOSENTADORIA POR INVALIDEZ. "AUXÍLIO-ACOMPANHANTE". ADICIONAL DE 25% (VINTE E CINCO POR CENTO) PREVISTO NO ART. 45 DA LEI N. 8.213/91. NECESSIDADE DE ASSISTÊNCIA PERMANENTE DE TERCEIRO. COMPROVAÇÃO. EXTENSÃO A OUTRAS ESPÉCIES DE APOSENTADORIA. POSSIBILIDADE. PRINCÍPIOS DA DIGNIDADE DA PESSOA HUMANA E DA ISONOMIA. GARANTIA DOS DIREITOS SOCIAIS. CONVENÇÃO INTERNACIONAL SOBRE OS DIREITOS DAS PESSOAS COM DEFICIÊNCIA (NOVA IORQUE, 2007). INTERPRETAÇÃO JURISPRUDENCIAL DE ACORDO COM PRINCÍPIOS CONSTITUCIONAIS. FATO GERADOR. BENEFÍCIO DE CARÁTER ASSISTENCIAL, PERSONALÍSSIMO E INTRANSFERÍVEL. DESNECESSIDADE DE PRÉVIA FONTE DE CUSTEIO. TESE FIRMADA SOB O RITO DOS RECURSOS ESPECIAIS REPETITIVOS. ART. 1.036 E SEGUINTES DO CPC/2015. RECURSO ESPECIAL DO INSS IMPROVIDO. I – Consoante o decidido pelo Plenário desta Corte na sessão realizada em 9-3-2016, o regime recursal será determinado pela data da publicação do provimento jurisdicional impugnado. *In casu*, aplica-se o Código de Processo Civil de 2015. II – Cinge-se a controvérsia à possibilidade de extensão do "auxílio-acompanhante", previsto no art. 45 da Lei n. 8.213/91 aos segurados aposentados por invalidez, às demais espécies de aposentadoria do Regime Geral da Previdência Social – RGPS. III – O "auxílio-acompanhante" consiste no pagamento do adicional de 25% (vinte e cinco por cento) sobre o valor do benefício ao segurado aposentado por invalidez, que necessite de assistência permanente de terceiro para a realização de suas atividades e cuidados habituais, no intuito de diminuir o risco social consubstanciado no indispensável amparo ao segurado, podendo, inclusive, sobrepujar o teto de pagamento dos benefícios do Regime Geral de

Previdência Social. IV – Tal benefício possui caráter assistencial porquanto: a) o fato gerador é a necessidade de assistência permanente de outra pessoa a qual pode estar presente no momento do requerimento administrativo da aposentadoria por invalidez ou ser-lhe superveniente; b) sua concessão pode ter ou não relação com a moléstia que deu causa à concessão do benefício originário; e c) o pagamento do adicional cessará com a morte do aposentado, não sendo incorporado ao valor da pensão por morte, circunstância própria dos benefícios assistenciais que, pela ausência de contribuição, são personalíssimos e, portanto, intransferíveis aos dependentes. V – A pretensão em análise encontra respaldo nos princípios da dignidade da pessoa humana e da isonomia, bem como na garantia dos direitos sociais, contemplados, respectivamente, nos arts. 1º, III, 5º, *caput*, e 6º, da Constituição da República. VI – O Estado brasileiro é signatário da Convenção Internacional sobre os Direitos das Pessoas com Deficiência de Nova Iorque, de 2007, admitida com *status* de emenda constitucional, nos termos do art. 5º, § 3º, da Constituição da República. Promulgada pelo Decreto n. 6.949/2009, a Convenção, em seu art. 1º, ostenta o propósito de "(...) promover, proteger e assegurar o exercício pleno e equitativo de todos os direitos humanos e liberdades fundamentais por todas as pessoas com deficiência e promover o respeito pela sua dignidade inerente", garantindo, ainda, em seus arts. 5º e 28, tratamento isonômico e proteção da pessoa com deficiência, inclusive na seara previdenciária. VII – A 1ª Seção desta Corte, em mais de uma oportunidade, prestigiou os princípios da dignidade da pessoa humana e da isonomia com vista a iluminar e desvendar a adequada interpretação de dispositivos legais (REsp n. 1.355.052/SP, Rel. Min. Benedito Gonçalves, *DJe* de 5-11-2015 e do REsp n. 1.411.258/RS, Rel. Min. Napoleão Nunes Maia Filho, *DJe* de 21-2-2018, ambos submetidos ao rito do art. 543-C do Código de Processo Civil de 1973). VIII – A aplicação do benefício às demais modalidades de aposentadoria independe da prévia indicação da fonte de custeio porquanto o "auxílio-acompanhante" não consta no rol do art. 18 da Lei n. 8.213/91, o qual elenca os benefícios e serviços devidos aos segurados do Regime Geral de Previdência Social e seus dependentes. IX – Diante de tal quadro, impõe-se a extensão do "auxílio- acompanhante" a todos os aposentados que, inválidos, comprovem a necessidade de ajuda permanente de outra pessoa, independentemente do fato gerador da aposentadoria. X – Tese jurídica firmada: "Comprovadas a invalidez e a necessidade de assistência permanente de terceiro, é devido o acréscimo de 25% (vinte e cinco por cento), previsto no art. 45 da Lei n. 8.213/91, a todos os aposentados pelo RGPS, independentemente da modalidade de aposentadoria." XI – Recurso julgado sob a sistemática dos recursos especiais representativos de controvérsia (art. 1.036 e seguintes do CPC/2015 e art. 256-N e seguintes do RISTJ). XII – Recurso Especial do INSS improvido (STJ – REsp: 1720805 RJ 2018/0020632-2, Rel. Min. Assusete Magalhães, j. em 22-8-2018, S1 – 1ª Seção, *DJe* de 26-9-2018).

# 32

# Benefícios programáveis

## 32.1 Vínculo empregatício

O Direito do Trabalho é responsável por regulamentar as relações de trabalho, que podem ser compreendidas como toda forma de concentração de energia do labor humano para a execução de alguma atividade capaz de satisfazer a obrigação previamente contraída. Com isso, observa-se que a relação de trabalho é um gênero (visto que alcança qualquer tipo de labor humano, independentemente de sua forma, juridicidade, entre outros), que pode abranger diversas espécies, entre elas: a relação de emprego.

Antes de analisarmos o vínculo empregatício de forma específica, destaca-se que a relação de trabalho abrange diversas modalidades, como: trabalho autônomo; trabalho eventual; trabalho avulso; trabalho voluntário; trabalho de estágio; trabalho cooperativado; trabalho institucional; e a relação de emprego.

A relação de emprego, também conhecida como vínculo de emprego ou vínculo empregatício, é uma espécie (modalidade) da relação de trabalho, que será constituída quando ocorrer o preenchimento dos requisitos necessários para tal, pressupostos esses previstos nos arts. 2º e 3º da Consolidação das Leis do Trabalho (CLT), *in verbis*:

> Art. 2º Considera-se empregador a empresa, individual ou coletiva, que, assumindo os riscos da atividade econômica, admite, assalaria e dirige a prestação pessoal de serviço.
>
> Art. 3º Considera-se empregado toda pessoa física que prestar serviços de natureza não eventual a empregador, sob a dependência deste e mediante salário.

Com isso, observamos que a relação de emprego, ou seja, o vínculo empregatício, necessita, obrigatoriamente, do preenchimento de certos requisitos que foram destacados nos artigos supracitados. São eles: trabalho executado por pessoa física; pessoalidade; habitualidade (não eventualidade); onerosidade; e subordinação jurídica.

A presença de cada uma dessas modalidades torna-se imprescindível para a caracterização do vínculo empregatício. Por conta disso, insta salientar quais são os elementos que abordam cada uma delas.

O trabalho exercido por pessoa física se relaciona com o próprio art. 3º da CLT e está vinculado ao conceito de trabalho em âmbito geral, ou seja, para a configuração de uma relação de emprego é imprescindível a concentração de energia do labor humano, isto é, somente a pessoa física (ser humano, pessoa natural) consegue executar uma atividade específica intelectual ou fisicamente.

Outro requisito imprescindível para a configuração do vínculo de emprego é a pessoalidade, decorrente da característica do contrato de trabalho *intuitu personae* (em razão da pessoa), isto é, o empregador celebra o instrumento jurídico de trabalho com o empregado, a fim de que esse preste serviços pessoalmente para aquele. A título de conhecimento, o empregado não poderá repassar suas atividades habituais (seu trabalho, seu esforço pessoal intelectual ou físico) para outra pessoa, ou seja, se substituir por outro, exceto em situações específicas e com o conhecimento do empregador.

Além disso, o vínculo empregatício será concretizado quando existir habitualidade (não eventualidade) na prestação de serviços, ou seja, o esforço para o labor humano precisa ser realizado de forma repetida, habitual, com previsão de repetição futura nos termos jurídicos estabelecidos com o empregador. Isso significa que a habitualidade não diz respeito ao trabalho executado, por exemplo, 5 (cinco) dias por semana em 8 (oito) horas diárias ou 44 (quarenta e quatro) horas semanais. Mas sim que o trabalho será executado repetidamente de acordo com o contrato estabelecido com o empregador, ou seja, de forma habitual.

Ou seja, a relação de emprego não precisa ser contínua, posto que, ainda que descontínua, será habitual se o trabalho se der em atividade-fim da empresa, uma vez que habitualidade não se confunde com continuidade. Veja a jurisprudência:

> Vínculo de emprego. Habitualidade. Caracterização. Na doutrina trabalhista, impera o princípio da realidade do contrato e, como tal, devem estar caracterizados simultaneamente cada um dos requisitos ensejadores da relação empregatícia, dispostos no art. 3º da Consolidação das Leis do Trabalho – CLT. No caso, restou provado o labor do reclamante na função de lavador de carros, duas vezes na semana, mediante pagamento mensal de R$ 720,00, fixada no período de 1º-7-2017 a 20-2-2020, sendo incontroversa a subordinação, afastando-se o entendimento consignado na sentença de que o trabalho era eventual, pois a prestação de serviços, embora descontínua, era habitual e se dava em atividade fim da empresa, em sintonia com os requisitos do art. 3º da CLT. Honorários advocatícios. Ajuizamento da ação após a Lei n. 13.467/2017. Condenação. Requisitos. Na Justiça do Trabalho, tratando-se de ação ajuizada após a vigência da Lei n. 13.467/2017, o deferimento de honorários advocatícios decorre da mera sucumbência, nos moldes do art. 791-A da CLT. Considerando que o caso reflete a hipótese de procedência parcial, ambas as partes devem ser condenadas a pagar honorários, embora a obrigação a cargo da laborista mantenha-se suspensa nos moldes estabelecidos pelo art. 791-A, § 4º, da CLT, eis que hipossuficiente e beneficiária da justiça gratuita

(TRT-22 – ROT: 0000177-11.2020.5.22.0103, Rel. Marco Aurélio Lustosa Caminha, 1ª Turma – Gabinete do Desembargador Marco Aurélio Lustosa Caminha).

Ademais, o exercício da atividade laboral em um vínculo empregatício determina a necessidade de uma contraprestação, de acordo com as características do contrato de trabalho, isso quer dizer que o empregado fornece a sua força de trabalho intelectual ou física e, em contrapartida, será remunerado pelos serviços prestados.

Por fim, o último requisito estabelecido para a caracterização do vínculo empregatício é a subordinação jurídica, decorrente do contrato de trabalho celebrado entre ambas as partes, e estabelece que o empregador terá o poder diretivo, com a capacidade de direcionar o empregado a executar determinadas tarefas, enquanto o empregado, por sua vez, será subordinado, ou seja, obedecerá às ordens estabelecidas pelo empregador.

**PREVDICA:**

Caso não ocorra o preenchimento de todos os requisitos estabelecidos para a caracterização do vínculo empregatício, o trabalhador estará diante de uma relação de trabalho.

Atenção: a depender do caso, a contratação do "empregado" como Pessoa Jurídica (PJ) poderá ser considerada uma fraude trabalhista.

## 32.2 Tipos de vínculos

Os tipos de vínculos de trabalho são caracterizados pela concentração de energia do labor humano para a execução de alguma atividade capaz de satisfazer a obrigação previamente contraída. Conforme analisado em tópico anterior, a relação de trabalho é gênero que abrange diversas modalidades.

A primeira modalidade da relação de trabalho é a própria relação de emprego caracterizada pela existência de cinco requisitos imprescindíveis: trabalho executado por pessoa física; pessoalidade; onerosidade; habitualidade (não eventualidade); e subordinação jurídica.

A segunda modalidade da relação de trabalho é o trabalho autônomo, que também tem importância para o Direito Previdenciário, considerando que o trabalhador autônomo, que não preenche o requisito da subordinação jurídica, visto que esse pressuposto inexiste na relação de prestação de serviços, pode recolher suas contribuições previdenciárias como contribuinte individual e, consequentemente, alcançar, após o preenchimento dos requisitos necessários, os benefícios previdenciários estabelecidos pela Lei n. 8.213/91 e regulamentados pelo Decreto n. 3.048/99.

A terceira modalidade da relação de trabalho é o trabalho eventual, que não preenche o requisito da habitualidade, visto que esse trabalhador exercerá o seu labor humano somente em determinados períodos, ou seja, existe uma descontinuidade na prestação de serviços. Também pode recolher as contribuições previdenciárias por meio da classificação como contribuinte individual.

A quarta classificação da relação de trabalho que se aborda no presente texto é o trabalhador avulso, que executa seu ofício a diversos tomadores de mão de obra, com a intermediação do sindicato. Aqui, o trabalhador avulso será vinculado ao sistema previdenciário na categoria de segurado trabalhador avulso.

Além desses tipos de vínculos existentes, nós podemos considerar diversos outros que fazem parte da relação de trabalho, como o estágio, o trabalho institucional, o trabalho voluntário, o trabalho portuário, entre tantos outros tipos de trabalho que podem ser úteis para o sistema previdenciário em razão da possibilidade de contribuição como contribuinte individual ou facultativo (estágio).

Portanto, nota-se que cada tipo de vínculo de trabalho tem extrema importância para o sistema previdenciário em razão de sua classificação como segurado e o consequente requerimento correto de benefícios previdenciários.

## 32.3 Modalidades

O Regime Geral de Previdência Social está previsto pela Constituição Federal, em seu art. 201, e estabelece uma série de benefícios previdenciários que são assegurados em razão da existência do risco social. Vejamos:

> Art. 201. A previdência social será organizada sob a forma do Regime Geral de Previdência Social, de caráter contributivo e de filiação obrigatória, observados critérios que preservem o equilíbrio financeiro e atuarial, e atenderá, na forma da lei, a:

- cobertura dos eventos de incapacidade temporária ou permanente para o trabalho e idade avançada;
- proteção à maternidade, especialmente à gestante;
- proteção ao trabalhador em situação de desemprego involuntário;
- salário-família e auxílio-reclusão para os dependentes dos segurados de baixa renda;
- pensão por morte do segurado, homem ou mulher, ao cônjuge ou companheiro e dependentes.

Em análise com o artigo supracitado, nota-se que o inciso I determina que a Previdência Social fará a cobertura do risco social da idade avançada. Diante dessa análise, destaca-se que a própria legislação infraconstitucional (Lei n. 8.213/91) e sua devida regulamentação (Decreto n. 3.048/99) estabelecem as diversas modalidades de aposentadoria.

A aposentadoria, também conhecida como "retiro" ou, do inglês, "retirement", é um benefício previdenciário que pode ser concedido em razão de certas ocasiões, existindo, dessa forma, 7 (sete) modalidades que serão trabalhadas no decorrer do presente capítulo. Trata-se de um benefício programável (desconsiderando a aposentadoria por incapacidade permanente, que inexiste uma programação em razão de seu fato gerador ser impossível de prevenção), concedido em razão do preenchimento de diversos requisitos, que são analisados de acordo com a modalidade de aposentadoria.

**PREVDICA**:
Modalidades de aposentadorias: aposentadoria por idade urbana; aposentadoria por idade do trabalhador rural; aposentadoria por tempo de contribuição; aposentadoria do professor; aposentadoria da Pessoa com Deficiência por idade; aposentadoria da Pessoa com Deficiência por tempo de contribuição; aposentadoria especial.

Antes de introduzirmos tais modalidades, é de extrema importância tecer uma relação da aposentadoria com o vínculo de emprego. Afinal, um dos principais fatores para a concessão do benefício previdenciário em comento é a existência de uma relação de trabalho, sendo mais comumente concedido o benefício quando existe uma relação de emprego, visto que diversas pessoas que estão em relação de trabalho não contribuem para a Previdência Social por algum determinado motivo, enquanto aquelas que estão em um vínculo de emprego, necessariamente, possuem suas contribuições recolhidas na folha de pagamento por intermédio do empregador.

Dito isso, o vínculo de emprego é fundamental, mas não imprescindível (em razão da possibilidade de concessão da aposentadoria para outros tipos de trabalho, ou até mesmo para o segurado facultativo, que não exerce atividade remunerada), por conta de sua facilidade para alcançar o benefício em comento. No entanto, a problemática em relação ao tema se relaciona com o rompimento do vínculo empregatício após a concessão da aposentadoria. A jurisprudência e a doutrina possuem divergências em relação à matéria. Todavia, em adoção à corrente majoritária, compreende-se que a concessão da aposentadoria, a depender de sua modalidade, não trará o rompimento do vínculo empregatício, conforme esclarece o doutrinador Carlos Alberto Pereira de Castro:

> De nossa parte, antes mesmo da decisão prolatada pela Suprema Corte, vínhamos nos posicionando no sentido de que a aposentadoria voluntária, sem rompimento espontâneo da relação de emprego, não importava ruptura contratual. E assim pensamos por dois motivos: o primeiro porque, sendo o contrato de trabalho um acordo de vontades, somente pela manifestação de uma das partes, ou pelo falecimento, ou por força maior, pode-se dar a ruptura da relação jurídica. O Estado não pode intervir para extinguir contratos entre particulares, pois aí não chega o poder coercitivo estatal. Em segundo lugar, o Direito do Trabalho se rege por princípios, dentre os quais o da primazia da realidade e o da continuidade da relação de emprego[1].

1. CASTRO, Carlos Alberto Pereira de; LAZZARI, João Batista. *Manual de Direito Previdenciário*. 24. ed. Rio de Janeiro: Forense, 2021. p. 586.

Portanto, tem-se, como regra geral, que inexiste rompimento do vínculo empregatício após a concessão da aposentadoria, visto que o Estado não pode intervir em uma relação social firmada pelo consentimento e pela autonomia da vontade entre dois particulares.

### 32.3.1 Aposentadoria por idade urbana

Introdutoriamente, a aposentadoria por idade urbana é a mais conhecida dos benefícios previdenciários, visto que é aquela concedida quando ocorre o preenchimento de uma carência mínima e de uma idade mínima. Garantida pela Constituição Federal em seu art. 201, I, *in verbis:*

> Art. 201. A previdência social será organizada sob a forma do Regime Geral de Previdência Social, de caráter contributivo e de filiação obrigatória, observados critérios que preservem o equilíbrio financeiro e atuarial, e atenderá, na forma da lei, a:
> I – cobertura dos eventos de incapacidade temporária ou permanente para o trabalho e idade avançada[2];

A aposentadoria por idade urbana tem previsão constitucional específica no parágrafo 7º do art. 201, da Carta Magna. Vejamos:

> Art. 201. (...)
> § 7º É assegurada aposentadoria no regime geral de previdência social, nos termos da lei, obedecidas as seguintes condições:
> I – 65 (sessenta e cinco) anos de idade, se homem, e 62 (sessenta e dois) anos de idade, se mulher, observado tempo mínimo de contribuição[3];

Conforme o próprio nome diz, a aposentadoria por idade urbana é um benefício programável (mediante o preenchimento dos requisitos acima) concedido para segurados que atuam na área urbana, independentemente, conforme analisado em tópico anterior, da existência de vínculo empregatício, visto que segurados facultativos fazem jus ao benefício, além dos demais que estão em relação de trabalho contribuindo para o sistema previdenciário.

Destaca-se que o benefício em comento possui previsão infraconstitucional pelo art. 48 da Lei n. 8.123/91, *in verbis:*

> Art. 48. A aposentadoria por idade será devida ao segurado que, cumprida a carência exigida nesta Lei, completar 65 (sessenta e cinco) anos de idade, se homem, e 60 (sessenta), se mulher[4].

---

2. BRASIL. Constituição da República Federativa do Brasil de 1988. Brasília, DF.
3. BRASIL. Constituição da República Federativa do Brasil de 1988. Brasília, DF.
4. BRASIL. Lei n. 8.213, de 24 de julho de 1991. Dispõe sobre os Planos de Benefícios da Previdência Social e dá outras providências. Brasília, DF.

Além disso, é regulamentada pelo art. 51 do Decreto n. 3.048/99, com as devidas alterações oriundas do Decreto n. 10.410/2020:

> Art. 51. A aposentadoria programada, uma vez cumprido o período de carência exigido, será devida ao segurado que cumprir, cumulativamente, os seguintes requisitos:
>
> I – sessenta e dois anos de idade, se mulher, e sessenta e cinco anos de idade, se homem; e
>
> II – quinze anos de tempo de contribuição, se mulher, e vinte anos de tempo de contribuição, se homem[5].

Em rápida análise com os requisitos supracitados e mencionados expressamente pela legislação, a aposentadoria por idade urbana será o benefício previdenciário programável concedido quando o segurado preencher certos requisitos, como o alcance à idade específica: 62 anos de idade para mulheres e 65 anos de idade para homens; tempo de contribuição de 15 anos para mulheres e 20 anos para homens; e a carência e tempo de contribuição necessários, sendo 180 meses.

Para os segurados filiados antes da EC n. 103/2019, e que não alcançaram os requisitos para se aposentarem pelo direito adquirido, a aposentadoria por idade previu uma regra de transição no art. 18 da referida emenda.

No caso, além da carência necessária de 180 meses, a citada regra de transição prevê um tempo de 15 anos de contribuição para ambos os sexos e, para as mulheres, foi prevista idade mínima de 60 anos, com acréscimo de 6 meses a partir de 1º de janeiro de 2020, chegando aos 62 anos de idade exigida em 2023. Já para os homens, exige-se uma idade fixa de 65 anos.

**PREVDICA**:

A aposentadoria por idade urbana será concedida quando houver o preenchimento dos seguintes requisitos:

Homens: 20 anos de tempo de contribuição; 180 meses de carência; 65 anos de idade;

Mulheres: 15 anos de tempo de contribuição; 180 meses de carência; 62 anos de idade.

Insta salientar que em relação à idade, a Lei n. 8.213/91 se encontra desatualizada, devendo o especialista observar a previsão constitucional no § 7º, do art. 201 da Carta Magna em harmonia com a análise feita pelo art. 51, I e II, do Decreto n. 3.048/99.

Referente ao período do direito à aposentadoria por idade, inclusive para o segurado empregado doméstico, essa será devida a partir da data do desligamento do emprego, quando requerida até noventa dias depois dela; ou a partir da data do requerimento, quando não houver desligamento do emprego ou quando for requerida após o prazo informado anteriormente, ou, para os demais segurados (como facultativo, por exemplo), a partir da data de entrada do requerimento, conforme determina o art. 52 do Decreto n. 3.048/99.

5. BRASIL. Decreto n. 3.048, de 6 de maio de 1999. Aprova o Regulamento da Previdência Social e dá outras providências. Brasília, DF.

Referente ao valor do benefício, esse será calculado por meio da média aritmética de todos os salários de contribuição vertidos a partir de julho de 1994, com a aplicação do coeficiente de 60% (sessenta por cento) do salário de benefício definido anteriormente, possuindo um acréscimo de dois pontos percentuais para cada ano de contribuição que exceder o tempo de vinte anos de tempo de contribuição, para homens, ou de quinze anos de tempo de contribuição, para mulheres.

É importante registrar que todas as regras destacadas acima são determinadas para todos os segurados que se vincularam ao Regime Geral de Previdência Social após o dia 12 de novembro de 2019, momento em que a Emenda Constitucional n. 103/2019 (Reforma da Previdência) entrou em vigor. Caso o segurado tenha se filiado ao sistema previdenciário em momento anterior ao citado, ele poderá utilizar do Direito Adquirido (previsto no art. 3º da mencionada Reforma) ou poderá se aposentar de acordo com as regras de transição.

O art. 18 da Emenda Constitucional n. 103/2019 institui a regra de transição para a aposentadoria por idade urbana. Vejamos:

> Art. 18. O segurado de que trata o inciso I do § 7º do art. 201 da Constituição Federal filiado ao Regime Geral de Previdência Social até a data de entrada em vigor desta Emenda Constitucional poderá aposentar-se quando preencher, cumulativamente, os seguintes requisitos:
>
> I – 60 (sessenta) anos de idade, se mulher, e 65 (sessenta e cinco) anos de idade, se homem; e
>
> II – 15 (quinze) anos de contribuição, para ambos os sexos.
>
> § 1º A partir de 1º de janeiro de 2020, a idade de 60 (sessenta) anos da mulher, prevista no inciso I do *caput*, será acrescida em 6 (seis) meses a cada ano, até atingir 62 (sessenta e dois) anos de idade[6].

Destaca-se que, além dos requisitos acima, ambos precisam preencher uma carência de 180 (cento e oitenta) meses, conforme determinação do próprio art. 29, II, do Decreto n. 3.048/99. No mais, a regra de transição é artifício fundamental para assegurar o direito à aposentadoria de forma célere àquelas pessoas que se vincularam ao sistema previdenciário antes de suas alterações, trata-se de um mecanismo capaz de garantir ao segurado uma proteção social previdenciária fortalecida em virtude das normas prejudiciais ao trabalhador previstas pela Reforma da Previdência.

Analisemos a seguinte decisão:

> PREVIDENCIÁRIO. APOSENTADORIA POR IDADE URBANA. TEMPO DE SERVIÇO. REQUISITOS LEGAIS. CARÊNCIA. ATIVIDADE URBANA. 1. Os requisitos para a concessão da aposentadoria por idade urbana, prevista no *caput* do art. 48 da Lei n. 8.213/91, são o implemento da carência e do respectivo requisito etário. 2. Comprovado o

6. BRASIL. Constituição da República Federativa do Brasil de 1988. Brasília, DF.

preenchimento de todos os requisitos legais, a parte autora faz jus à aposentadoria por idade urbana (TRF-4, AC 50187713020214049999, Rel. Oscar Valente Cardoso, j. em 8-2-2022, Turma Regional Suplementar do PR).

### *32.3.2 Aposentadoria por idade do trabalhador rural*

Introdutoriamente, a aposentadoria por idade do trabalhador rural é popularmente conhecida em regiões rurais, visto que se trata de um benefício previdenciário concedido ao segurado especial, segurado empregado com vínculo empregatício como empregado rural, segurado contribuinte individual, ou segurado trabalhador avulso. De acordo com a Constituição Federal, em seu art. 201, parágrafo 7º, inciso II:

> Art. 201. A previdência social será organizada sob a forma do Regime Geral de Previdência Social, de caráter contributivo e de filiação obrigatória, observados critérios que preservem o equilíbrio financeiro e atuarial, e atenderá, na forma da lei, a:
>
> § 7º É assegurada aposentadoria no regime geral de previdência social, nos termos da lei, obedecidas as seguintes condições:
>
> II – 60 (sessenta) anos de idade, se homem, e 55 (cinquenta e cinco) anos de idade, se mulher, para os trabalhadores rurais e para os que exerçam suas atividades em regime de economia familiar, nestes incluídos o produtor rural, o garimpeiro e o pescador artesanal[7].

A aposentadoria por idade concedida aos trabalhadores rurais será observada de acordo com a qualidade de segurado da pessoa, que, conforme comentado anteriormente, poderá ser segurado especial, segurado com vínculo empregatício, segurado contribuinte individual, ou segurado trabalhador avulso.

**PREVDICA**:

Destaca-se que o benefício previsto constitucionalmente pela norma supracitada ainda tem sua previsão pela legislação infraconstitucional, especificamente no art. 56 do Decreto n. 3.048/99.

> Art. 56. A aposentadoria por idade do trabalhador rural, uma vez cumprido o período de carência exigido, será devida aos segurados a que se referem a alínea *a* do inciso I, a alínea *j* do inciso V e os incisos VI e VII do *caput* do art. 9º e aos segurados garimpeiros que trabalhem, comprovadamente, em regime de economia familiar, conforme definido no § 5º do art. 9º, quando completarem cinquenta e cinco anos de idade, se mulher, e sessenta anos de idade, se homem[8].

Para melhor compreensão a respeito dos segurados que podem receber a aposentadoria por idade rural, observa-se que o segurado com vínculo empregatício será aquele que

7. BRASIL. Constituição da República Federativa do Brasil de 1988. Brasília, DF.
8. BRASIL. Decreto n. 3.048, de 6 de maio de 1999. Aprova o Regulamento da Previdência Social e dá outras providências. Brasília, DF.

habitualmente presta serviço de natureza subordinada (mediante o preenchimento dos requisitos necessários para a caracterização do vínculo de emprego) ao empregador em prédio rústico ou em propriedade rural. Aqui, há o registro na Carteira de Trabalho e Previdência Social (CTPS) e a existência de um contrato de trabalho.

**PREVDICA**:
A aposentadoria por idade do trabalhador rural abrange os seguintes segurados: segurado com vínculo empregatício; segurado contribuinte individual; segurado trabalhador avulso; e segurado especial.

O segurado contribuinte individual será aquele que presta serviço mediante o uso de seu labor intelectual ou físico sem qualquer vínculo empregatício, ou seja, sem a existência dos cinco requisitos necessários para a caraterização da relação de emprego como, por exemplo, o trabalhador autônomo rural. Aqui, inexiste registro na Carteira de Trabalho e Previdência Social (CTPS) e o segurado deverá recolher suas contribuições por meio da Guia da Previdência Social.

O segurado trabalhador avulso será aquele que presta serviços a diversos tomadores de serviços, ou seja, diversas empresas, em âmbito rural, com a obrigatória intermediação do órgão gestor de mão de obra ou sindicato de categoria, como, por exemplo, os boias-frias. Aqui, inexiste vínculo empregatício e registro na Carteira de Trabalho e Previdência Social, mas existe um vínculo com o sindicato ou cooperativa, o segurado terá suas contribuições recolhidas pelo órgão administrador.

O segurado especial será aquele que presta serviços em regime de economia familiar, ou seja, aquele em que toda a sua família trabalha em conjunto sem a existência de um vínculo empregatício, como, por exemplo, o produtor rural, o pescador artesanal, os membros do grupo familiar e os indígenas.

Da mesma forma da aposentadoria por idade urbana, a aposentadoria por idade do trabalhador rural será concedida quando o segurado preencher os requisitos necessários para o ato de requerimento. Insta salientar que a Emenda Constitucional n. 103/2019 (Reforma da Previdência) não trouxe alterações para o benefício previdenciário em comento e, nesse sentido, a aposentadoria será devida a partir da seguinte lógica: 60 anos para homens e 55 anos para mulheres; ambos preencherem 180 meses de carência.

De forma diversa ao benefício anteriormente analisado, a aposentadoria do trabalhador rural teve alterações em relação ao cálculo após o advento do Decreto n. 10.410/2020, que modificou o art. 56, parágrafo 2º, do Decreto n. 3.048/99. Com isso, o valor do benefício previdenciário em comento corresponderá a 70% (setenta por cento) do salário de benefício (cálculo da média aritmética de todas as contribuições a partir de julho de 1994) com acréscimo de um ponto percentual para cada ano de contribuição. No entanto, esse cálculo e esse valor não são aplicados ao segurado especial, visto que inexiste recolhimento e, nesse caso, esses recebem o valor de um salário mínimo, conforme determinação do art. 56, parágrafo 3º, do Decreto n. 3.048/99.

Por fim, ressalta-se que a aposentadoria por idade do trabalhador rural não comporta regras transitórias, visto que a Reforma da Previdência não alterou os requisitos e, portanto, inexiste pressupostos diversos antes ou após a data de 13 de novembro de 2019.

Vejamos a seguinte decisão:

> PREVIDENCIÁRIO. APOSENTADORIA POR IDADE A TRABALHADOR RURAL. ART. 143 DA LEI N. 8.213/91. COMPROVAÇÃO DA ATIVIDADE DE RURÍCOLA NO PERÍODO ANTERIOR AO REQUERIMENTO. CONCESSÃO DO BENEFÍCIO. CORREÇÃO MONETÁRIA. JUROS. HONORÁRIOS ADVOCATÍCIOS. – Não conhecimento do reexame necessário, conforme disposto no art. 496, § 3º, inciso I, do Código de Processo Civil, que afasta a exigência do duplo grau de jurisdição quando a condenação ou o proveito econômico for inferior a 1.000 salários mínimos – Não se conhece da apelação, na parte em que alegada vedação à desaposentação, por tratar de matéria estranha ao objeto da presente ação; assim como, no tocante à prescrição quinquenal, por falta de interesse de agir – Prevalência da regra geral prevista no *caput* do art. 1.012 do Código de Processo Civil, porquanto não configuradas as hipóteses previstas no § 1º do mesmo dispositivo legal – A atividade rural deve ser comprovada por meio de início de prova material, aliada à prova testemunhal – O conjunto probatório é suficiente para ensejar a concessão do benefício vindicado – Reconhecimento da procedência do pedido formulado – Os índices de correção monetária e taxa de juros de mora observarão o julgamento do C. STF no RE 870.947 (repercussão geral), bem como o Manual de Orientação de Procedimentos para os Cálculos na Justiça Federal em vigor por ocasião da execução do julgado – À vista do quanto previsto no art. 85 do Código de Processo Civil, sendo o caso de sentença ilíquida, o percentual da verba honorária deverá ser fixado na liquidação do julgado, com observância ao disposto no inciso II do § 4º, c. c. o § 11, ambos do art. 85 do CPC, bem como no art. 86 do mesmo diploma legal. Do mesmo modo, quanto à base de cálculo, considerando a questão submetida a julgamento no Tema n. 1.105 do Superior Tribunal de Justiça ("Definição acerca da incidência, ou não, da Súmula 111/STJ, ou mesmo quanto à necessidade de seu cancelamento, após a vigência do CPC/2015 (art. 85), no que tange à fixação de honorários advocatícios nas ações previdenciárias") – Remessa oficial não conhecida. Apelação do INSS, conhecida em parte, a que se dá parcial provimento (TRF-3, ApelRemNec 51775588720214039999/SP, Rel. Des. Federal Therezinha Astolphi Cazerta, j. em 11-3-2022, 8ª Turma, *DJEN* 16-3-2022).

### *32.3.3 Aposentadoria por tempo de contribuição*

De início, a aposentadoria por tempo de contribuição é o benefício previdenciário programável que sofreu alterações após a promulgação da Emenda Constitucional n. 103/2019 (Reforma da Previdência), visto que o novo texto constitucional excluiu a hipótese da aposentadoria por tempo de contribuição, vejamos:

> Art. 201. A previdência social será organizada sob a forma do Regime Geral de Previdência Social, de caráter contributivo e de filiação obrigatória, observados critérios que preservem o equilíbrio financeiro e atuarial, e atenderá, na forma da lei, a:

> I – trinta e cinco anos de contribuição, se homem, e trinta anos de contribuição, se mulher; (*vetado*)[9]

Antes da Reforma da Previdência, o benefício era regulamentado pelo art. 56 do Decreto n. 3.048/99, que previa a seguinte redação:

> Art. 56. A aposentadoria por tempo de contribuição será devida ao segurado após trinta e cinco anos de contribuição, se homem, ou trinta anos, se mulher, observado o disposto no art. 199-A. (*vetado*)[10]

No entanto, conforme destacado anteriormente, a Emenda Constitucional n. 103/2019 e a redação prevista pelo Decreto n. 10.410/2020, excluíram a modalidade da aposentadoria por tempo de contribuição, restando apenas o direito adquirido, previsto no art. 3º da Emenda Constitucional n. 103/2019, ou suas regras de transição, que serão analisadas a seguir.

Referente ao direito adquirido, a aposentadoria por tempo de contribuição ainda pode ser concedida ao segurado, caso o homem tenha preenchido 35 (trinta e cinco) anos de tempo de contribuição até 12 de novembro de 2019, ou a mulher tenha preenchido 30 (trinta) anos de tempo de contribuição até a data mencionada anteriormente, ambos com 180 meses de carência.

**PREVDICA:**

A aposentadoria por tempo de contribuição não está mais disponível para segurados que se filiaram ao Regime Geral de Previdência Social (RGPS) após 12 de novembro de 2019. No entanto, os segurados que se filiaram ao sistema previdenciário antes dessa data ainda podem se aposentar por tempo de contribuição, seja com base no direito adquirido ou por meio das regras de transição.

No entanto, caso o segurado tenha se filiado ao Regime Geral de Previdência Social (RGPS) antes de 12 de novembro de 2019 e não preencheu os requisitos para a aposentadoria por tempo de contribuição até essa data, ele poderá optar pela aposentadoria por tempo de contribuição de acordo com as regras de transição.

A primeira regra transitória que será analisada será a dos pontos, prevista no art. 15 da Emenda Constitucional n. 103/2019, *in verbis*:

> Art. 15. Ao segurado filiado ao Regime Geral de Previdência Social até a data de entrada em vigor desta Emenda Constitucional, fica assegurado o direito à aposentadoria quando forem preenchidos, cumulativamente, os seguintes requisitos:
>
> I – 30 (trinta) anos de contribuição, se mulher, e 35 (trinta e cinco) anos de contribuição, se homem; e

9. BRASIL. Constituição da República Federativa do Brasil de 1988. Brasília, DF.
10. BRASIL. Decreto n. 3.048, de 6 de maio de 1999. Aprova o Regulamento da Previdência Social e dá outras providências. Brasília, DF.

> II – somatório da idade e do tempo de contribuição, incluídas as frações, equivalente a 86 (oitenta e seis) pontos, se mulher, e 96 (noventa e seis) pontos, se homem, observado o disposto nos §§ 1º e 2º.
>
> § 1º A partir de 1º de janeiro de 2020, a pontuação a que se refere o inciso II do *caput* será acrescida a cada ano de 1 (um) ponto, até atingir o limite de 100 (cem) pontos, se mulher, e de 105 (cento e cinco) pontos, se homem[11].

De acordo com a norma supracitada, o segurado poderá se aposentar quando possuir 30 (trinta) anos de contribuição, se mulher, ou 35 (trinta e cinco) anos de contribuição, se homem e, além disso, deverá somar o tempo de contribuição com a idade para alcançar a pontuação necessária, que se iniciou em 86 (oitenta e seis) pontos para as mulheres, e 96 (noventa e seis) pontos para os homens em 2019, tendo um acréscimo de 1 (um) ponto a partir de janeiro de 2020, até alcançar o limite de 100 (cem) pontos para as mulheres ou 105 (cento e cinco) pontos para os homens.

Com isso, podemos exemplificar que a pontuação para o ano de 2025 é de 92 para mulheres e 102 para homens, devendo alcançar o limite de 100 para mulheres no ano de 2033 e 105 para homens no ano de 2028.

A citada regra tem suas variações, conforme já falamos em capítulos anteriores. Assim, os professores dos ensinos primário, fundamental e médio também se aposentam por tempo de contribuição quando apresentarem 25 anos de tempo de contribuição, se mulheres, e 30 anos de contribuição, se homens. O somatório das idades com o tempo de contribuição tem de dar 81 pontos para as mulheres e 91 pontos para os homens. A partir de janeiro de 2020, passou-se a acrescentar 1 ponto por ano, até atingir 92 pontos para a mulher e 100 pontos para o homem.

Outra regra de transição prevista pela Emenda Constitucional n. 103/2019, especificamente em seu art. 16, é a regra do tempo de contribuição mais idade mínima. Vejamos:

> Art. 16. Ao segurado filiado ao Regime Geral de Previdência Social até a data de entrada em vigor desta Emenda Constitucional fica assegurado o direito à aposentadoria quando preencher, cumulativamente, os seguintes requisitos:
>
> I – 30 (trinta) anos de contribuição, se mulher, e 35 (trinta e cinco) anos de contribuição, se homem; e
>
> II – idade de 56 (cinquenta e seis) anos, se mulher, e 61 (sessenta e um) anos, se homem.
>
> § 1º A partir de 1º de janeiro de 2020, a idade a que se refere o inciso II do *caput* será acrescida de 6 (seis) meses a cada ano, até atingir 62 (sessenta e dois) anos de idade, se mulher, e 65 (sessenta e cinco) anos de idade, se homem[12].

---

11. BRASIL. Emenda Constitucional n. 103, de 12 de novembro de 2019. Altera o sistema de previdência social e estabelece regras de transição e disposições transitórias. Brasília, DF.
12. BRASIL. Emenda Constitucional n. 103, de 12 de novembro de 2019. Altera o sistema de previdência social e estabelece regras de transição e disposições transitórias. Brasília, DF.

Em análise com o artigo mencionado, destaca-se que a aposentadoria por tempo de contribuição poderá ser concedida ao segurado que preencher, além do tempo de contribuição estabelecido pela norma, isso é, 30 (trinta) anos para mulheres e 35 (trinta e cinco) anos para homens, uma idade mínima que sofrerá um acréscimo de 6 (seis) meses para homens ou mulheres contados a partir de 1º de janeiro de 2020.

Para exemplificar, a idade mínima para homens em janeiro de 2019 foi de 61 (sessenta e um) anos, para mulheres 56 (cinquenta e seis) anos. No ano de 2020, essa idade sofreu um acréscimo de 6 (seis) meses, com isso, homens passaram a ter a necessidade de preencher 61 (sessenta e um) e 6 (seis) meses de idade, e mulheres a ter 56 (cinquenta e seis) e 6 (seis) meses de idade. Atualmente, no ano de 2022, essa idade mínima se encontra em 62 (sessenta e dois) e 6 (seis) meses de idade para homens e 57 (cinquenta e sete) e 6 (seis) meses para mulheres. Ressalta-se que essa idade mínima alcançará o seu limite no ano de 2027 para homens (sessenta e cinco anos de idade) e no ano de 2031 para mulheres (sessenta e dois anos de idade).

**PREVDICA**:

A regra transitória dos pontos e a regra transitória da idade mínima terão o valor da aposentadoria correspondente à 60% do valor do salário de benefício, que deverá ser calculado pela média aritmética integral de todas as contribuições vertidas a partir de julho de 1994.

O valor será acrescido de 2 pontos percentuais quando o segurado exceder 20 (vinte) anos de tempo de contribuição, para homens, e 15 (quinze) anos de tempo de contribuição, para mulheres.

Além dessas, a Emenda Constitucional n. 103/2019 prevê em seu art. 17 a regra transitória do pedágio de 50% (cinquenta por cento) do tempo faltante:

> Art. 17. Ao segurado filiado ao Regime Geral de Previdência Social até a data de entrada em vigor desta Emenda Constitucional e que na referida data contar com mais de 28 (vinte e oito) anos de contribuição, se mulher, e 33 (trinta e três) anos de contribuição, se homem, fica assegurado o direito à aposentadoria quando preencher, cumulativamente, os seguintes requisitos:
>
> I – 30 (trinta) anos de contribuição, se mulher, e 35 (trinta e cinco) anos de contribuição, se homem; e
>
> II – cumprimento de período adicional correspondente a 50% (cinquenta por cento) do tempo que, na data de entrada em vigor desta Emenda Constitucional, faltaria para atingir 30 (trinta) anos de contribuição, se mulher, e 35 (trinta e cinco) anos de contribuição, se homem[13].

13. BRASIL. Emenda Constitucional n. 103, de 12 de novembro de 2019. Altera o sistema de previdência social e estabelece regras de transição e disposições transitórias. Brasília, DF.

A regra do pedágio 50%, prevista no art. 17 da EC n. 103/2019, é a regra de transição que vai exigir do segurado menos de dois anos, na data da reforma, para atingir os 30 anos de contribuição, a mulher, e os 35 anos de contribuição, o homem. Importante salientar que esta regra não exige idade mínima. Um erro muito comum é o fato de a grande maioria escolhê-la quando faltam exatos dois anos para atingir o tempo de contribuição necessário (homem ou mulher). Neste caso, não há que se falar em pedágio 50%, mas em pedágio 100% que, diferentemente daquele outro, exige idade mínima de 57 anos para a mulher e de 60 anos para o homem.

Outra diferença entre as regras, como veremos de forma mais aprofundada em momento oportuno, é o cálculo.

Com isso, destaca-se que o benefício da aposentadoria por tempo de contribuição na regra transitória do pedágio de 50% (cinquenta por cento) será concedido nos seguintes casos:

Para o homem com 33 (trinta e três) anos de tempo de contribuição até o dia 12 de novembro de 2019, com o cumprimento de pedágio de 50% (cinquenta por cento) do tempo faltante para alcançar 35 (trinta e cinco) anos de tempo de contribuição. Ou seja, nesse caso, faltam 2 (dois) anos para alcançar o requisito necessário (trinta e cinco anos de tempo de contribuição), metade (cinquenta por cento) desse período é 1 (um) ano. Logo, o segurado deverá cumprir 35 (trinta e cinco) anos de tempo de contribuição com o pedágio de 1 (um) ano. Isso significa que conseguirá requerer a aposentadoria com 36 (trinta e seis) anos de tempo de contribuição.

Para o homem com 34 (trinta e quatro) anos de tempo de contribuição até o dia 12 de novembro de 2019, com o cumprimento de pedágio de 50% (cinquenta por cento) do tempo faltante para alcançar 35 (trinta e cinco) anos de tempo de contribuição. Ou seja, nesse caso, falta 1 (um) ano para alcançar o requisito necessário (trinta e cinco anos de tempo de contribuição), metade (cinquenta por cento) desse período são 6 (seis) meses. Logo, o segurado deverá cumprir 35 (trinta e cinco) anos de tempo de contribuição com o pedágio de 6 (seis) meses. Isso significa que conseguirá requerer a aposentadoria com 35 (trinta e cinco) anos e 6 (seis) meses de tempo de contribuição.

Para a mulher com 28 (vinte e oito) anos de tempo de contribuição até o dia 12 de novembro de 2019, com o cumprimento de pedágio de 50% (cinquenta por cento) do tempo faltante para alcançar 30 (trinta) anos de tempo de contribuição. Ou seja, nesse caso, faltam 2 (dois) anos para alcançar o requisito necessário (trinta anos de tempo de contribuição), metade (cinquenta por cento) desse período é 1 (um) ano. Logo, a segurada deverá cumprir 30 (trinta) anos de tempo de contribuição com o pedágio de 1 (um) ano. Isso significa que conseguirá requerer a aposentadoria com 31 (trinta e um) anos de tempo de contribuição.

Para a mulher com 29 (vinte e nove) anos de tempo de contribuição até o dia 12 de novembro de 2019, com o cumprimento de pedágio de 50% (cinquenta por cento) do tempo faltante para alcançar 30 (trinta) anos de tempo de contribuição. Ou seja, nesse caso, faltam 1 (um) ano para alcançar o requisito necessário (trinta anos de tempo de contribuição), metade (cinquenta por cento) desse período são 6 (seis) meses. Logo, a segurada deverá cumprir 30 (trinta) anos de tempo de contribuição com o pedágio de 6 (seis) meses. Isso significa que conseguirá requerer a aposentadoria com 30 (trinta) anos e 6 (seis) meses de tempo de contribuição.

**PREVDICA**:

A regra transitória do pedágio 50% (cinquenta por cento) pode ser vantajosa em relação ao valor do benefício previdenciário.

Isso ocorre porque a renda mensal inicial deverá corresponder a 100% do salário de benefício. No entanto, multiplica-se pelo fator previdenciário.

Além da regra prevista pelo pedágio 50% (cinquenta por cento) do tempo faltante. A Emenda Constitucional n. 103/2019, em seu art. 20, prevê a regra transitória do pedágio 100% (cem por cento) do tempo faltante. Vejamos:

> Art. 20. O segurado ou o servidor público federal que se tenha filiado ao Regime Geral de Previdência Social ou ingressado no serviço público em cargo efetivo até a data de entrada em vigor desta Emenda Constitucional poderá aposentar-se voluntariamente quando preencher, cumulativamente, os seguintes requisitos:
>
> I – 57 (cinquenta e sete) anos de idade, se mulher, e 60 (sessenta) anos de idade, se homem;
>
> II – 30 (trinta) anos de contribuição, se mulher, e 35 (trinta e cinco) anos de contribuição, se homem;
>
> III – para os servidores públicos, 20 (vinte) anos de efetivo exercício no serviço público e 5 (cinco) anos no cargo efetivo em que se der a aposentadoria;
>
> IV – período adicional de contribuição correspondente ao tempo que, na data de entrada em vigor desta Emenda Constitucional, faltaria para atingir o tempo mínimo de contribuição referido no inciso II[14].

Aqui, aborda-se somente a aposentadoria por tempo de contribuição na regra transitória do pedágio de 100% (cem por cento) do tempo faltante para o segurado vinculado ao Regime Geral de Previdência Social, descarta-se as regras estabelecidas para o servidor público.

Com isso, nota-se que a regra transitória ao segurado vinculado ao Regime Geral de Previdência Social necessita do preenchimento de uma idade mínima de 60 (sessenta) anos para homens e 57 (cinquenta e sete) anos para mulheres, além de um período de 35 (trinta e cinco) anos de tempo de contribuição para homens, e 30 (trinta) anos de tempo de contribuição para mulheres. Para se aposentar de acordo com a regra em comento, o(a) segurado(a) deve preencher um período de 100% (cem por cento) do tempo faltante para alcançar os requisitos supracitados.

Ou seja, caso o segurado homem possua, por exemplo, 30 (trinta) anos de tempo de contribuição até a data de 12 de novembro de 2019, faltam 5 (cinco) anos de tempo de contribuição para alcançar o requisito da aposentadoria por tempo de contribuição e, nesse caso, ele deverá cumprir 100% (cem por cento) desse tempo faltante. Ou seja, deverá contribuir o dobro do período que falta para se aposentar, de acordo com o caso hipotético, o segurado

14. BRASIL. Emenda Constitucional n. 103, de 12 de novembro de 2019. Altera o sistema de previdência social e estabelece regras de transição e disposições transitórias. Brasília, DF.

conseguirá se aposentar com o total de 40 (quarenta) anos de tempo de contribuição, visto que precisará preencher os 5 (cinco) anos faltantes para o requisito e, além disso, os outros 5 (cinco) anos faltantes em razão do pedágio de 100% (cem por cento).

No entanto, por mais que a regra pareça ser de impossível alcance, observam-se pessoas que possuem, por exemplo, 32 (trinta e dois) anos de tempo de contribuição, sendo homem, faltando 3 (três) anos para alcançar o requisito necessário do benefício e, nesse caso, o cumprimento de 100% (cem por cento) desse tempo faltante fará com que, no final, o segurado se aposente com 38 (trinta e oito) anos de tempo de contribuição.

Além disso, a regra transitória pode ser vantajosa para alguns casos, visto que o valor da renda mensal inicial será de 100% do salário de benefício, que deverá ser calculado pela média aritmética integral de todas as contribuições vertidas para o sistema previdenciário desde julho de 1994, quando instituiu o Plano Real.

Portanto, ressalta-se que a aposentadoria por tempo de contribuição deixou de existir após recentes alterações legislativas, oriundas da Emenda Constitucional n. 103/2019 e após regulamentação do Decreto n. 10.410/2020. Sendo aplicável somente para segurados que alcançaram o direito adquirido ou se filiaram ao Regime Geral de Previdência Social (RGPS) antes de 12 de novembro de 2019 e passaram pelas regras transitórias explicadas em razão do não preenchimento dos requisitos necessários até a data mencionada.

Vejamos a recente decisão:

> EMENTA PROCESSO CIVIL. SENTENÇA *CITRA PETITA*. TEORIA DA CAUSA MADURA. OBSERVÂNCIA. PREVIDENCIÁRIO. APOSENTADORIA POR TEMPO DE CONTRIBUIÇÃO. ATIVIDADE ESPECIAL. EXPOSIÇÃO A AGENTES NOCIVOS. VIGILANTE/VIGIA. POSSIBILIDADE DE RECONHECIMENTO COMO ESPECIAL DA ATIVIDADE EXERCIDA APÓS A LEI 9.032/95 E AO DECRETO 2.172/97, COM OU SEM O USO DE ARMA DE FOGO. CONVERSÃO DE TEMPO ESPECIAL EM COMUM E VICE-VERSA. FONTE DE CUSTEIO. NÃO IMPLEMENTO DOS REQUISITOS NECESSÁRIOS À APOSENTAÇÃO. TEMPO INSUFICIENTE. – Sentença *citra petita*. Pedido de concessão do benefício pleiteado não julgado. Teoria da causa madura. Aplicação do disposto no art. 1.013, § 3º, inciso II, do Código de Processo Civil. Apreciação do pedido – Frente à significativa alteração que a EC n. 20/98 promoveu no ordenamento jurídico, foram definidas normas de transição entre o regramento constitucional anterior e o atual no tocante aos requisitos necessários à obtenção da aposentadoria por tempo de serviço – A regra de transição para a aposentadoria integral restou ineficaz, na medida em que para concessão de tal benefício não se exige idade ou "pedágio" – Cumpridos os requisitos previstos no art. 201, § 7º, inciso I, da CF, quais sejam, trinta e cinco anos de trabalho, se homem, ou trinta anos, se mulher, além da carência prevista no art. 142, da Lei n. 8.213/91, antes ou depois da EC n. 20/98 e, independentemente da idade com que conte à época, fará jus à percepção da aposentadoria por tempo de contribuição, atual denominação da aposentadoria por tempo de serviço. – A EC n. 103/2019 alterou a redação do § 7º do art. 201 da Constituição Federal e estabeleceu, relativamente à aposentadoria por tempo de contribuição, quatro regras de transição para os segurados que, na data de sua entrada em vigor, já se encontravam filiados ao RGPS – É assegurada a aposentadoria

por tempo de contribuição, nos moldes estabelecidos pela EC n. 20/98, ao segurado que, até a data da entrada em vigor do novo regramento, tiver vertido 35 anos de contribuição, se homem, ou 30 anos de contribuição, se mulher – [...] É garantido ao segurado que exerce suas atividades em condições especiais o cômputo do período em gozo de benefício por incapacidade temporária como tempo de serviço especial – Contando menos de 35 anos de serviço, indevida a aposentadoria por tempo de contribuição – De ofício, reconhecida a nulidade parcial da sentença *citra petita*; e, no mérito, apelação do INSS a que se nega provimento. Com base no artigo art. 1.013, § 3º, inciso II, do Código de Processo Civil, pedido de concessão de aposentadoria por tempo de contribuição julgado improcedente (TRF-3, ApCiv 51230390220204039999/SP, Rel. Des. Federal Therezinha Astolphi Cazerta, j. em 11-3-2022, 8ª Turma, *DJEN* 16-3-2022).

### 32.3.4 Aposentadoria de professor

Introdutoriamente, a aposentadoria do professor tem certas especificações que merecem ser analisadas em razão de sua complexidade, visto que se trata de um benefício previdenciário concedido somente ao professor de educação infantil, ensino fundamental e médio, conforme previsão constitucional no art. 201, parágrafo 8º, da Constituição Federal:

> Art. 201. A previdência social será organizada sob a forma do Regime Geral de Previdência Social, de caráter contributivo e de filiação obrigatória, observados critérios que preservem o equilíbrio financeiro e atuarial, e atenderá, na forma da lei, a:
> § 8º O requisito de idade a que se refere o inciso I do § 7º será reduzido em 5 (cinco) anos, para o professor que comprove tempo de efetivo exercício das funções de magistério na educação infantil e no ensino fundamental e médio fixado em lei complementar[15].

Em análise com o artigo supracitado, nota-se que a aposentadoria programada do professor terá uma redução de 5 (cinco) anos de idade se comparado à aposentadoria por idade do trabalhador urbano. Com isso, tem-se que a aposentadoria será concedida ao professor homem que possuir 60 (sessenta) anos de idade ou à professora mulher com 57 (cinquenta e sete) anos de idade, em razão de tal redução. Além disso, é imprescindível o preenchimento de um tempo de contribuição mínimo, conforme determina o art. 54 do Decreto n. 3.048/99:

> Art. 54. Para o professor que comprove, exclusivamente, tempo de efetivo exercício em função de magistério na educação infantil, no ensino fundamental ou no ensino médio, desde que cumprido o período de carência exigido, será concedida a aposentadoria de que trata esta Subseção quando cumprir, cumulativamente, os seguintes requisitos:
>
> I – cinquenta e sete anos de idade, se mulher, e sessenta anos de idade, se homem; e
>
> II – vinte e cinco anos de contribuição, para ambos os sexos, em efetivo exercício na função a que se refere o *caput*[16].

15. BRASIL. Constituição da República Federativa do Brasil de 1988. Brasília, DF.
16. BRASIL. Decreto n. 3.048, de 6 de maio de 1999. Aprova o Regulamento da Previdência Social e dá outras providências. Brasília, DF.

Referente à Renda Mensal Inicial (RMI), essa será calculada pela aplicação do coeficiente de 60% (sessenta por cento) do salário de benefício, que deverá ser obtido pela média aritmética integral de todos os salários de contribuição recolhidos para o sistema previdenciário a partir de julho de 1994.

**PREVDICA**:
Professores universitários não podem se aposentar de acordo com a regra da aposentadoria do professor.

Assim como a aposentadoria por tempo de contribuição e aposentadoria por idade, a aposentadoria do professor também sofreu alterações com a Reforma da Previdência, sendo possível a aplicação do direito adquirido (art. 3º da Emenda Constitucional n. 103/2019) ou das regras transitórias que serão analisadas a seguir.

A primeira regra transitória está prevista na Emenda Constitucional n. 103/2019, em seu art. 15, que prevê o sistema de pontos para o professor. Vejamos:

> Art. 15. Ao segurado filiado ao Regime Geral de Previdência Social até a data de entrada em vigor desta Emenda Constitucional, fica assegurado o direito à aposentadoria quando forem preenchidos, cumulativamente, os seguintes requisitos:
> § 3º Para o professor que comprovar exclusivamente 25 (vinte e cinco) anos de contribuição, se mulher, e 30 (trinta) anos de contribuição, se homem, em efetivo exercício das funções de magistério na educação infantil e no ensino fundamental e médio, o somatório da idade e do tempo de contribuição, incluídas as frações, será equivalente a 81 (oitenta e um) pontos, se mulher, e 91 (noventa e um) pontos, se homem, aos quais serão acrescidos, a partir de 1º de janeiro de 2020, 1 (um) ponto a cada ano para o homem e para a mulher, até atingir o limite de 92 (noventa e dois) pontos, se mulher, e 100 (cem) pontos, se homem[17].

Ao analisar o artigo supracitado, nota-se que o sistema de pontos para o professor necessita de um tempo mínimo de contribuição de 30 (trinta) anos para homens e 25 (vinte e cinco) anos para mulheres. A regra transitória estabelece a necessidade do alcance de uma pontuação específica, que se iniciou em 81 (oitenta e um) pontos para mulheres e 91 (noventa e um pontos) para homens no ano de 2019. Essa pontuação sofrerá um acréscimo de 1 (um) ponto a cada ano, até alcançar o limite de 92 (noventa e dois) pontos para mulheres, e 100 (cem) pontos, para homens. A pontuação será obtida pela soma do tempo de contribuição do professor com a sua idade. Atualmente, no ano de 2022, a pontuação se encontra em 94 (noventa e quatro) para homens e 84 (oitenta e quatro) para mulheres. Devendo, assim, alcançar o limite no ano de 2028 para homens e 2030 para mulheres.

17. BRASIL. Emenda Constitucional n. 103, de 12 de novembro de 2019. Altera o sistema de previdência social e estabelece regras de transição e disposições transitórias. Brasília, DF.

A segunda regra transitória estabelece uma idade mínima progressiva para homens e para mulheres que são professores vinculados ao Regime Geral de Previdência Social (RGPS) antes de 12 de novembro de 2019, conforme determina o art. 16 da Emenda Constitucional n. 103/2019, *in verbis:*

> Art. 16. Ao segurado filiado ao Regime Geral de Previdência Social até a data de entrada em vigor desta Emenda Constitucional fica assegurado o direito à aposentadoria quando preencher, cumulativamente, os seguintes requisitos:
>
> § 2º Para o professor que comprovar exclusivamente tempo de efetivo exercício das funções de magistério na educação infantil e no ensino fundamental e médio, o tempo de contribuição e a idade de que tratam os incisos I e II do *caput* deste artigo serão reduzidos em 5 (cinco) anos, sendo, a partir de 1º de janeiro de 2020, acrescidos 6 (seis) meses, a cada ano, às idades previstas no inciso II do *caput*, até atingirem 57 (cinquenta e sete) anos, se mulher, e 60 (sessenta) anos, se homem[18].

Em análise harmônica com o que estabelece a norma citada, o professor homem que possuir 30 (trinta) anos de tempo de contribuição e a professora mulher que possuir 25 (vinte e cinco) anos de tempo de contribuição poderão se aposentar com uma idade mínima progressiva. A legislação estabelece um acréscimo de 6 (seis) meses a cada ano a partir de 2020, até alcançar o limite de 57 (cinquenta e sete) anos para mulheres, e 60 (sessenta) anos para homens. No ano de 2022 a idade mínima para homens é de 57 (cinquenta e sete) anos e 6 (seis) meses de idade, enquanto para mulheres é de 52 (cinquenta e dois) anos e 6 (seis) meses de idade. O limite será alcançado, para homens, em 2027 e, para mulheres, em 2031.

É importante ressaltar que tanto a regra transitória dos pontos, quanto a regra transitória da idade mínima progressiva terão o valor da aposentadoria calculado por meio de 60% (sessenta por cento) do salário de benefício, obtido pela média aritmética integral de todos os salários de contribuição vertidos para o sistema previdenciário desde julho de 1994.

A última regra transitória destinada aos professores se relaciona com o pedágio de 100% (cem por cento) do tempo faltante, conforme determina o art. 20 da Emenda Constitucional n. 103/2019:

> Art. 20. O segurado ou o servidor público federal que se tenha filiado ao Regime Geral de Previdência Social ou ingressado no serviço público em cargo efetivo até a data de entrada em vigor desta Emenda Constitucional poderá aposentar-se voluntariamente quando preencher, cumulativamente, os seguintes requisitos:
>
> I – 57 (cinquenta e sete) anos de idade, se mulher, e 60 (sessenta) anos de idade, se homem;
>
> II – 30 (trinta) anos de contribuição, se mulher, e 35 (trinta e cinco) anos de contribuição, se homem;

---

18. BRASIL. Emenda Constitucional n. 103, de 12 de novembro de 2019. Altera o sistema de previdência social e estabelece regras de transição e disposições transitórias. Brasília, DF.

> III – para os servidores públicos, 20 (vinte) anos de efetivo exercício no serviço público e 5 (cinco) anos no cargo efetivo em que se der a aposentadoria;
>
> IV – período adicional de contribuição correspondente ao tempo que, na data de entrada em vigor desta Emenda Constitucional, faltaria para atingir o tempo mínimo de contribuição referido no inciso II.
>
> § 1º Para o professor que comprovar exclusivamente tempo de efetivo exercício das funções de magistério na educação infantil e no ensino fundamental e médio serão reduzidos, para ambos os sexos, os requisitos de idade e de tempo de contribuição em 5 (cinco) anos[19].

Ao analisar o artigo supracitado, o professor homem que possuir 30 (trinta) anos de tempo de contribuição e 55 (cinquenta e cinco) anos de idade poderá se aposentar quando, na data da promulgação da Emenda Constitucional n. 103/2019, não alcançou o tempo de contribuição necessário, devendo preencher um acréscimo de 100% (cem por cento) do tempo faltante. Ou seja, caso o professor possua 28 anos de tempo de contribuição em 12 de novembro de 2019 com 55 anos de idade, faltam 2 (dois) anos para alcançar o requisito necessário e, nesse caso, o cumprimento de 100% (cem por cento) do tempo faltante fará com que ele se aposente, no final, com 32 (trinta e dois) anos de tempo de contribuição. No mesmo sentido, a mulher deverá possuir 25 (vinte e cinco) anos de tempo de contribuição e 52 (cinquenta e dois) anos de idade, devendo preencher o pedágio de 100% (cem por cento) do tempo faltante que precisava para alcançar o requisito necessário para a aposentadoria.

**PREVDICA:**

A Renda Mensal Inicial (RMI) do pedágio 100% será de 100% do salário de benefício, calculado com base na média aritmética integral de todos os salários de contribuição recolhidos para o sistema previdenciário desde julho de 1994.

Por fim, nota-se que é imprescindível que o período mínimo do tempo de contribuição do professor seja executado em função de magistério na educação infantil, ensino fundamental ou ensino médio. Podendo, no entanto, o professor utilizar de contribuições adicionais em qualquer local para aumentar o valor de sua aposentadoria.

> APELAÇÃO CÍVEL – APELAÇÃO ADESIVA – AÇÃO DE COBRANÇA – PRESCRIÇÃO – APOSENTADORIA – PARIDADE E INTEGRALIDADE – REENQUADRAMENTO – NOVO PLANO DE CARREIRA – AGENTE FAZENDÁRIO – REQUISITO DE ESCOLARIDADE – PADRÃO EQUIVALENTE AO RECEBIDO NO MOMENTO DA OPÇÃO 1. É de cinco anos o prazo prescricional para o servidor inativo postular a conversão da aposentadoria proporcional para aposentadoria especial de professor, com

19. BRASIL. Emenda Constitucional n. 103, de 12 de novembro de 2019. Altera o sistema de previdência social e estabelece regras de transição e disposições transitórias. Brasília, DF.

proventos integrais e paridade, considerando-se como termo inicial a data em que houve requerimento de revisão da aposentadoria. 2. Os servidores que ingressaram no serviço público antes da EC 41/2003 e que se aposentaram após a emenda possuem direito à paridade remuneratória e integralidade no cálculo de seus proventos, desde que observadas as regras de transição dos artigos 2º e 3º da Emenda Constitucional 47/05. 3. Os servidores que fizerem a opção de integrar o novo plano de carreira dos servidores da Secretaria Municipal de Fazenda e não possuírem os requisitos mínimos de escolaridade estabelecidos no Anexo III da Lei Complementar, deverão ser enquadrados em padrão cujo vencimento seja equivalente ao recebido no momento da opção, ou, na ausência deste, no imediatamente superior. (art. 50, LC 249/2018) (TJ-MG, AC 10000211069323001/MG, Rel. Carlos Roberto de Faria, j. em 10-3-2022, 8ª Câm. Civ., public. 17-3-2022).

### *32.3.5 Aposentadoria da pessoa com deficiência por idade*

Introdutoriamente, a aposentadoria da pessoa com deficiência por idade é uma grande conquista no ordenamento jurídico, principalmente em razão da instituição da Lei n. 13.146/2015, que instituiu o Estatuto da Pessoa com Deficiência. No entanto, destaca-se que a proteção previdenciária constitucional já era prevista antes da aprovação do Estatuto, tendo sido alterada pela Emenda Constitucional n. 103/2019, que passou a condicionar a comprovação da deficiência por meio de uma avaliação biopsicossocial realizada por equipe multiprofissional e interdisciplinar, conforme determina o art. 201, parágrafo 1º, inciso I, da Carta Magna:

> Art. 201. A previdência social será organizada sob a forma do Regime Geral de Previdência Social, de caráter contributivo e de filiação obrigatória, observados critérios que preservem o equilíbrio financeiro e atuarial, e atenderá, na forma da lei, a:
>
> § 1º É vedada a adoção de requisitos ou critérios diferenciados para concessão de benefícios, ressalvada, nos termos de lei complementar, a possibilidade de previsão de idade e tempo de contribuição distintos da regra geral para concessão de aposentadoria exclusivamente em favor dos segurados:
> I – com deficiência, previamente submetidos a avaliação biopsicossocial realizada por equipe multiprofissional e interdisciplinar[20];

Em análise com o artigo mencionado, nota-se que a pessoa com deficiência poderá ter uma regra de aposentadoria diferenciada em razão de sua colocação no meio social, a fim de garantir um critério de igualdade aristotélica de tratar os desiguais com desigualdade na exata medida de suas desigualdades. Com isso, o benefício previdenciário é regulamentado pelo art. 70-A do Decreto n. 3.048/99, que possui a seguinte redação:

> Art. 70-A. A concessão da aposentadoria por tempo de contribuição ou por idade ao segurado que tenha reconhecido, após ter sido submetido a avaliação biopsicossocial

20. BRASIL. Constituição da República Federativa do Brasil de 1988. Brasília, DF.

realizada por equipe multiprofissional e interdisciplinar, grau de deficiência leve, moderada ou grave está condicionada à comprovação da condição de pessoa com deficiência na data da entrada do requerimento ou na data da implementação dos requisitos para o benefício[21].

Além disso, destaca-se que a aposentadoria da pessoa com deficiência por idade é regulamentada pelo art. 70-C da mesma norma:

> Art. 70-C. A aposentadoria por idade da pessoa com deficiência, cumprida a carência, é devida ao segurado aos sessenta anos de idade, se homem, e cinquenta e cinco anos de idade, se mulher.
>
> § 1º Para efeitos de concessão da aposentadoria de que trata o *caput*, o segurado deve contar com no mínimo quinze anos de tempo de contribuição, cumpridos na condição de pessoa com deficiência, independentemente do grau, observado o disposto no art. 70-D[22].

Observadas as normas supracitadas, nota-se que a aposentadoria da Pessoa com Deficiência por Idade será concedida quando o segurado possuir 60 (sessenta) anos de idade, se homem, ou 55 (cinquenta e cinco) anos de idade, se mulher, sendo imprescindível o preenchimento de 180 meses de carência e 15 anos de tempo de contribuição cumpridos na condição de pessoa com deficiência, independentemente do grau.

A renda mensal inicial da aposentadoria da pessoa com deficiência por idade será de setenta por cento, acrescido de um ponto percentual a cada ano contributivo, do salário de benefício, que deverá ser calculado pela média aritmética de todos os salários de contribuição recolhidos a partir de julho de 1994, conforme determina o art. 70-J, do Decreto n. 3.048/99.

### 32.3.6 Aposentadoria da pessoa com deficiência por tempo de contribuição

A pessoa com deficiência poderá se aposentar de acordo com o tempo de contribuição obtido na condição de pessoa com deficiência, tendo uma leve redução do período necessário em razão do grau da deficiência, conforme estabelece o art. 70-B do Decreto n. 3.048/99:

> Art. 70-B. A aposentadoria por tempo de contribuição do segurado com deficiência, cumprida a carência, é devida ao segurado empregado, inclusive o doméstico, trabalhador avulso, contribuinte individual e facultativo, observado o disposto no art. 199-A e os seguintes requisitos:
>
> I – aos vinte e cinco anos de tempo de contribuição na condição de pessoa com deficiência, se homem, e vinte anos, se mulher, no caso de segurado com deficiência grave;

21. BRASIL. Decreto n. 3.048, de 6 de maio de 1999. Aprova o Regulamento da Previdência Social e dá outras providências. Brasília, DF.

22. BRASIL. Decreto n. 3.048, de 6 de maio de 1999. Aprova o Regulamento da Previdência Social e dá outras providências. Brasília, DF.

> II – aos vinte e nove anos de tempo de contribuição na condição de pessoa com deficiência, se homem, e vinte e quatro anos, se mulher, no caso de segurado com deficiência moderada; e
>
> III – aos trinta e três anos de tempo de contribuição na condição de pessoa com deficiência, se homem, e vinte e oito anos, se mulher, no caso de segurado com deficiência leve[23].

A norma supracitada é de fácil compreensão, afinal, trata-se de uma alternativa para pessoas com deficiência que executam suas atividades habituais e desejam se aposentar por tempo de contribuição. Cumpre destacar que a avaliação biopsicossocial, realizada por equipe multiprofissional e interdisciplinar deverá considerar as previsões do art. 2º, parágrafo 1º, do Estatuto da Pessoa com Deficiência. Isso é, considerar os impedimentos nas funções e nas estruturas do corpo; os fatores socioambientais, psicológicos e pessoais; a limitação no desempenho de atividades; e a restrição de participação.

**PREVDICA:**

Considera-se pessoa com deficiência aquela que tem impedimento de longo prazo de natureza física, mental, intelectual ou sensorial, os quais, em interação com diversas barreiras, podem obstruir sua participação plena e efetiva na sociedade em igualdade de condições com as demais pessoas (art. 70-D, § 3º, do Decreto n. 3.048/99).

A Lei n. 14.126/2021 estabeleceu a visão monocular como deficiência do tipo sensorial, aplicando o artigo mencionado e, consequentemente, a aposentadoria da pessoa com deficiência.

Por fim, ressalta-se que a aposentadoria da pessoa com deficiência por Tempo de contribuição não sofreu alterações com a Emenda Constitucional n. 103/2019 em relação aos requisitos necessários, inexistindo, dessa forma, regras transitórias para a sua aplicação.

### *32.3.7 Aposentadoria especial*

Introdutoriamente, a aposentadoria especial possui sua proteção constitucional no art. 201, parágrafo 1º, II, da Carta Magna, que prevê a seguinte disposição:

> Art. 201. A previdência social será organizada sob a forma do Regime Geral de Previdência Social, de caráter contributivo e de filiação obrigatória, observados critérios que preservem o equilíbrio financeiro e atuarial, e atenderá, na forma da lei, a:
>
> § 1º É vedada a adoção de requisitos ou critérios diferenciados para concessão de benefícios, ressalvada, nos termos de lei complementar, a possibilidade de previsão de idade e tempo de contribuição distintos da regra geral para concessão de aposentadoria exclusivamente em favor dos segurados:
>
> II – cujas atividades sejam exercidas com efetiva exposição a agentes químicos, físicos e biológicos prejudiciais à saúde, ou associação desses agentes, vedada a caracterização por categoria profissional ou ocupação[24].

---

23. BRASIL. Decreto n. 3.048, de 6 de maio de 1999. Aprova o Regulamento da Previdência Social e dá outras providências. Brasília, DF.

24. BRASIL. Constituição da República Federativa do Brasil de 1988. Brasília, DF.

A partir da análise do artigo supracitado, nota-se que a legislação complementar poderá trazer regras diferenciadas para atividades habituais executadas com efetiva exposição a agentes químicos, físicos e biológicos prejudiciais à saúde, ou associação desses agentes, vedada a caracterização por categoria profissional ou ocupação.

De acordo com a norma, conceitua-se aposentadoria especial como o benefício previdenciário com tempo de contribuição reduzido em razão da exposição, do trabalhador, a agentes químicos, físicos, biológicos insalubres ou agentes periculosos que são prejudiciais à integridade física ou psíquica (saúde). A finalidade do benefício é reduzir o tempo de contribuição em razão da possibilidade do desenvolvimento de alguma condição maligna, como câncer ou qualquer outra doença, no trabalhador em razão do exercício de atividade habitual em condições nocivas ou perigosas à saúde.

O texto constitucional estabelece que, atualmente, é vedada a caracterização da atividade especial por categoria profissional ou ocupação. No entanto, insta salientar que a Lei n. 8.213/91, em sua redação original (art. 57) determinava a concessão do benefício de acordo com a atividade profissional do trabalhador, ou por meio do enquadramento do agente nocivo à saúde. A situação era regulamentada pelos Decretos n. 53.831/64 e 83.080/79, que estabeleciam uma lista com todas as categorias profissionais que o segurado possuía como proteção para o cômputo de tempo especial. Ou seja, ao analisar os anexos previstos em tais normas, caso a profissão ou exposição ao agente nocivo específico estejam regulamentadas, o trabalhador possuía direito à aposentadoria especial. Com isso, caso a pessoa exercesse, por exemplo, atividade como motorista de ônibus, ela teria direito à aposentadoria especial. Atualmente, há necessidade de comprovação do exercício em atividades em contato com agentes químicos, físicos ou biológicos, na forma do Anexo IV do Decreto n. 3.048/99.

A aposentadoria especial é regulamentada pelo Decreto n. 3.048/99 que prevê, em seu art. 64, a seguinte disposição:

> Art. 64. A aposentadoria especial, uma vez cumprido o período de carência exigido, será devida ao segurado empregado, trabalhador avulso e contribuinte individual, este último somente quando cooperado filiado a cooperativa de trabalho ou de produção, que comprove o exercício de atividades com efetiva exposição a agentes químicos, físicos e biológicos prejudiciais à saúde, ou a associação desses agentes, de forma permanente, não ocasional nem intermitente, vedada a caracterização por categoria profissional ou ocupação, durante, no mínimo, quinze, vinte ou vinte e cinco anos.

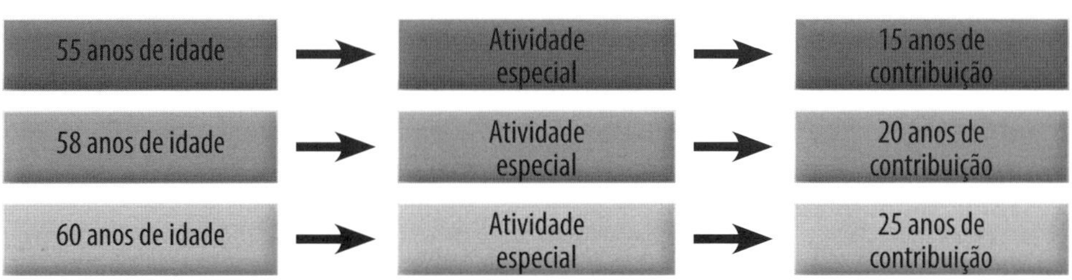


Ao analisar o artigo supracitado, nota-se que a atividade nociva à saúde será classificada como: baixa nocividade; média nocividade; alta nocividade. Cada uma, que deverá ser analisada de acordo com o Anexo IV do Decreto n. 3.048/99, determinará o grau da nocividade, o que, em decorrência dessa análise, trará o tempo de contribuição em atividade especial necessário para o requerimento da aposentadoria.

Para melhor compreensão, segurados filiados ao Regime Geral de Previdência Social após 12 de novembro de 2019 podem se aposentar de forma especial quando possuírem, cumulativamente, 55 (cinquenta e cinco) anos de idade e 15 (quinze) anos de atividade especial de alto risco; 58 (cinquenta e oito) anos de idade e 20 (vinte) anos de atividade especial de médio risco; e 60 (sessenta) anos de idade e 25 (vinte e cinco) anos de atividade especial de baixo risco.

**PREVDICA:**

O valor da aposentadoria a partir de 12 de novembro de 2019 será de 60% do valor do salário de benefício, que corresponde à média aritmética integral de todos os salários de contribuição recolhidos a partir de julho de 1994.

A legislação permite o acréscimo de dois pontos percentuais para cada ano que exceder 20 anos de tempo de contribuição para homens e 15 anos de tempo de contribuição para mulheres.

É sabido que, com a Lei n. 10.666/2003, apenas os contribuintes individuais cooperados possuíam expressamente o direito de ter reconhecimento de atividades especiais e, por conseguinte, de pedir a Aposentadoria Especial.

Pensamos que tal atitude, ao excluir as demais categorias de contribuintes individuais, feria a isonomia, posto que afastava um sem número de segurados que, na verdade, também se expunham a agentes prejudiciais à saúde.

Nesse diapasão, foi posto em discussão o Tema 1.291 do STJ, que recentemente fixou a seguinte tese:

> **A) o contribuinte individual não cooperado tem direito ao reconhecimento de tempo de atividade especial exercido após a Lei 9.032/95, desde que comprove a exposição a agentes nocivos.**
>
> **B) a exigência de comprovação de atividade especial por formulário emitido por empresa não se aplica a contribuintes individuais.**

Acerta a decisão do STJ porque, de fato, a Constituição Federal, no art. 201, § 1º, II, não faz distinção entre os contribuintes individuais, de modo que a limitação imposta pelo art. 64 do Decreto n. 3.048/99 fere a isonomia e o próprio artigo da Constituição.

Outro ponto que devemos pensar é o que foi fixado no ponto B da tese: "**a exigência de comprovação de atividade especial por formulário emitido por empresa não se aplica a contribuintes individuais**".

Isto porque tal entendimento me parece trazer um dificultador àquela categoria de contribuintes individuais que prestam serviços a empresas. Explico: quando falamos em contribuições, mesmo para os contribuintes individuais, a pessoa jurídica que contrata os serviços deve recolher tanto a parte patronal quanto a do segurado.

Então, a questão levantada é: por que não permitir que a empresa emita o devido formulário em favor dessa classe de segurado? Afinal, se o contribuinte individual que lhe presta serviços esteve exposto a agentes insalubres, foi por descuido da empresa. E, mesmo sendo um prestador de serviços não empregado, é da pessoa jurídica que o contrata a responsabilidade civil pela preservação de sua segurança, devendo oferecer os meios necessários para tal EPI e EPC.

A aposentadoria especial passou a ter a redação citada anteriormente após a Emenda Constitucional n. 103/2019 (Reforma da Previdência) com as devidas alterações consagradas pelo Decreto n. 3.048/99. No entanto, insta salientar que é possível a aquisição do benefício pelo direito adquirido (art. 3º da Emenda Constitucional n. 103/2019) ou pela regra transitória, prevista no art. 21 da mencionada emenda:

> Art. 21. O segurado ou o servidor público federal que se tenha filiado ao Regime Geral de Previdência Social ou ingressado no serviço público em cargo efetivo até a data de entrada em vigor desta Emenda Constitucional cujas atividades tenham sido exercidas com efetiva exposição a agentes químicos, físicos e biológicos prejudiciais à saúde, ou associação desses agentes, vedada a caracterização por categoria profissional ou ocupação, desde que cumpridos, no caso do servidor, o tempo mínimo de 20 (vinte) anos de efetivo exercício no serviço público e de 5 (cinco) anos no cargo efetivo em que for concedida a aposentadoria, na forma dos arts. 57 e 58 da Lei n. 8.213, de 24 de julho de 1991, poderão aposentar-se quando o total da soma resultante da sua idade e do tempo de contribuição e o tempo de efetiva exposição forem, respectivamente, de:
> I - 66 (sessenta e seis) pontos e 15 (quinze) anos de efetiva exposição;
> II - 76 (setenta e seis) pontos e 20 (vinte) anos de efetiva exposição; e
> III - 86 (oitenta e seis) pontos e 25 (vinte e cinco) anos de efetiva exposição[25].

A partir da análise do artigo supracitado, nota-se que o benefício previdenciário será concedido aos segurados filiados ao Regime Geral de Previdência Social (RGPS) antes de 12 de novembro de 2019 e que não alcançaram os requisitos necessários até a data de promulgação da Reforma da Previdência pela regra dos pontos. Com isso, o segurado deverá comprovar a efetiva exposição e alcançar a pontuação estabelecida pela legislação. Essa pontuação é a soma do tempo de contribuição com a idade.

A legislação previdenciária estabelece que são beneficiários da aposentadoria especial: o segurado empregado; o trabalhador avulso; e o contribuinte individual filiado à cooperativa de trabalho ou de produção. No entanto, a Turma Nacional de Uniformização fixou a seguinte tese na Súmula 62:

> O segurado contribuinte individual pode obter reconhecimento de atividade especial para fins previdenciários, desde que consiga comprovar exposição a agentes nocivos à saúde ou à integridade física[26].

25. BRASIL. Emenda Constitucional n. 103, de 12 de novembro de 2019. Altera o sistema de previdência social e estabelece regras de transição e disposições transitórias. Brasília, DF.
26. BRASIL. Turma Nacional de Uniformização dos Juizados Especiais Federais. Súmula 62. J. em 27-6-2012, *DOU* 3-7-2012.

Para nossa alegria, o Tema 1.291 do Superior Tribunal de Justiça (STJ) firmou a tese de que o contribuinte individual não cooperado (autônomo) tem direito ao reconhecimento de tempo de atividade especial, desde que comprove a efetiva exposição a agentes nocivos após 29 de abril de 1995. A decisão significa que trabalhadores autônomos, como médicos, dentistas e mecânicos, podem ter direito à aposentadoria especial, dependendo da comprovação técnica da exposição a riscos químicos, físicos ou biológicos.

É imprescindível que sejam observadas as questões que elencamos abaixo para uma boa e estruturada solicitação.

1. **Comprovação da exposição:** é fundamental que o segurado Contribuinte Individual (autônomo, empresário etc.) contrate um engenheiro de segurança do trabalho ou médico do trabalho para elaborar um Laudo Técnico das Condições Ambientais de Trabalho (LTCAT).
2. **Meios de prova:** a apresentação do Perfil Profissiográfico Previdenciário (PPP) não é obrigatória, sendo possível comprovar a exposição a atividades especiais por meio de outros documentos e laudos técnicos. No entanto, recomendamos a obtenção do PPP, ainda que de forma particular e elaborado por profissionais habilitados, a fim de evitar discussões nas esferas administrativa ou judicial decorrentes da ausência do referido formulário.
3. **Impacto da decisão:** essa decisão do STJ representa um avanço significativo, ao permitir que os Contribuintes Individuais que não são funcionários de empresas e que trabalham expostos a condições de risco recebam o reconhecimento para aposentadoria especial. Aliás, esta questão sempre foi defendida por este autor, inclusive em outras ocasiões, em temas relacionados à matéria, tendo sido citado pelo STF no estudo da ADI 6.309/DF, que trata dos efeitos da Reforma Previdenciária sobre a Aposentadoria Especial[27].

**PREVDICA:**

O segurado contribuinte individual poderá ser beneficiário independentemente de filiação, bastando comprovar o exercício de atividades nocivas à saúde ou à integridade física.

**Mudança na legislação:** a Lei n. 9.032/95 exigiu a comprovação da exposição a agentes nocivos, impactando os contribuintes individuais que antes poderiam ter o tempo especial reconhecido por meio do enquadramento por categoria profissional.

**Rejeição da tese do INSS:** o INSS alegava a impossibilidade do reconhecimento, mas o STJ rejeitou esse argumento, considerando as provas apresentadas e o direito do segurado.

Insta salientar que a aposentadoria especial, além de requerer os requisitos destacados na legislação trabalhada, será concedida após o preenchimento de 180 contribuições mensais

27. Disponível em: <https://www.stf.jus.br/arquivo/cms/informativoSTF/anexo/LEITURAS_EM_PAUTA/LEITURAS_EM_PAUTA_25.pdf>. Acesso em: 7 out. 2025.

(carência mínima). Outro ponto importante é que, para a comprovação do tempo especial, há a necessidade de apresentação do Perfil Profissiográfico Previdenciário (PPP), documento concedido pelo empregador com a capacidade de demonstrar a avaliação do ambiente de trabalho.

Por fim, em relação à temática, é de extrema importância destacar que a conversão do tempo especial em comum, a fim de que o segurado que exerceu pouco tempo de atividade especial consiga se aposentar mais cedo, será viável somente para atividades habituais exercidas até o a data de 12 de novembro de 2019, conforme disposição do parágrafo 2º do art. 25 da Emenda Constitucional n. 103/2019.

### 32.3.7.1 Por exposição a agentes nocivos à saúde

Conforme amplamente abordado no tópico anterior, a aposentadoria especial, atualmente, será concedida ao segurado empregado, trabalhador avulso ou contribuinte individual que, além de preencher os requisitos estabelecidos pela legislação, executarem atividades habituais com efetiva exposição a agentes nocivos à saúde. Tais agentes são: químicos, físicos ou biológicos, sendo possível a comprovação do tempo especial em razão da exposição à atividade perigosa.

O Anexo IV do Decreto n. 3.048/99 regulamenta quais são os agentes nocivos à saúde e qual o período de contribuição em atividade especial que o segurado deverá cumprir para que seja possível o requerimento da aposentadoria especial. A título exemplificativo, possuímos como agentes químicos o arsênio e seus compostos, benzeno e seus compostos tóxicos, bromo e seus compostos tóxicos, entre outros, todos com um tempo de contribuição em atividade especial de 25 (vinte e cinco) anos. No mesmo sentido, estabelece quais são os agentes físicos, como temperatura anormal, vibrações, ruído, entre outros, com a necessidade de contribuição da atividade especial por 25 (vinte e cinco) anos. Também disciplina a respeito dos agentes biológicos, como microrganismos e parasitas infectocontagiosos vivos e suas toxinas, com a necessidade de 25 (vinte e cinco) anos de tempo de contribuição.

Insta salientar que o Anexo IV do Decreto n. 3.048/99 determina somente certas hipóteses para a concessão da aposentadoria mediante o cumprimento de tempo especial de 20 (vinte) ou 15 (quinze) anos. Nesse sentido, para se aposentar com 15 (quinze) anos de tempo de contribuição em atividade especial, o segurado deverá trabalhar em atividades permanentes no subsolo de minerações subterrâneas em frente de produção. Na mesma compreensão, para se aposentar com 20 (vinte) anos de tempo de contribuição em atividade especial, o segurado deverá trabalhar em mineração subterrânea cujas atividades sejam exercidas afastadas das frentes de produção, ou em contato com asbestos.

É importante ressaltar que os agentes nocivos à saúde são observados de forma quantitativa ou qualitativa. Isso significa que, caso o agente especial seja quantitativo, o segurado deverá demonstrar a quantidade de exposição ao composto químico, biológico ou físico, a fim de assegurar o reconhecimento do tempo especial. Ou seja, é admissível a exposição a um agente insalubre quantitativo até determinado limite, sendo que somente a partir do excesso que será considerado tempo especial, como é o caso de determinados compostos químicos e de todos os agentes físicos. Em relação ao agente especial qualitativo, a simples presença de tal substância trará o reconhecimento à atividade especial do segurado, como é o caso de certos compostos químicos e de todas as substâncias biológicas.

O uso de Equipamento de Proteção Coletiva (EPC) fará com que a atividade deixe de ser considerada especial desde que neutralize ou elimine a nocividade do agente insalubre. No mesmo sentido, o uso de Equipamento de Proteção Individual (EPI) fará com que o tempo especial não seja computado somente se neutralizar ou eliminar a nocividade do agente insalubre.

Inclusive, recentemente, ao julgar o Tema 1.090, o STJ fixou a seguinte tese:

> I – A informação no Perfil Profissiográfico Previdenciário (PPP) sobre a existência de equipamento de proteção individual (EPI) descaracteriza, em princípio, o tempo especial, ressalvadas as hipóteses excepcionais nas quais, mesmo diante da comprovada proteção, o direito à contagem especial é reconhecido.
>
> II – Incumbe ao autor da ação previdenciária o ônus de comprovar: (i) a ausência de adequação ao risco da atividade; (ii) a inexistência ou irregularidade do certificado de conformidade; (iii) o descumprimento das normas de manutenção, substituição e higienização; (iv) a ausência ou insuficiência de orientação e treinamento sobre o uso adequado, guarda e conservação; ou (v) qualquer outro motivo capaz de conduzir à conclusão da ineficácia do EPI.
>
> III – Se a valoração da prova concluir pela presença de divergência ou de dúvida sobre a real eficácia do EPI, a conclusão deverá ser favorável ao autor.

Isso significa que, de início, a informação no PPP de que o EPI é eficaz neutraliza o reconhecimento do período como especial, devendo o segurado constituir prova que afaste a eficácia do equipamento.

E, aqui, penso que o Tema 1.090 do STJ deve ser estudado em conjunto com o Tema 213 da TNU, posto que nele temos uma verdadeira aula de como deve ser um EPI considerado eficaz.

Veja que a TNU, no Tema 213, deixa claro que a eficácia do EPI pode ser impugnada pelo segurado, alegando-se:

1. a ausência de adequação ao risco da atividade;
2. a inexistência ou irregularidade do certificado de conformidade;
3. o descumprimento das normas de manutenção, substituição e higienização;
4. a ausência ou insuficiência de orientação e treinamento sobre o uso adequado, guarda e conservação; ou
5. qualquer outro motivo capaz de conduzir à conclusão da ineficácia do EPI.

Isso se coaduna com o que diz o STJ no item II da tese firmada no Tema 1.090! Importante deixar claro também que se aplica, aqui, o *in dubio pro misero*: se houver dúvidas sobre a eficácia do EPI, o período deverá ser reconhecido como especial.

# 33

# Regras de transição dos benefícios programáveis

Toda vez que ocorre uma reforma na Previdência, são previstas regras mais severas do que as previstas anteriormente. Diante disso, um grupo de pessoas que estavam perto de se aposentar pelas regras antigas e, por vezes, mais benéficas ficaria prejudicado com a mudança repentina no ordenamento jurídico.

Imagine dormir sob o manto protetivo de uma lei e acordar sobre as exigências novas de um regramento mais severo? Assim, pensando nessas pessoas, o legislador criou regras que, apesar de mais severas do que as previstas no ordenamento jurídico anterior, são mais brandas do que as previstas no novo. Estamos a falar das denominadas regras de transição.

As regras de transição são provenientes da reforma da legislação previdenciária, que identificou diversas novas normas para que a população cumprisse ao requerer a aposentadoria.

Dessa forma, podemos conceituá-las como regras direcionadas para aqueles cidadãos segurados pelo Instituto Nacional do Seguro Social que estão próximos de se aposentar, possibilitando a concessão desse benefício antes de concluído o requisito da idade mínima para aposentadoria indicada pela reforma previdenciária.

Em contrapartida, é importante frisar o conceito de benefícios programáveis sobre os quais tais regras de transição irão recair.

Assim, os benefícios programáveis são todos aqueles concedidos pelo INSS, nos quais se permite que o segurado possa se organizar e planejar o cumprimento de seus requisitos, para receber a sua concessão no momento correto. É possível destacar como benefício programável todos os tipos de aposentadorias (exceto a por incapacidade permanente), como a aposentadoria por tempo de contribuição.

**PREVDICA**:

Regras de transição: regras que permitem aos segurados que estão mais próximos de se aposentar que se aposentem sem ter que cumprir os novos requisitos da reforma previdenciária.

O Tribunal Regional Federal da 3ª Região, ao julgar o Processo n. 5000131-30.2021.4.03.6111[1] – Procedimento Comum Cível – trouxe o entendimento sobre o regramento vigente a partir da reforma previdenciária, *in verbis:*

> A Reforma da Previdência, numerada como Emenda Constitucional n. 103/2019, foi aprovada e entrou em vigor em 13-11-2019. Desta forma, passamos a trabalhar com três tipos de benefícios no Regime Geral de Previdência Social:
>
> Benefícios Pré-Reforma: são aqueles vigentes até a data da EC n. 103/2019, possível de deferimento para segurados que já haviam implementado todos os requisitos antes da referida emenda (direito adquirido), bem como benefícios com data do fato gerador antes da reforma;
>
> Benefícios das Regras de Transição: são aqueles trazidos pela EC n. 103/2019, para segurados já filiados ao RGPS na entrada em vigor da emenda constitucional e que ainda não haviam preenchido os requisitos pelas regras anteriores até a reforma. As chamadas regras de transição abrangem denominadas aposentadorias programáveis, quais sejam: por tempo de contribuição, por idade e aposentadoria especial;
>
> Benefícios Pós-Reforma: são todos os benefícios concedidos a partir da entrada em vigor da EC n. 103/2019, ressalvados os previstos nas regras de transição e os que tiverem data do fato gerador anterior da emenda constitucional. Abrangem as aposentadorias programáveis previstas no regramento permanente, as quais somente serão destinadas aos segurados que ingressarem no sistema previdenciário após vigência da EC n. 103/2019.

O professor Luís Rodrigues Kerbauy[2] traduz as regras de transição como uma forma de o segurado adquirir segurança jurídica pelo princípio da irretroatividade das leis:

> A regra de transição surge como corolário do princípio da confiança revelado pelo desdobramento do princípio da segurança jurídica, vista em sua natureza subjetiva (interna ao sujeito). Do ponto de vista objetivo, a segurança jurídica expressa-se pelo princípio da irretroatividade das leis: o segurado confiava nas formas de aquisição da aposentadoria conforme definida em lei, frustrando-se quando, depois de vários anos contribuindo, defronta-se com o fato de que a borda para a qual navegada foi deslocada para alguns quilômetros adiante, exigindo-lhe esforço maior do que o inicialmente previsto. A regra de transição vem ampará-lo, impedindo a total quebra de confiança, ao criar situação intermediária: não tão benéfica quanto as regras originais, nem tão penosas quanto as novas.

---

1. TRF3, Procedimento Comum Cível: 5000131-30.2021.4.03.6111, Magistrado: Ricardo Willian Carvalho dos Santos, j. em 7-12-2021, *DJe* 7-12-2021.

2. KERBAUY, Luís Rodrigues. *Regras Transitórias, de Transição e Cálculos Provisórios* (arts. 15 a 20 e 26 da Emenda Constitucional 103, de 2019). 2021 ed. São Paulo: Revista dos Tribunais, 2021.

## 33.1 Segurados que ingressaram até a data da publicação da reforma da previdência – Aposentadorias

A questão que se abre com a reforma previdenciária é a seguinte: como ficam os casos de segurados que ingressaram até a data da publicação da Emenda Constitucional n. 103/2019? Ou seja, até 13-11-2019?

Conforme determinado pelo Magistrado que julgou a procedimento comum cível citado acima, os benefícios existentes antes da reforma constitucional previdenciária são os benefícios que os segurados terão direito à sua concessão se já haviam concluído todos os requisitos para a sua implementação, ou, até mesmo, serão concedidos os benefícios programáveis para aqueles segurados do Instituto Nacional de Seguro Social que tiveram o fato gerador do benefício antes da reforma da previdência.

Por exemplo: João possui "x" anos de contribuição em 10/2019, podendo se aposentar por tempo de contribuição, pois já cumpriu o tempo determinado pelo INSS. Como João já era filiado ao Instituto Segurador antes da Emenda Constitucional Previdenciária n. 103/2019, que entrou em vigor em 13-11-2019, e cumpriu o tempo de contribuição necessário também antes da reforma, poderá se aposentar mediante os termos da legislação anterior à EC n. 103/2019, pois encontra-se em direito adquirido.

Significa dizer que todos aqueles segurados pelo Instituto Nacional de Seguro Social que se encontravam filiados ao órgão e com todos os requisitos cumpridos para os benefícios programáveis antes da entrada em vigor da reforma previdenciária poderão receber a concessão de seus benefícios pelas regras anteriores à Emenda Constitucional n. 103/2019.

Nesse sentido, a Reforma da Previdência Social prevê que os segurados que atendam aos requisitos para o recebimento de benefícios previdenciários até antes da promulgação da EC n. 103/2019 (12 de novembro de 2019) estão protegidos pelo direito adquirido, conforme se denota do que expressa o art. 3º da Emenda Constitucional n. 103/2019[3], *in verbis*:

> Art. 3º A concessão de aposentadoria ao servidor público federal vinculado a regime próprio de previdência social e ao segurado do Regime Geral de Previdência Social e de pensão por morte aos respectivos dependentes será assegurada, a qualquer tempo, desde que tenham sido cumpridos os requisitos para obtenção desses benefícios até a data de entrada em vigor desta Emenda Constitucional, observados os critérios da legislação vigente na data em que foram atendidos os requisitos para a concessão da aposentadoria ou da pensão por morte.
>
> § 1º Os proventos de aposentadoria devidos ao servidor público a que se refere o *caput* e as pensões por morte devidas aos seus dependentes serão calculados e reajustados de acordo com a legislação em vigor à época em que foram atendidos os requisitos nela estabelecidos para a concessão desses benefícios.

---

3. BRASIL. Emenda Constitucional n. 103, de 12 de novembro de 2019. Altera o sistema de previdência social e estabelece regras de transição e disposições transitórias, Brasília, DF.

§ 2º Os proventos de aposentadoria devidos ao segurado a que se refere o *caput* e as pensões por morte devidas aos seus dependentes serão apurados de acordo com a legislação em vigor à época em que foram atendidos os requisitos nela estabelecidos para a concessão desses benefícios.

**PREVDICA:**

Para os segurados que já eram filiados ao INSS e já haviam implementado os requisitos para a concessão de seus respectivos benefícios programáveis, será concedido o respectivo benefício de acordo com as regras anteriores, de forma a garantir a segurança jurídica e o direito adquirido pelo segurado.

## 33.2 Segurados que ingressaram até a data da publicação da reforma da previdência – Aposentadorias especiais por agentes nocivos

Em primeiro lugar, deve-se identificar quais são os agentes nocivos pelos quais é possível sofrer algum tipo de acidente que venha acarretar a aposentadoria especial.

Os agentes nocivos ao trabalhador são divididos em três espécies: físicos, químicos e biológicos. Na primeira espécie estão agrupados os seguintes agentes nocivos: 1. calor; 2. frio; 3. pressão; 4. radiações ionizantes; e 5. ruído.

A segunda espécie abrange poeiras e gases, e a terceira espécie abrange bactérias, fungos, vírus e bacilos.

As aposentadorias especiais são aquelas concedidas aos trabalhadores segurados do Instituto Nacional do Seguro Social que permanecem expostos, durante a sua atividade laborativa, a agentes nocivos de maneira permanente e ininterrupta, acima dos limites impostos pela Lei.

Dessa forma, aquele que estiver exposto a agentes nocivos à sua saúde, durante o seu horário de trabalho, acima dos níveis permitidos em lei, poderão se aposentar pela aposentadoria especial.

Antes da reforma previdenciária, a lei não exigia do segurado idade mínima para se aposentar por esse tipo de aposentadoria. Era vista como uma verdadeira aposentadoria por tempo de contribuição mitigado, na qual se exigia um período de exposição a agentes nocivos de natureza física, química ou biológica - ou a combinação desses –, bem como um tempo de contribuição variável entre 15, 20 ou 25 anos, de acordo com a atividade laborativa executada pelo segurado.

Assim, verifica-se que, nos casos de filiados anteriormente à reforma advinda da Emenda Constitucional n. 103/2019, estes serão aposentados pelas regras anteriores.

Há que se falar também nas regras de transição para esse tipo de aposentadoria, no caso de aposentadoria especial por exposição a agentes nocivos.

Desse modo, é possível verificar que o segurado que estava prestes a se aposentar antes da entrada em vigor da EC n. 103/2019 deverá comprovar que ficou 15, 20 ou 25 anos exposto aos agentes nocivos que abrangem a sua atividade laborativa especial, somando-se a isso a necessidade de somatória de pontos que advêm da junção de sua idade e o tempo que contribuiu para esse benefício. Veja que essa regra se assemelha muito à do sistema de pontos prevista no art. 15 da EC n. 103/2019, mas possui diferenças.

É que a regra pelo sistema de pontos da aposentadoria especial está prevista no art. 21 da citada Emenda Constitucional da seguinte forma:

> Art. 21. O segurado ou o servidor público federal que se tenha filiado ao Regime Geral de Previdência Social ou ingressado no serviço público em cargo efetivo até a data de entrada em vigor desta Emenda Constitucional cujas atividades tenham sido exercidas com efetiva exposição a agentes químicos, físicos e biológicos prejudiciais à saúde, ou associação desses agentes, vedada a caracterização por categoria profissional ou ocupação, desde que cumpridos, no caso do servidor, o tempo mínimo de 20 (vinte) anos de efetivo exercício no serviço público e de 5 (cinco) anos no cargo efetivo em que for concedida a aposentadoria, na forma dos arts. 57 e 58 da Lei n. 8.213, de 24 de julho de 1991, poderão aposentar-se quando o total da soma resultante da sua idade e do tempo de contribuição e o tempo de efetiva exposição forem, respectivamente, de:
>
> I – 66 (sessenta e seis) pontos e 15 (quinze) anos de efetiva exposição;
>
> II – 76 (setenta e seis) pontos e 20 (vinte) anos de efetiva exposição; e
>
> III – 86 (oitenta e seis) pontos e 25 (vinte e cinco) anos de efetiva exposição.

Repare que, por esse regramento transitório, exige-se, além da soma da idade e do tempo de contribuição, também o tempo de exposição aos agentes nocivos de acordo com o determinado por lei, o que demonstra um grande diferencial se compararmos com o sistema de pontos do art. 15 da Emenda.

As regras advindas da reforma previdenciária, que passarão a vigorar para aqueles segurados que se viram filiados ao INSS após a vigência da EC n. 103/2019, são as seguintes: o segurado deve permanecer com o tempo de contribuição conforme a sua atividade exercida, ou seja, o tempo de contribuição permanece o mesmo entre 15, 20 e 25 anos, devendo agora o segurado atingir a idade mínima para a concessão do benefício.

O beneficiário que exerce atividade laborativa especial (entenda-se atividade laborativa especial aquela na qual o segurado encontra-se exposto a agentes nocivos à sua saúde) por 15 anos, deverá atingir a idade mínima de 55 anos para receber o benefício de aposentadoria especial por agentes nocivos.

O beneficiário que exerce atividade laborativa especial por 20 anos deverá atingir a idade mínima de 58 anos para receber o benefício de aposentadoria especial por agentes nocivos.

O beneficiário que exerce atividade laborativa especial por 25 anos deverá atingir a idade mínima de 60 anos para receber o benefício de aposentadoria especial por agentes nocivos.

O Tribunal Regional Federal da 4ª Região, ao julgar a Apelação Cível 50596970 5201640470004, indicou que a exposição a agente nocivo de natureza química acarreta prejuízo à saúde do trabalhador e, por isso, gera o reconhecimento do tempo de serviço prestado pelo segurado como especial.

> Previdenciário. Aposentadoria por tempo de contribuição. Atividade especial. Tolueno, xileno, etilbenzeno. Agentes cancerígenos. Reconhecimento da especialidade do período. Concessão de aposentadoria especial. Tutela específica. Implantação do benefício. 1. Os hidrocarbonetos aromáticos são compostos de anéis benzênicos, ou seja, apresentam benzeno na sua composição, agente químico este que integra o Grupo 1 (agentes confirmados como cancerígenos para humanos) do Anexo da Portaria Interministerial MPS/MTE/MS n. 09-2014, e que se encontra devidamente registrado no Chemical Abstracts Service (CAS) sob o n. 000071-43-2. 2. A exposição habitual e permanente ao tolueno e ao xileno enseja o reconhecimento do tempo como especial, uma vez que estes têm em sua composição o benzeno, que é agente cancerígeno. Precedentes. 3. Determinada a imediata implementação do benefício mais vantajoso, valendo-se da tutela específica da obrigação de fazer prevista no artigo 461 do CPC/1973, bem como nos artigos 497, 536 e parágrafos, e 537, do CPC/2015, independentemente de requerimento expresso por parte do segurado ou beneficiário (TRF-4 – AC: 50596970 520164047000, Rel. Cláudia Cristina Cristofani, j. em 19-4-2022, 10ª Turma).

De forma a melhor visualizar quem pode ter este benefício concedido, segue abaixo uma lista com algumas profissões que dão direito à aposentadoria especial por exposição à agentes nocivos aos segurados:

- Aeroviário;
- Cirurgião;
- Bombeiro;
- Dentista;
- Toxicologista;
- Jornalista;
- Eletricista;
- Professor;
- Vigia armado
- Etc.

Assim, para configurar em aposentadoria especial, observam-se as condições sobre as quais o segurado exerce a sua atividade laborativa.

**PREVDICA:**

O segurado que estava prestes a se aposentar antes da entrada em vigor da EC n. 103/2019 deverá comprovar que ficou 15, 20 ou 25 anos exposto aos agentes nocivos que abrangem a sua atividade laborativa especial somando-se a isso a necessidade de somatória de pontos que advêm da junção de sua idade e o tempo que contribuiu para este benefício.

## 33.3 Sistema de pontos

O sistema de pontos é uma fórmula utilizada para ajudar no cômputo do tempo de contribuição e idade mínima que certos segurados possuem para requerer o benefício da aposentadoria.

A fórmula desse sistema consiste na somatória entre o tempo de contribuição e a idade que o segurado possui ao requerer o benefício, sendo aplicado de forma diferente para homens e mulheres.

A partir de 13 de novembro de 2019, pelo regramento aqui estudado, no somatório da idade com o tempo de contribuição, a mulher precisava demonstrar 86 pontos e o homem, 96 pontos. A partir de 1º de janeiro de 2020, passou-se a acrescentar 1 ponto para cada ano, até que se atinja 100 pontos, para as mulheres, e 105 pontos, para os homens. Veja o quadro esquematizado a seguir:

| ANO | MULHER | HOMEM |
|---|---|---|
| 2019 | 86 | 96 |
| 2020 | 87 | 97 |
| 2021 | 88 | 98 |
| 2022 | 89 | 99 |
| 2023 | 90 | 100 |
| 2024 | 91 | 101 |
| 2025 | 92 | 102 |
| 2026 | 93 | 103 |
| 2027 | 94 | 104 |
| 2028 | 95 | 105 |
| 2029 | 96 | 105 |
| 2030 | 97 | 105 |
| 2031 | 98 | 105 |
| 2032 | 99 | 105 |
| 2033 | 100 | 105 |

Dessa maneira, quando falamos no sistema de pontos em relação ao ano de 2025, a soma do tempo de contribuição e idade para homens deveria dar o resultado final de 102 pontos, enquanto, em relação às mulheres seguradas, o resultado final deveria ser o total de 92 pontos.

Importante frisar, aqui, que o tempo de contribuição exigido não é variável, mas a idade sim. Ou seja, a mulher sempre terá que ter um tempo mínimo de contribuição de 30 anos e o homem, de 35 anos.

Isso significa que, por exemplo, se uma mulher que tiver contribuído por 26 anos e tiver completado 66 anos de idade, malgrado o somatório da idade com o tempo de contribuição dê os 92 pontos exigidos para 2025, ela não poderá requerer a aposentadoria pelo sistema de pontos, porque o tempo de contribuição mínimo de 30 anos não foi respeitado.

É importante estabelecer que, para que seja possível a aposentadoria pelo sistema de pontos, deve-se cumprir um tempo de contribuição mínimo para cada tipo de segurado, sendo que o tempo mínimo de contribuição é de 30 anos, para as mulheres, e de 35 anos, para os homens segurados do Instituto Nacional do Seguro Social.

A reforma da previdência alterou também a fórmula de cálculo desse tipo de aposentadoria, pois, antes da Emenda Constitucional n. 103/2019, o cálculo era feito sobre 80% das maiores contribuições desde julho de 1994, sem que constasse a incidência do fator previdenciário, podendo se aposentar com 100% do salário de benefício.

Após a reforma previdenciária, o cálculo é feito com base na média simples de 100% de todas as contribuições mensais, incluindo-se as menores contribuições, o que ocasiona na diminuição do valor do benefício.

O valor da aposentadoria por essa modalidade começa em 60% da média, acrescendo-se 2% por ano para a mulher que ultrapassar os 15 anos de contribuição e para o homem que ultrapassar os 20 anos.

Esse é o entendimento trazido pela Emenda Constitucional n. 103/2019 em seu art. 15[4], *in verbis:*

> Art. 15. Ao segurado filiado ao Regime Geral de Previdência Social até a data de entrada em vigor desta Emenda Constitucional, fica assegurado o direito à aposentadoria quando forem preenchidos, cumulativamente, os seguintes requisitos:
>
> I – 30 (trinta) anos de contribuição, se mulher, e 35 (trinta e cinco) anos de contribuição, se homem; e
>
> II – somatório da idade e do tempo de contribuição, incluídas as frações, equivalente a 86 (oitenta e seis) pontos, se mulher, e 96 (noventa e seis) pontos, se homem, observado o disposto nos §§ 1º e 2º.
>
> § 1º A partir de 1º de janeiro de 2020, a pontuação a que se refere o inciso II do *caput* será acrescida a cada ano de 1 (um) ponto, até atingir o limite de 100 (cem) pontos, se mulher, e de 105 (cento e cinco) pontos, se homem.
>
> § 2º A idade e o tempo de contribuição serão apurados em dias para o cálculo do somatório de pontos a que se referem o inciso II do *caput* e o § 1º.
>
> § 3º Para o professor que comprovar exclusivamente 25 (vinte e cinco) anos de contribuição, se mulher, e 30 (trinta) anos de contribuição, se homem, em efetivo exercício das funções de magistério na educação infantil e no ensino fundamental e médio, o

---

4. BRASIL. Emenda Constitucional n. 103, de 12 de novembro de 2019. Altera o sistema de previdência social e estabelece regras de transição e disposições transitórias, Brasília, DF.

somatório da idade e do tempo de contribuição, incluídas as frações, será equivalente a 81 (oitenta e um) pontos, se mulher, e 91 (noventa e um) pontos, se homem, aos quais serão acrescidos, a partir de 1º de janeiro de 2020, 1 (um) ponto a cada ano para o homem e para a mulher, até atingir o limite de 92 (noventa e dois) pontos, se mulher, e 100 (cem) pontos, se homem.

§ 4º O valor da aposentadoria concedida nos termos do disposto neste artigo será apurado na forma da lei.

## 33.4 Regras de transição: Aposentadoria por idade

Anteriormente à reforma da legislação previdenciária, a aposentadoria por idade era o meio de se aposentar mais requerido entre os beneficiários, pois entendia-se que este tipo de aposentadoria necessitava de pouco tempo de contribuição.

Assim, antes da EC n. 103/2019, poderiam se aposentar por este tipo aquelas pessoas que nunca tiveram ou tiveram apenas alguns vínculos formais de trabalho; aquelas pessoas que começaram a recolher suas contribuições mensais tarde na vida e estudante ou donas de casas ou desempregados que recolheram suas contribuições previdenciárias mensais como "facultativo".

Com a reforma da previdência, a regra de transição trouxe requisitos para tal benefício mais suaves para aqueles que já vinham recolhendo suas contribuições mensais com o objetivo de se aposentar por idade. Dessa forma, a regra de transição da aposentadoria por idade, trazida pela Emenda Constitucional n. 103/2019 é a seguinte:

Caso o segurado seja homem, deverá ter 65 anos de idade e 15 anos de tempo de contribuição para ter direito a este tipo de aposentadoria.

No caso de seguradas mulheres, a situação é um pouco diferente. A regra de transição para mulheres na aposentadoria por idade determina que a mulher deve ter 60 anos de idade mais 6 meses por ano, até chegar em 62 anos de idade e 15 anos de contribuição.

A lei determina que a partir de 2020 sejam acrescidos 6 meses por ano no requisito da idade, até que a segurada chegue em 62 anos de idade. Assim, é possível entender que em 2020 a segurada deveria ter 60 anos e 6 meses para se aposentar por idade; em 2021 deveria ter 61 anos; em 2022 deveria ter completado 61 e 6 meses para conseguir se aposentar por idade; e em 2023 deveria ter 62 anos de idade.

Dessa forma, para que tenha direito a se aposentar por idade, o segurado ou segurada que estava prestes a se aposentar quando do advento da Emenda Constitucional n. 103/2019, deve cumprir os requisitos mínimos da regra transição deste tipo de aposentadoria.

É o que dispõe o art. 201, § 7º, inciso I, da Constituição Federal de 1988[5], alterado pela Emenda Constitucional n. 103/2019:

5. BRASIL. Constituição da República Federativa do Brasil, de 1988, Brasília, DF.

Art. 201. A previdência social será organizada sob a forma do Regime Geral de Previdência Social, de caráter contributivo e de filiação obrigatória, observados critérios que preservem o equilíbrio financeiro e atuarial, e atenderá, na forma da lei, a: § 7º É assegurada aposentadoria no regime geral de previdência social, nos termos da lei, obedecidas as seguintes condições: I – 65 (sessenta e cinco) anos de idade, se homem, e 62 (sessenta e dois) anos de idade, se mulher, observado tempo mínimo de contribuição;

**PREVDICA**:

A regra de transição do benefício de aposentadoria por idade depende do sujeito que a venha requerer. Se for homem: 65 anos de idade; 15 anos de tempo de contribuição. Se for mulher: 60 anos de idade + 6 meses por ano, a partir de 2020, até chegar em 62 anos de idade, lá em 2023; 15 anos de tempo de contribuição.

## 33.5 Regras de transição: Idade mínima + tempo de contribuição

A aposentadoria por tempo de contribuição foi uma das aposentadorias que, com o advento da reforma da legislação previdenciária, deixou de existir. Entretanto, de forma a não prejudicar aqueles segurados que estavam quase completando todos os requisitos para o recebimento deste benefício, foram criadas as regras de transição para enquadrar todos os entes segurados para impedir que algum saia prejudicado com a reforma da legislação.

Anteriormente à reforma, para se aposentar por tempo de contribuição apenas era necessário comprovar que realizou as contribuições mensais necessárias para esse tipo de aposentadoria. Agora, com a reforma, houve diversas alterações para a aplicação da aposentadoria por tempo de contribuição.

Sendo quatro as regras de transição deste benefício, o segurado deve observar qual se enquadra melhor para fazer o requerimento. A primeira é a regra de transição por pontos, já estudada anteriormente, essa regra determina que, para se aposentar por tempo de contribuição, o segurado homem deve somar um total de 99 pontos, quando se faz a soma entre o seu tempo de contribuição (mínimo de 35 anos) e sua idade. Para as mulheres seguradas do Instituto Nacional de Seguro Social, o total de pontos deve ser 89 na somatória entre a sua idade e o seu tempo de contribuição (mínimo de 30 anos), sendo essa a regra para cada tipo de segurado para o ano de 2022. Lembre-se de que, a partir do ano de 2020, a pontuação aumenta um ponto por ano, respectivamente.

A segunda regra de transição para a aposentadoria por tempo de contribuição, não mais existente pela Emenda Constitucional n. 103/2019, é a regra de transição por idade mínima. Tal regra, já estudada anteriormente, indica que o segurado ou segurada precisa cumprir o tempo mínimo de contribuição exigido e precisa atingir a idade mínima. No caso de homens, o tempo mínimo de contribuição é de 15 e a idade mínima exigida é de 65 anos. Para as mulheres a regra é um pouco diferente, sendo que o tempo de contribuição que deverá cumprir é de 15 anos de contribuição e a idade mínima exigida para as seguradas é de 60 anos de idade mais 6 meses por ano, até chegar em 62 anos de idade, ou seja, a partir de 2020 são acrescidos 6 meses por ano na idade mínima exigida para as mulheres, até que estas completem 62 anos de idade.

**Regra do pedágio de 50%**

A terceira regra de transição é a chamada "pedágio de 50%". Essa é a regra vigente apenas para aqueles segurados e seguradas que faltam menos de 2 anos para se aposentar, no momento da vigência da Emenda Constitucional n. 103/2019. Quando se tratar de aposentadoria de segurados do Instituto Nacional de Seguro Social, pela regra do pedágio de 50%, estes só irão se aposentar se cumpridos 35 anos de contribuição, além de um pedágio de 50% do tempo de contribuição que faltava para completar os 35 anos, no dia da publicação da EC n. 103/2019.

Assim, o segurado deve ter 35 anos de tempo de contribuição, entretanto, para se enquadrar nesse tipo de regra, deve estar a menos de 2 anos de completar os 35 anos de contribuição até a data da reforma previdenciária, ou seja, mais de 33 anos de contribuição. Deverá também cumprir 50% do tempo que faltava para se aposentar (1 ano – 50%: 6 meses) quando a EC n. 103/2019 entrou em vigor.

No caso das seguradas mulheres, o tempo de contribuição que deve ser cumprido é de 30 anos, sendo que, para poder fazer o requerimento dessa regra, deverá estar a menos dois anos de completar os 30 anos de contribuição. Assim, deve estar com mais de 28 anos de contribuição.

Seguindo o mesmo raciocínio da regra do pedágio dos homens, as seguradas mulheres também devem cumprir 50% do tempo que faltava para se aposentarem (1 ano – 50%: 6 meses) quando a Emenda Constitucional entrou em vigor.

**Regra do pedágio de 100%**

A última regra de transição da antiga aposentadoria por tempo de contribuição é a chamada "pedágio de 100%". Essa regra determina que o segurado ou segurada do INSS deve cumprir o requisito da idade mínima, o tempo mínimo de contribuição exigido, bem como um pedágio de 100% do período que faltava para atingir o tempo mínimo do tempo de contribuição contando da data em que a reforma previdenciária entrou em vigor.

Para os homens, deve-se ter 35 anos de contribuição com idade mínima exigida de 60 anos. Para as mulheres, deve-se ter 30 anos de tempo de contribuição com idade mínima exigida de 57 anos.

O período correspondente ao pedágio de 100% é o tempo faltante para completar o tempo de contribuição, para ambos os segurados, quando da entrada em vigor da Emenda Constitucional n. 103/2019.

**PREVDICA:**

A aposentadoria por tempo de contribuição deixou de existir com a Emenda Constitucional n. 103/2019, sendo que, para proteger os segurados que estavam prestes a se aposentar, foram criadas quatro regras de transição, sendo que o segurado deve observar qual a melhor regra que se enquadra na sua situação.

## 33.6 Regras de transição: Pedágio de 50%

Conforme dito anteriormente, a regra do pedágio de 50% é a regra de transição criada pela Emenda Constitucional n. 103/2019 para aqueles segurados ou seguradas que previam se aposentar por tempo de contribuição e que não mais conseguem, pois, esse tipo de aposentadoria deixou de existir com o advento da reforma previdenciária.

Esta nova regra é, especificamente, para os segurados e seguradas que estão quase completando o tempo de contribuição exigido pela lei, faltando menos de 2 anos para tanto.

Para conseguir a concessão da aposentadoria pela regra do pedágio de 50%, o segurado homem deverá cumprir, ao todo, 35 anos de tempo de contribuição e cumprir um pedágio de 50% do tempo de contribuição que faltava para completar os 35 anos, no dia da publicação da EC n. 103/2019.

Para elucidar melhor a questão, observa-se o seguinte exemplo:

> João, na data de vigência da Emenda Constitucional n. 103/2019, completou 55 anos de idade e 33 anos e 6 meses de tempo de contribuição ao órgão previdenciário. Verifica-se que estão faltando menos de 2 anos para que João cumpra os 35 anos de contribuição, ou seja, faltam 1 ano e 6 meses para chegar ao valor total. No caso de João, 1 ano e 6 meses é igual a 18 meses. Assim, se pegarmos 50% desse total que falta para ele alcançar os 35 anos, teremos o total de 9 meses de pedágio. Sendo assim, João deverá recolher os 18 meses faltantes + o pedágio de 50% (9 meses).

O mesmo raciocínio pode ser aplicado em relação às seguradas. Estas deverão cumprir um tempo de contribuição de 30 anos totais, podendo requerer a aplicação da regra do pedágio de 50% quando faltarem menos de 2 anos de tempo de contribuição para cumprir da data de vigência da EC n. 103/2019.

Assim, se a segurada tiver 28 anos de contribuição na data da vigência da EC n. 103/2019, deverá recolher as contribuições mensais faltantes até os 30 anos + 50% do período de pedágio restante.

Esse é o entendimento preconizado pela Emenda Constitucional em seu art. 17, incisos I e II[6]:

6. BRASIL. Emenda Constitucional n. 103, de 12 de novembro de 2019. Altera o sistema de previdência social e estabelece regras de transição e disposições transitórias, Brasília, DF.

> Art. 17. Ao segurado filiado ao Regime Geral de Previdência Social até a data de entrada em vigor desta Emenda Constitucional e que na referida data contar com mais de 28 (vinte e oito) anos de contribuição, se mulher, e 33 (trinta e três) anos de contribuição, se homem, fica assegurado o direito à aposentadoria quando preencher, cumulativamente, os seguintes requisitos:
>
> I – 30 (trinta) anos de contribuição, se mulher, e 35 (trinta e cinco) anos de contribuição, se homem; e
>
> II – cumprimento de período adicional correspondente a 50% (cinquenta por cento) do tempo que, na data de entrada em vigor desta Emenda Constitucional, faltaria para atingir 30 (trinta) anos de contribuição, se mulher, e 35 (trinta e cinco) anos de contribuição, se homem.

A lei previdenciária também explicita a forma como o valor desse benefício será apurado, indicando que se fará a média aritmética simples dos salários de contribuição e das remunerações, multiplicadas pelo fator previdenciário, nos termos do parágrafo único do mesmo artigo citado acima:

> Parágrafo único. O benefício concedido nos termos deste artigo terá seu valor apurado de acordo com a média aritmética simples dos salários de contribuição e das remunerações calculada na forma da lei, multiplicada pelo fator previdenciário, calculado na forma do disposto nos §§ 7º a 9º do art. 29 da Lei n. 8.213, de 24 de julho de 1991.

Dessa forma, o cálculo será feito, primeiramente, com a média de contribuições desde julho de 1994 ou desde quando o segurado ou segurada começou a contribuir para o seu Regime da Previdência Social, ou seja, pega-se todos os salários utilizados como base de contribuição ao Instituto Nacional de Seguro Social, soma-se e após, faz a divisão deste valor pela quantidade de salários computados. Através disto se retira a média aritmética simples.

Após este cálculo, deve ser aplicado o fator previdenciário que abarca a idade, o tempo de contribuição e a expectativa de vida do segurado. Dessa forma, o resultado final desta conta será a mensalidade da aposentadoria recebida pelo segurado ou segurada.

Assim, de forma resumida, o segurado homem deve ter 35 anos de tempo de contribuição, entretanto, para se enquadrar neste tipo de regra, ele deve estar a pelo menos 2 anos de completar os 35 anos de contribuição até a data da reforma previdenciária, ou seja, 33 anos de contribuição. Deverá também cumprir 50% do tempo que faltava para se aposentar (2 anos – 50%: 1 ano) quando a EC n. 103/2019 entrou em vigor, e no caso das seguradas mulheres, o tempo de contribuição que deve ser cumprido é de 30 anos, sendo que para poder fazer o requerimento desta regra, deverá estar a dois anos de completar os 30 anos de contribuição. Assim, deve estar com, no mínimo, 28 anos de contribuição. Seguindo o mesmo raciocínio da regra do pedágio dos homens, as seguradas mulheres também devem cumprir 50% do tempo que faltava para se aposentarem (2 anos – 50%: 1 ano) quando a Emenda Constitucional entrou em vigor.

**PREVDICA**:

35 anos de tempo de contribuição para homens e 30 para mulheres + o pedágio de 50% do período de contribuição que faltava cumprir quando da vigência da Emenda Constitucional n. 103/2019 para ambos os segurados.

## 33.7 Regras de transição: Pedágio de 100%

Esta regra determina que o segurado ou segurada do INSS deve cumprir o requisito da idade mínima, o tempo mínimo de contribuição exigido, bem como um pedágio de 100% do período que faltava para atingir o tempo mínimo do tempo de contribuição contando da data em que a reforma previdenciária entrou em vigor.

Para os homens, deve-se ter 35 anos de contribuição com idade mínima exigida de 60 anos. Para as mulheres, deve-se ter 30 anos de tempo de contribuição com idade mínima exigida de 57 anos.

O período correspondente ao pedágio de 100% é o tempo faltante para completar o tempo de contribuição, para ambos os segurados, quando da entrada em vigor da Emenda Constitucional n. 103/2019.

De forma a esclarecer, observe-se o seguinte exemplo:

> Sabe-se que o tempo de contribuição para segurados homens é de 35 anos. Luís possui 55 anos de idade e 32 anos de tempo de contribuição na data da vigência da Emenda Constitucional n. 103/2019, faltando, assim, 3 anos de contribuição e 5 anos de idade para poder requerer a aposentadoria pelo pedágio de 100%. Nesses moldes, Luís deverá contribuir por mais 3 anos adicionais, ou seja, mais 100% do tempo de contribuição que faltava para completar os 35 anos de contribuição, somando um total de 38 anos de tempo de contribuição, ocasião na qual completará o requisito da idade mínima de 60 anos.

Nesse sentido, Luís precisará dos 3 anos que ainda faltam para completar 35 anos de contribuição e mais 3 anos, totalizando 6 anos para poder se aposentar, assim sendo, o dobro do tempo de contribuição.

Tal regra é versada no art. 20, incisos I, II e IV[7], da Emenda Constitucional n. 103/2019, *in verbis*:

> Art. 20. O segurado ou o servidor público federal que se tenha filiado ao Regime Geral de Previdência Social ou ingressado no serviço público em cargo efetivo até a data de entrada em vigor desta Emenda Constitucional poderá aposentar-se voluntariamente quando preencher, cumulativamente, os seguintes requisitos:

7. BRASIL. Emenda Constitucional n. 103, de 12 de novembro de 2019. Altera o sistema de previdência social e estabelece regras de transição e disposições transitórias, Brasília, DF.

I – 57 (cinquenta e sete) anos de idade, se mulher, e 60 (sessenta) anos de idade, se homem;

II – 30 (trinta) anos de contribuição, se mulher, e 35 (trinta e cinco) anos de contribuição, se homem;

IV – período adicional de contribuição correspondente ao tempo que, na data de entrada em vigor desta Emenda Constitucional, faltaria para atingir o tempo mínimo de contribuição referido no inciso II.

No caso deste tipo de regra, não há que se falar em redutores do valor final do benefício, sendo que o cálculo se dará por meio de 100% da média de todos os salários de contribuição do segurado ou da segurada desde julho de 1994.

**PREVDICA**:
Na regra de transição do pedágio de 100%, o tempo mínimo de contribuição para mulheres é de 30 anos, enquanto para os homens é de 35 anos.

# 34

# Aposentadoria compulsória

Pelo que o próprio nome deste tipo de aposentadoria já indica, esta aposentadoria acontecerá de forma obrigatória quando o beneficiário atingir os seus requisitos necessários à aplicação do benefício.

Esse tipo de benefício é geralmente mais visto no âmbito do Regime Próprio de Previdência Social, ou seja, é mais utilizado quando se trata de servidores públicos.

Nos casos de funcionários públicos, será aplicada a aposentadoria compulsória quando estes, em atividade, alcançarem os 75 anos de idade, sendo totalmente desligados de suas funções e, assim, recebendo o valor de suas contribuições mensais previdenciárias, de forma proporcional.

Há de se salientar também que não são todos os tipos de servidores públicos que alcançaram a regra da aposentadoria compulsória, sendo apenas um grupo "seleto" de servidores que se aposentaram de forma obrigatória ou compulsória.

- Servidores com cargos efetivos nos âmbitos federal, estadual e municipal, incluindo as suas autarquias e fundações;
- Membros dos Tribunais e dos Conselhos de Contas;
- Servidores do Serviço Exterior Brasileiro;
- Membros do Poder Judiciário, Ministério Público e Defensoria Pública.

Desse modo, se o segurado ou segurada do Regime Próprio da Previdência Social estiver abarcado em um destes grupos, terá o direito de receber a concessão do benefício da aposentadoria compulsória.

A Emenda Constitucional n. 103/2019[1] também versa sobre a possibilidade de o servidor público optar pela continuidade em trabalhar quando poderia se aposentar voluntariamente, sendo que, neste modo, o servidor fará jus a um abono até completar a idade mínima para a aposentadoria compulsória.

> Art. 8º Até que entre em vigor lei federal de que trata o § 19 do art. 40 da Constituição Federal, o servidor público federal que cumprir as exigências para a concessão da aposentadoria voluntária nos termos do disposto nos arts. 4º, 5º, 20, 21 e 22 e que optar por permanecer em atividade fará jus a um abono de permanência equivalente ao valor da sua contribuição previdenciária, até completar a idade para aposentadoria compulsória.

Nesse sentido é o que dispõe o § 19 do art. 40 da Constituição Federal[2], com sua redação dada pela Emenda Constitucional n. 103/2019:

> Art. 40. O regime próprio de previdência social dos servidores titulares de cargos efetivos terá caráter contributivo e solidário, mediante contribuição do respectivo ente federativo, de servidores ativos, de aposentados e de pensionistas, observados critérios que preservem o equilíbrio financeiro e atuarial.
>
> § 19. Observados critérios a serem estabelecidos em lei do respectivo ente federativo, o servidor titular de cargo efetivo que tenha completado as exigências para a aposentadoria voluntária e que opte por permanecer em atividade poderá fazer jus a um abono de permanência equivalente, no máximo, ao valor da sua contribuição previdenciária, até completar a idade para aposentadoria compulsória.

Novamente a Emenda Constitucional n. 103/2019 faz menção à forma compulsória de aposentadoria, indicando o respectivo artigo correspondente à Constituição Federal (art. 40, § 1º, inciso II[3]). Assim é o art. 10, § 1º, inciso III[4], da Emenda Constitucional n. 103/2019:

> Art. 10. Até que entre em vigor lei federal que discipline os benefícios do regime próprio de previdência social dos servidores da União, aplica-se o disposto neste artigo.
>
> § 1º Os servidores públicos federais serão aposentados:
>
> III – compulsoriamente, na forma do disposto no inciso II do § 1º do art. 40 da Constituição Federal.

---

1. BRASIL. Emenda Constitucional n. 103, de 12 de novembro de 2019. Altera o sistema de previdência social e estabelece regras de transição e disposições transitórias, Brasília, DF.
2. BRASIL. Constituição da República Federativa do Brasil, de 1988, Brasília, DF.
3. BRASIL. Constituição da República Federativa do Brasil, de 1988, Brasília, DF.
4. BRASIL. Emenda Constitucional n. 103, de 12 de novembro de 2019. Altera o sistema de previdência social e estabelece regras de transição e disposições transitórias, Brasília, DF.

> Art. 40. O regime próprio de previdência social dos servidores titulares de cargos efetivos terá caráter contributivo e solidário, mediante contribuição do respectivo ente federativo, de servidores ativos, de aposentados e de pensionistas, observados critérios que preservem o equilíbrio financeiro e atuarial.
>
> § 1º O servidor abrangido por regime próprio de previdência social será aposentado:
>
> II – compulsoriamente, com proventos proporcionais ao tempo de contribuição, aos 70 (setenta) anos de idade, ou aos 75 (setenta e cinco) anos de idade, na forma de lei complementar;

Sabe-se que tal aposentadoria é muito vista no âmbito dos servidores públicos, conforme dito anteriormente, entretanto, também há previsão legal de aplicação para os segurados filiados ao Regime Geral de Previdência Social.

**PREVDICA:**
A aposentadoria compulsória é aquela requerida pelo empregador ao invés do empregado, aplicando-se aos trabalhadores que são regidos pela Consolidação das Leis Trabalhistas.

Para que se tenha direito a esse tipo de aposentadoria, o segurado ou a segurada deve cumprir o requisito da idade mínima, bem como o requisito do tempo de contribuição. Para mulheres, a idade mínima exigida é 65 anos enquanto para os homens a idade mínima exigida é 70 anos. O tempo mínimo de contribuição para ambos os tipos de segurados são 15 anos de contribuição.

Há a ressalva de que se o segurado homem tiver se filiado ao Regime Geral da Previdência Social após a vigência da Emenda Constitucional n. 103/2019, este deverá cumprir o tempo mínimo de contribuição de 20 anos.

Este tipo de aposentadoria possui previsão legal na Lei n. 8.213/91, no art. 51[5] que versa sobre a necessidade de o segurado cumprir os requisitos necessários, sendo requerida pela empresa empregadora do segurado.

> Art. 51. A aposentadoria por idade pode ser requerida pela empresa, desde que o segurado empregado tenha cumprido o período de carência e completado 70 (setenta) anos de idade, se do sexo masculino, ou 65 (sessenta e cinco) anos, se do sexo feminino, sendo compulsória, caso em que será garantida ao empregado a indenização prevista na legislação trabalhista, considerada como data da rescisão do contrato de trabalho a imediatamente anterior à do início da aposentadoria.

---

5. BRASIL. Lei n. 8.213, de 24 de julho de 1991. Dispõe sobre os Planos de Benefícios da Previdência Social e dá outras providências, Brasília, DF.

Este artigo estabelece que, além dos requisitos de idade e carência, o segurado tem direito a uma indenização conforme previsto na legislação trabalhista. A data da rescisão do contrato de trabalho é considerada como a imediatamente anterior ao início da aposentadoria.

Isso significa que o segurado do RGPS tem garantida a indenização trabalhista, uma vez que a ruptura do vínculo de trabalho não ocorreu por culpa dele, mas sim por iniciativa do empregador.

Portanto, o segurado do RGPS só terá direito à aposentadoria compulsória se atender a ambos os requisitos necessários, ou seja, o tempo de contribuição, levando em consideração a data de filiação ao Regime Geral da Previdência Social, além da idade mínima, com diferenças entre segurados do sexo masculino e feminino. Esses requisitos não devem ser confundidos com os mencionados anteriormente no art. 40, § 1º, II, da Constituição Federal.

Veja jurisprudência sobre o assunto:

> Agravo. Agravo de instrumento. Recurso de revista. Aposentadoria compulsória. Empregado submetido ao RGPS. Lei especial. Indenização trabalhista devida conforme art. 51 da Lei n. 8.213/91. *Overrruling*. Nesta Corte, muito embora existam precedentes de que aplica-se o art. 40, § 1º, II, da Constituição Federal aos empregados submetidos ao RGPS, verifica-se um *overrruling* dessa jurisprudência. De fato, a aposentadoria compulsória de empregado público respaldado pelo Regime Geral de Previdência Social encontra regramento específico no artigo 51 da Lei n. 8.213/91, que dispõe que é do empregador a faculdade de requerer a aposentadoria do trabalhador que atingir 70 anos de idade (se homem) e 65 anos de idade (se mulher), sendo compulsório o desligamento. Não há falar no caso em aplicação do artigo 40, § 1º, II, da Constituição Federal, pois o reclamante está submetido ao Regime Geral de Previdência Social que possui regramento especial. Precedentes do STF. Registre-se que o próprio art. 51 da Lei n. 8.213/91 garante a indenização devida ao trabalhador. Questão jurídica que não foi enfrentada por esta Corte nos precedentes até então julgados. Assim, uma vez que a extinção do contrato de trabalho no caso em análise ocorreu por iniciativa do empregador, não há justificativa para retirar do empregado o direito as verbas rescisórias devidas em razão da prestação dos seus serviços, razão pela qual deve permanecer a condenação ao aviso prévio indenizado e a multa do art. 477 da CLT. Não merece reparos a decisão. Agravo não provido (TST – Ag-AIRR: 10723820105070006, Rel. Maria Helena Mallmann, j. em 26-6-2019, 2ª Turma, *DEJT* 28-6-2019).

**PREVDICA:**

Aposentadoria compulsória se dá por meio da iniciativa do empregador quando o empregado atinge a idade mínima necessária e cumpre o requisito do tempo de contribuição mínimo. É aplicada tanto para servidores filiados ao Regime Próprio de Previdência Social, quanto aos segurados filiados ao Regime Geral de Previdência Social.

O Tribunal Regional do Trabalho da 18ª Região, ao julgar o Recurso Ordinário Trabalhista n. 011025-47.2020.5.18.0013[6] trouxe o entendimento de que para empregados públicos, a aposentadoria compulsória deveria observar os requisitos impostos pelo art. 40, § 1º, inciso II, da Constituição Federal e a Lei Complementar n. 152/2015, sendo que a aposentadoria compulsória com proventos proporcionais ao tempo de contribuição é aos 75 anos de idade.

> APOSENTADORIA COMPULSÓRIA. EMPREGADO PÚBLICO. A jurisprudência do TST é firme no sentido de que, para fins de aposentadoria compulsória de empregados públicos (que na presente demanda é o caso do reclamante), deve ser observado o disposto no art. 40, § 1º, inciso II, da CF e na LC 152/2015, de forma que a aposentadoria compulsória, com proventos proporcionais ao tempo de contribuição, é aos 75 (setenta e cinco) anos de idade (TRT18, ROT 0011025-47.2020.5.28.0013, 3ª Turma, Rel. Mario Sergio Botazzo, 23-3-2021).

Outro entendimento advindo do Tribunal Regional do Trabalho da 1ª Região[7] ensina que a regra da aposentadoria compulsória se aplica a todos os servidores públicos, independente do regime jurídico:

> RECURSO ORDINÁRIO – APOSENTADORIA COMPULSÓRIA AOS 75 ANOS DE IDADE. Consoante entendimento pacificado pela jurisprudência pátria, a regra da aposentadoria compulsória prevista no art. 40, §1º, II, da Constituição da República e regulamentada na Lei Complementar n. 152/2015 se aplica a todos os servidores públicos, independentemente do regime jurídico, ou seja, aos servidores públicos *lato sensu*. Apelo a que se dá provimento.

Deste modo, tem-se a possibilidade da concessão da aposentadoria compulsória para servidores públicos e segurados do Regime Geral da Previdência Social, devendo-se sempre observar o cumprimento dos requisitos por parte do trabalhador, seja ele segurado geral ou servidor público do Regime Próprio da Previdência Social.

6. TRT18, ROT 0011025-47.2020.5.28.0013/GO, 3ª Turma, Rel. Mario Sergio Botazzo, j. em 23-3-2021, *DJe* 23-3-2021.
7. TRT1, ROT 01009207620205010050/RJ, 3ª Turma, Rel. Antonio Cesar Coutinho Daiha, j. em 6-10-2021, *DJe* 9-10-2021.

# 35

# Ações previdenciárias

## 35.1 Propositura da ação previdenciária

A espécie da prestação que se pretende obter, restabelecer ou revisar deve ser identificada para a propositura da ação previdenciária, diferenciando-se os benefícios de natureza comum dos de natureza acidentária e assistencial.

Nos benefícios acidentários têm que ficar provado o nexo de causalidade entre o acidente e a atividade laborativa exercida.

## 35.2 Competência – Ações previdenciárias

Competência é a delimitação da jurisdição, que serve para dividir a jurisdição entre os órgãos do Judiciário. Os critérios para determinação da competência são de caráter objetivo, funcional e territorial.

A competência pode ser dividida em absoluta e relativa. A incompetência absoluta deve ser declarada de ofício e pode ser alegada em qualquer tempo e grau de jurisdição (art. 64, § 1º, do CPC). A incompetência relativa deve ser alegada pelo réu como preliminar de contestação, e, caso não o faça, dar-se-á a prorrogação, e o juiz, que era incompetente, passa a ser competente, embora pudesse ter sido afastado (art. 65 do CPC).

A delegação da competência da Justiça Federal para a Justiça dos Estados para processar e julgar ações previdenciárias é prevista no art. 109, § 3º, da CF, que assim estabelece:

> Serão processadas e julgadas na justiça estadual, no foro do domicílio dos segurados ou beneficiários, as causas em que forem parte instituição de previdência social e segurado, sempre que a comarca não seja sede de vara do juízo federal, e, se verificada essa condição, a lei poderá permitir que outras causas sejam também processadas e julgadas pela justiça estadual.

## 35.3 Prestações acidentárias

As demandas dos segurados e dependentes contra o INSS, que tenham origem em acidente do trabalho ou doença ocupacional, devem ser interpostas na Justiça Estadual, por tratar-se de competência residual prevista na Constituição Federal (art. 109, I). O Superior Tribunal de Justiça pacificou o entendimento sobre a matéria ao editar a Súmula 15: "Compete à Justiça Estadual processar e julgar os litígios decorrentes de acidente do trabalho".

Assim, as ações que visam à concessão ou ao restabelecimento de auxílio-doença, aposentadoria por incapacidade permanente, auxílio-acidente ou pensão por morte decorrentes de acidente do trabalho, doença profissional ou do trabalho, devem ser ajuizadas perante a Justiça Estadual, com recursos aos Tribunais de Justiça.

## 35.4 Causas do benefício assistencial

O benefício assistencial, de um salário mínimo, pago aos idosos e deficientes carentes, previsto no art. 203 da CF e regulado pelo art. 20 da Lei n. 8.742/93, não pode ser confundido com os benefícios de origem previdenciária da Lei n. 8.213/91, mesmo ambos sendo concedidos pelo INSS.

## 35.5 Ações pela via administrativa

A exigência de comprovação da prévia discussão na via administrativa como condição para ingressar com ação previdenciária, embora seja um tema amplamente debatido em nossos tribunais, continua sendo uma questão frequente e atual nos litígios judiciais.

A obrigatoriedade de obter uma manifestação prévia do Poder Público como requisito para acessar a justiça pode, aparentemente, parecer uma restrição ao direito de ação garantido pelo art. 5º, XXXV, da Constituição. No entanto, é importante observar que esse dispositivo estabelece que somente casos de lesão efetiva ou ameaça a um direito serão analisados pelo Poder Judiciário.

## 35.6 Juizados Especiais Cíveis – Justiça Federal

A criação dos Juizados Especiais Cíveis no âmbito da Justiça Federal tem por base a EC n. 22/99, e sua instituição se deu com a Lei n. 10.259/2001, aplicando-se, de forma complementar (no que não for conflitante), as disposições da Lei n. 9.099/95, que regula os Juizados Especiais Estaduais.

O processo nos Juizados Especiais se submete aos princípios processuais previstos na Constituição, entre eles: princípio do devido processo legal: art. 5º, LIV – "ninguém será privado da liberdade ou de seus bens sem o devido processo legal"; princípios do contraditório e da ampla defesa: art. 5º, LV – "aos litigantes, em processo judicial ou administrativo, e aos acusados em geral são assegurados o contraditório e ampla defesa, com os meios e recursos a ela inerentes"; inadmissibilidade de provas ilícitas: art. 5º, LVI – "são inadmissíveis, no processo, as provas obtidas por meios ilícitos"; princípio do juiz natural: art. 5º, LIII – "ninguém será processado nem sentenciado senão pela autoridade competente"; e art. 5º,

XXXVII – "não haverá juízo ou tribunal de exceção"; princípio da inafastabilidade da apreciação jurisdicional: art. 5º, XXXV – "a lei não excluirá da apreciação do Poder Judiciário lesão ou ameaça a direito"; princípio da razoável duração do processo: art. 5º, LXXVIII – "a todos, no âmbito judicial e administrativo, são assegurados a razoável duração do processo e os meios que garantam a celeridade de sua tramitação".

### *35.6.1 Valor da causa*

Os critérios para definição do valor da causa geram controvérsias no âmbito dos JEFs, diante da interpretação dada ao art. 3º, § 2º, da Lei n. 10.259/2001, que prevê:

> Art. 3º Compete ao Juizado Especial Federal Cível processar, conciliar e julgar causas de competência da Justiça Federal até o valor de sessenta salários mínimos, bem como executar as suas sentenças. (...)
>
> § 2º Quando a pretensão versar sobre obrigações vincendas, para fins de competência do Juizado Especial, a soma de doze parcelas não poderá exceder o valor referido no art. 3º, *caput*.

**PREVDICA:**
A representação por advogado é facultativa para a propositura de ações nos JEFs. De acordo com o art. 10 da Lei n. 10.259/2001, as partes poderão designar, por escrito, representantes para a causa, advogado ou não. O STF, na ADIn 3.168/DF, declarou a constitucionalidade dessa norma.

## 35.7 Reajuste da renda mensal inicial

O valor dos benefícios deve estar em manutenção e deve ser reajustado anualmente, de acordo com o salário mínimo vigente, em razão do art. 41-A da Lei n. 8.213/91. Todavia, essa regra deverá respeitar a data de início do benefício de acordo com proporção anual dos meses em que a contribuição foi devida.

## 35.8 Revisão da vida toda

A Revisão da Vida Toda foi uma medida previdenciária que visava corrigir o cálculo das aposentadorias, considerando a inclusão de todo o histórico contributivo do segurado, incluindo os períodos anteriores à entrada em vigor da Lei n. 9.876/99.

Essa lei estabeleceu a média aritmética simples dos 80% maiores salários de contribuição desde julho de 1994 como base para o cálculo da aposentadoria. No entanto, essa regra não levava em conta os salários mais baixos ou períodos de não contribuição, prejudicando alguns segurados.

A Lei n. 9.876/99 estabeleceu a média aritmética simples dos 80% dos maiores salários de contribuição desde julho de 1994 como base para o cálculo da aposentadoria. Contudo, essa regra não contemplava os períodos nos quais o segurado teve salários mais baixos ou mesmo períodos de não contribuição.

A mesma lei, ao regulamentar a Emenda Constitucional n. 20/98, promoveu uma alteração no art. 29 da Lei n. 8.213/91. Essa modificação estabeleceu que, para os segurados que se associassem ao Regime Geral de Previdência Social (RGPS) a partir de 29-11-1999, data de vigência da lei, o cálculo do salário de benefício seria realizado considerando a média aritmética simples dos 80% maiores salários de contribuição referentes às competências desde a data da filiação até o mês imediatamente anterior à Data de Entrada do Requerimento (DER).

Dessa forma, o Período Básico de Cálculo abrangia o intervalo temporal desde a filiação do segurado até o mês imediatamente anterior à DER, abarcando todo o período contributivo do segurado. Essa abordagem difere da legislação anterior à Lei n. 9.876/99, que considerava apenas os últimos 36 salários de contribuição em um período não superior a 48 meses.

Entretanto, o art. 3º da Lei n. 9.876/99 estabeleceu uma regra de transição, determinando que, para o segurado filiado à Previdência Social até o dia anterior à data de publicação da referida Lei, ou seja, até 28-11-1999, que cumprir as condições para a concessão dos benefícios do Regime Geral de Previdência Social, o cálculo do salário de benefício seria realizado com base na média aritmética simples dos 80% maiores salários de contribuição ocorridos desde a competência de julho de 1994 até o mês imediatamente anterior à Data de Entrada do Requerimento (DER). Em outras palavras, o Período Básico de Cálculo compreendia o intervalo temporal desde julho de 1994 até o mês imediatamente anterior à DER, excluindo as contribuições anteriores à competência de julho de 1994 do cálculo do salário de benefício.

Além disso, a Lei n. 9.876/99, ao aumentar o número de salários de contribuição considerados para compor o salário de benefício, introduziu uma regra de transição no seu art. 3º, § 2º. Essa regra estipula que, no cálculo do salário de benefício das aposentadorias por tempo de contribuição, por idade e especial, o divisor utilizado na média do salário de benefício não pode ser inferior a 60% do período decorrido da competência de julho de 1994 até a data do início do benefício. Era o chamado divisor mínimo.

Por outro lado, o art. 26 da Emenda Constitucional n. 103/2019 alterou a forma de cálculo do salário de benefício ao determinar a apuração da média contributiva com base nos 100% de todos os salários de contribuição, não apenas nos 80% maiores. No entanto, manteve a limitação do Período Básico de Cálculo para a competência de julho de 1994 ou desde o início da contribuição, se posterior àquela competência.

Consequentemente, a partir da vigência da Emenda Constitucional n. 103/2019, a limitação do período contributivo a julho de 1994 deixou de ser uma regra de transição (prevista no art. 3º da Lei n. 9.876/99), tornando-se uma regra permanente, em substituição ao disposto nos incisos I e II do art. 29 da Lei n. 8.213/91, até que uma nova legislação sobre o cálculo dos benefícios no Regime Geral de Previdência Social seja promulgada.

Nesse contexto, observa-se que, a partir da entrada em vigor da Emenda Constitucional n. 103/2019, a regra permanente estabelecida no art. 26 dessa emenda deve ser aplicada para o cálculo do benefício. Para os segurados que já estavam filiados ao Regime Geral de Previdência Social (RGPS) antes da publicação da Lei n. 9.876/99, devemos entendê-los em partes.

É que, em razão do *tempus regit actum*, que se traduz verdadeiramente na segurança jurídica, temos que o art. 5º, XXXVI, da CF diz que a lei não pode prejudicar o direito adquirido, o ato jurídico perfeito e a coisa julgada. Isso significa que aqueles segurados que se filiaram antes da publicação da Lei n. 9.876/99 possuem direito adquirido a ter o benefício calculado com base na regra de transição prevista no art. 3º da referida lei.

Já para aqueles segurados cuja filiação se deu após a publicação da Lei n. 9.876/99 e que não atingiram o direito adquirido à aposentadoria, o cálculo deve seguir o que estiver previsto nas regras de transição da EC n. 103/2019.

Com a Revisão da Vida Toda, num primeiro momento, a Justiça passou a reconhecer a necessidade de considerar toda a trajetória contributiva do segurado, proporcionando a possibilidade de recálculo para obter uma aposentadoria mais condizente com a realidade contributiva do indivíduo.

Além de analisar a pertinência dos salários anteriores a 1994 para o recálculo da aposentadoria, havia algumas condições para requerer a revisão.

Essa medida beneficiava aqueles que tiveram salários mais elevados no início da carreira ou períodos de contribuição mais longos, resultando em benefícios previdenciários mais justos. Vale destacar que a Revisão da Vida Toda não era automática, sendo necessário que os interessados ingressassem com ação judicial para pleitear essa correção em seus benefícios previdenciários.

Além da consideração sobre a relevância dos salários anteriores a 1994 para o recálculo da aposentadoria, havia condições específicas para solicitar a ação de revisão. Para ingressar com o pedido de Revisão da Vida Toda, o contribuinte deveria atender aos seguintes requisitos:

- Ter salários de contribuição anteriores a julho de 1994;
- Ter se aposentado seguindo a regra de transição estabelecida pela Lei n. 9.876/99;
- Não ter decorrido mais de 10 anos desde o primeiro recebimento da aposentadoria.

O cumprimento dessas condições se demonstrava fundamental para que o segurado pudesse pleitear a Revisão da Vida Toda e buscar um recálculo mais preciso e justo de sua aposentadoria.

Lembremos que a discussão sobre o direito à Revisão da Vida Toda teve um desfecho favorável no STJ, que, no exercício de sua competência como intérprete da legislação federal, estabeleceu a seguinte tese no Repetitivo Tema 999:

> Aplica-se a regra definitiva prevista no art. 29, I e II, da Lei n. 8.213/91, na apuração do salário de benefício, quando mais favorável do que a regra de transição contida no art. 3º da Lei n. 9.876/99, aos segurados que ingressaram no Regime Geral da Previdência Social até o dia anterior à publicação da Lei n. 9.876/99 (REsp 1.554.596/SC, 1ª Seção, *DJe* 17-12-2019).

Consequentemente, conforme estabelecido pela decisão do Superior Tribunal de Justiça (STJ) no Tema 999, o segurado que já estava vinculado ao Regime Geral de Previdência

Social até o dia anterior à publicação da Lei n. 9.876/99 passou a possuir o direito ao melhor benefício.

Em decorrência desse direito, tornou-se possível calcular o salário de benefício aplicando a regra permanente, conforme previsto no art. 29, I e II, da Lei n. 8.213/91. Esse cálculo era realizado considerando todo o período contributivo do segurado, sem a limitação imposta à competência de julho de 1994, sempre que fosse mais favorável do que a aplicação da regra de transição prevista no art. 3º da Lei n. 9.876/99.

Assim, tornou-se incumbência do Instituto Nacional do Seguro Social (INSS) realizar dois cálculos, um conforme as normas da regra permanente e outro conforme a regra de transição. O valor resultante que for mais elevado deveria ser considerado como o salário de benefício para fins de apuração da Renda Mensal Inicial (RMI) do benefício previdenciário.

Diante da decisão do Tema 999 do Superior Tribunal de Justiça (STJ), o Instituto Nacional do Seguro Social (INSS) interpôs recurso por meio do Recurso Extraordinário 1.276.977 RG, sob a relatoria do Ministro Dias Toffoli, julgado pelo Tribunal Pleno e publicado no *Diário da Justiça Eletrônico* em 15-9-2020, correspondente ao Tema 1.102. Vale ressaltar que no voto proferido pelo Ministro Dias Toffoli, que reconheceu a repercussão geral, destacou-se que a matéria abordada no Tema 1.102 é distinta daquela tratada no Tema 616 da repercussão geral.

O Ministro enfatizou que o Tema 1.102 diz respeito ao período básico a ser considerado no cálculo do salário de benefício de segurados filiados ao Regime Geral de Previdência Social (RGPS) antes da entrada em vigor da Lei n. 9.876/99. Por outro lado, o Tema 616, ainda pendente de julgamento quanto ao mérito, está relacionado à incidência do fator previdenciário (art. 2º da Lei n. 9.876/99) no cálculo do salário de benefício de segurados filiados ao RGPS até 16-12-1998, contrapondo-se à regra de transição estabelecida pelo art. 9º da Emenda Constitucional n. 20/98.

Quanto ao mérito, o STF, por maioria de seis votos contra cinco, após o voto de desempate do Min. Alexandre de Moraes, disponibilizado em 25-2-2022, manteve a referida decisão do STJ. Prevaleceu, assim, o voto do relator, então Ministro Marco Aurélio, firmando a seguinte tese no Tema 1.102:

> Na apuração do salário de benefício dos segurados que ingressaram no Regime Geral da Previdência Social até o dia anterior à publicação da Lei n. 9.876/99 e implementaram os requisitos para aposentadoria na vigência do diploma, aplica-se a regra definitiva prevista no artigo 29, incisos I e II, da Lei n. 8.213/91, quando mais favorável que a norma de transição.

Na mencionada decisão, o Ministro Marco Aurélio expressamente ressaltou que, do ponto de vista da razoabilidade, uma regra de transição não pode ser mais prejudicial do que a regra definitiva. Argumentou ainda que a Revisão da Vida Toda não viola a regra da contrapartida nem compromete o equilíbrio financeiro e atuarial do Regime Geral de Previdência Social (RGPS), pois apenas busca refletir a realidade dos fatos, ao afastar a regra de transição para considerar as contribuições efetivamente realizadas ao RGPS antes de julho de 1994.

Em outras palavras, o objetivo é garantir ao segurado um aumento no valor da Renda Mensal Inicial (RMI) do benefício com base no reflexo das contribuições efetuadas ao sistema previdenciário.

No entanto, em 8-3-2022, quando todos os ministros já haviam disponibilizado seus votos no plenário virtual, o Ministro Nunes Marques, pouco antes do encerramento da sessão eletrônica, solicitou destaque. Conforme o art. 21-B, § 3º, do Regimento Interno do STF, o pedido de destaque realizado por qualquer ministro implica o envio dos autos ao órgão colegiado competente (Turma ou Pleno) para julgamento presencial, com a publicação de uma nova pauta.

O pedido de destaque também está previsto no art. 4º, § 2º, da Resolução n. 642/2019, estabelecendo que, quando ocorre, o julgamento será reiniciado em sessão presencial, sem considerar os votos eventualmente já disponibilizados pelos ministros no âmbito eletrônico.

Assim, a consequência do pedido de destaque é a retirada do processo do plenário virtual e o encaminhamento para o órgão fracionário ou plenário do STF, recomeçando o julgamento em uma sessão presencial e desconsiderando os votos já disponibilizados eletronicamente.

A situação descrita no Tema 1.102 apresenta uma peculiaridade, uma vez que, no momento do pedido de destaque, todos os onze ministros já haviam disponibilizado seus votos, incluindo o Ministro Nunes Marques, que divergiu quanto ao mérito.

O resultado final foi de seis votos a favor da constitucionalidade da Revisão da Vida Toda e cinco contra. O período da sessão do plenário virtual para o julgamento do Tema 1.102 estava programado para ocorrer de 25-2-2022 a 8-3-2022, durante o qual o voto faltante do Ministro Alexandre de Moraes foi coletado.

Assim, a compreensão estava efetivamente formada pelo STF do ponto de vista material, aguardando apenas, formalmente, o dia 9-3-2022 para a proclamação oficial do resultado. No entanto, minutos antes do término do dia 8-3-2022, ocorreu o pedido de destaque feito pelo Ministro Nunes Marques.

Nessa circunstância específica, sustenta-se que o referido pedido de destaque não teria o poder de gerar os efeitos regulares, que incluem o reinício do julgamento em sessão presencial.

Em primeiro lugar, isso se deve à incidência da preclusão. Isso ocorre porque, considerando que o pedido de destaque interrompe o julgamento no plenário virtual, desconsiderando os votos proferidos e os subsequentes, ele deve ser feito no primeiro momento em que o ministro se manifesta durante a sessão eletrônica. No caso em questão, o pedido de destaque foi feito após a apresentação do voto do Ministro Nunes Marques, resultando na preclusão consumativa.

Em resumo, devido à preclusão consumativa e à alegada ofensa aos princípios da segurança jurídica e da colegialidade, argumenta-se que o pedido de destaque feito no âmbito do Tema 1.102 do STF não tem a capacidade de produzir, nesse caso específico, seus efeitos regulares. Portanto, sustenta-se que o resultado alcançado no Plenário Virtual deve ser mantido, o que implica a confirmação da constitucionalidade da Revisão da Vida Toda.

O direito de reaver a aposentadoria por meio da Revisão da Vida Toda foi, num primeiro momento, considerado constitucional. Contudo, numa manobra política, o STF, ao julgar as ADIs 2.110 e 2.111, retirou dos segurados o direito à Revisão da Vida Toda! Explico:

A situação toda acerca dos bastidores da Revisão da Vida Toda mais pareceu uma novela mexicana. Em apertada síntese, a revisão teve um primeiro julgamento virtual em que o relator foi o Ministro, hoje aposentado, Marco Aurélio. A votação, num primeiro momento, ficou acirrada entre os que acompanharam o voto do relator (favorável à tese) e os que acompanharam a divergência do Ministro Nunes Marques, com pedido de vista do Ministro Alexandre de Moraes. Com o voto-vista, o referido ministro acompanhou o voto do relator.

Porém, o Ministro Nunes Marques pediu destaque. Com o pedido de destaque – o art. 21-B, § 3º, do Regimento Interno do STF prevê que, nesse caso, o pedido que pode ser feito por qualquer Ministro –, será encaminhado pelo relator ao órgão colegiado competente para julgamento presencial.

Noutras palavras, o julgamento virtual favorável foi zerado e os Ministros puderam votar novamente. Assim, em julgamento presencial, a tese da Revisão da Vida Toda manteve-se favorável aos segurados.

Ocorre que diante da decisão foram opostos embargos de declaração em que, no resumo, ficou decidido que seria reconhecida a nulidade do julgamento em razão do desrespeito à cláusula da reserva de plenário (art. 97 da CF), determinando o retorno dos autos ao Superior Tribunal de Justiça para novo julgamento.

Entretanto, ao julgar em conjunto as ADIs 2.110 e 2.111, o Supremo Tribunal Federal entendeu pela constitucionalidade da regra de transição prevista no art. 3º da Lei n. 9.876/99, superando o entendimento firmando pelo Tema 1.102.

Recentemente, foi decidido sobre a modulação dos efeitos da decisão, ficando claro que a Revisão da Vida Toda teve um fim. No entanto, os segurados que tiveram a revisão concedida judicialmente e que receberam os valores até 5 de abril de 2024 não precisarão devolvê-los.

Entendemos que isso se dá em razão do princípio da estabilização nas relações jurídicas ou, simplesmente, segurança jurídica.

# 36

# Direito brasileiro e a Previdência

O sistema brasileiro atual, em termos previdenciários, passa por dificuldades financeiras. Acredita-se que a crise no sistema previdenciário se dá pelas seguintes características:

a) estrutural, decorrentes da transição demográfica da sociedade (envelhecimento médio da população);
b) conjuntural, decorrentes de problemas econômico-sociais (mudanças no mercado de trabalho); e
c) administrativas, decorrentes de problemas com os órgãos e entidades envolvidos (desvios de recursos e de má gestão do sistema).

## 36.1 Contexto histórico

De acordo com números oficiais, na década de 1950, oito contribuintes financiavam cada beneficiário. Já, em torno de 1970, essa relação era de 4,2 para 1; o número de contribuintes por beneficiário foi decrescendo: 2,8, em 1980; 1,9 em 1995.

Essa relação tem que ver, naturalmente, com o tempo que os segurados, em média, contribuem para o sistema e, depois, percebem (ou geram para seus dependentes) benefícios cuja finalidade é a substituição do salário (normalmente aposentadorias ou pensões).

Se pensarmos pelo lado do custeio, diante de nosso sistema de repartição simples, sistema pelo qual o segurado contribui para financiar as aposentadorias e pensões dos que se encontram na inatividade, isso se configura como uma situação preocupante. É que estudos mostram que a população idosa vai saltar de 22 milhões de pessoas com 60 anos ou mais – projeção do IBGE para 2013 – para cerca de 73,5 milhões em 2060. Em termos de proporção da população, no mesmo período, a participação dos idosos na população total vai saltar do patamar de 10% para cerca de 33,7% em 2060, conforme a projeção calculada pelo IBGE divulgada no ano de 2013.

Pelo exposto, tem-se que um em cada dez brasileiros é idoso. Em 2060, uma em cada três será pessoa idosa.

Isso devido à redução da taxa de fecundidade e ao aumento da expectativa de vida. O resultado previdenciário será duplamente influenciado, pois haverá mais beneficiários da previdência e um menor contingente de contribuintes.

Ficam fora da margem da estatística, portanto, mais da metade da população economicamente ativa, que se encontra no mercado não formal de trabalho. Um dado mais preciso sobre a saúde financeira do Estado no que diz respeito à relação contribuinte-beneficiário só seria possível com a inserção desses trabalhadores no cômputo de seus benefícios.

## 36.2 Previdência fora do Brasil

Na Europa, a busca de novas formas de financiamento não implicou o abandono do modelo clássico de repartição, conforme o Instituto Europeu de Seguridade Social.

De modo geral, os governos vêm estimulando a adesão a regimes complementares, formada por empresas sem fins lucrativos e fundos de pensão, mas mantêm um regime básico até determinado limite. Todas as fórmulas de cálculo têm sido feitas de maneira a estabelecer uma relação mais próxima entre as contribuições e os respectivos benefícios, e muitos países tendem a incrementar o financiamento de seus sistemas com impostos gerais, com a finalidade de desonerar a taxação sobre a folha.

Isso nos mostra que o norte é extremamente oposto ao recomendado pelos economistas-monetaristas. Esses, preocupados exclusivamente com a competitividade e o lucro das empresas, mas desatentos sobre a questão social, vêm defendendo a quebra do "pacto social" em nome da luta no mercado global.

## 36.3 Mercado de trabalho no Brasil

A premissa da informalidade do mercado de trabalho e as mudanças na concepção da relação de emprego são fatores irreversíveis e que devem nortear as políticas no campo social; vale dizer, já que não nos devemos pautar pela relação empregado-empregador, o custeio do sistema também não pode mais ser visto com sustentáculo nas contribuições sobre "folha de salários", já que "salário" é a forma de pagamento de apenas metade da população trabalhadora.

Assim, o problema não é tão somente dos encargos, é também da relação do preço com a ambição de lucro. A empresa só contrata formal e legalmente se a margem desejada de lucro for assegurada. Deve-se lembrar, no entanto, que, numa noção ampla de solidariedade, somente se os mais abastados abrirem mão de parcela dos seus ganhos, os menos favorecidos poderão ter a sonhada proteção social, e, em consequência, uma relação menos desigual na sociedade.

Essa viabilidade de um regime de segurança social só é possível com a observação prévia dos fenômenos que podem influenciar na prestação dos serviços. A proteção de todas as necessidades extensa a todos os cidadãos, que fique sobre o Estado, requer extraordinários meios financeiros que provavelmente a consciência de solidariedade de nenhum país esteja hoje em condições de suportar.

Insta lembrar que a má gestão dos recursos é mais um fator que desencadeia e fomenta a crise. Durante vários anos, o regime se prestou para custear não os benefícios, nem formar o fundo de reserva que hoje estaria sustentando as políticas sociais: ao contrário, serviu para construir Brasília e outras obras públicas bastante caras.

## 36.4 Legislação previdenciária

A legislação malfeita, sem a menor preocupação com a relação custeio-despesa na concessão de benefícios, também gerou aumento no déficit previdenciário.

A despesa com benefícios previdenciários dos servidores públicos é maior que a receita obtida com as contribuições individuais.

Apesar de o art. 40, com a redação dada pela Emenda n. 103/2019, ter fixado como direito de todo servidor público federal, estadual ou municipal, o acesso a um regime previdenciário diferenciado, cuja aposentadoria se calcula sobre o valor da última remuneração, a verdade é que ainda estamos bem distantes de ter assegurado a efetividade desta norma.

Os saldos positivos do Orçamento da Seguridade Social (OSS) têm sido determinantes para a política de ajuste fiscal em curso no país.

O cômputo do OSS é afetado por decisões políticas, que particularmente influenciam os resultados da Seguridade Social, e por um conjunto de variáveis econômicas:

- O crescimento do PIB;
- O impacto fiscal das medidas de desoneração tributária e de incentivos ao investimento e à produção;
- A condução da política monetária;
- Os recursos destinados aos programas sociais do governo;
- O comportamento do mercado de trabalho.

A Desvinculação de Receitas da União (DRU) é um mecanismo que permite ao governo federal usar livremente 20% de todos os tributos federais vinculados por lei a fundos ou despesas. A principal fonte de recursos da DRU são as contribuições sociais, que respondem a cerca de 90% do montante desvinculado.

Daí, os regimes de previdência social no Brasil enfrentam dificuldades decorrentes de vários outros fatores históricos, entre eles:

- má gestão dos recursos que deveriam ser destinados à formação do "fundo previdenciário;
- falta de fixação de contribuições capazes de gerar a sustentabilidade;
- normas mal formuladas ou irreais sob o ponto de vista financeiro/atuarial;
- Dívida Ativa bilionária e renúncia fiscal.

Importante ressaltar que o peso da carga tributária poderia ser reduzido em quase 30% e ainda manter o mesmo nível de arrecadação.

## 36.5 Fundos de Previdência Complementar

Com a criação dos primeiros Fundos de Previdência Complementar para ocupantes de cargos efetivos, no âmbito federal e nos Estados e Municípios de maior porte, chega-se a outro patamar dessa tendência à igualdade (ou quase igualdade) de tratamento entre segurados do RGPS e do RPPS, já que os novos agentes públicos ingressarão contribuindo com valores cujo limite máximo da base de cálculo será o mesmo do salário de contribuição do RGPS, e cujas aposentadorias, consequentemente, também serão limitadas pelo mesmo teto, e não mais pela última remuneração.

Basta observar que o indivíduo de classe média, atualmente, ingressa no mercado de trabalho somente após concluir seus estudos (na casa dos 20 e poucos anos de idade), enquanto as pessoas de camadas mais pobres têm a necessidade de começar a trabalhar já na adolescência.

Todos que trabalham em subempregos, no chamado mercado informal de trabalho, continuarão tendo sérios problemas para conseguirem se aposentar, pois estes, com ou sem idade mínima, continuam sendo marginalizados no sistema previdenciário, que lhes nega o reconhecimento da condição de trabalhadores caso não tenham provas documentais de sua atividade.

# 37

# Regimes próprios da Previdência Social

No Brasil os regimes próprios da Previdência Social se dividem em três grandes esferas:

- União;
- Estados e Distrito Federal; e
- Municípios.

Os Estados e Municípios, segundo a Constituição, possuem autonomia e capacidade para auto-organização, normatização própria, autogoverno e autoadministração.

**PREVDICA**:
As três esferas possuem competência para instituir taxas (pelo exercício do poder de polícia e pela prestação de serviços públicos), contribuição de melhoria e contribuição para custeio da previdência e assistência social de seus servidores.

Dessa forma, é fundamental ressaltar também que, na construção do sistema previdenciário brasileiro, cabível ao serviço público, os Estados e o Distrito Federal possuem competência concorrente para legislar sobre seus respectivos regimes próprios. Já os Municípios têm competência suplementar para estabelecer regras e normas próprias.

## 37.1 Capacidade de auto-organização

A capacidade para autogovernar-se é característica do próprio povo que escolhe diretamente seus representantes nos Poderes Legislativo e Executivo locais, sem que haja qualquer vínculo de subordinação ou tutela por parte da União.

No que tange ao Estado, Governo e Administração, é clara a distinção formulada por Hely Lopes Meirelles: "A Administração é o instrumental de que dispõe o Estado para pôr em prática as opções políticas do Governo"[1].

1. *Direito administrativo brasileiro*. 43. ed. Malheiros, 2018.

Os órgãos são instrumentos através dos quais o Estado expressa a sua vontade, e é levada a cabo a ação estatal.

Ainda, voltando a Hely Lopes Meirelles, órgãos públicos "são centros de competência instituídos para o desempenho de funções estatais, através de seus agentes, cuja atuação é imputada à pessoa jurídica a que pertencem"[2].

No que se refere às entidades públicas, estas são dotadas de personalidade jurídica própria e autonomia administrativa e financeira, constituindo-se em entidades estatais, ou pessoas político-administrativas – a União, os Estados, o Distrito Federal e os Municípios – e paraestatais – que são aquelas que, não integrando a Administração Pública, andam ao seu lado, recebendo incentivos e fiscalização direta ou indireta do governo.

## 37.2 Paraestatais

A classificação antiga colocava as empresas públicas, sociedade de economia mista, por exemplo, como entidades paraestatais. Entretanto, essa classificação recebe críticas, uma vez que o epicentro de uma entidade paraestatal é não fazer parte, diretamente, da Administração Pública.

Na verdade, as paraestatais são entidades sem finalidade lucrativa que recebem incentivo do Estado, que pode ser desde dinheiro até permissão para usar bem público, mediante controle do Tribunal de Contas.

As OSs e as OCIPs são exemplos de entidades paraestatais. Também fazem parte dessa categoria o chamado sistema S (Sesc, Senai, Sesi, Senac).

### *37.2.1 Características do regime estatutário*

O regime estatutário possui duas características essenciais:

- Pluralidade normativa, indicando que os estatutos funcionais são múltiplos: onde cada pessoa da Federação, desde que adote o regime estatutário para os seus servidores, precisa ter a sua lei estatutária para que possa identificar a disciplina da relação jurídica funcional entre as partes.
- Natureza da relação jurídica estatutária. Essa relação não tem natureza contratual, ou seja, inexiste contrato entre o Poder Público e o servidor estatutário. Tratando-se de relação própria do direito público, não pode ser enquadrada no sistema dos negócios jurídicos bilaterais de direito privado.

O que caracteriza os servidores públicos em sentido estrito é o fato de que todos, sem exceção, são titulares de cargos públicos na Administração Direta, nas autarquias e fundações de direito público da União, dos Estados, do Distrito Federal e dos Municípios, em qualquer dos Poderes constituídos – Executivo, Legislativo ou Judiciário, bem como no Ministério Público, entendendo-se este como ente autônomo em relação aos três Poderes constituídos.

---

2. *Direito administrativo brasileiro*, cit.

## 37.3 Autonomia político-administrativa

Deve-se ater que a Portaria MPT n. 1.467, de 2 de junho de 2022, prevê, em seu art. 1º, que ficam submetidos às normas ali previstas:

> Art. 1º Os parâmetros e as diretrizes gerais previstos na Lei n. 9.717, de 1998, que dispõe sobre regras gerais para organização e funcionamento dos regimes próprios de previdência social dos servidores públicos da União, dos Estados, do Distrito Federal e dos Municípios, nos termos do § 22 do art. 40 da Constituição Federal e da Emenda Constitucional n. 103, de 2019, serão regidos conforme as disposições desta Portaria.

Além disso, estabelece em seu art. 2º, V, o seguinte:

> V – RPPS em extinção: o RPPS do ente federativo que deixou de assegurar em lei os benefícios de aposentadoria e pensão por morte a todos os segurados, mantendo a responsabilidade pelo pagamento dos benefícios concedidos, bem como daqueles cujos requisitos necessários à sua concessão foram implementados anteriormente à vigência da lei.

O princípio de autonomia dos entes federativos está contido na disposição do art. 9º da Lei n. 9.717/98 e, por conseguinte, na Portaria MPT n. 1.467/2022, não cabendo à União, em hipótese alguma, exercer atividades fiscalizatórias ou de certificação de regularidade de atos praticados por autoridades de outros entes, atribuição esta que é privativa dos Tribunais de Contas respectivos. Sobre a criação, manutenção e extinção de regime próprio por entes da Federação brasileira, compreendida como inaplicável a Orientação Normativa antes citada, resta a discussão doutrinária e jurisprudencial acerca da matéria.

O art. 10 da Lei n. 9.717/98 prevê:

> No caso de extinção de regime próprio de previdência social, a União, o Estado, o Distrito Federal e os Municípios assumirão integralmente a responsabilidade pelo pagamento dos benefícios concedidos durante a sua vigência, bem como daqueles benefícios cujos requisitos necessários a sua concessão foram implementados anteriormente à extinção do regime próprio de previdência social.

É importante destacar, para uma melhor compreensão do assunto, que o art. 40 da Constituição Federal estabelece a garantia de um Regime de Previdência para os servidores públicos que ocupam cargos efetivos em níveis federal, estadual, distrital e municipal. A única exigência é que esse regime seja baseado em contribuições e obedeça a critérios que assegurem sua sustentabilidade financeira e atuarial. Portanto, não é apropriado que uma lei ordinária ou mesmo uma portaria estabeleçam requisitos que possam comprometer a viabilidade do Regime Próprio.

As normas presentes na Constituição de 1988 que regulamentam a previdência dos servidores públicos com cargos efetivos se aplicam a todos que se encontram nessa situação, independentemente de qual unidade administrativa seja responsável por implementar essas diretrizes.

Em relação às transições, é fundamental considerar o art. 10 da Lei n. 9.717/98, que estabelece a obrigação de preservar todos os benefícios já concedidos e os direitos adquiridos pelos beneficiários.

Inclusive, o art. 2º, § 1º, da Lei n. 9.717/98 dispõe:

> § 1º A União, os Estados, o Distrito Federal e os Municípios são responsáveis pela cobertura de eventuais insuficiências financeiras do respectivo regime próprio, decorrentes do pagamento de benefícios previdenciários. (Redação dada pela Lei n. 10.887, de 2004)

Nesse sentido, temos que o TRF-4 fez uma manifestação jurisprudencial a esse respeito, conforme se pode verificar *in verbis*:

> Previdenciário. Processual civil. Regime próprio municipal. Extinção. Cômputo do período para o regime geral. Possibilidade. Aposentadoria por tempo de contribuição. Concessão. 1. As restrições administrativas à aposentadoria dos servidores que migraram após a Emenda Constitucional n. 20/98 de regimes próprios de previdência extintos para o regime geral não se sustentam frente à ordem constitucional e à legislação vigentes. 2. A Lei n. 9.717/98, conquanto tenha dado azo à extinção do regime próprio de muitos municípios a partir de julho de 1999 (art. 7º), ocupou-se de estabelecer regra de transição em seu artigo 10, segundo a qual extinto o regime próprio os Municípios assumirão integralmente a responsabilidade pelo pagamento dos benefícios concedidos durante a sua vigência, bem como daqueles benefícios cujos requisitos necessários a sua concessão foram implementados anteriormente à extinção do regime próprio de previdência social (TRF-4 – APL: 50329065220184049999, Rel. Jairo Gilberto Schafer, j. em 31-8-2022, 9ª Turma).

O sentido da norma constitucional tem o sistema da contributividade para indicar que os servidores, como futuros beneficiários, devem ter o encargo de pagar contribuições paulatinas e sucessivas no curso de sua relação de trabalho. Observe que, também no RPPS, há seletividade e distributividade, uma vez que, para se ter direito aos benefícios, é necessária a qualidade de segurado, que se dá mediante contribuição.

## 37.4 Regras de transição

Quanto às chamadas "regras de transição", é preciso observar o *tempus regit actum*! Assim, os servidores filiados ao RPPS antes da EC n. 20/98 e que desejarem se aposentar pelos critérios antes vigentes deverão ter a idade mínima de 53 anos (homem) e 48 anos (mulher), acrescentando o tempo mínimo de cinco anos no cargo em que pretendem se aposentar, cumprido um tempo suplementar equivalente a 20% do tempo restante para atingir aquele previsto pelas regras anteriores em 16 de dezembro de 1998, caso busque a aposentadoria com proventos integrais, e 40% do tempo restante, para que obtenha uma aposentadoria proporcional.

Já para aqueles filiados após a EC n. 20/98, a aposentadoria voluntária passou a exigir o tempo mínimo de 10 anos de efetivo exercício no serviço público, 5 anos no cargo efetivo em que se dará a aposentadoria, além de:

a) sessenta anos de idade e trinta e cinco de contribuição, se homem, e cinquenta e cinco anos de idade e trinta de contribuição, se mulher;
b) sessenta e cinco anos de idade, se homem, e sessenta anos de idade, se mulher, com proventos proporcionais ao tempo de contribuição.

Posteriormente, a EC n. 41/2003 manteve os critérios para concessão trazidos pela EC n. 20/98 em seu art. 2º, prevendo em seus parágrafos uma redução em seus proventos de inatividade para cada ano antecipado em relação aos limites de idade estabelecidos, a saber:

> Art. 2º Observado o disposto no art. 4º da Emenda Constitucional n. 20, de 15 de dezembro de 1998, é assegurado o direito de opção pela aposentadoria voluntária com proventos calculados de acordo com o art. 40, §§ 3º e 17, da Constituição Federal, àquele que tenha ingressado regularmente em cargo efetivo na Administração Pública direta, autárquica e fundacional, até a data de publicação daquela Emenda, quando o servidor, cumulativamente:
>
> I – tiver cinquenta e três anos de idade, se homem, e quarenta e oito anos de idade, se mulher;
>
> II – tiver cinco anos de efetivo exercício no cargo em que se der a aposentadoria;
>
> III – contar tempo de contribuição igual, no mínimo, à soma de:
>
> a) trinta e cinco anos, se homem, e trinta anos, se mulher; e
>
> b) um período adicional de contribuição equivalente a vinte por cento do tempo que, na data de publicação daquela Emenda, faltaria para atingir o limite de tempo constante da alínea *a* deste inciso.
>
> § 1º O servidor de que trata este artigo que cumprir as exigências para aposentadoria na forma do *caput* terá os seus proventos de inatividade reduzidos para cada ano antecipado em relação aos limites de idade estabelecidos pelo art. 40, § 1º, III, *a*, e § 5º da Constituição Federal, na seguinte proporção:
>
> I – três inteiros e cinco décimos por cento, para aquele que completar as exigências para aposentadoria na forma do *caput* até 31 de dezembro de 2005;
>
> II – cinco por cento, para aquele que completar as exigências para aposentadoria na forma do *caput* a partir de 1º de janeiro de 2006.
>
> § 2º Aplica-se ao magistrado e ao membro do Ministério Público e de Tribunal de Contas o disposto neste artigo.
>
> § 3º Na aplicação do disposto no § 2º deste artigo, o magistrado ou o membro do Ministério Público ou de Tribunal de Contas, se homem, terá o tempo de serviço exercido até a data de publicação da Emenda Constitucional n. 20, de 15 de dezembro

de 1998, contado com acréscimo de dezessete por cento, observado o disposto no § 1º deste artigo.

§ 4º O professor, servidor da União, dos Estados, do Distrito Federal e dos Municípios, incluídas suas autarquias e fundações, que, até a data de publicação da Emenda Constitucional n. 20, de 15 de dezembro de 1998, tenha ingressado, regularmente, em cargo efetivo de magistério e que opte por aposentar-se na forma do disposto no *caput*, terá o tempo de serviço exercido até a publicação daquela Emenda contado com o acréscimo de dezessete por cento, se homem, e de vinte por cento, se mulher, desde que se aposente, exclusivamente, com tempo de efetivo exercício nas funções de magistério, observado o disposto no § 1º.

§ 5º O servidor de que trata este artigo, que tenha completado as exigências para aposentadoria voluntária estabelecidas no *caput*, e que opte por permanecer em atividade, fará jus a um abono de permanência equivalente ao valor da sua contribuição previdenciária até completar as exigências para aposentadoria compulsória contidas no art. 40, § 1º, II, da Constituição Federal.

§ 6º Às aposentadorias concedidas de acordo com este artigo aplica-se o disposto no art. 40, § 8º, da Constituição Federal.

No entanto, a EC n. 41, promulgada em 19 de dezembro de 2003 e publicada em 31 de dezembro de 2003, novamente alterou as regras para os regimes próprios dos agentes públicos, passando a dispor, na nova redação do *caput* do art. 40 da Constituição, que tais regimes se caracterizam pelo caráter contributivo e solidário, através da contribuição do respectivo ente público, dos servidores ativos e inativos e dos pensionistas.

Indica-se, assim, a obrigatoriedade não só de contribuição dos agentes públicos em atividade, mas também dos aposentados e pensionistas dos regimes próprios, e ainda, e mais importante, a contribuição do ente estatal, com o que se pode afirmar, apesar das críticas formuladas a vários dispositivos emendados, que se trata, agora, verdadeiramente, de regimes de previdência social (o que se confirma pela redação do § 20 do art. 40 da Constituição).

A pensão por morte também teve suas regras de concessão alteradas, pela nova redação do § 7º do art. 40, sendo agora correspondente ao valor da totalidade dos proventos do servidor falecido, até o limite máximo estabelecido para os benefícios do regime geral de previdência social de que trata o art. 201, acrescido de 70% da parcela excedente a este limite, caso aposentado à data do óbito ou ao valor da totalidade da remuneração do servidor no cargo efetivo em que se deu o falecimento, até o limite máximo estabelecido para os benefícios do regime geral de previdência social de que trata o art. 201, somado de setenta por cento da parcela excedente a este limite, caso em atividade na data do óbito.

A exigibilidade da contribuição de inativos e pensionistas, está prevista no § 18 do art. 40, com a redação dada pela EC n. 41, nas seguintes bases:

> incidirá contribuição sobre os proventos de aposentadorias e pensões concedidas pelo regime de que trata este artigo que superem o limite máximo estabelecido para os benefícios do regime geral de previdência social de que trata o art. 201, com percentual igual ao estabelecido para os servidores titulares de cargos efetivos.

Se o Poder Público, no entanto, mesmo após o advento da EC n. 20/98, continuar a exigir, dos respectivos servidores inativos e pensionistas, o correspondente pagamento da contribuição previdenciária, sujeitar-se-á à obrigação de devolver-lhes os valores por eles eventualmente já recolhidos.

Essa regra traz conformidade com o tratamento entre pessoal da ativa e beneficiários do regime previdenciário e foi mantida para os já aposentados e pensionistas antes da promulgação da reforma, conforme o art. 7º da EC n. 41.

Já no regime complementar, fixou-se a impossibilidade de entrega desta modalidade de seguro à iniciativa privada, criando-se a necessidade de que cada ente público crie entidade com personalidade de direito público, que funcionará como entidade de previdência complementar fechada.

Cabe ao Poder Público gerir e fiscalizar e pelos próprios beneficiários, caracterizando uma verdadeira gestão pública de recursos, diferenciando-se da gestão estatal, que se demonstrou nociva aos interesses dos servidores públicos, até então, pela administração perdulária das contribuições vertidas e pela ausência da elaboração de estudos atuariais e de criação de um verdadeiro fundo previdenciário, a exemplo do problema existente no Regime Geral de Previdência Social.

Com a Emenda Constitucional (EC) n. 47/2005, foram reintroduzidos pontos que haviam sido removidos do texto original da Proposta de Emenda à Constituição (PEC) durante a tramitação da PEC que posteriormente resultou na EC n. 41/2003, em um acordo entre o Governo Federal e os líderes partidários do Senado.

A principal alteração trazida pela EC n. 47/2005 foi a criação da Fórmula "95" para os homens e "85" para as mulheres. Essa fórmula permite que os servidores que ingressaram no serviço público até 16 de dezembro de 1998, e tenham pelo menos 25 anos de serviço público, possam se aposentar antes da idade mínima exigida, que é de 60 anos para os homens e 55 anos para as mulheres.

A EC n. 47/2005 originou-se da discussão da Proposta de Emenda Constitucional conhecida como PEC Paralela, que incluiu novas circunstâncias para a concessão de aposentadorias especiais.

As alterações da EC n. 41/2003 visam estabelecer critérios para o cálculo e a correção dos proventos da aposentadoria por incapacidade permanente dos servidores públicos que ingressaram no serviço público até a data da publicação daquela Emenda Constitucional, tal como consta no art. 6º-A.

> Art. 6º-A. O servidor da União, dos Estados, do Distrito Federal e dos Municípios, incluídas suas autarquias e fundações, que tenha ingressado no serviço público até a data de publicação desta Emenda Constitucional e que tenha se aposentado ou venha a se aposentar por incapacidade permanente, com fundamento no inciso I do § 1º do art. 40 da Constituição Federal, tem direito a proventos de aposentadoria calculados com base na remuneração do cargo efetivo em que se der a aposentadoria, na forma da lei, não sendo aplicáveis as disposições constantes dos §§ 3º, 8º e 17 do art. 40 da Constituição Federal.

> Parágrafo único. Aplica-se ao valor dos proventos de aposentadorias concedidas com base no *caput* o disposto no art. 7º desta Emenda Constitucional, observando-se igual critério de revisão às pensões derivadas dos proventos desses servidores.

A EC n. 88/2015 alterou para 75 anos a idade da aposentadoria compulsória para os ministros dos tribunais superiores e permitiu que por meio de lei complementar fosse adotado esse mesmo limite etário para os demais servidores públicos.

O Supremo Tribunal Federal declarou a existência de repercussão geral para analisar a incidência de contribuição de verbas auferidas por servidores públicos regidos pela Lei n. 8.112/90, quando não incorporáveis aos proventos da aposentadoria e não expressamente excluídas da incidência pelo parágrafo único do art. 1º da Lei n. 9.783/99, nos termos da seguinte decisão:

> CONSTITUCIONAL. REPERCUSSÃO GERAL. TRIBUTÁRIO. SERVIDOR PÚBLICO FEDERAL. REGIME PREVIDENCIÁRIO. CONTRIBUIÇÃO. BASE DE CÁLCULO. TERÇO CONSTITUCIONAL DE FÉRIAS. GRATIFICAÇÃO NATALINA (DÉCIMO TERCEIRO SALÁRIO). HORAS EXTRAS. OUTROS PAGAMENTOS DE CARÁTER TRANSITÓRIO. LEIS 9.783/1999 E 10.887/2004. CARACTERIZAÇÃO DOS VALORES COMO REMUNERAÇÃO (BASE DE CÁLCULO DO TRIBUTO). ACÓRDÃO QUE CONCLUI PELA PRESENÇA DE PROPÓSITO ATUARIAL NA INCLUSÃO DOS VALORES NA BASE DE CÁLCULO DO TRIBUTO (SOLIDARIEDADE DO SISTEMA DE CUSTEIO). 1. Recurso extraordinário em que se discute a exigibilidade da contribuição previdenciária incidente sobre adicionais e gratificações temporárias, tais como "terço de férias", "serviços extraordinários", "adicional noturno", e "adicional de insalubridade". Discussão sobre a caracterização dos valores como remuneração, e, portanto, insertos ou não na base de cálculo do tributo. Alegada impossibilidade de criação de fonte de custeio sem contrapartida de benefício direto ao contribuinte. Alcance do sistema previdenciário solidário e submetido ao equilíbrio atuarial e financeiro (arts. 40, 150, IV e 195, § 5º, da Constituição). 2. Encaminhamento da questão pela existência de repercussão geral da matéria constitucional controvertida (RE 593.068/SC, Rel. Min. Joaquim Barbosa, *DJe* de 22-5-2009).

Até aqui, quando as vantagens não podem ser incorporadas à remuneração do servidor, a jurisprudência do STF tem se firmado no sentido de não permitir a incidência de contribuição previdenciária:

> Agravo regimental no recurso extraordinário. Contribuição social incidente sobre o abono de incentivo à participação em reuniões pedagógicas. Impossibilidade. Somente as parcelas incorporáveis ao salário do servidor sofrem a incidência da contribuição previdenciária (RE 589.441-AgR, 2ª Turma, Rel. Min. Eros Grau, julgamento em 9.12.2008, DJe de 6.2.2009). (...) a alegação de que os critérios de cálculo de alíquota de contribuição previdenciária relativos a equilíbrio financeiro e atuarial deveriam ser

necessariamente estabelecidos por lei em sentido formal foi rechaçada pelo Plenário do STF no julgamento da ADI 2.034-MC, Rel. Min. Sydney Sanches (...) (RE 517.288-AgR, 1ª Turma, voto da Rel. Min. Cármen Lúcia, *DJe* de 18-3-2011).

O STF também decidiu que a instituição de alíquotas progressivas para a contribuição previdenciária dos servidores públicos ofende o princípio da vedação à utilização de qualquer tributo com efeito de confisco, previsto no art. 150, IV, da Constituição Federal (RE 346.197/DF, 1ª Turma, Rel. Min. Dias Toffoli, *DJe* de 12-11-2012).

Não há que se falar em limitação do salário de contribuição ao valor máximo utilizado no RGPS, porquanto o cálculo da aposentadoria ainda não é limitado por esse valor. A opção pela inclusão de gratificações e parcelas remuneratórias pode ser vantajosa ou não para o servidor, conforme este esteja amparado ou não por regras de transição. O servidor que pretende se aposentar por alguma das regras de transição que garante a aposentadoria calculada sobre o valor da última remuneração não tem interesse na inclusão de tais verbas. Já o servidor que ingressou no serviço público após a promulgação da EC n. 41, ou não possui condições de se aposentar por regras de transição que lhe assegurem proventos iguais aos da última remuneração, pode ter interesse, visto que o cálculo por média leva à utilidade da contribuição sobre maiores valores que o do vencimento básico, majorando a média contributiva.

Acerca dos aposentados e pensionistas da União, a base de cálculo da contribuição é o valor dos proventos recebidos em montante superior ao valor máximo do salário de benefício do RGPS, ou seja, não haverá contribuição sobre proventos cujo montante seja inferior a este valor "teto", e a incidência ocorrerá somente sobre a parcela excedente ao "teto".

Dúvidas existem sobre a validade de regras que dispunham sobre a contribuição de aposentados e pensionistas antes da previsão constitucional.

O STF decidiu, quanto à contribuição de aposentados e pensionistas anteriormente à Emenda n. 41: a) reconhecer a repercussão geral da questão constitucional nele debatida – repetição de contribuição previdenciária (e afins) cobrada de servidor civil inativo ou pensionista no período referente à vigência da EC n. 20/98 até a publicação da EC n. 41/2003; b) reafirmar a jurisprudência da Corte segundo a qual é devida a devolução aos pensionistas e inativos, perante o competente Juízo da execução, da contribuição previdenciária indevidamente recolhida no aludido período, sob pena de caracterização de enriquecimento ilícito (RE 580.871, Rel. Min. Gilmar Mendes, j. em 17-11-2010). Também se colhe da jurisprudência da Corte Suprema que:

> Revela-se constitucionalmente possível exigir-se, de pensionistas e inativos, o recolhimento de contribuição previdenciária, desde que a respectiva cobrança refira-se a período anterior ao advento da EC 20/1998, pois, a partir da promulgação dessa emenda à Constituição da República – e quanto a inativos e pensionistas –, tornou-se juridicamente incabível, quer no plano da União Federal, quer no âmbito dos Estados-membros e do Distrito Federal, quer, ainda, na esfera dos Municípios, a própria instituição de tal modalidade de contribuição especial. Precedentes. Se o Poder Público, no entanto,

mesmo após o advento da EC 20/1998, continuar a exigir, dos respectivos servidores inativos e pensionistas, o correspondente pagamento da contribuição previdenciária, sujeitar-se-á à obrigação de devolver-lhes os valores por eles eventualmente já recolhidos. Precedentes. Entendimento aplicável à contribuição destinada ao custeio de assistência médica a que se refere a Lei n. 12.398/1998 do Estado do Paraná. Precedentes (AI 357.012-AgR, Rel. Min. Celso de Mello, *DJ* de 2-2-2007).

No mesmo sentido: RE 596.199-AgR, 2ª Turma, Rel. Min. Eros Grau, j. em 24-3-2009, *DJe* de 17-4-2009.

A aposentadoria do servidor público pode ser conceituada como o direito subjetivo, exercitado em face do ente da Federação que o aposentou, de perceber determinada soma em pecúnia, denominada proventos, após ter permanecido em exercício de cargo público efetivo, diante da ocorrência de certos fatos jurídicos previamente estabelecidos, satisfeitos os requisitos estabelecidos pela ordem jurídica, iniciando a concessão do benefício uma nova relação jurídica entre o servidor, ora aposentado, e o ente da Federação, relação de natureza previdenciária.

A aposentadoria gera o rompimento do liame jurídico-laboral entre o servidor público e o ente da Administração Pública que o admitira em seu quadro, com o que é declarado vago o cargo que até então ocupava.

No Regime Jurídico do servidor público, a aposentadoria é causa de vacância do cargo público, mesmo aquela causada por incapacidade permanente.

Para averiguar essa hipótese temos duas análises:

1) quando o valor apurado pelo órgão concedente é menor que o considerado correto pelo órgão de controle;
2) quando o valor apurado é maior que o considerado correto pelo órgão de controle. Para o Conselheiro, em caso de pagamento a menor, cumpre ao Tribunal de Contas efetivar o registro, porém notificando o servidor ou dependente a respeito da suposta incorreção para que este tome as medidas cabíveis, tanto na esfera administrativa como na judicial.

A concessão da aposentadoria nos RPPS é ato a ser praticado pelo órgão competente dentro de cada ente federativo, na forma da legislação pertinente, não cabendo ao INSS essa atribuição.

Na esfera federal, não há um órgão único, central, que seja responsável pelas concessões, ficando a cargo, em regra, dos órgãos de pessoal dentro de cada Ministério do Poder Executivo, em cada um dos Tribunais do Poder Judiciário da União, bem como das Procuradorias do Ministério Público da União; e das casas do Poder Legislativo Federal.

Na seara dos Estados e Municípios existe uma autarquia com essa função específica de gestora de benefícios previdenciários do respectivo Regime Próprio.

Por fim, a EC n. 103/2019 trouxe em seu art. 4º regras de transição pertinentes ao RPPS, a saber:

Art. 4º O servidor público federal que tenha ingressado no serviço público em cargo efetivo até a data de entrada em vigor desta Emenda Constitucional poderá aposentar-se voluntariamente quando preencher, cumulativamente, os seguintes requisitos:

I – 56 (cinquenta e seis) anos de idade, se mulher, e 61 (sessenta e um) anos de idade, se homem, observado o disposto no § 1º;

II – 30 (trinta) anos de contribuição, se mulher, e 35 (trinta e cinco) anos de contribuição, se homem;

III – 20 (vinte) anos de efetivo exercício no serviço público;

IV – 5 (cinco) anos no cargo efetivo em que se der a aposentadoria; e

V – somatório da idade e do tempo de contribuição, incluídas as frações, equivalente a 86 (oitenta e seis) pontos, se mulher, e 96 (noventa e seis) pontos, se homem, observado o disposto nos §§ 2º e 3º.

§ 1º A partir de 1º de janeiro de 2022, a idade mínima a que se refere o inciso I do *caput* será de 57 (cinquenta e sete) anos de idade, se mulher, e 62 (sessenta e dois) anos de idade, se homem.

§ 2º A partir de 1º de janeiro de 2020, a pontuação a que se refere o inciso V do *caput* será acrescida a cada ano de 1 (um) ponto, até atingir o limite de 100 (cem) pontos, se mulher, e de 105 (cento e cinco) pontos, se homem.

§ 3º A idade e o tempo de contribuição serão apurados em dias para o cálculo do somatório de pontos a que se referem o inciso V do *caput* e o § 2º.

§ 4º Para o titular do cargo de professor que comprovar exclusivamente tempo de efetivo exercício das funções de magistério na educação infantil e no ensino fundamental e médio, os requisitos de idade e de tempo de contribuição de que tratam os incisos I e II do *caput* serão:

I – 51 (cinquenta e um) anos de idade, se mulher, e 56 (cinquenta e seis) anos de idade, se homem;

II – 25 (vinte e cinco) anos de contribuição, se mulher, e 30 (trinta) anos de contribuição, se homem; e

III – 52 (cinquenta e dois) anos de idade, se mulher, e 57 (cinquenta e sete) anos de idade, se homem, a partir de 1º de janeiro de 2022.

§ 5º O somatório da idade e do tempo de contribuição de que trata o inciso V do *caput* para as pessoas a que se refere o § 4º, incluídas as frações, será de 81 (oitenta e um) pontos, se mulher, e 91 (noventa e um) pontos, se homem, aos quais serão acrescidos, a partir de 1º de janeiro de 2020, 1 (um) ponto a cada ano, até atingir o limite de 92 (noventa e dois) pontos, se mulher, e de 100 (cem) pontos, se homem.

§ 6º Os proventos das aposentadorias concedidas nos termos do disposto neste artigo corresponderão:

I – à totalidade da remuneração do servidor público no cargo efetivo em que se der a aposentadoria, observado o disposto no § 8º, para o servidor público que tenha ingressado no serviço público em cargo efetivo até 31 de dezembro de 2003 e que não tenha

feito a opção de que trata o § 16 do art. 40 da Constituição Federal, desde que tenha, no mínimo, 62 (sessenta e dois) anos de idade, se mulher, e 65 (sessenta e cinco) anos de idade, se homem, ou, para os titulares do cargo de professor de que trata o § 4º, 57 (cinquenta e sete) anos de idade, se mulher, e 60 (sessenta) anos de idade, se homem;
II – ao valor apurado na forma da lei, para o servidor público não contemplado no inciso I.

Temos, ainda, o art. 20 da EC n. 103/2019, que traz a seguinte regra de transição:

Art. 20. O segurado ou o servidor público federal que se tenha filiado ao Regime Geral de Previdência Social ou ingressado no serviço público em cargo efetivo até a data de entrada em vigor desta Emenda Constitucional poderá aposentar-se voluntariamente quando preencher, cumulativamente, os seguintes requisitos:
I – 57 (cinquenta e sete) anos de idade, se mulher, e 60 (sessenta) anos de idade, se homem;
II – 30 (trinta) anos de contribuição, se mulher, e 35 (trinta e cinco) anos de contribuição, se homem;
III – para os servidores públicos, 20 (vinte) anos de efetivo exercício no serviço público e 5 (cinco) anos no cargo efetivo em que se der a aposentadoria;
IV – período adicional de contribuição correspondente ao tempo que, na data de entrada em vigor desta Emenda Constitucional, faltaria para atingir o tempo mínimo de contribuição referido no inciso II.
§ 1º Para o professor que comprovar exclusivamente tempo de efetivo exercício das funções de magistério na educação infantil e no ensino fundamental e médio serão reduzidos, para ambos os sexos, os requisitos de idade e de tempo de contribuição em 5 (cinco) anos. (...)

Ainda sobre regras de transição, não podemos deixar de citar o art. 21:

Art. 21. O segurado ou o servidor público federal que se tenha filiado ao Regime Geral de Previdência Social ou ingressado no serviço público em cargo efetivo até a data de entrada em vigor desta Emenda Constitucional cujas atividades tenham sido exercidas com efetiva exposição a agentes químicos, físicos e biológicos prejudiciais à saúde, ou associação desses agentes, vedada a caracterização por categoria profissional ou ocupação, desde que cumpridos, no caso do servidor, o tempo mínimo de 20 (vinte) anos de efetivo exercício no serviço público e de 5 (cinco) anos no cargo efetivo em que for concedida a aposentadoria, na forma dos arts. 57 e 58 da Lei n. 8.213, de 24 de julho de 1991, poderão aposentar-se quando o total da soma resultante da sua idade e do tempo de contribuição e o tempo de efetiva exposição forem, respectivamente, de:
I – 66 (sessenta e seis) pontos e 15 (quinze) anos de efetiva exposição;
II – 76 (setenta e seis) pontos e 20 (vinte) anos de efetiva exposição; e

III – 86 (oitenta e seis) pontos e 25 (vinte e cinco) anos de efetiva exposição.

§ 1º A idade e o tempo de contribuição serão apurados em dias para o cálculo do somatório de pontos a que se refere o *caput*.

§ 2º O valor da aposentadoria de que trata este artigo será apurado na forma da lei.

§ 3º Aplicam-se às aposentadorias dos servidores dos Estados, do Distrito Federal e dos Municípios cujas atividades sejam exercidas com efetiva exposição a agentes químicos, físicos e biológicos prejudiciais à saúde, ou associação desses agentes, vedada a caracterização por categoria profissional ou ocupação, na forma do § 4º-C do art. 40 da Constituição Federal, as normas constitucionais e infraconstitucionais anteriores à data de entrada em vigor desta Emenda Constitucional, enquanto não promovidas alterações na legislação interna relacionada ao respectivo regime próprio de previdência social.

Do texto de lei *supra*, podemos facilmente extrair que para os servidores públicos da União existem as seguintes regras de transição:

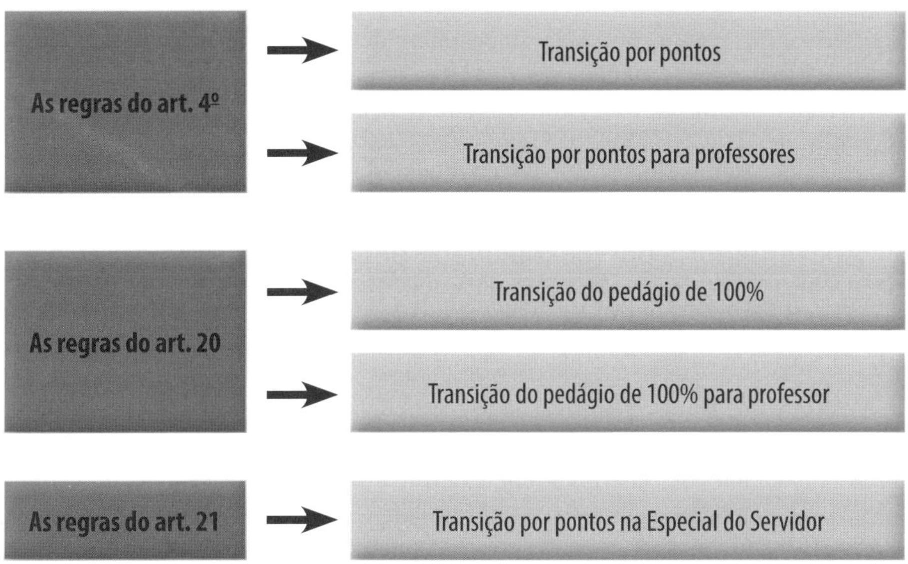


O TRF-3 traz jurisprudência que bem resume tudo o que falamos aqui:

Mandado de segurança. Direito previdenciário. Remessa oficial. Aposentadoria por tempo de contribuição. Regras de transição. EC n. 103/2019. Preenchimento dos requisitos para a concessão do benefício. – Com o advento da Emenda Constitucional n. 20/98, a aposentadoria por tempo de serviço foi convertida em aposentadoria por tempo de contribuição, tendo sido excluída do ordenamento jurídico a aposentadoria proporcional, passando a estabelecer o artigo 201 da Constituição Federal o direito à aposentadoria no regime geral de previdência social, nos termos da lei, ao completar 35 (trinta e cinco) anos de contribuição, se homem e 30 (trinta) anos de contribuição, se mulher. – Entretanto, o art. 3º da referida Emenda garantiu o direito adquirido à concessão da aposentadoria por tempo de serviço a todos aqueles que até a data da sua publicação, em 16 de dezembro de 1998, tivessem cumprido todos os requisitos legais, com base nos critérios da legislação então vigente. – Ao segurado inscrito perante o Regime Geral de Previdência Social anteriormente à promulgação da Emenda Constitucional n. 20/98, mas que, nessa data (16 de dezembro de 1998), ainda não tivesse preenchido os requisitos necessários à sua aposentação, mesmo na forma proporcional, aplicam-se as regras de transição estabelecidas pelo art. 9º da referida normação constitucional. – Foram contempladas, portanto, três hipóteses distintas à concessão da benesse: segurados que cumpriram os requisitos necessários à concessão do benefício até a data da publicação da EC n. 20/98 (16-12-1998); segurados que, embora filiados, não preencheram os requisitos até o mesmo prazo; e, por fim, segurados filiados após a vigência daquelas novas disposições legais. – A Emenda Constitucional n. 103, publicada em 13-11-2019, alterou as regras de aposentadoria para os regimes próprio e geral da previdência social e estabeleceu regras de transição para os segurados filiados aos regimes indicados até a data da entrada em vigor da emenda, as quais estão descritas nos seus arts. 15 a 20 da referida emenda. – Restaram comprovados os requisitos necessários para a concessão do benefício de aposentadoria por tempo de contribuição. – Remessa oficial não provida (TRF-3 – RemNecCiv: 50052286520224036114/SP, Rel. Des. Federal Gilberto Rodrigues Jordan, j. em 16-3-2023, 9ª Turma, publicação em 20-3-2023).

## 37.5 Aposentadoria por incapacidade permanente

Sobre a aposentadoria por incapacidade permanente no RPPS, o art. 26 da EC n. 103/2019 atesta o seguinte:

> Art. 26. Até que lei discipline o cálculo dos benefícios do regime próprio de previdência social da União e do Regime Geral de Previdência Social, será utilizada a média aritmética simples dos salários de contribuição e das remunerações adotados como base para contribuições a regime próprio de previdência social e ao Regime Geral de Previdência Social, ou como base para contribuições decorrentes das atividades militares de que tratam os arts. 42 e 142 da Constituição Federal, atualizados monetariamente, correspondentes a 100% (cem por cento) do período contributivo desde a competência julho de 1994 ou desde o início da contribuição, se posterior àquela competência.
>
> § 1º A média a que se refere o *caput* será limitada ao valor máximo do salário de contribuição do Regime Geral de Previdência Social para os segurados desse regime e para o servidor que ingressou no serviço público em cargo efetivo após a implantação do regime de previdência complementar ou que tenha exercido a opção correspondente, nos termos do disposto nos §§ 14 a 16 do art. 40 da Constituição Federal.
>
> § 2º O valor do benefício de aposentadoria corresponderá a 60% (sessenta por cento) da média aritmética definida na forma prevista no *caput* e no § 1º, com acréscimo de 2 (dois) pontos percentuais para cada ano de contribuição que exceder o tempo de 20 (vinte) anos de contribuição nos casos:

I – do inciso II do § 6º do art. 4º, do § 4º do art. 15, do § 3º do art. 16 e do § 2º do art. 18;

II – do § 4º do art. 10, ressalvado o disposto no inciso II do § 3º e no § 4º deste artigo;

III – de aposentadoria por incapacidade permanente aos segurados do Regime Geral de Previdência Social, ressalvado o disposto no inciso II do § 3º deste artigo; e

IV – do § 2º do art. 19 e do § 2º do art. 21, ressalvado o disposto no § 5º deste artigo.

§ 3º O valor do benefício de aposentadoria corresponderá a 100% (cem por cento) da média aritmética definida na forma prevista no *caput* e no § 1º:

I – no caso do inciso II do § 2º do art. 20;

II – no caso de aposentadoria por incapacidade permanente, quando decorrer de acidente de trabalho, de doença profissional e de doença do trabalho.

Veja que a EC adrede citada modificou os critérios de cálculo da aposentadoria por incapacidade permanente, sendo que antes era a média dos 80% maiores salários de contribuição e, hoje, consideram-se 100% das contribuições com a RMI em 60% acrescidos de 2% ao ano que passar os 20 anos para ambos os sexos. Já para os provenientes de incapacidade por acidente do trabalho, doença do trabalho e/ou ocupacional, o valor do benefício corresponde a 100% da média.

Norma de constitucionalidade duvidosa, a questão foi objeto da ADI 7.051, na qual, infelizmente, o STF reconheceu a sua constitucionalidade.

Ponto importante ao qual devemos nos atentar é a DII (data de início da incapacidade), pois, pelo *tempus regit actum*, ainda que o benefício tenha sido pleiteado após a reforma da previdência, se a incapacidade do segurado remontar a data anterior – ou seja, se anteriormente à reforma ele já apresentava os requisitos para o benefício –, este deve ser calculado com base no regramento anterior, considerando-se apenas as 80% maiores contribuições, sendo a RMI de 100% dessa média.

Assim, inclusive, entende o TRF-4, *verbis*:

> Previdenciário. Aposentadoria por incapacidade permanente precedida de auxílio por incapacidade temporária. Fato gerador da incapacidade anterior à EC n. 103/2019. Cálculo da RMI. *Tempus regit actum*. 1. Caso em que a aposentadoria por incapacidade permanente do autor, cujo direito à concessão é incontroverso, decorre da conversão de benefício por incapacidade temporária, remontando a inaptidão laboral a momento anterior ao advento da reforma previdenciária de 2019. 2. Tendo em vista que o fato gerador da incapacidade ocorreu antes da vigência da EC n. 103/2019, a RMI da aposentadoria do autor não deve ser calculada nos termos da redação do artigo 26, § 2º, da EC n. 103/2019, em observância ao princípio *tempus regit actum*, mas, sim, em conformidade com a legislação vigente na data de início da incapacidade, malgrado a concessão ou conversão ocorra após a vigência da referida Emenda (TRF-4 – AC: 50218445020214047205/SC, Rel. Sebastião Ogê Muniz, j. em 12-4-2024, 9ª Turma, Data de Publicação: 15-4-2024).

# 38

# Contribuição no serviço público

A ideia de tempo de contribuição é indispensável para o estudo do direito à aposentadoria em qualquer regime previdenciário.

Na regulamentação do RGPS, o art. 19-C do Decreto n. 3.048/99, com redação dada pelo Decreto n. 10.410/2020, conceitua tempo de contribuição como o tempo correspondente aos períodos para os quais tenha havido contribuição obrigatória ou facultativa para o RGPS, abarcando:

> I – contribuição efetuada por segurado que tenha deixado de exercer atividade remunerada que o enquadrasse como segurado obrigatório da previdência social;
>
> II – em que a segurada tenha recebido salário-maternidade;
>
> III – de licença remunerada, desde que tenha havido desconto de contribuições;
>
> IV – em que o segurado tenha sido colocado em disponibilidade remunerada pela empresa, desde que tenha havido desconto de contribuições;
>
> V – de atividade patronal ou autônoma, exercida anteriormente à vigência da Lei n. 3.807, de 26 de agosto de 1960, desde que tenha sido indenizado conforme o disposto no art. 122;
>
> VI – de atividade na condição de empregador rural, desde que tenha havido contribuição na forma prevista na Lei n. 6.260, de 6 de novembro de 1975, e indenização do período anterior, conforme o disposto no art. 122;
>
> VII – período de exercício de mandato eletivo federal, estadual, distrital ou municipal, desde que tenha havido contribuição na época apropriada e este não tenha sido contado para fins de aposentadoria por outro regime de previdência social;
>
> VIII – de licença, afastamento ou inatividade sem remuneração do segurado empregado, inclusive o doméstico e o intermitente, desde que tenha havido contribuição na forma prevista no § 5º do art. 11; e
>
> IX – em que o segurado contribuinte individual e o segurado facultativo tenham contribuído na forma prevista no art. 199-A, observado o disposto em seu § 2º.

Nos RPPS, o tempo de contribuição inclui, além dos tempos de efetivo exercício, os períodos de licença remunerada e os tempos fictícios, estes quando autorizados por lei e limitados a 16 de dezembro de 1998 (data de promulgação da EC n. 20/98, que acrescentou o § 10 ao texto do art. 40 da CF).

O art. 40, § 9º, da Constituição (redação da EC n. 20/98) diz que "o tempo de contribuição federal, estadual ou municipal será contado para efeito de aposentadoria e o tempo de serviço correspondente para efeito de disponibilidade".

**PREVDICA**:

Não será computado como tempo de contribuição o já considerado para a concessão de qualquer aposentadoria do RGPS ou por outro Regime de Previdência Social.

O tempo de atividade sujeita à filiação ao RGPS/INSS (emprego público, cargos em comissão, mandato eletivo) somente pode ser averbado mediante certidão de tempo de contribuição emitida por aquela autarquia.

A jurisprudência do TRF-2 bem ilustra o assunto aqui tratado:

> Constitucional. Processsual civil. Administrativo. Servidor público. Contagem de tempo de serviço. Regime celetista. Aposentadoria e anuênio. Prescrição. Documento. Falta de autenticação. Impugnação em sede recursal. Juntada de documentos na apelação. Art. 40, § 9º, da CR/88. Art. 103, I, da Lei n. 8.112/90. Sucumbência recíproca. 1 – A averbação do tempo de serviço prestado em outro órgão pode ser requerida a qualquer tempo, sendo certo que, indeferido o pedido, na esfera administrativa, a partir daí inicia-se o prazo prescricional para a propositura da ação judicial (STJ, AGREsp 49.701, *DJ* de 19-04-1999). 2 – A impugnação em razão da falta de autenticação da certidão, feita pela ré apenas em sede recursal, encontra óbice no § 1º, do art. 515, do CPC. 3 – Fotocópia não autenticada equipara-se a documento particular, devendo ser submetida a contraparte, cujo silêncio gera presunção de veracidade (STJ, REsp 162.807, *DJ* 29-06-1998). 4 – A juntada de documentos com a apelação é possível, tendo a outra parte a oportunidade de sobre eles dizer nas contrarrazões, tudo com a cobertura do art. 397 do CPC (STJ, REsp 41.158, *DJ* 20-08-1996). 5 – O art. 40, § 9º, da CR/88, mesmo na redação anterior à EC n. 20/98, já determinava a contagem do tempo de serviço municipal, estadual e federal para efeito de aposentadoria. 6 – O art. 103, I, da Lei n. 8.112/90, também limita a contagem de tempo de serviço municipal, estadual e distrital para fins tão somente de aposentadoria e disponibilidade. 7 – Não se tratando de conversão de regime, por força da Lei n. 8.112/90, mas de ingresso no serviço público, por concurso público, não há falar em cômputo do tempo prestado anteriormente sob o regime celetista para fins de anuênios. 8 – Se ambas as partes sucumbem, ainda que em proporção diferente, devem sofrer, proporcionalmente, os ônus da derrota e as vantagens da vitória, tal como preconiza o CPC 21. O parágrafo único só incide no *caput* no caso de ser mínima a sucumbência de uma das partes. 9 – Apelação da União

e remessa (STJ, 6ª Turma, REsp 46.021-2-SP) necessária desprovidos e recurso do autor provido parcialmente (TRF-2 – AC: 368.650/RJ 2004.51.01.018875-0, Rel. Des. Federal Poul Erik Dyrlund, j. em 22-5-2007, 8ª Turma Especializada, *DJU* 25-5-2007, p. 310).

**PREVDICA**:
O tempo de atividade em cargo público de provimento efetivo de outro ente da Federação deve ser averbado mediante certidão emitida pelo respectivo ente público.

Quanto ao tempo de serviço prestado pelo servidor antes de seu ingresso no cargo em que pretende se aposentar, este deve ser computado de acordo com a legislação vigente à época do período laboral respectivo (*tempus regit actum*).

O STF pacificou o seguinte entendimento:

> De fato, à ora recorrente não se aplicam as regras de transição estabelecidas na Emenda Constitucional n. 41/2003, em virtude de o reingresso no serviço público ter ocorrido após o advento da EC n. 41/2003.
>
> A jurisprudência desta Corte é no sentido de que a lei de regência para concessão de aposentadoria é aquela vigente ao tempo em que reunidos os requisitos para a concessão do benefício. (...) (STF – ARE: 1.466.800/SP, Rel. Dias Toffoli, j. em 5-12-2023, *DJe*-s/n Divulg. 6-12-2023, Public. 7-12-2023).

## 38.1 Tempo de contribuição e reciprocidade na contagem

Segundo a Súmula 10 da Turma Nacional de Uniformização dos JEFs, a contagem recíproca é aquela que soma tempo de atividade privada, rural ou urbana, ao serviço público estatutário.

A garantia da contagem recíproca do tempo de serviço, prevista inicialmente na Lei n. 6.226/75, passou então a ser a contagem de tempo de contribuição, permitindo-se o cômputo, para fins de aposentadoria, do período trabalhado no serviço público e daquele prestado na iniciativa privada, inclusive para o trabalhador urbano e rural, hipótese em que os regimes de Previdência Social envolvidos se compensarão financeiramente, conforme regra prevista no § 9º do art. 201 da CF.

Há uma compensação financeira que será efetivada pelos demais regimes em relação ao regime em que o interessado estiver vinculado ao solicitar o benefício, em relação aos respectivos tempos de contribuição ou serviço.

A Lei n. 9.796/99 estabeleceu os critérios para a compensação financeira entre o RGPS e os regimes de previdência dos servidores da União, dos Estados, do Distrito Federal e dos Municípios, nos casos de contagem recíproca de tempo de contribuição para efeito de aposentadoria.

Em caso de contagem recíproca, o tempo de contribuição deve ser computado conforme a legislação pertinente, observadas, entre outras, as normas previstas no art. 96 da Lei n. 8.213/91.

Se houver reconhecimento de filiação em período em que o exercício de atividade não exigia filiação obrigatória à Previdência Social, esse período somente será averbado (e emitida a certidão de tempo de contribuição) se o INSS for indenizado pelas contribuições não pagas.

A normatização desse cálculo para fins de indenização de períodos pretéritos, que estava disciplinada pelo art. 45 da Lei n. 8.212/91 e pelo art. 216, § 7º, do Decreto n. 3.048/99, foi objeto de nova regulamentação pela LC n. 128/2008, que revogou o referido dispositivo legal e incluiu o art. 45-A ao texto da Lei n. 8.212/91, com a seguinte redação:

> Art. 45-A. O contribuinte individual que pretenda contar como tempo de contribuição, para fins de obtenção de benefício no Regime Geral de Previdência Social ou de contagem recíproca do tempo de contribuição, período de atividade remunerada alcançada pela decadência deverá indenizar o INSS.
>
> § 1º O valor da indenização a que se refere o *caput* deste artigo e o § 1º do art. 55 da Lei n. 8.213, de 24 de julho de 1991, corresponderá a 20% (vinte por cento):
>
> I – da média aritmética simples dos maiores salários de contribuição, reajustados, correspondentes a 80% (oitenta por cento) de todo o período contributivo decorrido desde a competência julho de 1994; ou
>
> II – da remuneração sobre a qual incidem as contribuições para o regime próprio de previdência social a que estiver filiado o interessado, no caso de indenização para fins da contagem recíproca de que tratam os arts. 94 a 99 da Lei n. 8.213, de 24 de julho de 1991, observados o limite máximo previsto no art. 28 e o disposto em regulamento.
>
> § 2º Sobre os valores apurados na forma do § 1º deste artigo incidirão juros moratórios de 0,5% (cinco décimos por cento) ao mês, capitalizados anualmente, limitados ao percentual máximo de 50% (cinquenta por cento), e multa de 10% (dez por cento).
>
> § 3º O disposto no § 1º deste artigo não se aplica aos casos de contribuições em atraso não alcançadas pela decadência do direito de a Previdência constituir o respectivo crédito, obedecendo-se, em relação a elas, as disposições aplicadas às empresas em geral.

Vale o tratado no art. 130 do Decreto n. 3.048/99, que prevê que o tempo de contribuição para o regime próprio de Previdência Social ou para o RGPS pode ser provado com certidão fornecida:

> I – pela unidade gestora do regime próprio de previdência social ou pelo setor competente da administração federal, estadual, do Distrito Federal e municipal, suas autarquias e fundações, desde que devidamente homologada pela unidade gestora do regime próprio, relativamente ao tempo de contribuição para o respectivo regime próprio de previdência social; ou
>
> II – pelo setor competente do Instituto Nacional do Seguro Social, relativamente ao tempo de contribuição para o Regime Geral de Previdência Social.

Sobre a contagem recíproca e sua respectiva indenização, o TRF-4 assim se manifestou:

> Previdenciário. Aposentadoria por idade urbana. Tempo de serviço. Requisitos legais. Carência. Atividade urbana. Contagem recíproca. 1. Os requisitos para a concessão da aposentadoria por idade urbana, prevista no *caput* do art. 48 da Lei n. 8.213/91, são o implemento da carência e do respectivo requisito etário. 2. A contagem recíproca do tempo de contribuição entre diferentes regimes de previdência deve ser feita mediante a expedição de Certidão de Tempo de Contribuição (CTC) que atenda aos requisitos legais e formais previstos nos artigos 94 e 96 da Lei n. 8.213/91 e 130 do Decreto n. 3.048/99. 3. A Constituição Federal, em seus artigos 194 e seguintes, estabelece a premissa da universalidade do Regime Geral da Previdência Social, destinado a atender, em caráter subsidiário, aos segurados e seus dependentes não vinculados a regimes próprios, bem como prevê a possibilidade de contagem recíproca das previdenciárias contribuições mediante compensação entre os regimes. 4. Havendo a informação, na CTC, de que as contribuições recolhidas ao regime próprio não foram utilizadas perante aquele regime, é possível a utilização junto ao RGPS mediante a contagem recíproca. 5. O implemento dos requisitos de idade e carência para o benefício de aposentadoria rural por idade não precisa ser simultâneo, conforme jurisprudência do Superior Tribunal de Justiça. 6. Comprovado o preenchimento de todos os requisitos legais, a parte autora faz jus à aposentadoria por idade urbana (TRF-4 – AC: 502029453 20214047000/PR, Rel. Márcio Antônio Rocha, j. em 14-3-2023, 10ª Turma).

## 38.2 Contagens fictícias

Tempo fictício se refere a períodos nos quais o servidor não prestou serviço e/ou não fez contribuições, originados de disposições legais anteriores a 16 de dezembro de 1998 que permitiam aos servidores ocupantes de cargos efetivos converter certos intervalos em tempo não efetivamente trabalhado para fins de aposentadoria. Um exemplo clássico é o caso das licenças-prêmio, que, quando não usufruídas, poderiam ser computadas em dobro para a aposentadoria.

A Emenda Constitucional (EC) n. 20/98 proibiu a contagem fictícia de tempo, mas isso não significa que os períodos de licença remunerada, quando efetivamente usufruídos, não sejam considerados como tempo de contribuição. Se houver remuneração, há contribuição, portanto, não se trata de tempo fictício. O que não é mais permitido é a contagem em dobro dessas licenças quando não utilizadas.

## 38.3 Prazo para ação revisional de aposentadoria

Quando o servidor busca a revisão do ato de aposentadoria, ocorre a prescrição do próprio fundo de direito após o transcurso de mais de cinco anos entre o ato de concessão e o ajuizamento da ação, consoante prevê o art. 1º do Decreto n. 20.910/32.

Segundo o STJ, "a existência de norma específica que regula a prescrição quinquenal, nos feitos que envolvem as relações de cunho administrativo – tais como aquelas que envolvem a Administração Pública e os seus servidores –, afasta a adoção do prazo decenal previsto no art. 103, *caput*, da Lei n. 8.213/91, que dispõe sobre os Planos de Benefícios da Previdência Social (...)".

## 38.4 Cassação da aposentadoria

A partir do momento que os RPPS passaram a ser contributivos e a aposentadoria deixou de ser um prêmio pelo exercício da função pública, não há mais sentido na cassação da aposentadoria como penalidade correspondente à perda do cargo por ato de improbidade administrativa.

Assim, se a perda do cargo for anterior ao implemento das regras de aposentadoria, o servidor poderá obter certidão do tempo de contribuição para cômputo do período trabalhado em outro regime.

Caso a conduta irregular seja identificada somente após a aposentadoria, não é mais compatível a decretação da cassação do benefício.

Importante frisar que, caso um segurado do RGPS venha a ser condenado por ilícito penal, por mais grave ou hediondo que seja, se preenche os requisitos para a aposentadoria e percebe o benefício, este jamais será cassado.

## 38.5 Reajustamento da pensão

A pensão por morte, na redação original da Constituição de 1988, correspondia ao valor da última remuneração do servidor, quando o óbito ocorria em atividade, ou ao valor da aposentadoria, quando já aposentado. O dispositivo foi considerado autoaplicável pelo STF:

> Pensão. Valor correspondente à totalidade dos vencimentos do servidor falecido. Autoaplicabilidade do art. 40, § 5º, da CF. Esta Corte, desde o julgamento dos mandados de injunção 211 e 263, firmou o entendimento de que o § 5º do art. 40 da CF é autoaplicável, sendo que a lei nele referida não pode ser outra senão aquela que fixa o limite de remuneração dos servidores em geral, na forma do art. 37, XI, da Carta Magna (RE 338.752, Rel. Min. Moreira Alves, julg. 17.9.2002, Primeira Turma, *DJ* de 11.10.2002). No mesmo sentido: AI 698.996-AgR, Rel. Min. Celso de Mello, julg. 16.12.2008, Segunda Turma, *DJE* de 27.2.2009. DIREITO ADMINISTRATIVO. AGRAVO REGIMENTAL NO RECURSO EXTRAORDINÁRIO COM AGRAVO. SERVIDOR PÚBLICO. PENSÃO POR MORTE CONCEDIDA ANTERIORMENTE À CONSTITUIÇÃO FEDERAL DE 1988. LEI VIGENTE À DATA DO ÓBITO. AUTOAPLICABILIDADE DO ART. 40, § 7º, DA CONSTITUIÇÃO. PRECEDENTES. 1. A jurisprudência desta Corte firmou-se no sentido de que a pensão por morte rege-se pelas leis vigentes à data do óbito. 2. Deve haver paridade entre os valores da pensão recebida e a totalidade dos vencimentos que o servidor falecido percebia, ainda que o óbito seja anterior à Constituição de 1988, pois o art. 40, § 7º é norma autoaplicável. Precedentes. 3. Agravo regimental a que se nega provimento (Ag. Reg. no ARE 699.864/RJ, 2ª Turma, Rel. Min. Teori Zavascki, *DJe* de 21-8-2013).

A EC n. 20/98 não tratou do assunto, tendo apenas provocado alterações de tratamento da pensão por via transversa, ao criar regras de transição que alteraram o cálculo da aposentadoria proporcional, de modo que o valor da pensão do servidor aposentado por tais regras sofreu a mesma influência.

A EC n. 41 passou a prever alteração na fórmula de cálculo da pensão de modo específico, determinando, na nova redação do § 7º do art. 40:

> § 7º Lei disporá sobre a concessão do benefício de pensão por morte, que será igual:
>
> I – ao valor da totalidade dos proventos do servidor falecido, até o limite máximo estabelecido para os benefícios do regime geral de previdência social de que trata o art. 201, acrescido de setenta por cento da parcela excedente a este limite, caso aposentado à data do óbito; ou
>
> II – ao valor da totalidade da remuneração do servidor no cargo efetivo em que se deu o falecimento, até o limite máximo estabelecido para os benefícios do regime geral de previdência social de que trata o art. 201, acrescido de setenta por cento da parcela excedente a este limite, caso em atividade na data do óbito.

A EC n. 103/2019 modificou a redação do § 7º para dizer que, observado o disposto no § 2º do art. 201, quando se tratar da única fonte de renda formal auferida pelo dependente, o benefício de pensão por morte será concedido nos termos de lei do respectivo ente federativo, a qual tratará de forma diferenciada a hipótese de morte dos servidores de que trata o § 4º-B decorrente de agressão sofrida no exercício ou em razão da função.

## 38.6 Pensão por morte e acumulação de benefícios

As vedações à acumulação aplicáveis às aposentadorias dos RPPS também se aplicam às pensões por morte desses Regimes, nos mesmos termos, como já decidiu o STF, mesmo tratando-se de falecimento ocorrido antes da EC n. 20/98:

> CONSTITUCIONAL. SERVIDOR PÚBLICO APOSENTADO. REINGRESSO NO SERVIÇO PÚBLICO ANTES DA EDIÇÃO DA EC 20/98 E FALECIMENTO POSTERIOR À EMENDA. DUPLA ACUMULAÇÃO DE PENSÕES POR MORTE. IMPOSSIBILIDADE. PRECEDENTES. RECURSO IMPROVIDO. I – A Carta de 1988 veda a percepção simultânea de proventos de aposentadoria com remuneração de cargo, emprego ou função pública, ressalvadas hipóteses – inocorrentes na espécie – de cargos acumuláveis na forma da Constituição, cargos eletivos e cargos em comissão (art. 37, § 10, da Constituição). II – Mesmo antes da EC 20/1998, a acumulação de proventos e vencimentos somente era admitida quando se tratasse de cargos, funções ou empregos acumuláveis na atividade, na forma permitida pela CF. III – Com o advento da EC 20/98, que preservou a situação daqueles servidores que retornaram ao serviço público antes da sua promulgação, proibiu, em seu art. 11, a percepção de mais de uma aposentadoria pelo regime de previdência a que se refere o art. 40 da Constituição. IV – Se era

> proibida a percepção de dupla aposentadoria estatutária não há é possível cogitar-se de direito à segunda pensão, uma vez que o art. 40, § 7º, da Constituição subordinava tal benefício ao valor dos proventos a que o servidor faria jus. V – Recurso extraordinário conhecido e improvido (STF, RE 584388/SC, Rel. Min. Ricardo Lewandowski, Tribunal Pleno, *DJe*-185 de 27-9-2011).

Esse acúmulo de proventos e vencimentos somente é permitido quando se tratar de cargos, funções ou empregos acumuláveis na atividade, na forma permitida pela Constituição. Inaplicabilidade à espécie da EC n. 20/98, porquanto não admitida a acumulação, na ativa, de três cargos de professora (AI 419.426-AgR, Rel. Min. Carlos Velloso, j. em 13-4-2004, 2ª Turma, *DJ* de 7-5-2004).

Aludida matéria encontra-se atualmente sob repercussão geral, a partir do caso a seguir:

> A Carta de 1988 veda a percepção simultânea de proventos de aposentadoria com remuneração de cargo, emprego ou função pública, ressalvadas hipóteses - inocorrentes na espécie - de cargos acumuláveis na forma da Constituição, cargos eletivos e cargos em comissão (art. 37, § 10, da Constituição). Mesmo antes da EC 20/1998, a acumulação de proventos e vencimentos somente era admitida quando se tratasse de cargos, funções ou empregos acumuláveis na atividade, na forma permitida pela CF. Com o advento da EC 20/1998, que preservou a situação daqueles servidores que retornaram ao serviço público antes da sua promulgação, proibiu, em seu art. 11, a percepção de mais de uma aposentadoria pelo regime de previdência a que se refere o art. 40 da Constituição. Se era proibida a percepção de dupla aposentadoria estatutária não é possível cogitar-se de direito à segunda pensão, uma vez que o art. 40, § 7º, da Constituição subordinava tal benefício ao valor dos proventos a que o servidor faria jus (RE 584.388, Rel. Min. Ricardo Lewandowski, j. em 31-8-2011, Plenário, *DJe* de 27-9-2011, com repercussão geral).

A EC n. 103/2019 trouxe nova redação para o § 7º do art. 40:

> Observado o disposto no § 2º do art. 201, quando se tratar da única fonte de renda formal auferida pelo dependente, o benefício de pensão por morte será concedido nos termos de lei do respectivo ente federativo, a qual tratará de forma diferenciada a hipótese de morte dos servidores de que trata o § 4º-B decorrente de agressão sofrida no exercício ou em razão da função.

Como dito, a EC n. 103/2019 trouxe nova redação para o § 7º do art. 40. No âmbito do serviço público federal, o art. 225 da Lei n. 8.112/90, com a redação dada pela Lei n. 13.135/2015, prevê que, "ressalvado o direito de opção, é vedada a percepção cumulativa de pensão deixada por mais de um cônjuge ou companheiro ou companheira e de mais de 2 (duas) pensões".

E, com relação ao valor da pensão deixada, o STF firmou entendimento de que não pode exceder o valor recebido pelo servidor falecido em atividade, não podendo ainda o valor recebido pelo dependente, em razão de mais de uma pensão a que faça jus, exceder ao limite máximo fixado para os cargos públicos em geral:

> Revisão de pensão por morte. Cumulação: previdenciária e acidentária. (...) O *quantum* da pensão por morte, nos termos do art. 40, § 2º, § 7º e § 8º, não pode extrapolar a totalidade dos vencimentos da remuneração do servidor à época do seu falecimento (AI 721.354-AgR, Rel. Min. Ellen Gracie, julg. 14.12.2010, Segunda Turma, *DJE* de 9.2.2011). CONSTITUCIONAL. PENSIONISTAS. PENSÃO INTEGRAL. CF, ART. 40, § 5º: AUTOAPLICABILIDADE. I. Estabelecendo o § 5º do art. 40 que a pensão corresponderá à totalidade dos vencimentos ou proventos do servidor falecido, segue-se a impossibilidade de uma lei dispor a respeito de um limite que esteja abaixo da totalidade referida. A frase, posta no citado § 5º do art. 40 – "até o limite estabelecido em lei" – deve ser entendida da seguinte forma: observado o limite posto em lei a respeito da remuneração dos servidores públicos, vale dizer, a lei referida no inc. XI do art. 37 da Constituição. II. Precedentes do STF: MMII ns. 211-DF e 263-DF. MS 21.521-CE. RREE ns. 161.224-CE, 179.646-MG e 140.863-AM, MI 274(AgRg)-DF. III. Agravo não provido (AI 221703 AgR, Rel. Min. Carlos Velloso, 2ª Turma, *DJ* de 18-12-1998).

Ainda quanto à observância do teto remuneratório para situações de acumulação de aposentadoria e pensão, cabe citar a seguinte decisão:

> ADMINISTRATIVO. SERVIDOR PÚBLICO CIVIL. REMUNERAÇÃO. PROFESSORA EM ATIVIDADE. CUMULATIVIDADE COM PENSÃO POR MORTE. POSSIBILIDADE. ABATE-TETO. 1. A jurisprudência desta Corte é pacífica no sentido de que "para aplicação do limite remuneratório constitucional do art. 37, XI, da Carta Política, os respectivos benefícios devem ser considerados isoladamente, pois se trata de proventos distintos e cumuláveis legalmente". 2. Apelação provida (TRF-4ª Região, AC 044871.33.2014.404.7100, 3ª Turma, Juiz Federal Nicolau Konkel Junior, *DE* de 20-8-2015).

Sobre o tema acumulação de benefícios, a EC n. 103/2019 trata-o nos §§ 1º e 2º do art. 24. A regra é que a acumulação de benefício é vedada no nosso ordenamento jurídico, já que o *caput* do art. 24 expressamente proíbe a acumulação de mais de uma pensão por morte, no âmbito do mesmo regime de previdência, deixadas por cônjuge ou companheiro.

Então, podemos perceber que a lei nada fala sobre pensões deixadas por outras pessoas. Vamos a um caso prático:

Imagine você que José é autista, casado com Sueli e filho de Silvio. Todos no RGPS, portanto, no mesmo regime de previdência. Como esposo de Sueli, José tem direito à pensão por morte e, como filho maior deficiente (autismo), tem direito à pensão por morte por parte dos pais. Em momento algum a lei veda essa acumulação, de modo que entendo que ele poderá acumular as duas pensões, ainda que provenientes de um mesmo regime.

Essa, inclusive, é uma hipótese que vai além das previstas no § 1º do art. 24 da EC n. 103/2019, o que demonstra não ser aquele rol taxativo.

Sobre o tema, o TRF-4 assim se posiciona:

Previdenciário. Pensão por morte. Filho maior incapaz. Casado. Incapacidade preexistente ao óbito comprovada. Dependência econômica presumida. Lei n. 13.146/2015. Termo inicial. Correção monetária e juros de mora. 1. A concessão do benefício de pensão por morte depende da ocorrência do evento morte, da demonstração da qualidade de segurado do falecido e da condição de dependente de quem objetiva o benefício. 2. Não há qualquer exigência legal no sentido de que a invalidez do (a) requerente deva ocorrer antes de atingir a maioridade, mas somente que a invalidez deva existir na época do óbito. 3. O filho maior inválido faz jus à percepção de pensão em decorrência tanto do óbito do pai, como da mãe, acaso comprovado que, na data do óbito, já era considerado inválido/incapaz, no que a dependência econômica é presumida. 4. Essa presunção é *juris tantum*, admitindo prova em contrário. Vale dizer, cabe ao INSS o ônus de comprovar que a dependência econômica do filho inválido em relação aos genitores efetivamente não existia. 5. A Lei n. 13.146/2015, ao modificar o art. 16, inciso I da LBPS, ampliou o rol dos dependentes, incluindo o filho "inválido ou que tenha deficiência intelectual ou mental ou deficiência grave". Tal dispositivo, portanto, passou a deixar claro que, conquanto capaz de exercer atividade laborativa, o deficiente continua presumidamente dependente para fins previdenciários. 6. Não há vedação legal à concessão de pensão por morte ao filho maior inválido que seja casado, de forma que essa circunstância não impede a concessão do benefício. 7. Preenchidos os requisitos, nos termos da legislação aplicável, deve ser concedido o benefício de Pensão por Morte. 8. A utilização da TR como índice de correção monetária dos débitos judiciais da Fazenda Pública (Lei n. 11.960/2009) foi afastada pelo STF no RE 870.947, com repercussão geral, confirmado no julgamento de embargos de declaração por aquela Corte, sem qualquer modulação de efeitos. O STJ, no REsp 1.495.146, em precedente vinculante, distinguiu os créditos de natureza previdenciária, e determinou a aplicação do INPC, aplicando-se o IPCA-E aos de caráter administrativo. Os juros de mora, a contar da citação, devem incidir à taxa de 1% ao mês, até 29-6-2009. A partir de 9-12-2021, para fins de atualização monetária e juros de mora, deve ser observada a redação dada ao art. 3º da EC n. 113/2021, com incidência, uma única vez, até o efetivo pagamento, do índice da Taxa Referencial do Sistema Especial de Liquidação e Custódia (SELIC), acumulado mensalmente (TRF-4 - AC: 50680931520234047100/RS, Rel. Hermes Siedler da Conceição Júnior, j. em 22-10-2024, 5ª Turma, Data de Publicação: 22-10-2024).

O § 2º trata do cálculo dessa acumulação:

§ 2º Nas hipóteses das acumulações previstas no § 1º, é assegurada a percepção do valor integral do benefício mais vantajoso e de uma parte de cada um dos demais benefícios, apurada cumulativamente de acordo com as seguintes faixas:
I - 60% (sessenta por cento) do valor que exceder 1 (um) salário mínimo, até o limite de 2 (dois) salários mínimos;

> II – 40% (quarenta por cento) do valor que exceder 2 (dois) salários mínimos, até o limite de 3 (três) salários mínimos;
>
> III – 20% (vinte por cento) do valor que exceder 3 (três) salários mínimos, até o limite de 4 (quatro) salários mínimos; e
>
> IV – 10% (dez por cento) do valor que exceder 4 (quatro) salários mínimos.

## 38.7 Beneficiários e rateio da pensão

De acordo com a Consultoria Jurídica do Ministério da Previdência Social, não se admite a modificação do rol de dependentes já previsto na Lei n. 8.213/91, aplicando-se então, consequentemente, a todos os RPPS, bem como o rateio da pensão.

Tratando-se de cônjuge ou companheiro, o STF decidiu ter o cônjuge varão direito ao recebimento de pensão por morte no caso em que o óbito ocorreu na vigência da Constituição Federal de 1969, tendo em conta o princípio da igualdade.

A proteção do Estado à união estável vale para as situações legítimas e nestas não está incluído o concubinato:

> Pensão – Servidor público – Mulher – Concubina – Direito. A titularidade da pensão que decorre do falecimento de servidor público pressupõe vínculo agasalhado pelo ordenamento jurídico, mostrando-se impróprio o implemento de divisão a beneficiar, em detrimento da família, a concubina (RE 397.762, Rel. Min. Marco Aurélio Mello, *DJe* de 13-8-2008).

### *38.7.1 Pensões temporárias*

A prova da dependência nas pensões temporárias é exigida restritivamente do irmão órfão ou da pessoa designada, em qualquer caso até 21 anos ou, se inválido, enquanto perdurar eventual incapacidade permanente.

A Lei n. 13.135, de 17 de junho de 2015, no âmbito do Regime Próprio dos Servidores Públicos Federais, alterou a Lei n. 8.112/90 no tocante à pensão por morte, aplicando algumas regras similares àquelas aprovadas para o RGPS e afetando sensivelmente o direito a esse benefício. O art. 217 da Lei n. 8.112/90 passou a ter a seguinte redação:

> Art. 217. São beneficiários das pensões:
>
> I – o cônjuge;
>
> II – o cônjuge divorciado ou separado judicialmente ou de fato, com percepção de pensão alimentícia estabelecida judicialmente;
>
> III – o companheiro ou companheira que comprove união estável como entidade familiar;
>
> IV – o filho de qualquer condição que atenda a um dos seguintes requisitos:
>
> a) seja menor de 21 (vinte e um) anos;
>
> b) seja inválido;

> c) tenha deficiência grave (com vigência apenas a partir de junho de 2017 - art. 6º da Lei n. 13.135/2015); ou
>
> d) tenha deficiência intelectual ou mental;
>
> V – a mãe e o pai que comprovem dependência econômica do servidor; e
>
> VI – o irmão de qualquer condição que comprove dependência econômica do servidor e atenda a um dos requisitos previstos no inciso IV.
>
> § 1º A concessão de pensão aos beneficiários de que tratam os incisos I a IV do *caput* exclui os beneficiários referidos nos incisos V e VI.
>
> § 2º A concessão de pensão aos beneficiários de que trata o inciso V do *caput* exclui o beneficiário referido no inciso VI.
>
> § 3º O enteado e o menor tutelado equiparam-se a filho mediante declaração do servidor e desde que comprovada dependência econômica, na forma estabelecida em regulamento.

Essa normatização alterou a divisão da pensão no âmbito do RPPS da União, com a mudança levada a efeito no art. 218 da Lei n. 8.112/90, o qual passou a prever que pudesse ocorrer a habilitação de vários titulares à pensão, sendo o seu valor distribuído em partes iguais entre os beneficiários habilitados.

Anteriormente, a divisão não era igual, pois cabia aos dependentes na condição de cônjuge ou companheiro (considerados vitalícios) o equivalente a 50% do valor a ser rateado, e os outros 50% eram compartilhados entre os demais pensionistas (dependentes temporários).

Controversa a validade jurídica da renúncia ao direito à pensão, uma vez que se trata de direito fundamental, indisponível, como é consolidado na doutrina e na jurisprudência, inclusive quanto a pessoas que, tendo cessado a relação afetiva e mesmo tendo renunciado aos alimentos anteriormente, tenham, ao tempo do óbito do instituidor da pensão, comprovada necessidade financeira.

O beneficiário de pensão motivada por incapacidade permanente poderá ser convocado a qualquer momento para avaliação das condições que ensejaram a concessão do benefício, a critério da Administração.

# 39

# Perda e cessação do direito à pensão

A União, segundo o RPPS e o art. 220 da Lei n. 8.112/90 (redação dada pela Lei n. 13.135/2015), passou a prever duas hipóteses de perda do direito à pensão.

Assim, perde o direito à pensão por morte, mesmo sendo a pessoa elencada como dependente:

I – após o trânsito em julgado, o beneficiário condenado pela prática de crime de que tenha dolosamente resultado a morte do servidor;

II – o cônjuge, o companheiro ou a companheira se comprovada, a qualquer tempo, simulação ou fraude no casamento ou na união estável, ou a formalização desses com o fim exclusivo de constituir benefício previdenciário, apuradas em processo judicial no qual será assegurado o direito ao contraditório e à ampla defesa.

Importante frisar que a mera suspeita de fraude não pode dar ensejo à perda do direito, devendo ser observado o devido processo legal:

> Previdenciário. Apelação cível. Restabelecimento do benefício de aposentadoria por tempo de contribuição. Benefício suspenso por suspeita de fraude. Ausência de prévio exaurimento do processo administrativo. Inobservância do devido processo legal, ampla defesa e contraditório. Nulidade da decisão de suspensão. Restabelecimento devido. 1. A revisão do ato de concessão de benefício previdenciário se insere no poder-dever de autotutela da Administração Pública, observados o devido processo legal, a ampla defesa e o contraditório, assegurados constitucionalmente no artigo 5º, LV, da Constituição Federal, respeitado, ainda, o prazo decadencial para a desconstituição de ato administrativo eivado de irregularidade. Neste sentido, dispõem as Súmulas 346 e 473, ambas do E. STF, e Tema da Repercussão Geral 138. 2. A decisão de suspensão do benefício previdenciário, sem o prévio exaurimento do processo administrativo, se

> revela incabível, restando violados os princípios do devido processo legal, do contraditório e da ampla defesa. No caso concreto, o recurso administrativo pende de julgamento até a presente data, sendo devido, assim, o restabelecimento da aposentadoria até o esgotamento da via administrativa. 3. Sobre os valores em atraso incidirão correção monetária e juros de mora segundo os critérios constantes do Manual de Orientação de Procedimentos para os Cálculos na Justiça Federal vigente à época do cálculo da liquidação, observadas as teses fixadas nos julgamentos do RE 870.947 (Tema 810 do STJ), bem como do REsp 1.495.146 (Tema 905 do STJ). 4. Majoração dos honorários advocatícios devidos pela ré em 1% (um por cento) sobre o valor arbitrado na sentença, nos termos do artigo 85, § 11, do Código de Processo Civil. 5. Apelação da parte autora provida e apelação do INSS prejudicada (TRF-3 - ApCiv: 5000581-64.2017.4.03.6126/SP, j. em 12-6-2024, *DJEN* 18-6-2024).

Quanto à cessação do direito à pensão, hipótese em que a pessoa irá receber o benefício, mas perderá a condição de beneficiária, o art. 222 da Lei n. 8.112/90, com a redação dada pela Lei n. 13.846/2019, no âmbito dos agentes públicos federais, passou a dispor da seguinte forma:

> Art. 222. Acarreta perda da qualidade de beneficiário:
> I - o seu falecimento;
> II - a anulação do casamento, quando a decisão ocorrer após a concessão da pensão ao cônjuge;
> III - a cessação da incapacidade permanente, em se tratando de beneficiário inválido, ou o afastamento da deficiência, em se tratando de beneficiário com deficiência, respeitados os períodos mínimos decorrentes da aplicação das alíneas *a* e *b* do inciso VII do *caput* deste artigo;
> IV - o implemento da idade de 21 (vinte e um) anos, pelo filho ou irmão;
> V - a acumulação de pensão na forma do art. 225;
> VI - a renúncia expressa; e
> VII - em relação aos beneficiários de que tratam os incisos I a III do *caput* do art. 217:
> a) o decurso de 4 (quatro) meses, se o óbito ocorrer sem que o servidor tenha vertido 18 (dezoito) contribuições mensais ou se o casamento ou a união estável tiverem sido iniciados em menos de 2 (dois) anos antes do óbito do servidor;
> b) o decurso dos seguintes períodos, estabelecidos de acordo com a idade do pensionista na data de óbito do servidor, depois de vertidas 18 (dezoito) contribuições mensais e pelo menos 2 (dois) anos após o início do casamento ou da união estável:
> 1) 3 (três) anos, com menos de 21 (vinte e um) anos de idade;
> 2) 6 (seis) anos, entre 21 (vinte e um) e 26 (vinte e seis) anos de idade;
> 3) 10 (dez) anos, entre 27 (vinte e sete) e 29 (vinte e nove) anos de idade;
> 4) 15 (quinze) anos, entre 30 (trinta) e 40 (quarenta) anos de idade;
> 5) 20 (vinte) anos, entre 41 (quarenta e um) e 43 (quarenta e três) anos de idade;
> 6) vitalícia, com 44 (quarenta e quatro) ou mais anos de idade.

Ou seja, a pessoa beneficiária na condição de cônjuge ou companheiro(a), mesmo que portadora de incapacidade permanente ou algum tipo de deficiência:

- somente fará jus à pensão por 4 meses, se o óbito ocorrer antes que o servidor ou servidora tenha vertido 18 contribuições mensais a regimes previdenciários ou se a relação conjugal ou afetiva tenha menos de dois anos, salvo se a morte decorreu de acidente de qualquer natureza, doença profissional ou do trabalho;
- caso implementados os requisitos *supra*, não terá direito à vitaliciedade do recebimento de sua cota-parte, salvo se, ao tempo do óbito, já tiver 44 anos ou mais de idade; caso contrário, receberá pensão provisoriamente, pelo lapso de tempo indicado no aludido dispositivo legal.

## 39.1 Regras – Pensão por morte

São diversas as regras que norteiam a pensão por morte:

**1ª Regra** – Pensão por morte: óbitos ocorridos até 16-12-1998 – Art. 40, § 5º, da CF (redação original).

Requisitos mínimos: tempo mínimo inexigível.

Base de cálculo: totalidade dos vencimentos ou proventos do servidor falecido, até o limite estabelecido em lei.

**2ª Regra** – Pensão por morte: óbitos ocorridos entre 16-12-1998 e 20-2-2004 – Art. 40, § 2º, da CF (EC n. 20/98).

Requisitos mínimos: tempo mínimo inexigível.

Cálculo do benefício: integralidade com base na última remuneração ou proventos do servidor falecido.

**3ª Regra** – pensão por morte: óbitos ocorridos após 20-2-2004 – Art. 40, § 7º, da CF (EC n. 41/2003) – Lei n. 10.887/2004.

Requisitos mínimos: tempo mínimo inexigível.

Base de cálculo: igual à remuneração ou proventos do servidor falecido até o limite do teto de benefícios do RGPS, acrescido de 70% da parcela excedente a esse limite.

**Exceções**: a regra da paridade do benefício com a remuneração deverá ser aplicada às pensões:

a) derivadas de proventos de servidores falecidos que tenham se aposentado com integralidade e paridade com base nas regras de transição (art. 3º da EC n. 47/2005);
b) decorrentes dos falecimentos dos segurados aposentados por incapacidade permanente, desde que o aposentado tenha ingressado até 31-12-2003 (EC n. 70/2012).

# 40

# Adoção e as licenças de maternidade e paternidade

Desde a Constituição de 1988, assim como para o Regime Geral de Previdência Social, no caso da servidora ocupante de cargo efetivo, a proteção abrangia apenas os 120 dias, conforme art. 7º da CF e, no caso do servidor masculino, a licença em razão da paternidade era de cinco dias (art. 10 do ADCT).

A regulamentação da licença-maternidade biológica nos Regimes Próprios, até antes da edição da Lei n. 11.770/2008, era interpretada como concedendo automaticamente o período de 120 dias previsto na Constituição a todas as servidoras públicas regidas por RPPS.

Na legislação aplicável aos servidores públicos federais, o art. 207 da Lei n. 8.112/90 estabelece que a licença-maternidade pode iniciar no primeiro dia do nono mês de gestação, a menos que haja antecipação por prescrição médica. Em casos de nascimento prematuro, a licença tem início a partir do parto. Se ocorrer um aborto não criminoso, a situação é tratada como licença para tratamento de saúde.

A mesma lei, no art. 210, inovou ao criar uma licença remunerada para fins de adoção. Ela concede 90 dias de licença para servidores que adotem ou obtenham guarda judicial de crianças de até 1 ano de idade, e 30 dias no caso de adoção ou guarda judicial de crianças com mais de 1 ano de idade.

Com a Lei n. 11.770/2008, o art. 2º autoriza as entidades da Administração Pública a instituírem um programa que estende a licença-maternidade de suas servidoras por mais 60 dias. No entanto, a lei não menciona a prorrogação em casos de adoção e não aborda a licença-paternidade.

Na esfera da União, tal matéria veio a ser regulamentada pelo Decreto n. 6.690, de 11 de dezembro de 2008, o qual previu que a servidora gestante deverá requerer a extensão da licença por mais 60 dias "até o final do primeiro mês após o parto" (§ 1º do art. 2º do Decreto) e estabeleceu que as servidoras beneficiadas "não poderão exercer qualquer atividade remunerada e a criança não poderá ser mantida em creche ou organização similar".

Com a EC n. 103/2019, o salário-maternidade deixou de fazer parte do rol de benefícios do RPPS, sendo pago pelos entes da federação.

> Art. 9º Até que entre em vigor lei complementar que discipline o § 22 do art. 40 da Constituição Federal, aplicam-se aos regimes próprios de previdência social o disposto na Lei n. 9.717, de 27 de novembro de 1998, e o disposto neste artigo.
>
> § 1º O equilíbrio financeiro e atuarial do regime próprio de previdência social deverá ser comprovado por meio de garantia de equivalência, a valor presente, entre o fluxo das receitas estimadas e das despesas projetadas, apuradas atuarialmente, que, juntamente com os bens, direitos e ativos vinculados, comparados às obrigações assumidas, evidenciem a solvência e a liquidez do plano de benefícios.
>
> § 2º O rol de benefícios dos regimes próprios de previdência social fica limitado às aposentadorias e à pensão por morte.
>
> § 3º Os afastamentos por incapacidade temporária para o trabalho e o salário-maternidade serão pagos diretamente pelo ente federativo e não correrão à conta do regime próprio de previdência social ao qual o servidor se vincula. (...)

## 40.1 Tratamento de saúde

A proteção à incapacidade laborativa temporária aos agentes públicos ocupantes de cargos efetivos tem disciplinamento não uniforme, em se tratando de Regimes Próprios de Previdência Social.

A normatização é feita pelos arts. 202 a 205 da Lei n. 8.112, de 11 de dezembro de 1990, e regulamentada pelo Decreto n. 7.003/2009.

A legislação do servidor federal prevê que a licença para tratamento de saúde será concedida ao servidor, a pedido ou de ofício, pelo que se nota uma importante diferença se comparado ao RGPS. Neste, embora esteja prevista a concessão de ofício, isso raramente acontece, enquanto no serviço público o entendimento envolve também questões de ordem pública em favor dos administrados, já que se considera inadequado que um servidor esteja realizando atividade pública sem estar no pleno gozo de sua sanidade física ou mental.

O prazo máximo da licença é de 24 meses. Com o término desse prazo, o servidor será submetido a nova inspeção médica, que concluirá pela volta ao serviço, pela readaptação do servidor ou pela aposentadoria por incapacidade permanente, conforme o caso.

# 41

# Benefícios assistenciais brasileiros

A Assistência Social é um dever do Estado e um direito daquele que comprovar não poder se sustentar ou ser sustentado por meio da família, assim aderindo aos benefícios impostos pelo Estado.

Esses benefícios são constitucionais e estão presentes no art. 203, inciso V, da CF, sendo regulamentado pela Lei n. 8.742/93 (Lei Orgânica da Assistência Social – LOAS), onde é especificado quem tem o direito a benefícios assistenciais concedidos pelo Governo Federal. É indispensável que os cidadãos que recebem benefícios assistenciais preencham os requisitos necessários estabelecidos no LOAS, esses são:

> Art. 20. O benefício de prestação continuada é a garantia de um salário mínimo mensal à pessoa com deficiência e ao idoso com 65 (sessenta e cinco) anos ou mais que comprovem não possuir meios de prover a própria manutenção nem de tê-la provida por sua família. (...)
>
> § 3º Observados os demais critérios de elegibilidade definidos nesta Lei, terão direito ao benefício financeiro de que trata o *caput* deste artigo a pessoa com deficiência ou a pessoa idosa com renda familiar mensal *per capita* igual ou inferior a 1/4 (um quarto) do salário mínimo.

Importante frisar que a jurisprudência tem relativizado o critério de miserabilidade para, enquadrando-se às realidades sociais, levar em consideração o caso concreto:

> No tocante ao requisito hipossuficiência, apesar de não restar demonstrada a condição de vulnerabilidade familiar da parte autora na perícia socioeconômica, visto que a renda familiar ultrapassa o critério estabelecido de 1/4 do salário mínimo *per capita*, registro o entendimento de que se deve realizar a relativização do critério de renda dependendo do contexto de cada caso.
>
> Nesse sentido, o Supremo Tribunal Federal, no julgamento da Rcl 4.374/PE (Informativo 702, de 19 de abril de 2013), considerou inconstitucional a disposição que limita o

acesso ao benefício assistencial aos idosos ou pessoas com deficiência cujo grupo familiar apresente renda *per capita* igual ou inferior a 1/4 do salário mínimo (§ 3º do art. 20), admitindo-se renda *per capita* de até 1/2 salário mínimo, conforme entendimento jurisprudencial. Desse modo, constata-se laudo socioeconômico (ID 1936222650) que a renda *per capita* da família é próxima ao critério de 1/2 salário mínimo, satisfazendo esse requisito.

O benefício assistencial não está direcionado apenas àqueles que vivem em extrema pobreza, mas também aos cidadãos que conseguem estabelecer condições mínimas de existência, mas não têm condições de se sustentar com sua renda, como foi o caso (TRF1 – Procedimento do Juizado Especial Cível 1065612-85.2023.4.01.3300, 23ª Vara Federal de Juizado Especial Cível do Tribunal Regional Federal da 1ª Região).

O art. 203 da CF disciplina a assistência social, que é dada a quem dela necessitar, independentemente de contribuição à Seguridade Social.

Seus objetivos constam no art. 203, entre os quais se destaca a garantia de um salário mínimo de benefício mensal à pessoa com deficiência e ao idoso que comprovem não possuir meios de prover a própria manutenção ou de tê-la provida por sua família, conforme dispuser a lei (inciso V).

A Lei n. 8.742/93 (Lei Orgânica da Assistência Social – LOAS), que instituiu o benefício de prestação continuada ao idoso e ao deficiente, regulamenta as disposições constitucionais; a Lei n. 12.815/2013 prevê o benefício assistencial ao trabalhador portuário avulso; a Lei n. 13.146/2015 (Lei Brasileira de Inclusão da Pessoa com Deficiência – Estatuto da Pessoa com Deficiência) garante a concessão de auxílio-inclusão a pessoa com deficiência moderada ou grave.

## 41.1 Idoso e deficiente

De acordo com a LOAS,

> a assistência social, direito do cidadão e dever do Estado, é Política de Seguridade Social não contributiva, que provê os mínimos sociais, realizada através de um conjunto integrado de ações de iniciativa pública e da sociedade, para garantir o atendimento às necessidades básicas (art. 1º).

As exigências para o pagamento do Benefício de Prestação Continuada (BPC) no valor de um salário mínimo por mês à pessoa com deficiência e ao idoso carentes estão contidas nos arts. 20 e 21 da LOAS.

## 41.2 Requisitos para a concessão do Benefício de Prestação Continuada (BPC)

São os definidos na Lei Orgânica da Assistência Social e no seu decreto regulamentador, de acordo com o § 12 do art. 20.

São requisitos para a concessão, a manutenção e a revisão do benefício as inscrições no Cadastro de Pessoas Físicas (CPF) e no Cadastro Único para Programas Sociais do Governo Federal – Cadastro Único, além da necessidade de registro biométrico, na forma do art. 1º da Portaria Conjunta MDS/INSS n. 28, de 25 de julho de 2024.

- Pessoa idosa – comprovação cumulativa:
  - 65 anos de idade ou mais;
  - condição de miserabilidade do grupo familiar e situação de vulnerabilidade; e
  - não possuir outro benefício no âmbito da Seguridade Social ou de outro regime, inclusive o seguro-desemprego, salvo o de assistência médica e a pensão especial de natureza indenizatória.
- Pessoa com deficiência – comprovação cumulativa:
  - existência de impedimentos de longo prazo de natureza física, mental, intelectual ou sensorial, que, em interação com uma ou mais barreiras, obstrua sua participação plena e efetiva na sociedade em igualdade de condições com as demais pessoas;
  - condição de miserabilidade do grupo familiar e situação de vulnerabilidade; e
  - não possuir outro benefício no âmbito da Seguridade Social ou de outro regime, inclusive o seguro-desemprego, salvo o de assistência médica e a pensão especial de natureza indenizatória.

**PREVDICA**:
A comprovação da condição de miserabilidade do grupo familiar e situação de vulnerabilidade poderá ser feita mediante declaração do requerente ou, no caso de sua incapacidade para os atos da vida civil, do seu curador ou tutor.

A pessoa com deficiência (PcD) ficará sujeita à avaliação da deficiência e do grau de impedimento, realizada por médicos peritos e por assistentes sociais do INSS.

De acordo com o art. 2º, § 1º, do Estatuto da Pessoa com Deficiência, a avaliação da deficiência, quando necessária, será biopsicossocial, realizada por equipe multiprofissional e interdisciplinar e considerará:

> I – os impedimentos nas funções e nas estruturas do corpo;
> II – os fatores socioambientais, psicológicos e pessoais;
> III – a limitação no desempenho de atividades; e
> IV – a restrição de participação.

Importante ressaltar a Súmula 78 da TNU:

> Comprovado que o requerente de benefício é portador do vírus HIV, cabe ao julgador verificar as condições pessoais, sociais, econômicas e culturais, de forma a analisar a incapacidade em sentido amplo, em face da elevada estigmatização social da doença.

Os beneficiários são as pessoas com mais de 65 anos de idade (idosas) e as com deficiência, que não possuam formas para prover sua subsistência nem de tê-la provida por sua família.

O INSS reconhece também como beneficiário o brasileiro, naturalizado ou nato, que comprove domicílio e residência no Brasil e atenda a todos os demais critérios estabelecidos para a concessão dessa prestação.

## 41.3 Data de início do benefício

O benefício tem início a partir da data da entrada do requerimento, sendo devido enquanto perdurarem as condições que deram origem à concessão.

Ainda que concedido por decisão judicial, seus efeitos devem retroagir à data do requerimento administrativo, se caracterizado que, na oportunidade, o requerente já atendia aos requisitos, conforme Súmula 22 da TNU: "Se a prova pericial realizada em juízo dá conta de que a incapacidade já existia na data do requerimento administrativo, esta é o termo inicial do benefício assistencial".

## 41.4 Cancelamento do benefício

O benefício deve ser revisto a cada dois anos para avaliação da continuidade das condições que lhe deram origem. O término do pagamento do benefício ocorrerá nas seguintes hipóteses:

- superação das condições que lhe deram origem;
- morte do beneficiário;
- falta de comparecimento do beneficiário portador de deficiência ao exame médico-pericial, por ocasião de revisão do benefício;
- falta de apresentação pelo beneficiário da declaração de composição do grupo familiar por ocasião da revisão do benefício.

O fim do benefício de prestação continuada concedido à pessoa com deficiência não impede nova concessão do benefício, desde que atendidos os requisitos definidos em regulamento (art. 21, § 4º, da LOAS).

Tal benefício assistencial é intransferível e, portanto, não gera pensão por morte. No entanto, o valor do resíduo não recebido em vida pelo beneficiário será pago aos seus herdeiros ou sucessores, na forma da lei civil.

## 41.5 Benefício assistencial de salário mínimo do trabalhador avulso portuário

Para entendermos a definição de trabalhador avulso, como aquele que "presta, a diversas empresas, sem vínculo empregatício, serviços de natureza urbana ou rural definidos no regulamento", é necessário lermos a Lei n. 8.212/91, art. 12, VI, que caracteriza o trabalhador avulso como aquele que não é subordinado, pois os trabalhadores avulsos não têm nenhum tipo de vínculo de emprego.

O trabalhador avulso portuário é regulamentado pelo OGMO (Órgão Gestor de Mão de Obra), em seu conceito, são entidades sem fins lucrativos regulamentadoras dos trabalhadores avulsos do setor portuário. Com a chegada da Lei n. 8.630/93 (chamada de Lei de Modernização dos Portos) e como previsto na Lei n. 12.815/2013, arts. 33 a 44, o OGMO fica responsável por administrar as escalas de trabalho dos trabalhadores portuários, pelo cadastramento, pelos registros dos trabalhadores portuários, e pagamento dos encargos sociais e previdenciários. Assim também a OGMO, é responsável pela habilitação profissional da categoria dos trabalhadores portuários.

É estabelecida em lei a garantia de um salário mínimo mensal, como benefício assistencial do trabalhador avulso portuário:

> Lei n. 12.815/2013, art. 73. A Lei n. 9.719, de 27 de novembro de 1998, passa a vigorar acrescida do seguinte art. 10-A:
>
> Art. 10-A. É assegurado, na forma do regulamento, benefício assistencial mensal, de até 1 (um) salário mínimo, aos trabalhadores portuários avulsos, com mais de 60 (sessenta) anos, que não cumprirem os requisitos para a aquisição das modalidades de aposentadoria previstas nos arts. 42, 48, 52 e 57 da Lei n. 8.213, de 24 de julho de 1991, e que não possuam meios para prover a sua subsistência.
>
> Parágrafo único. O benefício de que trata este artigo não pode ser acumulado pelo beneficiário com qualquer outro no âmbito da seguridade social ou de outro regime, salvo os da assistência médica e da pensão especial de natureza indenizatória.

O trabalhador avulso portuário é reconhecido somente se domiciliado no Brasil e ativo ao OGMO.

A renda do trabalhador avulso portuário, com mais de 60 anos, é auferida anualmente e se inferior a um salário mínimo mensal este tem direito ao benefício assistencial.

Importante saber que a norma para o benefício assistencial do trabalhador portuário foi instaurada e está prevista na Convenção 137 no item 2, art 2º da OIT – Organização Internacional do Trabalho, onde garantem a renda mínima:

> 2. Em todo o caso, um mínimo de períodos de emprego ou um mínimo de renda deve ser assegurado aos portuários sendo que sua extensão e natureza dependerão da situação econômica e social do país ou do porto de que se tratar.

## 41.6 Seguro-desemprego

No art. 6º da CF, podemos encontrar os direitos sociais destinados a reduzir as desigualdades sociais e precaver os cidadãos de viver em vulnerabilidade, dentre eles estão o direito à saúde, à previdência social e assistência aos desamparados, sendo assim a seguridade social esta garantida pelo Estado.

Um dos benefícios da Seguridade Social é a questão do seguro-desemprego, sendo sua finalidade a assistência financeira temporária concedida ao trabalhador desempregado, dispensados sem justa causa. O benefício do seguro-desemprego permite tal ajuda financeira por um período de três a cinco parcelas, de forma contínua ou alternada, a cada período aquisitivo, contados da data de dispensa, como é previsto no art. 4º da Lei n. 7.998/90, podendo aderir este benefício com 6 meses trabalhados, sendo demitido sem justa causa. Todavia, a Lei n. 7.998/90 foi atualizada no ano de 2015 com a Lei n. 13.134 em que para ter o direito ao seguro-desemprego agora são necessários 12 meses trabalhados e tendo sido demitido sem justa causa. Os trabalhadores que não foram dispensados sem justa causa, ou que pediram demissão voluntária, não têm direito a receber o seguro-desemprego por não caracterizar demissão involuntária, como previsto em lei.

Esse benefício tem como objetivo principal auxiliar o trabalhador na busca por um novo emprego.

No art. 4º, § 2º e seus incisos, são determinados os períodos das parcelas, com base nos meses trabalhados desde a primeira solicitação do benefício.

**PREVDICA**:

Para ter direito ao recebimento do seguro-desemprego, no 1º pedido são necessários pelo menos 12 dos 18 meses antes da demissão, no 2º, pelo menos, 9 dos 12 meses antes da demissão e no 3º pedido em diante, 6 meses antes da demissão.

O STJ, em vários julgados, entende que:

> (...) 2. Para se beneficiar do acréscimo elencado no § 2º do citado dispositivo, que acrescenta 12 (doze) meses ao mencionado período, é indispensável que o segurado comprove sua situação de desemprego perante órgão próprio do Ministério do Trabalho e da Previdência Social. 3. Tendo o ex-segurado recebido o benefício de seguro-desemprego, que, por sua vez, tem a finalidade de promover a assistência financeira temporária do trabalhador desempregado, sendo proposto e processado perante os Postos do Ministério do Trabalho e Emprego, atende ao comando legal de registro da situação de desemprego no órgão competente (STJ, AGRDRESP 200200638697, Rel. Min. Maria Thereza de Assis Moura, *DJ* 6-10-2008).

A seguridade social brasileira tem procurado alcançar diversas situações de adversidade, visando uma evolução no direito ao seguro-desemprego. Além do trabalhador formal, também recebem o seguro-desemprego o empregado doméstico, o pescador artesanal e o trabalhador resgatado.

No caso do trabalhador resgatado, o benefício dura no máximo de 3 meses. O Código Penal brasileiro, por meio do seu art. 149, tipifica a redução a condição análoga à de escravo:

> Art. 149. Reduzir alguém a condição análoga à de escravo, quer submetendo-o a trabalhos forçados ou a jornada exaustiva, quer sujeitando-o a condições degradantes de trabalho, quer restringindo, por qualquer meio, sua locomoção em razão de dívida contraída com o empregador ou preposto.

A concessão do benefício do seguro-desemprego para o trabalhador resgatado da condição análoga à de escravo tem amparo na Lei n. 10.608, de 20 de dezembro de 2002, que alterou a Lei n. 7.998, de 11 de janeiro de 1990. Terá direito ao recebimento do seguro-desemprego o trabalhador que for identificado tendo sido submetido a um regime de trabalho forçado ou reduzido a condição análoga à de escravo, em decorrência de ação do Ministério do Trabalho e Emprego.

Para ter direito ao benefício, o trabalhador resgatado precisará comprovar: 1) haver sido dispensado sem justa causa, inclusive de forma indireta; 2) não estar recebendo nenhum benefício de prestação continuada da Previdência Social, exceto auxílio-acidente e pensão por morte; 3) não possuir renda própria.

## 41.7 Seguro defeso do pescador artesanal

O seguro defeso é um acesso que o pescador artesanal tem de garantir seu benefício de seguro-desemprego, no período em que não conseguir realizar suas atividades de pesca.

Este direito do pescador artesanal está previsto na Lei n. 10.779/2003 e sua regulamentação por meio do Decreto n. 8.424/2015:

> Art. 1º O pescador artesanal (...) desde que exerça sua atividade profissional ininterruptamente, de forma artesanal e individualmente ou em regime de economia familiar, fará jus ao benefício do seguro-desemprego, no valor de 1 (um) salário mínimo mensal, durante o período de defeso de atividade pesqueira para a preservação da espécie.

É garantia do pescador artesanal um salário mínimo mensal no período do seguro defeso, e este tem o período estabelecido pelo IBAMA (Instituto Brasileiro do Meio Ambiente e dos Recursos Naturais Renováveis), de acordo com a reprodução de espécies, buscando a preservação ambiental e manutenção do setor pesqueiro.

O pescador artesanal que tem direito ao seguro defeso é o que não dispõe de outra fonte de renda diversa da decorrente da atividade pesqueira, que exerce essa atividade de forma ininterrupta, e ter registro ativo há pelo menos um ano no Registro Geral de Pesca (RGP), do Ministério da Agricultura, Pecuária e Abastecimento (MAPA), na condição de pescador profissional artesanal.

O pescador precisa comprovar o recolhimento de contribuição previdenciária ao INSS (Instituto Nacional do Seguro Social) nos 12 (doze) meses anteriores ao pedido do seguro, como é previsto no art. 2º da Lei n. 10.779/2003, incluído pela Lei n. 13.134/2015.

Além disso, a Lei n. 14.601/2023 trouxe algumas alterações no que diz respeito ao seguro-defeso, um benefício de proteção previdenciária aos pescadores artesanais, regulado pela Lei n. 10.779/2003.

Anteriormente, para ter direito a esse benefício, o pescador não poderia estar recebendo nenhum outro benefício previdenciário ou assistencial de natureza continuada, com exceção da pensão por morte ou auxílio-acidente, conforme o art. 2º, § 1º da referida lei:

> Art. 2º (...)
>
> § 1º Para fazer jus ao benefício, o pescador não poderá estar em gozo de nenhum benefício decorrente de benefício previdenciário ou assistencial de natureza continuada, exceto pensão por morte e auxílio-acidente.

No entanto, a Lei n. 14.601/2023 ampliou o leque de exceções que permitem ao pescador artesanal receber o seguro-defeso mesmo se estiver usufruindo de algum tipo de benefício. As novas exceções agora incluem as transferências de renda mencionadas no art. 6º, parágrafo único, e no art. 203, VI, ambos da Constituição Federal, bem como a previsão do art. 1º, § 1º, da Lei n. 10.835/2004 (renda básica de cidadania):

> Art. 2º. (...)
>
> § 1º Para fazer jus ao benefício, o pescador não poderá estar em gozo de nenhum benefício decorrente de benefício previdenciário ou assistencial de natureza continuada, exceto pensão por morte, auxílio-acidente e transferências de renda de que tratam o parágrafo único do art. 6º e o inciso VI do *caput* do art. 203 da Constituição Federal e o *caput* e o § 1º do art. 1º da Lei n. 10.835, de 8 de janeiro de 2004.

## 41.8 Auxílio-inclusão

O auxílio-inclusão é o benefício assistencial brasileiro previsto no Estatuto da Pessoa com Deficiência (Lei n. 13.146/2015) oportuno às pessoas com deficiências consideradas graves ou moderadas nos termos do art. 94 da referida lei. Apesar de sua expressa previsão no referido estatuto, este benefício passou a ser devidamente regulamentado no ano de 2021 pela Lei n. 14.176.

Este benefício visa incentivar e estimular as pessoas com deficiência a ingressarem no mercado de trabalho, na medida em que confere um valor mensal a estas pessoas, em complemento a sua renda, desde que atendidos os critérios previstos na legislação pertinente.

A Lei n. 13.146 prevê, em seu art. 94, duas hipóteses em que a pessoa com deficiência grave ou moderada terá o direito de receber o auxílio-inclusão, as que incluem, além do exercício de atividade remunerada que a enquadre como seguradora obrigatória do Regime Geral de Previdência Social (RGPS), o recebimento do Benefício de Prestação Continuada (BCP) ou ter sido beneficiária deste nos últimos 5 anos.

> **RGPS** (Regime Geral de Previdência Social): (...) regime público de previdência social, de caráter obrigatório, para os segurados da iniciativa privada, ou seja, que não estejam submetidos à disciplina legal dos servidores públicos civis e militares. O regime é de

> caráter contributivo porque a cobertura previdenciária pressupõe o pagamento de contribuição do segurado para o custeio do sistema (...) A filiação é obrigatória (...)[1].
>
> **BPC** (Benefício Assistencial de Prestação Continuada): prestações assistenciais (...) destinada ao idoso e ao deficiente que comprovadamente não possuam meios de prover a própria subsistência nem de tê-la provida pela família – são inacumuláveis com benefícios previdenciários[2].

Importante, nesse ponto, que o auxílio-inclusão não pode ser acumulado com o BPC. Na verdade, como diz seu próprio nome, o auxílio-inclusão busca incluir a pessoa com deficiência moderada e grave no mercado de trabalho. A ideia central só pode ser esta, posto que o art. 94, I e II, da Lei Brasileira de Inclusão (Lei n. 13.146/2015) assim dispõe:

> Art. 94. Terá direito a auxílio-inclusão, nos termos da lei, a pessoa com deficiência moderada ou grave que:
>
> I – receba o benefício de prestação continuada previsto no art. 20 da Lei n. 8.742, de 7 de dezembro de 1993, e que passe a exercer atividade remunerada que a enquadre como segurado obrigatório do RGPS;
>
> II – tenha recebido, nos últimos 5 (cinco) anos, o benefício de prestação continuada previsto no art. 20 da Lei n. 8.742, de 7 de dezembro de 1993, e que exerça atividade remunerada que a enquadre como segurado obrigatório do RGPS.

Nesse sentido é o entendimento do TRF-4:

> Por fim, o benefício de amparo assistencial não pode ser acumulado com qualquer outro no âmbito da seguridade social ou de outro regime, salvo os da assistência médica e da pensão especial de natureza indenizatória (art. 20, § 4º, Lei n. 8.742/93), permitida a opção pelo benefício mais vantajoso.
>
> Também deve ser suspenso o BPC quando a pessoa com deficiência passar a exercer atividade remunerada, inclusive na condição de microempreendedor individual (art. 21-A da Lei n. 8.742/93), possibilitada a sua transformação em Auxílio-inclusão (art. 26-B, § 1º, da Lei n. 8.742/93) (TRF-4 – Recurso Cível: 50034701920224047118/RS, Rel. Marina Vasques Duarte, j. em 9-4-2024, 4ª Turma Recursal do RS).

Ora, a partir do momento em que a pessoa com deficiência moderada ou grave passa a trabalhar, ela perde os requisitos do BPC. Mas a *mens legislatoris*, aqui, me parece que é a tutela inclusiva desse grupo de pessoas. Não podemos esquecer que existem para essas pessoas, como definido no próprio art. 2º da citada lei, impedimentos de longo prazo de natureza física, mental, intelectual ou sensorial que, em conjunto com uma ou mais barreiras,

1. SANTOS, Marisa Ferreira de; LENZA, Pedro. *Direito previdenciário esquematizado*. 1. ed. São Paulo: Saraiva, 2011, p. 116-117.
2. ROCHA, Daniel Machado da; MÜLLER, Eugélio Luis. *Direito previdenciário: em resumo*. 3. ed. Curitiba: Alteridade Editora, 2021, p. 193.

podem obstruir sua participação plena e efetiva em igualdade de condições com as demais pessoas na sociedade.

A pessoa com deficiência, sobretudo moderada e grave, possui escala de pontuação no Índice de Funcionalidade Brasileiro (IF-BRA) muito menor do que pessoas sem deficiência, o que demonstra uma maior dificuldade de desempenho e, consequentemente, de inserção no mercado de trabalho. Essa dificuldade, no entanto, não se confunde com incapacidade laboral. Veja o entendimento jurisprudencial sobre o assunto:

> Com efeito, se a intenção do legislador constitucional é a de inclusão desse grupo em necessidade, como se vê claramente dos princípios que regem a Assistência Social (artigo 203 da CF), não pode o legislador infraconstitucional, mesmo dentro da sua competência legislativa, instituir um requisito novo e restritivo. Assim sendo, fica evidenciado que não se confundem os conceitos de incapacidade e deficiência, que estão bem esclarecidos pelo regulamento da Lei n. 7.853, de 24 de outubro de 1989, que dispõe sobre a Política Nacional para a Integração da Pessoa Portadora de Deficiência (artigos 3º e 4º do Decreto n. 3.298, de 20 de dezembro de 1999) (TRF-3 – RI: 50014773720224036319, Rel. Lin Pei Jeng, j. em 6-11-2023, 10ª Turma Recursal da Seção Judiciária de São Paulo, *DJEN* 10-11-2023).

Uma crítica que fazemos é o fato de o legislador ter garantido o auxílio-inclusão apenas para deficiência moderada e grave, excluindo aqueles com deficiência leve. É que existe verdadeiro desrespeito à isonomia, na medida em que, não importa o grau, todos enfrentam dificuldades de inserção. Assim, entendemos que o legislador foi negligente quanto às necessidades do portador de deficiência leve.

Os artigos regulamentados pela Lei n. 14.176 de 2021 instituem os critérios de acesso, o cálculo dos valores e as demais especificações do benefício.

Além dos critérios mencionados, também são necessários: (a) ingressar em atividade remunerada, pública ou privada, com salário inferior a 2 salários mínimos; (b) permanecer com a renda familiar inferior a 1/4 do salário mínimo *per capita*; (c) estar inscrito no Cadastro Único de Assistência Social e (d) estar com a inscrição regular no Cadastro de Pessoas Físicas (CPF).

O valor mensal do benefício corresponde a 50% do salário mínimo nacional, o qual poderá ser concedido a todo aquele que, atendidos os requisitos, solicitar o benefício junto ao Instituto Nacional de Seguro Social (INSS).

Com a introdução no mercado de trabalho, exercício de atividade remunerada e devido registro na Carteira de Trabalho e Previdência Social (CTPS), a pessoa terá o Benefício de Prestação Continuada suspenso e assim, passará a receber o auxílio-inclusão juntamente com a remuneração de seu emprego.

Caso a pessoa perca seu emprego, atendidos os critérios legais, poderá requerer a reativação do BCP junto ao INSS, para que este volte a ser pago, independentemente de nova avaliação de deficiência.

Vale ressaltar que toda a operação de análise do requerimento, deferimento ou indeferimento do benefício e comunicação do resultado ao requerente é realizada pelo Instituto Nacional do Seguro Social.

**PREVDICA**:
O INSS tem como função garantir e gerir operações que assegurem o cumprimento dos direitos dos trabalhadores beneficiados pelo RGPS.

## 41.9 Benefícios eventuais

Eventuais são os benefícios previdenciários suplementares e provisórios, regulamentados na Lei de Organização da Assistência Social – LOAS (Lei n. 8.742/93), concedidos em razão do nascimento, morte, situações de vulnerabilidade temporária e calamidade pública, *vide* redação do art. 22 do mencionado dispositivo legal.

Nos termos do Decreto n. 6.307/2007, os auxílios concedidos em virtude do nascimento e da morte serão regulados pelos Conselhos de Assistência Social de cada município e Distrito Federal, e cada um dos auxílios atenderá alguns aspectos, preferencialmente, quais sejam:

> Art. 3º O auxílio por natalidade atenderá, preferencialmente, aos seguintes aspectos:
> I – necessidades do nascituro;
> II – apoio à mãe nos casos de natimorto e morte do recém-nascido;
> III – apoio à família no caso de morte da mãe.
> Art. 4º O auxílio por morte atenderá, prioritariamente:
> I – a despesas de urna funerária, velório e sepultamento;
> II – a necessidades urgentes da família para enfrentar riscos e vulnerabilidades advindas da morte de um de seus provedores ou membros; e
> III – a ressarcimento, no caso da ausência do benefício eventual no momento em que este se fez necessário[3].

O auxílio em razão do nascimento é concedido à mãe ou a alguém que a represente legalmente, podendo ser disponibilizado em forma de pecúnia, com parcela única por criança nascida ou natimorta ou em forma de bens de consumo por criança nascida.

O auxílio por morte será concedido com o intuito de suprir as vulnerabilidades de uma família em razão do falecimento de algum de seus integrantes, podendo ser disponibilizado

3. BRASIL. Decreto n. 6.307, de 14 de dezembro de 2007. Dispões sobre os benefícios eventuais de que trata o art. 22 da Lei n. 8.742, de 7 de dezembro de 1993. Brasília, DF, dez. 2007. Disponível em: <http://www.planalto.gov.br/ccivil_03/_ato2007-2010/2007/decreto/d6307.htm>. Acesso em: 21 fev. 2022.

em parcela única em forma de pecúnia, ou em bens que auxiliem os trâmites funerários, como a utilização de capela, concessão de urna funerária, transporte funerário, velório, sepultamento, entre outros.

Fará jus ao auxílio em situação de vulnerabilidade temporária o indivíduo ou a família que venha a sofrer riscos, perdas e danos à integridade pessoal e familiar, decorrentes da falta de acesso a condições e meios para suprir a reprodução social cotidiana, inclusive a de alimentação; da falta de documentação; da falta de domicílio; da situação de abandono ou impossibilidade de garantir abrigo aos filhos; da perda circunstancial decorrente da ruptura de vínculos familiares, da presença de violência física ou psicológica na família ou de situações de ameaça à vida; de desastres e de calamidade pública; ou de outras situações sociais que comprometam a sobrevivência.

Salienta-se a redação do art. 7º do Decreto n. 6.307/2007:

> Art. 7º A situação de vulnerabilidade temporária caracteriza-se pelo advento de riscos, perdas e danos à integridade pessoal e familiar, assim entendidos:
> I – riscos: ameaça de sérios padecimentos;
> II – perdas: privação de bens e de segurança material; e
> III – danos: agravos sociais e ofensa, danos à comunidade afetada, inclusive à incolumidade ou à vida de seus integrantes[4].

Este auxílio poderá ser concedido em forma de pecúnia, pago em até seis parcelas; de bens de consumo ou até mesmo em forma de passagem interurbana ou interestadual, tendo em vista o objetivo de restauração da vivência familiar e comunitária.

Por calamidade pública entende-se a situação anormal, que resulta em sérios danos à comunidade, à incolumidade ou à vida de seus integrantes; sendo assim, o auxílio proveniente desta modalidade visa assegurar a sobrevivência a reconstrução da autonomia, por esta razão, será concedido em forma de pecúnia.

**PREVDICA:**
O cidadão poderá acessar este benefício nos Centros de Convivência, Centros-Dia e Unidades de Acolhimento.

## 41.10 Alterações da Lei n. 14.601/2023

A Lei n. 14.601/2023, ao inserir uma situação que não constava na redação inicial da Medida Provisória n. 1.164/2023, ampliou as possibilidades de cumulação do Benefício de Prestação Continuada (BPC) com outras políticas públicas.

---

4. BRASIL. Decreto n. 6.307, de 14 de dezembro de 2007. Dispõe sobre os benefícios eventuais de que trata o art. 22 da Lei n. 8.742, de 7 de dezembro de 1993. Brasília, DF, dez. 2007. Disponível em: <http://www.planalto.gov.br/ccivil_03/_ato2007-2010/2007/decreto/d6307.htm>. Acesso em: 21 fev. 2022.

Vejamos:

> § 4º O benefício de que trata este artigo não pode ser acumulado pelo beneficiário com qualquer outro no âmbito da seguridade social ou de outro regime, salvo os da assistência médica e da pensão especial de natureza indenizatória, bem como as transferências de renda de que tratam o parágrafo único do art. 6º e o inciso VI do *caput* do art. 203 da Constituição Federal e o *caput* e o § 1º do art. 1º da Lei n. 10.835, de 8 de janeiro de 2004.

Antes dessa mudança, o texto legal se limitava a permitir a cumulação do BPC com benefícios de assistência médica ou pensões especiais de natureza indenizatória. A nova redação amplia essas possibilidades, permitindo a cumulação do BPC com as políticas de transferência de renda mencionadas no art. 6º, parágrafo único, e no art. 203, VI, da Constituição Federal (renda mínima), bem como com a renda básica de cidadania, conforme estabelecido pela Lei n. 10.835/2004.

A Lei n. 14.601/2023 não manteve algumas restrições às operações de empréstimos consignados que haviam sido introduzidas pela Medida Provisória n. 1.164/2023, especialmente a tentativa de proibição de realização desse tipo de operação financeira incidindo sobre os benefícios de prestação continuada (BPC), conforme a redação que havia sido dada ao art. 6º da Lei n. 10.820/2003:

> Art. 6º Os titulares de benefícios de aposentadoria e pensão do Regime Geral de Previdência Social poderão autorizar que o Instituto Nacional do Seguro Social – INSS proceda aos descontos referidos no art. 1º e, de forma irrevogável e irretratável, que a instituição financeira na qual recebam os seus benefícios retenha, para fins de amortização, valores referentes ao pagamento mensal de empréstimos, financiamentos, cartões de crédito e operações de arrendamento mercantil por ela concedidos, quando previstos em contrato, na forma estabelecida em regulamento, observadas as normas editadas pelo INSS e ouvido o Conselho Nacional de Previdência Social.

Embora essa medida protegesse os beneficiários dos programas assistenciais de situações de endividamento, também dificultava o acesso dessas pessoas aos mecanismos formais de crédito.

Devido à controvérsia no Congresso Nacional durante a tramitação da Medida Provisória n. 1.164/2023, a possibilidade de celebração de empréstimos consignados incidentes no BPC foi retomada, restabelecendo a redação anterior do art. 6º da Lei n. 10.820/2003, que fora dada pela Lei n. 14.431/2022:

> Art. 6º Os titulares de benefícios de aposentadoria e pensão do Regime Geral de Previdência Social e do benefício de prestação continuada de que trata o art. 20 da Lei n. 8.742, de 7 de dezembro de 1993, poderão autorizar que o Instituto Nacional do Seguro Social (INSS) proceda aos descontos referidos no art. 1º desta Lei e, de forma irrevogável e irretratável, que a instituição financeira na qual recebam os seus benefícios retenha, para fins de amortização, valores referentes ao pagamento mensal de empréstimos, financiamentos, cartões de crédito

e operações de arrendamento mercantil por ela concedidos, quando previstos em contrato, na forma estabelecida em regulamento, observadas as normas editadas pelo INSS e ouvido o Conselho Nacional de Previdência Social.

Para os beneficiários do Regime Geral de Previdência Social (RGPS), foi mantido o teto de 45% para os empréstimos consignados.

Já para os beneficiários do BPC/LOAS, a margem consignável é de 35%, mas também foi permitido:

> § 5º-A Para os titulares do benefício de prestação continuada de que trata o art. 20 da Lei n. 8.742, de 7 de dezembro de 1993 (Lei Orgânica da Assistência Social), os descontos e as retenções referidos no *caput* deste artigo não poderão ultrapassar o limite de 35% (trinta e cinco por cento) do valor dos benefícios, dos quais 30% (trinta por cento) destinados exclusivamente a empréstimos, a financiamentos e a arrendamentos mercantis e 5% (cinco por cento) destinados exclusivamente à amortização de despesas contraídas por meio de cartão de crédito consignado ou cartão consignado de benefício ou à utilização com a finalidade de saque por meio de cartão de crédito consignado ou cartão consignado de benefício.

Além disso, a possibilidade de empréstimos consignados foi estendida às pessoas que recebem o benefício de renda mensal vitalícia:

> § 7º Aplica-se o previsto no *caput* e no § 5º deste artigo aos titulares da renda mensal vitalícia prevista na Lei n. 6.179, de 11 de dezembro de 1974.

Também de forma sutil, a Lei ampliou a possibilidade de empréstimos consignados para outros programas sociais baseados no BPC:

> § 8º Para os benefícios que tenham como requisito para sua concessão a preexistência do benefício de prestação continuada de que trata o art. 20 da Lei n. 8.742, de 7 de dezembro de 1993 (Lei Orgânica da Assistência Social), aplica-se o previsto no *caput* e no § 5º-A deste artigo.

## 41.11 Lei n. 14.717/2023 – Pensão especial para filhos de vítimas de feminicídio

A Lei n. 14.717/2023 introduz, a partir de 31 de outubro de 2023, a concessão de uma pensão especial destinada a crianças e adolescentes dependentes, órfãos em decorrência do crime de feminicídio, conforme definido no inciso VI do § 2º do art. 121 do Código Penal. Este benefício será concedido quando a renda familiar mensal *per capita* não ultrapassar 1/4 (um quarto) do salário mínimo. Essa medida visa prover suporte financeiro aos beneficiários mais vulneráveis, garantindo-lhes um amparo diante das circunstâncias adversas decorrentes do mencionado crime.

No ano anterior (em 2022), o registro de feminicídios no Brasil atingiu um preocupante total de 1.437 casos, denotando um aumento de 6,1% em relação ao ano anterior, conforme revelado pelo Anuário Brasileiro de Segurança Pública 2023. Esse levantamento evidencia uma ampliação de todas as formas de violência contra as mulheres.

A pensão especial proposta destina-se a abranger conjuntamente filhos biológicos, adotivos e dependentes, considerando uma condição financeira fragilizada, em que a renda familiar mensal, por pessoa, não ultrapasse 25% do salário mínimo vigente, equivalente a R$ 330 atualmente, em 2023.

O texto estabelece as seguintes disposições:

1. A pensão será concedida até que os filhos ou dependentes atinjam a idade de 18 anos.
2. Em casos nos quais haja fundamentos sólidos de feminicídio, o benefício poderá ser temporariamente concedido antes da conclusão do julgamento do crime.
3. Se o processo judicial não confirmar o feminicídio, a pensão será suspensa, sendo desnecessária a devolução dos valores já recebidos.
4. A pensão será concedida mesmo para casos de feminicídio anteriores à promulgação da lei, contudo, sem efeitos retroativos.
5. O suspeito de feminicídio ou coautoria do crime não terá permissão para receber ou gerenciar a pensão em nome dos filhos.
6. A pensão especial, salvo opção em contrário, não será acumulável com outros benefícios previdenciários.
7. O recebimento da pensão não exime o agressor ou autor do crime da obrigação de indenizar a família da vítima.

Vejamos um trecho da lei na sua integralidade:

> Art. 1º É instituída pensão especial aos filhos e dependentes menores de 18 (dezoito) anos de idade, órfãos em razão do crime de feminicídio tipificado no inciso VI do § 2º do art. 121 do Decreto-Lei n. 2.848, de 7 de dezembro de 1940 (Código Penal), cuja renda familiar mensal *per capita* seja igual ou inferior a 1/4 (um quarto) do salário mínimo.
>
> § 1º O benefício de que trata o *caput* deste artigo, no valor de 1 (um) salário mínimo, será pago ao conjunto dos filhos e dependentes menores de 18 (dezoito) anos de idade na data do óbito de mulher vítima de feminicídio.
>
> § 2º O benefício de que trata o *caput* deste artigo será concedido, ainda que provisoriamente, mediante requerimento, sempre que houver fundados indícios de materialidade do feminicídio, na forma definida em regulamento, vedado ao autor, coautor ou partícipe do crime representar as crianças ou adolescentes para fins de recebimento e administração da pensão especial.
>
> § 3º Verificado em processo judicial com trânsito em julgado que não houve o crime de feminicídio, o pagamento do benefício de que trata o *caput* deste artigo cessará imediatamente, desobrigados os beneficiários do dever de ressarcir os valores recebidos, salvo má-fé.

§ 4º O benefício de que trata o *caput* deste artigo, ressalvado o direito de opção, não é acumulável com benefícios previdenciários recebidos do Regime Geral de Previdência Social (RGPS) ou dos regimes próprios de previdência social, nem com pensões ou benefícios do sistema de proteção social dos militares.

§ 5º Será excluído definitivamente do recebimento do benefício de que trata o *caput* deste artigo a criança ou o adolescente que tiver sido condenado, mediante sentença com trânsito em julgado, pela prática de ato infracional análogo a crime como autor, coautor ou partícipe de feminicídio doloso, ou de tentativa desse ato, cometido contra a mulher vítima da violência, ressalvados os absolutamente incapazes e os inimputáveis.

§ 6º O benefício de que trata o *caput* deste artigo cessará quando o beneficiário completar 18 (dezoito) anos de idade, ou em razão de seu falecimento, e a respectiva cota será reversível aos demais beneficiários.

§ 7º O benefício de que trata o *caput* deste artigo não prejudicará os direitos de quem o receber, relativos ao dever de o agressor ou o autor do ato delitivo indenizar a família da vítima.

# 42

# Proteção à família e à maternidade

Família é o núcleo da sociedade, base legal da civilização.

A proteção previdenciária voltada à proteção da família e à maternidade abrange os benefícios de pensão por morte, auxílio-reclusão, salário-maternidade e salário-família.

## 42.1 Pensão por morte

A pensão por morte é o benefício pago aos dependentes do segurado, homem ou mulher, que falecer ou tiver a morte presumida declarada por sentença, aposentado ou não, conforme previsão expressa do art. 201, V, da CF. É prestação de pagamento continuado, substitutiva da remuneração do segurado falecido.

A pensão por morte pode ter origem comum ou acidentária.

Havendo óbito por acidente do trabalho ou doença ocupacional, a pensão por morte é acidentária. Caso o falecimento seja decorrente de causas diversas, a pensão é considerada como de origem comum.

Essa diferenciação é relevante para definição da competência jurisdicional para concessão e revisão do benefício, a para os reflexos que podem gerar, entre eles a indenização a ser exigida dos causadores do acidente do trabalho (competência da Justiça do Trabalho).

**PREVDICA**:
Desde a Lei n. 8.213/91, os benefícios de natureza acidentária passaram a ter o mesmo tratamento dispensado aos demais benefícios previdenciários.

### *42.1.1 Requisitos necessários para a concessão do benefício*

O risco social a ser coberto pela Previdência Social é a subsistência de dependentes do segurado do RGPS, que são aqueles arrolados no art. 16 da Lei de Benefícios.

Importante ater-se à Súmula 416 do STJ:

> É devida a pensão por morte aos dependentes do segurado que, apesar de ter perdido essa qualidade, preencheu os requisitos legais para a obtenção de aposentadoria até a data do seu óbito.

Insta lembrar que, em se tratando de família, a manutenção do vínculo também independe do pedido de benefício por incapacidade temporária ou aposentadoria por incapacidade permanente, desde que atendidos os demais requisitos legais.

A morte do segurado deve ser considerada um infortúnio, que impede o implemento da idade mínima, mas não pode afastar o fato gerador da pensão por morte de quem já cumpriu o período de carência para a concessão da aposentadoria por idade. Posicionamento contrário levaria à conclusão de que as contribuições feitas pelo segurado (acima de 180 meses) não reverterão em nenhum proveito aos dependentes em caso de óbito em data anterior ao preenchimento da idade mínima.

## 42.2 Morte presumida

A pensão poderá ser concedida em caráter provisório em caso de morte presumida do segurado, declarada pela autoridade judicial competente depois de seis meses de ausência – art. 78 da Lei n. 8.213/91.

O art. 7º do CC determina que pode ser declarada a morte presumida sem decretação de ausência:

> I – se for extremamente provável a morte de quem estava em perigo de vida;
>
> II – se alguém, desaparecido em campanha ou feito prisioneiro, não for encontrado até dois anos após o término da guerra.

A declaração da morte presumida, nesses casos, somente poderá ser requerida depois de esgotadas as buscas e averiguações, devendo a sentença fixar a data provável do falecimento.

A Lei de Registros Públicos – Lei n. 6.015/73, em seu art. 88, permite a justificação judicial da morte para assento de óbito de pessoas desaparecidas em naufrágio, inundação, incêndio, terremoto ou qualquer outra catástrofe, quando estiver provada a sua presença no local do desastre e não for possível encontrar o cadáver para exame.

## 42.3 Direito à pensão do segurado inadimplente com a Previdência

Uma vez caracterizado como segurado empregado, inclusive doméstico, trabalhador avulso e contribuinte individual que presta serviços a pessoa jurídica, a responsabilidade pelo recolhimento das contribuições é do tomador de serviços, não se podendo negar o direito à pensão pela ausência de recolhimentos, quando comprovada a atividade laborativa no período antecedente ao óbito ou morte presumida.

A Súmula 52 da TNU traz:

> Para fins de concessão de pensão por morte, é incabível a regularização do recolhimento de contribuições de segurado contribuinte individual posteriormente a seu óbito, exceto quando as contribuições devam ser arrecadadas por empresa tomadora de serviços.

## 42.4 Habilitação de beneficiários

Com o falecimento do segurado, os dependentes elegíveis devem solicitar o benefício perante a Previdência. Isso pode ser feito agendando um atendimento por telefone, discando o número 135 ou através da Internet, ou ainda, pessoalmente em uma agência do INSS.

Dentro da mesma classe de dependentes, todos têm direitos iguais e concorrem em igualdade de condições perante a Previdência Social. Não haverá atraso na concessão da pensão por morte devido à falta de habilitação de outro possível dependente, conforme estabelecido no art. 76 da Lei n. 8.213/91.

Uma decisão da TNU (PU 0055731-54.2007.4.01.3400, *DOU* de 25-5-2012) destaca que, embora o art. 115, II, da Lei n. 8.213/91 permita que qualquer pagamento em excesso seja descontado dos benefícios para evitar enriquecimento injusto, esta norma não é inconstitucional e deve ser interpretada em conformidade com a Constituição Federal. A proteção da boa-fé é considerada um princípio constitucional implícito e, nos casos em que o beneficiário age de boa-fé, a aplicação desse dispositivo legal deve ser evitada.

## 42.5 Pensão ao dependente viúvo

A pensão por morte é dos benefícios que mais terá mudanças com a reforma da Nova Previdência. Com a mudança, a pensão deixará de ter valor integral em todos os casos.

A reforma, porém, cria um sistema de cotas que vai reduzir esse valor, que até então era de 100% (cem por cento).

O pagamento será de 50% do que seria a aposentadoria do segurado que morreu.

Esse valor, porém, será acrescido de mais 10% por filho, até o limite de 100% com cinco ou mais dependentes.

## 42.6 União estável homoafetiva – Forma comprobatória

É ilegal a exigência de comprovação de que a pessoa convivente vivia às expensas da pessoa falecida. Tal presunção de dependência econômica entre cônjuges e companheiros (§ 4º do art. 16 da Lei n. 8.213/91) deve ser interpretada como absoluta, embora tenha quem defenda aludida presunção.

## 42.7 Pensão do filho ou irmão inválido

O art. 16 da Lei de Benefícios assegura a condição de dependente ao filho (e enteados e tutelados) e aos irmãos do segurado, até a idade de 21 anos, ou se inválidos, nos incisos I e III.

Recentemente, a Lei n. 15.108/2025 alterou o § 2º do art. 16 para incluir também na lista de dependentes o menor sob guarda, entendimento esse que já vinha sendo defendido pelo STF ao julgar o Tema 1.271.

## 42.8 Dependente universitário até os 24 anos

Essa matéria foi uniformizada pelo STJ (REsp 1.369.832-SP, 1ª Seção, Rel. Min. Arnaldo Esteves Lima, *DJe* de 7-8-2013) e pela TNU (Súmula 37 da TNU), no sentido de que a pensão previdenciária vem preceituada na Lei n. 8.213/91 e é devida somente até os 21 anos de idade, diante da taxatividade da lei previdenciária, porquanto não é dado ao Poder Judiciário legislar positivamente, usurpando função do Poder Legislativo.

## 42.9 Pensão em favor dos pais

Os pais poderão buscar a concessão da pensão por morte no caso de inexistência de dependentes na Classe 1 e desde que comprovem a dependência econômica, mesmo que não exclusiva.

De acordo com a Súmula 229 do ex-TFR: "Seguridade social. Pensão. Mãe do segurado. A mãe do segurado tem direito à pensão previdenciária, em caso de morte do filho, se provada a dependência econômica, mesmo não exclusiva".

### *42.9.1 Data de início do benefício*

A definição da data de início da pensão por morte está relacionada à legislação vigente no momento do óbito e à capacidade do dependente que requerer o benefício.

### *42.9.2 Renda mensal inicial*

O valor da renda mensal da pensão por morte, até a edição da Lei do RGPS vigente, era de 50% do salário de benefício, mais 10% por dependente, até o máximo de cinco.

O cônjuge divorciado, separado judicialmente, ou apenas separado de fato, que recebia pensão de alimentos, terá direito à pensão por morte em igualdade de condições com os demais dependentes, não havendo direito adquirido a perceber pensão previdenciária igual ao percentual da pensão alimentícia concedida judicialmente, ou objeto de homologação pelo Juiz de Vara da Família.

## 42.10 Cessação do benefício

O direito à cota-parte da pensão por morte cessará pela ocorrência das situações previstas no art. 77, § 2º, da Lei n. 8.213/91, com redação conferida pela Lei n. 13.135/2015 e, com relação ao cônjuge ou companheiro, devemos observar o art. 375, § 8º, da IN n. 128/2022, quais sejam:

I – pela morte do pensionista;

II – para filho, pessoa a ele equiparada ou irmão, de ambos os sexos, ao completar 21 (vinte e um) anos de idade, salvo se for inválido ou tiver deficiência intelectual ou mental ou deficiência grave;

III – para filho ou irmão inválido, pela cessação da incapacidade permanente;

IV – para filho ou irmão que tenha deficiência intelectual ou mental ou deficiência grave, pelo afastamento da deficiência, nos termos do regulamento;

V – para cônjuge ou companheiro:

a) se incapacitado ou com deficiência, pela cessação da incapacidade permanente ou pelo afastamento da deficiência, respeitados os períodos mínimos decorrentes da aplicação das alíneas *b* e *c*;

b) em 4 (quatro) meses, se o óbito ocorrer sem que o segurado tenha vertido 18 (dezoito) contribuições mensais ou se o casamento ou a união estável tiverem sido iniciados em menos de 2 (dois) anos antes do óbito do segurado;

c) transcorridos os seguintes períodos, estabelecidos de acordo com a idade do beneficiário na data de óbito do segurado, se o óbito ocorrer depois de vertidas 18 (dezoito) contribuições mensais e pelo menos 2 (dois) anos após o início do casamento ou da união estável:

1) 3 (três) anos para dependente com menos de 22 (vinte e dois) anos de idade;

2) 6 (seis) anos para dependente com idade entre 22 (vinte e dois) e 27 (vinte e sete) anos;

3) 10 (dez) anos para dependente com idade entre 28 (vinte e oito) e 30 (trinta) anos;

4) 15 (quinze) anos para dependente com idade entre 31 (trinta e um) e 41 (quarenta e um) anos;

5) 20 (vinte) anos para dependente com idade entre 42 (quarenta e dois) e 44 (quarenta e quatro) anos; e

6) vitalícia para dependente com 45 (quarenta e cinco) anos de idade ou mais.

**PREVDICA:**

A pensão se extingue com a perda do direito do último pensionista, e não se transfere a dependente de classe inferior.

A pensão paga a filho maior inválido não cessa pelo simples fato de ter contraído matrimônio, ante a falta de previsão legal (TRF da 4ª Região, AC 2004.71.00.0184753, *DJU* de 16-11-2006).

## 42.11 Salário-maternidade e a Previdência

No Brasil, a proteção à trabalhadora gestante é garantida tanto no âmbito do direito do trabalho como no do direito previdenciário.

No âmbito das relações de trabalho, a proteção da gestante se dá:

- pela estabilidade conferida, na forma do art. 10 do Ato das Disposições Constitucionais Transitórias, à empregada urbana ou rural, desde a confirmação da gravidez até cinco meses após o parto, até que venha a ser disciplinada a matéria disposta no inciso I do art. 7º do Texto Constitucional (a Lei Complementar n. 146/2014 estendeu a estabilidade provisória prevista na alínea *b* do inciso II do art. 10 do ADCT à trabalhadora gestante, no caso de morte desta, a quem detiver a guarda de seu filho);
- pela licença-maternidade, de 120 dias, prevista no art. 7º, XVIII;
- pela possibilidade de alteração do local de trabalho ou função, por prescrição médica, a fim de evitar problemas na gestação e pela liberação do trabalho, para fins de consultas médicas e exames, num mínimo de seis vezes, durante o período de gravidez;
- pelo § 4º do art. 392 da CLT;
- pela autorização legal para rompimento do vínculo de emprego quando prejudicial à gestação, sem que seja devido qualquer desconto ou indenização - art. 394 da CLT; e
- pela vedação expressa à discriminação da mulher no tocante ao seu estado de fertilidade e gravidez, caracterizada a conduta discriminatória do empregador como ilícito penal, além de trabalhista - Lei n. 9.029/95.

Evidencia-se a proteção da mulher gestante pela concessão do benefício denominado salário-maternidade com duração de 120 dias, regra geral.

### 42.11.1 Período de carência

A concessão do salário-maternidade independe do número de contribuições pagas pela segurada empregada, trabalhadora avulsa e empregada doméstica. Para as seguradas contribuintes individuais, segurada especial (enquanto contribuinte individual) e segurada facultativa, o prazo de carência é de 10 contribuições mensais. No entanto, ao julgar as ADIs 2.110 e 2.111, o STF entendeu por inconstitucional essa exigência, não mais se exigindo carência para o salário-maternidade, seja qual for a modalidade de filiação.

Será devido o salário-maternidade à segurada especial, desde que comprove o exercício de atividade rural nos últimos 10 meses imediatamente anteriores à data do parto ou do requerimento do benefício, quando requerido antes do parto, mesmo que de forma descontínua (art. 93, § 2º, do Decreto n. 3.048/99, com a redação conferida pelo Decreto n. 5.545/2005).

Em relação ao tema, a TNU uniformizou que: a concessão de salário-maternidade à trabalhadora rural depende da comprovação do trabalho rural no período de carência mediante a apresentação de início de prova material contemporânea ao período de carência.

### 42.11.2 Duração do salário-maternidade

O salário-maternidade é devido à segurada da previdência social durante 120 dias, com início até 28 dias anteriores ao parto e término 91 dias depois dele, considerando, inclusive, o dia do parto. Ocorrendo parto antecipado, o benefício é pago por 120 dias após o parto.

Tratando-se de parto antecipado ou não, mesmo que ocorra parto de natimorto, comprovado por certidão de óbito, a segurada terá direito aos 120 dias previstos em lei, sem necessidade de avaliação de um perito credenciado pelo INSS.

Quando houver efetivo risco para a vida do feto, da criança ou da mãe, os períodos de repouso anteriores e posteriores ao parto poderão ser prorrogados, excepcionalmente, por duas semanas, mediante atestado médico específico.

### *42.11.3 Cessação do benefício*

O pagamento do salário-maternidade pela Previdência Social cessa após o período de 120 dias, caso não haja prorrogação na maternidade biológica (duas semanas), ou, ainda, pelo falecimento da segurada.

Considera-se parto o nascimento ocorrido a partir da 23ª semana de gestação, inclusive em caso de natimorto e, antes da 23ª semana, a perda é considerada aborto.

## 42.12 Auxílio-reclusão

O auxílio-reclusão é o benefício concedido aos dependentes do sujeito trabalhador que se encontra recluso, ou seja, preso em regime fechado. De acordo com a Lei n. 8.213, de 24 de julho de 1991, os dependentes do segurado somente farão jus ao benefício se não receberem outra remuneração ou benefício concedido pelo INSS.

> Se o segurado preso recebe remuneração de empresa, o auxílio-reclusão não é devido aos dependentes porque não haverá a ausência de renda que lhes garanta o sustento. Se o segurado, mesmo recolhido à prisão, tiver direito a benefício previdenciário, seus dependentes não terão direito ao auxílio-reclusão[1].

O objetivo do benefício é auxiliar a família de baixa renda, por isso, será concedido somente com o cumprimento de alguns requisitos: (a) o trabalhador preso deverá ser considerado de baixa renda; (b) não poderá receber nenhum outro benefício e (c) ter carência de 24 meses, isto é, ter contribuído ao menos 2 anos para o INSS.

Insta salientar o cumprimento da carência prevista de 24 meses, conforme ressaltam as jurisprudências. Vejamos:

> AUXÍLIO-RECLUSÃO. PREVIDENCIÁRIO. ARTIGO 80 DA LEI N. 8.213/91. CONDIÇÃO DE SEGURADO DE BAIXA RENDA. ÚLTIMO SALÁRIO DE CONTRIBUIÇÃO MAIOR QUE O LIMITE ESTABELECIDO. SUPERAÇÃO ÍNFIMA. PREVALÊNCIA DA FINALIDADE DA PROTEÇÃO SOCIAL DA PREVIDÊNCIA SOCIAL. 1. A concessão do auxílio-reclusão, previsto no art. 80 da Lei n. 8.213/91, rege-se pela lei vigente à época do recolhimento à prisão e depende do preenchimento dos seguintes requisitos:

1. SANTOS, Marisa Ferreira de; LENZA, Pedro. *Direito previdenciário esquematizado*. 1. ed. São Paulo: Saraiva, 2011, p. 298.

> (a) a ocorrência do evento prisão; (b) a demonstração da qualidade de segurado do preso; (c) a condição de dependente de quem objetiva o benefício; e (d) o enquadramento no critério legal de baixa renda do segurado na época da prisão. 2. Com relação à comprovação da condição de baixa renda do segurado, aplicando-se a limitação constante na portaria ministerial (R$ 1.212,64 a partir de 1º de janeiro de 2016, conforme Portaria MTPS/MF n. 1, de 8-1-2016), tem-se que não restaria preenchido este requisito, pois a renda mensal do apenado, no último mês cheio trabalhado (abril/2016) era superior à fixada em lei (R$ 1.258,00). 3. Contudo, em julgamento do REsp 1.479.564 – SP, o STJ entendeu pela flexibilização do critério econômico a fim de conceder o auxílio-reclusão em virtude de se tratar de superação "ínfima" do limite legal estipulado, em razão da prevalência da finalidade da proteção social da previdência social. Com efeito, o valor de R$ 1.258,00, auferido pelo segurado quando do recolhimento à prisão, supera em pequena monta o limite de R$ 1.212,64, vigente na data da prisão. Assim, razoável adotar o entendimento do Tribunal da Cidadania quanto ao ponto. 4. Negado provimento ao recurso do INSS e mantida a sentença que determinou a implantação do benefício em nome dos requerentes, a partir de 23/05/2016, até a soltura do preso (TRF-4 – AC: 50184344120214049999, Rel. Marcos Roberto Araujo dos Santos, j. em 17-5-2023, 11ª Turma).
>
> PREVIDENCIÁRIO. AUXÍLIO-RECLUSÃO. CRITÉRIO DE BAIXA RENDA. FLEXIBILIZAÇÃO. POSSIBILIDADE. 1. A regra que regula a concessão do auxílio-reclusão é a vigente na época do recolhimento do segurado à prisão. 2. Na vigência da Lei n. 8.213/91, após a Emenda Constitucional n. 20, são requisitos à concessão do auxílio-reclusão: a) efetivo recolhimento à prisão; b) demonstração da qualidade de segurado do preso; c) condição de dependente de quem objetiva o benefício; d) prova de que o segurado não está recebendo remuneração de empresa ou de que está em gozo de benefício por incapacidade temporária, de aposentadoria ou abono de permanência em serviço; e) renda mensal do segurado inferior ao limite legal estipulado. 3. Viabilizada a flexibilização do critério econômico para a concessão de auxílio-reclusão, em caso de necessidade de proteção social, ainda que o salário de contribuição do apenado suplante o limite legal (TRF-4 – AC: 50130353320194047208 SC, Rel. Francisco Donizete Gomes, j. em 17-2-2023, 11ª Turma).

Além dos requisitos, a lei prevê a apresentação de certidão judicial que ateste o recolhimento à prisão para a concessão do benefício e de prova de permanência da condição de beneficiário para sua manutenção.

Por óbvio, a concessão do benefício depende do requisito reclusão e perdura apenas enquanto durar a condição de presidiário; o auxílio poderá ser suspenso quando o trabalhador for solto, até que o dependente informe a soltura ao INSS e quando o dependente deixar de apresentar ao INSS a declaração de cárcere a cada três meses.

**PREVDICA:**

O INSS celebra convênios com órgãos públicos responsáveis pelo cadastro dos presos para obter informações sobre o recolhimento à prisão.

# 43

# Benefícios extintos

A Lei n. 6.179/74 traz a renda mensal vitalícia, que era o benefício pago pela Previdência Social ao maior de 70 anos de idade ou inválido que não exercesse atividade remunerada, não auferisse qualquer rendimento superior ao valor da sua renda mensal, não fosse mantido por pessoa de quem dependesse obrigatoriamente e não tivesse outro meio de prover o próprio sustento, quando tivesse sido filiado à Previdência Social, em qualquer época, no mínimo por 12 meses, consecutivos; ou não tivesse exercido atividade remunerada, posteriormente abrangida pelo Regime Geral de Previdência Social – RGPS.

Era de um salário mínimo o valor da renda mensal vitalícia, inclusive para os benefícios concedidos antes da entrada em vigor da Lei n. 8.213/91, sendo devido a contar da data de apresentação do requerimento, e não podia ser acumulado com qualquer espécie de benefício do RGPS, ou da antiga Previdência Social Urbana ou Rural, ou de outro regime.

A Lei Orgânica da Assistência Social foi regulamentada pelo Decreto n. 1.744/95, que extinguiu, desde 1º de janeiro de 1996, a renda mensal vitalícia.

A renda mensal vitalícia foi substituída pelo benefício de prestação continuada, previsto no art. 20 da Lei n. 8.742/93, que corresponde a um salário mínimo mensal pago à pessoa com deficiência e à pessoa idosa com 65 anos ou mais que comprovem não possuir meios de prover a própria manutenção nem de tê-la provida por sua família.

**PREVDICA**:

A idade mínima era de 70 anos, mas foi reduzida para 67 anos a partir de 1º de janeiro de 1998 e para 65 anos a partir da entrada em vigor do Estatuto da Pessoa Idosa (Lei n. 10.741/2003).

O benefício será devido depois de preenchidos todos os requisitos exigidos e será pago a partir de, no máximo, 45 dias após o requerimento. Não se submete a desconto de qualquer contribuição, nem gera direito a abono anual e não pode ser acumulado com nenhum outro benefício da Previdência Social ou outro regime assistencial.

## 43.1 Auxílio-natalidade

O auxílio-natalidade era uma prestação pecuniária de cota única, devida ao segurado(a) cuja remuneração fosse de valor igual ou inferior ao limite fixado pela Previdência Social, na data do nascimento de filho.

O prazo para validade da carência era de 12 contribuições mensais sem interrupção que determinasse a perda da qualidade de segurado, sendo que o segurado especial era dispensado do cumprimento desse prazo.

Constava no art. 140 da Lei n. 8.213/91, sendo o pagamento de responsabilidade da Previdência Social até a entrada em vigor da Lei n. 8.742/93, que dispôs sobre os benefícios e serviços da Assistência Social.

O Decreto n. 1.744, de 8 de dezembro de 1995, que regulamentou a Lei Orgânica da Assistência Social, extinguiu o auxílio-natalidade.

## 43.2 Auxílio-funeral

O auxílio-funeral era devido por morte do segurado empregado, trabalhador avulso, contribuinte individual e segurado especial, cuja remuneração ou salário de contribuição na data do óbito fosse de valor igual ou inferior ao limite fixado pela Previdência Social. Consistia na indenização das despesas com o sepultamento do segurado, devidamente comprovadas, até o máximo fixado pelo Instituto Nacional do Seguro Social – INSS, na data do óbito.

**PREVDICA**:

Se o executor do funeral fosse dependente do segurado falecido, o valor do auxílio-funeral corresponderia ao máximo previsto, independentemente do total das despesas comprovadas.

A concessão do auxílio-funeral não dependia do cumprimento de prazo de carência e era devido àquele que comprovasse ter efetuado as despesas com o sepultamento do segurado.

Foi extinto pelo Decreto n. 1.744/95, a partir de 1º de janeiro de 1996.

## 43.3 Pecúlio

O pecúlio era uma prestação única paga pela Previdência Social, relativa à devolução daquilo que tivesse sido pago pelo segurado a título de contribuição previdenciária, nas hipóteses previstas no art. 81 da Lei n. 8.213/91, quais sejam:

- ao segurado antes de ter completado o período de carência (extinto a partir de 21-11-1995, pela Lei n. 9.129, de 20-11-1995);

- ao segurado aposentado por idade ou por tempo de serviço pelo RGPS que voltasse a exercer atividade abrangida pelo mesmo, quando dela se tivesse afastado (extinto a partir de 16-4-1994, pela Lei n. 8.870/94);
- ao segurado ou a seus dependentes, em caso de incapacidade permanente ou morte decorrente de acidente de trabalho (extinto a partir de 21-11-1995, pela Lei n. 9.129, de 20-11-1995).

Vale a seguinte ressalva:

- nas hipóteses dos incisos I e II do art. 81, o pecúlio consistia em pagamento único de valor correspondente à soma das importâncias relativas às contribuições do segurado, pagas de acordo com o índice de remuneração básica dos depósitos de poupança com data de aniversário no dia primeiro;
- no caso do inciso III do art. 81, o pecúlio consistia em um pagamento único de 75% do limite máximo do salário de contribuição, no caso de incapacidade permanente, e de 150% desse mesmo limite, no caso de morte.

**PREVDICA**:
O prazo prescricional de cinco anos para que o trabalhador tenha o direito de requerer à Previdência Social o recebimento de pecúlio começa a fluir a partir do afastamento do trabalhador da atividade que ele estava exercendo, e não a partir da vigência da Lei n. 8.870/94, que extinguiu o pecúlio.

## 43.4 Abono de permanência em serviço

O abono de permanência em serviço era devido ao segurado que, preenchendo as condições de carência e tempo de serviço exigidos para que obtivesse a aposentadoria por tempo de serviço integral (30 anos para mulher, 35 anos para homem), preferisse não se aposentar.

A renda mensal correspondia a 25% do salário de benefício para o segurado com 35 anos ou mais de serviço e para a segurada com 30 anos ou mais de serviço.

Esse abono de permanência em serviço era extinto pela concessão da aposentadoria, por morte do segurado, ou quando da emissão de certidão de tempo de serviço, para fins de contagem contínua e recíproca.

Estava previsto no art. 87 da Lei n. 8.213/91 e foi extinto pelo art. 29 da Lei n. 8.870/94.

## 43.5 Tipos de aposentadorias diferenciadas

A Medida Provisória n. 1.523/96, convertida na Lei n. 9.528/97, extinguiu as aposentadorias especiais do jornalista profissional, do jogador profissional de futebol, da telefonista e do juiz classista temporário.

## 43.6 Renda mensal vitalícia

Este benefício previdenciário era concedido às pessoas idosas acima de 70 anos ou a pessoas com incapacidade permanente que não tivessem alguma atividade remunerada, sem um terceiro que o mantivesse sob cuidados e dependência financeira e sem forma alguma de promover o próprio sustento. O valor pago era de um salário mínimo e não poderia ser cumulado com nenhum outro benefício.

Os requisitos eram: carência de 12 meses de contribuição à Previdência; ter exercido atividade remunerada por 5 anos; se filiasse à antiga Previdência Urbana após completar 60 anos, porém sem os benefícios regulamentares.

## 43.7 Auxílio-suplementar

Excluído pela Lei n. 8.213/91, este auxílio era devido ao acidentado a partir da cessação do benefício por incapacidade temporária, se houvesse a concretização das sequelas advindas do acidente e se tornassem permanentes, porém sem impedir o funcionamento das funções laborais. Esse auxílio correspondia a 20% do salário de contribuição do dia da ocorrência, não podendo ser cumulado com a aposentadoria.

## 43.8 Aposentadoria por tempo de contribuição

Exceto pelo direito adquirido dos contribuintes, a Emenda Constitucional n. 103/2019 extinguiu novas possibilidades para a concessão da aposentadoria por tempo de contribuição, sendo agora necessário incluir também uma idade mínima para a concessão e se tornando uma outra modalidade, que foi estudada nos capítulos anteriores com profundidade.

# 44

# Regimes próprios e sua regulamentação

A pensão por morte no âmbito dos RPPS não difere daquela devida no âmbito do RGPS quanto ao fato gerador do benefício: morte do segurado/servidor, ou morte presumida deste.

Os dependentes do segurado servidor público federal estão previstos no art. 217 da Lei n. 8.112/90 e seguem uma ordem preferencial, assim como previsto no RGPS (§§ 1º e 2º do citado art. 217).

Assim, são dependentes de primeira classe os previstos nos incisos I a IV do art. 217. Estes não precisam comprovar a dependência econômica, posto que ela se presume, já que apenas no caso dos pais (inciso V) e dos irmãos (inciso VI) que a lei exige sua comprovação.

No que diz respeito à morte presumida, o art. 221 da Lei n. 8.112/90 prevê que:

> Será concedida pensão provisória por morte presumida do servidor, nos seguintes casos:
>
> I – declaração de ausência, pela autoridade judiciária competente;
>
> II – desaparecimento em desabamento, inundação, incêndio ou acidente não caracterizado como em serviço;
>
> III – desaparecimento no desempenho das atribuições do cargo ou em missão de segurança.

A pensão provisória será transformada em vitalícia ou temporária, conforme o caso, decorridos cinco anos de sua vigência, ressalvado o eventual reaparecimento do servidor, hipótese em que o benefício será automaticamente cancelado.

## 44.1 Cálculo para ajuste da pensão

A pensão por morte, na redação original da Constituição de 1988, correspondia ao valor da última remuneração do servidor, quando o óbito ocorria em atividade, ou ao valor da aposentadoria, quando já aposentado.

A EC n. 3/93 acrescentou o § 6º ao art. 40 do texto, prevendo o custeio por meio de recursos orçamentários da União e de contribuições dos servidores, na forma da lei.

A EC n. 20/98 trouxe critérios mais bem definidos para a participação dos servidores no custeio de seu próprio regime.

A EC n. 103/2019 trouxe mudanças cruciais na forma de cálculo desse benefício. Falaremos sobre isso em momento oportuno.

As Leis n. 9.717/98 e 9.783/99 estabeleceram critérios para a participação dos servidores públicos no custeio de seus regimes próprios de previdência, fixando-se a contribuição destes com a aplicação da alíquota de 11% sobre o valor da remuneração do servidor, assim considerada, para fins previdenciários, o vencimento do cargo efetivo, acrescido das vantagens pecuniárias permanentes estabelecidas em lei, os adicionais de caráter individual, ou quaisquer vantagens, inclusive as relativas à natureza ou ao local de trabalho, excluídos os pagamentos a título de diárias para viagens, desde que não excedam a 50% da remuneração mensal.

A regulamentação do custeio de cada um dos Regimes Próprios de Previdência se dá na forma do que for estabelecido pelo respectivo ente da Federação, sendo que no âmbito federal a disciplina do tema atualmente é feita pela Lei n. 10.887/2004, no art. 4º, a seguir transcrito:

> Art. 4º A contribuição social do servidor público ativo de qualquer dos Poderes da União, incluídas suas autarquias e fundações, para a manutenção do respectivo regime próprio de previdência social, será de 14% (quatorze por cento), incidente sobre:
>
> I – a totalidade da base de contribuição, em se tratando de servidor que tiver ingressado no serviço público até a data da publicação do ato de instituição do regime de previdência complementar para os servidores públicos federais titulares de cargo efetivo e não tiver optado por aderir a ele;
>
> II – a parcela da base de contribuição que não exceder ao limite máximo estabelecido para os benefícios do regime geral de previdência social, em se tratando de servidor:
>
> a) que tiver ingressado no serviço público até a data a que se refere o inciso I e tenha optado por aderir ao regime de previdência complementar ali referido; ou
>
> b) que tiver ingressado no serviço público a partir da data a que se refere o inciso I, independentemente de adesão ao regime de previdência complementar ali referido.
>
> § 1º Entende-se como base de contribuição o vencimento do cargo efetivo, acrescido das vantagens pecuniárias permanentes estabelecidas em lei, os adicionais de caráter individual ou quaisquer outras vantagens, excluídas:
>
> I – as diárias para viagens;
>
> II – a ajuda de custo em razão de mudança de sede;
>
> III – a indenização de transporte;
>
> IV – o salário-família;
>
> V – o auxílio-alimentação;
>
> VI – o auxílio-creche;

VII – as parcelas remuneratórias pagas em decorrência de local de trabalho;

VIII – a parcela percebida em decorrência do exercício de cargo em comissão ou de função comissionada ou gratificada;

IX – o abono de permanência de que tratam o § 19 do art. 40 da Constituição Federal, o § 5º do art. 2º e o § 1º do art. 3º da Emenda Constitucional n. 41, de 19 de dezembro de 2003.

A aposentadoria do servidor público pode ser conceituada como o direito subjetivo, exercitado em face do ente da Federação que o aposentou, de perceber determinada soma em pecúnia (proventos), após ter permanecido em exercício de cargo público efetivo, diante da ocorrência de certos fatos jurídicos previamente estabelecidos, satisfeitos os requisitos estabelecidos pela ordem jurídica, inaugurando-se, com a concessão do benefício, uma nova relação jurídica entre o servidor, aposentado, e o ente da Federação, relação essa de natureza previdenciária.

A aposentadoria gera o rompimento do liame jurídico-laboral entre o servidor público e o ente da Administração Pública que o admitira como declarado vago o cargo que até então ocupava, podendo ser provido por outro servidor, iniciando-se aí novo formato estabelecido pela relação jurídica previdenciária.

O Tribunal de Contas da União procede, entre outras atribuições, à verificação da legalidade da aposentadoria e determina que a situação jurídica emergente do respectivo ato concessivo com a efetivação, ou não, de seu registro.

O Tribunal de Contas da União, no desempenho dessa atribuição específica, não possui competência para proceder a qualquer inovação no título jurídico de aposentação submetido a seu exame. Constatada a ocorrência de vício de legalidade no ato concessivo de aposentadoria, torna-se lícito ao Tribunal de Contas da União – especialmente ante a ampliação do espaço institucional de sua atuação fiscalizadora – recomendar ao órgão ou entidade competente que adote as medidas necessárias ao exato cumprimento da lei, evitando, desse modo, a medida radical da recusa de registro.

**PREVDICA:**
O Plenário do Supremo Tribunal Federal já assentou que, havendo boa-fé do servidor público que recebe valores indevidos a título de aposentadoria, só a partir da data em que for ela julgada ilegítima pelo órgão competente deverá ser devolvida a quantia recebida a maior.

## 44.2 Acumulação de proventos com vencimentos

A acumulação de proventos e vencimentos somente é permitida quando se tratar de cargos, funções ou empregos acumuláveis na atividade, na forma permitida na Constituição.

Subtraído o montante que exceder o teto e subteto previsto no art. 37, XI, da CF, tem-se o valor que vale como base para o Imposto de Renda e para a contribuição previdenciária.

Assim, computam-se para efeito de observância do teto remuneratório do art. 37, XI, da Constituição da República, também os valores percebidos anteriormente à vigência da EC n. 41/2003 a título de vantagens pessoais pelo servidor público.

## 44.3 Aposentadoria por incapacidade permanente

A aposentadoria por incapacidade permanente, no âmbito dos Regimes Próprios de Previdência Social de que trata o art. 40 da CF, decorre do reconhecimento da incapacidade laborativa permanente do agente público, declarada por junta médica oficial.

Essa situação depende da ausência de condições físicas ou psíquicas de o indivíduo permanecer exercendo a atividade no serviço público, podendo ser requerida pelo interessado ou *decidida ex officio*, por questões de interesse público.

## 44.4 Regras – Aposentadoria por incapacidade permanente

A aposentadoria por incapacidade permanente é um benefício pago pelo INSS aos segurados incapacitados para o trabalho.

Ele ficará bem menor a partir das novas regras da Reforma da Previdência. Este benefício mudará de nome e passará a se chamar aposentadoria por incapacidade permanente. E o cálculo dos salários que é de 100% também irá mudar, começaria com 60%.

> **PREVDICA**:
> Em geral este benefício é concedido após um período de benefício por incapacidade temporária.

É concedida aos segurados que estão incapazes de exercer qualquer atividade profissional.

O benefício é pago enquanto persistir a incapacidade.

Apenas os aposentados por incapacidade permanente com 60 anos ou mais não perdem mais o benefício.

Quem decide se o trabalhador tem direito a esse benefício é o médico perito do INSS.

Inicialmente o trabalhador deve pedir um benefício por incapacidade temporária, e se a perícia constatar que a incapacidade é permanente, o segurado terá direito à aposentadoria por incapacidade permanente.

Pela regra atual, desde julho de 1994, o INSS faz a média considerando os 80% maiores salários, descartando as menores contribuições, sendo que o tempo de contribuição do segurado não interfere no valor final. Hoje os aposentados por incapacidade permanente recebem 100% da média salarial.

O INSS faz a média considerando todos os salários de contribuição, o que faz o valor ficar menor.

Não serão descartados os 20% que representam os menores salários.

O valor da aposentadoria começa com 60% dessa média.

Acréscimo de 2% a cada ano extra que ultrapassar os 20 anos de contribuição.

O segurado com menos de 20 anos de contribuição ficará com 60% da média.

**EXCEÇÃO À REGRA:** A aposentadoria por incapacidade permanente será igual a 100% da nova média do salário quando tiver sido causada por acidente de trabalho, doença profissional e doença do trabalho.

## 44.5 Aposentadoria voluntária

Com as alterações promovidas pela EC n. 20/98, estabeleceram-se novos requisitos para concessão de aposentadoria voluntária ao servidor público em Regimes Previdenciários Próprios.

Como bem salientado por Carvalho Filho, a EC n. 20/98 também ousou ao modificar critérios de aposentação de carreiras públicas não abrangidas no conceito de Servidor Público: "Vale a pena consignar que algumas categorias funcionais específicas, que antigamente tinham regras próprias para a aposentadoria, passaram a enquadrar-se no regime previdenciário especial previsto no art. 40 e parágrafos"[1].

## 44.6 Aposentadoria por idade

Aquela que depende de manifestação de vontade do próprio servidor, requerendo o benefício, é a aposentadoria por idade, que não se confunde com a aposentadoria compulsória.

Esses proventos serão proporcionais ao tempo de contribuição sobre os critérios de reconhecimento de tempo de serviço público, tempo de contribuição em geral, tempo no cargo público e proporcionalidade.

## 44.7 Aposentadoria por tempo de contribuição

A aposentadoria por tempo de contribuição foi a que sofreu o maior número de alterações no período posterior à Constituição de 1988.

Trazia a seguinte regra: quando o servidor público atingisse 35 anos de serviço, se homem, ou 30 anos de serviço, se mulher, a norma assegurava-lhe proventos integrais, ou seja, calculados com base na sua última remuneração.

---

1. CARVALHO FILHO, José dos Santos. *Manual de direito administrativo*. 4. ed. Rio de Janeiro: Lumen Juris, 1999.

**PREVDICA:**

Exigiam-se cinco anos de serviço a menos aos professores de instituições públicas de ensino de qualquer grau. Caso o servidor público pretendesse se aposentar com proventos proporcionais ao tempo de serviço, poderia fazê-lo a partir dos 30 anos de serviço, se homem, ou 25 anos de serviço, se mulher, apurando-se tal proporção tendo-se por base de cálculo sua última remuneração.

As regras fixadas pelo art. 2º da EC n. 41, para aqueles que já eram servidores anteriormente à promulgação da EC n. 20, estabelecem que, para esses, é assegurada aposentadoria com proventos calculados na forma dos §§ 3º e 17 do art. 40 da Constituição – em sua redação atual, ou seja, apurados a partir da média aritmética dos valores que serviram de cálculo para as contribuições ao Regime, corrigidos monetariamente – desde que possuam:

a) 53 anos [de idade], se homem, e 48, se mulher;
b) 5 anos de efetivo exercício no cargo em que se dará a aposentadoria;
c) tempo de contribuição mínimo igual à soma de 35 anos de contribuição, se homem, e 30, se mulher, somados a um período adicional (que, ao tempo da EC n. 20, era conhecido como "pedágio") equivalente a 20% do tempo que faltaria, na data da publicação da Emenda.

## 44.8 Deficientes e aposentadoria

A aposentadoria aos segurados com deficiência foi objeto de regulamentação no âmbito do RGPS pela LC n. 142/2013, que adotou o conceito de pessoa com deficiência como sendo aquela que tem impedimentos de longo prazo de natureza física, mental, intelectual ou sensorial, os quais, em interação com diversas barreiras, podem obstruir sua participação plena e efetiva na sociedade em igualdade de condições com as demais pessoas (art. 2º).

A LC n. 144, de 15 de maio de 2014, atualizou a ementa e alterou o art. 1º da LC n. 51, para regulamentar a aposentadoria da mulher servidora policial nos termos que seguem:

> Art. 1º A ementa da LC 51, de 20 de dezembro de 1985, passa a vigorar com a seguinte redação:
> "Dispõe sobre a aposentadoria do servidor público policial, nos termos do § 4º do art. 40 da Constituição Federal".
> Art. 2º O art. 1º da Lei Complementar n. 51, de 20 de dezembro de 1985, passa a vigorar com a seguinte redação:
> "Art. 1º O servidor público policial será aposentado:
> I – compulsoriamente, com proventos proporcionais ao tempo de contribuição, aos 65 (sessenta e cinco) anos de idade, qualquer que seja a natureza dos serviços prestados;
> II – voluntariamente, com proventos integrais, independentemente da idade:

a) após 30 (trinta) anos de contribuição, desde que conte, pelo menos, 20 (vinte) anos de exercício em cargo de natureza estritamente policial, se homem;

b) após 25 (vinte e cinco) anos de contribuição, desde que conte, pelo menos, 15 (quinze) anos de exercício em cargo de natureza estritamente policial, se mulher".

## 44.9 Tempo de contribuição no serviço público

A noção de tempo de contribuição desempenha um papel fundamental no estudo do direito à aposentadoria em todos os regimes previdenciários. No contexto do Regime Geral de Previdência Social (RGPS), o tempo de contribuição é definido como o período contado desde o início até a data do requerimento ou do desligamento da atividade coberta pela Previdência Social, com dedução dos períodos legalmente estabelecidos como de suspensão de contrato de trabalho, interrupção de exercício e desligamento da atividade, conforme estipulado no art. 59 do Decreto n. 3.048/99.

O órgão competente do Instituto Nacional do Seguro Social (INSS) é responsável por realizar o levantamento do tempo de contribuição para o RGPS. Isso é feito com base nos registros internos da Previdência Social, nas anotações na Carteira de Trabalho ou em outros meios de prova permitidos pela lei. Da mesma forma, o órgão competente do governo federal, estadual, do Distrito Federal ou municipal deve efetuar o levantamento do tempo de contribuição para o regime próprio de previdência social com base em registros funcionais e documentos apropriados.

## 44.10 Prazo para ação revisional de aposentadoria

Nos casos em que o servidor visa à revisão do ato de aposentadoria, ocorre a prescrição do próprio fundo de direito após o transcurso de mais de cinco anos entre o ato de concessão e o ajuizamento da ação, consoante prevê o art. 1º do Decreto n. 20.910/32.

**PREVDICA**:

Essa regra foi considerada válida pelo Superior Tribunal de Justiça, segundo o qual: "A existência de norma específica que regula a prescrição quinquenal, nos feitos que envolvam as relações de cunho administrativo – tais aquelas que envolvem a Administração Pública e os seus servidores –, afasta a adoção do prazo decenal previsto no art. 103, *caput*, da Lei n. 8.213/91, nos feitos que envolvem as relações de cunho administrativo".

# Seção III

## Processo Fiscal

# 45

# Regularidade fiscal e sua comprovação

## 45.1 Espécies

A legislação brasileira de custeio determina que, para a realização de certos atos jurídicos, a empresa ou o contribuinte devem comprovar estarem quites com suas obrigações.

Exige-se a Certidão Negativa de Débito – CND (documento que comprova estar o contribuinte em dia com as contribuições) ou Certidão Positiva de Débitos com Efeitos de Negativa – CPD-EN, possuindo os mesmos efeitos da Certidão Negativa, mas válida para aqueles que estão com os créditos suspensos, parcelados ou afins, fornecida pelo órgão competente, nos casos descritos abaixo:

Proprietário (pessoa física ou jurídica) de obra de construção civil e da construtora: quando da averbação da obra no Cartório de Registro de Imóveis.

Incorporador: na ocasião da inscrição ou revalidação de memorial de incorporação no Cartório de Registro de Imóveis.

Produtor rural pessoa física e do segurado especial: na construção de garantia para concessão de crédito rural e qualquer de suas modalidades, por instituição de créditos pública ou privada, desde que comercialize a sua produção no exterior ou diretamente no varejo ao consumidor.

**PREVDICA**:
A Receita Federal expede, atualmente, uma única certidão que abrange a regularidade das contribuições previdenciárias e de terceiros.

## 45.2 Certidões

A certidão específica de Obras de Construção (matrícula CEI) continua sendo expedida exclusivamente pelas unidades da Receita Federal do Brasil (RFB).

As certidões podem ser das seguintes espécies:

- Certidão Negativa de Débito - CND; ou
- Certidão Positiva de Débitos com Efeitos de Negativa - CPD-EN.

### *45.2.1 Finalidade da certidão*

a) Averbação de Imóvel - A CND ou CPD-EN certifica exclusivamente a situação da matrícula CEI - específico da obra para fins de averbação do imóvel no órgão de registro.
b) Baixa de Empresa - É emitida somente CND e com fins específicos para proceder à baixa da empresa nos órgãos competentes.
c) Para as outras finalidades previstas no art. 47 da Lei n. 8.212/91, exceto averbação de imóvel, baixa de empresa e alteração contratual, é expedida CND ou CPD-EN para atender situações tais como licitação, venda de imóvel, recebimento de recursos públicos.
d) Registro de alteração contratual nos órgãos competentes - emite-se CND ou CPD-EN exclusivamente para fins de registro no órgão competente das alterações contratuais da empresa.

O pedido de certidão pode ser efetuado na internet, independente de senha, informando o CNPJ, ou em uma unidade de atendimento da Receita Federal do Brasil - RFB, por qualquer pessoa.

A comprovação da inexistência de débito deve ser exigida da empresa em relação a todas as suas dependências, estabelecimentos e obras de construção civil, independentemente do local onde se encontrem, ressalvado aos órgãos competentes o direito de cobrança de débitos apurados posteriormente.

## 45.3 Prazo de validade da certidão

O prazo de validade da CND é de 60 dias, podendo ser prorrogado para até 180, por regulamento (art. 47, § 5º, da Lei n. 8.212/91), contados de sua emissão.

O novo pedido de certidão poderá ser cadastrado 90 dias antes do vencimento da certidão em vigor, a fim de que sejam conhecidas e regularizadas, em tempo hábil, as restrições existentes à renovação, objetivando-se diminuir a ocorrência de possíveis transtornos às empresas.

De acordo com o art. 47, § 6º, da Lei n. 8.212/91, independe de prova de inexistência de débito:

a) a lavratura ou assinatura de instrumento, ato ou contrato que constitua retificação, ratificação ou efetivação de outro anterior para o qual já foi feita a prova;
b) a constituição de garantia para concessão de crédito rural, em qualquer de suas modalidades, por instituição de crédito pública ou privada, desde que o contribuinte referido no art. 25 não seja responsável direto pelo recolhimento de contribuições sobre a sua produção para a Seguridade Social;

c) a averbação prevista no inciso II do *caput* art. 47, relativa a imóvel cuja construção tenha sido concluída antes de 22 de novembro de 1966;
d) o recebimento pelos Municípios de transferência de recursos destinados a ações de assistência social, educação, saúde e em caso de calamidade pública;
e) a averbação da construção civil localizada em área objeto de regularização fundiária de interesse social, na forma da Lei n. 11.977, de 7 de julho de 2009.

A prática de ato com inobservância da apresentação da CND, ou o seu registro, acarretará a responsabilidade solidária dos contratantes e do oficial que lavrar ou registrar o instrumento, sendo nulo o ato para todos os efeitos (art. 48 da Lei n. 8.212/91).

O servidor, o serventuário da Justiça e a autoridade ou órgão que infringirem dispositivos da exigência da prova de inexistência de débito incorrerão em multa, sem prejuízo da responsabilidade administrativa e penal cabível (art. 48, § 3º, da Lei n. 8.212/91).

Havendo débitos não vencidos, ou em curso de cobrança executiva em que tenha sido efetivada a penhora, ou cuja exigibilidade esteja suspensa, cabível a Certidão Positiva de Débito com Efeitos Negativos – CPD-EN, na forma do art. 206 do Código Tributário Nacional.

**PREVDICA**:
O Fisco não pode se negar a emitir CND quando o débito não esteja constituído.

Sobre a PREVDICA, tem-se a seguinte jurisprudência:

Mandado de segurança. Reexame necessário. Ausência de crédito tributário constituído. Recusa no fornecimento de CND. É desarrazoado obstar a emissão de certidão negativa de débitos (CND) quando não há débito constituído e vencido em favor do fisco (TRF-4 – Remessa Necessária Cível: 50030845220224047000, Rel. Maria de Fátima Freitas Labarrère, j. em 15-7-2022, 2ª Turma).

# 46

# Processo administrativo fiscal

## 46.1 Conceito

O processo administrativo fiscal visa à verificação da exigência ou dispensa do crédito fiscal, bem como à fixação do alcance de normas de tributação em casos concretos, pelos órgãos competentes tributantes, ou ainda à imposição de penalidade ao contribuinte.

Desta feita, podemos dizer que o processo administrativo fiscal tem o escopo precípuo de solucionar os conflitos tributários que surgem entre o fisco e o contribuinte.

Toda vez que o contribuinte é tributado, ele pode não concordar com essa tributação. Pode ele entender não ser devedor do tributo, seja porque não é ele o sujeito passivo da relação obrigacional tributária, seja porque o crédito tributário não foi devidamente constituído.

## 46.2 Constituição do crédito da Seguridade Social

A obrigação tributária decorre da ocorrência concreta do fato previsto na norma tributária como hipótese de incidência do tributo. Esta se encontra em situação abstrata e somente se concretiza quando ocorre um fato que se adequa perfeitamente ao que está descrito na norma. Por exemplo, a contribuição previdenciária, diz o art. 28 da IN RFB n. 2.110/2022, tem sua hipótese de incidência no exercício do trabalho remunerado. Quando o contribuinte efetivamente exerce esse trabalho e recebe por isso, o fato que antes era abstrato se torna juridicamente concreto e, pois, relevante para o Direito. Eis, em suma, o que conceituamos como fato gerador: nada mais é do que a subsunção do fato ocorrido ao descrito na norma, conferindo-lhe concretude jurídica.

Assim, quando o fato não se amolda à hipótese de incidência trazida pela norma, ele não pode gerar a obrigação tributária, pois fato gerador é aquele que se adequa perfeitamente à norma. É a mesma ideia do Direito Penal. O crime é um fato típico, antijurídico e culpável. Se o fato praticado não se adequa à norma penal, não há crime. Do mesmo modo, se o fato praticado não se adequa à norma tributária, não há obrigação tributária. Veja o entendimento jurisprudencial:

Apelação. Execução Fiscal. ITBI do exercício de 2015. Sentença que acolheu exceção de pré-executividade oposta e extinguiu a execução, com fundamento no art. 485, IV, c.c. art. 803, I, ambos do CPC, ante o reconhecimento da inocorrência do fato gerador do ITBI na data apontada pela Fazenda Pública, e consequente nulidade do lançamento. Insurgência da municipalidade excepta. Pretensão à reforma. Desacolhimento. Fato gerador do ITBI que só ocorre com a transferência efetiva da propriedade ou do domínio útil e com o registro do ato no Cartório de Registro de Imóveis, realizada apenas em outubro 2015. Artigos 1.225 e 1.245 do Código Civil. Nulidade do lançamento que considerou como "fato gerador" a realização do negócio de integralização do imóvel ao capital social da empresa executada, realizada em agosto do mesmo ano. Ausência do fato gerador do tributo à época. Impossibilidade de cobrança. Precedentes do C. STJ e deste E. Tribunal Estadual. **Vício que não autoriza o aproveitamento do lançamento. Extinção que se dá não em razão da indicação errada da data do fato gerador, mas sim em razão do reconhecimento de que o lançamento considerou como fato gerador situação que não se amoldava à hipótese de incidência tributária**. Sentença mantida. Recurso não provido (TJ-SP – Apelação Cível: 16093564220218260090/SP, Rel. Ricardo Chimenti, j. em 9-12-2024, 18ª Câmara de Direito Público, Data de Publicação: 9-12-2024).

Nesse mesmo sentido, o CARF já decidiu:

Caracterização da condição de segurado empregado. Competência da RFB. Primazia da realidade dos fatos sobre a forma dos atos. Parágrafo único do art. 116 do CTN. **A autoridade administrativa poderá desconsiderar atos ou negócios jurídicos praticados com a finalidade de dissimular a ocorrência do fato gerador do tributo ou a natureza dos elementos constitutivos da obrigação tributária, observados os procedimentos estabelecidos em lei ordinária**. Caracterização da condição de segurado empregado. Subsunção do fato à hipótese normativa. **Impera no Direito Previdenciário o princípio da primazia da realidade sobre a forma, sendo necessária e suficiente a subsunção do fato à hipótese legal prevista no art. 12, inciso I, alínea *a*, da Lei n. 8.212/91 para que se opere a caracterização da condição de segurado empregado**. Contribuições previdenciárias. Participação nos lucros ou resultados paga em desacordo com a lei. Salário de contribuição. Os valores auferidos por segurados obrigatórios do RGPS a título de participação nos lucros ou resultados da empresa, quando pagos ou creditados em desconformidade com a lei específica, integram o conceito jurídico de Salário de Contribuição para todos os fins previstos na Lei de Custeio da Seguridade Social. Auto de infração. Penalidade pelo descumprimento de obrigação principal formalizada mediante lançamento de ofício. Art. 35-A da Lei n. 8.212/91. As multas decorrentes do descumprimento de obrigação tributária principal foram alteradas pela Medida Provisória n. 449/2008, a qual deu nova redação ao art. 35 e fez acrescentar o art. 35-A à Lei n. 8.212/91. Nos casos de lançamento de ofício relativos às contribuições sociais previstas nas alíneas *a*, *b* e *c* do parágrafo único do art. 11 da Lei n. 8.212/91, das contribuições instituídas a título de substituição e das contribuições devidas a outras entidades e fundos, não pagos nos prazos previstos em legislação, aplica-se o disposto no art. 44 da Lei n. 9.430/96. Estagiário. Falta de comprovação de regularidade. Bolsa de complementação educacional. Salário de contribuição. Figura como hipótese de não incidência de contribuição previdenciária o pagamento feito a estagiário, a título de bolsa de complementação educacional, quando efetuado nos exatos termos da Lei n. 6.494/77. Assentado que, nos termos da lei, nos serviços prestados por estagiários remunerados encontram-se presentes todos os elementos caracterizadores da condição de segurado empregado, recai sobre o sujeito passivo o ônus de demonstrar a ocorrência e a fiel observância dos termos e condições estatuídas na Lei n. 6.494/77 para que se possa desfrutar do benefício da renúncia fiscal ora em debate. A não comprovação de que o Aluno esteja frequentando cursos de educação superior, de ensino médio, de educação profissional de nível médio ou superior ou escolas de educação especial, bem como da interveniência da instituição de ensino na celebração do Termo de Compromisso entre o estudante e a parte concedente, excluem do campo da não incidência tributária prevista no § 9º do art. 28 da Lei n. 8.212/91 as importâncias pagas a título de bolsa de complementação educacional de estagiário. Vale combustível. Pagamento habitual. Não comprovação da despesa em proveito do empregador. Salário de contribuição. Incide contribuição previdenciária sobre pagamentos efetuados com habitualidade a segurado empregado, a título de vale combustível, sem a comprovação de utilização do veículo próprio a serviço e proveito do empregador. Isenções de contribuições previdenciárias. Reembolso óculos. Auxílio farmácia. Observância dos preceitos legais. Possibilidade. Não incidência. As disposições legais sobre a isenção de contribuições previdenciárias nas hipóteses de reembolso óculos e auxílio farmácia condicionam o benefício à extensão à totalidade de empregados e dirigentes. O fato da interpretação da outorga de isenção ter de ser literal (artigo 111 do CTN) não implica a desconsideração de seu verdadeiro sentido. Se uma norma isentiva visa incentivar a concessão de um benefício de cunho social, o que se impede é a sua concessão de forma individualizada ou discriminatória. *In casu*, o benefício se estendeu a todos os funcionários de uma filial, não havendo restrições ou discriminações, observando o que dispõe a alínea *q* do parágrafo 9º do artigo 28 da Lei n. 8.212/90. Auto de infração. CFL 68. Art. 32, IV, da Lei n. 8.212/91. Constitui infração às disposições inscritas no inciso IV do art. 32 da Lei n. 8.212/91 a entrega de GFIP com dados não correspondentes aos fatos geradores de todas as contribuições previdenciárias, seja em ralação às bases de cálculo, seja em relação às informações que alterem o valor das contribuições, ou do valor que seria devido se não houvesse isenção (Entidade Beneficente) ou substituição (SIMPLES, Clube de Futebol, produção rural), sujeitando o infrator à multa prevista na legislação previdenciária. Auto de infração. GFIP. CFL 68. Art. 32-A da Lei n. 8.212/91. Retroatividade benigna. As multas decorrentes de entrega de GFIP com incorreções ou omissões foram alteradas pela Medida Provisória n. 449/2008, a qual fez acrescentar o art. 32-A à Lei n. 8.212/91. Incidência da retroatividade benigna encartada no art. 106, II, *c*, do CTN, sempre que a norma posterior cominar ao infrator penalidade menos severa que aquela prevista na lei vigente ao tempo da prática da

> infração autuada. Auto de infração de obrigação principal. Lançamento de ofício. Penalidade pelo descumprimento. Princípio *tempus regit actum*. As multas decorrentes do descumprimento de obrigação tributária principal foram alteradas pela Medida Provisória n. 449/2008, a qual deu nova redação ao art. 35 e fez acrescentar o art. 35-A à Lei n. 8.212/91. Na hipótese de lançamento de ofício, por representar a novel legislação encartada no art. 35-A da Lei n. 8.212/91, inserida pela MP n. 449/2008, um tratamento mais gravoso ao sujeito passivo, inexistindo, antes do ajuizamento da respectiva execução fiscal, hipótese de a legislação superveniente impor multa mais branda que aquela revogada, sempre incidirá ao caso o princípio *tempus regit actum*, devendo ser aplicada em cada competência a legislação pertinente à multa por descumprimento de obrigação principal vigente à data de ocorrência do fato gerador não adimplido. Recurso Voluntário Provido em Parte (CARF, 15504.721725/2013-64, 1ª Turma Ordinária da 4ª Câmara da 2ª Seção).

Há tributos em que a incumbência de verificar os aspectos de sujeição passiva, bem como os de natureza material - o montante devido a título de tributo –, fica sob a responsabilidade da própria administração fazendária.

Uma vez que a Fazenda Pública não observa o que diz o art. 142 do CTN e, por exemplo, se equivoca ao enquadrar determinado fato à norma tributária, cobrando erroneamente o tributo, poderá o contribuinte ofertar impugnação ao auto de infração.

Impugnado o auto de infração, temos como consequência a suspensão da exigibilidade de crédito tributário e o impedimento do ajuizamento da execução fiscal.

Por isso, para se constituir o crédito tributário, é de nímia relevância observar o art. 142 do CTN, posto que nele está conceituado que o crédito tributário se constitui por um procedimento administrativo necessário e tendente a verificar a ocorrência do fato imponível previsto na norma tributária, determinar a matéria tributável (ou seja, sua base de incidência), calcular o montante do tributo devido, identificar o sujeito passivo da obrigação e, sendo o caso, propor a aplicação da penalidade cabível.

O crédito tributário, para ser exigível, precisa passar por um processo de natureza administrativa, eventualmente complexo, em que o Estado Administração (Fisco) garanta aos administrados (contribuintes ou responsáveis tributários) o contraditório e a ampla defesa. Nesse sentido:

> Normas procedimentais. Princípios do devido processo legal e ampla defesa. Ausência intimação contribuinte para manifestação acerca de atos processuais/diligência requerida antes da decisão de primeira instância. Nulidade. **É nula a decisão de primeira instância que, em detrimento aos princípios do devido processo legal e ampla defesa, é proferida sem a devida intimação do contribuinte do resultado de diligência requerida pela autoridade julgadora após interposição de impugnação. Ao contribuinte é assegurado o direito de manifestar-se acerca de todos os atos processuais levados a efeito no decorrer do processo administrativo fiscal, que possam interferir diretamente na apreciação da legalidade/regularidade do lançamento**. Decisão

recorrida nula (CARF, Proc. 15504.722446/2011-56, Rel. Rayd Santana Ferreira, 1ª Turma Ordinária da 4ª Câmara da 2ª Seção).

Como dito, depois de ser notificado, o contribuinte torna-se formalmente devedor, mas pode discutir o resultado do processo, suspendendo a exigibilidade do crédito, mediante a interposição de recursos administrativos, até a decisão definitiva na instância.

Esse procedimento chama-se **lançamento de ofício** e o ato conclusivo da autoridade administrativa costuma denominar-se **lançamento** ou **notificação de lançamento**.

Assim, entende o STJ:

> Processual civil e tributário. Execução fiscal. Lançamento de ofício. Desnecessidade de processo administrativo específico e notificação. Análise dos requisitos da CDA. Impossibilidade. Súmula 7/STJ. 1. Na execução fiscal, é desnecessária a apresentação de demonstrativo de débito, nos termos do art. 614 do CPC, sendo suficiente para instrução do processo executivo a juntada da Certidão de Dívida Ativa – CDA, que goza de presunção de certeza e liquidez. 2. **Nos tributos com lançamento de ofício, a ausência de prévio processo administrativo não enseja a nulidade da CDA, porquanto cabe ao contribuinte o manejo de competente processo administrativo caso entenda incorreta a cobrança tributária, e não ao Fisco que, com observância da lei aplicável ao caso, lançou o tributo**. 3. A aferição dos requisitos essenciais à validade da CDA demanda, em regra, reexame do conjunto fático-probatório dos autos, o que é inviável em Recurso Especial ante o óbice da Súmula 7/STJ. 4. Agravo Regimental não provido (STJ – AgRg no AgRg no AREsp: 235.651/MG 2012/0203330-2, Rel. Min. Herman Benjamin, j. em 26-8-2014, 2ª Turma, *DJe* 25-9-2014).

### *46.2.1 Possibilidades do Fisco*

Cabe ao Fisco:

1) aperfeiçoar o lançamento, concordando com as informações prestadas e notificar o contribuinte para pagamento, hipótese em que não há possibilidade de recurso no bojo do procedimento; ou
2) não concordar com as informações e, alterando-as para o que entender correto, notificar o contribuinte para pagar a nova quantia ou recorrer, hipótese em que se justifica o procedimento recursal no lançamento.

Superada a fase do pagamento realizado ao Fisco, é possível:

1) a homologação dos atos do contribuinte e declaração de extinção do crédito, formalizando o processo administrativo (a homologação é ato privativo da autoridade administrativa);
2) a verificação de erro ou impropriedade na conduta do contribuinte e lançamento complementar aos moldes do lançamento "de ofício", com a aplicação das penalidades cabíveis; ou

3) o transcurso inerte do prazo estabelecido pela lei, após o que os atos do contribuinte se tornam definitivos.

**PREVDICA:**

O silêncio da Administração vale, pois, como a chancela do Fisco aos atos do contribuinte.

Na ocorrência de lançamento de ofício complementar, há a abertura da faculdade de recurso ao sujeito passivo da obrigação. Havendo homologação expressa ou tácita, não se justifica recurso administrativo, pois nada mais se fez que referendar a conduta do contribuinte.

O lançamento é feito de ofício pela autoridade administrativa nos casos previstos no art. 149 do CTN, normalmente, em face de determinação legal (exemplos: IPTU, IPVA, taxas e contribuições de melhoria), ou por ausência de lançamento ou incorreção dele, quando realizado pelo contribuinte ou responsável, por declaração ou homologação.

Independentemente da modalidade de lançamento, a constituição do crédito tributário é da competência privativa da autoridade administrativa. Nesse sentido comenta Hugo de Brito Machado:

> A constituição do crédito tributário é da competência privativa da autoridade administrativa. Só esta pode fazer o lançamento. Ainda que ela apenas homologue o que o sujeito passivo efetivamente fez, como acontece nos casos do art. 150 do CTN, que cuida do lançamento dito por homologação. Sem essa homologação não existirá, juridicamente, o lançamento, e não está por isto mesmo constituído o crédito tributário. Ainda quando de fato seja o lançamento feito pelo sujeito passivo, o Código Tributário Nacional, por ficção legal, considera que a sua feitura é privativa da autoridade administrativa, e por isto, no plano jurídico, sua existência fica sempre dependente, quando feito pelo sujeito passivo, de homologação da autoridade competente[1].

## 46.3 Notificação de Lançamento – NL

A Notificação de Lançamento - NL é o documento por meio do qual a fiscalização cientifica o devedor de que há débito em atraso para com a Seguridade Social. Seu objetivo é notificar o contribuinte sobre o lançamento de débito relativo a contribuições sociais e instaurar o processo fiscal de cobrança.

O devedor tem o prazo de 30 dias, a partir do recebimento da notificação, para quitar o débito, formalizar acordo para parcelamento ou opor defesa administrativa, com o que se deflagra o processo contencioso fiscal, de cunho administrativo.

1. *Manual de direito tributário*, 2016.

Ausente a notificação, a constituição do crédito tributário estará eivada de nulidade, conforme entendimento do TJSP:

> Apelação. Embargos à execução fiscal. ICMS. Alegação de ausência de notificação do lançamento tributário. A prova de fato negativo não poderia constituir ônus da embargante, mormente porque é a parte embargada que detém os documentos relativos aos trabalhos fiscais. A notificação do sujeito passivo é ato que confere publicidade definitiva ao lançamento, assim possibilitando que o contribuinte apresente defesa. **Ausente prova da notificação, a constituição do crédito resta eivada de nulidade, não podendo prosseguir a execução**. Decisão mantida. Recurso não provido (TJ-SP – AC: 10115345220218260562/SP 1011534-52.2021.8.26.0562, Rel. Souza Nery, j. 30-6-2022, 12ª Câmara de Direito Público, publicação em 30-6-2022).

### *46.3.1 Prazos da Notificação de Lançamento*

Os prazos para impugnação de lançamento constam nas Notificações e Autos de Infração e, geralmente, o contribuinte tem 30 dias para contestar o lançamento, a partir do recebimento.

A regra geral sobre contagem de prazos no processo administrativo fiscal é estabelecida pelo art. 5º do Decreto n. 70.235/72:

> Art. 5º Os prazos serão contínuos, excluindo-se, na sua contagem, o dia de início e incluindo-se o dia do vencimento.
>
> Parágrafo único. Os prazos só se iniciam ou vencem no dia de expediente normal no órgão em que corra o processo ou deva ser praticado o ato.

Caso o devedor não oponha sua defesa no prazo, ocorre o efeito de revelia, e o débito pode ser inscrito em Dívida Ativa, para que seja procedida a Execução Fiscal em juízo nos termos da Lei n. 6.830/80. Se o devedor se defender, mas sendo esta refutada pela decisão da Delegacia da RFB, esta julgará o débito procedente.

Dessa decisão cabe recurso para o Conselho Administrativo de Recursos Fiscais – CARF. Uma vez protocolado recurso, este é distribuído para uma das Seções de Julgamento.

## 46.4 Primeira Seção de Julgamento

Cabe à Primeira Seção de Julgamento processar e julgar recursos de ofício e voluntário de decisão de primeira instância que versem sobre aplicação da legislação de Imposto sobre a Renda das Pessoas Jurídicas – IRPJ; Contribuição Social sobre o Lucro Líquido – CSLL; Imposto de Renda Retido na Fonte – IRRF, quando se tratar de antecipação do IRPJ; exclusão, inclusão e exigência de tributos decorrentes da aplicação da legislação referente ao Sistema Integrado de Pagamento de Impostos e Contribuições das Microempresas e das Empresas de Pequeno Porte (SIMPLES); penalidades pelo descumprimento de obrigações acessórias pelas pessoas jurídicas, relativamente a tais tributos; bem como tributos, empréstimos compulsórios e matéria correlata não incluídos na competência julgadora das demais Seções.

## 46.5 Segunda Seção de Julgamento

Cabe à Segunda Seção de Julgamento processar e julgar recursos de ofício e voluntário de decisão de primeira instância que versem sobre aplicação da legislação do Imposto de Renda da Pessoa Física - IRPF; Imposto de Renda Retido na Fonte - IRRF; Imposto Territorial Rural - ITR; Contribuições Previdenciárias, inclusive as instituídas a título de substituição e as devidas a terceiros, definidas no art. 3º da Lei n. 11.457/2007; e penalidades pelo descumprimento de obrigações acessórias pelas pessoas físicas e jurídicas, relativamente a estes tributos.

## 46.6 Terceira Seção de Julgamento

À Terceira Seção de Julgamento, além da competência residual, cabe processar e julgar recursos de ofício e voluntário de decisão de primeira instância que versem sobre aplicação da legislação do PIS/PASEP, Cofins, Finsocial, IPI, CPMF, IOF, CIDE, Imposto de Importação, Imposto de Exportação, e de classificação fiscal de mercadorias.

## 46.7 Auto de Infração – AI

O AI objetiva registrar a ocorrência de infração à legislação previdenciária, em descumprimento de uma obrigação acessória, e a possibilitar a instauração do respectivo processo de infração, bem como constituir o crédito decorrente da multa.

O AI será lavrado pelo Auditor-Fiscal da Receita Federal do Brasil com discriminação clara e precisa da infração e das circunstâncias em que foi praticada, dispositivo legal infringido e a penalidade aplicada, assim como os critérios de sua gradação, indicando local, dia e hora de sua lavratura, observadas as normas fixadas pelos órgãos competentes.

Recebido o AI, o infrator terá o prazo de 15 dias, a contar da ciência do auto, para apresentar defesa. Se o infrator efetuar o recolhimento da multa nesse prazo, sem interposição de defesa, o valor da multa será reduzido em 50%. Se o infrator efetuar o recolhimento no prazo estipulado para interposição de recurso, o valor da multa será reduzido em 25%. O recolhimento do valor da multa, com a redução de 50%, implicará a renúncia ao direito de defesa ou de recurso. Apresentada impugnação, o processo será submetido à autoridade competente, que decidirá sobre a autuação.

## 46.8 Tramitação e julgamento

Uma vez emitido pelo órgão de arrecadação um documento fiscal capaz de constituir crédito da Seguridade Social - NL ou AI, impõe-se, de imediato, por força de imperativo constitucional - direito ao contraditório e à ampla defesa - conceder-se prazo ao notificado ou autuado, para interposição de defesa, em sede administrativa. Trata-se de uma faculdade atribuída ao sujeito passivo da obrigação tributária, para que alegue, em seu favor, qualquer fundamento que possa caracterizar a inexigibilidade da contribuição ou da penalidade pecuniária, desde o vício formal do ato fiscal até a inconstitucionalidade da norma em que se baseia a exigência, passando, evidentemente, pela quitação da obrigação.

A impugnação da exigência, uma vez realizada pelo suposto infrator dentro do prazo previsto, instaura a fase litigiosa do procedimento.

### *46.8.1 Prazo para impugnação*

O prazo para impugnação, até 30 de abril de 2008, era de 15 dias, conforme disposto no Regulamento da Previdência Social. Todavia, a partir de 1º de maio de 2018, em decorrência da Lei n. 13.670, conforme estabelecido na no art. 25 da Lei n. 11.457, de 16 de março de 2007, aplica-se ao contencioso administrativo fiscal relativo a contribuições à Seguridade Social o regramento disposto no Decreto n. 70.235, de 6 de março de 1972, que então estabelece o prazo de 30 dias para a impugnação do notificado/autuado.

A Câmara Superior de Recursos Fiscais poderá, nos termos do regimento interno, após reiteradas decisões sobre determinada matéria e com a prévia manifestação da Secretaria da Receita Federal do Brasil e da Procuradoria-Geral da Fazenda Nacional, editar enunciado de súmula que, mediante aprovação de dois terços dos seus membros e do Ministro de Estado da Fazenda, terá efeito vinculante em relação aos demais órgãos da administração tributária federal, a partir de sua publicação na imprensa oficial.

A Câmara Superior de Recursos Fiscais poderá rever ou cancelar súmula, de ofício ou mediante proposta apresentada pelo Procurador-Geral da Fazenda Nacional ou pelo Secretário da Receita Federal do Brasil. Segundo o art. 26-A do Decreto n. 70.235/72, acrescido pela Lei n. 11.941/2009, "no âmbito do processo administrativo fiscal, fica vedado aos órgãos de julgamento afastar a aplicação ou deixar de observar tratado, acordo internacional, lei ou decreto, sob fundamento de inconstitucionalidade", não se aplicando essa regra aos casos de tratado, acordo internacional, lei ou ato normativo que já tenha sido declarado inconstitucional por decisão plenária definitiva do Supremo Tribunal Federal, ou que fundamente crédito tributário objeto de dispensa legal de constituição ou de ato declaratório do Procurador-Geral da Fazenda Nacional, na forma dos arts. 18 e 19 da Lei n. 10.522/2002.

## 46.9 Exigibilidade de depósito recursal

A empresas passaram a ter direito de interpor recurso administrativo sem a necessidade do depósito antecipado.

O Código Tributário Nacional não prevê a necessidade do depósito prévio para subsistência do recurso administrativo. A instituição de depósito prévio deveria ser feita por lei complementar que alterasse o art. 151 do CTN, que prevê as hipóteses para suspensão da exigibilidade do crédito tributário.

# 47

# Inscrição e execução judicial – Dívida ativa

## 47.1 Dívida ativa – Definição

Entende-se por dívida ativa a totalidade dos créditos devidos à entidade arrecadadora fiscal, ainda não quitados pelos contribuintes ou responsáveis.

Vem a ser, portanto, a somatória dos créditos tributários exigíveis e que não foram pagos no momento próprio, isto é, que já se encontram vencidos.

O art. 201, *caput*, do CTN define dívida ativa como: a dívida proveniente de crédito dessa natureza regularmente inscrita na repartição administrativa competente, depois de esgotado o prazo fixado para pagamento, pela lei ou por decisão final proferida em processo regular.

Trazendo para o âmbito da Previdência, de acordo com o Decreto n. 3.048/99: "Considera-se Dívida Ativa o crédito proveniente de fato jurídico gerador das obrigações legais ou contratuais, desde que inscrito no livro próprio, de conformidade com os dispositivos da Lei n. 6.830, de 1980" (art. 245, § 4º).

O Processo Civil aplica-se a todos os processos regulados por lei especial, nas partes em que essa for omissa, independentemente de menção expressa à aplicação do Código pela norma especial. Exemplo é a contagem dos prazos em dias úteis prevista no art. 219 do CPC.

Segundo Hugo de Brito Machado,

> o crédito é levado à inscrição como dívida depois de definitivamente constituído. A inscrição não é ato de constituição do crédito tributário. Pressupõe, isto sim, que este se encontre regular e definitivamente constituído, e ainda que se tenha esgotado o prazo fixado para seu pagamento[1].

1. *Manual de direito tributário*, 2016.

## 47.2 Certidão de Dívida Ativa – CDA

A Certidão de Dívida Ativa – CDA tem que conter os mesmos elementos do Termo de Inscrição e servirá de título para que o órgão competente, por intermédio de seu procurador ou representante legal, por meio de execução fiscal, faça a cobrança em juízo.

A Súmula 392 do STJ nos traz: "A Fazenda Pública pode substituir a certidão de dívida ativa (CDA) até a prolação da sentença de embargos, quando se tratar de correção de erro material ou formal, vedada a modificação do sujeito passivo da execução".

A execução fiscal poderá ser promovida contra o devedor, o fiador, o espólio, a massa falida, o responsável, nos termos da lei, por dívidas tributárias ou não de pessoas físicas ou pessoas jurídicas de direito privado, e os sucessores a qualquer título (LEF, art. 4º).

Os órgãos competentes, antes do ajuizamento da cobrança da Dívida Ativa, podem protestar o título dado em garantia de sua liquidação, ficando, entretanto, ressalvado que o título será sempre recebido *pro solvendo*.

Até 2007, cada autarquia e fundação pública federal exercia toda a atividade de inscrição, cobrança e ajuizamento de execução fiscal em relação a seus créditos. Com as Leis n. 10.480/2002 e 11.457/2007 passou a haver a centralização da cobrança da dívida ativa das autarquias e fundações públicas federais nas unidades da Procuradoria-Geral Federal – vinculada à Advocacia-Geral da União, em até 24 meses contados a partir da publicação da Lei n. 11.457/2007.

Essa centralização da dívida ativa na Procuradoria-Geral Federal abrange todas as autarquias e fundações públicas federais, aproximadamente 180 entidades, com exceção do Banco Central do Brasil. No contexto de absorção das novas atribuições, a aplicação de encargos moratórios no âmbito das autarquias e fundações públicas federais não obedece a uma padronização.

Visando dar uniformidade à matéria, conferindo maior racionalidade ao sistema de cobrança da dívida dos entes autárquicos e fundacionais federais, a Lei n. 11.941/2009 propõe a utilização dos mesmos parâmetros estabelecidos para a cobrança da dívida ativa da União, na forma do § 3º do art. 61 da Lei n. 9.430/96.

## 47.3 Competência para processamento

A competência para processar e julgar as execuções fiscais propostas pela Fazenda Pública é da Justiça Federal, consoante regra prevista no art. 109, I, da CF.

Com a revogação do inciso I do art. 15 da Lei n. 5.010/66, entendemos que os executivos fiscais da União e de suas autarquias deverão ser processados perante a Justiça Federal em Brasília, quando não houver Justiça Federal na comarca do devedor. É que, fazendo uma reflexão sobre o art. 51 do CPC, não podemos aplicar o seu parágrafo único ao caso, tendo em vista que as hipóteses ali previstas é quando a União for a demandada e, não, a demandante. Por isso entendemos que se o domicílio do réu não tiver Justiça Federal, o foro competente é Brasília. Outro ponto que devemos destacar é o entendimento do STJ que mantém a competência da Justiça Estadual para casos em que a União é a parte demandante e o demandado residir em lugar em que não haja Justiça Federal, ajuizados antes da Lei n. 13.043/2014 que revogou o inciso I do art. 15 da Lei n. 5.010/66.

Corroborando com esse pensamento, a Súmula 40 do extinto Tribunal Federal de Recursos: "A execução fiscal da Fazenda Pública Federal será proposta perante o Juiz de Direito da Comarca do domicílio do devedor, desde que não seja ela sede de Vara da Justiça Federal".

A petição inicial e a Certidão de Dívida Ativa poderão constituir um só documento, preparado por processo eletrônico. A produção de provas pela Fazenda Pública não depende de requerimento na petição inicial. O valor da causa será o da dívida constante da certidão, com os encargos legais (art. 6º da Lei n. 6.830/80).

## 47.4 Citação do executado

O executado será citado para, no prazo de cinco dias, pagar a dívida com os juros, multa de mora e encargos indicados na Certidão de Dívida Ativa, ou garantir a execução (art. 8º da Lei n. 6.830/80), facultada ao exequente a indicação de bens à constrição, que poderá ser feita juntamente com a citação inicial (art. 53 da Lei n. 8.212/91).

Não havendo o pagamento, nem a garantia da execução, a penhora poderá recair em qualquer bem do executado, exceto os que a lei declare absolutamente impenhoráveis. Efetuado o pagamento integral da dívida executada, com seus acréscimos legais, no prazo de dois dias úteis contados da citação, independentemente da juntada aos autos do respectivo mandado, poderá ser liberada a penhora, desde que não haja outra execução pendente (art. 53, § 2º, da Lei n. 8.212/91).

O executado só poderá indicar e o terceiro oferecer bem imóvel à penhora com o consentimento expresso do respectivo cônjuge. Juntar-se-á aos autos a prova do depósito, da fiança bancária, do seguro garantia ou da penhora dos bens do executado ou de terceiros.

Poderá ainda o executado pagar parte da dívida que julgar incontroversa, e garantir a execução do saldo devedor.

De acordo com o STJ, nos termos do art. 9º, III, da Lei n. 6.830/80, cumpre ao executado nomear bens à penhora, observada a ordem do art. 11 do mesmo diploma legal. É do devedor o ônus de comprovar a necessidade de afastar a ordem legal dos bens penhoráveis e, para que essa providência seja adotada, é insuficiente a mera invocação genérica do art. 805 do CPC.

Cabe ao executado a possibilidade de oferecimento de embargos, no prazo de 30 dias, contados (art. 16 da LEF): do depósito; da juntada da prova da fiança bancária ou seguro garantia; ou da intimação da penhora.

## 47.5 Prazo

Sobre o início do prazo, vale destacar a Súmula 24 do TRF da 4ª Região: "Em execução fiscal, quando a ciência da penhora for pessoal, o prazo para a oposição dos embargos do devedor inicia [sic] no dia seguinte ao da intimação deste". Não são admissíveis embargos do executado antes de garantida a execução.

Não se admite reconvenção, nem compensação, e as exceções, salvo as de incompetência, suspeição e impedimento, serão arguidas como matéria preliminar e serão processadas e julgadas com os embargos (art. 16, § 3º, da Lei n. 6.830/80).

Com o recebimento dos embargos, o magistrado mandará intimar a PGF, para impugná-los no prazo de 30 dias, designando, em seguida, audiência de instrução e julgamento. Não se realizará audiência se os embargos tratarem sobre matéria de direito ou, sendo de direito e de fato, a prova for exclusivamente documental, caso em que o juiz proferirá a sentença no prazo de 30 dias (art. 17 da Lei n. 6.830/80).

Na execução por carta, os embargos do executado serão oferecidos no Juízo deprecado, que os remeterá ao Juízo deprecante, para instrução e julgamento. Quando os embargos tiverem por objeto vícios ou irregularidades de atos do próprio Juízo deprecado, caber-lhe-á unicamente o julgamento dessa matéria (art. 20 da LEF).

Com a improcedência dos embargos, cabe recurso de apelação, no prazo de 15 dias, ao Tribunal Regional Federal. Definitivamente julgados os embargos, ou transcorrido o prazo de 30 dias contados do depósito ou da penhora, havendo depósito, é liberado ao executante; havendo penhora, os bens vão à hasta pública (alienação judicial, por praça ou leilão), quando então os bens poderão ser arrematados, sendo o pagamento da arrematação entregue ao executante, pelos créditos, satisfeitas ainda as custas e honorários; em não havendo arrematante, pode ocorrer a adjudicação do bem pelo próprio executante.

Após deferida a arrematação ou a adjudicação pelo juiz, o devedor tem 24 horas para remir a dívida. Na hipótese de alienação antecipada dos bens penhorados, o produto será depositado em garantia da execução.

A Súmula 153 do Superior Tribunal de Justiça traz o seguinte posicionamento: "A desistência da execução fiscal, após o oferecimento dos embargos, não exime o exequente dos encargos da sucumbência".

Em relação ao concurso de preferência das pessoas jurídicas de direito público, é necessário seguir a ordem do parágrafo único do art. 29 da LEF:

> I – União e suas Autarquias;
>
> II – Estados, Distrito Federal e Territórios e suas Autarquias, conjuntamente e *pro rata*;
>
> III – Municípios e suas Autarquias, conjuntamente e *pro rata*.

De acordo com art. 186 do CTN, o crédito tributário prefere a qualquer outro, ressalvados os créditos trabalhistas e os decorrentes de acidente de trabalho. Mas existem exceções a essa preferência: em caso de falência, o crédito tributário deixa de preferir aos créditos extraconcursais ou às importâncias passíveis de restituição, bem como os créditos com garantia real, no limite do bem gravado. Da mesma forma, a multa tributária prefere apenas os créditos subordinados, o que poderá provocar nova discussão sobre a exigibilidade da multa no processo falimentar.

A União reivindicará os valores descontados pela empresa relativamente a empregados e/ou os arrecadados dos produtores rurais e não recolhidos, sendo que esses valores não estão sujeitos ao concurso de credores (art. 51, parágrafo único, da Lei n. 8.212/91).

Nos processos de falência, concordata, liquidação, inventário, arrolamento ou concurso de credores, nenhuma alienação será judicialmente autorizada sem a prova de quitação da Dívida Ativa ou a concordância da Fazenda Pública.

**PREVDICA**:
É importante atentar para a Súmula 112 do STJ: "O depósito somente suspende a exigibilidade do crédito tributário se for integral e em dinheiro".

## 47.6 Foro competente

O foro da execução fiscal já ajuizada é competente para conhecer da ação de nulidade de débito fiscal ou mesmo da ação declaratória, porém não define a competência para o processo e julgamento de possível mandado de segurança.

A jurisprudência do STJ é no sentido de que a competência para conhecer do mandado de segurança é a sede funcional da autoridade coatora (AgRg no REsp 1.078.875/RS, 4ª Turma, Rel. Min. Aldir Passarinho Junior, *DJe* 27-8-2010). A Fazenda Pública não se sujeita ao pagamento de custas e emolumentos:

> Processual civil. Agravo regimental em recurso especial. Mandado de segurança. Competência absoluta estabelecida de acordo com a sede funcional da autoridade coatora. Súmula 83, desta corte, aplicável também aos recursos interpostos pela letra *a* do permissivo constitucional. Improvimento. I. A jurisprudência desta Corte se firmou no sentido de que a competência para conhecer do mandado de segurança é a da sede funcional da autoridade coatora. II. Aplicável a Súmula 83, desta Corte, aos recursos interpostos com base na letra *a*, do permissivo constitucional. III. Agravo regimental a que se nega provimento (STJ – AgRg no REsp: 1.078.875/RS 2008/0169558-0, Rel. Min. Aldir Passarinho Junior, j. em 3-8-2010, 4ª Turma, *DJe* 27-8-2010).

A prática dos atos judiciais de seu interesse não dependerá de preparo ou de prévio depósito. Se vencida, a Fazenda Pública ressarcirá o valor das despesas feitas pela parte contrária.

Segundo entendimento pacificado da jurisprudência, inclusive do Superior Tribunal de Justiça, a Fazenda Pública e suas autarquias não se sujeitam ao adiantamento das despesas de condução de oficial de justiça.

É o que diz o Tema 1.054 do STJ:

> A teor do art. 39 da Lei n. 6.830/80, a fazenda pública exequente, no âmbito das execuções fiscais, está dispensada de promover o adiantamento de custas relativas ao ato citatório, devendo recolher o respectivo valor somente ao final da demanda, acaso resulte vencida.

Mas, no que diz respeito à questão dos honorários prévios devidos a um perito, aplica-se a Súmula 232 do STJ:

> Súmula 232:
> A Fazenda Pública, quando parte no processo, fica sujeita à exigência do depósito prévio dos honorários do perito.

É da competência exclusiva do Advogado-Geral da União dispensar a inscrição de crédito, autorizar o não ajuizamento de ações e a não interposição de recursos, assim como requerimento de extinção das ações em curso ou de desistência dos respectivos recursos judiciais, para cobrança de créditos das autarquias e fundações públicas federais, observados os critérios de custos de administração e cobrança (art. 1º-A da Lei n. 9.469/97).

Essa regra não se aplica à Dívida Ativa da União e aos processos em que a União seja autora, ré, assistente ou opoente cuja representação judicial seja atribuída à Procuradoria-Geral da Fazenda Nacional, bem como à cobrança das anuidades dos Conselhos de Fiscalização Profissional, uma vez que, embora, por via de regra, as mesmas não alcancem valores expressivos, são indispensáveis à manutenção dessas entidades, restando, portanto, evidenciado o seu interesse de agir na persecução de seus créditos.

# 48

# Justiça do Trabalho e a execução de contribuições à Seguridade Social

A Justiça do Trabalho vem passando por constantes alterações, entre elas a do art. 114 da CF, passando a ser competente, entre outras matérias, para a "execução, de ofício, das contribuições sociais previstas no art. 195, I, *a*, e II, e seus acréscimos legais, decorrentes das sentenças que proferir".

A competência jurisdicional para processar e julgar ações em que a União ou o INSS – autarquia federal – for autor, réu, assistente ou oponente é da Justiça Federal (art. 109, I, da CF). Ficam excluídas as questões acidentárias (de competência única da Justiça Estadual) e as que envolverem relação de trabalho sob regime da CLT, antes da adoção do regime da Lei n. 8.112/90 – cuja competência é da Justiça do Trabalho –, além dos processos falimentares e as ações sujeitas à Justiça Eleitoral. A outra exceção é a prevista no § 3º do art. 109 da Constituição, que permite a delegação de competência para a Justiça Estadual em relação às ações previdenciárias propostas por segurados ou beneficiários que residam em comarca que não seja sede de vara do Juízo Federal, bem como, se verificada essa condição, as execuções fiscais ajuizadas contra devedores domiciliados nas respectivas comarcas, consoante previsão do art. 15 da Lei n. 5.010/66.

**PREVDICA**:

O Poder Público tem que dar eficiência aos seus órgãos dotados de poder de polícia (atualmente, a Receita Federal) e a Advocacia da União, com pessoal suficiente para poder dar conta das demandas fiscais.

**PREVDICA**:

O acordo judicial resolve a demanda entre autor e réu do processo. – Prestador de trabalho e contratante desse mesmo trabalho. Trata-se, a relação de trabalho, de relação de direito privado, em que se admite a transação em Juízo, mediante a existência da chamada *res dubia*.

O fato de ter a composição amigável versado somente sobre o FGTS – que não faz parte do conceito de salário de contribuição – não exclui o poder-dever da administração fazendária em identificar os fatos geradores de tributos e contribuições devidas.

A propósito, é o que diz o STJ em sua Súmula 646:

> É irrelevante a natureza da verba trabalhista para fins de incidência da contribuição ao FGTS, visto que apenas as verbas elencadas em lei (art. 28, § 9º, da Lei n. 8.212/91), em rol taxativo, estão excluídas da sua base de cálculo, por força do disposto no art. 15, § 6º, da Lei n. 8.036/90.

Importante é o momento a partir do qual se inicia a contagem para eventual cobrança de juros e valores devidos a título de contribuição previdenciária em sentenças já liquidadas.

## 48.1 Juros e multa

A União defende a extensão da regra para que o pagamento ocorra na Justiça do Trabalho.

O art. 276 do Regulamento prevê que a apuração da contribuição do empregado – e por conseguinte, também a do empregador – seja feita mês a mês, aplicando-se as alíquotas do art. 198 do Regulamento (as mesmas utilizadas para a contribuição dos segurados empregados), observado o limite máximo do salário de contribuição, omitindo-se a respeito da contribuição patronal, bem como sobre quem deverá sofrer o ônus do pagamento.

Com relação ao vencimento da obrigação, deve-se considerar o prazo estabelecido na época em que a contribuição era devida, mês a mês, para o cálculo dos acréscimos de mora (juros e multa).

Os juros aplicáveis aos débitos decorrentes do inadimplemento das obrigações (tributárias) da Lei de Custeio são os apurados de acordo com a taxa "SELIC".

A taxa SELIC é bastante superior aos índices constantes na Lei n. 8.177/91 – com isso, empregadores são incentivados a postergar o pagamento das obrigações previdenciárias; e (b) caso esse mesmo empregador fosse flagrado em débito das mesmas contribuições pela ação dos auditores da Receita Federal, pagaria os acréscimos equivalentes à SELIC e multa desde o dia seguinte ao vencimento (como no período anterior àquele em que a Justiça do Trabalho não tinha tal competência executiva).

Novamente, observa-se na jurisprudência de alguns Tribunais Regionais do Trabalho o entendimento consoante os princípios de direito tributário e previdenciário aplicáveis à espécie e não contrariamente, como tem ocorrido com as decisões do TST:

> CONTRIBUIÇÃO PREVIDENCIÁRIA. JUROS E MULTA. FATO GERADOR. A prestação de serviços pelo trabalhador constitui o fato gerador das contribuições previdenciárias. Estando o empregador em mora com o adimplemento das verbas trabalhistas, é devida a aplicação de juros e multa das contribuições previdenciárias a partir do vencimento daquelas verbas, observados os critérios previstos na legislação previdenciária" (TRT da 12ª Região, Processo n. 00445-2001040-12-00-2, Rel. Juíza Lourdes Dreyer, TRTSC/*DOE* em 8-12-2009).

Existe previsão de execução de contribuições decorrentes de acordos firmados perante as Comissões de Conciliação Prévia, de que trata a Lei n. 9.958/2000, regra que merece elogios, já que até então não havia qualquer fiscalização do Estado sobre as transações ocorridas nas ditas comissões.

## 48.2 Responsabilidade pelos recolhimentos

A Lei de Custeio dispõe que, embora os segurados empregados, domésticos e avulsos sejam contribuintes, a contribuição não passa por suas mãos. É obrigação legal do empregador fazer a retenção da contribuição devida, de modo que o salário "líquido" do empregado é aquele apurado após a dedução da contribuição à Seguridade, entre outras deduções legais e contratuais.

Consoante está no art. 30, I e alíneas (doméstico, inciso V), após arrecadar as contribuições dos segurados, deverá o empregador (empresa ou empregador doméstico) fazer o recolhimento, ou seja, a entrega do numerário ao ente arrecadador, assim como a sua própria contribuição.

De acordo com a § 5º do art. 33 da Lei n. 8.212/91:

> O desconto de contribuição e de consignação legalmente autorizadas sempre se presume feito oportuna e regularmente pela empresa a isso obrigada, não lhe sendo lícito alegar omissão para se eximir do recolhimento, ficando diretamente responsável pela importância que deixou de receber ou que arrecadou em desacordo com o disposto nesta Lei.

Em matéria penal, a Lei n. 9.983/2000 estabelece entre os crimes contra a Seguridade Social os previstos nos arts. 168-A (apropriação indébita previdenciária) e 337-A (sonegação de contribuição previdenciária). Vejam que no primeiro caso, o da apropriação indébita previdenciária, o tomador de serviço recolheu a pertinente contribuição previdenciária do segurado, porém, deixou de repassá-la à previdência social. Este, o tipo penal. Diferentemente, na sonegação de contribuição previdenciária, o tomador de serviços, o autor do crime, age por atos sejam eles omissos ou comissivos, realizando condutas como deixar de lançar mensalmente nos títulos próprios da contabilidade da empresa as quantias descontadas pelos segurados ou as devidas pelo empregador ou pelo tomador de serviços. Veja que, aqui, temos um ato comissivo próprio, ou seja, uma ação de "deixar de lançar as quantias".

Mas, o crime também pode ser cometido por omissão quando o núcleo do verbo omitir está presente. O Código Penal deixa bem clara a omissão do agente:

> I – omitir de folha de pagamento da empresa ou de documento de informações previsto pela legislação previdenciária segurados empregado, empresário, trabalhador avulso ou trabalhador autônomo ou a este equiparado que lhe prestem serviços; (Incluído pela Lei n. 9.983, de 2000)
>
> III – omitir, total ou parcialmente, receitas ou lucros auferidos, remunerações pagas ou creditadas e demais fatos geradores de contribuições sociais previdenciárias: (Incluído pela Lei n. 9.983, de 2000)

A responsabilidade pelo recolhimento das contribuições social e fiscal, resultante de condenação judicial referente a verbas remuneratórias, é do empregador e incide sobre o total da condenação.

A culpa do empregador pelo inadimplemento das verbas remuneratórias não exime a responsabilidade do empregado pelos pagamentos do imposto de renda devido e da contribuição previdenciária que recaia sobre sua quota-parte.

### *48.2.1 União como parte na Justiça do Trabalho*

Não há preocupação do legislador com as questões processuais, ferindo os princípios básicos de composição das lides, isentando o Fisco de demonstrar interesse processual para a obtenção dos seus créditos.

### *48.2.2 Fazenda Pública*

A participação da Fazenda Pública como parte se dá exclusivamente na execução, conforme o art. 114, § 3º, da CF, uma vez que à Justiça do Trabalho não foi conferida competência jurisdicional para analisar, em caráter de cognição, matérias de índole previdenciária, mas apenas em execução (fiscal).

## 48.3 Créditos executáveis

Executam-se perante a Justiça do Trabalho as contribuições sociais e acréscimos legais (juros e multa moratória), decorrentes das sentenças que proferir, sejam elas no sentido de solucionar litígios, sejam nas hipóteses de homologações de acordos, devidas pelo empregador ou empresa sobre valores pagos ou creditados à pessoa física – ou seja, a segurado empregado ou não empregado – e sobre o salário de contribuição dos segurados.

O Tribunal Superior do Trabalho acabou por sumular a matéria em sentido diverso, para consolidar o entendimento de que, quando a sentença trabalhista apenas reconheça a relação de emprego, mas de tal decisão não resultem créditos a serem devidos ao empregado, não cabe a execução das contribuições respectivas na Justiça do Trabalho, como observa do teor da Súmula 368.

## 48.4 União e as prerrogativas

Segundo as disposições da CLT sobre a matéria, a União, embora não seja parte no litígio, possui direito de recorrer das sentenças proferidas em homologação à transação de créditos trabalhistas, para discutir as contribuições sociais porventura devidas (arts. 831 e 832, § 4º, da CLT).

**PREVDICA**:

O acordo faz coisa julgada entre as partes, e resolve os créditos do trabalhador, não os da Seguridade Social porventura existentes.

## 48.5 Apuração do valor devido

Com a sentença da ação trabalhista, seguem-se, por via de regra, os cálculos de liquidação, antes do início da execução. Esses cálculos, no procedimento anterior à Lei n. 10.035/2000, eram realizados por contador do Juízo, perito nomeado, ou pelas partes, porém não era obrigatória a inclusão na conta das contribuições porventura devidas em função das parcelas da condenação que se caracterizassem como integrantes do salário de contribuição.

Com a promulgação da EC n. 20/98, não houve disciplinamento do procedimento, mas o texto pareceu suficientemente claro ao indicar que a competência da Justiça do Trabalho se iniciava na execução – ou seja, haveria uma execução fiscal das contribuições, cujo Juízo competente seria a Justiça do Trabalho.

A Lei n. 8.212/91 regulamenta a matéria no § 2º do art. 95, da seguinte maneira:

> § 2º A empresa que transgredir as normas desta Lei, além das outras sanções previstas, sujeitar-se-á, nas condições em que dispuser o regulamento:
>
> *a*) à suspensão de empréstimos e financiamentos, por instituições financeiras oficiais;
>
> *b*) à revisão de incentivos fiscais de tratamento tributário especial;
>
> *c*) à inabilitação para licitar e contratar com qualquer órgão ou entidade da administração pública direta ou indireta federal, estadual, do Distrito Federal ou municipal;
>
> *d*) à interdição para o exercício do comércio, se for sociedade mercantil ou comerciante individual;
>
> *e*) à desqualificação para impetrar concordata;
>
> *f*) à cassação de autorização para funcionar no país, quando for o caso.

**PREVDICA:**

A partir da vigência da Lei n. 12.440/2011, as pessoas que estiverem em débito por força de execuções definitivas em andamento na Justiça do Trabalho – inclusive as que versarem apenas sobre créditos da Seguridade Social – ficarão impedidas de participar de licitações e de celebrar contratos com entes da Administração Pública, ante a exigência da Certidão Negativa de Débitos Trabalhistas para tais fins, o que inclui também os valores executados na Justiça do Trabalho a título de contribuições à Seguridade Social e seus acréscimos de mora, suprindo, de alguma forma, a lacuna deixada pela Lei n. 10.035/2000 e pela jurisprudência.

## 48.6 Execução e seus procedimentos

A sentença tem que estabelecer de forma clara sobre quem recairá o ônus de pagar as contribuições (se inteiramente pelo empregador, tal como sustentamos, ou se o empregado terá deduzido de seus créditos o valor das contribuições que deveriam ter sido realizadas em época própria). Assim, o juiz da execução não terá dúvidas em fixar os créditos e seus devedores.

A lei exige que os cálculos sejam feitos pelas partes ou pelo contador designado pelo Juízo, determinando a intimação da União para manifestar-se sobre a conta, em dez dias, com a previsão de preclusão para o silêncio da autarquia.

Nesse sentido:

> Sendo certo que a execução sobre a qual versam estes embargos tem por escopo o pagamento de contribuição decorrente de vínculo trabalhista em época onde não existia, na lei, previsão de contribuição previdenciária que o tivesse por base, é de se dar provimento à apelação, declarando-se não devido valor almejado (TRF da 5ª Região, AC n. 2000.05.00.016749-8/AL, 2ª Turma, Rel. Des. Federal Paulo Roberto de Oliveira Lima, j. em 26-6-2001 –*RPS* 263/921).

Não havendo bens suficientes para quitar créditos trabalhistas e da Seguridade Social, mantém-se o privilégio do primeiro, não tendo sido alterada tal regra do art. 186 do CTN, como define o aresto do TRT da 12ª Região:

> Agravo de petição. Execução. Preferência do crédito trabalhista. Os créditos trabalhistas, superprivilegiados, preferem a quaisquer outros créditos, inclusive os fiscais, não havendo possibilidade de ratear os valores depositados em Juízo entre categorias de créditos de naturezas diversas. Seria ilógico e antijurídico permitir que os valores depositados fossem rateados entre os créditos trabalhistas e crédito estatal (INSS), em detrimento do trabalhador, do povo, elemento do próprio Estado que com seu trabalho move e alimenta a máquina estatal e, em consequência, supre as necessidades coletivas, fim último do Estado (Acórdão n. 8.021/2001, 1ª Turma, Rel. Juiz Antonio Carlos Facioli Chedid, *DJSC* de 20-8-2001).

Uma preocupação essencial para a concretização dos Direitos Sociais envolvidos na matéria – além da mera questão arrecadatória fiscal – é o reconhecimento, pela Previdência Social, do tempo de contribuição e da remuneração auferida pelo trabalhador que tenha sua demanda trabalhista julgada procedente.

## 48.7 Certidão Negativa de Débitos Trabalhistas

A Lei n. 12.440/2011 instituiu a Certidão Negativa de Débitos Trabalhistas – CNDT, a ser emitida em caráter nacional e de forma centralizada pelo Tribunal Superior do Trabalho a partir de 4 de janeiro de 2012, como forma de conferir maior efetividade às decisões proferidas pelo Judiciário Trabalhista. A citada lei altera a CLT, inserindo o art. 642-A:

> Art. 642-A. É instituída a Certidão Negativa de Débitos Trabalhistas (CNDT), expedida gratuita e eletronicamente, para comprovar a inexistência de débitos inadimplidos perante a Justiça do Trabalho.
>
> § 1º O interessado não obterá a certidão quando em seu nome constar:
>
> I – o inadimplemento de obrigações estabelecidas em sentença condenatória transitada em julgado proferida pela Justiça do Trabalho ou em acordos judiciais trabalhistas,

> inclusive no concernente aos recolhimentos previdenciários, a honorários, a custas, a emolumentos ou a recolhimentos determinados em lei; ou
>
> II – o inadimplemento de obrigações decorrentes de execução de acordos firmados perante o Ministério Público do Trabalho ou Comissão de Conciliação Prévia.
>
> § 2º Verificada a existência de débitos garantidos por penhora suficiente ou com exigibilidade suspensa, será expedida Certidão Positiva de Débitos Trabalhistas em nome do interessado com os mesmos efeitos da CNDT.
>
> § 3º A CNDT certificará a empresa em relação a todos os seus estabelecimentos, agências e filiais.
>
> § 4º O prazo de validade da CNDT é de 180 (cento e oitenta) dias, contado da data de sua emissão.

A Lei n. 14.133/2021, nova Lei de Licitações e Contratos Administrativos, trouxe importantes modificações no que concerne à regularidade fiscal e trabalhista em seu art. 91, § 4º, ao prever que:

> Antes de formalizar ou prorrogar o prazo de vigência do contrato, a Administração deverá verificar a regularidade fiscal do contratado, consultar o Cadastro Nacional de Empresas Inidôneas e Suspensas (Ceis) e o Cadastro Nacional de Empresas Punidas (Cnep), emitir as certidões negativas de inidoneidade, de impedimento e de débitos trabalhistas e juntá-las ao respectivo processo.

Insta lembrar que serão considerados devedores todos os que figurarem como executados em processos que tramitam na Justiça do Trabalho, de qualquer espécie, qualquer que seja a origem da dívida (créditos trabalhistas, previdenciários, honorários, custas e outros créditos ou despesas processuais). Assim, serão cadastrados os devedores na situação de:

- Positivo: situação em que o devedor, devidamente citado em execução definitiva, não pague a dívida, nem ofereça garantia suficiente do Juízo para cobrir a totalidade da dívida, ou em caso de obrigação de fazer, não a esteja cumprindo, não havendo, em qualquer caso, situação que suspenda a exigibilidade do crédito.
- A certidão positiva com efeito de negativa tem o mesmo valor que uma certidão negativa de débitos, ou seja, serve para comprovar a regularidade fiscal do contribuinte.

No âmbito administrativo federal, quando a empresa não tiver pendências cadastrais em seu nome, mas constar a existência de débito cuja exigibilidade esteja suspensa em virtude de:

a) moratória;
b) depósito do seu montante integral;
c) impugnação ou recurso;
d) concessão de medida liminar em mandado de segurança;
e) concessão de medida liminar ou de tutela antecipada, em outras espécies de ação judicial; ou
f) parcelamento cujas parcelas estejam devidamente recolhidas.

# Seção IV

## Perspectivas Adicionais do Direito Previdenciário

# 49

# Perspectivas da Seguridade Social no Brasil

Todas as vezes em que se fala em reformar a previdência, o ponto fulcral da discussão é o déficit que ela apresenta. Assim, sempre foi discurso dos que defendiam e ainda defendem mudanças na legislação previdenciária a possibilidade de a Previdência Social simplesmente quebrar.

Assim, para muitos, a saída para essa catástrofe iminente seria a privatização da previdência, que fez parte de uma estratégia da sinalização, uma vez que, em meados da década de 1990, as agências de classificação de risco colocavam a reforma previdenciária como ponto positivo em sua avaliação do país.

Importante lembrar que o endividamento em níveis críticos aumentava a probabilidade de as instituições financeiras internacionais envolverem-se na arena de reformas. Na década de 1980, o FMI e o Banco Mundial começaram a condicionar seus empréstimos para ajustes estruturais à reforma da previdência (como na Costa Rica e no Uruguai), tornando-se atores externos poderosos em vários países endividados da América Latina.

O Banco Mundial tem afirmado que, para eliminar o risco de "quebra" do sistema previdenciário baseado em repartição, o ideal seria adotar um novo sistema, baseado em três pilares, estruturados da seguinte forma:

- um pilar obrigatório gerenciado pelo governo e financiado a partir dos impostos para fins de redistribuição;
- um pilar obrigatório gerenciado pelo setor privado e plenamente capitalizado, para fins de poupança;
- um pilar voluntário para aquelas pessoas que desejam mais proteção na aposentadoria.

De acordo com a evolução normativa no tocante às políticas de proteção social no Brasil, apura-se que houve uma tendência, desde o império até os dias atuais, segundo a qual a extensão de benefícios dessa natureza partiu sempre do casuísmo para a generalização, e inicia-se no âmbito da Administração Pública para depois se estender aos trabalhadores da iniciativa privada, primeiro no meio urbano, para depois atingir o meio rural, com clara distinção no tratamento da matéria, desde o nível constitucional, quanto aos segmentos dos agentes públicos em relação aos trabalhadores em geral, o que tem gerado disformidade no campo da redistribuição de renda.

A contribuição da União nunca foi vertida por esta. Ao contrário, tomou-se por empréstimo, a fundo perdido, o lastro contido nos institutos:

- o controle sobre as reservas previdenciárias, desde o começo da década de 1930, transformaram a Previdência no principal sócio do processo de industrialização do país. De modo que, além de simplesmente fraudar a lei, deixando de repassar ao instituto, nos prazos e montantes definidos, a arrecadação das cotas e taxas, o governo passa a intervir sobre a aplicação das reservas. Basta lembrar, caros amigos, que grande parte dos recursos da Previdência Social foi destinada a grandes obras estatais, como a construção de Brasília, da usina de Angra e da ponte Rio-Niterói, só para citar alguns exemplos. E, aqui, pensando a fundo, o que houve foi uma pedalada fiscal por parte do governo. É que, quando falamos em contribuição previdenciária, que, como sabemos, tem sua destinação exclusiva aos cofres da Previdência Social, porque assim dispõe o art. 167, XI, da CF, estamos diante de uma contribuição social, que é uma modalidade de tributo que, ao contrário do imposto, possui uma destinação específica relativa ao contribuinte, o que significa que elas não poderiam ter sido usadas para outros fins senão os voltados para a manutenção dos cofres da Previdência Social.

A crise financeira internacional do petróleo, bem antes da Constituição de 1988, e a desastrosa gestão da economia nacional, causadora da estagnação da chamada "década perdida" de 1980, o aumento do desemprego e do subemprego (trabalho informal, sem registro, e, portanto, sem contribuição ao sistema, logo sem proteção), causaram sérios problemas de arrecadação, potencializados por uma administração ineficiente, sujeita a fraudes e desvios de recursos.

A comparação com países do Oriente, que ao menos garantem a mínima proteção ao indivíduo, assim o demonstram. Em nome da competição, fala-se abertamente em redução da proteção estatal, como se a população já tivesse atingido o bem-estar propalado pela política do Estado Benfeitor.

Os países da América Latina que adotaram o regime de capitalização como substitutivo do regime clássico de repartição também não são exemplos de prosperidade social, e o índice de proteção do novo modelo do Chile não atinge mais que a metade da população economicamente ativa. Dessa maneira, estamos diante de um sistema que não resolveu o problema da universalidade do atendimento à massa trabalhadora.

No Fórum Nacional de Previdência Social de 2007 tratou-se de seguintes temas:

1) Aprimoramento do atendimento ao público: revisão da utilização de mão de obra não profissional – servidores cedidos por outros órgãos, uso de estagiários em atividades de atendimento ao público e análise de processos de concessão de benefícios. Impõem-se a implantação ou priorização de programas de qualidade de atendimento ou aprimoramento dos já iniciados.

2) Ampliação e renovação dos quadros de pessoal nas agências e a valorização do servidor que atende diretamente ao público.
3) Abolir, de uma vez por todas, a prática encontrada em algumas agências da Previdência, em que pessoas são impedidas de protocolar requerimentos, em evidente afronta ao direito constitucional de petição, com flagrante prejuízo a direitos fundamentais substantivos, já que, por via de regra, relacionados à subsistência de quem postula.

O Censo Previdenciário representa um passo importante para mapear questões cruciais, como informalidade, exclusão previdenciária/assistencial e a percepção da Seguridade Social pela sociedade. Esse esforço é semelhante a pesquisas anteriores realizadas em relação ao Sistema Único de Saúde (SUS), que permitiram uma compreensão mais completa das necessidades da população.

A adequação do financiamento do sistema de proteção social é essencial para refletir as dinâmicas econômicas atuais. Uma transição gradual do custeio baseado na folha de pagamento de salários, inclusive considerando a eliminação da contribuição patronal nessa base, pode ser uma abordagem eficaz. Isso envolve a implementação de um novo regime de financiamento, com base em contribuições sobre o capital, à semelhança do modelo da Contribuição Provisória sobre Movimentações Financeiras (CPMF). Essa transição pode abranger o "mercado informal" e o "capital especulativo", assegurando uma aplicação mais justa do princípio da equidade no custeio.

Essa medida pode reduzir o custo da contratação de trabalhadores formais e distribuir mais equitativamente a carga tributária da Seguridade Social entre as empresas. No sistema atual, as empresas que empregam formalmente frequentemente enfrentam uma carga tributária mais pesada em comparação com aquelas que empregam de forma irregular ou não empregam, e muitas vezes recorrem à automação extensiva, como observado em instituições financeiras, principalmente bancos.

Além disso, é crucial combater vigorosamente a exploração do trabalho infantil e do trabalho de adolescentes em idade escolar. O ditado "Melhor na escola, melhor em um lar onde nada falte, do que no trabalho ou na rua" reflete uma perspectiva mais apropriada para a realidade nacional. Em pleno século XXI e com a globalização em andamento, o Brasil ainda enfrenta desafios do século XVIII. Em vez de considerar a flexibilização dos direitos trabalhistas, é fundamental assegurar que todas as crianças e adolescentes tenham acesso à educação e a oportunidades de desenvolvimento dignas.

# 50

# Reajuste dos benefícios

Originalmente, de acordo com a Constituição, os proventos de aposentadoria seriam revistos na mesma proporção e na mesma data que o vencimento dos servidores públicos em atividade, mantendo a regra da paridade entre ativos e inativos. Isso estava previsto no § 4º do art. 40 da CF, que possuía o seguinte texto:

> § 4º Os proventos da aposentadoria serão revistos, na mesma proporção e na mesma data, sempre que se modificar a remuneração dos servidores em atividade, sendo também estendidos aos inativos quaisquer benefícios ou vantagens posteriormente concedidos aos servidores em atividade, inclusive quando decorrentes da transformação ou reclassificação do cargo ou função em que se deu a aposentadoria, na forma da lei.

Posteriormente, a EC n. 20/98 acrescentou parágrafos ao art. 40, trazendo essa previsão no § 8º:

> § 8º Observado o disposto no art. 37, XI, os proventos de aposentadoria e as pensões serão revistos na mesma proporção e na mesma data, sempre que se modificar a remuneração dos servidores em atividade, sendo também estendidos aos aposentados e aos pensionistas quaisquer benefícios ou vantagens posteriormente concedidos aos servidores em atividade, inclusive quando decorrentes da transformação ou reclassificação do cargo ou função em que se deu a aposentadoria ou que serviu de referência para a concessão da pensão, na forma da lei. (Incluído pela Emenda Constitucional n. 20, de 15-12-1998)

A novidade, aqui, ficou por conta da limitação da remuneração ou do subsídio do servidor público ao subsídio mensal do Ministro do Supremo Tribunal Federal, no âmbito federal; do prefeito, no municipal; dos governadores, nos Estados e no DF, quando se fala em Poder Executivo; do subsídio dos deputados estaduais e distritais, quando se fala em Poder Legislativo; e do subsídio dos desembargadores do Tribunal de Justiça, limitado a noventa inteiros e vinte e cinco centésimos por cento do subsídio mensal, em espécie, dos Ministros do Supremo Tribunal Federal, no âmbito do Poder Judiciário. Esse limite é aplicável aos membros do Ministério Público, aos Procuradores e aos Defensores Públicos.

Essa limitação trouxe reflexos nos proventos de aposentadorias e pensões do RPPS, tendo em vista a paridade.

Quebrando a regra da paridade com os servidores em atividade, a EC n. 41/2003 alterou o critério de majoração das aposentadorias e pensões, definindo que, para os que ingressarem no serviço público após a sua promulgação, os proventos serão reajustados conforme critério definido em lei. Assim, ficou definido que as aposentadorias e pensões devidas pelo Regime dos Servidores Federais receberão o mesmo índice de majoração utilizado para os o Regime Geral de Previdência Social, e serão reajustadas na mesma data que esses (art. 15 da Lei n. 10.887/2004).

A jurisprudência do STF é no sentido de que é inviável estender a servidores inativos as vantagens pecuniárias decorrentes de reposicionamento, na carreira, de servidores ativos, com fundamento no art. 40, § 8º, da Constituição (RE 522.570-AgR, Rel. Min. Ricardo Lewandowski, j. em 5-5-2009, 1ª Turma, *DJE* de 5-6-2009). No mesmo sentido: RE 536.593-AgR, Rel. Min. Cármen Lúcia, j. em 27-10-2009, 1ª Turma, *DJE* de 27-11-2009; RE 425.451-AgR, Rel. Min. Gilmar Mendes, j. em 7-8-2007, 2ª Turma, *DJ* de 31-8-2007; RE 323.857, Rel. Min. Ellen Gracie, j. em 15-6-2004, 2ª Turma, *DJ* de 6-8-2004.

Em outra ocasião, o Tribunal Pleno da Corte ratificou orientação de que as vantagens remuneratórias de caráter geral conferidas a servidores públicos, por serem genéricas, são extensíveis a inativos e pensionistas (RE 596.962/MT, Plenário, Rel. Min. Dias Toffoli, j. em 21-8-2014). Por se tratar de RE com repercussão geral reconhecida, em tema repetitivo, o STF fixou quatro teses, segundo as quais as vantagens de caráter universal são extensíveis aos aposentados. São elas:

a) as vantagens remuneratórias legítimas e de caráter geral conferidas a determinada categoria, carreira ou, indistintamente, a servidores públicos, por serem vantagens genéricas, seriam extensíveis aos servidores inativos e pensionistas;
b) nesses casos, a extensão alcançaria os servidores que tivessem ingressado no serviço público antes da publicação da EC n. 20/98 e da EC n. 41/2003, e tivessem se aposentado ou adquirido o direito à aposentadoria antes da EC n. 41/2003;
c) em relação aos servidores que tivessem ingressado e se aposentado no serviço público após a EC n. 41/2003, deveriam ser observados os requisitos estabelecidos na regra de transição contida em seu art. 7º, em virtude da extinção da paridade integral entre ativos e inativos contida no art. 40, § 8º, da CF, redação original, para os servidores que tivessem ingressado no serviço público após a publicação da EC n. 41/2003; e
d) com relação aos servidores que tivessem ingressado no serviço público antes da EC n. 41/2003 e tivessem se aposentado ou adquirido o direito à aposentadoria após a sua edição, afirmou que seria necessário observar a incidência das regras de transição fixadas pela EC n. 47/2005, a qual estabelecera efeitos retroativos à data de vigência da EC n. 41/2003.

Importante modificação sobre o tema da paridade trouxe a EC n. 103/2019. Ela conferiu nova redação ao § 2º do art. 40 da CF, para dizer que os proventos de aposentadorias não podem ultrapassar o teto do Regime Geral de Previdência Social. Isso significa que o servidor público que ingressar após a referida Emenda Constitucional, ao se aposentar, além de já não ter a paridade com o servidor da ativa que, lembremos, foi retirada com a EC n. 41/2003, também terá seus proventos limitados ao teto do RGPS.

Daí por que a EC n. 103/2019, conferindo nova redação ao § 14 do art. 40 da CF, previu a possibilidade de os entes federativos ofertarem aos seus servidores regime de previdência complementar.

Então, forçoso concluir que a paridade e a integralidade são garantias que deverão ser respeitadas ou não, de acordo com o momento de ingresso do servidor no serviço público.

Nesse sentido a jurisprudência a seguir colacionada:

> Apelação cível em mandado segurança. Servidor público estadual. Portador de deficiência. Aposentadoria especial. Pleito de paridade e integralidade remuneratória. Não observância às regras de transição previstas nas Emendas Constitucionais n. 41/2003 e 47/2005. 1. **Conforme as regras de transição previstas nas Emendas Constitucionais n. 41/2003 e 47/2005, possui direito à integralidade e paridade aquele que entrou no serviço público antes da Emenda Constitucional n. 41/2003**. 2. As referidas emendas não distinguem aposentadoria comum e especial para fins de reconhecimento ao direito à integralidade e paridade, portanto aplicável o seu regramento ao caso em tela. 3. **Os servidores que ingressaram no serviço público antes da Emenda Constitucional n. 41/2003, mas que se aposentaram após a referida emenda, possuem direito à paridade remuneratória e à integralidade no cálculo de seus proventos, desde que observadas as regras de transição especificadas nos artigos 2º e 3º da Emenda Constitucional n. 47/2005**. 4. A documentação que instrui os autos não comprova o preenchimento cumulativo, pelo autor, de todos os requisitos exigidos para concessão da aposentadoria especial cumulada com as garantias de paridade e integralidade estabelecidas na EC n. 47/2005. Apelação cível conhecida e desprovida (TJ-GO, 5557811-24.2019.8.09.0051, Rel. Des. Nelma Branco Ferreira Perilo, 4ª Câmara Cível, Data de Publicação: 13-2-2023).

**PREVDICA**:

A ausência de integralidade e paridade é dirigida apenas para as aposentadorias a serem concedidas aos servidores públicos que entraram no serviço público após a publicação da EC n. 41/2003 e aos que não se aposentarem por regras de transição que assegurem a igualdade de tratamento com os servidores em atividade e aos detentores de direito adquirido, já que estas últimas regras seguem o determinado pela EC n. 20/98, isto é, continuam sendo destinatários de paridade com os servidores em atividade, sendo revistas na mesma proporção e na mesma data em que se modificar a respectiva remuneração, dos ativos, estendidos aos inativos quaisquer benefícios ou vantagens posteriormente concedidos aos servidores em atividade, na forma do disposto no art. 7º da EC n. 41/2003, *in verbis*:

> "Art. 7º Observado o disposto no art. 37, XI, da Constituição Federal, os proventos de aposentadoria dos servidores públicos titulares de cargo efetivo e as pensões dos seus dependentes pagos pela União, Estado, Distrito Federal e Municípios, incluídas suas autarquias e fundações, em fruição da data de publicação desta Emenda, bem como os proventos de aposentadoria dos servidores e as pensões dos dependentes abrangidos pelo art. 3º desta Emenda, serão revistos na mesma proporção e na mesma data, sempre que se modificar a remuneração dos servidores em atividade, sendo também estendidos aos aposentados e pensionistas quaisquer benefícios ou vantagens posteriormente concedidos aos servidores em atividade, inclusive quando decorrentes da transformação ou reclassificação do cargo ou função em que se deu a aposentadoria ou que serviu de referência para a concessão da pensão, na forma da lei".

# 51

# Servidores públicos e o Regime Previdenciário Complementar

Com a EC n. 20/98, iniciaram-se grandes reformas no sistema da seguridade social, dentre outras medidas, estabelecendo-se a necessidade de um novo marco regulatório para a previdência complementar, cujos princípios e premissas fundamentais foram fixados na redação dada aos arts. 40 e 202, e seus parágrafos, da Constituição, que determinaram que o regime de previdência complementar seria veiculado por lei complementar.

A Constituição prevê:

> Art. 40. Aos servidores titulares de cargos efetivos da União, dos Estados, do Distrito Federal e dos Municípios, incluídas suas autarquias e fundações, é assegurado regime de previdência de caráter contributivo e solidário, mediante contribuição do respectivo ente público, dos servidores ativos e inativos e dos pensionistas, observados critérios que preservem o equilíbrio financeiro e atuarial e o disposto neste artigo.
>
> (...)
>
> § 14. A União, os Estados, o Distrito Federal e os Municípios, desde que instituam regime de previdência complementar para os seus respectivos servidores titulares de cargo efetivo, poderão fixar, para o valor das aposentadorias e pensões a serem concedidas pelo regime de que trata este artigo, o limite máximo estabelecido para os benefícios do regime geral de previdência social de que trata o art. 201.
>
> § 15. O regime de previdência complementar de que trata o § 14 será instituído por lei de iniciativa do respectivo Poder Executivo, observado o disposto no art. 202 e seus parágrafos, no que couber, por intermédio de entidades fechadas de previdência complementar, de natureza pública, que oferecerão aos respectivos participantes planos de benefícios somente na modalidade de contribuição definida.
>
> § 16. Somente mediante sua prévia e expressa opção, o disposto nos §§ 14 e 15 poderá ser aplicado ao servidor que tiver ingressado no serviço público até a data da publicação do ato de instituição do correspondente regime de previdência complementar.

Os servidores das Casas do Legislativo Federal e os membros e servidores do TCU ingressantes (data de exercício) a partir de 7 de maio de 2013 - data em que foi aprovado o Plano de Benefícios para eles - ingressaram no novo sistema (Portaria Previc n. 239/2013).

A partir do dia 14 de outubro de 2013, todo membro do Poder Judiciário, servidores ocupantes de cargo efetivo dos órgãos do Judiciário Federal (STF, STJ, STM, TSE, Justiça Federal, Justiça do Trabalho, Justiça Eleitoral e Militar no âmbito federal), incluindo os servidores efetivos do CNJ, bem como os membros e servidores dos órgãos do Ministério Público da União, estarão da mesma forma sujeitos ao teto do Regime Geral de Previdência Social - RGPS.

**PREVDICA**:

A premissa básica do regime de previdência complementar é a adesão facultativa (CF, art. 202, *caput*), que é a manifestação expressa do servidor que, tenha ou não ingressado após o funcionamento do "fundo de pensão", venha a concordar em participar do referido sistema. É dizer, não há escolha, por parte do servidor, quanto à vinculação ao RPPS e aos valores-limite pagos por este, para aqueles que ingressam após a implantação dos planos de previdência complementar.

Conforme a Orientação Normativa do Ministério do Planejamento, Orçamento e Gestão (MPOG) n. 17, de 23 de dezembro de 2013, o regime também se aplica aos servidores que tenham ingressado no órgão ou entidade federal sem interrupção. No entanto, essa orientação normativa parece violar os direitos dos servidores que já ocupam cargos efetivos nos Estados, no Distrito Federal e nos Municípios, uma vez que a Constituição Federal, com as alterações realizadas por meio das Emendas Constitucionais sobre o tema, não faz tal distinção.

Em relação ao valor do benefício programado, ele será calculado com base no montante do saldo acumulado na conta do participante e não seguirá um valor predeterminado. O regime oferecerá benefícios de aposentadoria programada, bem como benefícios de risco mínimos, cobrindo situações de incapacidade permanente e óbito do participante, com critérios de elegibilidade definidos por regulamentação.

Obedecerá a aplicação dos recursos (contribuições do servidor e ente federativo) às diretrizes e limites prudenciais estabelecidos pelo Conselho Monetário Nacional, sendo vedada a aplicação de recursos de forma compulsória e/ou especulativa. Essas aplicações poderão ser feitas pela própria entidade e/ou por instituições financeiras especializadas.

No que tange à contratação das instituições financeiras, será feita mediante licitação, cujos contratos terão prazo máximo de cinco anos. No processo de escolha serão considerados, entre outros critérios, a solidez, o porte, a experiência na gestão de recursos, além da taxa de administração e outros custos. Cada instituição contratada poderá administrar, no máximo, 20% do total dos recursos a serem aplicados.

Os optantes pela adesão ao plano de benefícios do Fundo de Pensão receberão:

- do RPPS do ente federativo respectivo, a aposentadoria calculada sobre a média dos maiores salários de contribuição (vencimentos ou subsídios) de todo o período contributivo, equivalentes a 80% do total, desde julho de 1994, ou do mês da primeira filiação previdenciária, se posterior àquele mês, obtidos em quaisquer regimes de previdência públicos (RGPS ou RPPS, ou, ainda, como militar das Forças Armadas), respeitado o valor-teto do RGPS/INSS;

- do Fundo de Pensão, o benefício a que fizerem jus conforme o valor acumulado das contribuições (do próprio servidor e do ente federativo) e suas aplicações financeiras, a título de complementação de aposentadoria; e
- do Regime Próprio do ente federativo respectivo, um benefício proporcional diferido, equivalente ao período de contribuições feitas antes da adesão ao Fundo de Pensão, calculado sobre o valor integral da remuneração.

# 52

# Caminhos previdenciários no mundo globalizado

A primeira Constituição brasileira a tratar de matéria previdenciária foi a de 1891, que estabeleceu, em seu art. 75: "A aposentadoria só poderá ser dada aos funcionários públicos em caso de incapacidade permanente a serviço da Nação".

No art. 6º de suas Disposições Transitórias, estabeleceu:

> Art. 6º Nas primeiras nomeações para a magistratura federal e para a dos Estados serão preferidos os juízes de direito e os desembargadores de maior nota. Os que não forem admitidos na nova organização judiciária, e tiverem mais de 30 anos de exercício, serão aposentados com todos os seus vencimentos.
>
> Os que tiverem menos de 30 anos de exercício continuarão a perceber seus ordenados, até que sejam aproveitados ou aposentados com ordenados correspondentes ao tempo de exercício. As despesas com os magistrados aposentados ou postos em disponibilidade serão pagas pelo governo federal.

Na Constituição de 1946, no que diz respeito ao funcionalismo público, ao lado das aposentadorias por incapacidade permanente e compulsória por idade avançada, ganhava *status* constitucional a aposentadoria voluntária aos 35 anos de serviço público, embora desde 1939 já existisse sua previsão em norma legal.

A Constituição promulgada em 1988 manteve regras diferenciadas para a aposentadoria dos servidores públicos da União, dos Estados, do Distrito Federal e dos Municípios, bem como os das autarquias e fundações públicas, de acordo do seu art. 40, *caput*, que sofreu alterações por Emendas Constitucionais.

O que se apura pelo estudo da evolução normativa referente às políticas de proteção social no Brasil, é que houve uma tendência, desde o Império até os dias atuais, segundo a qual a extensão de benefícios dessa natureza partiu sempre do casuísmo para a generalização, e inicia-se no âmbito da Administração Pública para depois se estender aos trabalhadores da iniciativa privada, primeiro no meio urbano, depois no rural, com diferenciação no tratamento da matéria, desde o nível constitucional, quanto aos segmentos dos agentes públicos em relação aos trabalhadores em geral, o que tem gerado distorções no campo da redistribuição de renda.

## 52.1 Principais destaques das reformas constitucionais

A partir da EC n. 20/98, passou-se a exigir que os Regimes Previdenciários se mantenham em "equilíbrio financeiro e atuarial", o que poderá autorizar o legislador infraconstitucional a modificar critérios de cálculo de contribuições.

Dessa maneira, interrompe-se a tradição secular de que a aposentadoria dos servidores públicos decorria de mero exercício do cargo, não sendo necessário qualquer contribuição, isto é, estabelecida como uma vantagem concedida em função de seu "tempo de serviço"; passa-se a ter a aposentadoria como benefício custeado não somente pelo Estado, exigindo-se a contrapartida prévia de contribuições a um Regime de Previdência Social, tal como no Regime Geral de Previdência Social.

Foi instituído o caráter contributivo do regime, o que gerou a obrigatoriedade de contribuição para obtenção de benefícios, e fixado o princípio do equilíbrio financeiro e atuarial, limitando o "teto" do benefício ao valor da remuneração do respectivo servidor, no cargo em que ocupava, quando da aposentadoria ou do falecimento – art. 40, *caput*.

A EC n. 41, promulgada em 19 de dezembro de 2003 e publicada em 31 de dezembro de 2003, alterou novamente as regras para os regimes próprios dos agentes públicos, passando a dispor, na nova redação do *caput* do art. 40 da Constituição, que tais regimes se caracterizam pelo caráter contributivo e solidário, "mediante contribuição do respectivo ente público, dos servidores ativos e inativos e dos pensionistas".

A EC n. 41 trouxe também a desvinculação entre o reajuste de padrões remuneratórios dos agentes públicos (vencimentos, remunerações e subsídios) e o reajuste dos proventos de aposentados e pensionistas, pela nova redação dada ao § 8º do art. 40, que antes previa a igualdade de tratamento entre agentes públicos em atividade e beneficiários do regime previdenciário.

A EC n. 41, além de instituir o caráter solidário, com a consequente contribuição dos aposentados e pensionistas, rompeu a paridade da aposentadoria por incapacidade permanente, aumentando o requisito de tempo de serviço público como condição para a paridade e integralidade na regra de transição, estabeleceu a idade mínima de aposentadoria de 53 (cinquenta e três) anos para homens e 48 (quarenta e oito) anos para mulheres, porém com redutor sobre cada ano que falte para, respectivamente, 60 (sessenta) e 55 (cinquenta e cinco) anos, para aposentadoria sem paridade; e instituiu a obrigatoriedade da cobrança de contribuição previdenciária dos servidores estaduais e municipais, não podendo ser menor que 11% (onze por cento).

# 53

# Reforma previdenciária

## 53.1 A nova Previdência

Esse assunto tem sido tormentoso no cenário nacional. De um lado, os que a consideram essencial para as contas públicas. De outro, os que a julgam prejudicial para os direitos dos trabalhadores.

Diante da resistência de diversos setores, o projeto acabou alterado de forma a tentar facilitar sua aprovação no Congresso.

O governo vem dizendo que as transformações no texto estão dentro do previsto e que, com elas, a economia da reforma será diminuída em 20% – de R$ 800 bilhões em dez anos para R$ 630 bilhões. Economistas concordam e afirmam que a proposta não foi muito descaracterizada – o que não necessariamente é bom, ponderam.

## 53.2 Benefícios da nova Previdência

| Homens | | Mulheres |
|---|---|---|
| | **INSS** | |
| 65 anos | Idade mínima para pedir aposentadoria | 62 anos |
| 20 anos | Tempo mínimo de contribuição | 15 anos |
| | **Servidores** | |
| 65 anos | Idade mínima para pedir aposentadoria | 62 anos |
| 25 anos | Tempo mínimo de contribuição | 25 anos |
| | **Congressista** | |
| 65 anos | Idade mínima para pedir aposentadoria | 62 anos |
| 20 anos | Tempo mínimo de contribuição | 15 anos |
| | **Trabalhador rural** | |
| 60 anos | Idade mínima para pedir aposentadoria | 55 anos |
| 15 anos | Tempo mínimo de contribuição | 15 anos |

| Homens | | Mulheres |
|---|---|---|
| | **Professor** | |
| 60 anos | Idade mínima para pedir aposentadoria | 57 anos |
| 25 anos | Tempo mínimo de contribuição | 25 anos |
| | **Forças Armadas** | |
| 55 anos | Idade mínima para pedir aposentadoria | 55 anos |
| 30 anos | Tempo mínimo de contribuição | 30 anos |

## 53.3 Idade mínima e tempo de contribuição

A reforma criou uma idade mínima de aposentadoria. Com a reforma, ao final do tempo de transição deixa de haver a possibilidade de aposentadoria com base apenas no tempo de contribuição, independentemente de quantos anos a pessoa tem – é essa a regra atual.

Na nova regra do Regime Geral, o tempo mínimo de contribuição será de 15 anos para mulheres e 20 anos para homens. Mas para quem já está no mercado de trabalho, **o tempo mínimo de contribuição será de 15 anos para homens e de 15 anos para mulheres.**

Para os servidores, o tempo de contribuição mínimo será de 25 anos, com 10 de serviço público e 5 no cargo em que for concedida a aposentadoria.

**Além de aumentar o tempo para se aposentar, a reforma também eleva as alíquotas de contribuição para quem ganha acima do teto do INSS e estabelece regras de transição para os atuais assalariados.**

## 53.4 Cálculo do benefício

Pelas novas regras, o valor da aposentadoria será calculado com base na média de todo o histórico de contribuições do trabalhador. Isto é, 100% de todos os salários de contribuição incluídos dentro do PBC, sendo que, para os que se filiaram antes da EC n. 103/2019, desde a competência julho de 1994, ou, em período posterior, se a filiação ocorreu após esse marco.

Ao atingir o tempo mínimo de contribuição (20 anos, se for homem, e 15 anos, se for mulher, para aqueles que ingressarem no mercado de trabalho depois de aprovada a reforma), os trabalhadores do regime geral terão direito a 60% do valor do benefício integral, com o percentual subindo 2 pontos para cada ano a mais de contribuição. Para ter direito a 100% da média dos salários, a mulher terá que contribuir por 35 anos e o homem, por 40 anos.

Importante dizer que esse acréscimo de 2% na RMI não possui limitador, podendo o segurado receber, por exemplo, 110% da média. Entretanto, entendemos que esse valor fica limitado ao teto da Previdência Social.

Para os homens que já estão no mercado de trabalho, embora o **tempo de contribuição mínimo tenha sido reduzido pelo plenário da Câmara de 20 anos para 15 anos**, o valor do benefício na regra de transição só subirá a partir de 21 anos de contribuição. Com isso, entre 15 e 20 anos, o percentual será de 60% da média de todos os salários e só terá direito ao benefício de 100% os homens que atingirem 40 anos de contribuição.

Quem se aposentar após o período de transição, poderá receber mais de 100% do benefício integral. O valor, no entanto, não poderá ser superior ao teto (atualmente em R$ 8.157,41), nem inferior a um salário mínimo.

## 53.5 Regras de transição

A reforma prevê 5 regras de transição, sendo 4 exclusivas para os trabalhadores da iniciativa privada que já estão no mercado, uma específica para servidores e uma regra em comum para todos.

Parte das regras vão vigorar por até 14 anos depois de aprovada a reforma. Já a regra de aposentadoria por idade (com 15 anos de contribuição para ambos os sexos) será garantida para todos que já atuam no mercado.

**Transição 1: sistema de pontos (para INSS)**

A regra é semelhante à fórmula atual para pedir a aposentadoria integral, a **fórmula 86/96** e tende a beneficiar quem começou a trabalhar mais cedo. O trabalhador deverá alcançar uma pontuação que resulta da soma de sua idade mais o tempo de contribuição. O número inicial será de 86 para as mulheres e 96 para os homens, respeitando o tempo mínimo de contribuição que vale hoje (35 anos para homens e 30 anos para mulheres).

A transição prevê um aumento de 1 ponto a cada ano, chegando a 100 para mulheres (em 2033) e 105 para os homens (em 2028).

O valor da aposentadoria seguirá a regra de 60% do valor do benefício integral por 15/20 anos de contribuição, crescendo 2% a cada ano a mais.

Para professores, a transição começa com 81 pontos para mulheres e 91 pontos para homens, com tempo de contribuição mínimo de 25 e 30 anos, respectivamente.

**Transição 2: tempo de contribuição + idade mínima (para INSS)**

Nessa regra, a idade mínima começa em 56 anos para mulheres e 61 para os homens, subindo meio ponto a cada ano até que a idade de 65 (homens) e 62 (mulheres) seja atingida. Em 12 anos acaba a transição para as mulheres e em 8 anos para os homens. Nesse modelo, é exigido um tempo mínimo de contribuição: 30 anos para mulheres e 35 para homens.

Para professores, o tempo de contribuição e idades iniciais são reduzidos em 5 anos e o acréscimo vai até 57 anos para mulheres e 60 anos para homens.

A remuneração será calculada a partir da média de todos os salários de contribuição, com a aplicação da regra de 60% do valor do benefício integral por 15/20 anos de contribuição, crescendo 2% a cada ano a mais.

**Transição 3: pedágio de 50% (para INSS)**

Quem está há menos de 2 anos de cumprir o tempo mínimo de contribuição que vale hoje (35 anos para homens e 30 anos para mulheres) ainda poderá se aposentar sem a idade mínima, mas vai pagar um pedágio de 50% do tempo que falta.

Por exemplo, quem estiver a um ano da aposentadoria deverá trabalhar mais seis meses, totalizando um ano e meio.

O valor do benefício será a média de 100% das contribuições, portanto, sem o descarte das 20% menores, reduzido pelo fator previdenciário, um cálculo que leva em conta a expectativa de sobrevida do segurado medida pelo IBGE, que vem aumentando ano a ano. E aqui fica a reflexão sobre a constitucionalidade desse cálculo, já que, sem o descarte das 20% menores contribuições somado à aplicação do fator previdenciário, o contribuinte, a nosso entender, está sofrendo com um duplo fator de redução.

**Transição 4: por idade (para INSS)**

Para os homens, a idade mínima continua como é hoje, em 65 anos.

Para as mulheres começará em 60 anos. Mas, a partir de 2020, a idade mínima de aposentadoria da mulher será acrescida de seis meses a cada ano, até chegar a 62 anos em 2023.

O tempo mínimo de contribuição exigido será de pelo menos 15 anos para ambos os sexos.

A remuneração será calculada a partir da média de todos os salários de contribuição, com a aplicação da regra de 60% do valor do benefício integral por 15/20 anos de contribuição, crescendo 2% a cada ano a mais.

**Transição 5: pedágio de 100% (para INSS e servidores)**

Nessa regra, trabalhadores do setor privado e do setor público terão que cumprir os seguintes requisitos: idade mínima de 57 anos para mulheres e de 60 anos para homens, além um "pedágio" equivalente ao mesmo número de anos que faltar para cumprir o tempo mínimo de contribuição (30 anos, se mulher, e 35 anos, se homem) na data de vigência da EC n. 103/2019.

Nessa regra, a remuneração será de 100% da média de todos os salários. Para servidores, o valor da aposentadoria é igual a 100% da média ou integral para quem ingressou até 31 de dezembro de 2003.

**Transição 6: exclusiva para servidores**

Para os servidores públicos, está prevista também uma transição por meio de uma pontuação que soma o tempo de contribuição mais uma idade mínima, começando em 86 pontos para as mulheres e 96 pontos para os homens.

A regra prevê um aumento de 1 ponto a cada ano, tendo duração de 14 anos para as mulheres e de 9 anos para os homens. O período de transição termina quando a pontuação alcançar 100 pontos para as mulheres (2033), e 105 pontos para os homens (2028), permanecendo neste patamar.

O tempo mínimo de contribuição dos servidores será de 35 anos para os homens e de 30 anos para as mulheres. A idade mínima começa em 61 anos para os homens e 56 anos para mulheres, passando a 62/57 a partir de 2022. Deverão contar ainda com 20 anos de serviço público, 10 anos na carreira e 5 no cargo.

O valor da aposentadoria será integral para quem ingressou até 31-12-2003 e se aposentar aos 65 anos (homens) ou 62 (mulheres). Para quem ingressou a partir de 2004, o cálculo seguirá a regra de 60% da média aos 20 anos de contribuição, subindo 2 pontos percentuais para cada ano a mais de contribuição, até o máximo de 100%.

## 53.6 Considerações sobre a Nova Previdência

A Nova Previdência entrou em vigor na data de publicação da Emenda Constitucional n. 103 no *Diário Oficial da União*, em 13 de novembro de 2019. As novas regras valem para segurados do Regime Geral de Previdência Social (RGPS) e do Regime Próprio de Previdência Social (RPPS) da União.

A Nova Previdência foi aprovada pela Câmara dos Deputados e pelo Senado, separadamente, em dois turnos de votação em cada Casa. A aprovação em segundo turno no plenário do Senado, em 23 de outubro de 2019, marcou o fim do processo de votação no Congresso Nacional.

**Idade mínima e tempo de contribuição**

No Regime Geral de Previdência Social (RGPS), para trabalhadores da iniciativa privada e de municípios sem sistema previdenciário próprio, entre outros, a regra geral de aposentadoria passa a exigir, das mulheres, pelo menos 62 anos de idade e 15 anos de contribuição. No caso dos homens, 65 anos de idade e 20 anos de contribuição. O tempo de contribuição mínimo permanecerá em 15 anos somente para os homens que estiverem filiados ao RGPS antes de a emenda constitucional entrar em vigor.

Já para os servidores públicos federais, que contribuem para o Regime Próprio de Previdência Social (RPPS) da União, a nova regra geral exigirá 62 anos de idade para mulheres e 65 para os homens, com pelo menos 25 anos de contribuição, 10 anos de serviço público e 5 anos no cargo em que se dará a aposentadoria.

A Nova Previdência prevê regras diferentes para algumas categorias profissionais. Para os professores, por exemplo, são 25 anos de contribuição e idade mínima de 57 anos, para as mulheres, e de 60 anos, para os homens. Essa regra somente se aplicará aos professores que comprovarem, exclusivamente, tempo de efetivo exercício nas funções de magistério na educação infantil, no ensino fundamental ou no ensino médio.

Policiais, tanto homens quanto mulheres, poderão se aposentar aos 55 anos de idade, desde que tenham 30 anos contribuição e 25 anos de efetivo exercício da função. Essa regra se aplicará aos cargos de agente penitenciário, agente socioeducativo, policial legislativo, policial federal, policial rodoviário federal, policial ferroviário federal e policial civil do Distrito Federal.

Para a aposentadoria de trabalhadores e trabalhadoras rurais, estão mantidos o tempo de contribuição de 15 anos e as idades mínimas de aposentadoria de 55 anos para as mulheres e de 60 anos para os homens.

**Cálculo do benefício**

De acordo com as novas regras da Previdência Social, quando os trabalhadores atingirem a idade e o tempo de contribuição mínimos, poderão se aposentar com 60% da média de todas as contribuições previdenciárias efetuadas desde julho de 1994. A cada ano adicional de contribuição, além do mínimo exigido, serão acrescidos dois pontos percentuais aos 60%. Portanto, para obter uma aposentadoria no valor total de 100% da média de contribuições, as mulheres deverão contribuir por 35 anos, enquanto os homens precisarão contribuir por 40 anos.

Os benefícios de aposentadoria não poderão ser inferiores a um salário mínimo nem exceder o limite máximo do Regime Geral de Previdência Social (RGPS), atualmente estabelecido em R$ 7.786,02 por mês. Vale destacar que o percentual do benefício pode ultrapassar 100% para mulheres que contribuírem por mais de 35 anos e para homens que contribuírem por mais de 40 anos, desde que se mantenha dentro do limite do RGPS.

Um importante aspecto da Nova Previdência é a mudança na forma de calcular a aposentadoria, levando em consideração todas as contribuições feitas pelo segurado desde julho de 1994. Isso é diferente do método anterior, que se baseava nas 80% maiores contribuições efetuadas nesse período.

Para os servidores públicos federais que ingressaram na carreira a partir de 1º de janeiro de 2004, o cálculo do benefício será semelhante ao do Regime Geral – com 20 anos de contribuição, 60% da média de todas as contribuições, aumentando dois pontos percentuais a cada ano a mais de contribuição (tanto homens quanto mulheres). Já para os que ingressaram no serviço público até 31 de dezembro de 2003, ficará mantida a integralidade – o valor da aposentadoria será o do último salário, desde que atendidos os requisitos das regras de transição.

**Alíquotas**

As alíquotas passarão a ser progressivas, ou seja, quem ganha mais pagará mais.

Para o RGPS

| | |
|---|---|
| Até um salário mínimo: | 7,5% |
| Entre um salário mínimo e R$ 2 mil: | 9% |
| Entre R$ 2 mil e R$ 3 mil: | 12% |
| Entre R$ 3 mil e o teto do RGPS: | 14% |

Para servidores públicos federais no RPPS da União

| | |
|---|---|
| Até um salário mínimo: | 7,5% |
| Entre um salário mínimo e R$ 2 mil: | 9% |
| Entre R$ 2 mil e R$ 3 mil: | 12% |
| Entre R$ 3 mil e o teto do RGPS: | 14% |
| Entre o teto do RGPS e R$ 10 mil: | 14,5% |

| | |
|---|---|
| Entre R$ 10 mil e R$ 20 mil: | 16,5% |
| Entre R$ 20 mil e o teto constitucional: | 19% |
| Acima do teto constitucional: | 22% |

As alíquotas entraram em vigor no mês de março de 2020, isto é, no quarto mês subsequente ao da data da publicação da emenda.

Importante ressaltar que as alíquotas passarão a incidir sobre cada faixa de remuneração, de forma semelhante ao cálculo do Imposto de Renda. Assim, por exemplo, um trabalhador que ganha exatamente o teto do RGPS (R$ 7.786,02) pagará uma alíquota efetiva total de 11,69%.

**Pensão por morte**

A Nova Previdência muda as regras para quem vai receber pensão por morte. O pagamento será de 50% do valor da aposentadoria acrescido de 10% para cada dependente:

- 1 dependente: 60% da aposentadoria do(a) falecido(a)
- 2 dependentes: 70%
- 3 dependentes: 80%
- 4 dependentes: 90%
- 5 ou mais dependentes: 100%

Para os dependentes inválidos ou com deficiência grave, o pagamento será de 100% do valor da aposentadoria no Regime Geral, sem exceder o teto. No caso de servidores públicos da União, do valor que exceder o teto será pago 50% mais 10% por dependente.

Cônjuges ou companheiros de policiais e de agentes penitenciários que morrerem por agressão sofrida em decorrência do trabalho terão direito à pensão integral – valor correspondente à remuneração do cargo.

**Limite e acúmulo de benefício**

Nos casos em que a lei permitir acúmulo de benefício, serão pagos 100% do benefício de maior valor a que a pessoa tem direito, mais um percentual da soma dos demais. No entanto, se o menor benefício for de um salário mínimo, receberá este, também, na sua integralidade, uma vez que o texto constitucional não traz redução nesses casos. Nesse sentido, o professor Ivan Kertzman pondera que:

> Para elucidar esse texto, basta entendermos que o benefício mais vantajoso será mantido integralmente e os outros serão pagos parcialmente. Caso o segundo benefício seja de um salário mínimo, o dependente terá direito a 100% desse valor, pois o texto constitucional não traz qualquer redução para benefícios de até um salário mínimo[1].

1. KERTZMAN, Ivan. *Entendendo a Reforma da Previdência*. Salvador: JusPodivm, 2020, p. 194.

Esse percentual vai variar de acordo com o valor do benefício: 100% do valor até um salário mínimo; 60% do valor que estiver entre um e dois salários mínimos; 40% do que estiver entre dois e três salários; 20% entre três e quatro salários mínimos; e 10% do que ultrapassar quatro salários mínimos.

Exemplo: uma mulher que receba aposentadoria de R$ 2.500,00 mensais e fique viúva do marido que recebia aposentadoria de R$ 3.000,00. A viúva é a única dependente. Nesse caso, a aposentada continuaria recebendo integralmente a aposentadoria de R$ 2.500,00 (benefício de maior valor). Aplicando-se a nova regra da pensão por morte, seu valor passaria a ser de R$ 1.800,00 (60% do valor da aposentadoria do marido). Sobre esse valor são aplicadas as cotas de acúmulo do benefício, conforme explicado abaixo:

1) Aposentadoria: R$ 2.500,00 (benefício mais vantajoso, pois tem valor maior que a pensão; continuará recebendo integral).
2) Pensão: R$ 3.000,00 x 60% = R$ 1.800,00.
   Primeira faixa – R$ 1.518,00 (100% do salário mínimo)
   Segunda faixa – 1.800,00 - 1.518,00 = 282,00 x 60% = 169,20
   Soma-se 1.518,00 + 169,20 = 1.687,20
3) Irá receber, na somatória dos dois benefícios, R$ 4.187,20 (R$ 2.500,00 + R$ 1.687,20).

**Regras de transição**

A Nova Previdência também traz regras de transição para quem já está no mercado de trabalho, e é possível escolher a forma mais vantajosa de aposentadoria.

No Regime Geral de Previdência Social, haverá cinco regras de transição: quatro por tempo de contribuição e uma por idade. Para os servidores públicos da União, haverá duas opções de transição.

## RGPS

**Transição por sistema de pontos**

Essa regra soma o tempo de contribuição com a idade. Mulheres poderão se aposentar a partir de 86 pontos e homens, de 96, se já computados os pontos em novembro de 2019. O tempo mínimo de contribuição de 30 anos, para elas, e de 35 anos, para eles, deverá ser respeitado. A cada ano será exigido um ponto a mais, chegando a 105 pontos para os homens, em 2028, e 100 pontos para as mulheres, em 2033.

O valor do benefício seguirá a regra geral de cálculo da Nova Previdência: 60% da média de todas as contribuições registradas desde julho de 1994 mais dois pontos percentuais a cada ano de contribuição que exceder 15 anos, para as mulheres, e 20 anos, para os homens.

Os professores da educação básica que comprovarem, exclusivamente, exercício da função de magistério na educação infantil e nos ensinos fundamental e médio terão redução de cinco pontos. Assim, de imediato, as professoras poderão pedir aposentadoria a partir da soma de 81 pontos, desde que tenham o mínimo de 25 anos de contribuição, e os professores, com 91 pontos e, no mínimo, 30 anos de contribuição. Os pontos subirão até 92, para elas, e até 100, para eles.

### Transição por tempo de contribuição e idade mínima

Por essa regra, as mulheres poderão se aposentar aos 56 anos, desde que tenham pelo menos 30 anos de contribuição, em 2019. Já para os homens, a idade mínima será de 61 anos e 35 anos de contribuição. A idade mínima exigida subirá seis meses a cada ano, até chegar aos 62 anos de idade para elas, em 2031, e aos 65 anos de idade para eles, em 2027.

O valor do benefício seguirá a regra geral de cálculo da Nova Previdência: 60% da média de todas as contribuições efetuadas desde julho de 1994 mais dois pontos percentuais a cada ano de contribuição que exceder 15 anos, para as mulheres, e 20 anos, para os homens.

Os professores da educação básica que comprovarem, exclusivamente, exercício da função de magistério na educação infantil e nos ensinos fundamental e médio terão redução de cinco anos na idade e no tempo de contribuição.

### Transição com fator previdenciário – pedágio de 50%

Segundo essa regra, as mulheres com mais de 28 anos de contribuição e os homens com mais de 33 anos de contribuição poderão optar pela aposentadoria sem idade mínima, desde que cumpram um pedágio de 50% sobre o tempo mínimo que faltava para se aposentar (30 anos para elas e 35 anos para eles). Por exemplo, uma mulher com 29 anos de contribuição poderá se aposentar sem idade mínima, desde que contribua por mais um ano e meio (desse um ano e meio, um ano corresponde ao período que originalmente faltava para a aposentadoria; o meio ano adicional corresponde ao pedágio de 50%).

O valor do benefício será calculado levando em consideração a média de todas as contribuições desde julho de 1994, sobre ela aplicando-se o fator previdenciário.

### Transição com idade mínima e pedágio de 100%

Essa regra estabelece uma idade mínima e um pedágio de 100% do tempo que faltava para atingir o mínimo exigido de contribuição (30 anos para elas e 35 anos para eles). Para mulheres, a idade mínima será de 57 anos e, para homens, de 60 anos. Por exemplo, uma mulher de 57 anos de idade e 28 anos de contribuição terá de trabalhar mais quatro anos (dois que faltavam para atingir o tempo mínimo de contribuição mais dois anos de pedágio), para requerer o benefício.

Para trabalhadores vinculados ao RGPS, o valor da aposentadoria será de 100% da média de todos os salários de contribuição desde julho de 1994.

Professores da educação básica que comprovarem, exclusivamente, exercício da função de magistério na educação infantil e nos ensinos fundamental e médio terão redução de cinco anos na idade e no tempo de contribuição (52 anos de idade e 25 de contribuição, para mulheres, e 55 anos de idade e 30 de contribuição, para homens).

### Transição – Aposentadoria por idade (RGPS)

A regra da aposentadoria por idade exige idade mínima de 65 anos para homens. Ou seja, no caso deles, nada muda. Para as mulheres, a idade mínima começa em 60 anos, em 2019, e sobe seis meses a cada ano, até chegar a 62 anos em 2023. Em ambos os casos é exigido tempo de contribuição mínima de 15 anos.

O valor do benefício seguirá a regra geral de cálculo da Nova Previdência: 60% da média de todas as contribuições mais dois pontos percentuais a cada ano de contribuição que exceder 15 anos, para mulheres, e 20 anos, para homens.

## RPPS da União – Servidores Federais

### Transição por sistema de pontos e idade mínima

Servidores federais também poderão se aposentar pelo sistema de pontos, que exigirá 86 pontos para mulheres e 96 pontos para homens (em 2019), desde que cumpram também o requisito de idade mínima, que começa em 56 anos para as mulheres e em 61 anos para os homens, em 2019 – passando para 57 e 62 anos, respectivamente, em 2022. A cada ano será exigido mais um ponto, chegando a 105 para os homens, em 2028, e a 100 para as mulheres, em 2033.

O tempo de contribuição mínimo será de 30 anos, para servidoras, e de 35 anos para servidores. Todos deverão ter, pelo menos, 20 anos de serviço público e 5 anos no cargo em que se dará a aposentadoria.

Poderão se aposentar com o valor integral do último salário na ativa as mulheres que tiverem completado 62 anos e os homens a partir dos 65 anos, desde que tenham ingressado na carreira até 31 de dezembro de 2003. Para quem tiver ingressado a partir de 2004, o cálculo seguirá a regra geral da Nova Previdência: 60% da média de todas as contribuições mais dois pontos percentuais a cada ano de contribuição que exceder 20 anos (tanto homens quanto mulheres).

Professores da educação básica terão redução de cinco anos na idade e no tempo de contribuição, e a pontuação partirá de 81 pontos para a professora e de 91 para o professor, aumentando um ponto, até atingir 92 para mulheres e 100 para homens. Para isso, esses professores deverão comprovar, exclusivamente, tempo de efetivo exercício das funções de magistério na educação infantil ou nos ensinos fundamental e médio.

### Transição com idade mínima e pedágio de 100%

Essa regra estabelece uma idade mínima e um pedágio de 100% do tempo que faltar para atingir o tempo mínimo de contribuição (30 anos para elas e 35 anos para eles). Para servidoras, a idade mínima será de 57 anos e para os servidores, de 60 anos. Também será necessário comprovar 20 anos no serviço público e 5 anos no cargo em que se dará a aposentadoria. O benefício será equivalente à última remuneração, para quem tiver ingressado na carreira até 31 de dezembro de 2003, ou a 100% da média de todos os salários desde julho de 1994, para os que ingressaram a partir de 2004.

Professores da educação básica que comprovarem, exclusivamente, exercício da função de magistério na educação infantil ou no ensino fundamental e médio terão redução de cinco anos na idade e no tempo de contribuição.

## Aplicação da Emenda Constitucional n. 103/2019 aos RPPS dos Estados, Distrito Federal e Municípios

Com fundamento na competência de orientar os entes federativos que possuem RPPS, a Secretaria de Previdência elaborou a Nota Técnica SEI n. 12212/2019/ME, de 22-11-2019, com a análise das regras constitucionais da reforma previdenciária aplicáveis aos RPPS.

No processo de aprovação, o Congresso estabeleceu regras que são aplicáveis direta e imediatamente a todos os entes da Federação, outras aplicáveis somente à União e algumas disposições específicas para os Estados, o Distrito Federal e os Municípios. Então, o novo sistema constitucional previdenciário do servidor difere substancialmente daquele estabelecido pela Constituição Federal de 1988 e pelas Emendas n. 20/98, 41/2003 e 47/2005, que estabeleciam regras uniformes para os RPPS de todos os entes da Federação, que também eram encontradas nas Constituições anteriores.

Na tabela a seguir, estão selecionadas e resumidas as condições da aplicabilidade dos dispositivos da EC n. 103/2019 aos Estados, Distrito Federal e Municípios, conforme fundamentos da Nota Técnica SEI n.12212/2019/ME:

| NORMAS DE APLICABILIDADE IMEDIATA | |
|---|---|
| **Dispositivo** | **Tema** |
| Art. 22, XXI, da Constituição | Competência privativa da União para editar normas gerais sobre inatividades e pensões das polícias militares e corpos de bombeiros militares. |
| Art. 37, § 14, da Constituição e art. 6º da Emenda Constitucional n. 103/2019 | Preceito segundo o qual a utilização de tempo de contribuição de cargo público e de emprego ou função pública, ainda que se trate de tempo de contribuição para o RGPS, acarreta o rompimento do vínculo com a Administração Pública, ressalvando-se a concessão de aposentadoria pelo RGPS até a data de entrada em vigor da Emenda Constitucional n. 103/2019. |
| Art. 37, § 15, da Constituição c/c o art. 7º da Emenda Constitucional n. 103/2019 | Vedação de complementação de aposentadorias de servidores públicos e de pensões por morte a seus dependentes, que não seja decorrente da instituição do regime de previdência complementar a que se referem os §§ 14 a 16 do art. 40 da Constituição ou que não seja prevista em lei que extinga o RPPS, ressalvadas as complementações de aposentadorias e pensões já concedidas. |
| Art. 38, V, da Constituição | Regra de filiação previdenciária segundo a qual o servidor que venha a exercer mandato eletivo, na hipótese de ser segurado de regime próprio de previdência social, permanecerá filiado a esse regime, no ente federativo de origem. |

| NORMAS DE APLICABILIDADE IMEDIATA | |
|---|---|
| **Dispositivo** | **Tema** |
| Art. 39, § 9º, da Constituição c/c o art. 13 da Emenda Constitucional n. 103/2019 | Vedação de incorporação de vantagens de caráter temporário ou vinculadas ao exercício de função de confiança ou de cargo em comissão à remuneração do cargo efetivo, ressalvadas as incorporações efetivadas até a data de entrada em vigor da Emenda Constitucional n. 103/2019. |
| Art. 40, § 19, da Constituição | Concessão do abono de permanência nas regras permanentes. (Por meio de lei, os Estados, o Distrito Federal e os Municípios podem restringir o alcance dessa norma, estabelecendo critérios para seu pagamento.) |
| Art. 40, § 19, da Constituição; arts. 2º e 6º da Emenda Constitucional n. 41/2003 | Concessão do abono de permanência com base nas regras de transição das Emendas anteriores, enquanto não forem extintas para os RPPS dos Estados, Distrito Federal e Municípios, mediante lei do respectivo ente que referende integralmente a sua revogação pelo art. 35, III e IV, da Emenda Constitucional n. 103/2019. |
| Art. 40, § 22, da Constituição | Vedação da instituição de novos regimes próprios de previdência social. |
| Arts. 93, VIII; 103-B, § 4º, III; e art. 130-A, § 2º, III, da Constituição | Exclusão da possibilidade de aplicação, como sanção administrativa, da pena de aposentadoria compulsória de magistrados e membros do ministério público dos Estados, com direito a proventos proporcionais ao tempo de serviço. |
| Art. 201, § 9º-A, da Constituição | Direito à contagem recíproca do tempo de serviço militar e do tempo de contribuição ao RGPS ou RPPS, para fins de inativação militar ou aposentadoria. |
| Art. 4º, § 10, da Emenda Constitucional n. 103/2019 | Manutenção, no âmbito do RPPS dos Estados, Distrito Federal e Municípios, do cálculo dos proventos de aposentadoria concedida com fundamento na integralidade da remuneração, conforme lei do respectivo ente federativo em vigor antes da publicação da Emenda Constitucional n. 103/2019. |
| Arts. 5º e 10 da Emenda Constitucional n. 103/2019 | Regras jurídicas de transição e disposição transitória para a concessão de aposentadoria especial ao policial civil do Distrito Federal. |
| Art. 9º, *caput*, da Emenda Constitucional n. 103/2019 | Recepção constitucional, com status de lei complementar, da Lei n. 9.717/98. |
| Art. 9º, § 1º, da Emenda Constitucional n. 103/2019 | Modo de comprovação do equilíbrio financeiro e atuarial do regime próprio de previdência social, cuja norma encerra em si o conceito desse equilíbrio. |

| NORMAS DE APLICABILIDADE IMEDIATA | |
|---|---|
| **Dispositivo** | **Tema** |
| Art. 9º, §§ 2º e 3º, da Emenda Constitucional n. 103/2019 | Limitação do rol de benefícios do RPPS às aposentadorias e à pensão por morte (os afastamentos por incapacidade temporária para o trabalho e o salário-maternidade não devem ser pagos à conta do RPPS, ficando a cargo do Tesouro dos entes federativos, passando agora a ser considerado como um benefício estatutário e não mais previdenciário, integrando a remuneração para todos os fins, com relação ao salário-família e o auxílio-reclusão, entendemos que a sua natureza é de benefício assistencial a ser concedido a servidores de baixa renda, inclusive quando aposentados, não integrando a remuneração destes, estando a cargo do ente federativo o seu pagamento). |
| Art. 9º, §§ 4º e 5º, da Emenda Constitucional n. 103/2019 | Vedação para o estabelecimento, pelos Estados, Distrito Federal e Municípios, de alíquota inferior à da contribuição dos servidores da União, salvo na situação de ausência de déficit atuarial a ser equacionado, hipótese em que a alíquota não poderá ser inferior às alíquotas aplicáveis ao RGPS. |
| Art. 9º, § 6º, da Emenda Constitucional n. 103/2019 | Prazo de dois anos da data de entrada em vigor da Emenda Constitucional n. 103/2019 para a instituição do regime de previdência complementar na forma dos §§ 14 a 16, e para a adequação do órgão ou entidade gestora única do RPPS ao § 20, todos do art. 40 da Constituição Federal. |
| Arts. 9º, § 9º, e 31 da Emenda Constitucional n. 103/2019, c/c art. 195, § 11, da Constituição | Vedação da moratória/parcelamento de débitos dos entes federativos com seus regimes próprios em prazo superior a sessenta meses, exceto em relação aos parcelamentos previstos na legislação vigente até a data de entrada em vigor da Emenda Constitucional n. 103/2019, cuja reabertura ou prorrogação de prazo para adesão não é admitida pelo art. 31 da mesma Emenda. |
| Art. 10, § 5º, da Emenda Constitucional n. 103/2019 | Abono de permanência do policial civil do Distrito Federal, equivalente ao valor de sua contribuição previdenciária, até que entre em vigor lei federal que regulamente o disposto no § 19 do art. 40 da Constituição. |
| Art. 10, § 6º, da Emenda Constitucional n. 103/2019 | Pensão por morte do policial civil do Distrito Federal, vitalícia para o cônjuge ou companheiro e equivalente à remuneração do cargo, quando decorrente de agressão sofrida no exercício ou em razão da função. |
| Arts. 11, *caput*, c/c 36, I, e 9º, § 4º, da Emenda Constitucional n. 103/2019 | Adequação da alíquota de contribuição dos segurados dos RPPS dos Estados, do Distrito Federal e dos Municípios à alíquota de contribuição do servidor da União, que poderá ter impacto na alíquota do ente, consoante o art. 2º da Lei n. 9.717/98. |
| Art. 14 da Emenda Constitucional n. 103/2019 | Vedação de adesão de novos segurados e de instituição de novos regimes de previdência aplicáveis a titulares de mandato eletivo. |

| NORMAS DE APLICABILIDADE IMEDIATA | |
|---|---|
| **Dispositivo** | **Tema** |
| Art. 24 da Emenda Constitucional n. 103/2019 | Restrições à acumulação de benefícios previdenciários e a recepção das regras sobre acumulação de benefícios previstas na legislação vigente ao tempo de sua publicação, no que não for contrário. |
| Art. 34 da Emenda Constitucional n. 103/2019 | Requisitos para a hipótese de extinção, por lei, do ente federativo, do respectivo regime próprio de previdência social, até que seja editada lei complementar federal sobre normas gerais que discipline o § 22 do art. 40 da Constituição. |
| Arts. 4º, § 9º; 5º, § 2º; 10, § 7º; 20, § 4º; 21, § 3º; e 22, parágrafo único, todos da Emenda Constitucional n. 103/2019 | Normas constitucionais e infraconstitucionais relacionadas ao regime próprio de previdência social dos Estados, do Distrito Federal e dos Municípios, anteriores à data de entrada em vigor da Emenda Constitucional n. 103/2019, concernentes às regras de concessão de aposentadorias, inclusive por "invalidez permanente" mantida a aplicação da Súmula Vinculante 33 do STF, quanto à aposentadoria especial de que trata o art. 40, § 4º, III, da Constituição Federal, na redação da Emenda Constitucional n. 41/2003 e a regra de concessão de abono de permanência (o art. 1º da Lei n. 10.887/2004 continua a ser aplicado aos Estados, Distrito Federal e Municípios para fins de cálculo dos proventos enquanto não promovidas alterações na legislação interna). |
| Art. 23, § 8º, da Emenda Constitucional n. 103/2019 | Normas constitucionais e infraconstitucionais relacionadas ao regime próprio de previdência social dos Estados, do Distrito Federal e dos Municípios, anteriores à data de entrada em vigor da Emenda Constitucional n. 103/2019, concernentes às regras de concessão e cálculo de pensões, enquanto não promovidas alterações na legislação interna (o art. 2º da Lei n. 10.887/2004 continua a ser aplicado aos Estados, Distrito Federal e Municípios para fins de cálculo das pensões). |

| NORMAS NÃO AUTOAPLICÁVEIS | |
|---|---|
| **Dispositivo** | **Tema** |
| Art. 40, § 1º, I, da Constituição | Aposentadoria por incapacidade permanente para o trabalho, com exigência de avaliações periódicas para verificação da continuidade das condições que ensejaram a concessão, bem como a condição de o servidor ser insuscetível de readaptação (dependem de lei do respectivo ente federativo). |
| Art. 40, § 1º, III, da Constituição | Concessão de aposentadoria voluntária. A idade mínima será estabelecida mediante emenda às respectivas Constituições e Leis Orgânicas. Foram desconstitucionalizados, atribuídos à Lei Complementar de todos os entes da Federação, os requisitos de tempo de contribuição, tempo de efetivo exercício no serviço público e de tempo no cargo efetivo em que se dará a aposentadoria. |

| NORMAS NÃO AUTOAPLICÁVEIS | |
|---|---|
| **Dispositivo** | **Tema** |
| Art. 40, § 3º, da Constituição | Cálculo dos proventos de aposentadoria. (Dependem de lei do respectivo ente federativo). |
| Art. 40, §§ 4º, 4º-A, 4º-B, e 4º-C, da Constituição | Requisitos de idade e tempo de contribuição para aposentadorias voluntárias especiais: servidor com deficiência, agente penitenciário, agente socioeducativo e policiais, servidor exposto a agentes químicos, físicos e biológicos prejudiciais à saúde (dependem de lei complementar do respectivo ente federativo para regulamentá-las). |
| Art. 40, § 5º, da Constituição | Requisitos de tempo de efetivo exercício das funções de magistério para aposentadoria dos ocupantes de cargo de professor. (Dependem de lei complementar do respectivo ente federativo para regulamentá-lo). A idade mínima do professor é, por previsão constitucional, reduzida em 5 anos com relação às idades mínimas a serem estabelecidas pelos entes federativos mediante emenda às respectivas Constituições e Leis Orgânicas. |
| Art. 40, § 7º, da Constituição | Concessão da pensão por morte ao dependente do servidor público (depende de lei do respectivo ente federativo, garantido o piso do salário mínimo, quando se tratar da única fonte de renda formal) |
| Art. 40, § 7º, da Constituição, parte final | Tratamento diferenciado para a hipótese de concessão de pensão por morte decorrente de agressão sofrida no exercício ou em razão da função, para o servidor policial, agente penitenciário ou socioeducativo (depende de lei do respectivo ente federativo, garantido o piso do salário mínimo, quando se tratar da única fonte de renda formal). |
| Art. 40, § 22, da Constituição | Diretivas que visam a orientar a atividade legislativa futura da União, acerca do objeto da lei complementar federal que deverá dispor sobre normas gerais de organização, de funcionamento e de responsabilidade na gestão dos RPPS. |
| Art. 201, §§ 9º e 9º-A, da Constituição | Compensação financeira entre as receitas de contribuição referentes aos militares e as receitas de contribuição aos demais regimes. (Critérios serão estabelecidos em lei). |
| Art. 9º, § 7º, da Emenda Constitucional n. 103/2019 | Aplicação de recursos do RPPS na concessão de empréstimos com consignação em folha de pagamento dos segurados (depende de norma a ser expedida pelo Conselho Monetário Nacional – CMN). |
| Art. 149, §§ 1º-B e 1º-C, da Constituição c/c arts. 9º, § 8º, c/c 36, II, da Emenda Constitucional n. 103/2019 | Instituição de contribuição extraordinária, por meio de lei, cuja regulamentação no âmbito dos Estados, Distrito Federal e Municípios somente poderá ser editada quando a alteração de redação dada pela reforma ao art. 149 da Constituição Federal tiver vigência em relação a estes entes, o que dependerá de publicação de lei estadual, distrital ou municipal que referende integralmente a alteração promovida nesse artigo da Constituição. |

| NORMAS NÃO AUTOAPLICÁVEIS | |
|---|---|
| **Dispositivo** | **Tema** |
| Art. 14, § 5º, da Emenda Constitucional n. 103/2019 | Disciplina jurídica de transição para os regimes de titulares de mandato eletivo que porventura existem atualmente nos Estados, no Distrito Federal ou nos Municípios, no caso de opção de permanência em tais regimes, que passam a ser em extinção. |
| Art. 40, § 15, da Constituição c/c art. 33 da Emenda Constitucional n. 103/2019 | Administração, por entidade aberta de previdência complementar, de planos de benefícios patrocinados pelos entes federados, que depende de regulamentação mediante lei complementar da União. |

| NORMAS COM PERÍODO DE VACÂNCIA | |
|---|---|
| **Dispositivo** | **Tema** |
| Arts. 11, 28 e 32 da Emenda Constitucional n. 103/2019 | Vigência das alíquotas de contribuição do RPPS da União, que terá início no primeiro dia do quarto mês subsequente ao da data de publicação da Emenda (respeito à anterioridade nonagesimal). |
| Art. 149 da Constituição e a cláusula de revogação contida na alínea a do inciso I e nos incisos III e IV do art. 35 da Emenda Constitucional n. 103/2019 | Ausência de aplicabilidade para Estados, Distrito Federal e Municípios da alteração de redação ao art. 149 da Constituição e da cláusula de revogação contida na alínea *a* do inciso I e nos incisos III e IV do art. 35 da Emenda Constitucional n. 103/2019, enquanto estiverem em período de vacância, já que dependem de referendo para o início de sua vigência, mediante a publicação de lei destes entes, conforme o inciso II do art. 36 da mesma Emenda. |
| Art. 149 da Constituição | Ausência de aplicabilidade para Estados, Distrito Federal e Municípios da possibilidade de instituir alíquotas de contribuição para o custeio do RPPS de forma progressiva e de fazer incidir contribuição ordinária dos aposentados e pensionistas sobre o valor dos proventos e pensões que superem o salário mínimo – em caso de déficit atuarial – enquanto não houver o referendo mediante lei de que trata o inciso II do art. 36 da Emenda Constitucional n. 103/2019. |

Deve ser observado que:

a) os RPPS com plano de equacionamento em vigor (de amortização ou segregação da massa) são considerados deficitários para fins de aplicação das alíquotas mínimas;

b) para a implementação de alíquotas progressivas deve-se avaliar se essas contribuirão para melhorar a situação do equilíbrio financeiro e atuarial do regime;

c) pode ser necessária a adequação da alíquota de contribuição do ente, consoante o art. 2º da Lei n. 9.717/98 (contribuição patronal, no mínimo, igual à do segurado).

A aplicação aos RPPS dos Estados, Distrito Federal e Municípios das mesmas regras de benefícios dos servidores federais previstas na EC n. 103/2019 exige a edição de normas pelos entes federativos. A edição dessas normas é fundamental para a busca do equilíbrio financeiro e atuarial do RPPS, isonomia de tratamento entre os segurados de RPPS dos mais de 2.100 entes federativos, facilitando a compensação financeira entre os regimes.

Com o objetivo de apontar os possíveis caminhos a serem seguidos para aplicação aos RPPS das regras de benefícios e adequação de alíquotas de contribuição, na forma da Emenda Constitucional n. 103/2019, a Secretaria de Previdência divulga "Minutas de Orientação" de projetos, conforme detalhado abaixo. Esclarece-se que: a) a finalidade da disponibilização dessas "Minutas de Orientação" é auxiliar os Municípios, cabendo a cada ente a decisão sobre a melhor alternativa a ser adotada; b) os modelos de projetos disponibilizados não afastam outros modelos que o ente possa julgar mais convenientes.

**MINUTA DE ORIENTAÇÃO 1:**

Projeto de Emenda à Lei Orgânica, contemplando o referendo de que trata o inciso II do art. 36 da Emenda à Constituição Federal n. 103/2019, as normas para aplicação das regras de benefícios e para adequação das alíquotas de contribuição (reproduz a estrutura adotada pela Emenda Constitucional n. 103/2019 no âmbito de Emenda à Lei Orgânica).

**MINUTA DE ORIENTAÇÃO 2:**

a) Projeto de Emenda à Lei Orgânica, contemplando normas para aplicação das regras de benefícios previstas na Emenda Constitucional n. 103, de 2019, e para adequação das alíquotas;
b) Projeto de Lei Ordinária, contemplando o referendo de que trata o inciso II do art. 36 da referida Emenda Constitucional.

**MINUTA DE ORIENTAÇÃO 3:**

a) Projeto de Emenda à Lei Orgânica, contemplando normas com as idades mínimas para aposentadoria dos servidores em geral e com as regras de transição previstas na Emenda Constitucional n. 103/2019, bem como autorização para implementação de alíquotas de contribuição extraordinárias;
b) Projeto de Lei Complementar, contemplando o referendo de que trata o inciso II do art. 36 da referida Emenda Constitucional, normas para aplicação das demais regras de benefícios e para adequação das alíquotas de contribuição ordinárias.

# Referências


ALEXY, Robert. Colisão de direitos fundamentais e realização de direitos fundamentais no estado de direito democrático. *Revista de Direito Administrativo*, Rio de Janeiro, 1999.

BARROS JÚNIOR, Edmilson de Almeida. *Direito previdenciário médico*: benefícios por incapacidade laborativa e aposentadoria especial. São Paulo: Atlas, 2010.

BONAVIDES, Paulo. *Teoria do Estado*. 5. ed. rev. e ampl. São Paulo: Malheiros, 2004.

BRIGUET, Magadar Costa; VICTORINO, Maria Lopes; HORVATH JÚNIOR, Miguel. *Previdência social*: aspectos práticos e doutrinários dos regimes jurídicos próprios. São Paulo: Atlas, 2007.

BRASIL. *Constituição da República Federativa do Brasil*. Brasília: Senado Federal, 1988.

BRASIL. Decreto n. 3.048 de 6 de maio de 1999. Aprova o Regulamento da Previdência Social, e dá outras providências. Disponível em: <www.planalto.gov.br/ccivil_03/decreto/d3048.htm>. Acesso em: 28 ago. 2017.

BRASIL. Lei n. 13.457, de 26 de junho de 2017. Conversão da Medida Provisória n. 767, de 2017. Disponível em: <www.planalto.gov.br/ccivil_03/_ato2015-2018/2017/Lei/L13457.htm>. Acesso em: 28 ago. 2017.

BRASIL. Lei n. 8.742, de 7 de dezembro de 1993. Dispõe sobre a organização da Assistência Social e dá outras providências. Disponível em: <www.planalto.gov.br/ccivil_03/leis/L8742.htm>. Acesso em: 28 ago. 2017.

CARVALHO, Guido Ivan; SANTOS, Lenir. SUS – Sistema Único de Saúde. 4. ed. Campinas: Unicamp, 2006.

FIGUEIREDO, Mariana Filchtiner. *Direito fundamental à saúde*: parâmetros para sua eficácia e efetividade. Porto Alegre: Livraria do Advogado, 2007.

FOLLMAN, Melissa. *Curso de especialização em direito previdenciário:* benefício da seguridade social. Curitiba: Juruá, 2006. v. 2.

GOES, Hugo. *Manual do direito previdenciário*. 12. ed. Rio de Janeiro: Editora Ferreira, 2016.

HORVATH JÚNIOR, Miguel. *Direito Previdenciário*. São Paulo: Manole, 2011.

KERBAUY, Luís Rodrigues. *Regras Transitórias, de Transição e Cálculos Provisórios* (arts. 15 a 20 e 26 da Emenda Constitucional 103, de 2019). 2021 ed. São Paulo: Revista dos Tribunais, 2021.

KERTZMAN, Ivan. *Entendendo a Reforma da Previdência*. Salvador: JusPodivm, 2020.

KERTZMAN, Ivan; SANTANA, Alzemir; DANTAS, Raimundo. *Prática empresarial previdenciária*. Salvador: JusPodivm, 2020.

LEITÃO, André Studart. *Manual de direito previdenciário*. 4. ed. Saraiva, 2016.

LENZA, Pedro. *Direito previdenciário esquematizado*. 10. ed. São Paulo: Saraiva, 2020.

MACEDO, Alan da Costa. *Benefícios previdenciários por incapacidade e perícias médicas*: teoria e prática. Curitiba: Juruá, 2017.

MARTINEZ, Wladimir Novaes. Controvérsias sobre a reabilitação profissional. *Revista LTr*, n. 76-02, p. 135-141, fev. 2012.

MARTINEZ, Wladimir Novaes. *Princípio de direito previdenciário*. 3. ed. São Paulo: Atlas, 1995.

MARTINS, Sergio Pinto. *Direito da seguridade social*. 36. ed. São Paulo: Atlas, 2008.

MORAIS, Alexandre de. *Direito constitucional*. 16. ed. São Paulo: Atlas, 2004.

MOTTA FILHO, Sylvio Clemente da. *Controle de constitucionalidade*: teoria, jurisprudência e questões. 3. ed. Niterói: Impetus, 2009.

NUNES, Luiz Antônio Rizzatto. *O princípio constitucional da dignidade da pessoa humana*: doutrina e jurisprudência. São Paulo: Saraiva, 2002.

OLIVEIRA, Aristeu de. *Consolidação da legislação previdenciária*: regulamento e legislação complementar. 14. ed. São Paulo: Atlas, 2011.

RESENDE, Ricardo. *Direito do Trabalho*. 8. ed. Rio de Janeiro: Forense; São Paulo: Método, 2020.

REZENDE, Fernando. *Finanças públicas*. 2. ed. São Paulo: Atlas, 2001.

ROCHA, Daniel Machado da. *O direito fundamental à previdência social*. Porto Alegre: Livraria do Advogado, 2004.

ROZA, Adriana de Andrade. *Cláusula pétrea*: a relativização da coisa julgada material no Estado Democrático de Direito. Recife: UFPE, 2015.

RUBIN, Fernando. *Benefícios por incapacidade no Regime Geral da Previdência Social*: questões centrais de direito material e de direito processual. Porto Alegre: Livraria do Advogado, 2014.

RUPRECHT, Alfredo J. *Direito da seguridade social*. São Paulo: LTr, 1996.

SANTOS, Marisa Ferreira dos. *Direito Previdenciário*. 12. ed. São Paulo: Saraiva Jur, 2022.

SETTE, André Luiz Menezes Azevedo. *Direito previdenciário avançado*. 3. ed. Belo Horizonte: Mandamentos, 2007.

SILVA, José Afonso da. *Curso de direito constitucional positivo*. 29. ed. São Paulo: Malheiros, 2007.

TAVARES, André Ramos. *Curso de direito constitucional*. São Paulo: Saraiva, 2002.

TSUTYIA, Augusto Massayuki. *Curso de direito da seguridade social*. 2. ed. São Paulo: Saraiva, 2008.

VIANNA, Cláudia Salles Vilela. *Previdência social*: custeio e benefícios. 2. ed. São Paulo: LTr, 2008.


2026/1